PCT
法律文件汇编
（2024）

国家知识产权局条法司组织编译

知识产权出版社
全国百佳图书出版单位
—北京—

图书在版编目（CIP）数据

PCT 法律文件汇编. 2024/国家知识产权局条法司组织编译. —北京：知识产权出版社，2024.10.
ISBN 978－7－5130－8601－1

Ⅰ. D997.1

中国国家版本馆 CIP 数据核字第 2024RR1321 号

内容提要

本书将 PCT 体系的法律文件翻译并汇编成册，内容包括《专利合作条约》《专利合作条约实施细则》《专利合作条约行政规程》《PCT 受理局指南》《PCT 国际检索和初步审查指南》，可为读者进行 PCT 申请提供参考。

责任编辑：卢海鹰　王祝兰	责任校对：潘凤越
封面设计：杨杨工作室·张　冀	责任印制：孙婷婷
执行编辑：马子淇	

PCT 法律文件汇编（2024）

国家知识产权局条法司　组织编译

出版发行：	知识产权出版社 有限责任公司	网　　址：	http://www.ipph.cn
社　　址：	北京市海淀区气象路 50 号院	邮　　编：	100081
责编电话：	010－82000860 转 8122	责编邮箱：	lueagle@126.com
发行电话：	010－82000860 转 8101/8102	发行传真：	010－82000893/82005070/82000270
印　　刷：	三河市国英印务有限公司	经　　销：	新华书店、各大网上书店及相关专业书店
开　　本：	787mm×1092mm　1/16	印　　张：	33.5
版　　次：	2024 年 10 月第 1 版	印　　次：	2024 年 10 月第 1 次印刷
字　　数：	840 千字	定　　价：	198.00 元
ISBN 978－7－5130－8601－1			

出版权专有　侵权必究

如有印装质量问题，本社负责调换。

总 目 录

专利合作条约（PCT） ·· 1
 绪 则 ·· 7
 第 I 章 国际申请和国际检索 ·· 8
 第 II 章 国际初步审查 ·· 19
 第 III 章 共同规定 ·· 24
 第 IV 章 技术服务 ·· 25
 第 V 章 行政规定 ·· 27
 第 VI 章 争 议 ·· 32
 第 VII 章 修订和修改 ·· 32
 第 VIII 章 最后条款 ·· 33
专利合作条约实施细则 ·· 37
 第一部分 绪 则 ·· 54
 第二部分 有关条约第 I 章的细则 ·· 55
 第三部分 有关条约第 II 章的细则 ·· 119
 第四部分 有关条约第 III 章的细则 ·· 140
 第五部分 有关条约第 V 章的细则 ·· 146
 第六部分 有关条约各章的细则 ·· 148
 费用表 ·· 161
专利合作条约行政规程 ·· 163
 第一部分 有关一般事务的规程 ·· 171
 第二部分 有关国际申请的规程 ·· 178
 第三部分 有关受理局的规程 ··· 185
 第四部分 有关国际局的规程 ··· 201
 第五部分 有关国际检索单位的规程 ·· 213
 第六部分 有关国际初步审查单位的规程 ··· 219
 第七部分 有关国际申请以电子形式提交和处理的规程 ·· 224
 第八部分 有关第三方意见的规程 ··· 235
 附件 A 表 格 ·· 237
 附件 B 发明的单一性 ·· 237
 附件 C 关于 PCT 国际专利申请中核苷酸和氨基酸序列表展示的规程 ···························· 240
 附件 D 根据细则 86.1（i）从公布的国际申请扉页摘出
     并包含在公报中的信息 ·· 247
 附件 E 根据细则 86.1（v）在公报中公布的信息 ·· 249

附件 F	国际申请的电子申请和处理标准	250
附件 G	收到费用的通知和费用的转付	250

PCT 受理局指南 ··· 255

第 1 章	导　言	264
第 2 章	通　则	265
第 3 章	国家安全许可	269
第 4 章	根据条约第 11 条（1）的检查；给出国际申请日的条件	269
第 5 章	语言检查〔条约第 3 条（4）（ⅰ）；细则 12.1、12.3、12.4 和 26.3 之三〕	274
第 6 章	根据条约第 14 条的检查和其他形式要求	277
第 7 章	优先权要求和优先权文件	295
第 7 章之二	有关国家要求的声明	305
第 8 章	国际申请的遗漏部分或错误提交的项目或部分	306
第 9 章	核苷酸和/或氨基酸序列表	311
第 10 章	对保藏微生物或其他生物材料的记载	313
第 11 章	费　用	314
第 12 章	向作为受理局的国际局传送国际申请（细则 19.4）	318
第 13 章	登记本、检索本和受理本	320
第 14 章	〔已删除〕	321
第 15 章	根据细则 91 更正明显错误	321
第 16 章	申请人、发明人、代理人或共同代表的变更	322
第 17 章	国际申请、指定或优先权要求的撤回	323
第 18 章	向其他单位传送文件	325
第 19 章	其　他	326
附件 A	〔已删除〕	328
附件 B	请求书中典型缺陷及其改正的示例	328

PCT 国际检索和初步审查指南 ··· 331

第 Ⅰ 部分	绪言与概述	347
第 1 章	绪　言	347
第 2 章	国际检索阶段概述	351
第 3 章	国际初步审查阶段概述	355
第 Ⅱ 部分	国际申请	360
第 4 章	国际申请的内容（不包括权利要求书）	360
第 4 章附录		366
第 5 章	权利要求书	366
第 5 章附录		377
第 6 章	优先权	378
第 7 章	国际申请的分类	382
第 8 章	细则 91——文件中明显的错误	383

第Ⅲ部分　国际检索单位和国际初步审查单位的审查员需要共同考虑的问题 ········ 387
  第9章　国际检索和国际初步审查的排除及限制 ·· 387
  第9章附录 ··· 397
  第10章　发明单一性 ··· 399
  第11章　现有技术 ·· 430
  第12章　新颖性 ··· 435
  第12章附录 ·· 437
  第13章　创造性 ··· 437
  第13章附录 ·· 444
  第14章　工业实用性 ··· 445
  第14章附录 ·· 446

第Ⅳ部分　国际检索 ··· 448
  第15章　国际检索 ·· 448
  第16章　国际检索报告 ·· 467

第Ⅴ部分　书面意见/国际初步审查报告 ··· 481
  第17章　书面意见和国际初步审查报告的内容 ······································ 481

第Ⅵ部分　国际初步审查阶段（国际初步审查报告以外内容） ···················· 494
  第18章　要求书接受的初步程序 ··· 494
  第19章　国际初步审查单位的审查程序 ·· 498
  第20章　修　改 ··· 507
  第20章附录 ·· 511

第Ⅶ部分　质　量 ·· 512
  第21章　国际检索和初步审查的通用质量框架 ······································ 512

第Ⅷ部分　事务及行政程序 ··· 517
  第22章　事务及行政程序 ··· 517

后　记 ··· 530

专利合作条约
（PCT）

1970 年 6 月 19 日签订于华盛顿
1979 年 9 月 28 日修正
1984 年 2 月 3 日和 2001 年 10 月 3 日修改

编者说明：有关专利合作条约（PCT）修正和修改的详细情况以及有关国际专利合作联盟大会（PCT 大会）关于上述修正和修改生效及过渡性安排的决定，请参考从国际局或者世界知识产权组织（WIPO）网址：www.wipo.int/pct/en/meetings/assemblies/reports.html 上发布的 PCT 大会的相关报告。

目　　录[*]

绪　则
　　第 1 条　联盟的建立
　　第 2 条　定义
第 I 章　国际申请和国际检索
　　第 3 条　国际申请
　　第 4 条　请求书
　　第 5 条　说明书
　　第 6 条　权利要求书
　　第 7 条　附图
　　第 8 条　要求优先权
　　第 9 条　申请人
　　第 10 条　受理局
　　第 11 条　国际申请的申请日和效力
　　第 12 条　将国际申请送交国际局和国际检索单位
　　第 13 条　向指定局提供国际申请副本
　　第 14 条　国际申请中的某些缺陷
　　第 15 条　国际检索
　　第 16 条　国际检索单位
　　第 17 条　国际检索单位的程序
　　第 18 条　国际检索报告
　　第 19 条　向国际局提出对权利要求书的修改
　　第 20 条　向指定局的送达
　　第 21 条　国际公布
　　第 22 条　向指定局提供副本、译本和缴纳费用
　　第 23 条　国家程序的推迟
　　第 24 条　在指定国的效力可能丧失
　　第 25 条　指定局的复查
　　第 26 条　向指定局提出改正的机会
　　第 27 条　国家的要求
　　第 28 条　向指定局提出对权利要求书、说明书和附图的修改

---

　　* 本条约签字本中没有这个目录，本目录仅为方便读者查阅而增加。

第 29 条　国际公布的效力
第 30 条　国际申请的保密性

第Ⅱ章　国际初步审查

第 31 条　要求国际初步审查
第 32 条　国际初步审查单位
第 33 条　国际初步审查
第 34 条　国际初步审查单位的程序
第 35 条　国际初步审查报告
第 36 条　国际初步审查报告的送交、翻译和送达
第 37 条　国际初步审查要求或选定的撤回
第 38 条　国际初步审查的保密性
第 39 条　向选定局提供副本、译本和缴纳费用
第 40 条　国家审查和其他处理程序的推迟
第 41 条　向选定局提出对权利要求书、说明书和附图的修改
第 42 条　选定局的国家审查的结果

第Ⅲ章　共同规定

第 43 条　寻求某些种类的保护
第 44 条　寻求两种保护
第 45 条　地区专利条约
第 46 条　国际申请的不正确译文
第 47 条　期限
第 48 条　延误某些期限
第 49 条　在国际单位执行业务的权利

第Ⅳ章　技术服务

第 50 条　专利信息服务
第 51 条　技术援助
第 52 条　与本条约其他规定的关系

第Ⅴ章　行政规定

第 53 条　大会
第 54 条　执行委员会
第 55 条　国际局
第 56 条　技术合作委员会
第 57 条　财务
第 58 条　实施细则

第Ⅵ章　争　议

第 59 条　争议

第Ⅶ章　修订和修改

第 60 条　本条约的修订
第 61 条　本条约某些规定的修改

第Ⅷ章　最后条款
　　第 62 条　加入本条约
　　第 63 条　本条约的生效
　　第 64 条　保留
　　第 65 条　逐步适用
　　第 66 条　退出
　　第 67 条　签字和语言
　　第 68 条　保管的职责
　　第 69 条　通知

缔约各国，

期望对科学和技术的进步作出贡献，

期望使发明的法律保护臻于完备，

期望简化在几个国家取得发明保护的手续，并使之更加经济，

期望使公众便于尽快获得记载新发明的文件中的技术信息，

期望通过采用提高发展中国家为保护发明而建立的国家或地区法律制度的效率的措施，来促进和加速这些国家的经济发展；其办法是，对适合其特殊需要的技术解决方案提供易于利用的信息，以及对数量日益增长的现代技术提供利用的方便，

深信各国之间的合作将大大有助于达到这些目的，

缔结本条约。

绪 则

第 1 条
联盟的建立

(1) 参加本条约的国家（下称各缔约国）组成联盟，对保护发明的申请的提出、检索和审查进行合作，并提供特殊的技术服务。本联盟称为国际专利合作联盟。

(2) 本条约的任何规定不应解释为有损《保护工业产权巴黎公约》缔约国的任何国民或居民按照该公约应该享有的权利。

第 2 条
定义

除另有明文规定外，为本条约和实施细则的目的，

（ⅰ）"申请"是指保护发明的申请；述及"申请"应解释为述及发明专利、发明人证书、实用证书、实用新型、增补专利或增补证书、增补发明人证书和增补实用证书的申请；

（ⅱ）述及"专利"应解释为述及发明专利、发明人证书、实用证书、实用新型、增补专利或增补证书、增补发明人证书和增补实用证书；

（ⅲ）"国家专利"是指由国家机关授予的专利；

（ⅳ）"地区专利"是指有权授予在一个以上国家发生效力的专利的国家机关或政府间机关所授予的专利；

（ⅴ）"地区申请"是指地区专利的申请；

（ⅵ）述及"国家申请"应解释为述及国家专利和地区专利的申请，但按本条约提出的申请除外；

（ⅶ）"国际申请"是指按本条约提出的申请；

（ⅷ）述及"申请"应解释为述及国际申请和国家申请；

（ⅸ）述及"专利"应解释为述及国家专利和地区专利；

（ⅹ）述及"本国法"应解释为述及缔约国的本国法，或者，如果述及地区申请或地区专利，则指述及规定提出地区申请或授予地区专利的条约；

（ⅺ）为计算期限的目的，"优先权日"是指：

(a) 国际申请中包含按第 8 条提出的一项优先权要求的，指作为优先权基础的申请的提出日期；

(b) 国际申请中包含按第 8 条提出的几项优先权要求的，指作为优先权基础的

最早申请的提出日期；

(c) 国际申请中不包含按第 8 条提出的优先权要求的，指该申请的国际申请日；

(ⅻ)"国家局"是指缔约国授权发给专利的政府机关；凡提及"国家局"时，应解释为也是指几个国家授权发给地区专利的政府间机关，但这些国家中至少应有一国是缔约国，而且这些国家已授权该机关承担本条约和细则为各国家局所规定的义务并行使该条约和细则为各国家局所规定的权力；

(ⅹⅲ)"指定局"是指申请人按本条约第Ⅰ章所指定的国家的国家局或代表该国的国家局；

(ⅹⅳ)"选定局"是指申请人按本条约第Ⅱ章所选定的国家的国家局或代表该国的国家局；

(ⅹⅴ)"受理局"是指受理国际申请的国家局或政府间组织；

(ⅹⅵ)"本联盟"是指国际专利合作联盟；

(ⅹⅶ)"大会"是指本联盟的大会；

(ⅹⅷ)"本组织"是指"世界知识产权组织"；

(ⅹⅸ)"国际局"是指本组织的国际局和保护知识产权联合国际局（在后者存在期间）；

(ⅹⅹ)"总干事"是指本组织的总干事和保护知识产权联合国际局（在该局存在期间）的局长。

第Ⅰ章
国际申请和国际检索

第 3 条
国际申请

(1) 在任何缔约国，保护发明的申请都可以按照本条约作为国际申请提出。

(2) 按照本条约和细则的规定，国际申请应包括请求书、说明书、一项或几项权利要求、一幅或几幅附图（需要时）和摘要。

(3) 摘要仅作为技术信息之用，不能考虑作为任何其他用途，特别是不能用来解释所要求的保护范围。

(4) 国际申请应该：

(ⅰ) 使用规定的语言；

(ⅱ) 符合规定的形式要求；

(ⅲ) 符合规定的发明单一性的要求；

(ⅳ) 按照规定缴纳费用。

第 4 条
请求书

(1) 请求书应该包括：
　　(ⅰ) 请求将国际申请按本条约的规定予以处理；
　　(ⅱ) 指定一个或几个缔约国，要求这些国家在国际申请的基础上对发明给予保护（"指定国"）；如果对于任何指定国可以获得地区专利，并且申请人希望获得地区专利而非国家专利的，应在请求书中说明；如果按照地区专利条约的规定，申请人不能将其申请限制在该条约的某些缔约国的，指定这些国家中的一国并说明希望获得地区专利，应认为指定该条约的所有缔约国；如果按照指定国的本国法，对该国的指定具有申请地区专利的效力的，对该国的指定应认为声明希望获得地区专利；
　　(ⅲ) 申请人和代理人（如果有的话）的姓名和其他规定事项；
　　(ⅳ) 发明的名称；
　　(ⅴ) 发明人的姓名和其他规定事项——如果指定国中至少有一国的本国法规定在提出国家申请时应该提供这些事项。在其他情况下，上述这些事项可以在请求书中提供，也可以在写给每一个指定国的通知中提供，如果该国本国法要求提供这些事项，但是允许提出国家申请以后提供这些事项。

(2) 每一个指定都应在规定的期限内缴纳规定的费用。

(3) 除申请人要求第 43 条所述的其他任何一种保护外，指定国家是指希望得到的保护是由指定国授予专利或者代表指定国授予专利。为本款的目的，不适用第 2 条（ⅱ）的规定。

(4) 指定国的本国法要求提供发明人的姓名和其他规定事项，但允许在提出国家申请以后提供的，请求书中没有提供这些事项在这些指定国不应产生任何后果。指定国的本国法不要求提供这些事项的，没有另行提供这些事项在这些指定国也不应产生任何后果。

第 5 条
说明书

说明书应对发明作出清楚和完整的说明，足以使本技术领域的技术人员能实施该项发明。

第 6 条
权利要求书

权利要求书应确定要求保护的内容。权利要求书应清楚和简明，并应以说明书作为充分依据。

第 7 条
附图

（1）除本条（2）（ii）另有规定外，对理解发明有必要时，应有附图。
（2）对理解发明虽无必要，但发明的性质容许用附图说明的：
　　（i）申请人在提出国际申请时可以将这些附图包括在内；
　　（ii）任何指定局可以要求申请人在规定的期限内向该局提供这些附图。

第 8 条
要求优先权

（1）国际申请可以按细则的规定包含一项声明，要求在《保护工业产权巴黎公约》缔约国提出或对该缔约国有效的一项或几项在先申请的优先权。
（2）（a）除（b）另有规定外，按（1）提出的优先权要求的条件和效力，应按照《保护工业产权巴黎公约》（斯德哥尔摩文本）第 4 条的规定。
　　（b）国际申请要求在一个缔约国提出或对该缔约国有效的一项或几项在先申请的优先权的，可以包含对该国的指定。国际申请要求在一个指定国提出或对该指定国有效的一项或几项国家申请的优先权的，或者要求仅指定一个国家的国际申请的优先权的，在该国要求优先权的条件和效力应按照该国本国法的规定。

第 9 条
申请人

（1）缔约国的任何居民或国民均可提出国际申请。
（2）大会可以决定，允许《保护工业产权巴黎公约》缔约国但不是本条约缔约国的居民或国民提出国际申请。
（3）居所和国籍的概念，以及这些概念在有几个申请人或者这些申请人对所有指定国并不相同的情形的适用，由细则规定。

第 10 条
受理局

国际申请应向规定的受理局提出。该受理局应按本条约和细则的规定对国际申请进行检查和处理。

第 11 条
国际申请的申请日和效力

（1）受理局应以收到国际申请之日作为国际申请日，但以该局在收到申请时认定该申请符合下列要求为限：

（ⅰ）申请人并不因为居所或国籍的原因而明显缺乏向该受理局提出国际申请的权利；

（ⅱ）国际申请是用规定的语言撰写；

（ⅲ）国际申请至少包括下列项目：
（a）说明是作为国际申请提出的；
（b）至少指定一个缔约国；
（c）按规定方式写明的申请人的姓名或者名称；
（d）有一部分表面上看像是说明书；
（e）有一部分表面上看像是一项或几项权利要求。

（2）（a）如果受理局在收到国际申请时认定该申请不符合本条（1）列举的要求，该局应按细则的规定，要求申请人提供必要的改正。

（b）如果申请人按细则的规定履行了上述的要求，受理局应以收到必要的改正之日作为国际申请日。

（3）除第 64 条（4）另有规定外，国际申请符合本条（1）（ⅰ）至（ⅲ）列举的要求并已被给予国际申请日的，在每个指定国内自国际申请日起具有正规的国家申请的效力。国际申请日应认为是在每个指定国的实际申请日。

（4）国际申请符合本条（1）（ⅰ）至（ⅲ）列举的要求的，即相当于《保护工业产权巴黎公约》所称的正规国家申请。

第 12 条
将国际申请送交国际局和国际检索单位

（1）按照细则的规定，国际申请一份由受理局保存（"受理本"），一份送交国际局（"登记本"），另一份送交第 16 条所述的主管国际检索单位（"检索本"）。

（2）登记本应被视为是国际申请的正本。

（3）如果国际局在规定的期限内没有收到登记本，国际申请即被视为撤回。

第 13 条
向指定局提供国际申请副本

（1）任何指定局可以要求国际局在按第 20 条规定送达之前将一份国际申请副本送交该局，国际局应在从优先权日起一年期满后尽快将一份国际申请副本送交该指定局。

（2）（a）申请人可以在任何时候将其一份国际申请副本送交任一指定局。

（b）申请人可以在任何时候要求国际局将其一份国际申请副本送交任一指定局。国际局应尽快将该国际申请副本送交该指定局。

（c）任何国家局可以通知国际局，说明不愿接受（b）规定的副本。在这种情况下，该项规定不适用于该局。

第 14 条
国际申请中的某些缺陷

（1）（a）受理局应检查国际申请是否有下列缺陷，即：
  （ⅰ）国际申请没有按细则的规定签字；
  （ⅱ）国际申请没有按规定载明申请人的情况；
  （ⅲ）国际申请没有发明名称；
  （ⅳ）国际申请没有摘要；
  （ⅴ）国际申请不符合细则规定的形式要求。

（b）如果受理局发现上述缺陷，应要求申请人在规定期限内改正该国际申请，期满不改正的，该申请即被视为撤回，并由受理局作相应的宣布。

（2）如果国际申请提及附图，而实际上该申请并没有附图，受理局应相应地通知申请人，申请人可以在规定的期限内提供这些附图；如果申请人在规定期限内提供这些附图的，应以受理局收到附图之日为国际申请日。否则，应认为该申请没有提及附图。

（3）（a）如果受理局发现在规定的期限内没有缴纳第3条（4）（ⅳ）所规定的费用，或者对于任何一个指定国都没有缴纳第4条（2）规定的费用，国际申请即被视为撤回，并由受理局作相应的宣布。

（b）如果受理局发现，已经在规定的期限内就一个或几个指定国家（但不是全部国家）缴清第4条（2）规定的费用，对其余指定国家没有在规定期限内缴清该项费用的，则未缴清费用的指定即被视为撤回，并由受理局作相应的宣布。

（4）如果在国际申请被给予国际申请日之后，受理局在规定的期限内发现，第11条（1）（ⅰ）至（ⅲ）列举的任何一项要求在该日没有履行，上述申请即被视为撤回，并由受理局作相应的宣布。

第 15 条
国际检索

（1）每一国际申请都应经过国际检索。
（2）国际检索的目的是发现有关的现有技术。
（3）国际检索应在权利要求书的基础上进行，并适当考虑到说明书和附图（如果有的话）。
（4）第16条所述的国际检索单位应在其条件允许的情况下，尽量努力发现有关的现有技术，但无论如何应当查阅细则规定的文献。
（5）（a）如果缔约国的本国法允许，向该国或代表该国的国家局提出国家申请的申请人，可以按照该本国法规定的条件要求对该申请进行一次与国际检索相似的检索（"国际式检索"）。

（b）如果缔约国的本国法允许，该国或代表该国的国家局可以将向其提出的国家申请交付国际式检索。

（c）国际式检索应由第 16 条所述的国际检索单位进行，这个国际检索单位也就是假设国家申请是向（a）和（b）所述的国家局提出的国际申请时有权对之进行国际检索的国际检索单位。如果国家申请是用国际检索单位认为自己没有人能处理的语言撰写的，该国际式检索应该用申请人准备的译文进行，该译文的语言应该是为国际申请所规定并且是国际检索单位同意接受的国际申请的语言。如果国际检索单位要求，国家申请及其译文则应按照为国际申请所规定的形式提出。

第 16 条
国际检索单位

（1）国际检索应由国际检索单位进行。该单位可以是一个国家局，或者是一个政府间组织，如国际专利机构，其任务包括对作为申请主题的发明提出现有技术的文献检索报告。

（2）在设立单一的国际检索单位之前，如果存在几个国际检索单位，每个受理局应按照本条（3）（b）所述的适用协议的规定，指定一个或几个有权对向该局提出的国际申请进行检索的国际检索单位。

（3）（a）国际检索单位应由大会指定。符合（c）要求的国家局和政府间组织均可以被指定为国际检索单位。

（b）前项指定以取得将被指定的国家局或政府间组织的同意，并由该局或该组织与国际局签订协议为条件，该协议须经大会批准。该协议应规定双方的权利和义务，特别是上述局或组织正式承诺执行和遵守国际检索的所有各项共同规则。

（c）细则应规定，国家局或政府间组织在其被指定为国际检索单位之前必须满足，而且在其被指定期间必须继续满足的最低要求，尤其是关于人员和文献的要求。

（d）指定应有一定的期限，期满可以延长。

（e）在大会对任何国家局或政府间组织的指定或对其指定的延长作出决定之前，或在大会听任此种指定终止之前，大会应听取有关局或组织的意见，一旦第 56 条所述的技术合作委员会成立之后，并应征求该委员会的意见。

第 17 条
国际检索单位的程序

（1）国际检索单位的检索程序应依本条约、细则以及国际局与该单位签订的协议的规定，但该协议不得违反本条约和细则的规定。

（2）（a）如果国际检索单位认为：

（ⅰ）国际申请涉及的内容按细则的规定不要求国际检索单位检索，而且

该单位对该特定案件决定不作检索；或者

（ⅱ）说明书、权利要求书或附图不符合规定要求，以至于不能进行有意义的检索的；上述检索单位应作相应的宣布，并通知申请人和国际局将不作出国际检索报告。

（b）如果（a）所述的任何一种情况仅存在于某些权利要求，国际检索报告中应对这些权利要求加以相应的说明，而对其他权利要求则应按第18条的规定作出国际检索报告。

（3）（a）如果国际检索单位认为国际申请不符合细则中规定的发明单一性的要求，该检索单位应要求申请人缴纳附加费。国际检索单位应对国际申请的权利要求中首先提到的发明（"主要发明"）部分作出国际检索报告；在规定期限内付清要求的附加费后，再对国际申请中已经缴纳该项费用的发明部分作出国际检索报告。

（b）指定国的本国法可以规定，如果该国的国家局认为（a）所述的国际检索单位的要求是正当的，而申请人并未付清所有应缴纳的附加费，国际申请中因此而未经检索的部分，就其在该国的效力而言，除非申请人向该国的国家局缴纳特别费用，即被视为撤回。

第18条
国际检索报告

（1）国际检索报告应在规定的期限内按规定的格式作出。

（2）国际检索单位作出国际检索报告后，应尽快将报告送交申请人和国际局。

（3）国际检索报告或依第17条（2）（a）所述的宣布，应按细则的规定予以翻译。译文应由国际局作出，或在其承担责任的情况下作出。

第19条
向国际局提出对权利要求书的修改

（1）申请人在收到国际检索报告后，有权享受一次机会，在规定的期限内对国际申请的权利要求向国际局提出修改。申请人可以按细则的规定同时提出一项简短声明，解释上述修改并指出其对说明书和附图可能产生的影响。

（2）修改不应超出国际申请提出时对发明公开的范围。

（3）如果指定国的本国法准许修改超出上述公开范围，不遵守本条（2）的规定在该国不应产生任何后果。

第20条
向指定局的送达

（1）（a）国际申请连同国际检索报告〔包括按第17条（2）（b）所作的任何说明〕或者按第17条（2）（a）所作的宣布，应按细则的规定送达每一个指定局，除非该指定局全部或部分放弃这种要求。

　　（b）送达的材料应包括上述报告或宣布的（按规定的）译文。

　　（2）如果根据第 19 条（1）对权利要求作出了修改，送达的材料应包括原提出的和经过修改的权利要求的全文，或者包括原提出的权利要求的全文并具体说明修改的各点，并且还应包括第 19 条（1）所述的声明，如果有时。

　　（3）国际检索单位根据指定局或申请人的请求，应按细则的规定，将国际检索报告中引用的文件副本分别送达上述指定局或申请人。

第 21 条
国际公布

（1）国际局应公布国际申请。

（2）（a）除本款（b）和第 64 条（3）规定的例外以外，国际申请的国际公布应在自该申请的优先权日起满 18 个月后迅速予以办理。

　　（b）申请人可以要求国际局在本款（a）所述的期限届满之前的任何时候公布其国际申请。国际局应按照细则的规定予以办理。

（3）国际检索报告或第 17 条（2）（a）所述的宣布应按细则的规定予以公布。

（4）国际公布所用的语言和格式以及其他细节，应按照细则的规定。

（5）如果国际申请在其公布的技术准备完成以前被撤回或被视为撤回，即不进行国际公布。

（6）如果国际局认为国际申请含有违反道德或公共秩序的词句或附图，或者国际局认为国际申请含有细则所规定的贬低性陈述，国际局在公布时可以删去这些词句、附图和陈述，同时指出删去的文字或附图的位置和字数或号数。根据请求，国际局提供删去部分的副本。

第 22 条
向指定局提供副本、译本和缴纳费用

（1）申请人应在不迟于自优先权日起 30 个月①届满之日，向每个指定局提供国际申请的副本（除非已按第 20 条的规定送达）及其译本（按照规定）各一份，并缴纳国家费用（如果有这种费用的话）。如果指定国的本国法要求写明发明人的姓名和其他规定的事项，但准许在提出国家申请之后提供这些说明的，除请求书中已包括这些说明外，申请人应在不迟于自优先权日起的 30 个月②届满之日，向该国或代表该国的国家局提供上述说明。

（2）如果国际检索单位按照第 17 条（2）（a）的规定，宣布不作出国际检索报告，

---

　　①②　编者注：自 2002 年 4 月 1 日施行的 30 个月期限不适用于已通知国际局其适用的国内法与该期限不符的指定局。只要修改后的第 22 条（1）的规定继续与其适用的国内法不符，至 2002 年 3 月 31 日有效的 20 个月期限在该日后对这些指定局继续有效。国际局收到的任何有关这种不符的信息将在公报以及 WIPO 下述网站上公告：www.wipo.int/pct/en/texts/reservations/res_incomp.html。

则完成（1）所述各项行为的期限与（1）所规定的期限相同。

（3）为完成本条（1）或（2）所述的行为，任何缔约国的本国法可以另行规定期限，该期限可以在前两款规定的期限之后届满。

第 23 条
国家程序的推迟

（1）在按照第 22 条适用的期限届满以前，任何指定局不应处理或审查国际申请。

（2）尽管有本条（1）的规定，指定局根据申请人的明确的请求，可以在任何时候处理或审查国际申请。

第 24 条
在指定国的效力可能丧失

（1）有下列情况之一的，除在下列（ⅱ）的情况下第 25 条另有规定外，第 11 条（3）规定的国际申请的效力，在任何指定国家中应即终止，其后果和该国的任何国家申请的撤回相同：

（ⅰ）如果申请人撤回其国际申请或撤回对该国的指定；

（ⅱ）如果根据第 12 条（3）、第 14 条（1）（b）、第 14 条（3）（a）或第 14 条（4），国际申请被视为撤回，或者如果根据第 14 条（3）（b），对该国的指定被视为撤回；

（ⅲ）如果申请人没有在适用的期限内履行第 22 条所述的行为。

（2）尽管有本条（1）的规定，任何指定局仍可以保持第 11 条（3）所规定的效力，甚至这种效力根据第 25 条（2）并不需要保持也一样。

第 25 条
指定局的复查

（1）（a）如果受理局拒绝给予国际申请日，或者宣布国际申请已被视为撤回，或者如果国际局已经按第 12 条（3）作出认定，国际局应该根据申请人的请求，立即将档案中任何文件的副本送交申请人指明的任何指定局。

（b）如果受理局宣布对某一国家的指定已被视为撤回，国际局应该根据申请人的请求立即将档案中任何文件的副本送交该国的国家局。

（c）按照（a）或（b）的请求应在规定的期限内提出。

（2）（a）除（b）另有规定外，如果在规定的期限内国家费用已经缴纳（如需缴费），并且适当的译文（按规定）已经提交，每个指定局应按本条约和细则的规定，决定（1）所述的拒绝、宣布或认定是否正当；如果指定局认为拒绝或宣布是由于受理局的错误或疏忽所造成，或者认定是由于国际局的错误或疏忽所造成，就国际申请在指定局所在国的效力而言，该局应和未发生这种错误或疏忽一样对待该国际申请。

（b）如果由于申请人的错误或疏忽，登记本到达国际局是在第 12 条（3）规定的期限届满之后，本款（a）的规定只有第 48 条（2）所述的情况下才应适用。

第 26 条
向指定局提出改正的机会

任何指定局在按照本国法所规定的对国家申请在相同或类似情况下允许改正的范围和程序，给予申请人以改正国际申请的机会之前，不得以不符合本条约和细则的要求为理由驳回国际申请。

第 27 条
国家的要求

（1）任何缔约国的本国法不得就国际申请的形式或内容提出与本条约和细则的规定不同的或其他额外的要求。

（2）指定局一旦开始处理国际申请后，（1）的规定既不影响第 7 条（2）规定的适用，也不妨碍任何缔约国的本国法要求提供下列各项：

（ⅰ）申请人是法人时，有权代表该法人的职员的姓名；

（ⅱ）并非国际申请的一部分，但构成该申请中提出的主张或声明的证明的文件，包括该国际申请提出时是由申请人的代表或代理人签署，申请人以签字表示对该申请认可的文件。

（3）就指定国而言，如果申请人依该本国法因为不是发明人而没有资格提出国家申请，指定局可以驳回国际申请。

（4）如果从申请人的观点看，本国法对国家申请的形式或内容的要求比本条约和细则对国际申请所规定的要求更为有利，除申请人坚持对其国际申请适用本条约和细则规定的要求外，指定国或代表该指定国的国家局、法院和任何其他主管机关可以对该国际申请适用前一种要求以代替后一种要求。

（5）本条约和细则的任何规定都不得解释为意图限制任何缔约国按其意志规定授予专利权的实质性条件的自由。特别是，本条约和细则关于现有技术的定义的任何规定是专门为国际程序使用的，不构成对申请的形式和内容的要求。因而，各缔约国在确定国际申请中请求保护的发明的专利性时，可以自由适用其本国法关于现有技术及其他专利性条件的标准。

（6）缔约国的本国法可以要求申请人提供该法规定的关于专利性的任何实质条件的证据。

（7）任何受理局或者已开始处理国际申请的指定局，在本国法有关要求申请人指派有权在该局代表其自己的代理人以及（或者）要求申请人在指定国有一地址以便接受通知的范围内，可以适用本国法。

（8）本条约和细则中，没有一项规定的意图可以解释为限制任何缔约国为维护其国家安全而采用其认为必要的措施，或者为保护该国一般经济利益而限制其居民或国民提出国际申请的权利的自由。

第 28 条
向指定局提出对权利要求书、说明书和附图的修改

（1）申请人应有机会在规定的期限内，向每个指定局提出对权利要求书、说明书和附图的修改。除经申请人明确同意外，任何指定局，在该项期限届满前，不应授予专利权，也不应拒绝授予专利权。

（2）修改不应超出国际申请提出时对发明公开的范围，除非指定国的本国法允许修改超出该范围。

（3）在本条约和细则所没有规定的一切方面，修改应遵守指定国的本国法。

（4）如果指定局要求国际申请的译本，修改应使用该译本的语言。

第 29 条
国际公布的效力

（1）就申请人在指定国的任何权利的保护而言，国际申请的国际公布在该国的效力，除（2）至（4）另有规定外，应与指定国本国法对未经审查的本国申请所规定的强制国家公布的效力相同。

（2）如果国际公布所使用的语言和在指定国按本国法公布所使用的语言不同，该本国法可以规定（1）规定的效力仅从下列时间起才能产生：

（ⅰ）使用后一种语言的译本已经按本国法的规定予以公布；或者

（ⅱ）使用后一种语言的译本已经按本国法的规定通过公开展示而向公众提供；或者

（ⅲ）使用后一种语言的译本已经由申请人送达实际的或未来的未经授权而使用国际申请中请求保护的发明的人；或者

（ⅳ）上列（ⅰ）和（ⅲ）所述的行为，或（ⅱ）和（ⅲ）所述的行为已经发生。

（3）如果根据申请人的要求，在自优先权日起的 18 个月期限届满以前国际申请已经予以国际公布，任何指定国的本国法可以规定，本条（1）规定的效力只有自优先权日起 18 个月期限届满后才能产生。

（4）任何指定国的本国法可以规定，（1）规定的效力，只有自按第 21 条公布的国际申请的副本已为该国的或代表该国的国家局收到之日起才能产生。该局应将收到副本的日期尽快在其公报中予以公布。

第 30 条
国际申请的保密性

（1）（a）除（b）另有规定外，国际局和国际检索单位除根据申请人的请求或授权外，不得允许任何人或机构在国际申请的国际公布前接触该申请。

（b）上列（a）的规定不适用于将国际申请送交主管国际检索单位，不适用于按第 13 条规定的送交，也不适用于按第 20 条规定的送达。

（2）（a）除根据申请人的请求或授权外，任何国家局均不得允许第三人在下列各日期中最早的日期之前接触国际申请：

（ⅰ）国际申请的国际公布日；

（ⅱ）按第 20 条送达的国际申请的收到日期；

（ⅲ）按第 22 条提供国际申请副本的收到日期。

（b）上列（a）的规定并不妨碍任何国家局将该局已经被指定的事实告知第三人，也不妨碍其公布上述事实。但这种告知或公布只能包括下列事项：受理局的名称、申请人的姓名或名称、国际申请日、国际申请号和发明名称。

（c）上列（a）的规定并不妨碍任何指定局为供司法当局使用而允许接触国际申请。

（3）上列（2）（a）的规定除涉及第 12 条（1）规定的送交外，适用于任何受理局。

（4）为本条的目的，"接触"一词包含第三人可以得知国际申请的任何方法，包括个别传递和普遍公布，但条件是在国际公布前，国家局不得普遍公布国际申请或其译本，或者如果在自优先权日起的 20 个月期限届满时，还没有进行国际公布，那么在自优先权日起的 20 个月届满前，国家局也不得普遍公布国际申请或其译本。

第 Ⅱ 章
国际初步审查

第 31 条
要求国际初步审查

（1）经申请人要求，对国际申请应按下列规定和细则进行国际初步审查。

（2）（a）凡受第 Ⅱ 章约束的缔约国的居民或国民（按照细则的规定）的申请人，在其国际申请已提交该国或代表该国的受理局后，可以要求进行国际初步审查。

（b）大会可以决定准许有权提出国际申请的人要求国际初步审查，即使他们是没有参加本条约的国家或不受第 Ⅱ 章约束的国家的居民或国民。

（3）国际初步审查的要求应与国际申请分别提出，这种要求应包括规定事项，并使用规定的语言和格式。

（4）（a）国际初步审查的要求应说明申请人预定在哪些缔约国使用国际初步审查的结果（"选定国"）。以后还可选定更多的缔约国。选定应只限于按第 4 条已被指定的缔约国。

（b）上列（2）（a）所述的申请人可以选定受第 Ⅱ 章约束的任何缔约国。本条（2）（b）所述的申请人只可以选定已经声明准备接受这些申请人选定的那些受第 Ⅱ 章约束的缔约国。

（5）要求国际初步审查，应在规定的期限内缴纳规定的费用。

（6）（a）国际初步审查的要求应向第 32 条所述的主管国际初步审查单位提出。

(b) 任何以后的选定都应向国际局提出。

(7) 每个选定局应接到其被选定的通知。

第 32 条
国际初步审查单位

(1) 国际初步审查应由国际初步审查单位进行。

(2) 受理局［指第 31 条（2）（a）所述的要求的情形］和大会［指第 31 条（2）（b）所述的要求的情形］应按照有关的国际初步审查单位与国际局之间适用的协议，确定一个或几个主管初步审查的国际初步审查单位。

(3) 第 16 条（3）的规定比照适用于国际初步审查单位。

第 33 条
国际初步审查

(1) 国际初步审查的目的是对下述问题提出初步的无约束力的意见，即请求保护的发明看来是否有新颖性，是否有创造性（非显而易见性）和是否有工业实用性。

(2) 为国际初步审查的目的，请求保护的发明如果是细则所规定的现有技术中所没有的，应认为具有新颖性。

(3) 为国际初步审查的目的，如果按细则所规定的现有技术考虑，请求保护的发明在规定的相关日期对所属领域的技术人员不是显而易见的，它应被认为具有创造性。

(4) 为国际初步审查的目的，请求保护的发明如果根据其性质可以在任何一种工业中制造或使用（从技术意义来说），应认为具有工业实用性。对"工业"一词应如同在《保护工业产权巴黎公约》中那样作最广义的理解。

(5) 上述标准只供国际初步审查之用。任何缔约国为了决定请求保护的发明在该国是否可以获得专利，可以采用附加的或不同的标准。

(6) 国际初步审查应考虑国际检索报告中引用的所有文件。该审查也可以考虑被认为与特定案件有关的任何附加文件。

第 34 条
国际初步审查单位的程序

(1) 国际初步审查单位的审查程序，应遵守本条约、细则以及国际局与该单位签订的协议，但该协议不得违反本条约和细则的规定。

(2)（a）申请人有权口头和书面与国际初步审查单位进行联系。

(b) 在国际初步审查报告作出之前，申请人有权依规定的方式，并在规定的期限内修改权利要求书、说明书和附图。这种修改不应超出国际申请提出时对发明公开的范围。

(c) 除国际初步审查单位认为下列所有条件均已符合外，申请人应从该单位至少得到一份书面意见：

    （ⅰ）发明符合第33条（1）所规定的标准；

    （ⅱ）经该单位检查，国际申请符合本条约和细则的各项要求；

    （ⅲ）该单位不准备按照第35条（2）最后一句提出任何意见。

  （d）申请人可以对上述书面意见作出答复。

（3）（a）如果国际初步审查单位认为国际申请不符合细则所规定的发明单一性要求，可以要求申请人选择对权利要求加以限制，以符合该要求，或缴纳附加费。

  （b）任何选定国的本国法可以规定，如果申请人按（a）规定选择对权利要求加以限制，国际申请中因限制的结果而不再是国际初步审查对象的那些部分，就其在该国的效力而言，应该认为已经撤回，除非申请人向该国的国家局缴纳特别的费用。

  （c）如果申请人在规定的期限内不履行本款（a）所述的要求，国际初步审查应就国际申请中看来是主要发明的那些部分作出国际初步审查报告，并在该报告中说明有关的事实。任何选定国的本国法可以规定，如果该国的国家局认为国际初步审查单位的要求是正当的，该国际申请中与主要发明无关的那些部分，就其在该国的效力而言，应认为已经撤回，除非申请人向该局缴纳特别的费用。

（4）（a）如果国际初步审查单位认为：

    （ⅰ）国际申请涉及的主题按照细则的规定并不要求国际初步审查单位进行国际初步审查，并且国际初步审查单位已决定不对该特定案件进行这种审查；或者

    （ⅱ）说明书、权利要求书或附图不清楚、或者权利要求在说明书中没有足够的依据，因而不能对请求保护的发明的新颖性、创造性（非显而易见性）或工业实用性形成有意义的意见；

    则所述单位将不就第33条（1）规定的各项问题进行审查，并应将这种意见及其理由通知申请人。

  （b）如果认为本款（a）所述的任何一种情况只存在于某些权利要求或只与某些权利要求有关，该项规定只适用于这些权利要求。

第35条
国际初步审查报告

（1）国际初步审查报告应在规定的期限内并按规定的格式写成。

（2）国际初步审查报告不应包括关于下列问题的说明，即请求保护的发明按照任何国家的本国法可以或看来可以取得专利或不可以取得专利。除（3）另有规定外，报告应就每项权利要求作出说明，即该权利要求看来是否符合第33条（1）至（4）为国际初步审查的目的所规定的新颖性、创造性（非显而易见性）和工业实用性的标准。说明中应附有据以认为能证明所述结论的引用文件的清单，以及根据案件的情况可能需要作出的解释。说明还应附有细则所规定的其他意见。

（3）（a）如果国际初步审查单位在作出国际初步审查报告时，认为存在第34条（4）（a）所述的任何一种情况，该报告应说明这一意见及其理由。报告不应包括（2）所规定的任何说明。

（b）如果发现存在第 34 条（4）（b）所述的情况，国际初步审查报告应对涉及的权利要求作出（a）所规定的说明，而对其他权利要求则应作出本条（2）规定的说明。

第 36 条
国际初步审查报告的送交、翻译和送达

（1）国际初步审查报告，连同规定的附件，应送交申请人和国际局。

（2）（a）国际初步审查报告及其附件应译成规定的语言。

（b）上述报告的译本应由国际局作出或在其承担责任的情况下作出，而上述附件的译本则应由申请人作出。

（3）（a）国际初步审查报告，连同其译本（按规定）以及其附件（用原来的语言），应由国际局送达每个选定局。

（b）附件的规定译本应由申请人在规定期限内送交各选定局。

（4）第 20 条（3）的规定比照适用于国际初步审查报告中引用而在国际检索报告中未引用的任何文件的副本。

第 37 条
国际初步审查要求或选定的撤回

（1）申请人可以撤回任何一个或所有的选定。

（2）如果对所有选定国的选定都撤回，国际初步审查的要求应视为撤回。

（3）（a）任何撤回都应通知国际局。

（b）国际局应相应通知有关的选定局和有关的国际初步审查单位。

（4）（a）除本款（b）另有规定外，撤回国际初步审查的要求或撤回对某个缔约国的选定，就该国而言，除非该国的本国法另有规定，应视为撤回国际申请。

（b）如果撤回国际初步审查的要求或撤回选定是在第 22 条规定的适用期限届满之前，这种撤回不应该视为撤回国际申请；但是任何缔约国可以在其本国法中规定，只有在其国家局已在该期限内收到国际申请的副本及其译本（按照规定），以及国家费用的情形，本规定才适用。

第 38 条
国际初步审查的保密性

（1）国际初步审查报告一经作出，除经申请人请求或授权，国际局或国际初步审查单位均不得准许除选定局外的任何个人或单位，以第 30 条（4）规定的意义并按其规定的限制，在任何时候接触国际初步审查的档案。

（2）除本条（1）、第 36 条（1）和（3）以及第 37 条（3）（b）另有规定外，如未经申请人请求或授权，无论国际局或国际初步审查单位均不得就国际初步审查报告的发布或不发布，以及就国际初步审查要求或选定的撤回或不撤回提供任何信息。

第 39 条
向选定局提供副本、译本和缴纳费用

(1)(a) 如果在自优先权日起第 19 个月届满前已经选定缔约国、第 22 条的规定不适用于该国,申请人应在不迟于自优先权日起 30 个月届满之日向每个选定局提供国际申请副本(除非已按第 20 条的规定送达)和译本(按照规定)各一份,并缴纳国家费用(如果需要缴纳)。

(b) 为履行本条(a)所述的行为,任何缔约国的本国法可以另行规定期限,该期限可以在所规定的期限之后届满。

(2) 如果申请人没有在按(1)(a)或(b)适用的期限内履行(1)(a)所述的行为,第 11 条(3)规定的效力即在选定国终止,其结果和在该选定国撤回国家申请相同。

(3) 即使申请人不遵守(1)(a)或(b)的要求,任何选定局仍可维持第 11 条(3)所规定的效力。

第 40 条
国家审查和其他处理程序的推迟

(1) 如果在自优先权日起第 19 个月届满之前已经选定某个缔约国,第 23 条的规定不适用于该国,该国的国家局或代表该国的国家局,除(2)另有规定外,在第 39 条适用的期限届满前,对国际申请不应进行审查和其他处理程序。

(2) 尽管有本条(1)的规定,任何一个选定局根据申请人的明确请求,可以在任何时候对国际申请进行审查和其他处理程序。

第 41 条
向选定局提出对权利要求书、说明书和附图的修改

(1) 申请人应有机会在规定的期限内向每一个选定局提出对权利要求书、说明书和附图的修改。除经申请人明确同意外,任何选定局,在该项期限届满前,不应授予专利权,也不应拒绝授予专利权。

(2) 修改不应超出国际申请提出时对发明公开的范围,除非选定国的本国法允许修改超出该范围。

(3) 在本条约和细则所没有规定的一切方面,修改应遵守选定国的本国法。

(4) 如果选定局要求国际申请的译本,修改应使用该译本的语言。

第 42 条
选定局的国家审查的结果

接到国际初步审查报告的选定局,不得要求申请人提供任何其他选定局对同一国际申

请的审查有关的任何文件副本或有关其内容的信息。

第Ⅲ章
共同规定

第43条
寻求某些种类的保护

在任何指定国或选定国，按照其法律授予发明人证书、实用证书、实用新型、增补专利或增补证书、增补发明人证书或增补实用证书的，申请人可以按细则的规定，表示其国际申请就该国而言是请求授予发明人证书、实用证书或实用新型，而不是专利，或者表示请求授予增补专利或增补证书，增补发明人证书或增补实用证书，随此产生的效果取决于申请人的选择。为本条和其细则中有关本条的目的，第2条（ii）不应适用。

第44条
寻求两种保护

在任何指定国或选定国，按照其法律允许一项申请要求授予专利或第43条所述的其他各种保护之一的同时，也可以要求授予所述各种保护中另一种保护的，申请人可以按细则的规定，表明他所寻求的两种保护，随此产生的效果取决于申请人的表示。为本条的目的，第2条（ii）不应适用。

第45条
地区专利条约

（1）任何条约规定授予地区专利（"地区专利条约"），并对按照第9条有权提出国际申请的任何人给予申请此种专利的权利的，可以规定，凡指定或选定既是地区专利条约又是本条约的缔约国的国际申请，可以作为请求此种专利的申请提出。

（2）上述指定国或选定国的本国法可以规定，在国际申请中对该国的指定或选定，具有表明要求按地区专利条约取得地区专利的效力。

第46条
国际申请的不正确译文

如果由于国际申请的不正确译文，致使根据该申请授予的专利的范围超出了使用原来语言的国际申请的范围，有关缔约国的主管当局可以相应地限制该专利的范围，并且对该专利超出使用原来语言的国际申请范围的部分宣告无效。这种限制和无效宣告有追溯既往的效力。

第47条
期限

（1）计算本条约所述的期限的细节，由细则规定。

（2）（a）本条约第Ⅰ章和第Ⅱ章规定的所有期限，除按第60条规定的修改外，可以按照各缔约国的决定予以修改。

（b）上述决定应在大会作出，或者经由通讯投票作出，而且必须一致通过。

（c）程序的细节由细则规定。

第48条
延误某些期限

（1）如果本条约或细则规定的任何期限由于邮政中断或者由于邮递中不可避免的丢失或延误而未能遵守的，应视为该期限在该情况下已经遵守，但应有细则规定的证明和符合细则规定的其他条件。

（2）（a）任何缔约国，就该国而言，应按照其本国法所许可的理由，对期限的任何延误予以宽恕。

（b）任何缔约国，就该国而言，可以按照（a）所述理由以外的理由，对期限的任何延误予以宽恕。

第49条
在国际单位执行业务的权利

任何律师、专利代理人或其他人员有权在提出国际申请的国家局执行业务的，应有权就该申请在国际局和主管的国际检索单位以及主管的国际初步审查单位执行业务。

第Ⅳ章
技术服务

第50条
专利信息服务

（1）国际局可以根据已公布的文件，主要是在已公布的专利和专利申请的基础上，就其所得到的技术信息和任何其他有关信息提供服务（在本条中称为"信息服务"）。

（2）国际局可以直接地，或通过与该局达成协议的一个或一个以上的国际检索单位或其他国家的或国际的专门机构，来提供上述信息服务。

（3）信息服务进行的方式，应特别便利本身是发展中国家的缔约国获得技术知识和技术，包括可以得到的已公布的技术诀窍在内。

（4）信息服务应向缔约国政府及其国民和居民提供。大会可以决定也可以向其他人提供这些服务。

（5）（a）向缔约国政府提供的任何服务应按成本收费，但该政府是一个发展中国家的缔约国政府时，提供服务的收费应低于成本，如果不足之数能够从向缔约国政府以外的其他人员提供服务所获得的利润中弥补，或能从第51条（4）所述的来源中弥补。

（b）本款（a）所述的成本费应该理解为高于国家局进行服务或国际检索单位履行义务正常征收的费用。

（6）有关实行本条规定的细节应遵照大会和大会为此目的可能设立的工作组（在大会规定的限度内）作出的决定。

（7）大会认为必要时，应建议筹措资金的方法，作为本条（5）所述办法的补充。

第51条
技术援助

（1）大会应设立技术援助委员会（在本条中称为"委员会"）。

（2）（a）委员会委员应在各缔约国中选举产生，适当照顾发展中国家的代表性。

（b）总干事应依其倡议或经委员会的请求，邀请向发展中国家提供技术援助的有关的政府间组织的代表参加委员会的工作。

（3）（a）委员会的任务是组织和监督对本身是发展中国家的缔约国个别地或在地区的基础上发展其专利制度的技术援助。

（b）除其他事项外，技术援助应包括训练专门人员、借调专家以及为表演示范和操作目的提供设备。

（4）为了给依据本条进行的计划项目筹措资金，国际局应一方面寻求与国际金融组织和政府间组织，特别是联合国、联合国各机构以及与联合国有联系的有关技术援助的专门机构达成协议，另一方面寻求与接受技术援助的各国政府达成协议。

（5）有关实行本条规定的细节，应遵照大会和大会为此目的可能设立的工作组（在大会规定的限度内）作出的决定。

第52条
与本条约其他规定的关系

本章中的任何规定均不影响本条约其他章中所述的财政规定。其他章的财政规定对本章或本章的执行均不适用。

第Ⅴ章
行政规定

第53条
大会

(1)(a) 除第57条(8)另有规定外,大会应由各缔约国组成。

(b) 每个缔约国政府应有一名代表,该代表可以由副代表、顾问和专家辅助。

(2)(a) 大会应:

(ⅰ) 处理有关维持和发展本联盟及执行本条约的一切事项;

(ⅱ) 执行本条约其他条款特别授予大会的任务;

(ⅲ) 就有关修订本条约会议的筹备事项对国际局给予指示;

(ⅳ) 审议和批准总干事有关本联盟的报告和活动,并就有关本联盟职权范围内的事项对总干事给予一切必要的指示;

(ⅴ) 审议和批准按(9)建立的执行委员会的报告和活动,并对该委员会给予指示;

(ⅵ) 决定本联盟的计划,通过本联盟的三年[①]预算,并批准其决算;

(ⅶ) 通过本联盟的财务规则;

(ⅷ) 为实现本联盟的目的,成立适当的委员会和工作组;

(ⅸ) 决定接纳缔约国以外的哪些国家,以及除(8)另有规定外,哪些政府间组织和非政府间国际组织作为观察员参加大会的会议;

(ⅹ) 采取旨在促进本联盟目的的任何其他适当行动,并履行按本条约是适当的其他职责。

(b) 关于本组织管理的其他联盟共同有关的事项,大会应在听取本组织的协调委员会的意见后作出决定。

(3) 一个代表只可代表一个国家,并且以该国名义投票。

(4) 每个缔约国只有一票表决权。

(5)(a) 缔约国的半数构成开会的法定人数。

(b) 在未达到法定人数时,大会可以作出决议,但除有关其自己的议事程序的决议以外,所有决议只有在按照细则规定,依通信投票的方法达到法定人数和必要的多数时,才有效力。

(6)(a) 除第47条(2)(b)、第58条(2)(b)、第58条(3)和第61条(2)(b)另有规定外,大会的各项决议需要有所投票数的三分之二票。

(b) 弃权票不应认为是投票。

(7) 对于仅与受第Ⅱ章约束的国家有关的事项,(4)、(5)和(6)中所述的缔约

[①] 编者注:自1980年起,本联盟的计划和预算是两年制。

国，都应认为只适用于受第Ⅱ章约束的国家。

（8）被指定为国际检索单位或国际初步审查单位的任何政府间组织，应被接纳为大会的观察员。

（9）缔约国超过40国时，大会应设立执行委员会。一旦该委员会设立后，本条约和细则中所述的执行委员会应解释为这种委员会。

（10）在执行委员会设立前，大会应在计划和3年[①]预算的限度内，批准由总干事制定的年度计划和预算。

（11）（a）大会应每两日历年召开一次通常会议，由总干事召集，如无特殊情况，应和本组织的大会同时间和同地点召开。

（b）大会的临时会议由总干事应执行委员会或四分之一的缔约国的要求召开。

（12）大会应通过其自己的议事规则。

第54条
执行委员会

（1）大会设立执行委员会后，该委员会应遵守下列的规定。

（2）（a）除第57条（8）另有规定外，执行委员会应由大会从大会成员国中选出的国家组成。

（b）执行委员会的每个委员国政府应有一名代表，该代表可以由副代表、顾问和专家若干人辅助。

（3）执行委员会委员国的数目应相当于大会成员国数目的四分之一。在确定席位数目时，用四除后的余数不计。

（4）大会在选举执行委员会委员时，应适当考虑公平的地理分配。

（5）（a）执行委员会每个委员的任期，应自选出该委员会的大会会议闭幕开始，到大会下次通常会议闭幕为止。

（b）执行委员会委员可以连选连任，但连任的委员数目最多不能超过全体委员的三分之二。

（c）大会应制定有关执行委员会委员选举和可能连选连任的详细规则。

（6）（a）执行委员会的职权如下：

（ⅰ）拟定大会议事日程草案；

（ⅱ）就总干事拟定的本联盟计划和两年预算草案，向大会提出建议；

（ⅲ）[已删除]

（ⅳ）向大会递交总干事的定期报告和对账目的年度审计报告，并附具适当的意见；

（ⅴ）按照大会的决定并考虑到大会两次通常会议之间发生的情况，采取一切必要措施，以保证总干事执行本联盟的计划；

（ⅵ）执行按照本条约授予的其他职责。

[①] 编者注：自1980年起，本联盟的计划和预算是两年制。

（b）关于与本组织管理下的其他联盟共同有关的事项，执行委员会应在听取本组织协调委员会的意见后作出决定。

（7）（a）执行委员会每年应举行一次通常会议，由总干事召集，最好和本组织协调委员会同时间和同地点召开。

　　（b）执行委员会临时会议应由总干事依其本人倡议，或根据委员会主席或四分之一的委员的要求而召开。

（8）（a）执行委员会每个委员国应有一票表决权。

　　（b）执行委员会委员的半数构成开会的法定人数。

　　（c）决议应有所投票数的简单多数。

　　（d）弃权票不应认为是投票。

　　（e）一个代表只可代表一个国家，并以该国的名义投票。

（9）非执行委员会委员的缔约国，以及被指定为国际检索单位或国际初步审查单位的任何政府间组织，应被接纳为观察员参加委员会的会议。

（10）执行委员会应通过其自己的议事规则。

第55条
国际局

（1）有关本联盟的行政工作应由国际局执行。

（2）国际局应提供本联盟各机构的秘书处。

（3）总干事为本联盟的最高行政官员，并代表本联盟。

（4）国际局应出版公报和细则规定的或大会要求的其他出版物。

（5）为协助国际局、国际检索单位和国际初步审查单位执行本条约规定的各项任务，细则应规定国家局应提供的服务。

（6）总干事和他所指定的工作人员应参加大会、执行委员会以及按本条约或细则设立的其他委员会或工作小组的所有会议，但无表决权。总干事或由他指定的一名工作人员应为这些机构的当然秘书。

（7）（a）国际局应按照大会的指示并与执行委员会合作，为修订本条约的会议进行准备工作。

　　（b）关于修订本条约会议的准备工作，国际局可与政府间组织和非政府间国际组织进行磋商。

　　（c）总干事及其指定的人员应在修订本条约会议上参加讨论，但无表决权。

（8）国际局应执行指定的任何其他任务。

第56条
技术合作委员会

（1）大会应设立技术合作委员会（在本条中称为"委员会"）。

（2）（a）大会应决定委员会的组成，并指派其委员，适当注意发展中国家的公平代表性。

(b) 国际检索单位和国际初步审查单位应为委员会的当然委员。如果该单位是缔约国的国家局，该国在委员会不应再有代表。

(c) 如果缔约国的数目允许，委员会委员的总数应是当然委员数的两倍以上。

(d) 总干事应依其本人倡议或根据委员会的要求，邀请有利害关系组织的代表参加与其利益有关的讨论。

(3) 委员会的目的是提出意见和建议，以致力于：

(ⅰ) 不断改进本条约所规定的各项服务；

(ⅱ) 在存在几个国际检索单位和几个国际初步审查单位的情况下，保证这些单位的文献和工作方法具有最大程度的一致性，并使其提出的报告同样具有最大程度的高质量；并且

(ⅲ) 在大会或执行委员会的倡议下，解决在设立单一的国际检索单位过程中所特有的技术问题。

(4) 任何缔约国和任何有利害关系的国际组织，可以用书面就属于委员会权限以内的问题和委员会进行联系。

(5) 委员会可以向总干事或通过总干事向大会、执行委员会，所有或某些国际检索单位和国际初步审查单位，以及所有或某些受理局提出意见和建议。

(6)(a) 在任何情况下，总干事应将委员会的所有意见和建议的文本送交执行委员会。总干事可以对这些文本表示意见。

(b) 执行委员会可以对委员会的意见、建议或其他活动表示其看法，并且可以要求委员会对属于其主管范围内的问题进行研究并提出报告。执行委员会可将委员会的意见、建议和报告提交大会，并附以适当的说明。

(7) 在执行委员会建立前，本条(6)中所称执行委员会应解释为大会。

(8) 委员会议事程序的细节应由大会以决议加以规定。

第57条
财务

(1)(a) 本联盟应有预算。

(b) 本联盟的预算应包括本联盟自己的收入和支出，及其对本组织管理下各联盟的共同支出预算应缴的份额。

(c) 并非专属于本联盟而同时也属于本组织管理下的一个或一个以上其他联盟的支出，应认为是这些联盟的共同支出。本联盟在这些共同支出中应负担的份额，应和本联盟在其中的利益成比例。

(2) 制定本联盟的预算时，应适当注意到与本组织管理下的其他联盟的预算进行协调的需要。

(3) 除本条(5)另有规定外，本联盟预算的资金来源如下：

(ⅰ) 国际局提供有关本联盟的服务应收取的费用；

(ⅱ) 国际局有关本联盟的出版物的出售所得或版税；

（ⅲ）赠款，遗赠和补助金；

（ⅳ）租金、利息和其他杂项收入。

(4) 确定应付给国际局的费用的金额及其出版物的价格时，应使这些收入在正常情况下足以支付国际局为执行本条约所需要的一切开支。

(5)（a）如果任何财政年度结束时出现赤字，缔约国应在遵守（b）和（c）规定的情况下，缴纳会费以弥补赤字。

（b）每个缔约国缴纳会费的数额，应由大会决定，但应适当考虑当年来自各缔约国的国际申请的数目。

（c）如果有暂时弥补赤字或其一部分的其他办法，大会可以决定将赤字转入下一年度，而不要求各缔约国缴纳会费。

（d）如果本联盟的财政情况允许，大会可以决定把按（a）缴纳的会费退还给原缴款的缔约国。

（e）缔约国在大会规定的应缴会费日的两年内没有缴清（b）规定的会费的，不得在本联盟的任何机构中行使表决权。但是，只要确信缴款的延误是由于特殊的和不可避免的情况，本联盟的任何机构可以允许该国继续在该机构中行使表决权。

(6) 如果在新财政期间开始前预算尚未通过，按财务规则的规定，此预算的水平应同前一年的预算一样。

(7)（a）本联盟应有一笔工作基金，由每个缔约国一次缴款构成。如果基金不足，大会应安排予以增加。如果基金的一部分已不再需要，应予退还。

（b）每个缔约国首次向上述基金缴付的数额，或参与增加上述基金的数额，应由大会根据与本条（5）（b）所规定的相似的原则予以决定。

（c）缴款的条件应由大会按照总干事的建议并且在听取本组织协调委员会的意见后，予以规定。

（d）退还应与每个缔约国原缴纳的数额成比例，并且考虑到缴纳的日期。

(8)（a）本组织与其总部所在国签订的总部协议中应规定，在工作基金不足时，该国应给予贷款。贷予的数额和条件应按每次的情况由该国和本组织订立单独的协议加以规定。只要该国仍负有给予贷款的义务，该国在大会和执行委员会就应享有当然席位。

（b）本款（a）中所述的国家和本组织每一方都有权以书面通知废除贷款的义务。废除自通知发出的当年年底起3年后发生效力。

(9) 账目的审核应按财务规则的规定，由一个或一个以上缔约国或外界审计师进行。这些缔约国或审计师应由大会在征得其同意后指定。

第58条
实施细则

(1) 本条约所附的细则规定以下事项的规则：

（ⅰ）关于本条约明文规定应按细则办理的事项，或明文规定由或将由细则规定的事项；

（ⅱ）关于管理的要求、事项或程序；

（ⅲ）关于在贯彻本条约的规定中有用的细节。

（2）（a）大会可以修改细则。

（b）除本条（3）另有规定外，修改需要有所投票数的四分之三票。

（3）（a）细则应规定哪些规则只有按照下列方法才能修改：

（ⅰ）全体一致同意；或者

（ⅱ）其国家局担任国际检索单位或国际初步审查单位的各缔约国都没有表示异议，而且在这种单位是政府间组织时，经该组织主管机构内其他成员国为此目的授权的该组织的成员国兼缔约国并没有表示异议。

（b）将来如从应予适用的要求中排除上述任何一项规则，应分别符合（a）（ⅰ）或（ⅱ）规定的条件。

（c）将来如将任何一项规则包括在（a）所述的这一项或那一项要求中，应经全体一致同意。

（4）细则应规定，总干事应在大会监督下制定行政规程。

（5）本条约的规定与细则的规定发生抵触时，应以条约规定为准。

第Ⅵ章
争　议

第59条
争　议

除第64条（5）另有规定外，两个或两个以上缔约国之间有关本条约或细则的解释或适用发生争议，通过谈判未解决的，如果有关各国不能就其他的解决方法达成协议，有关各国中任何一国可以按照国际法院规约的规定将争议提交该法院。将争议提交国际法院的缔约国应通知国际局；国际局应将此事提请其他缔约国予以注意。

第Ⅶ章
修订和修改

第60条
本条约的修订

（1）本条约随时可以由缔约国的特别会议加以修订。

（2）修订会议的召开应由大会决定。

（3）被指定为国际检索单位或国际初步审查单位的政府间组织，应被接纳为修订会议的观察员。

（4）第53条（5）、（9）和（11），第54条，第55条（4）至（8），第56条和第57

条，可以由修订会议修改，或按照第 61 条的规定予以修改。

第 61 条
本条约某些规定的修改

(1)（a）大会的任何成员国、执行委员会或总干事可以对第 53 条（5）、(9) 和 (11)，第 54 条、第 55 条（4）至（8），第 56 条以及第 57 条提出修改建议。

(b) 总干事应将这些建议在大会进行审议前至少 6 个月通知各缔约国。

(2)（a）对本条（1）所述各条的任何修改应由大会通过。

(b) 通过需要有所投票数的四分之三票。

(3)（a）对（1）所述各条的任何修改，应在总干事从大会通过修改时的四分之三成员国收到按照其各自宪法程序办理的书面接受通知起 1 个月后开始生效。

(b) 对上述各条的任何修改经这样接受后，对修改生效时是大会成员的所有国家均具有约束力，但增加缔约国财政义务的任何修改只对那些已通知接受该修改的国家具有约束力。

(c) 凡按（a）的规定已经接受的任何修改，在按该项规定生效后，对于以后成为大会成员国的所有国家都具有约束力。

第Ⅷ章
最后条款

第 62 条
加入本条约

(1) 凡保护工业产权国际联盟的成员国，通过以下手续可以加入本条约：

（ⅰ）签字并交存批准书；或

（ⅱ）交存加入书。

(2) 批准书或加入书应交总干事保存。

(3)《保护工业产权巴黎公约》（斯德哥尔摩文本）第 24 条应适用于本条约。

(4) 在任何情况下，本条（3）不应理解为意味着一个缔约国承认或默示接受有关另一缔约国根据该款将本条约适用于某领地的事实状况。

第 63 条
本条约的生效

(1)（a）除本条（3）另有规定外，本条约应在 8 个国家交存其批准书或加入书后 3 个月生效，但其中至少应有 4 国各自符合下列条件中的任一条件：

（ⅰ）按照国际局公布的最新年度统计，在该国提出的申请已超过 4 万件；

（ⅱ）按照国际局公布的最新年度统计，该国的国民或居民在某一外国提出的申请至少已达 1000 件；

（ⅲ）按照国际局公布的最新年度统计，该国的国家局收到外国国民或居民的申请至少已达 1 万件。

（b）为本款的目的，"申请"一词不包括实用新型申请。

（2）除本条（3）另有规定外，在本条约按（1）生效时未成为缔约国的任何国家，在该国交存其批准书或加入书 3 个月后，应受本条约的约束。

（3）但是，第Ⅱ章的规定和附于本条约的细则的相应规定，只是在有 3 个国家至少各自符合本条（1）规定的三项条件之一而加入本条约之日，并且它们没有按第 64 条（1）声明不愿受第Ⅱ章规定的约束，才能适用。但是，该日期不得先于按（1）最初生效的日期。

第 64 条
保留[①]

（1）（a）任何国家可以声明不受第Ⅱ章规定的约束。

（b）按（a）作出声明的国家，不受第Ⅱ章的规定和细则的相应规定的约束。

（2）（a）没有按（1）（a）作出声明的任何国家可以声明：

（ⅰ）不受第 39 条（1）关于提供国际申请副本及其译本（按照规定）各一份的规定的约束；

（ⅱ）按第 40 条的规定推迟国家处理程序的义务并不妨碍由国家局或通过国家局公布国际申请或其译本，但应理解为该国并没有免除第 30 条和第 38 条规定的限制。

（b）作出以上声明的国家应受到相应的约束。

（3）（a）任何国家可以声明，就该国而言，不要求国际申请的国际公布。

（b）如果在自优先权日起 18 个月期满时，国际申请只包含对作出本款（a）声明的国家的指定，该国际申请不应按第 21 条（2）的规定予以公布。

（c）在适用本款（b）规定时，如遇下列情况，国际申请仍应由国际局公布：

（ⅰ）按细则的规定，根据申请人的请求；

（ⅱ）当已经按（a）规定作出了声明的任何以国际申请为基础的国家申请或专利已被指定国的国家局或代表该国的国家局公布，立即在该公布后并在不早于自优先权日起 18 个月届满前。

（4）（a）当任何本国法规定，其专利的现有技术效力自公布前的某一个日期起计算，但不将为现有技术的目的，把按照《保护工业产权巴黎公约》所要求的优先权日等同于在该国的实际申请日的，该国可以声明，为现有技术的目的，在该国之外提交的指定该国的国际申请不等同于在该国的实际申请日。

[①] 编者注：国际局收到的有关依照条约第 64 条（1）至（5）作出的保留的信息将在公报以及 WIPO 下述网站上公告：www.wipo.int/pct/en/texts/reservations/res_incomp.html。

（b）按本款（a）作出声明的任何国家，在该项规定的范围内，不受第 11 条（3）规定的约束。

（c）按本款（a）作出声明的国家，应同时以书面声明指定该国的国际申请的现有技术效力在该国开始生效的日期和条件。该项声明可以在任何时候通知总干事予以修改。

（5）每个国家可以声明不受第 59 条的约束。关于作出这种声明的缔约国与其他缔约国之间的任何争议，不适用第 59 条的规定。

（6）（a）按本条作出的任何声明均应是书面的声明。它可以在本条约上签字时或交存批准书或加入书时作出，或者除（5）所述的情况外，在以后任何时候以通知总干事的方式作出。在通知总干事的情况下，上述声明应在总干事收到通知之日起 6 个月后生效，对于在 6 个月期满前提出的国际申请没有影响。

（b）按本条所作的任何声明，均可以在任何时候通知总干事予以撤回。这种撤回应在总干事收到通知之日起 3 个月后生效，在撤回按本条（3）所作声明的情形下，撤回对在 3 个月期满前提出的国际申请没有影响。

（7）除按本条（1）至（5）提出保留外，不允许对本条约作任何其他保留。

第 65 条
逐步适用

（1）如果在与国际检索单位或国际初步审查单位达成的协议中，对该单位承担处理的国际申请的数量或种类规定临时性的限制，大会应就某些种类的国际申请逐步适用本条约和细则采取必要措施。本规定应同样适用于按第 15 条（5）提出的国际式检索的请求。

（2）除本条（1）另有规定外，大会应规定可以提出国际申请和可以要求国际初步审查的开始日期。这些日期应分别不迟于本条约按第 63 条（1）的规定生效后 6 个月，或按第 63 条（3）第 II 章适用后 6 个月。

第 66 条
退出

（1）任何缔约国可以通知总干事退出本条约。

（2）退出应自总干事收到所述通知 6 个月后生效。如果国际申请是在上述 6 个月期满以前提出，并且，在宣布退出的国家是选定国的情况下，如果是在上述 6 个月届满以前选定，退出不影响国际申请在宣布退出国家的效力。

第 67 条
签字和语言

（1）（a）本条约在用英语和法语写成的一份原本上签字，两种文本具有同等效力。

（b）总干事在与有利害关系的各国政府协商后，应制定德语、日语、葡萄牙语、俄语和西班牙语，以及大会可能指定的其他语言的官方文本。

（2）本条约在 1970 年 12 月 31 日以前可以在华盛顿签字。

第 68 条
保管的职责

（1）本条约停止签字后，其原本由总干事保管。

（2）总干事应将经其证明的本条约及其附件细则两份送交《保护工业产权巴黎公约》的所有缔约国政府，并根据要求送交任何其他国家的政府。

（3）总干事应将本条约送联合国秘书处登记。

（4）总干事应将经其证明的本条约及其细则的任何修改的附本两份，送交所有缔约国政府，并根据要求送交任何其他国家的政府。

第 69 条
通知

总干事应将下列事项通知《保护工业产权巴黎公约》的所有缔约国政府：

（ⅰ）按第 62 条的签字；

（ⅱ）按第 62 条批准书或加入书的交存；

（ⅲ）本条约的生效日期以及按第 63 条（3）开始适用第Ⅱ章的日期；

（ⅳ）按第 64 条（1）至（5）所作的声明；

（ⅴ）按第 64 条（6）（b）所作任何声明的撤回；

（ⅵ）按第 66 条收到的退出声明；

（ⅶ）按第 31 条（4）所作的声明。

专利合作条约实施细则

2024 年 7 月 1 日起生效

编者说明：有关专利合作条约实施细则修改的详细情况以及有关国际专利合作联盟大会（PCT 大会）关于上述修改生效和过渡性安排的决定，请参考从国际局或者世界知识产权组织（WIPO）网站 www.wipo.int/pct/en/meetings/assemblies/reports.html 上发布的 PCT 大会的相关报告。

之前已经删除的有效的条款，只有在为避免条款顺序空缺而必要时才予以注明。

目 录[*]

第一部分　绪　则
　第 1 条　缩略语
　　1.1　缩略语的含义
　第 2 条　对某些词的释义
　　2.1　"申请人"
　　2.2　"代理人"
　　2.2 之二　"共同代表"
　　2.3　"签字"
　　2.4　"优先权期限"
第二部分　有关条约第 I 章的细则
　第 3 条　请求书（形式）
　　3.1　请求书表格
　　3.2　表格的提供
　　3.3　清单
　　3.4　细节
　第 4 条　请求书（内容）
　　4.1　必要内容和非强制性内容；签字
　　4.2　请求
　　4.3　发明名称
　　4.4　姓名、名称和地址
　　4.5　申请人
　　4.6　发明人
　　4.7　代理人
　　4.8　共同代表

---

[*] 本实施细则于 1970 年 6 月 19 日通过，并于下列日期进行过修订：1978 年 4 月 14 日、1978 年 10 月 3 日、1979 年 5 月 1 日、1980 年 6 月 16 日、1980 年 9 月 26 日、1981 年 7 月 3 日、1982 年 9 月 10 日、1983 年 10 月 4 日、1984 年 2 月 3 日、1984 年 9 月 28 日、1985 年 10 月 1 日、1991 年 7 月 12 日、1991 年 10 月 2 日、1992 年 9 月 29 日、1993 年 9 月 29 日、1995 年 10 月 3 日、1997 年 10 月 1 日、1998 年 9 月 15 日、1999 年 9 月 29 日、2000 年 3 月 17 日、2000 年 10 月 3 日、2001 年 10 月 3 日、2002 年 10 月 1 日、2003 年 10 月 1 日、2004 年 10 月 5 日、2005 年 10 月 5 日、2006 年 10 月 3 日、2007 年 11 月 12 日、2008 年 5 月 15 日、2008 年 9 月 29 日、2009 年 10 月 1 日、2010 年 9 月 29 日、2011 年 10 月 5 日、2012 年 10 月 9 日、2013 年 10 月 2 日、2014 年 9 月 30 日、2015 年 10 月 14 日、2016 年 10 月 11 日、2017 年 10 月 11 日、2018 年 10 月 2 日、2019 年 10 月 9 日、2021 年 10 月 8 日和 2023 年 7 月 14 日。

本目录和编者注仅为方便读者查阅而添加，不是本细则的组成部分。

4.9 国家的指定；保护类型；国家和地区专利
4.10 优先权要求
4.11 对继续或部分继续申请、母案申请或授权的说明
4.12 考虑在先检索的结果
4.13 ［删除］
4.14 ［删除］
4.14 之二　国际检索单位的选择
4.15 签字
4.16 某些词的音译或者意译
4.17 本细则51之二.1（a）（ⅰ）至（ⅴ）所述国家要求的声明
4.18 援引加入的说明
4.19 附加事项

第5条　说明书
5.1 撰写说明书的方式
5.2 核苷酸和/或氨基酸序列的公开

第6条　权利要求书
6.1 权利要求的数目和编号
6.2 引用国际申请的其他部分
6.3 权利要求的撰写方式
6.4 从属权利要求
6.5 实用新型

第7条　附图
7.1 流程图和图表
7.2 期限

第8条　摘要
8.1 摘要的内容和格式
8.2 图
8.3 撰写的指导原则

第9条　不得使用的词语
9.1 定义
9.2 发现不符合规定
9.3 与条约第21条（6）的关系

第10条　术语和标记
10.1 术语和标记
10.2 一致性

第11条　国际申请的形式要求
11.1 副本的份数
11.2 适于复制
11.3 使用的材料

11.4　分页等

11.5　纸张的规格

11.6　空白边缘

11.7　纸页的编号

11.8　行的编号

11.9　文字内容的书写

11.10　文字内容中的附图、公式和表格

11.11　附图中的文字

11.12　改动等

11.13　对附图的特殊要求

11.14　后交的文件

第12条　国际申请的语言和为国际检索和国际公布目的的译文

12.1　所接受的提出国际申请的语言

12.1之二　根据本细则20.3、20.5、20.5之二或者20.6提交的项目和部分所用的语言

12.1之三　根据本细则13之二.4提交说明的语言

12.2　国际申请变动时的语言

12.3　为国际检索目的的译文

12.4　为国际公布目的的译文

第12条之二　申请人提交在先检索有关文件

12之二.1　根据细则4.12提出请求时申请人提供在先检索有关文件

12之二.2　根据细则4.12提出请求时国际检索单位通知提供在先检索有关文件

第13条　发明的单一性

13.1　要求

13.2　被认为满足发明单一性要求的情形

13.3　发明单一性的确定不受权利要求撰写方式的影响

13.4　从属权利要求

13.5　实用新型

第13条之二　与生物材料有关的发明

13之二.1　定义

13之二.2　记载（总则）

13之二.3　记载：内容；未作记载或者说明

13之二.4　记载：提交说明的期限

13之二.5　为一个或者多个指定国而作的记载和说明：为不同的指定国作的不同的保藏；向通知以外的保藏单位提交的保藏

13之二.6　提供样品

13之二.7　国家要求：通知和公布

第13条之三　核苷酸和/或氨基酸序列表

13之三.1　国际检索单位的程序

13之三.2　国际初步审查单位的程序
13之三.3　提交给指定局的序列表

第14条　传送费
14.1　传送费

第15条　国际申请费
15.1　国际申请费
15.2　数额；转付
15.3　缴费期限；缴费数额
15.4　退款

第16条　检索费
16.1　要求缴费的权利
16.2　退款
16.3　部分退款

第16条之二　缴费期限的延长
16之二.1　受理局的通知
16之二.2　滞纳金

第17条　优先权文件
17.1　提交在先国家或国际申请副本的义务
17.2　副本的取得

第18条　申请人
18.1　居所和国籍
18.2　[删除]
18.3　两个或者两个以上申请人
18.4　关于本国法对申请人的要求情况

第19条　主管受理局
19.1　在哪里申请
19.2　两个或者两个以上申请人
19.3　公布委托受理局任务的事实
19.4　向作为受理局的国际局传送

第20条　国际申请日
20.1　根据条约第11条（1）所作的决定
20.2　根据条约第11条（1）所作的肯定决定
20.3　不满足条约第11条（1）的缺陷
20.4　根据条约第11条（1）所作的否定决定
20.5　遗漏部分
20.5之二　错误提交的项目和部分
20.6　确认援引加入的项目和部分
20.7　期限
20.8　国家法的保留

第 21 条　副本的准备

21.1　受理局的责任

21.2　向申请人提供经认证的副本

第 22 条　登记本和译文的传送

22.1　程序

22.2　[删除]

22.3　条约第 12 条（3）规定的期限

第 23 条　检索本、译文和序列表的传送

23.1　程序

第 23 条之二　在先检索或分类有关文件的传送

23 之二.1　根据细则 4.12 提出请求时传送在先检索有关文件

23 之二.2　为细则 41.2 的目的传送在先检索或分类有关文件

第 24 条　国际局收到登记本

24.1　[删除]

24.2　收到登记本的通知

第 25 条　国际检索单位收到检索本

25.1　收到检索本的通知

第 26 条　受理局对国际申请某些部分的检查和改正

26.1　根据条约第 14 条（1）（b）的改正通知

26.2　改正的期限

26.2 之二　根据条约第 14 条（1）（a）（ⅰ）和（ⅱ）要求的检查

26.3　根据条约第 14 条（1）（a）（ⅴ）对形式要求的检查

26.3 之二　根据条约第 14 条（1）（b）通知改正不符合本细则 11 的缺陷

26.3 之三　根据条约第 3 条（4）（ⅰ）通知改正缺陷

26.4　程序

26.5　受理局的决定

第 26 条之二　优先权要求的改正或增加

26 之二.1　优先权要求的改正或增加

26 之二.2　优先权要求中的缺陷

26 之二.3　由受理局作出优先权权利的恢复

第 26 条之三　根据本细则 4.17 声明的改正或增加

26 之三.1　声明的改正或增加

26 之三.2　声明的处理

第 26 条之四　根据本细则 4.11 说明的改正或增加

26 之四.1　说明的改正或增加

26 之四.2　逾期提交的对说明的改正或增加

第 27 条　未缴纳费用

27.1　费用

第 28 条　国际局发现的缺陷

28.1　对某些缺陷的发现

第29条 国际申请被视为撤回

29.1 受理局的决定

29.2 ［删除］

29.3 提请受理局注意某些事实

29.4 准备根据条约第14条（4）作出宣布的通知

第30条 条约第14条（4）规定的期限

30.1 期限

第31条 条约第13条要求的副本

31.1 要求副本

31.2 副本的准备

第32条 国际申请的效力延伸至某些后继国

32.1 国际申请向后继国的延伸

32.2 向后继国延伸的效力

第33条 与国际检索有关的现有技术

33.1 与国际检索有关的现有技术

33.2 国际检索应覆盖的领域

33.3 国际检索的方向

第34条 最低限度文献

34.1 定义

第35条 主管的国际检索单位

35.1 主管的国际检索单位只有一个时

35.2 主管的国际检索单位有多个时

35.3 根据本细则19.1（a）（ⅲ）国际局是受理局时

第36条 对国际检索单位的最低要求

36.1 最低要求的定义

第37条 发明名称遗漏或者有缺陷

37.1 发明名称的遗漏

37.2 发明名称的制定

第38条 摘要遗漏或者有缺陷

38.1 摘要的遗漏

38.2 摘要的制定

38.3 摘要的修改

第39条 条约第17条（2）（a）（ⅰ）规定的主题

39.1 定义

第40条 缺乏发明单一性（国际检索）

40.1 通知缴纳附加费；期限

40.2 附加费

第40条之二 国际申请中包括或视为已包含遗漏部分或正确项目和部分时的附加费

40之二.1 通知缴纳附加费

第 41 条　考虑在先检索结果和分类结果
　41.1　根据细则 4.12 提出请求时考虑在先检索结果
　41.2　在其他情况下考虑在先检索和分类结果
第 42 条　国际检索的期限
　42.1　国际检索的期限
第 43 条　国际检索报告
　43.1　标明
　43.2　日期
　43.3　分类
　43.4　语言
　43.5　引证
　43.6　检索的领域
　43.6 之二　明显错误更正的考虑
　43.7　关于发明单一性的说明
　43.8　授权官员
　43.9　附加内容
　43.10　格式
第 43 条之二　国际检索单位的书面意见
　43 之二.1　书面意见
第 44 条　国际检索报告、书面意见等的传送
　44.1　报告或者宣布以及书面意见的副本
　44.2　发明名称或者摘要
　44.3　引用文件的副本
第 44 条之二　国际检索单位的专利性国际初步报告
　44 之二.1　作出报告；传送给申请人
　44 之二.2　向指定局的送达
　44 之二.3　给指定局的译文
　44 之二.4　对译文的意见
第 45 条　国际检索报告的译文
　45.1　语言
第 45 条之二　补充国际检索
　45 之二.1　补充检索请求
　45 之二.2　补充检索手续费
　45 之二.3　补充检索费
　45 之二.4　补充检索请求的检查；缺陷的改正；滞纳金；向指定的补充检索单位传送
　45 之二.5　补充国际检索的启动、基础和范围
　45 之二.6　发明的单一性
　45 之二.7　补充国际检索报告

45 之二.8　补充国际检索报告的传送和效力
45 之二.9　补充国际检索的主管国际检索单位

第 46 条　向国际局提出对权利要求的修改

46.1　期限
46.2　向哪里提出
46.3　修改的语言
46.4　声明
46.5　修改的形式

第 47 条　向指定局送达

47.1　程序
47.2　副本
47.3　语言
47.4　国际公布前根据条约第 23 条（2）的明确请求

第 48 条　国际公布

48.1　形式和方式
48.2　内容
48.3　公布语言
48.4　根据申请人的请求提前公布
48.5　国家公布的通知
48.6　某些事实的公告

第 49 条　根据条约第 22 条的副本、译文和费用

49.1　通知
49.2　语言
49.3　条约第 19 条规定的声明；本细则 13 之二.4 的说明
49.4　国家表格的使用
49.5　译文的内容和形式要求
49.6　未履行条约第 22 条所述行为之后的权利恢复

第 49 条之二　为国家程序的目的对所要求的保护的说明

49 之二.1　某些保护类型的选择
49 之二.2　提交说明的时间

第 49 条之三　由受理局作出的优先权恢复的效力；指定局对优先权的恢复

49 之三.1　由受理局作出的优先权恢复的效力
49 之三.2　指定局对优先权的恢复

第 50 条　条约第 22 条（3）规定的权能

50.1　权能的行使

第 51 条　指定局的复查

51.1　提出送交副本要求的期限
51.2　通知书的副本
51.3　缴纳国家费用和提供译文的期限

第 51 条之二　根据条约第 27 条允许的某些国家要求
51 之二.1　某些允许的国家要求
51 之二.2　可以不要求文件或证据的某些情况
51 之二.3　遵守国家要求的机会

第 52 条　向指定局提出的对权利要求书、说明书和附图的修改
52.1　期限

第三部分　有关条约第 II 章的细则

第 53 条　国际初步审查要求书
53.1　格式
53.2　内容
53.3　请求
53.4　申请人
53.5　代理人或者共同代表
53.6　国际申请的标明
53.7　国家的选定
53.8　签字
53.9　有关修改的声明

第 54 条　有权提出国际初步审查要求的申请人
54.1　居所和国籍
54.2　提出国际初步审查要求的权利
54.3　向作为受理局的国际局提出的国际申请
54.4　无权提出国际初步审查要求的申请人

第 54 条之二　提交要求书的期限
54 之二.1　提交要求书的期限

第 55 条　语言（国际初步审查）
55.1　要求书的语言
55.2　国际申请的译文
55.3　修改和信函的语言和译文

第 56 条　[删除]

第 57 条　手续费
57.1　缴纳费用的要求
57.2　数额；转付
57.3　缴纳费用的期限；应缴的数额
57.4　退款

第 58 条　初步审查费
58.1　要求缴纳费用的权利
58.2　[删除]
58.3　退款

第 58 条之二　缴费期限的延长
58 之二.1　国际初步审查单位的通知

58之二.2　滞纳金

第59条　主管的国际初步审查单位

59.1　根据条约第31条（2）（a）提出的要求

59.2　根据条约第31条（2）(b)提出的要求

59.3　向主管的国际初步审查单位传送要求书

第60条　要求书中的某些缺陷

60.1　要求书中的缺陷

第61条　要求书和选定书的通知

61.1　给国际局和申请人的通知

61.2　给选定局的通知

61.3　给申请人的信息

61.4　在公报上公布

第62条　向国际初步审查单位传送国际检索单位书面意见副本和根据条约第19条提出的修改的副本

62.1　国际检索单位书面意见副本和修改的副本在提交要求书之前传送

62.2　在提交要求书后提出的修改

第62条之二　向国际初步审查单位传送国际检索单位书面意见的译文

62之二.1　译文和意见

第63条　对国际初步审查单位的最低要求

63.1　最低要求的定义

第64条　与国际初步审查有关的现有技术

64.1　现有技术

64.2　非书面公开

64.3　某些已公布的文件

第65条　创造性或者非显而易见性

65.1　与现有技术的关系

65.2　相关日期

第66条　国际初步审查单位的程序

66.1　国际初步审查的基础

66.1之二　国际检索单位的书面意见

66.1之三　扩展检索

66.2　国际初步审查单位的书面意见

66.3　对国际初步审查单位的正式答复

66.4　提出修改或者答辩的追加机会

66.4之二　对修改、答辩和明显错误更正的考虑

66.5　修改

66.6　与申请人的非正式联系

66.7　优先权文件副本和译文

66.8　修改的形式

第67条 条约第34条（4）（a）（i）所述的主题

67.1 定义

第68条 缺乏发明单一性（国际初步审查）

68.1 不通知限制权利要求或者缴费

68.2 通知限制权利要求或者缴费

68.3 附加费

68.4 对权利要求书限制不充分时的程序

68.5 主要发明

第69条 国际初步审查的启动和期限

69.1 国际初步审查的启动

69.2 国际初步审查的期限

第70条 国际初步审查单位的专利性国际初步报告（国际初步审查报告）

70.1 定义

70.2 报告的基础

70.3 标明

70.4 日期

70.5 分类

70.6 条约第35条（2）的说明

70.7 条约第35条（2）的引证

70.8 条约第35条（2）的解释

70.9 非书面公开

70.10 某些公布的文件

70.11 修改的记述

70.12 某些缺陷和其他事项的记述

70.13 关于发明单一性的说明

70.14 授权官员

70.15 格式；标题

70.16 报告的附件

70.17 报告和附件使用的语言

第71条 国际初步审查报告和相关文件的传送

71.1 收件人

71.2 引用文件的副本

第72条 国际初步审查报告和国际检索单位书面意见的译文

72.1 语言

72.2 给申请人的译文副本

72.2之二 国际检索单位根据本细则43之二.1作出的书面意见的译文

72.3 对译文的意见

第73条 国际初步审查报告或者国际检索单位书面意见的送达

73.1 副本的制备

73.2　向选定局的送达

第 74 条　国际初步审查报告附件的译文及其传送

74.1　译文的内容和传送的期限

第 75 条　[删除]

第 76 条　优先权文件的译文；选定局程序中某些细则的适用

76.1　[删除]

76.2　[删除]

76.3　[删除]

76.4　提供优先权文件译文的期限

76.5　选定局程序中某些细则的适用

第 77 条　条约第 39 条（1）（b）规定的权能

77.1　权能的行使

第 78 条　向选定局递交的对权利要求书、说明书和附图的修改

78.1　期限

78.2　[删除]

78.3　实用新型

第四部分　有关条约第Ⅲ章的细则

第 79 条　历法

79.1　日期的表示

第 80 条　期限的计算

80.1　以年表示的期限

80.2　以月表示的期限

80.3　以日表示的期限

80.4　当地日期

80.5　在非工作日或法定假日届满

80.6　文件的日期

80.7　工作日的结束

第 81 条　对条约所规定的期限的修改

81.1　提议

81.2　大会的决议

81.3　通信投票

第 82 条　邮递业务异常

82.1　邮递的延误或者邮件的丢失

第 82 条之二　指定国或者选定国对延误某些期限的宽免

82 之二.1　条约第 48 条（2）中"期限"的含义

82 之二.2　权利的恢复以及条约第 48 条（2）适用的其他规定

第 82 条之三　受理局或者国际局所犯错误的更正

82 之三.1　有关国际申请日和优先权要求的错误

第 82 条之四　期限延误的宽免和期限的延长

82 之四.1　期限延误的宽免

82 之四.2　主管局的电子方式通信不可用

82 之四.3　由于普遍业务中断而延长期限

第 83 条　在各国际单位执行业务的权利

83.1　权利的证明

83.1 之二　国际局是受理局的情形

83.2　通知

第五部分　有关条约第 V 章的细则

第 84 条　代表团的费用

84.1　费用由政府负担

第 85 条　大会不足法定人数

85.1　通信投票

第 86 条　公报

86.1　内容

86.2　语言；公布的形式和方式；期限

86.3　出版周期

86.4　出售

86.5　公报名称

86.6　其他细节

第 87 条　出版物的送达

87.1　根据请求进行的出版物送达

第 88 条　本细则的修改

88.1　需要一致同意

88.2　[删除]

88.3　要求某些国家不反对

88.4　程序

第 89 条　行政规程

89.1　范围

89.2　渊源

89.3　公布和生效

第六部分　有关条约各章的细则

第 89 条之二　国际申请和其他文件用电子形式或以电子方法的提出、处理和传送

89 之二.1　国际申请

89 之二.2　其他文件

89 之二.3　各局之间的传送

第 89 条之三　以纸件提出的文件的电子形式副本

89 之三.1　以纸件提出的文件的电子形式副本

第 90 条　代理人和共同代表

90.1　委托代理人

90.2　共同代表

90.3 代理人和共同代表的行为，或者对其进行的行为的效力
90.4 委托代理人或者共同代表的方式
90.5 总委托书
90.6 撤销和辞去委托

第90条之二 撤回
90之二.1 国际申请的撤回
90之二.2 指定的撤回
90之二.3 优先权要求的撤回
90之二.3之二 补充检索请求的撤回
90之二.4 国际初步审查要求书或者选定的撤回
90之二.5 签字
90之二.6 撤回的效力
90之二.7 条约第37条（4）（b）规定的权能

第91条 国际申请和其他文件中明显错误的更正
91.1 明显错误更正
91.2 更正请求
91.3 更正的许可和效力

第92条 通信
92.1 信函和签字的必要性
92.2 语言
92.3 国家局或者政府间组织的邮件
92.4 电报机、电传机、传真机等的使用

第92条之二 请求书或者要求书中某些事项变更的记录
92之二.1 由国际局记录变更

第93条 记录和文档的保存
93.1 受理局
93.2 国际局
93.3 国际检索单位和国际初步审查单位
93.4 复制件

第93条之二 文件送达的方式
93之二.1 根据请求的送达；通过数字图书馆的送达

第94条 文档的获得
94.1 获得国际局持有的文档
94.1之二 获得受理局持有的文档
94.1之三 获得国际检索单位持有的文档
94.2 获得国际初步审查单位持有的文档
94.2之二 获得指定局持有的文档
94.3 获得选定局持有的文档

第95条 来自指定局和选定局的信息和译文
95.1 关于指定局和选定局事项的信息

95.2　提供译文的副本
第 96 条　费用表；费用的收到和转付
96.1　附于本细则的费用表
96.2　收到费用的通知；费用的转付
费用表

第一部分
绪　则

第1条
缩略语

1.1 缩略语的含义

（a）在本细则中,"条约"一词指专利合作条约。

（b）在本细则中,"章"和"条"指条约*特定的"章"或者"条"。

第2条
对某些词的释义

2.1 "申请人"

凡使用"申请人"一词时,应解释为包括申请人的代理人或者其他代表,除非从规定的措词或者本意或者从该词的上下文来看,该词明显表示与此相反的意思,例如特别是在述及申请人的居所或者国籍的规定中。

2.2 "代理人"

凡使用"代理人"一词时,应解释为是指根据本细则90.1委托的代理人,除非从规定的措词或者本意或者该词的上下文来看,该词明显表示与此相反的意思。

2.2之二 "共同代表"

凡使用"共同代表"一词时,应解释为是指根据本细则90.2被委托为或者被认为是共同代表的申请人。

2.3 "签字"

凡使用"签字"一词时,如果受理局或者主管国际检索单位或者国际初步审查单位所适用的本国法要求用盖章代替签字,则为该局或者该单位的目的,该签字即指盖章。

2.4 "优先权期限"

（a）凡涉及优先权要求而使用"优先权期限"一词时,应当解释为自作为优先权基础的在先申请的申请日起12个月的期限。在先申请的申请日当天不包括在该期限内。

（b）优先权期限应当比照适用本细则80.5的规定。

---

* 在本译文中均加"条约"二字。——译者注

第二部分
有关条约第 I 章的细则

第 3 条
请求书（形式）

3.1 请求书表格
请求书应填写在印制的表格上或者用计算机打印出来。

3.2 表格的提供
印就的表格应由受理局免费向申请人提供，如果受理局希望的话，也可由国际局提供。

3.3 清单
（a）请求书应包括一份清单，注明：
　　（ⅰ）国际申请文件的总页数和国际申请如下每一部分的页数：请求书、说明书（单独标注说明书中序列表部分的页数）、权利要求书、附图、摘要；
　　（ⅱ）在适用的情况下，提交国际申请所附具的委托书（即委托代理人或者共同代表的文件）、总委托书的副本、优先权文件、电子形式的序列表、关于缴费的文件或（需要在清单中注明的）任何其他文件；
　　（ⅲ）申请人建议在摘要公布时与摘要一起公布的附图的号码；在例外情况下，申请人可以建议一幅以上的附图。
（b）清单应由申请人填写。如果申请人漏填，则由受理局作必要的注明，但（a）（ⅲ）中所述的号码不应由受理局指定。

3.4 细节
除本细则 3.3 规定之外，印就的请求书表格的细节和用计算机打印的请求书的细节应在行政规程中予以规定。

第 4 条
请求书（内容）

4.1 必要内容和非强制性内容；签字
（a）请求书应包括：
　　（ⅰ）请求；
　　（ⅱ）发明名称；
　　（ⅲ）关于申请人和代理人（如有代理人的话）的事项；
　　（ⅳ）关于发明人的事项，如果至少有一个指定国的国家法要求在提出国家申请时提供发明人的姓名。
（b）在适用的情况下，请求书还应包括：

（ⅰ）优先权要求；

（ⅱ）本细则4.12（i）、12之二.1（b）和（d）规定的与在先检索有关的说明；

（ⅲ）有关母案申请或者母案专利的说明；

（ⅳ）申请人选择主管国际检索单位的说明。

(c) 请求书中可以包括：

（ⅰ）关于发明人的事项，如果任何指定国的国家法都不要求在提出国家申请时提供发明人的姓名；

（ⅱ）要求受理局准备优先权文件并向国际局传送的请求，如果作为优先权基础的在先申请是向国家局或者政府间组织提出，而该国家局或者政府间组织又是受理局时；

（ⅲ）本细则4.17规定的声明；

（ⅳ）本细则4.18规定的说明；

（ⅴ）恢复优先权权利的请求；

（ⅵ）本细则4.12（ⅱ）规定的说明。

(d) 请求书应签字。

4.2 请　　求

请求的作用如下，并最好这样措词："下列签字人请求按照专利合作条约的规定处理本国际申请"。

4.3 发明名称

发明名称应当简短（用英文或者译成英文时，最好是2至7个词）和明确。

4.4 姓名、名称和地址

(a) 自然人的姓名应写明其姓和名字，姓应写在名字之前。

(b) 法人的名称应写明其正式全称。

(c) 地址的写法应符合按所写明的地址能迅速邮递的通常要求，在任何情况下，它应包括所有有关的行政区划名称，如果有门牌号的话，可以包括门牌号。如果指定国的本国法并不要求写明门牌号，则不写明门牌号在该国不产生影响。为了能和申请人迅速通信，建议写明申请人或者代理人或者共同代表（如果有代理人或者共同代表）的电传、电话和传真号码，或者其他类似通信方式的有关数据。

(d) 每一个申请人、发明人或者代理人只应写明一个地址，但在未委托代理人代表申请人或者在申请人不止一个时未委托代理人代表所有申请人的情形下，申请人或者在申请人不止一个时申请人的共同代表，除在请求书中写明的任何其他地址以外，可以写明一个送达通知的地址。

4.5 申请人

(a) 请求书应写明申请人（如有几个申请人，则应写明每个申请人）的：

（ⅰ）姓名或名称；

（ⅱ）地址；

（ⅲ）国籍和居所。

(b) 申请人的国籍应写明他是其国民的那个国家的名称。

(c) 申请人的居所应写明他是其居民的那个国家的名称。

(d) 对不同的指定国，请求书可以写明不同的申请人。在这种情况下，请求书应写明对每一个指定国或者每组指定国的申请人。

（e）申请人向作为受理局的国家局注册的，请求书可以写明申请人注册时的注册号或其他说明。

4.6　发明人

（a）在适用本细则 4.1（a）（ⅳ）或（c）（ⅰ）的情况下，请求书应写明发明人的姓名和地址。如有几个发明人，则应写明每一个发明人的姓名和地址。

（b）如果申请人即为发明人，请求书应包括一项关于申请人即为发明人的说明，以代替（a）所述的内容。

（c）当指定国的本国法对发明人的要求不一样时，对不同的指定国，请求书可以写明不同的发明人。在这种情况下，对每一个指定国或者对每组指定国，请求书应有一个单独的说明，说明某特定人或者同一人被认为是发明人或者某几个特定人或者相同的几个人被认为是发明人。

4.7　代理人

（a）如已委托了代理人，请求书应如实写明，并写明该代理人的姓名和地址。

（b）代理人向作为受理局的国家局注册的，请求书可以写明代理人注册时的注册号或其他说明。

4.8　共同代表

如已委托了共同代表，请求书应如实写明。

4.9　国家的指定；保护类型；国家和地区专利

（a）请求书的提交意味着：

（ⅰ）指定在国际申请日时受条约约束的所有成员国；

（ⅱ）对条约第 43 条或第 44 条适用的所有指定国，该国际申请要求获得通过指定该国可以获得的所有保护类型；

（ⅲ）对条约第 45 条（1）适用的所有指定国，该国际申请要求获得地区专利和国家专利，除非条约第 45 条（2）适用。

（b）尽管有本条（a）（ⅰ）的规定，如果在 2005 年 10 月 5 日，某缔约国的国家法规定：提交的国际申请指定该国并要求了在该国有效的在先国家申请的优先权，将会导致该在先国家申请停止有效，即与撤回该在先国家申请的结果相同，如果该指定局在 2006 年 1 月 5 日之前通知国际局本条适用于指定该国的情形并且该通知在国际申请日仍然有效，则任何以在该国提交的在先国家申请为基础要求优先权的请求书中都可以包含一项未指定该国的说明。国际局应当将收到的信息迅速在公报上公布。[①]

4.10　优先权要求

（a）条约第 8 条（1）所述的声明（优先权要求）可以要求一个或多个在先申请的优先权，该在先申请是在《保护工业产权巴黎公约》的任何成员国提出的或者为该条约的任何成员国申请的，或者在不是该公约成员国的任何世界贸易组织成员提出的，或者为不是该公约成员国的任何世界贸易组织成员申请的。任何优先权要求均应写在请求书中；它应包括要求享受在先申请的优先权的声明，并应写明：

[①] 编者注：该信息也在 WIPO 官网上公布：www.wipo.int/pct/en/texts/reservations/res_incomp.html。

（ⅰ）在先申请的申请日；

（ⅱ）在先申请的申请号；

（ⅲ）如果在先申请是国家申请，受理该申请的《保护工业产权巴黎公约》成员国的名称或者不是该公约成员的任何世界贸易组织成员的名称；

（ⅳ）如果在先申请是地区申请，根据适用的地区专利条约有权授予地区专利的组织名称；

（ⅴ）如果在先申请是国际申请，受理该申请的受理局。

（b）除（a）（ⅳ）或（ⅴ）要求的写明事项外：

（ⅰ）如果在先申请是地区申请或国际申请，优先权要求可以指明为其提出该在先申请的一个或多个《保护工业产权巴黎公约》成员国；

（ⅱ）如果在先申请是地区申请且该地区专利条约缔约国中至少有一个既不是《保护工业产权巴黎公约》成员国，也不是世界贸易组织的成员，则优先权要求应至少指明一个为其提出该在先申请的《保护工业产权巴黎公约》成员国或者世界贸易组织成员。

（c）为（a）和（b）的目的，条约第2条（ⅵ）的规定不应适用。

4.11 对继续或部分继续申请、母案申请或授权的说明

（a）如果：

（ⅰ）申请人想根据本细则49之二.1（a）或（b）表明希望其国际申请在任一指定国作为增补专利、增补证书、增补发明人证书或者增补实用证书的申请；或

（ⅱ）申请人想根据本细则49之二.1（d）表明希望其国际申请在任一指定国作为一项在先申请的继续申请或者部分继续申请；

请求书应如此说明并指明相关的母案申请或母案专利或其他母案授权。

（b）在请求书中包含本条（a）的说明应不影响本细则4.9的适用。

4.12 考虑在先检索的结果

如果申请人希望国际检索单位在制作检索报告时考虑由同一或其他国际检索单位或国家局作出的在先国际检索、国际式检索或者国家检索（在先检索）的结果：

（ⅰ）请求书应如此说明并且应当详细说明涉及作出在先检索的单位或局以及申请；

（ⅱ）在适用的情况下，请求书可以包含一个说明，其效力是说明该国际申请与作出在先检索的申请内容一致或基本一致，或者说明该国际申请与在先申请除使用不同的语言提交外，内容一致或基本一致。

4.13 和 4.14 ［删除］

4.14 之二 国际检索单位的选择

如果有两个或者两个以上的国际检索单位主管国际申请的检索，申请人应在请求书中写明其所选择的国际检索单位。

4.15 签字

请求书应由申请人签字，如果有一个以上申请人时，应由所有申请人签字。

4.16 某些词的音译或者意译

（a）任何姓名、名称或者地址，如果是用拉丁字母以外的文字写的，还应该通过音

译或者意译译成英文用拉丁字母表示出来。申请人应确定哪些词用音译，哪些词用意译。

(b) 任何国家的名称用拉丁字母以外的文字书写的，还应用英文表明。

4.17 本细则51之二.1（a）（ⅰ）至（ⅴ）所述国家要求的声明

为一个或多个指定国所适用的本国法的目的，请求书可以包括下述一项或多项按照行政规程规定的方式撰写的声明：

（ⅰ）本细则51之二.1（a）（ⅰ）所述的关于发明人身份的声明；

（ⅱ）本细则51之二.1（a）（ⅱ）所述的关于申请人在国际申请日有权申请并被授予专利的声明；

（ⅲ）本细则51之二.1（a）（ⅲ）所述的关于申请人在国际申请日有权要求在先申请优先权的声明；

（ⅳ）本细则51之二.1（a）（ⅳ）所述的关于发明人资格的声明，该声明应当按照行政规程规定的方式签字；

（ⅴ）本细则51之二.1（a）（ⅴ）所述的关于不影响新颖性的公开或者丧失新颖性的例外的声明。

4.18 援引加入的说明

如果国际申请在受理局首次收到条约第11条（1）（ⅲ）所述一个或者多个项目之日要求了一件在先申请的优先权，那么请求书中可以包含如下说明：如果条约第11条（1）（ⅲ）（d）或（e）所述的国际申请的某一项目，或者本细则20.5（a）所述的说明书、权利要求书或附图的某一部分，或者本细则20.5之二（a）所述的某一项目或说明书、权利要求书或附图的某一部分不包含在本国际申请中，但是全部包含在在先申请中，则该项目或该部分可以经由根据本细则20.6的确认，为本细则20.6的目的援引加入到本国际申请中。这样的说明如果在上述日期没有包含在请求书中，则只有在包含在国际申请中其他地方或者在该日随国际申请一起提交的情况下才可以增加到请求书中。

4.19 附加事项

（a）请求书中不得包含本细则4.1至4.18规定以外的事项，除非行政规程允许在请求书中包含该规程所规定的任何其他附加事项。但行政规程不得强制要求在请求书中包含这些其他附加事项。

（b）如果请求书中包含有本细则4.1至4.18规定以外的事项或者（a）中所述行政规程允许的事项以外的事项，则受理局应依职权删去这些附加的事项。

第5条
说明书

5.1 撰写说明书的方式

（a）说明书应首先写明发明名称，该名称应与请求书中的发明名称相同，并应：

（ⅰ）说明发明所属的技术领域；

（ⅱ）指出就申请人所知，对发明的理解、检索和审查有用的背景技术，并且最好引用反映这些背景技术的文件；

（ⅲ）将要求保护的发明予以公开，应使人能理解技术问题（即使不是明确说明也

（iv）如果有附图，简略地说明附图中的各幅图；

（v）至少说明申请人认为实施要求保护的发明的最佳方式；在适当的情况下，应举例说明，如果有附图的话，还应参照附图；如果指定国的法律不要求描述最佳实施方式而允许描述任何实施方式（不论是否为最佳方式），则不描述所知的最佳实施方式在该国并不产生影响；

（vi）如果从发明的描述或者性质不能明显看出该发明能在工业上利用的方法及其制造和使用方法，应明确指出这种方法；如果该发明只能被使用，则应明确指出该使用方法。这里的"工业"一词应如在《保护工业产权巴黎公约》中那样，作最广义的理解。

（b）对上面（a）中规定的撰写方式和顺序应予遵守，除非由于发明的性质，用不同的方式或者不同的顺序撰写说明书能使人更好地理解发明并能使说明书更简明。

（c）除（b）规定之外，（a）中所述的每一部分之前最好按照行政规程的建议加上合适的标题。

5.2 核苷酸和/或氨基酸序列的公开

（a）如果国际申请包含根据行政规程的规定应包括在序列表中的核苷酸和/或氨基酸序列的公开，则说明书应当包括一个符合行政规程规定的标准的说明书序列表部分。

（b）说明书序列表部分包含的语言相关自由文本不需要写入说明书正文。

第6条
权利要求书

6.1 权利要求的数目和编号

（a）考虑到要求保护的发明的性质，权利要求的数目应适当。

（b）如果有几项权利要求，应用阿拉伯数字连续编号。

（c）在修改权利要求时，编号的方法应按行政规程的规定进行。

6.2 引用国际申请的其他部分

（a）权利要求在说明发明的技术特征时，除非绝对必要，不得依赖引用说明书或者附图，特别是不得依赖这样的引用："如说明书第……部分所述"或者"如附图第……图所示"。

（b）如果国际申请有附图，在权利要求描述的技术特征后面最好加上有关该特征的引用标记。在使用引用标记时，最好放在括号内。如果加上引用标记并不能使人更快地理解权利要求，就不应加引用标记。指定局为了公布申请的目的可以删去这些引用标记。

6.3 权利要求的撰写方式

（a）请求保护的主题应以发明的技术特征来确定。

（b）在适当的情况下，权利要求应包括：

（i）前叙部分，写明对确定要求保护的主题所必要的技术特征，但这些技术特征的结合是现有技术的一部分；

（ii）特征部分：开头使用"其特征是""其特征在于""其改进部分包括"或

者其他类似的用语,简洁写明技术特征,这些特征与(ⅰ)中所述的特征一起是请求保护的内容。

(c)如果指定国的本国法并不要求按(b)规定的方式撰写权利要求,则不采取这种方式撰写权利要求在该国不产生影响,只要其实际采用的撰写权利要求的方式满足了该国本国法的要求。

6.4 从属权利要求

(a)包括一个或者多个其他权利要求的全部特征的权利要求(从属形式的权利要求,以下简称"从属权利要求"),如果可能,应在开始部分引用所述一个或者多个权利要求,然后写明要求保护的附加特征。引用一个以上其他权利要求的从属权利要求(多项从属权利要求)只能择一地引用这些权利要求。多项从属权利要求不得作为另一多项从属权利要求的基础。如果作为国际检索单位的国家局的本国法不允许使用与上述两句话中所说的方式不同的方式撰写多项从属权利要求,则未用该种方式撰写权利要求可能导致按照条约第17条(2)(b)的规定在国际检索报告中作一说明。如果实际所用的撰写权利要求的方式满足指定国本国法的要求,则未用上述方式撰写权利要求在该指定国不产生任何影响。

(b)任何从属权利要求均应解释为包含其所引用的权利要求中的所有限定。如果该从属权利要求是一个多项从属权利要求,则应解释为包含其所特指的权利要求中的所有限定。

(c)所有引用一项在前权利要求的从属权利要求以及所有引用几项在前权利要求的所有从属权利要求,都应尽可能用最切实可行的方式归并在一起。

6.5 实用新型

申请人依据国际申请,请求指定国授予实用新型的,只要国际申请的处理已在该国开始,关于本细则6.1至6.4规定的事项,该指定国可以适用该国本国法关于实用新型的规定而不适用本细则上述的规定,但应允许申请人自条约第22条规定的期限届满日起至少有2个月的时间以调整其申请适应该本国法的要求。

第7条
附图

7.1 流程图和图表

流程图和图表应认为是附图。

7.2 期限

条约第7条(2)(ⅱ)所述的期限,根据案件的具体情况应该适当,但无论如何不能比根据该规定书面通知要求申请人提交附图或者补充附图之日起2个月的期限短。

第8条
摘要

8.1 摘要的内容和格式

(a)摘要应包括下述内容:

(ⅰ)说明书、权利要求书和任何附图中所包含的公开内容的概要;概要应写明发明所属的技术领域，并应撰写得使人能清楚地理解要解决的技术问题、通过发明解决该问题的方案的要点以及发明的主要用途；

（ⅱ）在适用的情况下，国际申请包括的所有各种化学式中最能表示发明特征的化学式。

（b）摘要应在公开的限度内写得尽可能简洁（用英文或者翻译成英文后最好是 50 至 150 个词）。

（c）摘要不得包含对要求保护的发明的所谓优点、价值或者属于推测性的应用的说明。

（d）摘要中提到的每一主要技术特征并在国际申请的附图中说明的，应在特征之后加引用标记，放在括号内。

8.2　图

（a）如果申请人未按本细则 3.3（a）（ⅲ）的规定作出注明，或者如果国际检索单位认为在所有附图中，有一幅或者几幅图比申请人所建议的图能更好地表示发明的特征的，除（b）的规定之外，该单位应指明该一幅或几幅图应于国际局公布摘要时与摘要一起公布。在这种情况下，摘要就应包括国际检索单位所指明的一幅或几幅图。否则，除（b）的规定之外，摘要应包括申请人所建议的图。

（b）如果国际检索单位认为附图中没有任何图对于理解摘要有用，则该单位应将此事通知国际局。在这种情况下，国际局公布摘要时不应包括附图中的任何一幅图，尽管申请人已按照本细则 3.3（a）（ⅲ）的规定建议了附图。

8.3　撰写的指导原则

摘要应撰写成使其成为对特定技术进行检索的有效查阅工具，尤其应有助于科学家、工程师或者研究人员作出是否需要参阅国际申请本身的决定。

第 9 条
不得使用的词语

9.1　定义

国际申请中不应包括：

（ⅰ）违反道德的用语和附图；

（ⅱ）违反公共秩序的用语和附图；

（ⅲ）贬低申请人以外任何特定人的产品或者方法的说法，或者贬低申请人以外任何特定人的申请或者专利的优点或者有效性的说法（仅仅与现有技术作比较本身不应认为是贬低行为）；

（ⅳ）根据情况明显是无关或者不必要的说明或者其他事项。

9.2　发现不符合规定

受理局、国际检索单位、指定补充检索单位和国际局可能发现国际申请与本细则 9.1 的规定不符，可以建议申请人自愿对其国际申请作相应修改，在此情况下，应当将该建议，在适用的情况下，通知受理局、主管国际检索单位、主管指定补充检索单位和国际局。

9.3 与条约第21条（6）的关系
条约第21条（6）中所指的"贬低性陈述"应具有本细则9.1（ⅲ）所规定的含义。

第10条
术语和标记

10.1 术语和标记
（a）计量单位应用公制单位，或者，如果首先用其他方式表示，也应加注公制单位。
（b）温度应用摄氏度表示，或者，如果首先用其他方式表示，也应加注摄氏度数。
（c）［删除］
（d）对于热、能、光、声和磁的表示，以及对数学公式和电的单位的表示，应遵循国际通用的规则；对于化学公式，应使用通用的符号、原子量和分子式。
（e）总的来说，只应使用在有关技术领域里一般公认的技术术语、标记和符号。
（f）在国际申请或者其译文是用中文、英文或者日文书写时，任何小数部分的前面应标有圆点。国际申请或者其译文是用中文、英文或者日文以外的语言书写时，任何小数部分的前面则应标有逗号。

10.2 一致性
术语和标记在整个国际申请中应前后一致。

第11条
国际申请的形式要求

11.1 副本的份数
（a）除（b）另有规定以外，国际申请和清单［本细则3.3（a）（ⅱ）］中所述的每一种文件都应提交一份。
（b）任何受理局可以要求国际申请以及清单［本细则3.3（a）（ⅱ）］中所述的任何文件各提交两份或者三份，除费用收据或者缴费清单以外。在这种情况下，受理局应负责核实第二副本和第三副本与原登记本的一致性。

11.2 适于复制
（a）递交的国际申请的各个组成部分（即请求书、说明书、权利要求书、附图和摘要），都应可供以摄影、静电方法、照相胶印和摄制缩微胶卷等方法直接复制任何数目的副本。
（b）所有的纸张都应无折痕和裂纹；不得折叠。
（c）每张纸应单面使用。
（d）除了本细则11.10（d）和11.13（j）另有规定以外，每张纸应竖向使用（即短的两边在上方和下方）。

11.3 使用的材料
国际申请的各个组成部分都应写在柔韧、结实、洁白、平滑、无光和耐久的纸上。

11.4　分页等

（a）国际申请的各个组成部分（请求书、说明书、权利要求书、附图、摘要）都应另起一页。

（b）国际申请的所有纸张应连接得易于翻阅、易于分开以及分开复制后易于重新合在一起。

11.5　纸张的规格

纸张的规格应采用 A4 型（29.7cm×21cm）。但是，任何受理局都可以接受用其他规格纸张的国际申请。但是送交国际局的登记本，或者如果主管国际检索单位有同样要求，送交该单位的检索本，应该用 A4 规格的纸张。

11.6　空白边缘

（a）说明书、权利要求书和摘要各页的最小空白边缘应如下：

　　－上边：2cm
　　－左边：2.5cm
　　－右边：2cm
　　－底边：2cm

（b）上面（a）中所规定的空白边缘，建议最大的限度为：

　　－上边：4cm
　　－左边：4cm
　　－右边：3cm
　　－底边：3cm

（c）在有附图的页上，可以使用的区域不得超过 26.2cm×17.0cm。在可以使用或者已使用的区域周围不得带边框，其最小空白边缘应如下：

　　－上边：2.5cm
　　－左边：2.5cm
　　－右边：1.5cm
　　－底边：1cm

（d）上面（a）至（c）规定的空白边缘适用于 A4 型纸，因此即使受理局接受其他规格的纸张，其 A4 型纸的登记本，以及如果主管国际检索单位也这样要求的话，其 A4 型纸的检索本，都应按上述规定留出空白边缘。

（e）除（f）和本细则 11.8（b）另有规定外，提出国际申请时，其空白边缘应完全空白。

（f）上边空白边缘的左角可以记载申请人的档案号，但该档案号应位于自纸张顶端起 1.5cm 的范围内。申请人档案号的字数不应超过行政规程规定的最大限度。

11.7　纸页的编号

（a）国际申请中的所有纸页都应用阿拉伯数字连续编号。

（b）编号应写在纸张顶部或者底部左右居中位置，但不应写在空白边缘上。

11.8　行的编号

（a）强烈建议在说明书和权利要求书的每一页上每逢第 5 行注明行数。

（b）行的编号应写在左边空白边缘的右半部分。

11.9 文字内容的书写

（a）请求书、说明书、权利要求书和摘要应打字或者印刷。

（b）只有图解符号和字符、化学式或者数学式以及中文和日文中的某些字，必要时可以手写和描绘。

（c）打字应用1.5倍的行距。

（d）所有文字内容应采用其大写字母不小于0.28cm高的字体并采用不易消除的黑色，以符合本细则11.2规定的要求，但是请求书的任何文字内容可以采用其大写字母不小于0.21cm高的字体。

（e）就打字的行距和字体的大小而言，（c）和（d）的规定不适用于以中文和日文书写的文件。

11.10 文字内容中的附图、公式和表格

（a）请求书、说明书、权利要求书和摘要中不应有附图。

（b）说明书、权利要求书和摘要可以包括化学式或者数学式。

（c）说明书和摘要可以包括表格；任何权利要求只有在其主题需要利用表格来限定时，才能包括表格。

（d）如果表格和化学式或数学式无法令人满意地竖向绘制在纸张上，它们也可横向绘制在纸张上；如果表格或者化学式或者数学式是横向绘制在纸张上的，则表格或者数学式的顶部位于纸张的左边。

11.11 附图中的文字

（a）附图中不得包括文字内容，除非绝对必要，可使用例如"水""汽""开""关""AB的剖面"等个别词。在电路图、框图或者流程图中，可使用为理解所必不可少的几个关键词。

（b）所使用的任何词都应该放在恰当的位置，以便翻译后可以被盖住，不致妨碍附图中的任何线条。

11.12 改动等

每页纸都应合乎情理地无擦痕，无改动，无字迹重叠，也无行间加字。如果内容的真实性不会发生问题并且良好的复制效果不会受到影响，可以允许不符合这一规定。

11.13 对附图的特殊要求

（a）附图应用耐久的、黑色的、足够深而浓的、粗细均匀并且轮廓分明的无彩色的线条和笔画制成。

（b）剖面应用剖面线表明。剖面线不得妨碍引用标记和引线的清楚识别。

（c）附图的比例及制图的清晰度应使该图在线性缩小至三分之二的照相复制品时仍能容易地辨认所有细节。

（d）在例外的情况下，附图上注明比例时，应用图形表示。

（e）在附图上的所有数字、字母和引用线条都应简单、清楚。括号、圆圈或者引号都不得与数字和字母一起使用。

（f）附图中的所有线条通常都应该用制图工具绘制。

（g）每幅图的每一组成部分同该图中的其他组成部分应成适当比例，但为了使该图清楚可看而必须采用另外一种比例的除外。

（h）数字和字母的高度不得低于0.32cm。附图中的字母应该使用拉丁字母，但也可按照惯例使用希腊字母。

（i）同一页附图纸上可以包括几幅附图。两页或者两页以上纸上的几幅图实际上形成一幅完整的图时，这数页上的图的排列应该能使各图组成一幅完整的图而不致遮盖各页上的任何一图的任何部分。

（j）不同的图安排在一页或者几页纸上时应注意节约篇幅，最好采用竖向放置，彼此明显地分开。如果图不是竖向放置的，它们可以横向放置，这时图的顶部应位于纸的左边。

（k）不同的图应用阿拉伯数字连续编号。图的编号与页的编号无关。

（l）说明书中未提到的引用标记不得在附图中出现，反之亦然。

（m）当用引用标记标识特征时，在整个国际申请中，同一特征用同一引用标记标识。

（n）如果附图中包括许多引用标记，则强烈建议申请人另附一页，列出所有引用标记及其所标识的特征。

11.14 后交的文件

本细则10和11.1至11.13的规定也适用于在提出国际申请之后提交的任何文件，例如替换页、修改后的权利要求、译文。

第12条
国际申请的语言和为国际检索和国际公布目的的译文

12.1 所接受的提出国际申请的语言

（a）提出国际申请应使用受理局为此目的所接受的任何一种语言。

（b）每一个受理局对国际申请的提出应至少接受一种符合以下两条件的语言：

（ⅰ）是国际检索单位所接受的语言，或在适用的情况下是对该受理局受理的国际申请有权进行国际检索的至少一个国际检索单位所接受的语言；

（ⅱ）是公布使用的语言。

（c）尽管有（a）的规定，请求书应以受理局为本款目的所接受的任何公布语言提出。

（d）尽管有（a）的规定，说明书序列表部分包含的任何语言相关自由文本应当以受理局为此目的所接受的语言提交。任何根据本款规定接受的语言，若不属于根据（a）规定所接受的语言，则应当满足（b）的要求。受理局可以准许但不应要求语言相关自由文本根据行政规程的规定以超过一种语言提交。

12.1之二 根据本细则20.3、20.5、20.5之二或者20.6提交的项目和部分所用的语言

申请人根据本细则20.3（b）、20.5之二（b）、20.5之二（c）或者20.6（a）提交的条约第11条（1）（ⅲ）（d）或者（e）中所述的项目和申请人根据本细则20.5（b）、20.5（c）、20.5之二（b）、20.5之二（c）或者20.6（a）提交的说明书、权利要求书或者附图的部分，应使用国际申请提出时的语言；或者，如果根据本细则12.3（a）或者12.4（a）要求提交申请的译文的，应使用申请提出时使用的语言和译文使用的语言两种语言提交。

12.1 之三　根据本细则 13 之二.4 提交说明的语言

根据本细则 13 之二.4 提交的有关保藏生物材料的任何说明应使用国际申请提出时的语言。如果根据本细则 12.3（a）或者 12.4（a）要求提交申请的译文的，应使用申请提出时使用的语言和译文使用的语言两种语言提交。

12.2　国际申请变动时的语言

（a）除本细则 46.3 和 55.3 另有规定之外，国际申请的任何修改都应使用申请提出时使用的语言。

（b）根据本细则 91.1 对国际申请中的明显错误所作的任何更正都应使用申请提出时使用的语言，但是：

（ⅰ）如果根据本细则 12.3（a）、12.4（a）或 55.2（a）的规定，要求提交国际申请的译文的，本细则 91.1（b）（ⅱ）和（ⅲ）所述的更正应使用申请提出时使用的语言和译文使用的语言两种语言提交；

（ⅱ）如果根据本细则 26.3 之三（c）需要提交请求书的译文的，本细则 91.1（b）（ⅰ）所述的更正只需要使用译文使用的语言提交。

（c）根据本细则 26 对国际申请文件中缺陷的任何改正，应使用申请提出时使用的语言。根据本细则 12.3 或 12.4 的规定提交的根据本细则 26 对国际申请文件译文缺陷的任何改正，或根据本细则 55.2（a）的规定提交的根据本细则 55.2（c）对译文缺陷的任何改正，或根据本细则 26.3 之三（c）的规定提交的对请求书的译文的缺陷的任何改正，均应使用译文使用的语言。

12.3　为国际检索目的的译文

（a）如果提出国际申请时所使用的语言不为进行国际检索的国际检索单位所接受，则申请人应自受理局收到国际申请之日起 1 个月内向该局提交一份该国际申请的译文，其使用的语言应符合以下条件：

（ⅰ）是该检索单位接受的语言；和

（ⅱ）是公布使用的语言；和

（ⅲ）是受理局根据本细则 12.1（a）所接受的语言，除非国际申请使用的是公布的语言。

（a 之二）对于任何说明书序列表部分，（a）规定仅适用于语言相关自由文本；语言相关自由文本的任何译文均应当根据行政规程的规定提供。

（b）（a）规定不适用于请求书。

（c）在受理局根据本细则 20.2（c）给申请人发通知时，如果申请人尚没有提交根据（a）所要求的译文，受理局应最好连同该通知一起要求申请人：

（ⅰ）在（a）规定的期限内提交要求的译文；

（ⅱ）如果没有在（a）规定的期限内提交要求的译文，则自通知之日起 1 个月内或者自受理局收到国际申请之日 2 个月内提交要求的译文，而且在适用的情况下缴纳（e）中所述的后提交费，两个期限以后到期的为准。

（d）如果受理局根据（c）向申请人发出通知而申请人没有在（c）（ⅱ）规定的期限内提交要求的译文和缴纳规定的后提交费，该国际申请应被视为撤回，受理局应作出这样的宣告。如果译文和费用是受理局在根据前句规定作出宣告之前并且在自优先权日起

15 个月期限届满之前收到的，应视为在期限届满前收到。

（e）对在（a）规定的期限届满后提交的译文，受理局为其自身的利益，可以责令缴纳后提交费，其数额为费用表第 1 项国际申请费的 25%，不考虑国际申请超过 30 页部分每页的费用。

12.4 为国际公布目的的译文

（a）如果提出国际申请时所使用的语言不是公布的语言，而且不需要根据本细则 12.3（a）提交译文，则申请人应自优先权日起 14 个月内向受理局提供该国际申请的译文，使用受理局为本款目的所接受的任何公布语言。

（a之二）对于任何说明书序列表部分，（a）规定仅适用于语言相关自由文本；语言相关自由文本的任何译文应当根据行政规程的规定提供。

（b）（a）规定不适用于请求书。

（c）如果申请人没有在（a）规定的期限内提交该款所要求的译文，受理局应通知申请人在自优先权日起 16 个月内提交要求的译文，而且在适用的情况下缴纳（e）所要求的后提交费。如果译文是受理局在根据前句规定发出通知之前收到的，应视为在（a）规定的期限届满前收到。

（d）如果申请人没有在（c）规定的期限内提交要求的译文和缴纳规定的后提交费，该国际申请应被视为撤回，受理局应作出这样的宣告。如果译文和费用是受理局在根据前句规定作出宣告之前并且在自优先权日起 17 个月期限届满之前收到的，应视为在期限届满前收到。

（e）对在（a）规定的期限届满后提交的译文，受理局为其自身的利益，可以责令缴纳后提交费，其数额为费用表第 1 项国际申请费的 25%，不考虑国际申请超过 30 页部分每页的费用。

第 12 条之二
申请人提交在先检索有关文件

12 之二.1 根据细则 4.12 提出请求时申请人提供在先检索有关文件

（a）如果申请人根据细则 4.12 已请求国际检索单位考虑由同一或其他国际检索单位或国家局作出的在先检索的结果，除本条（b）至（d）另有规定外，申请人应当将在先检索结果的副本以相关单位或局原来采用的任何形式（例如以检索报告、被引用现有技术列表或者审查报告的形式）与国际申请一起提交给受理局。

（b）如果在先检索是由作为受理局的同一个局进行的，申请人可以不提交（a）所述的副本，而是表明希望受理局制作此副本并将其传送给国际检索单位。该请求应在请求书中提出，并且受理局可以对此为其自身利益收取费用。

（c）如果在先检索是由同一国际检索单位或者作为国际检索单位的同一局进行的，则无须提交（a）所述的副本。

（d）如果（a）所述的副本对于受理局或者国际检索单位是以其可接受的形式和方式（例如通过数字图书馆）能够获得的并且申请人在请求书中也如此说明，则无须提交（a）所述的副本。

12 之二.2　根据细则 4.12 提出请求时国际检索单位通知提供在先检索有关文件

（a）除（b）和（c）另有规定外，国际检索单位可以要求申请人在根据情况是合理的期限内提交下列文件：

（ⅰ）相关在先申请的副本；

（ⅱ）如果在先申请的语言不是国际检索单位所接受的语言，提交该单位接受语言的在先申请的译文；

（ⅲ）如果在先检索结果的语言不是国际检索单位所接受的语言，提交该单位接受语言的在先检索结果的译文；

（ⅳ）在先检索结果中所引用任何文件的副本。

（b）如果在先检索是由同一国际检索单位或者作为国际检索单位的同一局进行的，或者如果（a）所述的副本或者译文对于国际检索单位是以其可接受的形式和方式（例如通过数字图书馆）或者是以优先权文件的形式能够获得的，则无须提交（a）所述的副本或译文。

（c）如果请求书中含有根据细则 4.12（ⅱ）作出的声明，说明国际申请与在先检索所针对的申请内容相同或者基本相同，或者国际申请与该在先申请除语言不同之外内容相同或者基本相同，则无需提交（a）（ⅰ）和（ⅱ）所述的副本或译文。

第 13 条
发明的单一性

13.1　要求

一件国际申请应只涉及一项发明或者由一个总的发明构思联系在一起的一组发明（发明单一性的要求）。

13.2　被认为满足发明单一性要求的情形

在同一件国际申请中要求保护一组发明的，只有在这些发明之间存在技术关联，含有一个或者多个相同或者相应的特定技术特征时，才应被认为满足本细则 13.1 所述的发明单一性的要求。"特定技术特征"一词应指在每个要求保护的发明作为一个整体考虑时对现有技术作出贡献的技术特征。

13.3　发明单一性的确定不受权利要求撰写方式的影响

在确定一组发明是否由一个总的发明构思联系在一起时，不应考虑这些发明是在不同的权利要求中要求保护，还是在同一个权利要求中作为选择方案要求保护。

13.4　从属权利要求

除本细则 13.1 另有规定之外，同一件国际申请中允许包括适当数目的从属权利要求，以便要求保护独立权利要求所要求保护的发明的特定形式，即使任何从属权利要求的一些特征本身可能被认为构成一项发明。

13.5　实用新型

申请人依据国际申请请求指定国授予实用新型的，只要国际申请的处理已在该国开始，则关于本细则 13.1 至 13.4 规定的事项，该指定国可以适用该国本国法关于实用新型的规定，而不适用本细则上述的规定，但应允许申请人自条约第 22 条规定的期限届满日起至少有 2 个月的时间以调整其申请适应该国本国法的要求。

第 13 条之二
与生物材料有关的发明

13 之二.1　定义

为本条的目的,"对某一保藏的生物材料的记载"是指国际申请中有关某保藏单位保藏生物材料的事项或有关已保藏的生物材料的事项。

13 之二.2　记载(总则)

对保藏的生物材料的任何记载应符合本细则的规定。任何记载如果是这样作出的,则应认为满足每个指定国本国法的要求。

13 之二.3　记载:内容;未作记载或者说明

(a)对保藏的生物材料的记载应说明下列事项:

(ⅰ)进行保藏的保藏单位的名称和地址;

(ⅱ)在该单位保藏生物材料的日期;

(ⅲ)该单位对保藏物给予的入藏号;

(ⅳ)依照本细则 13 之二.7(a)(ⅰ)已经通知国际局的任何补充事项,但条件是有关记载该事项的要求已经根据本细则 13 之二.7(c)的规定在提出国际申请之前至少 2 个月在公报上公布。

(b)未包括对保藏的生物材料的记载或对保藏的生物材料的记载中未包括按(a)的规定的说明,对本国法不要求在本国申请中作出这种记载或这种说明的任何指定国不产生后果。

13 之二.4　记载:提交说明的期限

(a)除(b)和(c)的规定之外,如果本细则 13 之二.3(a)所述的任何说明未包括在提交的国际申请有关保藏的生物材料的记载中而是送到了国际局,则

(ⅰ)如果是在自优先权日起 16 个月内送交的,任何指定局应认为该说明已按时提交;

(ⅱ)如果是在自优先权日起 16 个月期限届满之后送交的,但是是在国际局完成国际公布的技术准备工作之前到达国际局的,则任何指定局应认为该说明已在期限的最后一天提交。

(b)如果指定局适用的本国法对国家申请有同样的要求,则该局可以要求任何根据本细则 13 之二.3(a)的说明在自优先权日起 16 个月之前提交,条件是该要求已经根据本细则 13 之二.7(a)(ⅱ)通知了国际局,并且国际局在国际申请提交之前至少 2 个月已经根据本细则 13 之二.7(c)在公报中公布了该要求。

(c)如果申请人根据条约第 21 条(2)(b)要求提前公布,则任何指定局可以认为未在国际公布的技术准备完成前提交的任何说明是未及时提交。

(d)国际局应将其收到的任何根据(a)提交的说明的日期通知申请人并且:

(ⅰ)如果根据(a)提交的说明是在国际公布的技术准备完成之前收到的,应当将该说明以及收到日期的说明与国际申请一同公布;

（ⅱ）如果根据（a）提交的说明是在国际公布的技术准备完成之后收到的，应当将收到该说明的日期和该说明中的相关数据通知指定局。

13之二.5　为一个或者多个指定国而作的记载和说明；为不同的指定国作的不同的保藏；向通知以外的保藏单位提交的保藏

（a）对保藏的生物材料的记载应认为是为所有指定国而作，除非该记载明确表示是仅为某几个指定国而作；这也适用于记载中包括的说明。

（b）为不同的指定国可以作出不同的生物材料保藏的记载。

（c）任何指定局对其根据本细则13之二.7（b）的规定通知的保藏单位以外的其他保藏单位提交的保藏可以置之不理。

13之二.6　提供样品

根据条约第23条和第40条的规定，除非申请人允许，在根据这两条的规定可开始国家处理程序的适用期限届满前，不得提供国际申请中记载的保藏的生物材料的样品。但是，如果申请人在国际公布之后但在上述期限届满前履行条约第22条或者第39条所述的行为，一旦该行为已经履行，即可提供已保藏的生物材料的样品。尽管有前述规定，按照任何指定局所适用的本国法，一旦国际公布对未审查的国内申请有强制国内公布的效力，就可以按照该法律提供已保藏的生物材料的样品。

13之二.7　国家要求：通知和公布

（a）任何国家局均可将其本国法规定的任何要求通知国际局：

（ⅰ）除了本细则13之二.3（a）（ⅰ）、（ⅱ）和（ⅲ）所述的事项外，通知中规定的任何事项均应包括在本国申请对保藏的生物材料的记载中；

（ⅱ）本细则13之二.3（a）中所述的一项或者几项说明应包括在所提交的本国申请中，或者应在通知中规定的在自优先权日起16个月以前的某个时候提交。

（b）每一个国家局应通知国际局其本国法认可的、为了该局的专利程序对生物材料进行保藏的保藏单位名称，或者如果本国法未规定或者不允许这种保藏，则应将该事实通知国际局。

（c）国际局应将根据（a）的规定向其通知的各项要求和根据（b）的规定向其通知的有关信息在公报上迅速予以公布。

第13条之三
核苷酸和/或氨基酸序列表

13之三.1　国际检索单位的程序

（a）如果国际申请包含根据行政规程的规定应包括在序列表中的核苷酸和/或氨基酸序列的公开，则为了国际检索的目的，国际检索单位可以要求申请人提交符合行政规程规定标准的序列表，除非该序列表已经能够由该国际检索单位以一种其能接受的形式、语言和方式所获得，并且在适用的情况下要求申请人于通知规定的期限内缴纳（c）所述的后提交费。

（b）［删除］

（c）根据（a）所述通知而提交序列表的，国际检索单位为其自身的利益，可以要求向其缴纳后提交费，其数额由国际检索单位决定，但不应超过费用表第1项所述的国际申请费的25%，不考虑国际申请超过30页部分每页的任何费用。

（d）如果申请人没有在（a）所述通知规定的期限内提交所要求的序列表和缴纳任何所要求的后提交费，则国际检索单位只需在没有序列表的情况下可以进行的有意义检索的范围内对国际申请进行检索。

（e）任何不包括在提出时国际申请中的序列表，无论是根据（a）所述通知提交的，还是以其他方式提交的，均不能成为国际申请的一部分，但本款并不妨碍申请人根据条约第34条（2）（b）修改涉及序列表的说明书。

（f）［删除］

13之三.2 国际初步审查单位的程序

国际初步审查单位的程序应比照适用本细则13之三.1的规定。

13之三.3 提交给指定局的序列表

任何指定局都不得要求申请人提交符合行政规程规定标准的序列表之外的序列表。

第14条
传送费

14.1 传送费

（a）任何受理局，因受理国际申请，因向国际局和主管国际检索单位送交申请副本，以及因作为受理局履行其对国际申请所必须履行的一切其他任务，可以为该局自身利益要求申请人向其缴纳费用（传送费）。

（b）如果有传送费，其数额应由受理局确定。

（c）传送费应自国际申请收到之日起1个月内缴纳。应缴数额为该收到日所适用的数额。

第15条
国际申请费

15.1 国际申请费

每件国际申请都应为国际局的利益缴纳费用（国际申请费），该费用由受理局收取。

15.2 数额；转付

（a）国际申请费的数额由费用表规定。

（b）国际申请费应以受理局规定的货币或其中的一种缴纳（规定货币）。

（c）当规定货币是瑞士法郎时，受理局应当根据细则96.2将上述费用以瑞士法郎转付国际局。

（d）当规定货币不是瑞士法郎，且该货币：

（ⅰ）能够自由兑换成瑞士法郎的，对于每一个规定以此种货币缴纳国际申请费的受理局，总干事应根据大会的指示为之确定以该种规定货币缴纳所述费用的等值数额，受理局应当根据细则96.2按该数额将规定货币转付国际局；

（ⅱ）不能自由兑换成瑞士法郎的，受理局应负责将国际申请费从规定货币转换成瑞士法郎并根据细则96.2按费用表列出的数额以瑞士法郎转付国际局。或者，如果受理局愿意，可以将国际申请费从规定货币转换成欧元或美元并根据细则96.2按（ⅰ）中所述由总干事根据大会指示确定的等值数额，以欧元或者美元转付国际局。

15.3 缴费期限；缴费数额

国际申请费应当自收到国际申请之日起1个月内向受理局缴纳。缴费数额应当是收到日所适用的数额。

15.4 退款

如有下列情况之一，受理局应将国际申请费退还给申请人：

（ⅰ）如果根据条约第11条（1）所作的决定是否定的；

（ⅱ）如果在将登记本送交国际局之前，该国际申请已被撤回或者被视为撤回的；或者

（ⅲ）如果根据有关国家安全的规定，该国际申请未作为国际申请处理的。

第 16 条
检索费

16.1 要求缴费的权利

（a）每一国际检索单位，因完成国际检索，因履行条约和本细则委托国际检索单位的一切其他任务，可以为其自身利益要求申请人缴纳费用（检索费）。

（b）检索费应由受理局收取。该费用应以该局规定的货币缴纳（规定货币）。

（c）如果规定货币是国际检索单位用以确定该费数额的货币（确定货币），受理局应根据细则96.2将上述费用以该货币转付国际检索单位。

（d）当规定货币不是确定货币，且该货币：

（ⅰ）能够自由兑换成确定货币的，对于每一个规定以此种货币缴纳检索费的受理局，总干事应根据大会的指示为之确定以该种规定货币缴纳所述费用的等值数额，受理局应当根据细则96.2按该数额将规定货币转付国际检索单位；

（ⅱ）不能自由兑换成确定货币的，受理局应负责将检索费从规定货币转换成确定货币并根据细则96.2按国际检索单位确定的数额，以确定货币转付国际检索单位。

（e）用确定货币以外的规定货币缴纳检索费时，如果国际检索单位根据本条（d）（ⅰ）规定实际收到的规定货币数额换算成确定货币后低于其确定的数额，则该差额应由国际局付给国际检索单位；如果实际收到的数额高于确定的数额，则余额应属于国际局。

（f）关于缴纳检索费的期限和数额，应比照适用本细则15.3有关国际申请费的规定。

16.2 退款

如果有下列情况之一，受理局应将检索费退还给申请人：

（ⅰ）根据条约第11条（1）所作的决定是否定的；

（ⅱ）在将检索本送交国际检索单位之前，该国际申请已被撤回或者被视为撤回的；或者

（ⅲ）根据有关国家安全的规定，该国际申请未作为国际申请处理的。

16.3 部分退款

根据本细则41.1，如果国际检索单位在国际检索时考虑了在先检索的结果，该单位应将申请人为该在后国际申请所缴纳的检索费退还给申请人，退还的程度和条件根据条约第16条（3）（b）中协议的规定办理。

第16条之二
缴费期限的延长

16之二.1 受理局的通知

（a）如果根据本细则14.1（c）、15.3和16.1（f）规定的缴费期限已到，受理局发现尚未向其缴费或者向其缴纳的数额不足以付清传送费、国际申请费和检索费的，除（d）另有规定外，受理局应通知申请人在自通知之日起1个月的期限内向其缴纳足以付清那些费用所需的数额以及在适用的情况下本细则16之二.2规定的滞纳金。

（b）［删除］

（c）如果受理局已根据（a）的规定向申请人发出了通知，而申请人在该项所述的期限内没有缴纳应缴的全部数额，包括在适用的情况下本细则16之二.2规定的滞纳金的，除（e）另有规定外，受理局应：

（i）根据条约第14条（3）的规定作相应的宣布；和

（ii）根据本细则29的规定进行处理。

（d）在受理局根据（a）发出通知之前收到的任何费用，根据情况应认为是在本细则14.1（c）、15.3或16.1（f）规定的期限届满前收到的。

（e）在受理局根据条约第14条（3）作出相应的宣布之前收到的任何费用，应认为是在（a）中所述的期限届满前收到的。

16之二.2 滞纳金

（a）受理局可以规定，按本细则16之二.1（a）中规定的通知缴纳费用的，为该局的利益，应向其缴纳滞纳金。滞纳金的数额应为：

（i）通知中指明的未缴纳的费用的数额的50%；或

（ii）如果根据（i）计算的数额少于传送费，滞纳金数额应与传送费相等。

（b）但滞纳金的数额不应超过费用表中第1项所述的国际申请费数额的50%，不考虑国际申请超出30页部分每页的费用。

第17条
优先权文件

17.1 提交在先国家或国际申请副本的义务

（a）如果根据条约第8条的规定要求享有一项在先国家申请或者国际申请的优先权，则除非在提出要求优先权的国际申请的同时已经把优先权文件提交给受理局以及除（b）和（b之二）另有规定外，申请人应将经原受理机构证明的在先申请文件副本（优先权文件）在自优先权日起16个月内向国际局或者受理局提交。但国际局在上述期限届满之后收到的该在先申请的任何副本，如果是在国际申请的国际公布日之前到达国际局的，应认为国际局已在上述期限的最后一天收到。

（b）如果优先权文件是由受理局出具，则申请人可以不提交优先权文件，而是请求受理局准备优先权文件并将该文件送交国际局。该请求应在优先权日起 16 个月期限届满之前提出，并且受理局还可以要求申请人为此缴纳费用。

（b之二）如果优先权文件已经可以由国际局根据行政规程在国际申请的国际公布日之前从数字图书馆获得，则申请人可以不提交优先权文件，而是在国际公布日之前请求国际局从数字图书馆获取该优先权文件。

（c）如果上述三项中的规定都不符合，则任何指定局，除（d）另有规定外，可以不理会优先权要求。但是任何指定局在根据情况给予申请人在合理的期限内提供优先权文件的机会之前，不得对其优先权要求置之不理。

（d）任何指定局不得对（c）中的优先权要求置之不理，只要该局作为国家局受理了（a）中所述的在先申请或者根据行政规程优先权文件可以通过数字图书馆获取。

17.2 副本的取得

（a）如果申请人遵守本细则 17.1（a）、（b）或者（b之二）的规定，则国际局根据指定局的特定请求，应迅速地但不在国际申请国际公布以前，向该局提供一份优先权文件副本。任何指定局不得要求申请人本人向该局提供优先权文件副本。不应要求申请人在条约第 22 条适用的期限届满以前向指定局提供译本。如果申请人在国际申请国际公布之前根据条约第 23 条（2）向指定局提出明确请求，则根据该指定局的特定请求，国际局应在收到优先权文件后向该指定局迅速提供优先权文件副本。

（b）在国际申请的国际公布以前，国际局不得将优先权文件副本向公众提供。

（c）如果国际申请已按条约第 21 条的规定予以公布，国际局应根据请求向任何人提供优先权文件的副本并收取成本费，除非在公布前：

（ⅰ）该国际申请已被撤回；

（ⅱ）有关的优先权要求已被撤回或者依据本细则 26 之二．2（b）被视为未提出。

第 18 条
申请人

18.1 居所和国籍

（a）除（b）和（c）另有规定外，关于申请人是否如其所声明的是某一缔约国的居民或国民的问题，应取决于该国的本国法并应由受理局决定。

（b）在任何情况下，

（ⅰ）在缔约国内拥有实际有效的工商业营业所，应认为在该国有居所；

（ⅱ）按照某一缔约国的本国法成立的法人，应认为是该国的国民。

（c）如果国际申请是向作为受理局的国际局递交的，国际局在行政规程指明的情况下，应要求有关缔约国的国家局或者代表该国的国家局决定（a）所述的问题。国际局应将这种要求告知申请人。申请人应有机会直接向国家局提出意见。该国家局应迅速对上述问题作出决定。

18.2 ［删除］

18.3 两个或者两个以上申请人

如果有两个或者两个以上申请人，只要其中至少有一人根据条约第9条有权提出国际申请，就应认为有权提出国际申请。

18.4 关于本国法对申请人的要求情况

（a）和（b）［删除］

（c）国际局应将各国法中关于谁（发明人、发明人的权利继受人、发明的所有人等）有资格提出国家申请的情况时常公布，并同时告诫，国际申请在指定国的效力可能取决于在国际申请中为该国的目的指定为申请人的人根据该国的本国法是否有资格提出国家申请。

第19条
主管受理局

19.1 在哪里申请

（a）除（b）另有规定之外，国际申请应按照申请人的选择，

（ⅰ）向申请人是其居民的缔约国的或者代表该国的国家局提出；或

（ⅱ）向申请人是其国民的缔约国的或者代表该国的国家局提出；

（ⅲ）向国际局提出，而与申请人是其居民或者国民的缔约国无关。

（b）任何缔约国可以与另一个缔约国或者任何政府间组织达成协议，规定为了所有或者某些目的，后一国的国家局或者该政府间组织代表前一国的国家局作为前一国居民或者国民的申请人的受理局。尽管有这样的协议，为了条约第15条（5）的目的，前一国的国家局应被认为是主管受理局。

（c）结合按照条约第9条（2）所作的决定，大会应委托国家局或者政府间组织作为大会指定国家的居民或者国民申请专利的受理局。这种委托应事先获得上述国家局或者政府间组织的同意。

19.2 两个或者两个以上申请人

如果有两个或者两个以上申请人，

（ⅰ）只要接受国际申请的国家局是一个缔约国的或者代表一个缔约国的国家局而且申请人中至少有一人是该缔约国的居民或者国民，则应认为已经符合本细则19.1的要求；

（ⅱ）只要申请人中至少有一人是某缔约国的国民或者居民，则根据本细则19.1（a）（ⅲ），国际申请可以向国际局递交。

19.3 公布委托受理局任务的事实

（a）本细则19.1（b）所述的任何协议应由将受理局的任务委托给另一缔约国的或者代表另一缔约国的国家局或者政府间组织行使的缔约国迅速通知国际局。

（b）国际局收到通知后，应迅速在公报上公布该通知。

19.4 向作为受理局的国际局传送

（a）如果国际申请是向按照条约作为受理局的某一国家局提出的，但是，在下列情形下：

（ⅰ）该国家局依照本细则19.1或者19.2无权受理该国际申请；或

（ⅱ）该国际申请所使用的语言不是该国家局根据本细则12.1（a）所接受的语言，或者说明书序列表部分含有的语言相关自由文本所使用的语言不是该国家局根据本细则12.1（d）所接受的语言，而是国际局作为受理局依照该条细则所接受的语言；或

（ⅱ之二）整个或部分国际申请以电子形式提交但是其格式不是该国家局所接受的格式，或

（ⅲ）由于（ⅰ）、（ⅱ）和（ⅱ之二）规定之外的任何理由并征得申请人的授权后，国家局和国际局同意适用本条的程序，则除（b）另有规定外，应认为该国际申请已被该国家局代表作为受理局的国际局按本细则19.1（a）（ⅲ）所受理。

（b）按照（a）的规定，国际申请是由某一国家局代表按本细则19.1（a）（ⅲ）作为受理局的国际局受理的，除有关国家安全的规定禁止送交该国际申请外，该国家局应迅速将该申请送交国际局。国家局为其本身的利益可以对该送交收取费用，数额与该局根据本细则14所要求的传送费相等。如此送交的国际申请应认为已经由按照本细则19.1（a）（ⅲ）作为受理局的国际局在该国家局受理之日所受理。

（c）为了本细则14.1（c）、15.3和16.1（f）的目的，国际申请已经依照（b）项被送交国际局的，国际申请的收到日应认为是国际局实际收到该国际申请之日。为了本项的目的，（b）的最后一句应不予适用。

第 20 条
国际申请日

20.1　根据条约第 11 条（1）所作的决定

（a）受理局收到据称是国际申请的文件后，应立即决定该文件是否符合条约第11条（1）的要求。

（b）为条约第11条（1）（ⅲ）（c）的目的，申请人姓名的记载只要能确认出申请人的身份，即使申请人姓名有拼写错误或者名字没有全部拼写出来，或者在申请人为法人时，名称用了缩写或者写得不完全，即应认为满足要求。

（c）为条约第11条（1）（ⅱ）的目的，看似说明书的部分（除其任何序列表部分外）以及看似权利要求书的部分，是用根据本细则12.1（a）受理局接受的一种语言撰写的，即应认为满足要求。

（d）如果在1997年10月1日，（c）的规定与受理局所适用的本国法不一致，则只要它继续与该本国法相抵触，（c）就不适用于该受理局，但该局应将此情况于1997年12月31日前通知国际局。国际局应将所收到的信息迅速地在公报上予以公布。[①]

20.2　根据条约第 11 条（1）所作的肯定决定

（a）受理局收到据称为国际申请的文件时，如果确定所述文件符合条约第11条（1）的要求，则应当把国际申请的收到日记录为国际申请日。

[①] 编者注：该信息也在WIPO官网上公布：www.wipo.int/pct/en/texts/reservations/res_incomp.html。

（b）受理局应当按照行政规程的规定，在记录了国际申请日的国际申请请求书上盖章。请求书上盖了上述印章的文本应为国际申请的登记本。

（c）受理局应迅速地将国际申请号和国际申请日通知申请人。同时，受理局除已经或者正在同时按照本细则 22.1（a）的规定将登记本送交国际局外，应将寄给申请人的通知副本送交国际局。

20.3　不满足条约第 11 条（1）的缺陷

（a）在确定收到据称为国际申请的文件是否满足条约第 11 条（1）的要求时，受理局如果发现不满足条约第 11 条（1）的要求或者看似不满足，应迅速地通知申请人并让申请人作出选择：

（ⅰ）根据条约第 11 条（2）提交必要的改正；或

（ⅱ）如果上述要求是有关条约 11 条（1）（ⅲ）（d）或（e）所述项目的，申请人根据本细则 20.6（a）确认按细则 4.18 通过援引加入所述项目；

并且，在根据本细则 20.7 适用的期限内作出说明，如果有说明的话。如果该期限在所要求优先权的在先申请的申请日起 12 个月后届满，受理局应通知申请人注意这种情况。

（b）在根据（a）通知之后，或者其他情况下：

（ⅰ）如果在据称为国际申请的收到日之后，但是在根据本细则 20.7 适用的期限内的某一天，申请人向受理局提交了根据条约第 11 条（2）的必要改正，则受理局应当记录后面的提交日为国际申请日并且根据本细则 20.2（b）和本细则 20.2（c）的规定处理；

（ⅱ）如果根据本细则 20.6（b），认为条约第 11 条（1）（ⅲ）（d）或（e）所述项目在受理局首次收到条约第 11 条（1）（ⅲ）所述一个或多个项目的当天已经包含在国际申请中，则受理局应将满足条约第 11 条（1）所有要求的日期记录为国际申请日，并且根据细则 20.2（b）和（c）的规定处理。

（c）如果受理局后来发现或者在申请人答复的基础上发现，根据（a）发出的通知是错误的，因为在收到申请文件时其就已经符合条约第 11 条（1）的规定，则受理局应当根据细则 20.2 的规定处理。

20.4　根据条约第 11 条（1）所作的否定决定

在根据本细则 20.7 适用的期限内，如果受理局没有收到本细则 20.3（a）所述的改正或确认，或者如果已经收到改正或确认但是申请仍然不符合条约第 11 条（1）规定的要求，受理局应：

（ⅰ）迅速通知申请人，其申请没有作为国际申请进行处理，将来也不会给予处理，并说明理由；

（ⅱ）通知国际局，受理局在该文件上标明的编号将不作为国际申请号使用；

（ⅲ）按照本细则 93.1 的规定，保管该据称是国际申请所包含的文件和与其有关的信件；和

（ⅳ）应申请人根据条约第 25 条（1）提出的请求，国际局需要并特别提出要求上述文件时，受理局应将上述文件的副本送交国际局。

20.5　遗漏部分

（a）当确定据称为国际申请的文件是否满足条约第 11 条（1）的要求时，受理局发

现说明书、权利要求书或者附图的一部分被遗漏或者看似被遗漏，包括所有附图被遗漏或者看似被遗漏的情况（遗漏部分），但是不包括条约第 11 条（1）（ⅲ）（d）或（e）所述一个完整项目被遗漏或者看似被遗漏的情况，也不包括本细则 20.5 之二（a）所述的情况的，受理局应迅速地通知申请人在本细则 20.7 所规定的适用期限内由申请人自行选择：

（ⅰ）通过提交遗漏部分使据称的国际申请变得完整；或

（ⅱ）根据本细则 20.6（a）的规定，确认根据本细则 4.18 通过援引方式加入遗漏部分；

并且作出说明，如果有的话。如果该期限在所要求优先权的在先申请的申请日起 12 个月后届满，受理局应通知申请人注意这种情况。

（b）如果在（a）通知后或者其他情况下，在满足条约第 11 条（1）的所有要求之日或者之前，但是在根据本细则 20.7 适用的期限内，申请人将（a）中所述的遗漏部分提交给受理局以使据称的国际申请完整，则该部分应包括在申请中，受理局应将满足条约第 11 条（1）的所有要求之日记录为国际申请日并且根据细则 20.2（b）和（c）的规定处理。

（c）如果在（a）通知后或者其他情况下，在满足条约第 11 条（1）的要求之日后，但是在根据本细则 20.7 适用的期限内，申请人将（a）中所述的遗漏部分提交给受理局以使国际申请完整，则该遗漏部分应包括在申请中，受理局应将国际申请日修改为受理局收到该遗漏部分之日并相应地通知申请人，并且根据行政规程的规定处理。

（d）如果在（a）通知后或者其他情况下，根据本细则 20.6（b），认为在受理局首次收到条约第 11 条（1）（ⅲ）所述一个或者多个项目之日，（a）所述的遗漏部分已经包含在据称的国际申请中，则受理局应将满足条约第 11 条（1）的所有要求之日记录为国际申请日并且根据本细则 20.2（b）和（c）的规定处理。

（e）如果根据（c）更改了国际申请日，申请人可以自根据（c）的通知之日起 1 个月内向受理局提交意见陈述书，请求不考虑有关遗漏部分。在这种情况下，将视为没有提交遗漏部分，并且认为没有根据该款的规定更改国际申请日。受理局应根据行政规程的规定处理。

20.5 之二　错误提交的项目和部分

（a）当确定据称为国际申请的文件是否满足条约第 11 条（1）的要求时，受理局发现条约第 11 条（1）（ⅲ）（d）或（e）中所述的一个完整项目被错误提交或者看似被错误提交，或者说明书、权利要求书或者附图的一部分被错误提交或者看似被错误提交，包括所有附图被错误提交或者看似被错误提交的情况（错误提交的项目或部分）的，受理局应迅速地通知申请人，在本细则 20.7 所规定的适用期限内由申请人自行选择：

（ⅰ）通过提交正确的项目或部分改正据称的国际申请；或

（ⅱ）根据本细则 20.6（a）的规定，确认根据本细则 4.18 通过援引方式加入正确的项目或部分；

并且作出说明，如果有的话。如果该期限在所要求优先权的在先申请的申请日起 12 个月后届满，受理局应通知申请人注意这种情况。

（b）如果在（a）通知后或者其他情况下，在满足条约第 11 条（1）的所有要求之日或者之前，但是在根据本细则 20.7 适用的期限内，申请人将正确的项目或部分提交给受理局以改正据称的国际申请，则该正确的项目或部分应包括在申请中，错误提交的相关项目或部分应从申请中移除，受理局应当将满足条约第11条（1）的所有要求之日记录为国际申请日并且根据本细则20.2（b）和（c）的规定以及行政规程的规定处理。

（c）如果在（a）通知后或者其他情况下，在满足条约第11条（1）的所有要求之日后但是在根据本细则20.7适用的期限内，申请人将正确的项目或部分提交给受理局以改正国际申请，则该正确的项目或部分应包括在申请中，错误提交的相关项目或部分应从申请中移除，受理局应将国际申请日修改为受理局收到该正确的项目或部分之日并相应地通知申请人，并且根据行政规程的规定处理。

（d）如果在（a）通知后或者其他情况下，根据本细则20.6（b），认为在受理局首次收到条约第11条（1）（ⅲ）所述一个或者多个项目之日，正确的项目或部分已经包含在据称的国际申请中，则有关的错误提交的项目或部分应保留在申请中，受理局应将满足条约第11条（1）的所有要求之日记录为国际申请日并且根据本细则20.2（b）和（c）的规定以及行政规程的规定处理。

（e）如果根据（c）更改了国际申请日，申请人可以自根据（c）的通知之日起1个月内向受理局提交意见陈述书，请求不考虑该正确项目或部分。在这种情况下，应视为没有提交正确项目或部分，错误提交的相关项目或部分应视为没有从申请中移除，并且认为没有根据（c）的规定更改国际申请日，受理局应根据行政规程的规定处理。

20.6 确认援引加入的项目和部分

（a）申请人可以在根据本细则20.7适用的期限内向受理局提交一份书面声明，确认根据本细则4.18援引加入国际申请的项目或者部分，并附具：

（ⅰ）涉及包含于在先申请的整个项目或者部分的一页或者多页；

（ⅱ）如果申请人没有满足本细则17.1（a）、（b）或者（b之二）涉及优先权文件的规定，则应附具在先申请的副本；

（ⅲ）当在先申请没有使用国际申请提出时的语言时，附具用国际申请提出时的语言翻译的在先申请译文；或者，如果根据本细则12.3（a）或者12.4（a）要求提交国际申请的译文的，附具用提交国际申请时的语言和译文使用的语言两种语言的在先申请译文；以及

（ⅳ）如果是说明书、权利要求书或者附图的一部分，说明该部分包含于在先申请中的位置，以及在适用的情况下包含于（ⅲ）所述的任何译文中的位置。

（b）如果受理局发现满足本细则4.18和本条（a）的要求，并且本条（a）所述的项目或者部分完全包含在所涉及的在先申请中，则应认为在受理局首次收到条约第11条（1）（ⅲ）所述的一个或者多个项目之日，该项目或者部分已经包含在据称的国际申请中。

（c）如果受理局发现不满足本细则4.18和本条（a）的要求，或者本条（a）所述的项目或者部分没有完全包含在所涉及的在先申请中，则受理局应根据情况，根据本细则20.3（b）（ⅰ）、20.5（b）、20.5（c）、20.5之二（b）或20.5之二（c）的规定处理。

20.7 期限

（a）本细则20.3（a）和（b）、20.4、20.5（a）、20.5（b）、20.5（c）、20.5之二（a）、20.5之二（b）、20.5之二（c）以及20.6（a）所述的适用期限应为：

（ⅰ）在向申请人发出过本细则 20.3（a）、20.5（a）或 20.5 之二（a）的通知（在适用的情况下）的情况下，适用的期限为通知之日起 2 个月；

（ⅱ）在没有向申请人发出过这样的通知的情况下，适用的期限为自受理局首次收到条约第 11 条（1）（ⅲ）所述的一个或者多个项目之日起 2 个月。

（b）如果在根据（a）适用的期限届满之前，受理局既没有收到根据条约第 11 条（2）的改正也没有收到根据本细则 20.6（a）确认援引加入条约第 11 条（1）（ⅲ）（d）或（e）所述的项目的意见，但在该期限届满之后、受理局根据本细则 20.4（ⅰ）通知申请人之前，受理局收到改正或者意见，则该改正或者意见应认为是在该期限内收到的。

20.8　国家法的保留

（a）如果在 2005 年 10 月 5 日，本细则 20.3（a）（ⅱ）和（b）（ⅱ）、20.5（a）（ⅱ）和（d）以及 20.6 中的任一规定与受理局所适用的本国法不符，只要该局在 2006 年 4 月 5 日之前通知国际局，那么所述细则规定不应适用于向该受理局提交的国际申请，直至其与所述本国法一致为止。国际局收到该信息后应迅速在公报上公布。①

（a 之二）如果在 2019 年 10 月 9 日时，本细则 20.5 之二（a）（ⅱ）和（d）中的任一规定与受理局所适用的本国法不符，只要该局在 2020 年 4 月 9 日之前通知国际局，那么所述细则规定不应适用于向该受理局提交的国际申请，直至其与所述本国法一致为止。国际局收到该信息后应迅速在公报上公布。②

（a 之三）如果由于本条（a）或（a 之二）的执行，某一项目或者部分不能根据本细则 4.18 和 20.6 援引加入国际申请中，受理局应视具体情况，根据细则 20.3（b）（ⅰ）、20.5（b）、20.5（c）、20.5 之二（b）或 20.5 之二（c）的规定处理。当受理局根据本细则 20.5（c）或 20.5 之二（c）的规定处理时，申请人可以视具体情况，根据本细则 20.5（e）或 20.5 之二（e）的规定处理。

（b）如果在 2005 年 10 月 5 日，本细则 20.3（a）（ⅱ）和（b）（ⅱ）、20.5（a）（ⅱ）和（d）以及 20.6 的任一规定与指定局所适用的本国法不符，只要该局在 2006 年 4 月 5 日之前通知国际局，那么所述细则规定不应适用于该指定局对在该局办理条约第 22 条所述手续的国际申请的处理，直至其与所述本国法一致为止。国际局收到该信息后应迅速在公报上公布。③

（b 之二）如果在 2019 年 10 月 9 日，本细则 20.5 之二（a）（ⅱ）和（d）的任一规定与指定局所适用的本国法不符，只要该局在 2020 年 4 月 9 日之前通知国际局，那么所述细则规定不应适用于该指定局对在该局办理条约第 22 条所述手续的国际申请的处理，直至其与所述本国法一致为止。国际局收到该信息后应迅速在公报上公布。④

（c）当由于受理局根据细则 20.6（b）已将一个项目或者部分通过援引加入国际申请中，但是由于本条（b）或（b 之二）的执行，为了指定局的程序目的，所述通过援引加入并不适用于为了指定局程序目的的国际申请，则指定局可以视情况处理国际申请，将国际申请日认定是根据细则 20.3（b）（ⅰ）、20.5（b）或 20.5 之二（b）记录的国际申请日或者根据细则 20.5（c）或 20.5 之二（c）改正的国际申请日，并应当比照适用本细则 82 之三.1（c）和（d）的规定。

---

①②③④　编者注：该信息也在 WIPO 官网上公布：www.wipo.int/pct/en/texts/reservations/res_incomp.html。

第 21 条
副本的准备

21.1 受理局的责任

（a）如果只要求提交一份国际申请文本，受理局应负责准备按照条约第12条（1）要求的受理本和检索本。

（b）如果要求提交两份国际申请文本，受理局应负责准备受理本。

（c）如果国际申请提交的份数少于本细则11.1（b）中要求的份数，受理局应负责迅速准备所要求的份数并应有权确定履行该项任务的费用和向申请人收取该项费用。

21.2 向申请人提供经认证的副本

应申请人的要求并在收取费用后，受理局应当向申请人提供原国际申请文件及其任何改正的经认证的副本。

第 22 条
登记本和译文的传送

22.1 程序

（a）如果根据条约第11条（1）所作的决定是肯定的，除非有关国家安全的规定禁止将国际申请进行处理，受理局应将登记本传送给国际局。这种传送应在收到国际申请后迅速进行，或者如果必须经过国家安全检查，应在获得必要的批准后迅速传送。无论如何，受理局应及时传送登记本，使其能在自优先权日起第13个月届满前到达国际局。如果传送通过邮寄进行，受理局应在不迟于自优先权日起第13个月届满前5天寄出登记本。

（b）如果国际局已收到根据本细则20.2（c）的通知副本，但在自优先权日起13个月届满时还未得到登记本，则国际局应提醒受理局将登记本迅速传送给国际局。

（c）如果国际局已收到根据本细则20.2（c）的通知副本，但在自优先权日起14个月届满时还未得到登记本，国际局应将此情况通知申请人和受理局。

（d）自优先权日起14个月届满后，申请人可以请求受理局认证其国际申请副本与原始提交的国际申请一致，并可以将经过认证的副本传送给国际局。

（e）根据（d）所作的认证不应收费，并且只能因下列理由之一才可以拒绝认证：

（ⅰ）要求受理局认证的副本与原始提交的国际申请不一致；

（ⅱ）有关国家安全的规定禁止对该国际申请进行处理；

（ⅲ）受理局已将登记本传送给国际局，并且国际局通知受理局已收到了登记本。

（f）除非国际局已收到登记本，或者至国际局收到登记本以前，根据（e）认证并已由国际局收到的副本应被认为是登记本。

（g）如果根据条约第22条适用的期限届满时，申请人已履行该条所述的各项行为，但指定局尚未收到国际局关于已收到登记本的通知的，指定局应通知国际局。如果国际局没有登记本，应迅速通知申请人和受理局，除非国际局已经按（c）的规定通知了申请人和受理局。

（h）如果国际申请将以根据本细则 12.3 或者 12.4 提交的译文的语言公布，则受理局应将该译文连同根据（a）传送的登记本一起传送给国际局，或者，如果受理局已经根据（a）将登记本传送给国际局，则应在收到译文后迅速将其传送给国际局。

22.2 ［删除］

22.3 条约第 12 条（3）规定的期限

条约第 12 条（3）所述的期限应为根据本细则 22.1（c）或者（g），国际局通知申请人之日起 3 个月。

第 23 条
检索本、译文和序列表的传送

23.1 程序

（a）如果根据本细则 12.3（a）不需要提交国际申请的译文，则受理局应将检索本传送给国际检索单位，最迟应于受理局将登记本传送给国际局的同一日进行，没有缴纳检索费的除外。在后一种情况下，检索本应在缴纳检索费后迅速传送。

（b）如果根据本细则 12.3 提交了国际申请的译文，受理局应将译文的副本和请求书的副本［两者一起应认为是条约第 12 条（1）所称的检索本］传送给国际检索单位，没有缴纳检索费的除外。在后一种情况下，该译文的副本和请求书的副本应在缴纳检索费后迅速传送。

（c）为本细则 13 之三的目的而提交的任何电子形式序列表，如果提交给了受理局而不是提交给了国际检索单位，该受理局应迅速传送给该国际检索单位。

第 23 条之二
在先检索或分类有关文件的传送

23 之二.1 根据细则 4.12 提出要求时传送在先检索有关文件

（a）受理局应将细则 12 之二.1（a）所述的、与申请人根据细则 4.12 所提请求涉及的在先检索有关的任何副本，与检索本一起传送给国际检索单位，只要该副本：

（ⅰ）已由申请人与国际申请一起提交给受理局；

（ⅱ）已由申请人请求受理局制作并传送给该单位；或

（ⅲ）对于受理局是以其可接受的形式和方式能够获得的，例如根据细则 12 之二.1（d）通过数字图书馆能够获得。

（b）如果在细则 12 之二.1（a）所述的在先检索结果的副本中不包含任何在先分类结果，则在已经能够获得的情况下，受理局还应将其给予的任何在先分类结果的副本与检索本一起传送给国际检索单位。

23 之二.2 为细则 41.2 的目的传送在先检索或分类有关文件

（a）为细则 41.2 的目的，如果国际申请要求优先权的一件或多件在先申请是向作为受理局的同一局提交的，并且该局已对此在先申请作出在先检索或者已对此在先申请进行分类，则除依据条约第 30 条（3）而适用的条约第 30 条（2）（a）与本条（b）、（d）、（e）另有规定外，受理局应当将任何该在先检索结果的副本以其原来的任何形式（例如以检索报告、被引用现有技术列表或者审查报告的形式），以及在已经能够获得的情况下由该局给出的任何该在先分类结果的副本，与检索本一起传送给国际检索单位。除依据条约第 30 条（3）而适用的条约第 30 条（2）（a）另有规定外，受理局还可以向国际检索单位传送其认为有助于该单位进行国际检索的关于该在先检索的任何其他文件。

（b）尽管有（a）的规定，受理局可以在 2016 年 4 月 14 日之前通知国际局，但它可能依据申请人在提交国际申请时一并提出的请求而决定不向国际检索单位传送在先检索结果。国际局应将根据本款作出的任何通知在公报上公布。①

（c）根据受理局的选择，如果国际申请要求优先权的一件或多件在先申请是向不同于受理局的其他局提交的且该局已对此在先申请作出在先检索或者已对此在先申请进行分类，并且任何该在先检索或分类的结果对于受理局是以其可接受的形式和方式（例如通过数字图书馆）能够获得的，则（a）应当参照适用。

（d）如果在先检索是由同一国际检索单位或作为国际检索单位的同一局作出的，或者受理局知晓在先检索或分类结果的副本对于国际检索单位是以其可接受的形式和方式（例如通过数字图书馆）能够获得的，则（a）和（c）不应当适用。

（e）如果在 2015 年 10 月 14 日，在未经申请人授权的情况下传送（a）所述副本或者以某种特定形式［例如以（a）所述的形式］传送此类副本与受理局适用的本国法不符，则只要未经申请人授权进行此类传送继续与该本国法不符，（a）就不应当适用于关于该受理局受理的任何国际申请的此类副本传送或者以该特定形式的传送，前提是该局在 2016 年 4 月 14 日之前已照此告知国际局。国际局应将所收到的该信息即时在公报中公布。②

第 24 条
国际局收到登记本

24.1 ［删除］

24.2 收到登记本的通知

（a）国际局应将收到登记本的事实以及收到登记本的日期迅速通知：

（ⅰ）申请人；

（ⅱ）受理局；和

（ⅲ）国际检索单位（除非它已通知国际局不希望得到这样的通知）。

通知中应标明国际申请号、国际申请日、申请人的姓名，并应标明所要求优先权的在先申请的申请日。在送交申请人的通知中还应包括一份指定局名单；若某指定局是负责授予地区专利的，还应包括为该地区专利所指定的成员国名单。

（b）［删除］

（c）如果登记本是在本细则 22.3 规定的期限届满后收到的，国际局应迅速将此事通

---

①② 编者注：该信息也在 WIPO 官网上公布：www.wipo.int/pct/en/texts/reservations/res_incomp.html。

知申请人、受理局和国际检索单位。

第 25 条
国际检索单位收到检索本

25.1 收到检索本的通知
　　国际检索单位应将收到检索本的事实和收到日期迅速通知国际局、申请人和受理局（除非该国际检索单位本身就是受理局）。

第 26 条
受理局对国际申请某些部分的检查和改正

26.1 根据条约第 14 条（1）（b）的改正通知
　　受理局应尽快发出条约第 14 条（1）（b）所规定的改正通知，最好在收到国际申请后的 1 个月内发出。在通知中，受理局应当要求申请人在本细则 26.2 规定的期限内提交必要的改正，并且给申请人陈述意见的机会。

26.2 改正的期限
　　本细则 26.1 涉及的期限应为自发出改正通知之日起 2 个月。在作出决定前的任何时候，受理局可以延长该期限。

26.2 之二 根据条约第 14 条（1）（a）（ⅰ）和（ⅱ）要求的检查
　　（a）为条约第 14 条（1）（a）（ⅰ）的目的，如果有多个申请人，则请求书由其中一个申请人签字即满足要求。
　　（b）为条约第 14 条（1）（a）（ⅱ）的目的，如果有多个申请人，则其中一个根据本细则 19.1 的规定有权向该受理局提交国际申请的申请人提供了本细则 4.5（a）（ⅱ）和（ⅲ）要求的说明，即满足要求。

26.3 根据条约第 14 条（1）（a）（ⅴ）对形式要求的检查
　　（a）如果国际申请使用公布的语言提交，受理局应：
　　　　（ⅰ）只在为达到适度统一国际公布的目的所必要的限度内检查国际申请是否符合本细则 11 所述的形式要求；
　　　　（ⅱ）在为达到令人满意的复制的目的所必要的限度内，检查根据本细则 12.3 或者 26.3 之三提交的译文是否符合本细则 11 所述的形式要求。
　　（b）如果国际申请不是使用公布的语言提交的，受理局应：
　　　　（ⅰ）只在为达到令人满意的复制的目的所必要的限度内检查国际申请是否符合本细则 11 所述的形式要求；
　　　　（ⅱ）在为达到适度统一国际公布的目的所必要的限度内，检查根据本细则 12.3、12.4 或者 26.3 之三提交的任何译文及附图是否符合本细则 11 所述的形式要求。

26.3 之二 根据条约第 14 条（1）（b）通知改正不符合本细则 11 的缺陷
　　如果国际申请在本细则 26.3 所要求的程度上符合本细则 11 所述的形式要求，则受理局不应被要求根据条约第 14 条（1）（b）发出通知要求改正不符合本细则 11 所述的缺陷。

26.3 之三　根据条约第 3 条（4）（i）通知改正缺陷

（a）除本细则 12.1 之二和 26.3 之三（e）另有规定外，如果摘要或附图的任何文字内容使用不同于说明书和权利要求书的语言提交，受理局应通知申请人提交摘要或附图文字内容的使用该国际申请公布语言的译文，本细则 26.1、26.2、26.3、26.3 之二、26.5 和 29.1 应予以比照适用，但下列情况除外：

　　（i）需要根据本细则 12.3（a）提交该国际申请的译文，或

　　（ii）摘要或附图的文字内容已使用该国际申请的公布语言。

（b）如果在 1997 年 10 月 1 日，（a）的规定不符合受理局适用的国家法，如果该局在 1997 年 12 月 31 日前通知国际局，则只要这种不一致继续存在，（a）的规定就不应适用于该受理局。国际局应将收到的信息迅速在公报上公布。①

（c）如果请求书不符合本细则 12.1（c），则受理局应通知申请人提交符合该条要求的译文。本细则 3、26.1、26.2、26.5 和 29.1 应予以比照适用。

（d）如果在 1997 年 10 月 1 日，（c）的规定不符合受理局适用的国家法，如果该局在 1997 年 12 月 31 日之前通知国际局，则只要这种不一致继续存在，（c）的规定就不应适用于该受理局。国际局应将收到的信息迅速在公报上予以公布。②

（e）如果国际申请的说明书以不同于权利要求书的语言提交，或者说明书的部分内容或权利要求书的部分内容以不同于其余部分的语言提交，并且受理局根据本细则 12.1（a）接受所有这些语言，受理局应当在适当时通知申请人自受理局收到国际申请之日起 1 个月内，提交说明书或权利要求书或者其任何部分的译文，使得说明书和权利要求书使用单一语言，该语言应符合以下所有条件：

　　（i）是所提交的说明书或权利要求书使用的语言之一；

　　（ii）是进行国际检索的国际检索单位所接受的语言；并且

　　（iii）是该国际申请的公布语言。

本细则 12.3（c）至（e）应比照适用。

26.4　程序

向受理局提出改正请求书可以在写给受理局的信件中说明，只要改正能从信件移至请求书上而不致影响将改正移至其上的纸页的清晰性和直接复制；然而，在改正国际申请的除请求书以外的任何部分的情况下，应要求申请人提交包含改正的替换页，同时附以信件说明被替换页和替换页之间的不同之处。

26.5　受理局的决定

受理局应决定申请人是否已在本细则 26.2 规定的适用期限内提交了改正，并且，如果该改正已在该期限内提交，受理局应决定经过改正的国际申请应该或者不应该视为撤回，如果国际申请在为适度统一国际公布的目的所必要的程度上符合本细则 11 所述的形式要求，就不得以其不符合本细则 11 所述的形式要求为理由而视为撤回。

---

①② 编者注：该信息也在 WIPO 官网上公布：www.wipo.int/pct/en/texts/reservations/res_incomp.html。

第 26 条之二
优先权要求的改正或增加

26 之二.1　优先权要求的改正或增加

（a）申请人可以通过向受理局或国际局递交一份通知而在请求书中改正或增加一项优先权要求，期限是自优先权日起 16 个月内，或者如果所作的改正或增加将导致优先权日改变，期限是自改变了的优先权日起 16 个月内，以先届满的任一 16 个月期限为准，但是，此项通知可以在自国际申请日起 4 个月届满之前提交为限。对一项优先权要求的改正可以包括增加本细则 4.10 所述的说明。

（b）如果受理局或者国际局收到（a）所述的任何通知是在申请人根据条约第 21 条（2）（b）提出提前公布的请求之后，该通知应视为未提交，但提前公布的请求在国际公布的技术准备完成之前已撤回的除外。

（c）如果对一项优先权要求的改正或增加导致优先权日发生改变，则自原适用的优先权日起计算并且尚未届满的任何期限应自改变后的优先权日起计算。

26 之二.2　优先权要求中的缺陷

（a）当受理局发现，或者如果受理局没有发现而国际局发现优先权要求中存在如下缺陷的：

（ⅰ）国际申请的国际申请日迟于优先权期限届满日并且没有提交根据本细则 26 之二.3 的恢复优先权权利的请求；

（ⅱ）优先权要求不符合本细则 4.10 的要求；或

（ⅲ）优先权要求的某项说明与优先权文本中的相应说明不一致；

根据具体情况，受理局或者国际局应当通知申请人改正优先权要求。在（ⅰ）所述的情况下，如果国际申请日在自优先权期限届满日起的 2 个月内，根据具体情况，受理局或者国际局也应当通知申请人可以依照本细则 26 之二.3 提交优先权权利的恢复请求，除非受理局已根据本细则 26 之二.3（j）通知国际局，本细则 26 之二.3（a）至（ⅰ）与该局适用的国家法冲突。

（b）如果在本细则 26 之二.1（a）规定的期限届满前，申请人没有提交一份改正优先权要求的通知，则除（c）另有规定外，为了条约程序的目的，该优先权要求应视为未提出（视为无效）。根据具体情况，受理局或者国际局应当作出上述宣布并相应地通知申请人。在受理局或者国际局根据具体情况作出上述宣布之前，并且在不迟于本细则 26 之二.1（a）规定的期限届满日起 1 个月内，收到的任何改正优先权要求的请求，应当被视为是在期限届满前收到的。

（c）优先权要求不应仅仅因为下述原因而被视为未提出：

（ⅰ）没有写明本细则 4.10（a）（ⅱ）涉及的在先申请号；

（ⅱ）优先权要求中的某一说明与优先权文本中的相应说明不一致；或

（ⅲ）国际申请的国际申请日晚于优先权期限届满日，但是国际申请日在自该届满日起的 2 个月期限内。

（d）如果受理局或者国际局已经根据（b）作出宣布，或者如果优先权要求仅由于适用（c）而没有被视为无效，则国际局应当将行政规程所规定的优先权要求的相关信息以及国际局在国际公布准备技术完成之前收到的由申请人提交的关于优先权要求的任何信息与国际申请一起公布。如果国际申请依条约第 64 条（3）没有被公布，则这些信息应当包含在根据条约第 20 条的通信中。

（e）如果申请人希望改正或者增加一个优先权要求，但是本细则 26 之二.1 所规定的期限已经届满，则申请人可以在优先权之日起 30 个月届满前并且缴纳数额由行政规程规定的特别费用后，要求国际局将有关信息公布，国际局应迅速公布该信息。

26 之二.3 由受理局作出优先权权利的恢复

（a）如果国际申请的国际申请日在优先权期限届满日之后，但是在自该优先权期限届满日起的 2 个月期限内，根据本条（b）至（g）的规定，且应申请人的要求，如果受理局认为符合该局所适用的标准（恢复标准），即因未能在优先权期限内提交国际申请是因为：

（ⅰ）尽管已采取了适当注意，但仍出现了未能满足期限的疏忽；或

（ⅱ）非故意的。

则受理局应恢复优先权。

每一个受理局至少应当选择适用上述一项标准或者两项都适用。

（b）根据（a）的要求应：

（ⅰ）在（e）适用的期限内提交给受理局；

（ⅱ）说明未在优先权期限内提交国际申请的原因；和

（ⅲ）最好和根据（f）要求的声明或者其他证据一起提交。

（c）如果国际申请中没有包含关于在先申请的优先权要求，则申请人应当在（e）适用的期限内根据本细则 26 之二.1（a）提交一份增加优先权要求的通知。

（d）受理局为了其自身的利益，可以要求申请人在提交本条（a）所述请求时，在本条（e）适用的期限内缴纳恢复请求费。如果有的话，该费用的数额应当由受理局决定。受理局可以选择延长缴纳费用的期限，上限为自本条（e）适用的期限届满后 2 个月。

（e）（b）（ⅰ）、（c）和（d）所述的期限应当是自优先权届满之日起 2 个月。但是，如果申请人根据条约第 21 条（2）（b）要求提前公布，则在国际公布技术准备完成之后，根据（a）提交的任何要求或者（c）所述的任何通知或者（d）所述的任何费用，均应当被认为没有及时提交或缴纳。

（f）受理局可以要求申请人在根据情况是合理的期限内提交声明或者其他证据来支持（b）（ⅱ）所述的原因说明。

（g）在没有根据具体情况给申请人在合理期限内针对欲驳回事项发表意见的机会前，受理局不应当全部或者部分驳回根据（a）的请求。受理局发给申请人的欲拒绝的通知中，可以附有根据（f）提交的声明或者其他证据的通知。

（h）受理局应当迅速：

（ⅰ）通知国际局收到根据（a）的请求；

（ⅱ）根据该请求作出决定；

（ⅲ）将决定和决定所依据的恢复标准通知申请人和国际局；

（ⅳ）除（h之二）另有规定外，向国际局传送所收到的申请人针对（a）请求

所提交的所有文件［包括该请求本身的副本、（b）（ⅱ）所述的任何原因说明，以及（f）所述的任何声明或者其他证据］。

（h之二）如果受理局发现存在下述情况，则应根据申请人写明理由的请求或者自行决定，不传送所收到的申请人针对（a）请求所提交的文件或者其部分：

（ⅰ）该文件或部分明显不是为使公众了解国际申请的目的；

（ⅱ）公开或允许公众获取该文件或部分会明显损害任何人的个人或经济利益；和

（ⅲ）没有更重要的公共利益需要获取该文件或部分。

如果受理局决定不将该文件或部分传送给国际局，则应当相应地通知国际局。

（i）每一个受理局应当将其所适用的恢复标准以及以后就此的任何变化通知国际局。国际局应迅速将此信息公布在公报上。

（j）如果在2005年10月5日时，（a）至（i）与受理局适用的本国法不符，则只要它们与该本国法继续不符，（a）至（i）即不应适用于该局，但该局应当在2006年4月5日之前通知国际局。国际局应迅速将所收到的信息在公报上予以公布。[①]

第26条之三
根据本细则4.17声明的改正或增加

26之三.1 声明的改正或增加

在自优先权日起16个月的期限内，申请人可以通过向国际局提交通知对请求书中本细则4.17中所述的任何声明进行改正或增加。只要国际局是在国际公布的技术准备工作完成之前收到该通知，则在该期限届满之后国际局收到的任何该通知应当视为是在该期限的最后一天收到。

26之三.2 声明的处理

（a）如果受理局或国际局发现本细则4.17所述的任何声明未按照规定的要求撰写，或在本细则4.17（ⅳ）所述发明人资格的声明未按照要求签字的情况下，该受理局或国际局根据具体情况，可以通知申请人在自优先权日起16个月的期限内对声明进行改正。

（b）如果在本细则26之三.1规定的期限届满之后，国际局收到根据本细则26之三.1的任何声明或改正，则国际局应当相应通知申请人并应按照行政规程的规定进行处理。

第26条之四
根据本细则4.11说明的改正或增加

26之四.1 说明的改正或增加

在自优先权日起16个月的期限内，申请人可以通过向国际局提交通知对请求书中本细则4.11中所述的任何说明进行改正或增加。但是国际局在该期限届满之后收到的任何通知，只要是在国际公布的技术准备完成之前到达国际局的，应当视为国际局已经在上述

[①] 编者注：该信息也在WIPO官网上公布：www.wipo.int/pct/en/texts/reservations/res_incomp.html。

期限的最后一天收到。

26之四.2　逾期提交的对说明的改正或增加

如果对本细则4.11中所述说明的任何改正或增加根据本细则26之四.1未及时收到，国际局应当相应通知申请人并应按照行政规程的规定进行处理。

第27条
未缴纳费用

27.1　费用

（a）为条约第14条（3）（a）的目的，"条约第3条（4）（ⅳ）规定的费用"是指：传送费（本细则14）、国际申请费（本细则15.1）、检索费（本细则16）以及在需要的情况下，滞纳金（本细则16之二.2）。

（b）为条约第14条（3）（a）和（b）的目的，"条约第4条（2）规定的费用"是指国际申请费（本细则15.1）以及在需要的情况下，滞纳金（本细则16之二.2）。

第28条
国际局发现的缺陷

28.1　对某些缺陷的发现

（a）如果国际局认为国际申请中包含有条约第14条（1）（a）（ⅰ）、（ⅱ）或者（ⅴ）中所述的任何缺陷，应通知受理局注意这些缺陷。

（b）除非不同意上述意见，受理局应按条约第14条（1）（b）和本细则26的规定处理。

第29条
国际申请被视为撤回

29.1　受理局的决定

如果受理局根据条约第14条（1）（b）和本细则26.5（未改正某些缺陷），或者根据条约第14条（3）（a）[未缴纳本细则27.1（a）规定的费用]，或者根据条约第14条（4）[后来认定申请与条约第11条（1）第（ⅰ）至（ⅲ）列举的要求不符]，或者根据本细则12.3（d）、12.4（d）或者26.3之三（未提交要求的译文，或者在适用的情况下未缴纳后提交费），或者根据本细则92.4（g）（ⅰ）（未提交文件的原件），宣布国际申请被视为撤回：

（ⅰ）受理局应将登记本（除非已经传送）和申请人提交的任何改正传送给国际局；

（ⅱ）受理局应将上述宣布迅速通知申请人和国际局，国际局应随即通知每一个曾被通知指定的指定局；

（ⅲ）受理局将不按照本细则23的规定传送检索本，或者如检索本已经传送，受理局应将上述宣布通知国际检索单位；

（ⅳ）不应要求国际局通知申请人已经收到登记本；
（ⅴ）如果受理局将撤回通知传送到国际局的时间在国际公布技术准备完成之前，那么该国际申请将不会被国际公布。

29.2 ［删除］

29.3 提请受理局注意某些事实

如果国际局或者国际检索单位认为受理局应根据条约第14条（4）作出决定时，该局或者该单位应将有关事实提请受理局注意。

29.4 准备根据条约第14条（4）作出宣布的通知

（a）受理局在根据条约第14条（4）发出任何宣布前，应将其准备作出该宣布的意图及理由通知申请人。如果申请人不同意受理局准备作出的宣布，可以自通知之日起2个月内提出反对意见。

（b）如果受理局准备根据条约第14条（4）发出的宣布是关于条约第11条（1）（ⅲ）（d）或（e）的项目，则受理局应在本条（a）所提到的通知中要求申请人根据本细则20.6（a）确认该项目是根据本细则4.18通过援引方式加入的。为本细则20.7（a）（ⅰ）的目的，根据本条给申请人的通知被视为根据本细则20.3（a）（ⅱ）的通知。

（c）如果受理局根据细则20.8（a）已经通知国际局细则20.3（a）（ⅱ）和（b）（ⅱ）、20.6的规定与该局适用的本国法规定不符，不适用（b）的规定。

第30条
条约第14条（4）规定的期限

30.1 期限

条约第14条（4）规定的期限为自国际申请日起4个月。

第31条
条约第13条要求的副本

31.1 要求副本

（a）条约第13条（1）的要求可以涉及指定该局的全部、某些种类或者个别的国际申请。关于全部和某些种类国际申请的要求应每年续展，由该国家局在前一年的11月30日以前通知国际局。

（b）申请人根据条约第13条（2）（b）提出要求时，应为准备和邮寄该副本缴纳费用。

31.2 副本的准备

条约第13条要求的副本应由国际局负责准备。

第 32 条
国际申请的效力延伸至某些后继国

32.1　国际申请向后继国的延伸

（a）国际申请日在（b）规定的期间内的任何国际申请的效力延伸至另一国（后继国），该后继国在独立前领土是国际申请中指定的一个后来不再存在的缔约国（原有国）领土的一部分，条件是该后继国已通过向总干事交存说明条约继续适用于该国的声明而成为缔约国。

（b）（a）所述的期间从原有国存在的最后一日的次日开始至总干事将（a）所述的声明通知《保护工业产权巴黎公约》成员国政府之日后 2 个月为止。但是，如果后继国的独立日早于原有国存在的最后一日的次日，则后继国可以声明上述期间从其独立日开始；该声明应和（a）所述的声明一起作出并应指明独立日。

（c）国际申请日在（b）规定的适用期间内并且效力延伸到后继国的任何国际申请的信息应由国际局在公报中予以公布。

32.2　向后继国延伸的效力

（a）如果根据本细则 32.1，国际申请的效力延伸至后继国：

（ⅰ）应视为已在国际申请中指定该后继国；和

（ⅱ）条约第 22 条或者条约第 39 条（1）的适用期限对该国应延长至自按照本细则 32.1（c）公布信息之日起至少 6 个月届满时止。

（b）后继国可以规定期限在（a）（ⅱ）规定的期限以后届满。国际局应将有关这种期限的信息在公报上公布。

第 33 条
与国际检索有关的现有技术

33.1　与国际检索有关的现有技术

（a）为条约第 15 条（2）的目的，有关的现有技术应包括世界上任何地方公众可以通过书面公开（包括绘图和其他图解）得到，并能有助于确定要求保护的发明是否是新的和是否具有创造性（即是否是显而易见的）的一切事物，条件是公众可以得到的事实发生在国际申请日之前。

（b）当任何书面公开涉及口头公开、使用、展示或者其他方式，公众通过这些方式可以得到书面公开的内容，并且公众通过这些方式可以得到的事实发生在国际申请日之前时，如果公众可以得到该书面公开的事实发生在国际申请日的同一日或者之后，则国际检索报告应分别说明该事实以及该事实发生的日期。

（c）任何公布的申请或者专利，其公布日在检索的国际申请的国际申请日之后或者同一日，而其申请日或者（在适用的情况下）要求的优先权日在该国际申请日之前，假如它们在国际申请日之前公布就会构成为条约第 15 条（2）目的的有关现有技术时，国际检索报告应特别指明这些专利申请或专利。

33.2 国际检索应覆盖的领域

（a）国际检索应覆盖可能包含与发明有关的材料的所有技术领域并应在所有那些检索文档的基础上进行。

（b）因此，不仅应检索发明所属分类的技术领域，还应检索与该发明类似的技术领域，而不管该类似的技术领域分类在哪个领域。

（c）在任何特定的申请案中，对于什么领域应认为与发明类似，应根据看来是该发明的必要实质性功能或者用途来考虑，而不仅是根据该国际申请中明确写明的特定功能来考虑。

（d）国际检索应包括通常被认为与要求保护的发明主题的全部或者部分特征等同的所有主题，即使在其细节方面，国际申请中所描述的发明与上述主题并不相同。

33.3 国际检索的方向

（a）国际检索应根据权利要求书进行，适当考虑说明书和附图（如果有），并应特别注重权利要求所针对的发明构思。

（b）在可能和合理的范围内，国际检索应包括权利要求所针对的所有主题，或者可以合理预期的在权利要求修改后可能针对的所有主题。

第 34 条
最低限度文献

34.1 定义

（a）条约第 2 条（ⅰ）和（ⅱ）的定义不适用于本条。

（b）条约第 15 条（4）所述的文献（最低限度文献）应包括：

（ⅰ）下面（c）指定的"国家专利文献"，

（ⅱ）公布的国际（PCT）申请，公布的地区专利申请和发明人证书申请，以及公布的地区专利和发明人证书，

（ⅲ）公布的其他非专利文献，这些非专利文献应经各国际检索单位同意并由国际局在首次同意时以及在任何时候变化时以清单公布。

（c）除了（d）和（e）另有规定以外，"国家专利文献"应包括：

（ⅰ）在 1920 年和该年以后由法国、原德国、日本、苏联、瑞士（只限于使用法文和德文）、英国和美国颁发的专利；

（ⅱ）德国、中国、韩国和俄罗斯颁发的专利；

（ⅲ）本款（ⅰ）和（ⅱ）中所提到的国家在 1920 年和该年以后公布的专利申请（如果有的话）；

（ⅳ）苏联颁发的发明人证书；

（ⅴ）法国颁发的实用证书和已公布的法国实用证书申请；

（ⅵ）1920 年以后在任何其他国家用英文、法文、德文或者西班牙文颁发的专利或者公布的专利申请，而且这些专利或者专利申请没有要求优先权，但条件是这些利益有关国家的国家局分检出了这些文献并提供给每个国际检索单位随意使用。

（d）在一份申请文件再次公布（如联邦德国的公开说明书和展出说明书）或者再次

公布一次以上时，任何国际检索单位均无义务在其文献中保存所有版本；因此，每一检索单位应有权只保存一种版本。此外，在申请已获批准并已发给专利或者实用证书（法国）时，任何国际检索单位均无义务在其文献中同时保存申请和专利或者实用证书（法国）；因此，每一国际检索单位应有权只保存申请或者只保存专利或者实用证书（法国）。

（e）任何一个国际检索单位其官方语言或者官方语言之一不是中文、日文、韩文、俄文或西班牙文的，有权在其文献中不收入那些一般没有英文摘要的中国、日本、韩国、俄罗斯、苏联的专利文件以及西班牙文的专利文件。本细则生效之日以后英文摘要一般可以得到的，应在该英文摘要一般可以得到后不超过6个月内将该英文摘要所涉及的专利文件包括在专利文献中。在以前一般可以得到英文摘要的技术领域内，如果英文摘要服务工作中断，大会应采取适当措施迅速恢复上述领域内的英文摘要服务工作。

（f）为本条的目的，仅仅为提供公众查阅而公开展示的申请不认为是公布的申请。

第35条
主管的国际检索单位

35.1　主管的国际检索单位只有一个时

每个受理局应根据条约第16条（3）（b）所述的有关协议将负责对该局受理的国际申请进行检索的国际检索单位通知国际局。国际局应迅速公布这一信息。

35.2　主管的国际检索单位有多个时

（a）任何受理局均可根据条约第16条（3）（b）所述的有关协议通过下述方式指定几个国际检索单位：

（ⅰ）宣布这些国际检索单位均可负责对该局受理的任何国际申请进行检索，而由申请人进行选择；或

（ⅱ）宣布一个或者几个国际检索单位负责对该局受理的某些种类的国际申请进行检索，宣布另外一个或者几个国际检索单位负责对该局受理的其他种类的国际申请进行检索，但是，如果对有些种类的国际申请宣布有几个国际检索单位可以负责进行检索时，应由申请人进行选择。

（b）凡决定行使（a）所规定的权能的任何受理局应迅速通知国际局。国际局应迅速公布这一信息。

35.3　根据本细则19.1（a）（ⅲ）国际局是受理局时

（a）如果国际申请是根据本细则19.1（a）（ⅲ）向作为受理局的国际局提出，对该国际申请进行国际检索的主管国际检索单位应是当该国际申请是向根据本细则19.1（a）（ⅰ）或（ⅱ），（b）或（c）或本细则19.2（ⅰ）有权受理的受理局提出时，主管对该国际申请进行检索的国际检索单位。

（b）按照（a）的规定有两个或者两个以上的主管国际检索单位的，应由申请人选择。

（c）本细则35.1和35.2不适用于按照本细则19.1（a）（ⅲ）作为受理局的国际局。

第 36 条
对国际检索单位的最低要求

36.1 最低要求的定义

条约第 16 条（3）（c）所述的最低要求如下：

（ⅰ）国家局或者政府间组织至少必须拥有 100 名具有足以胜任检索工作的技术资格的专职人员；

（ⅱ）该局或者该组织至少必须拥有或能够利用本细则 34 所述的最低限度文献，并且为检索目的而妥善整理地载于纸件、缩微品或储存在电子媒介上；

（ⅲ）该局或者该组织必须拥有一批工作人员，能够对所要求的技术领域进行检索并且具有至少能够理解用来撰写或者翻译本细则 34 所述最低限度文献的语言的语言能力；

（ⅳ）该局或该组织必须根据国际检索共同规则设置质量管理系统和内部复查措施；

（ⅴ）该局或该组织必须被指定为国际初步审查单位。

第 37 条
发明名称遗漏或者有缺陷

37.1 发明名称的遗漏

如果国际申请没有包含发明名称并且受理局已将要求申请人改正这一缺陷之事通知国际检索单位，则除非该单位接到该申请已被视为撤回的通知，否则该单位应进行国际检索，直到接到该申请已被视为撤回的通知。

37.2 发明名称的制定

如果国际申请没有包含发明名称并且国际检索单位没有接到受理局关于已经要求申请人提交发明名称的通知，或者如果该国际检索单位认为发明名称不符合本细则 4.3，则该国际检索单位应自行确定一个发明名称。确定名称应使用该国际申请的公布语言，或者，如果根据本细则 23.1（b）译成另一种语言的国际申请译本已被传送并且国际检索单位愿意的话，确定名称应使用该译本的语言。

第 38 条
摘要遗漏或者有缺陷

38.1 摘要的遗漏

如果国际申请没有包含摘要并且受理局已将要求申请人改正这一缺陷之事通知了国际检索单位，则除非该单位接到该申请已被视为撤回的通知，否则该单位应进行国际检索，直至该单位接到该申请已被视为撤回的通知。

38.2 摘要的制定

如果国际申请没有包含摘要并且国际检索单位没有接到受理局关于已经要求申请人提交摘要的通知，或者如果该单位认为摘要不符合本细则8，则该单位应自行制定摘要。制定摘要应使用国际申请的公布语言，或者，如果根据本细则23.1（b）译成另一种语言的国际申请的译本已经传送并且该国际检索单位愿意的话，制定摘要应使用该译本的语言。

38.3 摘要的修改

申请人可以自国际检索报告寄出之日起1个月届满之前向国际检索单位提交：

（ⅰ）修改摘要的请求；或

（ⅱ）如果摘要已由该单位制定，对该摘要进行修改的请求或意见陈述，或者请求修改的同时附有意见陈述；

该单位应当决定是否相应地修改摘要。如果该单位修改了摘要，应当将该修改通知国际局。

第 39 条
条约第17条（2）（a）（ⅰ）规定的主题

39.1 定义

国际申请主题有下列情形之一并且在有下列情形之一的限定内的，国际检索单位无须对该国际申请进行检索：

（ⅰ）科学和数学理论；

（ⅱ）植物或者动物品种或者主要是用生物学方法生产植物或者动物的方法，但微生物学方法和由该方法获得的产品除外；

（ⅲ）经营业务、纯粹智力行为或者游戏比赛的方案、规则或者方法；

（ⅳ）处置人体或者动物体的外科手术方法或治疗方法以及诊断方法；

（ⅴ）单纯的信息提供；

（ⅵ）计算机程序，在国际检索单位不具备条件检索与该程序有关的现有技术的限度内。

第 40 条
缺乏发明单一性（国际检索）

40.1 通知缴纳附加费；期限

按条约第17条（3）（a）的规定缴纳附加费的通知应：

（ⅰ）明确指出认为国际申请不符合发明单一性要求的理由；

（ⅱ）通知申请人自通知之日起1个月内缴纳附加费并说明应缴纳的费用数额；和

（ⅲ）在适用的情况下，通知申请人自通知之日起1个月内缴纳本细则40.2（e）涉及的异议费并说明应缴纳费用的数额。

40.2 附加费

（a）条约第17条（3）（a）规定的检索附加费的数额应由主管国际检索单位确定。

（b）条约第 17 条（3）（a）规定的检索附加费应直接向该国际检索单位缴纳。

（c）任何申请人可以在缴纳附加费时提出异议，即附一说明理由的声明，说明该国际申请符合发明单一性的要求或者说明要求缴纳的附加费数额过高。该项异议应由设立在国际检索单位机构内的一个复核组进行审查，在其认为异议有理由的限度内，应将附加费的全部或者一部分退还申请人。根据申请人的请求，异议及其决定的文本应连同国际检索报告一起通知指定局。申请人在提交条约第 22 条所要求的国际申请译本时，也应提交异议文件的译本。

（d）（c）所述的复核组成员可以包括，但应不限于由于其作出的决定而导致异议的人。

（e）对（c）所述的异议审查，国际检索单位为其自身的利益，可以要求缴纳异议费。如果申请人在本细则第 40.1（iii）规定的期限内没有缴纳任何所要求的异议费，则该异议应当被视为未提出并且国际检索单位应当宣布此事。如果（c）所述的复核组认为异议完全成立，则异议费应当退还给申请人。

第 40 条之二
国际申请中包括或视为已包含
遗漏部分或正确项目和部分时的附加费

40 之二.1　通知缴纳附加费

如果以下事实在国际检索单位已开始起草国际检索报告之后才通知该单位，则该单位可以发出通知书要求申请人缴纳附加费：

（i）遗漏部分或正确的项目或部分分别根据本细则 20.5（c）或者 20.5 之二（c）包括在国际申请中；或

（ii）遗漏部分或正确的项目或部分分别根据本细则 20.5（d）或者 20.5 之二（d）视为在受理局首次收到条约第 11 条（1）（iii）所述一个或者多个项目之日已经包含在国际申请中，该通知书应要求申请人在自通知之日起 1 个月内缴纳附加费并说明应缴纳的费用数额。附加费的数额应由国际检索单位决定，但不应超过检索费；附加费应直接向该单位缴纳。只要任何此类附加费在规定期限内缴纳，国际检索单位即应当针对包括任何此种遗漏部分或任何此种正确的项目或部分的国际申请作出国际检索报告。

第 41 条
考虑在先检索结果和分类结果

41.1　根据细则 4.12 提出请求时考虑在先检索结果

如果申请人已经根据细则 4.12 请求国际检索单位考虑在先检索结果且满足细则 12 之二.1 的规定，并且：

（i）在先检索由同一国际检索单位或者作为国际检索单位的同一局作出的，则国际检索单位在国际检索时应当尽可能地考虑那些检索结果；

（ⅱ）在先检索由其他国际检索单位或者不同于国际检索单位的其他局作出的，则国际检索单位在国际检索时可以考虑那些检索结果。

41.2 在其他情况下考虑在先检索和分类结果

（a）如果国际申请要求优先权的一件或多件在先申请已经由同一国际检索单位或作为国际检索单位的同一局作出在先检索，则国际检索单位在进行国际检索时应尽可能地考虑任何此类在先检索结果。

（b）如果受理局已经根据细则23之二.2（a）或（c）向国际检索单位传送了任何在先检索结果或任何在先分类结果的副本，或者此种副本对于国际检索单位是以其可接受的形式和方式（例如通过数字图书馆）能够获得的，则国际检索单位在进行国际检索时可以考虑这些结果。

第42条
国际检索的期限

42.1 国际检索的期限

制定国际检索报告或者提出条约第17条（2）（a）所述宣布的期限应为自国际检索单位收到检索本起3个月或者自优先权日起9个月，以后到期者为准。

第43条
国际检索报告

43.1 标明

国际检索报告应写明国际检索单位的名称以标明制定该报告的国际检索单位，并写明国际申请号、申请人名称和国际申请日以标明国际申请。

43.2 日期

国际检索报告应记明日期并应写明该国际检索实际完成的日期。国际检索报告还应写明作为优先权要求的在先申请的申请日，或者如果要求一个以上在先申请的优先权时，写明其中最早一个在先申请的申请日。

43.3 分类

（a）国际检索报告至少应有按国际专利分类法对主题所作的分类号。

（b）上述分类应由国际检索单位作出。

43.4 语言

每一份国际检索报告和根据条约第17条（2）（a）作出的任何宣布均应使用所涉及的国际申请公布时所用的语言，条件是：

（ⅰ）如果根据本细则23.1（b）已传送译成另一种语言的国际申请译本并且该国际检索单位愿意时，国际检索报告和根据条约第17条（2）（a）作出的任何宣布可以使用该译本所用的语言；

（ⅱ）如果国际申请使用根据本细则12.4提交的译文所使用的语言公布，而该语言不是国际检索单位接受的语言并且国际检索单位愿意时，国际检索报告和根据条约第17

条（2）（a）作出的任何宣布可以使用一种语言，该语言既是该国际检索单位所接受的语言也是本细则48.3（a）所述的公布语言。

43.5 引证

（a）国际检索报告应包括对被认为是有关文件的引证。

（b）标明任何引证的文件的方法应由行政规程规定。

（c）特别有关文件的引证应专门予以标明。

（d）不是与所有权利要求都相关的引证应注明其与哪个或者哪些权利要求相关。

（e）如果被引证的文件中只有某些段落相关或者特别相关，应予指明，例如指出这些段落所在的页、栏或者行数。如果整篇文件都相关，而其中某些段落特别相关，则应指明这些段落，除非实际上无法指明。

43.6 检索的领域

（a）国际检索报告应列出已检索领域的分类号。如果该分类号是按照国际专利分类法以外的分类法给出的，国际检索单位应公布所用的分类。

（b）如果国际检索扩展到本细则34规定的最低限度文献所不包括的国家、期间或者语种的专利、发明人证书、实用证书、实用新型、增补专利或者增补证书、增补发明人证书、增补实用证书或任何这些保护类型的公开申请文件的，国际检索报告应在实际可行的情况下标明它扩展的文件种类、国家、期间和语言。为本项的目的，不适用条约第2条（ⅱ）的规定。

（c）如果国际检索依据或者扩展到任何电子数据库，则国际检索报告可以写明该数据库的名称；如果认为对他人有用而且实际可行时，可以写明所用的检索术语。

43.6之二 明显错误更正的考虑

（a）根据本细则91.1许可的明显错误更正，除（b）另有规定之外，国际检索单位为了国际检索的目的应该予以考虑并应在国际检索报告中对此作出说明。

（b）如果国际检索单位许可明显错误更正或者收到明显错误更正的通知，在适用的情况下，其发生在已开始起草国际检索报告之后，那么该国际检索单位为了国际检索的目的不必考虑该明显错误更正。在此种情况下，报告中应尽可能加以说明；如果没有，国际检索单位应相应通知国际局，国际局应按照行政规程的规定进行处理。

43.7 关于发明单一性的说明

如果申请人缴纳了国际检索附加费，国际检索报告应作这样的说明。此外，如果国际检索仅是针对主要发明或者不是针对所有的发明进行［条约第17条（3）（a）］，则国际检索报告应说明国际申请中哪些部分已经检索，哪些部分没有检索。

43.8 授权官员

国际检索报告应标明国际检索单位对该报告负责的官员的姓名。

43.9 附加内容

国际检索报告中应只包括本细则33.1（b）和（c）、43.1至43.3、43.5至43.8和44.2所规定的事项以及条约第17条（2）（b）所述的说明，不得包括其他内容，但行政规程可以允许在国际检索报告中包括行政规程中规定的任何附加内容。国际检索报告不应包括，并且行政规程不应允许包括有关意见、理由、论证或解释的任何词语。

43.10 格式

国际检索报告表格式的形式要求应由行政规程规定。

第 43 条之二
国际检索单位的书面意见

43 之二.1 书面意见

（a）除本细则69.1（b之二）另有规定外，国际检索单位应当在其作出国际检索报告或作出条约第17条（2）（a）所述宣布的同时就以下内容作出书面意见：

（i）该要求保护的发明是否看起来是新的，包含创造性（非显而易见性），并且能在工业上应用；

（ii）根据该国际检索单位的检查，该国际申请是否符合条约和本细则的要求。书面意见中还应附有本细则规定的其他意见。

（b）为作出书面意见的目的，条约第33条（2）至（6）、第35条（2）和（3）以及本细则43.4、43.6之二、64、65、66.1（e）、66.7、67、70.2（b）和（d）、70.3、70.4（ii）、70.5（a）、70.6至70.10、70.12、70.14和70.15（a）应比照适用。

（c）书面意见应当包括告知申请人的通知。如果已提出国际初步审查请求，则除本细则66.1之二（b）另有规定外，依据本细则66.1之二（a），该书面意见应被认为是国际初步审查单位为本细则66.2（a）目的而作出的书面意见，在这种情况下，应要求申请人在本细则54之二.1（a）规定的期限届满之前向该单位提交书面答复，并在适当的情况下同时提交修改。

第 44 条
国际检索报告、书面意见等的传送

44.1 报告或者宣布以及书面意见的副本

国际检索单位应在同一日内将国际检索报告或者条约第17条（2）（a）所述宣布的副本以及根据本细则43之二.1作出的书面意见的副本传送给国际局一份，并也给申请人传送一份。

44.2 发明名称或者摘要

国际检索报告应表明国际检索单位同意申请人所提交的发明名称和摘要，或者国际检索报告应附有国际检索单位根据本细则37和38确定的发明名称和/或摘要的文本。

44.3 引用文件的副本

（a）条约第20条（3）所述的请求可以在该国际检索报告涉及的国际申请的国际申请日起7年内随时提出。

（b）国际检索单位可以要求提出请求的申请人或者指定局向其缴纳准备和邮寄副本的费用。准备副本的费用水平应在条约第16条（3）（b）所述的国际检索单位和国际局之间的协议中规定。

（c）[删除]
（d）任何国际检索单位都可以委托向其负责的另一机构履行（a）和（b）所述的职责。

第44条之二
国际检索单位的专利性国际初步报告

44之二.1　作出报告；传送给申请人

（a）除非已经或即将作出国际初步审查报告，国际局应当代表国际检索单位就本细则43之二.1（a）所述内容作出报告（在本条中简称为"该报告"）。该报告的内容应与根据本细则43之二.1所作书面意见的内容相同。

（b）该报告的题目应为"专利性国际初步报告（专利合作条约第Ⅰ章）"，并有关于根据本条的规定由国际局代表国际检索单位作出该报告的说明。

（c）国际局应迅速将按照（a）作出的报告副本传送给申请人。

44之二.2　向指定局的送达

（a）一旦根据本细则44之二.1作出报告，国际局应根据本细则93之二.1将它送达给每一个指定局，但不应早于自优先权日起30个月。

（b）如果申请人依据条约第23条（2）向指定局提出了明确的请求，国际局根据该局或申请人的请求应当迅速向该局送达由国际检索单位根据本细则43之二.1所作书面意见的副本。

44之二.3　给指定局的译文

（a）如果根据本细则44之二.1作出的报告使用国家局官方语言以外的语言或不是其官方语言之一，任何该指定国可以要求将该报告译成英文。任何这类要求应当通知国际局，国际局应迅速在公报上予以公布。

（b）如果根据（a）要求译文，则该译文应由国际局准备或在国际局负责下准备。

（c）国际局在向该局送交报告时，应同时向任何相关的指定局及申请人传送报告的译文副本。

（d）在本细则44之二.（2）（b）所述的情况下，依据本细则43之二.1作出的书面意见，根据相关指定局的请求，应当由国际局译成英文或在国际局负责下译成英文。国际局应在收到译文请求之日起2个月内向有关的指定局传送译文的副本并同时应向申请人传送一份副本。

44之二.4　对译文的意见

申请人可以对本细则44之二.3（b）或（d）中所述的译文的正确性提出书面意见，并应向每一有关的指定局和国际局提交该意见的副本。

第45条
国际检索报告的译文

45.1 语言

国际检索报告和条约第17条（2）（a）所述的宣布，如果不是以英文撰写的，应译成英文。

第45条之二
补充国际检索

45之二.1 补充检索请求

（a）申请人可以在优先权日起22个月期限届满前的任何时候，根据细则45之二.9的规定请求主管的国际检索单位对国际申请进行补充国际检索。该请求可向多个国际检索单位提出。

（b）根据本条（a）提出的请求（补充检索请求）应当向国际局提交，并且应当指明：

（ⅰ）申请人以及代理人（如有的话）的名称和地址、发明名称、国际申请日和国际申请号；

（ⅱ）所请求进行补充国际检索的国际检索单位（指定补充检索单位）；和

（ⅲ）如果提出国际申请时所使用的语言不为进行补充国际检索的国际检索单位所接受，申请人是否以根据细则12.3或12.4向受理局提交的译文作为补充国际检索的基础。

（c）适用时，应连同补充检索请求一起提交：

（ⅰ）如果提出国际申请时所使用的语言或者根据细则12.3或12.4提交的译文（如果有）都不为指定补充检索单位接受，则应当提交该单位接受的国际申请的译文；

（ⅱ）如果指定补充检索单位要求，最好有一份符合行政规程标准的电子形式的序列表副本。

（d）如果国际检索单位认为国际申请不符合发明单一性的要求，补充检索请求可以包含一份声明，指明申请人希望补充国际检索限制于仅针对国际检索单位确定的发明中的一个，而不是条约第17条（3）（a）中所述的主要发明进行。

（e）在下列情况下，补充检索请求应被视为未提出，并且国际局应作出这样的宣布：

（ⅰ）如果该请求是在本条（a）所述的期限届满后收到；或

（ⅱ）如果指定补充检索单位在根据条约第16条（3）（b）的适用协议中尚未声明其准备进行补充检索，或者根据细则45之二.9（b）不主管进行补充检索。

45之二.2 补充检索手续费

（a）补充检索请求应为国际局的利益缴纳费用（补充检索手续费），费用的数额由费用表规定。

(b) 补充检索手续费应以费用表规定的货币或国际局规定的其他任一种货币缴纳。该种其他货币的数额其整数应与国际局在费用表中列出的数额相当并应在公报上公布。

(c) 补充检索手续费应在自收到补充检索请求之日起 1 个月内向国际局缴纳。应缴数额为该缴费日适用的数额。

(d) 如果在将本细则 45 之二.4（e）（ⅰ）至（ⅳ）所述的文件传送给指定补充检索单位之前，国际申请已被撤回或被视为撤回，或者补充检索请求已被撤回或根据细则 45 条之二.1（e）被视为未提出，国际局应将补充检索手续费退还给申请人。

45 之二.3 补充检索费

(a) 进行补充国际检索的国际检索单位可以为其利益要求申请人缴纳费用（补充检索费）。

(b) 国际检索费应由国际局收取。应比照适用本细则 16.1（b）至（e）。

(c) 关于缴纳补充检索费的期限和缴费的数额，应比照适用本细则 45 之二.2（c）的规定。

(d) 如果在细则 45 之二.4（e）（ⅰ）至（ⅳ）所述的文件传送给指定补充检索单位之前，国际申请已被撤回或被视为撤回，或者补充检索请求已被撤回或根据细则 45 条之二.1（e）或者 45 条之二.4（d）被视为未提出，国际局应将补充检索费退还给申请人。

(e) 如果在指定补充检索单位根据细则 45 之二.5（a）开始补充国际检索之前，补充检索请求根据细则 45 条之二.5（g）被视为未提出，则该单位应退还补充检索费，退还的程度和条件按根据条约第 16 条（3）（b）适用的协议办理。

45 之二.4 补充检索请求的检查；缺陷的改正；滞纳金；向指定的补充检索单位传送

(a) 收到补充检索请求后，国际局应立即检查该请求是否符合本细则 4 之二.1（b）和（c）（ⅰ）的要求，并应通知申请人在自通知之日起 1 个月的期限内改正缺陷；

(b) 如果根据本细则 45 之二.2（c）和 45 之二.3（c）规定的缴费期限已到，国际局发现补充检索手续费和补充检索费尚未全部缴纳，应通知申请人在自通知之日起 1 个月的期限内向其缴纳付清那些费用所需的数额以及本条（c）规定的滞纳金。

(c) 国际局为其自己的利益可以规定根据本条（b）的通知缴纳费用的，应向其缴纳滞纳金，滞纳金的数额应为补充检索手续费的 50%。

(d) 如果申请人在本条（a）或（b）适用的期限届满前没有提供所要求的改正或者没有缴纳应付的全部数额，包括滞纳金的，补充检索请求应被认为没有提出，且国际局应作出这样的宣布并相应地通知申请人。

(e) 如果满足本细则 45 之二.1（b）和（c）（ⅰ）、45 之二.2（c）和 45 之二.3（c）的要求，则国际局应尽快传送下列文件的副本给指定补充检索单位，但不早于国际局收到国际检索报告的日期或自优先权日起 17 个月届满之日，以先发生者为准：

（ⅰ）补充检索请求书；

（ⅱ）国际申请；

（ⅲ）根据细则 45 之二.1（c）（ⅱ）提交的序列表；和

（ⅳ）根据细则 12.3，12.4 或细则 45 之二.1（c）（ⅰ）提交的作为补充国际检索基础的译文；

和，国际局在期限后收到下列文件的同时或之后尽快传送：

（ⅴ）根据细则43之二.1作出的国际检索报告和书面意见；

（ⅵ）国际检索单位根据条约第17条（3）（a）作出的缴纳附加费的通知；和

（ⅶ）申请人根据细则40.2（c）提出的异议和由设立在国际检索单位机构内的复查组对该异议的决定。

（f）应指定补充检索单位的请求，本条（e）（ⅴ）所述的书面意见如果不是使用英文或使用的语言不被该单位接受，则应当由国际局或在国际局负责下译成英文，并应在收到译文请求之日起2个月内向有关检索单位传送译文的副本并且同时向申请人传送一份副本。

45之二.5 补充国际检索的启动、基础和范围

（a）指定补充检索单位在收到本细则45之二.4（e）（ⅰ）至（ⅳ）所述的文件之后应当尽快启动补充国际检索。但该单位也可以选择延迟启动检索直到其收到本细则45之二.4（e）（ⅴ）所述的文件或直到自优先权日起22个月届满，以先发生者为准。

（b）进行补充国际检索应以提交的国际申请或本细则45之二.1（b）（ⅲ）或45之二.1（c）（ⅰ）中所述的译文作为基础，并且，如果根据本细则43之二.1作出的国际检索报告和书面意见可以在启动补充检索之前指定补充检索单位获得，则该单位应当予以考虑。如果补充检索请求中包含一份根据本细则45之二.1（d）的声明，则补充国际检索可以被限制于申请人根据本细则45之二.1（d）指明的发明以及国际申请中与该发明相关的部分。

（c）为补充国际检索的目的，对条约第17条（2）和细则13之三.1、33和条约第39条应予以比照适用。

（d）如果指定补充检索单位在根据本条（a）启动补充检索之前可获得国际检索报告，则该单位可以从补充检索中排除任何不是国际检索主题的权利要求。

（e）如果国际检索单位根据条约第17条（2）（a）作出宣布并且指定补充检索单位在根据本条（a）启动补充检索之前可获得该宣布，则该单位可以决定不制定补充国际检索报告并且应作这样的宣布，同时迅速通知申请人和国际局。

（f）补充国际检索至少应覆盖根据条约第16条（3）（b）适用协议中指明的文献。

（g）除了根据本细则45之二.5（c）适用条约第17条（2）的限定而排除检索以外，如果指定补充检索单位发现该检索因本细则45之二.9（a）所述的限制和条件而被完全排除，则该补充检索请求应被视为未提出，该单位应当如此宣布并且应当迅速通知申请人和国际局。

（h）根据本细则45之二.9（a）所述的限制和条件，指定补充检索单位可以决定将补充检索限制于仅针对某些权利要求，在这种情况下，应在补充国际检索报告中对此作出说明。

45之二.6 发明的单一性

（a）如果指定补充检索单位认为国际申请不符合发明单一性的要求，应：

（ⅰ）对国际申请涉及权利要求中首先提到的发明（主要发明）相关的部分作出补充国际检索报告；

（ⅱ）通知申请人国际申请不符合发明单一性要求的意见并且明确说明得出该意见的理由；和

（ⅲ）通知申请人在本条（c）所述的期限内可以提出复查该意见。

（b）在考虑国际申请是否符合发明单一性的要求时，补充检索单位应在启动补充国际检索之前适当考虑根据细则45之二.4（e）（ⅵ）和（ⅶ）收到的任何文件。

（c）自根据本条（a）（ⅱ）所发出通知之日起1个月内，申请人可以要求补充检索单位复查本条（a）所述的意见。对复查请求，补充检索单位为其自身的利益，可以要求缴纳复查费并自行确定费用的数额。

（d）如果申请人在本条（c）规定的期限内提出复查补充检索单位作出的意见的要求并缴纳了所需的复查费，补充检索单位应当复查该意见。此项复查不应仅由作出待复查的意见的人进行。

如果补充检索单位：

（ⅰ）认为被复查的意见完全正确，应相应地通知申请人；

（ⅱ）认为被复查的意见部分不正确，但该国际申请仍不符合发明单一性的要求，应相应地通知申请人，必要时按本条（a）（ⅰ）的规定处理；

（ⅲ）认为被复查的意见完全不正确，应相应地通知申请人，对国际申请的所有部分制作补充国际检索报告，并且将复查费退还给申请人。

（e）根据申请人的请求，请求复查和复查决定的文本应当随补充国际检索报告一起传送指定局。根据条约第22条提供国际申请译文的要求，申请人应当提交任何相关的译文。

（f）如果指定补充检索单位决定根据本细则45之二.5（b）的第二句或者细则45之二.5（h）限制补充国际检索，则应比照适用本条（a）至（e），但上述段落中述及的"国际申请"应分别解释为国际申请中与申请人根据细则45之二.1（d）指明的发明相关的部分或者与补充检索单位将进行检索的权利要求相关的部分。

45之二.7 补充国际检索报告

（a）指定补充检索单位应当在自优先权日起28个月内制定补充国际检索报告或者根据细则45之二.5（c）适用条约第17条（2）（a）作出不制作补充国际检索报告的宣布。

（b）每一份补充国际检索报告、任何根据细则45之二.5（c）适用条约第17条（2）（a）作出的宣布和任何根据细则45之二.5（e）作出的宣布都应当使用公布语言。

（c）为制定补充国际检索报告的目的，除本条（d）和（e）另有规定外，本细则43.1、43.2、43.5、43.6、43.6之二、43.8和43.10应比照适用。除对本细则43.3、43.7和44.2的引用应被视为不存在外，本细则43.9应比照适用。条约第20条（3）和本细则44.3应比照适用。

（d）补充国际检索报告不必再引证国际检索报告中已引用的文件，除非该文件需要与国际检索报告中未引用的其他文件一起被引用。

（e）补充国际检索报告可包含下述解释：

（ⅰ）关于被认为相关的文件的引证；

（ⅱ）关于补充国际检索的范围。

45之二.8 补充国际检索报告的传送和效力

(a) 指定补充检索单位应在同一日将补充国际检索报告的或不制作补充国际检索报告的宣布的副本，如适用的话，分别传送给国际局和申请人。

(b) 除本条(c)另有规定外，条约第20条(1)和本细则45.1、47.1(d)和70.7(a)应适用于补充国际检索报告，就如同其是国际检索报告的一部分。

(c) 如果国际初步审查单位在开始起草书面意见或报告之后收到一份补充国际检索报告，则不必为制作书面意见或国际初步审查报告的目的而考虑该报告。

45之二.9 补充国际检索的主管国际检索单位

(a) 如果国际检索单位在根据条约第16条(3)(b)适用的协议中声明准备进行补充国际检索，则应当进行补充国际检索，除非该协议中另规定了限制和条件。

(b) 根据条约第16条(1)对一份国际申请进行国际检索的国际检索单位不应主管进行该国际申请的补充国际检索。

(c) 本条(a)所述的限制可以是，例如，除了根据本细则45之二.5(c)适用的条约第17条(2)对国际检索的限制之外的、有关补充国际检索主题的限制，在规定期限内进行补充国际检索的总数的限制，以及不对超过一定数量的权利要求进行补充国际检索的限制。

第46条
向国际局提出对权利要求的修改

46.1 期限

条约第19条所述的期限应为自国际检索单位将国际检索报告传送给国际局和申请人之日起2个月或者自优先权日起16个月，以后到期者为准。但国际局在适用的期限届满后收到根据条约第19条所作修改的，如果该修改在国际公布的技术准备工作完成之前到达国际局，则应认为国际局已在上述期限的最后一日收到该修改。

46.2 向哪里提出

根据条约第19条所作的修改应直接向国际局提出。

46.3 修改的语言

如果提出国际申请所用的语言与该申请公布时所用的语言不同，则根据条约第19条所作的任何修改应使用申请公布时所用的语言。

46.4 声明

(a) 条约第19条(1)中所述的声明应使用国际申请公布时所用的语言，且该声明用英文撰写或被译成英文后应不超过500字。该声明应有标题以便辨认，最好用"根据条约第19条(1)所作的声明"的字样或者用该声明所用的语言的等同语。

(b) 声明中不得包括对国际检索报告或者对该报告中引证文件的相关与否发表贬低性评论。只有对特定权利要求进行修改时，声明才可涉及国际检索报告中与该权利要求有关的引证。

46.5 修改的形式

(a) 申请人在根据条约第19条作出修改时，应当提交替换页。该替换页包括一套完整的权利要求书用来替换原始提交的全部权利要求。

(b) 替换页应附有一封信件：

（ⅰ）信件中应指出由于修改导致哪些权利要求与原始提交的权利要求不同，同时指出其不同之处；

（ⅱ）信件中应指出由于修改导致哪些原始提交的权利要求被删除；

（ⅲ）信件中应指出所作修改在原始提交的申请中的基础。

第 47 条
向指定局送达

47.1 程序

（a）条约第 20 条规定的送达应由国际局按照本细则 93 之二.1 向每一个指定局作出，但除本细则 47.4 规定的情况外，不得早于国际申请的国际公布之日。

（a 之二）国际局应按照本细则 93 之二.1 将收到登记本的事实和日期以及收到任何优先权文件的事实和日期通知每个指定局。

（b）国际局应将其在本细则 46.1 规定的期限内收到并且没有包括在条约第 20 条规定的送达之中的任何修改迅速地送达指定局，并应将此情况通知申请人。

（c）[①] 国际局应在自优先权日起 28 个月的期限届满后迅速向申请人发出通知，说明：

（ⅰ）已经请求按照本细则 93 之二.1 进行条约第 20 条规定的送达的各指定局的名称和向这些指定局送达的日期；和

（ⅱ）没有请求按照本细则 93 之二.1 进行条约第 20 条规定的送达的各指定局的名称。

（c 之二）指定局收到的（c）所述的通知：

（ⅰ）对（c）（ⅰ）所述的指定局而言，应作为条约第 20 条规定的送达已于通知中要求的日期送交的确实证据；

（ⅱ）对（c）（ⅱ）所述的指定局而言，应作为以该局作为指定局的缔约国不要求申请人按照条约第 22 条提交国际申请副本的确实证据。

（d）每个指定局如果提出要求，还应得到按本细则 45.1 所述的国际检索报告和条约第 17（2）（a）所述的宣布的译本。

[①] 编者注：本细则 47.1（c）和（e）应当适用于国际申请日为 2004 年 1 月 1 日当天或之后的任何国际申请，并且就那些已经根据文件 PCT/A/30/7 附录Ⅳ中的大会决定第（2）段发出了通知［表明条约第 22 条（1）期限的修改与该局于 2001 年 10 月 3 日适用的本国法不符］，且该通知尚未按照大会决定第（3）段被撤回的指定局而言，本细则 47.1（c）和（e）每次提及的"28 个月"应为"19 个月"，为此，在适用的情况下，应就这样的申请发出本细则 47.1（c）规定的两个通知。

国际局收到的任何有关这种不符的信息在公报和 WIPO 网站上公布：www.wipo.int/pct/en/texts/reservations/res_incomp.html。

(e)① 如果任何指定局在自优先权日起 28 个月的期限届满之前没有根据本细则 93 之二.1 请求国际局进行条约第 20 条规定的送达，以该局作为指定局的缔约国应被视为已经按照本细则 49.1（a 之二）通知了国际局其不要求申请人按照条约第 22 条的规定提供国际申请的副本。

47.2 副本

送达所需要的副本应由国际局准备。关于送达所要求的副本的具体要求由行政规程予以规定。

47.3 语言

（a）根据条约第 20 条送达的国际申请应使用该申请公布时所用的语言。

（b）如果国际申请公布时所用的语言与该申请提出时所用的语言不同，根据任何指定局的请求，国际局应向其提供使用提出时所用语言的该申请的副本。

47.4 国际公布前根据条约第 23 条（2）的明确请求

如果在国际申请的国际公布前，申请人根据条约第 23 条（2）的规定向指定局提出明确请求，国际局应根据申请人或者指定局的要求迅速向该局进行条约第 20 条规定的送达。

第 48 条
国际公布

48.1 形式和方式

国际申请的公布形式和方式应由行政规程予以规定。

48.2 内容

（a）国际申请的公布应包括：

（ⅰ）标准格式扉页；

（ⅱ）说明书；

（ⅲ）权利要求书；

（ⅳ）附图，如果有的话；

（ⅴ）除（g）另有规定外，国际检索报告或者条约第 17 条（2）（a）所述的宣布；

（ⅵ）根据条约第 19 条（1）所提出的任何声明，但国际局认为该声明不符合本细则 46.4 的规定的除外；

（ⅶ）国际局在国际公布的技术准备完成之前收到的根据本细则 91.3（d）所提

---

① 编者注：本细则 47.1（c）和（e）应当适用于国际申请日为 2004 年 1 月 1 日当天或之后的任何国际申请，并且就那些已经根据文件 PCT/A/30/7 附录Ⅳ中的大会决定第（2）段发出了通知［表明条约第 22 条（1）期限的修改与该局于 2001 年 10 月 3 日适用的本国法不符］，且该通知尚未按照大会决定第（3）段被撤回的指定局而言，本细则 47.1（c）和（e）每次提及的"28 个月"应为"19 个月"，为此，在适用的情况下，应当就这样的申请发出本细则 47.1（c）规定的两个通知。

国际局收到的任何有关这种不符的信息在公报和 WIPO 网站上公布：www.wipo.int/pct/en/texts/reservations/res_incomp.html。

出的公布请求，即明显错误更正的请求、理由和本细则91.3（d）所述的任何意见；

（viii）根据本细则13之二与说明书分开提交的有关生物材料保藏的说明，以及国际局收到该说明的日期标记；

（ix）任何依据本细则26之二.2（d）所述的关于优先权的信息；

（x）在本细则26之三.1所述的期限届满前国际局收到的本细则4.17中所述的任何声明和本细则26之三.1所述的任何有关改正；

（xi）任何根据本细则第26条之二.3所提出的恢复优先权请求的信息以及受理局根据该请求所作出的恢复优先权决定的信息，包括受理局作出该决定所依据标准的相关信息。

(b) 除（c）另有规定外，扉页应包括：

（i）请求书中摘出的事项以及行政规程规定的其他事项；

（ii）除适用本细则8.2（b）的规定外，如果国际申请包括附图，应有一幅或者几幅图；

（iii）摘要；如果摘要是同时用英文和另一种语言撰写的，英文摘要应放在前面；

（iv）在适用的情况下，关于请求书中包括国际局在本细则26之三.1中所述的期限届满前收到的本细则4.17中所述声明的说明；

（v）如果受理局根据本细则4.18和20.6的规定确认援引加入的项目和部分，在此基础上根据本细则20.3（b）（ii）、20.5（d）或20.5之二（d）的规定记录了国际申请日，一份就此的说明，连同一份说明，说明为本细则20.6（a）（ii）目的，申请人依据的是按照本细则17.1（a）、（b）或（b之二）规定提交的优先权文件还是一份单独提交的相关在先申请副本；

（vi）在适用的情况下，公布的国际申请包含根据本细则26之二.2（d）信息的说明；

（vii）在适用的情况下，公布的国际申请包含根据本细则26之二.3恢复优先权的请求以及受理局依据此请求作出决定的相关信息的说明；

（viii）在适用的情况下，错误提交的项目或部分已根据本细则20.5之二（b）或（c）从国际申请中移除的说明。

(c) 如已根据条约第17条（2）（a）作出宣布，则应在扉页上明显地表明这一事实并且无须包括附图和摘要。

(d)（b）（ii）所述的图应按本细则8.2的规定选出。在扉页上复制这些图时可以缩小。

(e) 如果扉页没有刊登（b）（iii）所述摘要全文的余地，该摘要应刊登在扉页的背面。根据本细则48.3（c）的规定需要公布摘要的译文时，该译文也应同样处理。

(f) 如果权利要求根据条约第19条的规定进行过修改，则国际申请的公布应包括原始提交的和经修改后的权利要求全文。条约第19条（1）所述的声明也应包括在内，但国际局认为该声明不符合本细则46.4规定的除外。国际局对收到修改的权利要求的日期应予以注明。

(g) 如果在国际公布的技术准备工作完成时尚不能得到国际检索报告，则扉页应当包括不能得到国际检索报告的说明以及国际检索报告（在其可以得到时）将连同修订后的扉页另行公布的说明。

（h）如果在国际公布的技术准备工作完成时，根据条约第19条修改权利要求的期限尚未届满，则扉页应说明这一情况并表示如果权利要求根据条约第19条进行了修改，则在国际局于本细则46.1规定的期限之内收到该修改之后迅速将修改后的权利要求书全文连同修订后的扉页一起公布。如果申请人根据条约第19条（1）提出了声明，则对该声明也应予以公布，除非国际局认为该声明不符合本细则46.4的规定。

（i）在国际公布技术准备完成之后，如果国际局收到受理局、国际检索单位或国际局根据本细则91.1对国际申请中明显错误更正的许可，或者在适用的情况下，国际局作出对国际申请中明显错误更正的许可的，则根据具体情况，所有与更正有关的声明，包含更正的页、替换页以及根据本细则91.2提交的信函应当一同公布，扉页也应重新公布。

（j）如果在国际公布技术准备完成时，根据本细则26之二.3提出恢复优先权的请求仍未作出决定，公布的国际申请不包含受理局对该请求作出的决定，而应包含尚不能得到这一决定，以及一旦得到该决定将另行公布的说明。

（k）如果国际局在国际公布的技术准备完成之后收到根据细则91.3（d）所提出的公布请求，则国际局在收到这一公布请求后应迅速公布更正请求、理由和细则91.3（d）中涉及的相应意见，同时重新公布扉页。

（l）如果国际局在国际公布的技术准备完成之前发现存在下述情况，则应当根据申请人写明理由的请求将有关信息不予公布：

（ⅰ）该信息明显不是为使公众了解国际申请的目的；

（ⅱ）公开该信息会明显损害任何人的个人或经济利益；和

（ⅲ）没有更重要的公共利益需要获取该信息。

申请人提交依本款所提请求中所涉信息的方式比照适用本细则26.4。

（m）如果受理局、国际检索单位、指定补充检索单位或国际局发现任何信息符合（l）中所列的标准，该局或者单位可以建议申请人根据（l）的规定请求将该信息不予国际公布。

（n）如果国际局根据（l）的规定将有关信息不予国际公布，而该信息也包含在受理局、国际检索单位、指定补充检索单位或者国际初步审查单位所持有的国际申请文档中，则国际局应当迅速地相应通知该局和单位。

48.3 公布语言

（a）如果国际申请是用阿拉伯文、中文、英文、法文、德文、日文、韩文、葡萄牙文、俄文或者西班牙文（公布语言）提出的，则该申请应以其提出时使用的语言公布。

（b）如果国际申请未使用一种公布语言提出并且已根据本细则12.3或者12.4提交了翻译成公布语言的译文，则该申请应以该译文的语言公布。

（c）如果国际申请是用英文以外的一种语言公布的，根据本细则48.2（a）（ⅴ）的规定公布的国际检索报告或者条约第17条（2）（a）所述的宣布，发明的名称、摘要以及摘要附图所附的文字都应使用这种语言和英文公布。如果申请人没有根据本细则12.3提交译文，则译文应由国际局负责准备。

48.4　根据申请人的请求提前公布

（a）如果申请人根据条约第 21 条（2）（b）和第 64 条（3）（c）（ⅰ）的规定要求公布，而国际检索报告或者条约第 17 条（2）（a）所述的宣布还不能提供以便与国际申请一起公布，则国际局应收取特别公布费，其数额应由行政规程确定。

（b）根据条约第 21 条（2）（b）和第 64 条（3）（c）（ⅰ）规定的公布应在申请人提出要求后由国际局迅速进行。如果根据（a）规定需要收取特别公布费，则应在收到该费后迅速进行。

48.5　国家公布的通知

如果国际局公布国际申请是按条约第 64 条（3）（c）（ⅱ）的规定进行，则有关国家局在上述条款所述的国家公布进行后，应尽快将这种国家公布的事实通知国际局。

48.6　某些事实的公告

（a）如果根据本细则 29.1（ⅱ）规定的通知到达国际局之日，国际局已不能阻止国际申请的国际公布，则国际局应立即在公报上发表公告，复述该通知的要点。

（b）［删除］

（c）如果在国际公布的技术准备工作完成之后，根据本细则 90 之二的规定，国际申请、指定国的指定或者优先权的要求被撤回，则对该撤回的通知应在公报上予以公布。

第 49 条
根据条约第 22 条的副本、译文和费用

49.1　通知

（a）任何缔约国根据条约第 22 条的规定要求提供译文或者缴纳国家费或者同时要求这两者的，应将下列各项通知国际局：

　　（ⅰ）缔约国要求的译文是从何种语言译成何种语言；

　　（ⅱ）国家费的数额。

（a 之二）任何缔约国不要求申请人根据条约第 22 条的规定提供国际申请副本的（尽管国际局在条约第 22 条适用的期限届满时尚未按照本细则 47 送达国际申请副本），应该将此情况通知国际局。

（a 之三）任何缔约国，如果是指定国，即使申请人在条约第 22 条适用的期限届满时未向其提供国际申请副本，但仍根据条约第 24 条（2）的规定保持条约第 11 条（3）所规定的该申请效力，应该将此情况通知国际局。

（b）国际局收到上述（a）、（a 之二）或者（a 之三）的任何通知的，应迅速在公报上公布。

（c）如果根据（a）规定的要求以后有了变更，缔约国应将此种变更通知国际局，该局应迅速在公报上公布。如果变更意味着要求译成一种在变更前未要求的语言，则这种变更应只对在公报公布通知 2 个月后提出的国际申请有效力。在其他情况下，任何变更的生效日期应由缔约国决定。

49.2　语言

要求译成的语言必须是指定局的官方语言。如果有几种官方语言，而国际申请使用的

语言是其中的一种，则不应要求提供译文。如果有几种官方语言而且必须提供译文，则申请人可以选择其中任何一种语言。尽管有上述规定，如果有几种官方语言，而本国法规定外国人应使用其中的某一种语言，则可以要求提供该种语言的译文。

49.3 条约第19条规定的声明；本细则13之二.4的说明

为条约第22条和本条细则的目的，任何根据条约第19条（1）所作的声明和任何根据本细则13之二.4所提供的说明，除本细则49.5（c）和（h）另有规定外，应认为是国际申请的一部分。

49.4 国家表格的使用

在履行条约第22条所述行为时，不应要求申请人使用国家表格。

49.5 译文的内容和形式要求

（a）为条约第22条的目的，国际申请的译文应包括说明书［除（a之二）规定情况外］、权利要求书、附图中的文字和摘要。如果指定局要求，除（b）、（c之二）和（e）另有规定外，译文还应：

（ⅰ）包括请求书，

（ⅱ）如果权利要求已经根据条约第19条进行过修改，则既应包括原始提交的权利要求，也应包括修改后的权利要求［修改后的权利要求应以根据本细则46.5（a）规定提交的、替换全部原始权利要求的完整权利要求书的译文形式提交］和

（ⅲ）附有附图的副本。

（a之二）如果说明书序列表部分符合本细则12.1（d）的规定并且包含了以指定局为此目的所接受的语言提供的语言相关自由文本，则任何指定局不应要求申请人向其提供该序列表部分所含任何文字内容的译文，但是如果该语言相关自由文本所使用的语言不是英文，则向数据库提供商提供已公布序列表的指定局可以根据行政规程的规定要求申请人提供该说明书序列表部分的英文译文。

（b）任何指定局要求提供请求书译文的，应免费向申请人提供使用该译文语言的请求书表格。使用该译文语言的请求书表格的形式和内容不应与本细则3和4规定的请求书表格的形式和内容不同；尤其是使用该译文语言的请求书表格不应要求提供原请求书所没有的信息。该译文语言的请求书表格的使用不是强制性的。

（c）如果申请人未提供根据条约第19条（1）所作声明的译文，则指定局可以对该声明置之不理。

（c之二）如果指定局根据（a）（ⅱ）的规定要求原始提交的权利要求的译文和修改的权利要求的译文，而申请人只提交了这两种所需译文的一种，则该指定局可以对未提交其译文的权利要求置之不理或者通知申请人在根据情况是适当的并在通知中规定的期限内提交所缺的译文。如果指定局选择通知申请人提交所缺的译文，而该译文没有在通知规定的期限内被提交，则该指定局可以对没有提交译文的那些权利要求置之不理，或者认为该国际申请已经被撤回。

（d）如果附图包含有文字内容，则应提供该文字内容的译文，其方式可以是提供原来附图的副本，在原来文字内容上贴以译文，也可以是提供重新绘制的附图。

（e）任何指定局根据（a）要求提供附图副本的，如果申请人未能在条约第22条适用的期限内提供该副本，则应通知申请人在根据具体情况是适当的并在通知中规定的期限

内提供副本。

（f）"Fig."字样不需被译成任何语言。

（g）如果根据（d）或者（e）规定提供的附图副本或者重新绘制的附图不符合本细则11所述的形式要求，则指定局可以通知申请人在根据具体情况是适当的并在通知中规定的期限内改正缺陷。

（h）如果申请人未提供摘要的译文或者根据本细则13之二.4所作说明的译文，指定局如果认为该译文是必要的，应通知申请人在根据具体情况是适当并在通知中规定的期限内提供该译文。

（i）各指定局根据（a）第二句话所述各种事项的要求和做法的信息应由国际局在公报上公布。

（j）任何指定局对国际申请的译文，除对原始国际申请规定的形式要求外，不应要求其符合其他的形式要求。

（k）如果发明名称已由国际检索单位根据本细则37.2确定，则译文应包括由该国际检索单位确定的该发明名称。

（l）如果在1991年7月12日，（c之二）或者（k）的规定与指定局适用的本国法不一致，只要这种不一致继续存在，则（c之二）或者（k）不应适用于该指定局，但该局应在1991年12月31日前通知国际局。国际局应将收到的信息迅速在公报上予以公布。①

49.6　未履行条约第22条所述行为之后的权利恢复②

（a）如果因为申请人未在适用的期限内履行条约第22条所述的行为而使得条约第11条（3）所规定的国际申请的效力中止，则除按本细则本条（b）至（e）的规定外，如果发现耽误期限是非故意的，或者按照指定局的选择，如果发现尽管已采取了适当注意但仍出现了未能满足期限的疏忽，则指定局依据申请人的请求应当恢复申请人关于该国际申请的权利。

（b）本条（a）规定的请求应当提交给指定局，且应当在下述期限第一个届满日前履行条约第22条所述的行为：

（i）自未能满足条约第22条规定的适用期限的原因消除之日起2个月；

（ii）自条约第22条规定的适用期限届满之日起12个月；

但只要指定局适用的国家法允许，申请人可在其后任何时间提出请求。

---

① 编者注：该信息也在WIPO官网上公布：www.wipo.int/pct/en/texts/reservations/res_incomp.html。

② 编者注：本细则49.6（a）至（e）的规定不适用于其国际申请日是在2003年1月1日之前的国际申请，但是：

（i）除（iii）另有规定外，这些规定应当适用于其国际申请日是在2003年1月1日之前并且其适用的条约第22条的期限是在2003年1月1日当天或之后届满的国际申请；

（ii）除（iii）另有规定外，在这些规定是通过本细则76.5而得以适用的范围内，细则76.5的规定应当适用于其国际申请日是在2003年1月1日之前并且其适用的条约第39条（1）的期限是在2003年1月1日当天或之后届满的国际申请；

（iii）如果一个指定局依据本细则49.6（f）的规定已经通知国际局细则49.6（a）至（e）与该局适用的本国法不符，则（i）和（ii）应当适用于该局，但在这些款项中提及的日期2003年1月1日应解释为本细则49.6（a）至（e）在该局生效的日期。

国际局收到任何有关这种不符的信息在公报和WIPO官网上公布：www.wipo.int/pct/en/texts/reservations/res_incomp.html。

（c）（a）规定的请求应陈述未能遵守条约第 22 条规定的适用期限的原因。

（d）指定局适用的国家法可以要求：

（ⅰ）缴纳关于根据（a）提出的请求的费用；

（ⅱ）提交支持（c）所述原因的声明或其他证据。

（e）在根据情况是合理的期限内，未给申请人机会对拟作出的拒绝发表意见之前，指定局不应拒绝（a）规定的请求。

（f）如果（a）至（e）的规定与指定局在 2002 年 10 月 1 日适用的本国法不符，则只要它们与该法继续不符，这些规定即对该指定局不适用，但该局应当在 2003 年 1 月 1 日之前通知国际局。国际局应将所收到的信息迅速在公报上予以公布。[①]

第 49 条之二
为国家程序的目的对所要求的保护的说明

49 之二.1　某些保护类型的选择

（a）在适用条约第 43 条的指定国中，如果申请人希望其国际申请不是作为专利申请，而是作为该条规定的任何一种其他授予保护的类型处理，则申请人在办理条约第 22 条规定的手续时应向指定局如此说明。

（b）在适用条约第 44 条的指定国中，如果申请人希望其国际申请作为要求获得条约第 43 条所述的多于一种的保护类型处理，则申请人在办理条约第 22 条规定的手续时应向指定局如此说明，并在适用的情况下说明何种保护类型为主，何种保护类型为辅。

（c）在（a）和（b）所述的情况下，如果申请人希望其国际申请在某指定国作为增补专利、增补证书、增补发明人证书或增补实用证书申请处理，则申请人在办理条约第 22 条规定的手续时应说明涉及的母案申请、母案专利或其他母案授权。

（d）如果申请人希望其国际申请在某指定国作为一项在先申请的继续申请或部分继续申请处理，则申请人在办理条约第 22 条规定的手续时应向指定局如此说明，并应说明所涉及的母案申请。

（e）如果申请人在办理条约第 22 条规定的手续时没有根据（a）作出明确说明，但申请人支付的条约第 22 条所述的国家费用与某一特定保护类型的国家费用相同，则该费用的支付应被认为是该申请人希望其国际申请被当做该种保护类型处理的说明，指定局应相应地通知申请人。

49 之二.2　提交说明的时间

（a）任何指定局不应要求申请人在办理条约第 22 条规定的手续之前提交本细则 49 之二.1 规定的说明，或者在适用的情况下有关申请人是否要求授予国家或地区专利的说明。

（b）如果指定局适用的国家法允许，申请人可以在其后的任何时间提交所述的说明，或在适用的情况下将一种保护类型转化为另一种保护类型。

[①] 编者注：该信息也在 WIPO 官网上公布：www.wipo.int/pct/en/texts/reservations/res_incomp.html。

第 49 条之三
由受理局作出的优先权恢复的效力;指定局对优先权的恢复

49 之三.1 由受理局作出的优先权恢复的效力

(a) 如果受理局认为申请人尽管已采取了适当注意,但仍出现未能在优先权期限内递交国际申请的疏忽,则受理局根据本细则 26 之二.3 的规定恢复了优先权,除(c)另有规定外,应对每个指定国都发生效力。

(b) 如果受理局认为申请人未在优先权期限内递交国际申请是非故意的,则受理局根据本细则 26 之二.3 的规定恢复了优先权,除(c)另有规定外,应对如下指定国发生效力,即指定国适用的本国法根据上述标准或从申请人角度看制定了一个更有利于申请人的标准,规定了优先权的恢复。

(c) 如果指定国的指定局、法院或其他主管机构发现申请人根据本细则 26 之二.3(a)向受理局提交的请求书中陈述的理由和根据本细则 26 之二.3(b)(ⅲ)向受理局提交的声明或者其他证据不符合本细则 26 之二.3(a)、(b)(ⅰ)或(c)的规定,则受理局根据本细则 26 之二.3 作出优先权恢复的决定将不在该指定国发生效力。

(d) 指定局不应复查受理局的决定,除非有理由怀疑出现(c)所述的情况,此时指定局应通知申请人,说明怀疑的理由,并给申请人在合理的期限内陈述意见的机会。

(e) 指定局不必被受理局根据本细则 26 之二.3 所作出的拒绝恢复优先权请求的决定所约束。

(f) 当受理局已经拒绝了恢复优先权的请求时,指定局可以认为该请求是根据本细则 49 之三.2(a) 在该细则规定期限内向该指定局提出的优先权恢复请求。

(g) 如果,(a) 到 (d) 的规定与指定局在 2005 年 10 月 5 日适用的本国法不符,则只要它们与该本国法继续不符,这些规定对该局就不适用,但该局应当在 2006 年 4 月 5 日之前通知国际局。国际局应将所收到的信息迅速在公报上予以公布。①

49 之三.2 指定局对优先权的恢复

(a) 如果国际申请要求了在先申请的优先权,而其国际申请日晚于优先权期限届满之日但在自该日起 2 个月内,如果指定局认为申请人没能在优先权期限内提交国际申请的理由满足了该局适用的恢复优先权的标准(恢复的标准),那么指定局将基于申请人依据(b)提出的请求给予恢复优先权,该标准是:

(ⅰ)尽管已采取了适当注意,但仍出现了未能满足期限的疏忽;或

(ⅱ)非故意的。

每一个指定局应当至少适用一项标准,或者可以两项都适用。

(b) 根据(a)的请求应:

(ⅰ)在条约第 22 条适用期限起 1 个月内,或者如果申请人根据条约第 23 条(2)向指定局提出明确请求,自指定局收到该请求之日起 1 个月内,向指定局提交;

(ⅱ)说明没有在优先权日期内提交国际申请的原因,并且最好附具根据(c)

---

① 编者注:该信息也在 WIPO 官网上公布:www.wipo.int/pct/en/texts/reservations/res_incomp.html。

所要求的任何声明或者其他证据；和

　　　　（ⅲ）缴纳（d）规定的请求恢复优先权的费用。

　　（c）指定局可以要求在根据具体情况是合理的期限内提供声明或其他证据来支持（b）（ⅱ）所述的原因说明。

　　（d）针对根据（a）提交的请求，指定局为了其自身的利益，可以收取请求恢复的费用。

　　（e）指定局没有给申请人在根据具体情况是合理的期限内陈述意见的机会之前，不应当全部或部分拒绝根据（a）的恢复请求。指定局可以与要求申请人根据（c）提交声明或证据的通知一起发给申请人打算拒绝的通知。

　　（f）如果指定局所适用的本国法中对优先权恢复的规定提供了从申请人角度看比（a）至（d）的规定更有利的标准，则指定局可以在确定恢复优先权时适用其本国法的相关规定，而不采用（a）至（d）的上述规定。

　　（g）每个指定局应当通知国际局其所适用的恢复标准和要求，在适用的情况下，还应当通知根据（f）所适用的本国法的相关规定以及由此带来的变化。国际局应当迅速将这些信息在公报上予以公布。

　　（h）如果（a）到（g）的规定与指定局在2005年10月5日适用的本国法不符，则只要它们与该本国法继续不符，这些规定就对该局不适用，但该局应当在2006年4月5日之前通知国际局。国际局应将所收到的信息迅速在公报上予以公布。①

第50条
条约第22条（3）规定的权能

50.1　权能的行使

　　（a）任何缔约国允许一项期限在条约第22条（1）或者（2）所规定的期限之后届满的，应将这样规定的期限通知国际局。

　　（b）国际局收到（a）所述的任何通知后应迅速在公报上予以公布。

　　（c）有关缩短之前已确定期限的通知，应对自国际局公布该通知之日起3个月届满以后提出的国际申请发生效力。

　　（d）有关延长之前已确定期限的通知经国际局在公报上公布后，应即对当时正在处理中的国际申请或者在这一公布日期以后提出的国际申请生效；如果发出通知的缔约国规定了某一较后的日期，则从该较后日期起生效。

第51条
指定局的复查

51.1　提出送交副本要求的期限

　　条约第25条（1）（c）所述的期限应为2个月，自根据本细则20.4（ⅰ）、24.2

---

① 编者注：该信息也在WIPO官网上公布：www.wipo.int/pct/en/texts/reservations/res_incomp.html。

(c)或者29.1（ⅱ）的规定将通知送交申请人之日起计算。

51.2　通知书的副本

如果申请人收到根据条约第11条（1）所作的否定决定后，要求国际局根据条约第25条（1）将据称是国际申请的档案的副本送交其打算指定的国家局，则申请人应在其要求中附送本细则20.4（ⅰ）所述通知书的副本。

51.3　缴纳国家费用和提供译文的期限

条约第25条（2）（a）所述的期限应与本细则51.1所规定的期限同时届满。

第51条之二
根据条约第27条允许的某些国家要求

51之二.1　某些允许的国家要求

（a）除本细则51之二.2另有规定外，指定局适用的国家法根据条约第27条可以要求申请人特别提供下列各项：

（ⅰ）有关发明人身份的任何文件；

（ⅱ）有关该申请人有权申请或被授予专利的任何文件；

（ⅲ）如果申请人与提出在先申请的申请人不是同一人或者申请人在提出在先申请后姓名改变，包含有申请人有权要求该在先申请优先权的证明的任何文件；

（ⅳ）如果国际申请指定的国家在2012年10月9日适用的本国法要求提供发明人资格的誓言或者声明，任何包括发明人资格的誓言或者声明的文件；

（ⅴ）含有不影响新颖性的公开或者丧失新颖性的例外的任何证据，例如因滥用导致的公开、在某些展览会上的公开，以及申请人自己在一定期间内的公开；

（ⅵ）申请人未在请求书上签字的，其对该指定国确认该国际申请的任何签字；

（ⅶ）根据本细则4.5（a）（ⅱ）和（ⅲ）的要求，申请人对该指定国遗漏的任何说明；

（ⅷ）在本细则82之三.1所述的情况下，根据本细则20.5之二（b）或（c）从国际申请中移除的任何错误提交项目或部分的译文。

（b）根据条约第27条（7），指定局适用的本国法可以要求：

（ⅰ）申请人由代理人代表，代理人有权代表申请人在该局办理事务和/或为接受通知的目的在指定国中有一个地址；

（ⅱ）代表申请人的代理人（有代理人时）应由申请人正式委托。

（c）根据条约第27条（1），指定局适用的本国法可以要求提供一份以上的国际申请、该申请的译文或者任何与该申请有关的文件。

（d）根据条约第27条（2）（ⅱ），指定局适用的本国法可以要求申请人按照条约第22条所提供的国际申请译文：

（ⅰ）由该申请人或者翻译该国际申请的译者以声明证实，就其所知，该译文是完整的和忠实于原文的；

（ⅱ）已由公共主管机构或经过宣誓的译者对国际申请的译文进行认证，但仅限于指定局有理由怀疑译文的准确性之时。

（e）根据条约第 27 条，指定局适用的本国法可以要求申请人提供该优先权文件的译文，但仅限于：

（ⅰ）当优先权要求的有效性与确定该发明是否具有专利性相关之时；或

（ⅱ）如果受理局在根据本细则 4.18 和 20.6 援引加入项目和部分的基础上，根据本细则 20.3（b）（ⅱ）、20.5（d）或 20.5 之二（d）的规定确定了国际申请日，那么为了根据本细则 82 之三.1（b）的规定确定该项目或部分是否完全包含在相关的优先权文件中，指定局也可以根据本国法要求申请人提供优先权文件中说明书、权利要求书和附图的部分译文，并指明所包含的援引加入部分在优先权文件译文中的位置。

51 之二.2 可以不要求文件或证据的某些情况

除非有理由怀疑相关说明或者声明的真实性，指定局不应对下列事项要求文件或者证据：

（ⅰ）关于发明人的身份［本细则 51 之二.1（a）（ⅰ）］｛含有发明人资格的誓言或者声明的文件［本细则 51 之二.1（a）（ⅳ）］除外｝，如果根据本细则 4.6，请求书中包括关于发明人的说明，或者如果根据本细则 4.17（ⅰ），请求书中包括发明人身份的声明或者发明人身份的声明被直接提交给指定局；

（ⅱ）关于该申请人在国际申请日有权申请并被授予专利［本细则 51 之二.1（a）（ⅱ）］，如果根据本细则 4.17（ⅱ），请求书中包括上述内容的声明或上述内容的声明被直接提交给指定局；

（ⅲ）关于该申请人在国际申请日时有权要求一项在先申请的优先权［本细则 51 之二.1（a）（ⅲ）］，如果根据本细则 4.17（ⅲ），请求书中包括上述内容的声明或者上述内容的声明被直接提交给指定局；

（ⅳ）包含发明人资格的誓言或者声明［本细则 51 之二.1（a）（ⅳ）］，如果根据本细则 4.17（ⅳ），请求书中包括发明人资格的声明或者发明人资格的声明被直接提交给指定局。

51 之二.3 遵守国家要求的机会

（a）如果本细则 51 之二.1（a）（ⅰ）至（ⅳ）和（c）至（e）规定的任何要求或者指定局适用的本国法根据条约第 27 条（1）或（2）可以规定的任何其他要求，在必须遵守条约第 22 条要求的相同期限内还未满足，则指定局应当通知申请人在自通知之日起不少于 2 个月的期限内符合要求。申请人为满足本国法的要求答复通知时，指定局可以要求其缴纳费用。

（b）如果指定局按照条约第 27 条（6）或者（7）可以适用的本国法的任何要求，在必须遵守条约第 22 条要求的相同期限内还未满足的，则在该期限届满后申请人应有机会符合这些要求。

（c）如果（a）的规定与指定局在 2000 年 3 月 17 日适用的本国法关于该规定中所述的期限不符，只要该规定继续与该本国法不符，该规定所述的期限就对该局不适用，但该局应当在 2000 年 11 月 30 日之前通知国际局。国际局应当将收到的信息迅速在公报上公布。[①]

[①] 编者注：该信息也在 WIPO 官网上公布：www.wipo.int/pct/en/texts/reservations/res_incomp.html。

第52条
向指定局提出的对权利要求书、说明书和附图的修改

52.1 期限

（a）在不需任何特别请求即可开始处理或者审查程序的任何指定国中，如果申请人希望行使条约第28条规定的权利，那么他应在履行条约第22条规定的要求之日起1个月内进行，但是，如果在条约第22条适用的期限届满时，本细则47.1规定的送达尚未进行，则申请人应在该期限届满之日起不超过4个月的期限内行使上述权利。不论在哪种情况下，只要上述国家的本国法允许，申请人就可以在其后的任何时间行使上述权利。

（b）在其本国法规定审查只能根据特别请求才能开始的任何指定国中，申请人行使条约第28条规定的权利的期限或者时间应与该本国法规定的在根据特别请求进行对本国申请的审查时提出修改的期限或者时间相同，但该期限不应在（a）适用的期限届满前届满，或者该时间不应在（a）适用的期限届满前到来。

第三部分
有关条约第Ⅱ章的细则

第53条
国际初步审查要求书

53.1 格式

（a）要求书应填写在印制的表格上或者用计算机打印出来。印制要求书表格的细节和用计算机打印要求书的细节应在行政规程中予以规定。

（b）印制的要求书表格应由受理局或者国际初步审查单位免费提供。

53.2 内容

（a）要求书应包括：

（ⅰ）请求；

（ⅱ）有关申请人和代理人（有代理人时）的记载；

（ⅲ）有关所涉及的国际申请的记载；

（ⅳ）在适用的情况下，有关修改的声明。

（b）要求书应签字。

53.3 请求

请求的大意如下并最好这样措词："根据《专利合作条约》第31条提出要求：下列签字人请求将下述的国际申请按照《专利合作条约》进行国际初步审查"。

53.4 申请人

关于申请人的记载应适用本细则4.4和4.16的规定并比照适用本细则4.5的规定。

53.5 代理人或者共同代表

如果委托了代理人或者共同代表，要求书应如此写明，并应适用本细则4.4和4.16的规定，并比照适用本细则4.7的规定。

53.6 国际申请的标明

为了标明国际申请，要求书应写明申请人的姓名或者名称以及地址、发明名称、国际申请日（如果申请人知道）和国际申请号，或者当申请人不知道该号时，受理该国际申请的受理局的名称。

53.7 国家的选定

要求书的提交应构成对所有被指定并受条约第Ⅱ章约束的缔约国的选定。

53.8 签字

要求书应由申请人签字；如果有一个以上申请人，应由所有提出要求的申请人签字。

53.9 有关修改的声明

（a）如果根据条约第19条提出过修改，则有关该修改的声明应写明申请人为国际初步审查的目的是否希望那些修改：

（ⅰ）被考虑，在这种情况下，修改的副本和按照本细则46.5（b）要求的信函的副本最好和国际初步审查要求书一起提出；或

（ⅱ）被认为撤销，因为已经根据条约第34条提出了修改。

（b）如果没有根据条约第19条提出过修改并且提出这种修改的期限尚未届满，该声明可以写明，如果国际初步审查单位希望在根据本细则69.（1）（b）作出国际检索的同时启动国际初步审查，则申请人希望根据本细则69.1（d）将国际初步审查的启动推迟。

（c）如果和国际初步审查要求书一起提出了根据条约第34条提出的修改，对该声明应予以写明。

第54条
有权提出国际初步审查要求的申请人

54.1 居所和国籍

（a）除（b）另有规定外，为了条约第31条（2）的目的，申请人的居所和国籍应按本细则18.1（a）和（b）的规定予以确定。

（b）国际初步审查单位应在行政规程指明的情况下要求受理局，或者在国际申请是向作为受理局的国际局提出的情况下，要求有关缔约国的国家局或代表该国的局决定该自称是其居民或国民的申请人是否是该缔约国的居民或者国民。国际初步审查单位应将这种要求告知申请人。申请人应有机会直接向有关局提供他的论据。有关局应迅速对上述问题作出决定。

54.2 提出国际初步审查要求的权利

如果提出国际初步审查要求的申请人，或者如果有两个或两个以上的申请人，至少其中有一人，是受条约第Ⅱ章约束的缔约国的国民或者居民并且已向受条约第Ⅱ章约束的缔约国受理局或者代表该国的受理局提出了国际申请，就有权根据条约第31条（2）提出要求。

54.3 向作为受理局的国际局提出的国际申请

如果国际申请是向根据本细则 19.1（a）（ⅲ）作为受理局的国际局提出的，为条约第 31 条（2）（a）的目的，国际局应被认为代表申请人是其居民或者国民的缔约国。

54.4 无权提出国际初步审查要求的申请人

如果申请人无权提出国际初步审查要求，或者在有两个或者两个以上申请人的情况下，其中无人有权根据本细则 54.2 的规定提出上述要求，则要求书应被认为未提出。

第 54 条之二
提交要求书的期限

54 之二.1 提交要求书的期限

（a）要求书可以在以下期限届满之前的任何时间提交，以后到期的为准：

（ⅰ）向申请人传送国际检索报告或条约第 17 条（2）（a）所述声明和根据本细则 43 之二.1 作出的书面意见之日起 3 个月；或

（ⅱ）自优先权日起 22 个月。

（b）（a）规定的期限届满之后所提交的要求书将被视为未提出，国际初步审查单位并应如此宣布。

第 55 条
语言（国际初步审查）

55.1 要求书的语言

要求书应使用国际申请的语言，或者如果国际申请在提出时使用的语言与公布时使用的语言不同，应使用国际申请公布时使用的语言。但是，根据本细则 55.2 的规定要求提供国际申请的译文的，要求书应使用该译文所用的语言。

55.2 国际申请的译文

（a）如果国际申请提出时使用的语言以及国际申请公布时使用的语言，都不是进行国际初步审查的国际初步审查单位所接受的语言，则除（b）另有规定外，申请人应连同国际初步审查要求一起提交该国际申请的译文，所用语言应符合以下两个条件：

（ⅰ）是该单位接受的一种语言；和

（ⅱ）是公布语言中的一种。

（a 之二）国际申请译成（a）中所述语言的译文应当包括根据本细则 20.6（b）规定已被认为包含在国际申请中的，由申请人根据本细则 20.3（b）、20.5 之二（b）、20.5 之二（c）或 20.6（a）的规定提交的任何条约第 11 条（1）（ⅲ）（d）或（e）所述的项目和根据本细则 20.5（b）、20.5（c）、20.5 之二（b）、20.5 之二（c）或 20.6（a）提交的任何说明书、权利要求书或附图的部分。

（a 之三）国际初步审查单位应检查根据（a）提交的译文是否符合本细则 11 所述的形式要求，以达到能够进行国际初步审查的目的。

（b）如果国际申请译成（a）中所述语言的译文已根据本细则 23.1（b）送交国际检

索单位，并且国际初步审查单位和国际检索单位同是一个国家局或者政府间组织的一部分的，则申请人不必根据（a）的规定提交译文。在这种情况下，除非申请人提交了（a）中所述的译文，否则国际初步审查应在根据本细则 23.1（b）送交的译文的基础上进行。

（c）如果申请人没有遵守（a）、（a之二）以及（a之三）所述的规定并且（b）不适用，则国际初步审查单位应通知申请人在根据情况是合理的期限内提交所规定的译文或者根据情况提交所需的改正。该期限自通知之日起不应少于 1 个月。国际初步审查单位在作出决定前的任何时候可以将该期限予以延长。

（d）如果申请人在（c）规定的期限内满足了该通知的要求，应认为已经符合上述规定。如果申请人没有满足该通知的要求，该要求书应被认为没有提出，国际初步审查单位应作出这样的宣布。

55.3 修改和信函的语言和译文

（a）除（b）规定外，如果国际申请在提出时使用的语言与公布时使用的语言不同，根据条约第 34 条的修改以及本细则 66.8（a）、66.8（b）和根据 66.8（c）所适用的 46.5（b）所述的信函应以公布的语言提出。

（b）如果根据本细则 55.2 的规定要求提交国际申请的译文：

（ⅰ）所有修改以及（a）中提及的信函；和

（ⅱ）所有根据条约第 19 条作出并且按照本细则 66.1（c）或（d）将予以考虑的修改以及本细则 46.5（b）提及的信函；

都应使用该译文所用的语言。如果这种修改或信函已经或者正在用另一种语言提出，也应提交其译文。

（c）如果提交的修改或信函不是以（a）或（b）所要求的语言提交，国际初步审查单位应通知申请人在根据情况是合理的期限内提交规定语言要求的修改或信函。该期限自通知之日起不应少于 1 个月。国际初步审查单位在作出决定前的任何时候可以将该期限予以延长。

（d）如果申请人没有在（c）规定的期限内按通知要求提交规定语言的修改，则对该修改在国际初步审查中不应予以考虑。如果申请人没有在（c）规定的期限内按通知要求提交（a）述及的规定语言的信函，则对所涉及的修改在国际初步审查中不应予以考虑。

第 56 条
[删除]

第 57 条
手续费

57.1 缴纳费用的要求

每份国际初步审查要求均应为国际局的利益缴纳费用（手续费），该费用由受理要求书的国际初步审查单位收取。

57.2 数额；转付

（a）手续费数额在费用表中规定。

（b）手续费应以国际初步审查单位规定的货币或其中的一种货币缴纳（规定货币）；

（c）当规定货币是瑞士法郎时，国际初步审查单位应当根据本细则96.2将该手续费以瑞士法郎转付国际局。

（d）当规定货币不是瑞士法郎，且该货币：

（ⅰ）能够自由兑换成瑞士法郎的，对于每一个规定以此种货币缴纳手续费的国际初步审查单位，总干事应根据大会的指示为之确定以该种规定货币缴纳所述费用的等值数额，国际初步审查单位应当根据本细则96.2按该数额将规定货币转付国际局；

（ⅱ）不能自由兑换成瑞士法郎的，国际初步审查单位应负责将手续费从规定货币转换成瑞士法郎，并根据本细则96.2按费用表列出的数额以瑞士法郎转付国际局。或者，如果国际初步审查单位愿意，可以将手续费从规定货币转换成欧元或美元，并根据本细则96.2按（ⅰ）中所述由总干根据大会指示确定的等值数额、以欧元或者美元转付国际局。

57.3 缴纳费用的期限；应缴的数额

（a）除（b）和（c）另有规定外，手续费应在自提交国际初步审查要求书之日起1个月内或自优先权日起22个月内缴纳，以后到期的为准。

（b）除（c）另有规定外，如果该要求书已根据本细则59.3送交国际初步审查单位的，手续费应在自该单位收到之日起1个月内或自优先权日起22个月内缴纳，以后到期的为准。

（c）如果根据本细则69.1（b），国际初步审查单位希望在进行国际检索的同时启动国际初步审查，该单位应通知申请人在自通知之日起1个月内缴纳手续费。

（d）应缴的手续费数额是在缴纳日所适用的数额。

57.4 退款

如果有下列情形之一，国际初步审查单位应将手续费退还给申请人：

（ⅰ）如果在该单位将国际初步审查要求书送交国际局之前，该要求书已被撤回；或者

（ⅱ）如果根据本细则54.4或54之二.1（b），该要求书被认为没有提出。

第58条
初步审查费

58.1 要求缴纳费用的权利

（a）每个国际初步审查单位为进行国际初步审查和执行根据条约和本细则委托国际初步审查单位的一切其他任务，可以为其自己的利益，要求申请人缴纳费用（"初步审查费"）。

（b）初步审查费的数额，如果该费用应缴纳时，应由国际初步审查单位确定。关于缴纳初步审查费的期限以及应缴的数额，应比照适用与手续费有关的本细则57.3的规定。

（c）初步审查费应直接向国际初步审查单位缴纳。如果该单位是国家局，初步审查费应以该局规定的货币缴纳，如果该单位是政府间组织，初步审查费应以该政府间组织所在国家的货币缴纳，或者以任何可以自由兑换成该国货币的其他货币缴纳。

58.2 ［删除］

58.3 退款
国际初步审查单位应通知国际局在要求书被认为没有提出的情况下，该单位退还作为初步审查费缴纳的款项的程度（如果有时）和条件（如果有时），国际局应将该项信息迅速予以公布。

第58条之二
缴费期限的延长

58之二.1 国际初步审查单位的通知
（a）如果国际初步审查单位发现：
（i）向其缴纳的数额不足以付清手续费和初步审查费；或
（ii）本细则57.3和58.1（b）规定的缴费期限已到，却尚未向其缴费；

该单位应通知申请人在自通知之日起1个月的期限内，向其缴纳付清那些费用所需的数额以及在适用的情况下本细则58之二.2规定的滞纳金。

（b）如果国际初步审查单位已根据（a）发出通知，而申请人在（a）所述的期限内没有缴纳应付的全部数额，包括在适用的情况下本细则58之二.2规定的滞纳金的，除（c）另有规定外，要求书应被认为没有提出，国际初步审查单位应作这样的宣布。

（c）国际初步审查单位在根据（a）发出通知之前收到的费用，按照情况应认为是在本细则57.3或58.1（b）所规定的期限届满前收到。

（d）国际初步审查单位在其开始（b）规定的程序之前收到的任何费用应认为是在（a）规定的期限届满前收到。

58之二.2 滞纳金
（a）国际初步审查单位为其自己的利益，可以规定按本细则58之二.1（a）的通知缴纳费用的，应向其缴纳滞纳金，滞纳金的数额应为：
（i）通知中指明的未缴纳费用数额的50%；或者
（ii）如果根据（i）计算的数额小于手续费，则与手续费相等的数额。

（b）但是，滞纳金的数额不应超过手续费的2倍。

第59条
主管的国际初步审查单位

59.1 根据条约第31条（2）（a）提出的要求
（a）对于根据条约第31条（2）（a）规定提出的国际初步审查要求，受条约第Ⅱ章规定约束的各缔约国的或者代表该国的受理局应根据条约第32条（2）和（3）所述的适用协议的条件通知国际局，说明向该局提出的国际申请应由哪一个或者哪几个国际初步审查单位进行国际初步审查。国际局应将该信息迅速予以公布。在有几个主管国际初步审查单位的情况下，应比照适用本细则35.2的规定。

（b）如果国际申请已经根据本细则19.1（a）（iii）向作为受理局的国际局提出，应比照适用本细则 35.3（a）和（b）的规定。本条（a）不适用于根据本细则 19.1（a）（ⅲ）作为受理局的国际局。

59.2　根据条约第 31 条（2）（b）提出的要求

对于根据条约第 31 条（2）（b）规定提出的要求，大会在指定国际申请的主管国际初步审查单位时，如果受理国际申请的国家局本身是国际初步审查单位，则大会应优先指定该单位，如果该国家局不是国际初步审查单位，则大会应优先指定该局推荐的国际初步审查单位。

59.3　向主管的国际初步审查单位传送要求书

（a）如果国际初步审查要求书是提交给受理局、国际检索单位或者非主管该国际申请的国际初步审查的国际初步审查单位的，则该局或者单位应在要求书上标明收到日期，除决定根据（f）进行处理外，将要求书迅速传送给国际局。

（b）如果要求书是提交给国际局的，国际局应在要求书上标明收到日期。

（c）如果要求书是根据（a）传送给国际局的，或者根据（b）向其提出的，国际局应迅速：

（ⅰ）如果仅有一个主管的国际初步审查单位，将要求书传送给该单位并通知申请人；或者

（ⅱ）如果有两个或者两个以上主管的国际初步审查单位，通知申请人在按本细则 54 之二.1（a）适用的时间期限或在通知之日起 15 天内，以后到期的为准，指明应向其传送要求书的主管国际初步审查单位。

（d）如果已按（c）（ⅱ）的要求提交了指明，国际局应迅速将要求书传送给申请人指明的国际初步审查单位。如果未按此提交指明，则要求书应认为没有提出，国际局应作这样的宣布。

（e）如果要求书是根据（c）传送给主管国际初步审查单位的，应认为该要求书是根据（a）或者（b）在要求书上标明的日期代表该单位收到的，而且应认为这样传送的要求书已被主管单位在该日收到。

（f）如果根据（a）接到要求书的受理局或单位决定将要求书直接传送给主管国际初步审查单位，应比照适用（c）至（e）的规定。

第 60 条
要求书中的某些缺陷

60.1　要求书中的缺陷

（a）除（a）之二和（a）之三另有规定外，如果要求书不符合本细则 53.1、53.2（a）（ⅰ）至（ⅲ）、53.2（b）、53.3 至 53.8 和 55.1 的规定，国际初步审查单位应通知申请人在根据情况是合理的期限内改正该缺陷。该期限自通知之日起不应少于 1 个月。国际初步审查单位在作出决定前的任何时候可以将该期限予以延长。

（a 之二）为本细则 53.4 的目的，如果有两个或两个以上申请人，针对其中一个根据本细则 54.2 的规定有权提出国际初步审查要求的申请人写明了本细则 4.5（a）（ⅱ）和（ⅲ）所述的内容，即足以符合规定。

（a之三）为本细则53.8的目的，如果有两个或两个以上申请人，要求书由其中一个申请人签字的，则足以符合规定。

（b）如果申请人在（a）规定的期限内满足了通知的要求，则只要原提出的要求书足以确定该国际申请，即应认为该要求书已经在其实际提出日收到；否则该要求书应认为是在国际初步审查单位收到改正之日收到。

（c）如果申请人在（a）规定的期限内未满足通知的要求，该要求书应认为没有提出，国际初步审查单位应作这样的宣布。

（d）［删除］

（e）如果缺陷是国际局发现的，该局应提请国际初步审查单位注意该缺陷，该单位应按照（a）至（c）的规定进行处理。

（f）如果国际初步审查要求书没有包括有关修改的声明，国际初步审查单位应根据本细则66.1和69.1（a）或者（b）的规定进行处理。

（g）如果有关修改的声明中写明和要求书一起提交了根据条约第34条提出的修改［本细则53.9（c）］，但实际上该修改并没有提交，国际初步审查单位应通知申请人在通知中规定的期限内提交修改，并应根据本细则69.1（e）的规定进行处理。

第61条
要求书和选定书的通知

61.1 给国际局和申请人的通知

（a）国际初步审查单位应在国际初步审查要求书上注明收到日期，或者在适用的情况下，注明本细则60.1（b）所述的日期。国际初步审查单位应将要求书迅速送交国际局，并将副本存在自己的文档中，或者将要求书副本迅速送交国际局，并将要求书存在自己的文档中。

（b）国际初步审查单位应将收到要求书的日期迅速通知申请人。根据本细则54.4、55.2（d）、58之二.1（b）或者60.1（c）的规定要求书被认为没有提出的，国际初步审查单位应相应地通知申请人和国际局。

61.2 给选定局的通知

（a）条约第31条（7）所规定的通知应由国际局发出。

（b）通知应写明该国际申请的申请号和申请日，申请人的姓名或者名称，（在要求优先权的情况下）作为优先权基础的申请的申请日，国际初步审查单位收到要求书的日期。

（c）通知应和条约第20条规定的送达一起送交选定局。在该送达以后作出的选定应一经作出就迅速通知。

（d）如果在国际申请的国际公布之前，申请人根据条约第40条（2）的规定向选定局提出明确请求，国际局应根据申请人或者选定局的要求，迅速向该局进行条约第20条所述的送达。

61.3 给申请人的信息

国际局应将本细则61.2中所述的通知和根据条约第31条（7）被通知的选定局以书面形式告知申请人。

61.4 在公报上公布

国际局应在要求书提出之后,但不应在国际申请的国际公布之前,迅速在公报上按照行政规程的规定公布有关要求书和选定国的信息。

第 62 条
向国际初步审查单位传送国际检索单位书面意见副本和根据条约第 19 条提出的修改的副本

62.1 国际检索单位书面意见副本和修改的副本在提交要求书之前传送

国际局从国际初步审查单位收到要求书或者其副本后,应迅速向该单位传送:

(ⅰ)根据本细则 43 之二.1 作出的书面意见的副本,除非该作为国际检索单位的国家局或政府间组织同时还是国际初步审查单位;以及

(ⅱ)根据条约第 19 条进行的任何修改的副本、该条所述的任何声明的副本以及本细则 46.5(b)所要求的信函的副本,除非该单位已说明它已收到了这种副本。

62.2 在提交要求书后提出的修改

如果在提出根据条约第 19 条的修改时已经提出了国际初步审查要求,申请人最好在向国际局提出修改的同时,也向国际初步审查单位提交此修改的副本、该条所述的声明副本及本细则 46.5(b)所要求的信函的副本。在任何情况下,国际局应迅速将此修改的副本、声明的副本和信函的副本传送该单位。

第 62 条之二
向国际初步审查单位传送国际检索单位书面意见的译文

62 之二.1 译文和意见

(a)应国际初步审查单位的请求,当根据本细则 43 之二.1 作出的书面意见未使用英文或该单位所接受的语言的,则应由国际局或由其负责译成英文。

(b)国际局应自收到提供译文请求之日起 2 个月内向国际初步审查单位传送译文副本,并同时向申请人传送副本。

(c)申请人可以就译文的正确性提交书面意见并将意见副本传送给国际初步审查单位和国际局。

第 63 条
对国际初步审查单位的最低要求

63.1 最低要求的定义

条约第 32 条(3)中所述的最低要求如下:

(ⅰ)国家局或者政府间组织至少必须拥有 100 名具有足以胜任审查工作的技术资格的专职人员;

(ⅱ)该局或者该组织至少必须拥有本细则 34 所述的为审查目的而妥善整理的最低

限度文献；

（ⅲ）该局或者该组织必须拥有一批能对所要求的技术领域进行审查，并且具有至少能够理解用来撰写或者翻译本细则34所述的最低限度文献的语言的语言条件的工作人员；

（ⅳ）该局或者该组织必须根据国际初步审查共同规则设置质量管理系统和内部复查机构；

（ⅴ）该局或者该组织必须被指定为国际检索单位。

第64条
与国际初步审查有关的现有技术

64.1 现有技术

（a）为条约第32条（2）和（3）的目的，在世界上任何地方，公众通过书面公开（包括绘图和其他图解）可以得到的一切事物，应认为是现有技术，但以公众可以得到发生在有关日期之前为限。

（b）为（a）的目的，相关日期应当是指：

（ⅰ）除（ⅱ）和（ⅲ）另有规定外，在国际初步审查中国际申请的国际申请日；

（ⅱ）在国际初步审查中国际申请要求了一项在先申请的优先权的且国际申请日在优先权期限内，该在先申请的申请日，除非国际初步审查单位认定该优先权请求无效；

（ⅲ）在国际初步审查中，国际申请要求了一项在先申请的优先权，并且其国际申请日晚于优先权期限，但是在自优先权期限届满日起2个月内，该在先申请的申请日，除非国际初步审查单位以国际申请日迟于优先权期限届满日以外的其他理由认定该优先权请求无效。

64.2 非书面公开

在本细则64.1（b）所定义的相关日期之前公众通过口头公开、使用、展览或者其他非书面方式可以得到（非书面公开），而且这种非书面公开的日期记载在与相关日期同日或者在其之后公众可以得到的书面公开之中的，为条约第33条（2）和（3）的目的，该非书面公开不应认为是现有技术的一部分。但是，国际初步审查报告应依本细则70.9规定的方式提请注意这种非书面公开。

64.3 某些已公布的文件

任何申请或者任何专利如果在本细则64.1所述相关日期之前公布即会构成条约第33条（2）和（3）所称的现有技术，但其实际上是在与相关日期同日或者在其之后公布，并且其申请是在该相关日期之前提出的，或者要求了一项在相关日期之前提出的在先申请的优先权，则这类已公布的申请或者专利不应认为构成条约第33条（2）和（3）所称现有技术的一部分。但是，国际初步审查报告应以本细则70.10规定的方式提请注意这类申请或者专利。

第 65 条
创造性或者非显而易见性

65.1 与现有技术的关系

为条约第 33 条（3）的目的，国际初步审查应对每项特定权利要求与现有技术的整体之间的关系加以考虑。不仅应考虑该权利要求与各个文件或者该文件各部分内容分开来看时之间的关系，如果这些文件或者文件的各部分内容的结合对于本技术领域的普通技术人员是显而易见的，还应考虑该权利要求与这种结合之间的关系。

65.2 相关日期

为条约第 33 条（3）的目的，评价创造性（非显而易见性）时的相关日期是指本细则 64.1 所述的日期。

第 66 条
国际初步审查单位的程序

66.1 国际初步审查的基础

（a）除（b）至（d）另有规定外，国际初步审查应以原始提交的国际申请为基础。

（b）申请人可以根据条约第 34 条在提交国际初步审查要求书时提出修改，或者除本细则 66.4 之二另有规定外，在国际初步审查报告制定之前提出修改。

（c）在国际初步审查要求书提出前根据条约第 19 条提出的任何修改在国际初步审查中都应予以考虑，除非该修改已被根据条约第 34 条提出的修改所代替或者被认为撤销。

（d）在国际初步审查要求书提出后根据条约第 19 条提出的任何修改，以及向国际初步审查单位提出的根据条约第 34 条提出的任何修改，除本细则 66.4 之二另有规定外，在国际初步审查中均应予以考虑。

（d 之二）根据本细则 91.1 许可的明显错误更正，除本细则 66.4 之二另有规定外，为国际初步审查的目的，在国际初步审查中均应予以考虑。

（e）对于没有作出过任何国际检索报告的发明的权利要求，不需进行国际初步审查。

66.1 之二 国际检索单位的书面意见

（a）除（b）另有规定外，国际检索单位根据本细则 43 之二.1 所作出的书面意见，为本细则 66.2（a）之目的，应被视为是国际初步审查单位的书面意见。

（b）国际初步审查单位可以通知国际局，当书面意见是由国际检索单位或者其通知中指明的单位根据本细则 43 之二.1 作出时，(a) 的规定对该单位的程序不适用，但如果作为国际检索单位的该国家局或政府间组织同时也是国际初步审查单位时，该通知不予适用。国际局应将任何这类通知在公报上迅速公布。①

（c）如果根据（b）所作的通知，国际检索单位根据本细则 43 之二.1 所作出的书面意见不被认为是国际初步审查单位为本细则 66.2（a）目的作出的书面意见，该国际初步

---

① 编者注：该信息也在 WIPO 官网上公布：www.wipo.int/pct/en/texts/reservations/res_incomp.html。

审查单位应相应地书面通知申请人。

（d）尽管根据（b）所作的通知，国际检索单位根据本细则43之二.1所作出的书面意见不被认为是国际初步审查单位为本细则66.2（a）目的作出的书面意见，国际初步审查单位在根据本细则66.2（a）进行处理中仍应对该书面意见予以考虑。

66.1之三　扩展检索

国际初步审查单位应当进行一项检索（扩展检索），以发现本细则64所提及的在国际检索报告制定之后公开或者可以供所述国际初步审查单位检索的文件，除非该单位认为这样的扩展检索并无用处。如果该单位发现存在条约第34条（3）或（4）或者本细则66.1（e）提及的情况，则扩展检索应当仅涉及国际申请中属于国际初步审查主题的那些部分。

66.2　国际初步审查单位的书面意见

（a）如果国际初步审查单位认为有下列情形之一的，应相应书面通知申请人：

（ⅰ）国际申请有条约第34条（4）中所述情形之一的；

（ⅱ）任何一项权利要求要求保护的发明看来并不具备新颖性，看来并不具备创造性（看来并不是非显而易见），或者看来不能在工业上应用，因而国际初步审查报告对该权利要求均应予以否定；

（ⅲ）根据条约或者本细则的规定，国际申请的格式或者内容有某些缺陷；

（ⅳ）国际申请的修改超出了国际申请提出时所公开的范围；或者

（ⅴ）希望在国际初步审查报告上附加对权利要求书、说明书和附图是否清楚的说明，或者对权利要求书是否得到说明书充分支持的意见；

（ⅵ）对某一权利要求涉及的发明没有制定相应的国际检索报告，并且对该权利要求已决定不进行国际初步审查；或者

（ⅶ）所提供的核苷酸和/或氨基酸序列表不符合规定，以至于不能进行有意义的国际初步审查。

如果作为国际初步审查单位的国家局的本国法不允许以不同于本细则6.4（a）第二句和第三句所规定的方式撰写多项从属权利要求，则在该申请未使用该方式提出权利要求的情况下，国际初步审查单位可以适用条约第34条（4）（b）的规定。在这种情况下，该单位应相应的书面通知申请人。

（b）国际初步审查单位应在通知中详细说明其持上述意见的理由。

（c）通知应要求申请人提出书面答复，在情况需要时并应附修改。

（d）通知应规定答复的期限。该期限视具体情况应当合理。一般应为自通知之日起2个月。期限无论如何不得少于自通知之日起1个月。在国际检索报告与通知同时送交的情况下，该期限至少应自通知之日起2个月。除（e）另有规定外，该期限不得多于自通知之日起3个月。

（e）申请人在答复通知的期限届满前提出请求的，该答复通知的期限可以延长。

66.3　对国际初步审查单位的正式答复

（a）申请人答复本细则66.2（c）所述的国际初步审查单位的通知时可以提出修改，或者，根据情况，如果申请人不同意该单位的意见，可以提出答辩，或者两者均采用。

（b）任何答复应直接提交国际初步审查单位。

66.4 提出修改或者答辩的追加机会

（a）如果国际初步审查单位愿意发出一份或者多份追加书面意见，它可以这样做，并应适用本细则 66.2 和 66.3 的规定。

（b）应申请人的请求，国际初步审查单位可以给予一次或者多次提出修改或者答辩的追加机会。

66.4 之二 对修改、答辩和明显错误更正的考虑

修改、答辩和明显错误更正是在国际初步审查单位已经开始起草书面意见或者国际初步审查报告后收到的、许可的或者被通知的，该单位在该意见或者报告中不必对修改、答辩或更正加以考虑。

66.5 修改

除明显错误的更正外，凡改动权利要求书、说明书或者附图，包括删去权利要求，删去说明书中某些段落，或者删去某些附图，均应认为是修改。

66.6 与申请人的非正式联系

国际初步审查单位可以随时通过电话、书信或者个人会晤与申请人非正式地联系。该单位应自行决定，如果申请人请求，是否同意进行一次以上的个人会晤，或者是否愿意答复申请人非正式的书面通信。

66.7 优先权文件副本和译文

（a）如果国际初步审查单位需要国际申请中作为优先权基础的在先申请的副本，国际局应请求应迅速提供该副本。如果由于申请人未满足本细则 17.1 的要求，以致未能向国际初步审查单位提供该副本，并且该在先申请未向作为国家局的该单位提交或者该单位不能按照行政规程的规定从数字图书馆中获得该优先权文件，则该国际初步审查单位可以在优先权要求视为没有提出的情况下制定国际初步审查报告。

（b）如果国际申请中作为优先权基础的申请使用的语言不是国际初步审查单位使用的语言或者语言之一，该单位可以，当优先权要求的有效性与撰写条约第 33 条（1）所述意见相关时，要求申请人在自通知之日起 2 个月内提交该语言或者该语言之一的译文。如果该译文没有在该期限内提交，可以在优先权要求视为没有提出的情况下制定国际初步审查报告。

66.8 修改的形式

（a）除（b）另有规定外，当修改说明书或附图时，对国际申请中由于修改而导致与原始提出页不同的每一页，申请人均应提交替换页。随替换页一起提交的信函应说明被替换页与替换页之间的差别，并应当指出所作修改在原始提交的申请中的基础，并且最好解释修改的原因。

（b）如果修改是删去某些段落或者是做小的改动或者增加，则（a）所述的替换页可以是国际申请含有改动或增加的有关页的复印件，条件是该页的清晰度和直接复制性没有受到不利的影响。如果修改结果导致整页删除，该项修改应以信函提出，而该信函最好对修改的原因也予以解释。

（c）当修改权利要求时，应比照适用本细则 46.5。根据本条适用的根据本细则 46.5 提交的权利要求应替换原始提交的，或适用情况下，根据条约 19 条或条约 34 条修改的全部权利要求。

第 67 条
条约第 34 条（4）（a）（ⅰ）所述的主题

67.1 定义
如果国际申请的主题是下列各项之一，并且在有下列情形之一的限度内，国际初步审查单位无须对该国际申请进行国际初步审查：

（ⅰ）科学和数学理论；

（ⅱ）植物、动物品种或者主要是用生物学方法生产植物和动物的方法，但微生物学方法和由该方法获得的产品除外；

（ⅲ）经营业务，纯粹智力活动或者游戏比赛的方案、规则或者方法；

（ⅳ）治疗人体或者动物体的外科手术或者疗法以及诊断方法；

（ⅴ）单纯的信息提供；

（ⅵ）计算机程序，在国际初步审查单位不具备条件对其进行国际初步审查的限度内。

第 68 条
缺乏发明单一性（国际初步审查）

68.1 不通知限制权利要求或者缴费
如果国际初步审查单位认为国际申请不符合发明单一性要求，并决定不通知申请人限制权利要求或者缴纳附加费的，除条约第 34 条（4）（b）和本细则 66.1（e）另有规定外，该单位应就整个国际申请继续国际初步审查，但应在任何书面意见和国际初步审查报告中指出，该单位认为该申请不符合发明单一性要求，并说明理由。

68.2 通知限制权利要求或者缴费
如果国际初步审查单位认为国际申请不符合发明单一性要求，并决定通知申请人根据其自己选择限制权利要求或者缴纳附加费的，该通知应当：

（ⅰ）至少应举出一种以国际初步审查单位的观点认为符合要求的限制权利要求的可能方案；

（ⅱ）写明它认为国际申请不符合发明单一性要求的理由；

（ⅲ）通知申请人自通知之日起 1 个月内满足该通知的要求；

（ⅳ）如果申请人选择了缴纳附加费，应指明要求缴纳的数额；以及

（ⅴ）在适用的情况下要求申请人自通知之日起 1 个月内缴纳本细则 68.3（e）所述的异议费，并指明应缴纳的数额。

68.3 附加费
（a）条约第 34 条（3）（a）规定的国际初步审查附加费的数额应由主管国际初步审查单位确定。

（b）条约第 34 条（3）（a）规定的国际初步审查附加费，应直接向国际初步审查单位缴纳。

（c）任何申请人在缴纳附加费时可以提出异议，即附一说明理由的声明，说明该国际申请符合发明单一性要求或者说明要求缴纳的附加费数额过高。该项异议应由设立在国际初步审查单位的一个复审机构进行审查，并应在其认为异议理由成立的限度内命令向申请人退还全部或者部分附加费。根据申请人的请求，异议及异议决定的文本应作为国际初步审查报告的附件通知选定局。

（d）（c）所述复审机构的成员可以包括，但应不限于作出被异议的决定的人。

（e）对（c）所述异议的审查，国际初步审查单位为其自己的利益，可以要求缴纳异议费。如果申请人在本细则68.2（v）规定的期限内没有缴纳任何所需的异议费，该异议应当被视为未提出并且国际初步审查单位应当如此宣布。如果（c）所述的复审机构认为异议完全正当，异议费应当退还给申请人。

68.4 对权利要求书限制不充分时的程序

如果申请人对权利要求书作了限制，但不足以符合发明单一性要求，国际初步审查单位应按照条约第34条（3）（c）的规定进行处理。

68.5 主要发明

为条约第34条（3）（c）的目的，对于哪一项发明是主要发明如果存在疑问，应认为权利要求中首先记载的发明是主要发明。

第69条
国际初步审查的启动和期限

69.1 国际初步审查的启动

（a）除（b）至（e）另有规定外，国际初步审查单位在得到以下全部文件后应启动国际初步审查：

（i）国际初步审查要求书；

（ii）应当缴纳的（全部）手续费和初步审查费，包括：在适用的情况下根据本细则58之二.2所收取的滞纳金；和

（iii）国际检索报告或者国际检索单位根据条约第17条（2）（a）作出的关于将不制定国际检索报告的宣布，以及根据本细则43之二.1所作出的书面意见；除非申请人明确请求将国际初步审查的启动推迟至细则54之二.1（a）所适用的期限届满。

（b）如果作为国际检索单位的国家局或政府间组织同时也是国际初步审查单位，如果该国家局或国际初步审查单位愿意，并且除（d）和（e）另有规定外，国际初步审查可以和国际检索同时启动。

（b之二）如果同时作为国际检索单位和国际初步审查单位的国家局或政府间组织根据（b）希望在启动国际检索的同时也启动国际初步审查，并且认为已满足条约第34条（2）（c）（i）至（iii）的全部条件，则作为国际检索单位的该国家局或政府间组织不需要根据本细则43之二.1的规定作出书面意见。

（c）如果有关修改的声明写明根据条约第19条提出的修改应予以考虑［本细则53.9（a）（i）］，国际初步审查单位在收到有关修改的副本之前不应启动国际初步审查。

（d）如果有关修改的声明写明国际初步审查的启动应予以推迟［本细则53.9（b）］，

国际初步审查单位在下列情形发生之前不应启动国际初步审查，以先发生者为准：
（ⅰ）收到根据条约第 19 条提出的任何修改的副本；
（ⅱ）收到申请人表示无意根据条约第 19 条提出修改的通知；或者
（ⅲ）根据本细则 46.1 所适用的期限届满。

（e）如果有关修改的声明写明根据条约第 34 条提出的修改已和要求书一起提出〔本细则 53.9（c）〕，但实际上该修改并没有提出，国际初步审查单位在收到修改前或者在本细则 60.1（g）所述的通知中确定的期限届满前，以先发生者为准，不应启动国际初步审查。

69.2 国际初步审查的期限

制定国际初步审查报告的期限应为以下最后到期期限届满之前：
（ⅰ）自优先权日起 28 个月；或
（ⅱ）自本细则 69.1 规定的启动国际初步审查之时起 6 个月；或
（ⅲ）自国际初步审查单位收到根据本细则 55.2 递交的译文之日起 6 个月。

第 70 条
国际初步审查单位的专利性国际初步报告（国际初步审查报告）

70.1 定义

为本条的目的，"报告"一词是指国际初步审查报告。

70.2 报告的基础

（a）如果对权利要求已经进行修改，则应按照经过修改的权利要求提出报告。

（b）如果报告是在根据本细则 66.7（a）或者（b）的规定，在优先权要求视为没有提出的情况下制定的，报告中应相应予以注明。

（c）如果国际初步审查单位认为修改超出了该国际申请提出时公开的范围，应按照该修改视为没有提出的情况制定报告，并应在报告中相应予以注明。报告并应写明该单位认为修改超出所述公开范围的理由。

（c之二）如果对权利要求书、说明书或者附图进行了修改，但是没有按照本细则 46.5（b）（ⅲ）、本细则 66.8（a）或者根据本细则 66.8（c）所适用的本细则 46.5（b）（ⅲ）的要求，随替换页一起提交指明所作修改在原始提交的国际申请中的基础的信函，在适用的情况下，应按照该修改视为没有提出的情况制定报告，并应在报告中相应予以注明。

（d）如果对权利要求涉及的发明没有制定相应的国际检索报告，并且因此不是国际初步审查的主题，国际初步审查报告应相应予以注明。

（e）如果根据本细则 66.1 所述的明显错误更正被考虑，报告应当予以注明。如果根据本细则 66.4 之二所述的明显错误更正没有被考虑，则报告在可能的情况下，应当予以注明，如果报告漏填，则国际初步审查单位应当相应通知国际局，同时，国际局应当根据行政规程处理。

（f）国际初步审查报告应当说明根据本细则 66.1 之三进行扩展检索的日期，或者说明没有进行扩展检索。

70.3 标明

报告应标明制定该报告的国际初步审查单位的名称,并应写明国际申请号、申请人姓名或者名称及国际申请日以标明国际申请。

70.4 日期

报告应注明:

(ⅰ)递交国际初步审查要求书的日期;和

(ⅱ)报告的日期;该日期应为报告完成的日期。

70.5 分类

(a)如果国际初步审查单位同意根据本细则43.3所确定的分类,报告应重复该分类号。

(b)否则,国际初步审查单位至少应根据国际专利分类法,在报告中注明该单位认为是正确的分类号。

70.6 条约第35条(2)的说明

(a)条约第35条(2)所述的说明应使用"是"或者"否",或者使用报告所使用的语言中相应的词,或者使用行政规程规定的其他适当的记号,如有引用文件清单、解释和条约第35条(2)最后一句所述的意见,应将其作为附件。

(b)如果条约第35条(2)所述的三项标准[即新颖性,创造性(非显而易见性)和实用性]中的任何一项未符合要求,都应作出否定的说明。在此情况下,如果这些标准中的任何一项单独来看符合要求,报告应指明该已符合要求的标准。

70.7 条约第35条(2)的引证

(a)报告应引用那些被认为与支持依照条约第35条(2)所作出的说明有关的文件,而不论这些文件在国际检索报告中是否被引用。在国际检索报告中引用的文件仅在国际初步审查单位认为有关时才需要在报告中引用。

(b)本细则43.5(b)和(e)的规定也适用于报告。

70.8 条约第35条(2)的解释

行政规程应包括是否应作出条约第35条(2)所述的解释以及这种解释的格式的基准。该基准则应根据下列原则:

(ⅰ)对于任何一项权利要求作出否定说明时,应给予解释;

(ⅱ)在作出肯定说明的情况下,除根据参考所引用的文件容易想出引用该文件的理由以外,都应给予解释;

(ⅲ)如果认可本细则70.6(b)最后一句规定的情形,一般应给予解释。

70.9 非书面公开

因根据本细则64.2的规定而在报告中提及任何非书面公开时,应写明其类型、述及该非书面公开的书面公开向公众提供的日期,以及该非书面公开在公众中出现的日期。

70.10 某些公布的文件

因根据本细则64.3的规定而在报告中提及公布的申请或者专利时,应如实予以说明,并应记明其公布日、申请日以及其要求的优先权日(如果有的话)。对于此类文件的优先权日,报告可以指出,按照国际初步审查单位的意见,该日期尚未有效地成立。

70.11 修改的记述

如果已经向国际初步审查单位提出了修改，报告中应注明此事。如因修改而导致整页删除，报告中也应注明此事。

70.12 某些缺陷和其他事项的记述

如果国际初步审查单位在制定报告时：

（ⅰ）认为国际申请中含有本细则66.2（a）（ⅲ）所述的缺陷的，报告中应写明这种意见并说明理由；

（ⅱ）认为国际申请需要本细则66.2（a）（ⅴ）中所述的意见的，报告中可以写明这种意见；如果写明了这种意见，报告中还应说明这种意见的理由；

（ⅲ）认为条约第34条（4）所述的情形之一存在的，报告中应写明这种意见并说明理由；

（ⅳ）认为申请人没有以一种使其能进行有意义的国际初步审查的形式提供核苷酸和/或氨基酸序列表的，报告中应相应予以写明。

70.13 关于发明单一性的说明

如果申请人缴纳了国际初步审查附加费，或者如果根据条约第34条（3）的规定对国际申请或者国际初步审查做了限制，报告中应作相应的说明。另外，如果国际初步审查是根据已经限制的权利要求［条约第34条（3）（a）］，或者是仅根据主要发明［条约第34条（3）（c）］进行的，报告中应写明对国际申请的哪些部分进行了国际初步审查，对哪些部分没有进行国际初步审查。如果国际初步审查单位决定不要求申请人限制权利要求或者缴纳附加费，报告中应包括本细则68.1中规定的说明。

70.14 授权官员

报告应写明国际初步审查单位负责该报告的官员的姓名。

70.15 格式；标题

（a）对该报告的格式要求应由行政规程规定。

（b）该报告的标题应为"专利性国际初步报告（专利合作条约第Ⅱ章）"，同时应指明它是国际初步审查单位所作的国际初步审查报告。

70.16 报告的附件

（a）以下替换页和信函应作为报告的附件：

（ⅰ）根据本细则66.8提交的、包含根据条约第34条作出的修改的替换页，以及根据本细则66.8（a）、66.8（b）和根据本细则66.8（c）所适用的本细则46.5（b）提交的信函；

（ⅱ）根据本细则46.5提交的、包含根据条约第19条作出的修改的替换页，以及根据本细则46.5提交的信函；

（ⅲ）根据本细则91.2适用本细则26.4提交的、包含国际单位根据本细则91.1（b）（ⅲ）许可的明显错误更正的替换页，以及根据本细则91.2适用本细则26.4规定的信函；

除非替换页被后提交的替换页所取代或者撤销，或根据本细则66.8（b）的修改导致整页删除；以及

（ⅳ）当报告中含有本细则70.2（e）提及的注明，根据本细则66.4之二不被国

际初步审查单位考虑的与明显错误更正相关的替换页和信函。

（b）尽管有（a）的规定，该段中所述的被取代或撤销的替换页以及与之相关的信函也应作为报告的附件：

（ⅰ）国际初步审查单位认为相关的取代或撤销修改超出了国际申请中原始公开的范围，并且该报告包含有本细则70.2（c）所述的注明；

（ⅱ）相关的取代或撤销修改没有附信函说明修改在原始提交申请中的基础，报告是按照该修改没有提出的情况制定的，并且报告中包含根据本细则70.2（c之二）所述的注明。

在这种情况下，被取代或撤销的替换页应当根据行政规程的规定予以标注。

70.17 报告和附件使用的语言

报告和附件均应使用与其相关的国际申请在公布时所使用的语言，或者如果根据本细则55.2国际初步审查是在国际申请译文的基础上进行的，使用该译文的语言。

第71条
国际初步审查报告和相关文件的传送

71.1 收件人

（a）国际初步审查单位应在同一日将国际初步审查报告及其附件（如果有的话）的副本传送给国际局一份，并传送给申请人一份。

（b）国际初步审查单位应按照行政规程的规定向国际局传送国际初步审查文档中其他文件的副本。

71.2 引用文件的副本

（a）条约第36条（4）所述的请求，可以在报告涉及的国际申请的国际申请日起7年内随时提出。

（b）国际初步审查单位可以要求提出请求的一方（申请人或者选定局）向其缴纳准备和邮寄副本的费用。准备副本的费用金额应在条约第32条（2）所述的国际初步审查单位和国际局之间的协议中确定。

（c）［删除］

（d）任何国际初步审查单位都可以委托向其负责的另一机构履行（a）和（b）所述的职责。

第72条
国际初步审查报告和国际检索单位书面意见的译文

72.1 语言

（a）任何选定国均可要求将使用该国国家局的官方语言或者官方语言之一以外的任何一种语言制定的国际初步审查报告译成英文。

（b）任何此类要求均应通知国际局，国际局应迅速在公报中予以公布。

72.2 给申请人的译文副本

国际局将本细则72.1（a）所述的国际初步审查报告的译文送达有关的选定局时，应同时将该译文的副本传送给申请人。

72.2 之二 国际检索单位根据本细则43之二.1作出的书面意见的译文

在本细则73.2（b）（ⅱ）所述的情况下，应有关选定局的请求，国际检索单位根据本细则43之二.1作出的书面意见应由该局或由国际局负责翻译成英文。国际局应在收到译文请求之日起2个月内向有关的选定局传送译文的一份副本，并同时向申请人传送一份副本。

72.3 对译文的意见

申请人可以对国际初步审查报告或国际检索单位根据本细则43之二.1作出的书面意见的译文的正确性提出书面意见，并将该意见的副本传送给每个有关的选定局和国际局各一份。

第73条
国际初步审查报告或者国际检索单位书面意见的送达

73.1 副本的制备

国际局应制作根据条约第36条（3）（a）规定应予以送达的文件副本。

73.2 向选定局的送达

（a）国际局应根据本细则93之二.1向各选定局进行条约第36条（3）（a）所规定的送达，但不应早于自优先权日起30个月届满之日。

（b）如果申请人根据条约第40条（2）向选定局提出明确请求，国际局应根据该局或申请人的请求，

（ⅰ）如果国际初步审查报告已经按照本细则71.1传送给国际局，迅速向该局进行条约第36条（3）（a）的送达；

（ⅱ）如果国际初步审查报告尚未按照本细则71.1传送给国际局，迅速向该局送达由国际检索单位根据本细则43之二.1作出的书面意见的副本。

（c）如果申请人撤回要求书或任何或所有的选定，假若国际局已经收到了国际初步审查报告，它仍应向受这一撤回影响的选定局进行（a）所述的送达。

第74条
国际初步审查报告附件的译文及其传送

74.1 译文的内容和传送的期限

（a）如果选定局要求提供条约第39条（1）规定的国际申请的译文，申请人应在条约第39条（1）适用的期限内传送本细则70.16中所述的作为国际初步审查报告附件的任何替换页的译文，除非这种替换页已使用了国际申请所要求的译文所用的语言。对因根据条约第64条（2）（a）（ⅰ）作出声明而必须在条约第22条规定适用的期限内向选定局传送国际申请的译文的，附件译文的传送应适用同一期限。

（b）如果选定局不要求根据条约39条（1）的规定提供国际申请的译文，该局可以要求申请人在该条规定的适用期限内，对本细则70.16所述的作为国际初步审查报告附件的任何替换页，且在该替换页没有使用该国际申请公布时所使用的语言的情况下，提交使用该国际申请公布时所用语言的译文。

第75条
[删除]

第76条
优先权文件的译文；选定局程序中某些细则的适用

76.1、76.2 和 76.3 ［删除］
76.4 提供优先权文件译文的期限
在根据条约第39条适用的期限届满以前，不应要求申请人向任何选定局提供优先权文件的译文。
76.5 选定局程序中某些细则的适用
本细则13之三.3、20.8（c）、22.1（g）、47.1、49、49之二、49之三和51之二应予适用，但：
（ⅰ）在上述规定中述及指定局或者指定国之处，应分别理解为述及选定局或者选定国；
（ⅱ）在上述规定中述及条约第22条、第23条（2）或者第24条（2）之处，应分别理解为述及条约第39条（1）、第40条（2）或者第39条（3）；
（ⅲ）本细则49.1（c）中"提出的国际申请"一语应由"提出的要求书"一语代替；
（ⅳ）为条约第39条（1）的目的，如果已经制定国际初步审查报告，根据条约第19条提出的修改只有在其作为该报告的附件时，才应要求该修改的译文；
（ⅴ）述及本细则47.1（a）至47.4应理解为述及本细则61.2（d）。

第77条
条约第39条（1）（b）规定的权能

77.1 权能的行使
（a）任何缔约国允许一项期限在条约第39条（1）（a）所确定的期限之后届满的，应将这样规定的期限通知国际局。
（b）国际局收到（a）所述的任何通知后应迅速在公报上予以公布。
（c）有关缩短前已确定的期限的通知，应对自国际局公布该通知之日起3个月届满以后提出的国际初步审查要求书发生效力。
（d）有关延长前已确定的期限的通知经国际局在公报上公布后，应即对当时正在审查中的国际初步审查要求书，或者在这一公布日期以后提出的这种要求书生效；如果发出通知的缔约国规定了某一较后的日期，则自该较后日期起生效。

第78条
向选定局递交的对权利要求书、说明书和附图的修改

78.1 期限

（a）如果申请人愿意，应在满足条约第39条（1）（a）的规定之后1个月内行使其在条约第41条中的权利，即向有关的选定局提出有关权利要求书、说明书和附图的修改；但是，在条约第39条规定的适用期限届满时条约第36条（1）规定的国际初步审查报告的送交尚未进行的，申请人应在该期限届满之日起不超过4个月的期限内行使上述权利。不论在哪种情形下，只要上述国家的本国法允许，申请人可以在任何以后的时间行使上述权利。

（b）在其本国法规定审查只有根据一项特别请求才能启动的任何选定国中，该本国法可以规定申请人行使根据条约第41条规定权利的期限或者时间，应与该本国法规定的在根据特别请求进行对本国申请的审查时提出修改的期限或者时间相同，但该期限不得在（a）规定的适用期限届满前届满，或者该时间不得在（a）规定的适用期限届满前到来。

78.2 [删除]

78.3 实用新型

选定局应比照适用本细则6.5和13.5的规定。如果在优先权日起19个月届满前进行了选定，根据条约第22条所述的适用期限应被根据条约第39条所述的适用期限替代。

第四部分
有关条约第Ⅲ章的细则

第79条
历法

79.1 日期的表示

申请人、国家局、受理局、国际检索单位、国际初步审查单位以及国际局，为条约和本细则的目的，应使用耶稣纪元和公历表示任何日期；或者，如果它们使用其他纪元和历法，也应一并使用耶稣纪元和公历表示任何日期。

第80条
期限的计算

80.1 以年表示的期限

当期限以一年或者若干年表示时，期限的计算应自有关事件发生的次日开始，并在以

后的有关年份中，于该事件发生的月和日的相应月和相应日届满，但如果在后来的有关月份中没有相应日，则该期限应在该月的最后一日届满。

80.2 以月表示的期限

当期限以一个月或者若干月表示时，期限的计算应自有关事件发生的次日开始，并在以后的有关月份中，于该事件发生日的相应日届满，但如果在后来的有关月份中没有相应日，则该期限应在该月的最后一日届满。

80.3 以日表示的期限

当期限以若干日表示时，期限的计算应自有关事件发生的次日开始，并在计算日数的最后一日届满。

80.4 当地日期

（a）计算任何期限时作为开始日加以考虑的日期应为有关事件发生时当地的日期。

（b）期限届满的日期应为在当地必须递交所要求的文件或者缴纳所要求的费用的日期。

80.5 在非工作日或法定假日届满

如果任何文件或者费用必须送达国家局或者政府间组织的任何期限的届满日是下述日子之一：

（ⅰ）是该局或者该组织不为处理公务向公众开放的日子；

（ⅱ）是在该局或者该组织所在地不投递普通邮件的日子；

（ⅲ）在该局或组织位于多个地方时，是该局或组织至少一个所在地的法定假日，并且该局或组织适用的本国法规定，就国家申请而言，在此情况下该期限应于次日届满；或者

（ⅳ）在该局是某成员国委托授予专利权的政府部门时，是该成员国某部分的法定假日，并且该局适用的本国法规定，就国家申请而言，在此情况下该期限应于次日届满，

则该期限应顺延至上述四种情形均不存在的次日届满。

80.6 文件的日期

当期限是从国家局或者政府间组织的文件或者信函的发出日开始时，利害有关的一方可以证明该文件或者信函是在其记载的日期以后的一日寄出的。在此情况下，为计算期限的目的，实际邮寄日应认为是期限的开始日。无论该文件或者信函是在何日邮寄的，如果申请人向该国家局或者该政府间组织提供证据，使其确信该文件或者信函是在其所记载日期起7日以后收到的，该局或者政府间组织应将自该文件或者信函的日期开始的期限，推迟若干日届满，推迟的日数应与在文件或者信函上记载日期7日以后收到该文件或者信函的日数相等。

80.7 工作日的结束

（a）在某一确定日届满的任何期限，应在必须向其递交文件或者必须向其缴纳费用的国家局或者政府间组织该日停止办公的时刻届满。

（b）任何局或者组织可以不按照（a）的规定，而将期限届满的时刻推迟至有关日期的午夜。

第 81 条
对条约所规定的期限的修改

81.1 提议

（a）任何缔约国或者总干事均可根据条约第 47 条（2）的规定提出修改期限的提案。

（b）缔约国的提案应送交总干事。

81.2 大会的决议

（a）当提案向大会提出时，总干事应在其议程中包括该提案的那届大会以前至少 2 个月将提案文本分送所有缔约国。

（b）在大会讨论上述提案期间，对提案可以进行修改，或者提出修正案。

（c）如果投票时出席的缔约国没有一个投票反对，提案即被认为通过。

81.3 通信投票

（a）选择用通信方式投票时，总干事应向各缔约国发出包括有提案在内的书面通知，要求缔约国以书面形式投票。

（b）通知中应指定期限，在该期限内包括书面投票的答复应送达国际局。该期限自通知之日起不得少于 3 个月。

（c）答复应在赞成或者反对之中选择其一。提出修正案或者只是提出意见将不认为是投票。

（d）如果没有缔约国反对修改，而且至少有半数缔约国表示赞成、中立或者弃权的，提案应被认为通过。

第 82 条
邮递业务异常

82.1 邮递的延误或者邮件的丢失

（a）任何利害有关的当事人可以提出证据，证明他在期限届满前 5 天已将文件或者信函付邮。除了在正常情况下非航空邮件付邮后 2 天内可送达目的地，或者如果没有航空邮递业务，只有邮件是航空邮寄时才可以提出这种证据。无论何种情形，只有邮件是由邮政当局挂号时才可提出此类证据。

（b）如果根据（a）对文件或者信函的邮寄的证明能使作为收件人的国家局或者政府间组织满意，邮递的延误应予以宽免，或者，如果文件或者信函在邮递中丢失，应允许用一份新副本代替，但利害有关当事人应证明作为代替的文件或者信函与丢失的文件或者信函相同，并使该国家局或政府间组织满意。

（c）在（b）规定的情形中，关于在规定的期限内付邮的证据，以及在文件或者信函丢失的情况下，代替的文件或者信函和关于其与原件相同的证据，应在利害有关的当事人注意到，或者经适当努力应注意到该延误或者丢失之日起 1 个月内提出，无论如何不得迟于特定案件适用的期限届满后 6 个月。

（d）任何国家局或者政府间组织已通知国际局愿意委托快递服务机构而不是邮政当

局来寄送文件或者信函的，应将快递服务机构认为邮政当局，适用（a）至（c）的规定。在此情况下，（a）最后一句不适用，但是只有在快递服务机构在接受寄件时对交寄细节进行登记的，其证据才能接受。上述通知可以包含一项说明，通知只适用于使用某些特定的快递服务机构或者满足某些特定标准的快递服务机构的寄件。国际局应将通知中的信息在公报中予以公布。

（e）任何国家局或者政府间组织在下列情况下也可以适用（d）的规定：

（ⅰ）在适用的情况下，即使所委托的快递服务机构不是（d）的有关通知中说明的特定机构，或者不满足所说明的特定标准；或者

（ⅱ）即使该局或者该组织没有向国际局送交（d）所述的通知。

第82条之二
指定国或者选定国对延误某些期限的宽免

82之二.1 条约第48条（2）中"期限"的含义

条约第48条（2）中述及的"期限"应解释为：

（ⅰ）条约或者本细则中规定的任何期限；

（ⅱ）受理局、国际检索单位、国际初步审查单位或者国际局规定的任何期限，或者受理局根据其本国法可以适用的任何期限；

（ⅲ）申请人在指定局或者选定局办理任何事务时，各该局规定的、或者各该局所适用的本国法规定的任何期限。

82之二.2 权利的恢复以及条约第48条（2）适用的其他规定

条约第48条（2）所述指定国或者选定国的本国法对于延误期限给予宽免的规定，是指那些尽管未能遵守期限但给予恢复权利、复原、恢复原状或继续程序的条款，以及任何其他规定延长期限或者对延误期限给予宽免的条款。

第82条之三
受理局或者国际局所犯错误的更正

82之三.1 有关国际申请日和优先权要求的错误

（a）如果申请人提出证明使指定局或者选定局满意地认为，由于受理局的错误而使国际申请日有误，或者优先权的要求被受理局或国际局错误地认为无效，而且这种错误是这样的错误，假如其为指定局或者选定局自己所犯，该局即可根据本国法或者本国惯例予以更正，则该局即应更正该错误，并应将国际申请看作是已经给予了更正后的国际申请日，或者该优先权要求未被认为无效。

（b）如果受理局根据本细则4.18和20.6的规定确认援引加入的项目和部分，在此基础上根据本细则20.3（b）（ⅱ）、20.5（d）或20.5之二（d）的规定确定了国际申请日，但是指定局或者选定局发现：

（ⅰ）申请人未按照本细则17.1（a）、（b）或者（b之二）的规定提交优先权文件；

（ⅱ）不符合本细则4.18、20.6（a）（ⅰ）或者51之二.1（e）（ⅱ）的规定；或者

　　（ⅲ）所述项目或者部分没有完全包含在有关优先权文件中；

除（c）另有规定外，指定局或者选定局可以分别情况，按视同国际申请日已根据本细则20.3（b）（ⅰ）、20.5（b）或20.5之二（b）的规定赋予，或者已根据本细则20.5（c）或20.5之二（c）的规定修改的情况处理国际申请，但是应当比照适用本细则17.1（c）的规定。

　　（c）指定局或者选定局在按照（b）的规定按视同国际申请日已根据本细则20.3（b）（ⅰ）、20.5（b）或20.5之二（b）赋予或者已根据本细则20.5（c）或20.5之二（c）修改的情况处理国际申请之前，应当给予申请人就其拟作出的处理陈述意见或者提出（d）请求的机会，并且应当根据情况给予合理的答复期限。

　　（d）如果指定局或者选定局已根据（c）的规定通知申请人，其打算按视同国际申请日已根据细则20.5（c）或者20.5之二（c）修改的情况处理国际申请，申请人可以在（c）规定的期限内向该局提交一份答复，请求为国家程序的目的不考虑相关遗漏部分，或相关正确的项目或部分。在这种情况下，该遗漏部分或者该正确的项目或部分应被视为未提交过，该局不应当按视同国际申请日已修改的情况处理该国际申请。

第82条之四
期限延误的宽免和期限的延长

82之四.1　期限延误的宽免

（a）任何相关当事人可以提交证据证明，其未能遵守本细则中所规定的向受理局、国际检索单位、指定补充检索单位、国际初步审查单位或者国际局办理手续的期限是由于在其居住地、营业地或者逗留地发生的战争、革命、内乱、罢工、自然灾害、流行病、电子通信服务普遍不可用或者其他类似原因造成的，并且已经在合理限度内尽快办理了相关手续。

（b）这种证据应当在不迟于具体适用的期限届满后6个月，视情况提交至该局、单位或者该国的单位。如果对上述情况的证明能使收件机构满意，期限的延误应予以宽免。

（c）如果在对期限延误作出宽免决定时，申请人已经履行条约第22条或者第39条的行为，则指定局或者选定局不必考虑对期限延误作出的宽免。

（d）受理局、国际单位或者国际局可以根据其所规定的并予以公布的条件，豁免提交证据的要求。在这种情况下，相关当事人必须提交一份声明，声明是由于该受理局、国际单位或者国际局给予证据提交要求豁免所针对的原因而未能满足期限。该受理局或国际单位应当相应地通知国际局。

82之四.2　主管局的电子方式通信不可用

（a）任何国家局或政府间组织可以规定，如果由于该局或该组织所准许的任何电子方式通信不可用而造成本细则中规定的在该局或该组织履行一项行为的期限延误，但该行为已在下一个所述电子方式通信可用的工作日得到了履行，则应对该期限延误给予宽免。有关主管局或组织应公布任何此类电子方式通信不可用的信息，包括不可用期间，并相应

地通知国际局。

（b）如果申请人在（a）所述信息公布时，已向任何指定局或选定局履行条约第22条或者第39条的行为，则该指定局或者选定局不必考虑根据（a）对期限延误作出的宽免。

82之四.3 由于普遍业务中断而延长期限

（a）任何受理局、国际检索单位、指定补充检索单位、国际初步审查单位或者国际局，在其所在国正经受因细则82之四.1（a）所列事件导致的普遍业务中断而妨碍相关当事人在细则规定的期限内向该受理局、国际单位或者国际局办理手续时，可以确定一个延长期限，使得细则中规定的当事人必须向该受理局、国际单位或者国际局办理手续的期限得以延长。该受理局、国际单位或者国际局应当公布任何此种延长期限的起始和截止日期。该延长期限自起始日期起不得超过2个月。该受理局或国际单位应当相应地通知国际局。

（b）在根据（a）确定延长期限之后，该受理局、国际单位或者国际局可根据情况需要在必要时确定进一步的延长期限。在这种情况下，（a）比照适用。

（c）如果在（a）或（b）所述信息公布时，任何指定局或者选定局的国家处理程序已经开始，则该指定局或者选定局不必考虑根据（a）或（b）作出的期限延长。

第83条
在各国际单位执行业务的权利

83.1 权利的证明

国际局、主管国际检索单位和主管国际初步审查单位可以要求提供条约第49条所述的有执行业务权利的证明。

83.1之二 国际局是受理局的情形

（a）有权在申请人是其居民或者国民，或者在几个申请人之一是其居民或者国民的缔约国的国家局或者代表该国的局执行业务的任何人，有权在根据本细则19.1（a）（ⅲ）作为受理局的国际局就该国际申请执行业务。

（b）任何人有权在作为受理局的国际局执行有关国际申请业务的，有权在国际局的任何其他工作中以及主管国际检索单位或主管国际初步审查单位执行与该申请有关的业务。

83.2 通知

（a）利害相关人员声称有权在某国家局或者政府间组织执行业务的，该局或者该组织应根据请求通知国际局、主管国际检索单位或者主管国际初步审查单位，说明该人是否享有在该局或者该组织执行业务的权利。

（b）上述通知应视情况对国际局、国际检索单位或者国际初步审查单位具有约束力。

第五部分
有关条约第 V 章的细则

第 84 条
代表团的费用

84.1　费用由政府负担

参加条约所设立的或者在条约之下的任何机构的各代表团的费用，应由指派该代表团的政府负担。

第 85 条
大会不足法定人数

85.1　通信投票

在条约第 53 条（5）（b）所规定的情形下，国际局应将大会的决议（有关大会本身程序以外的决议）送达未派代表出席会议的各缔约国，并邀请其自送达之日起 3 个月内以书面表示其投票或者弃权。如果在该期限届满时，以这种方式表示其投票或者弃权的缔约国数目达到了构成那次会议本身开会的法定人数所缺少的缔约国的数目，同时只要达到了所需要的多数，该决议即应生效。

第 86 条
公报

86.1　内容

条约第 55 条（4）所述的公报应包含：

（ⅰ）对于公布的每项国际申请，从国际申请公布的扉页摘出的行政规程规定的事项，该扉页上的附图（如果有时）和摘要；

（ⅱ）向受理局、国际局以及国际检索单位和国际初步审查单位缴纳各种费用的费用表；

（ⅲ）根据条约或者本细则的规定需要公布的通知；

（ⅳ）根据本细则 95.1 的规定通报国际局的已公布国际申请的关于指定局和选定局事项的信息；

（ⅴ）行政规程规定的任何其他有用的信息，但以条约或者本细则不禁止接触这些信息为限。

86.2　语言；公布的形式和方式；期限

（a）公报应同时以英文和法文出版。国际局应当确保英文和法文的译文。

（b）大会可以命令出版（a）所述语种以外语种的公报版本。

（c）公报出版的形式和方式应当在行政规程中予以规定。

（d）对于每件公布的国际申请，国际局应当确保本细则86.1（ⅰ）所述的信息，能够在公布国际申请的当日或其后尽可能短的时间内在公报中予以公布。

86.3　出版周期

公报的出版周期应由总干事确定。

86.4　出售

公报的预订价格和其他售价应由总干事确定。

86.5　公报名称

公报的名称应由总干事确定。

86.6　其他细节

有关公报的其他细节可在行政规程中予以规定。

第87条
出版物的送达

87.1　根据请求进行的出版物送达

根据相关国际检索单位、国际初步审查单位以及国家局的请求，国际局应当免费向其送达由国际局出版的与条约和本细则有关的已经公布的国际申请、公报以及任何其他具有普遍影响的出版物。有关出版物送达的形式和方式的其他细节应当由行政规程予以规定。

第88条
本细则的修改

88.1　需要一致同意

修改本细则的以下规定需要在大会上有投票权的国家对修改提议均不投反对票：

（ⅰ）本细则14.1（传送费）；

（ⅱ）［删除］

（ⅲ）本细则22.3［根据条约第12条（3）规定的期限］；

（ⅳ）本细则33（与国际检索有关的现有技术）；

（ⅴ）本细则64（与国际初步审查有关的现有技术）；

（ⅵ）本细则81（对条约所规定的期限的修改）；

（ⅶ）本款（即本细则88.1）。

88.2　［删除］

88.3　要求某些国家不反对

修改本细则的以下规定要求条约第58条（3）（a）（ⅱ）中所述的并且在大会上有投票权的国家对修改提议均不投反对票：

（ⅰ）本细则34（最低限度文献）；

（ⅱ）本细则39［根据条约第17条（2）（a）（ⅰ）规定的主题］；

（ⅲ）本细则67［根据条约第34条（4）（a）（ⅰ）规定的主题］；

（ⅳ）本款（即本细则88.3）。

88.4 程序

修改本细则88.1或者88.3所述各规定的提案，如该提案须由大会决定，应在大会为就此提案作出决定而举行的会议召开之前至少2个月将提案送交各缔约国。

第89条
行政规程

89.1 范围

（a）行政规程应包含下列规定：
（ⅰ）关于本细则明确规定由行政规程规定的事项；
（ⅱ）有关适用本细则的细节。

（b）行政规程不得与条约、本细则的规定，或者与国际局和国际检索单位或者国际初步审查单位所缔结的任何协议的规定相抵触。

89.2 渊源

（a）行政规程应由总干事在与受理局、国际检索单位和国际初步审查单位磋商后予以拟订和颁布。

（b）行政规程可以由总干事在与同修改有直接利益关系的局或者单位磋商后予以修改。

（c）大会可以要求总干事修改行政规程，总干事应当办理。

89.3 公布和生效

（a）行政规程及其修改均应在公报中公布。

（b）每次公布应说明公布的规定的生效日期。不同的规定可有不同的生效日期，但任何规定均不得在公报公布之前生效。

第六部分
有关条约各章的细则

第89条之二
国际申请和其他文件用电子形式或
以电子方法的提出、处理和传送

89之二.1 国际申请

（a）除（b）至（e）另有规定外，按照行政规程，国际申请可以用电子形式或以电子方法提出和处理，条件是任何受理局应允许用纸件形式提出国际申请。

（b）除行政规程另有特别规定外，本细则的规定比照适用于用电子形式或以电子方法提出的国际申请。

（c）行政规程应对全部或部分用电子形式或以电子方法提出的国际申请的提出和处

理制定规定和要求，包括但不限于有关的收件通知，给予国际申请日的程序、形式要求及不符合这些要求的后果，文件的签字，文件的证明方法以及与各局和单位通信的当事人的识别方法，以及条约第 12 条对受理本、登记本和检索本的操作，并且可以包含对用不同语言提出的国际申请的不同规定和要求。

（d）任何国家局或政府间组织均无义务受理或处理用电子形式或以电子方法提出的国际申请，除非它已通知国际局准备按行政规程中适用的规定受理或处理用电子形式或以电子方法提出的国际申请。国际局应将得到的这种通知的信息在公报上予以公布。

（e）任何已经根据（d）向国际局发出通知的受理局，不得拒绝处理用电子形式或电子方法提出的符合行政规程要求的国际申请。

89 之二.2　其他文件

本细则 89 之二.1 的规定比照适用于与国际申请有关的其他文件和信函。

89 之二.3　各局之间的传送

当条约、本细则或行政规程规定国际申请的送达、通知或传送（送达）以及通知、通讯、通信或其他文件由一个国家局或政府间组织传送给另一个国家局或政府间组织时，在发送方和接受方同意的情况下，这种送达可以用电子形式或通过电子方法进行。

第 89 条之三
以纸件提出的文件的电子形式副本

89 之三.1　以纸件提出的文件的电子形式副本

任何国家局或政府间组织可以规定，如果国际申请或与国际申请有关的其他文件是用纸件提出的，申请人可以提出一份符合行政规程规定的该文件的电子形式副本。

第 90 条
代理人和共同代表

90.1　委托代理人

（a）申请人可以委托有权在提交国际申请的国家局执行业务的人，或者如果国际申请向国际局提交，有权在作为受理局的国际局执行关于国际申请的业务的人为其代理人，以代表申请人在受理局、国际局、国际检索单位、指定的补充检索单位和国际初步审查单位办理事务。

（b）申请人可以委托有权在作为国际检索单位的国家局或者政府间组织办理事务的人为其代理人，代表申请人专门在该单位办理事务。

（b 之二）申请人可以委托有权在作为指定的补充检索单位的国家局或者政府间组织办理事务的人为其代理人，代表申请人专门在该单位办理事务。

（c）申请人可以委托有权在作为国际初步审查单位的国家局或者政府间组织办理事务的人为其代理人，代表申请人专门在该单位办理事务。

（d）根据本条（a）接受委托的代理人，除委托文件中另有规定外，可以委托一个或者多个分代理人作为申请人的代理人代表申请人：

（ⅰ）在受理局、国际局、国际检索单位、任何指定补充检索单位和国际初步审查单位办理事务，但条件是接受委托为分代理人的人有权在国际申请提交的国家局办理事务或者有权在作为受理局的国际局根据具体情况办理关于国际申请的事务；

（ⅱ）专门在国际检索单位、任何指定补充检索单位或者国际初步审查单位办理事务，但条件是接受委托为分代理人的人有权在作为国际检索单位、指定的补充检索单位或者国际初步审查单位的国家局或者政府间组织根据具体情况执行业务。

90.2　共同代表

（a）如果有两个或者两个以上申请人，并且他们没有根据本细则90.1（a）委托一个代理人代表他们全体（共同代理人），如果其中一个申请人有权根据条约第9条提出国际申请，可以被其他申请人委托为他们的共同代表。

（b）如果有两个或者两个以上申请人，并且他们没有根据本细则90.1（a）委托一个共同代理人或者根据（a）委托一个共同代表，请求书中名列第一位的有权根据本细则19.1向受理局提出国际申请的申请人，应被认为是所有申请人的共同代表。

90.3　代理人和共同代表的行为，或者对其进行的行为的效力

（a）代理人的行为或者对代理人进行的行为，应具有该申请人的行为，或者对该申请人进行的行为的效力。

（b）如果有两个或者两个以上申请人或者有几个代理人代表同一个申请人，其中任何一个代理人的行为，或者对其中任何一个代理人进行的行为，应具有该申请人或者该几个申请人的行为，或者对该申请人或者该几个申请人进行的行为的效力。

（c）除本细则90之二.5第二句另有规定外，共同代表或者其代理人的行为，或者对共同代表或者其代理人进行的行为，应具有全体申请人的行为，或者对全体申请人进行的行为的效力。

90.4　委托代理人或者共同代表的方式

（a）委托代理人应由申请人通过签署请求书、要求书或者单独的委托书来进行。如果有两个或者两个以上申请人，委托共同代理人或者共同代表应由每个申请人，由其自己选择，签署请求书、要求书或者单独的委托书。

（b）除本细则90.5另有规定外，单独的委托书应提交给受理局或者国际局，但是，如果委托书是根据本细则90.1（b）、（b之二）、（c）或者（d）（ⅱ）委托代理人，应根据具体情况将委托书提交给国际检索单位、指定的补充检索单位或者国际初步审查单位。

（c）如果单独的委托书没有签字，或者如果没有所要求的单独委托书，或者如果被委托人的姓名或者地址的记载不符合本细则4.4的规定，除该缺陷被改正外，该委托书应被认为不存在。

（d）除本条（e）另有规定之外，任何受理局、国际检索单位、任何主管补充检索单位、国际初步审查单位和国际局都可以豁免本条（b）要求的向其提交单独的委托书的要求，在这种情况下，本条（c）不适用。

（e）当代理人或共同代表提交任何本细则90之二.1至90之二.4所述的撤回通知，则不能根据（d）的规定豁免（b）对单独的代理委托书的要求。

90.5　总委托书

（a）就一个特定的国际申请委托代理人，申请人可以通过在请求书、要求书或者单独的通知中引用现存的单独的委托书来进行，表示申请人委托该代理人代表申请人办理该申请人可能提出的任何国际申请的事务（即"总委托书"），但条件是：
　　　　（ⅰ）该总委托书已根据（b）的规定提出；并且
　　　　（ⅱ）该总委托书的一份副本已根据情况附在请求书、要求书或者单独的通知的后面；该副本无须签字。
　　（b）该总委托书应提交给受理局，但是，如果申请人根据本细则90.1（b）、（b之二）、（c）或者（d）（ⅱ）委托代理人，应根据具体情况将总委托书提交给国际检索单位、指定的补充检索单位或者国际初步审查单位。
　　（c）任何受理局、国际检索单位、主管补充检索单位和国际初步审查单位可以豁免本条（a）（ⅱ）要求的根据具体情况在请求书、要求书或者单独的通知后面附有总委托书副本。
　　（d）尽管有本条（c）的规定，当代理人向受理局、指定的补充检索单位、国际初步审查单位或国际局提交任何本细则90之二.1至90之二.4所述的撤回通知时，应根据具体情况向该局或单位提交总委托书的副本。

90.6　撤销和辞去委托
　　（a）对任何代理人或者共同代表的委托都可以由委托人或者其权利继受人予以撤销，在这种情况下，任何由该代理人根据本细则90.1（d）进行的分代理人的委托也应被认为撤销。根据本细则90.1（d）委托的分代理人也可以由有关的申请人予以撤销。
　　（b）根据本细则90.1（a）委托的代理人，除另有说明外，应具有撤销根据该规定以前委托的任何代理人的效力。
　　（c）委托共同代表，除另有说明外，应具有撤销以前委托的任何共同代表的效力。
　　（d）代理人或者共同代表可以通过一份由他亲笔签字的通知辞去对其的委托。
　　（e）本细则90.4（b）和（c）应比照适用于根据本规定提出的撤销或者辞去的任何文件。

第90条之二
撤回

90之二.1　国际申请的撤回
　　（a）申请人可以在自优先权日起30个月届满前的任何时候撤回国际申请。
　　（b）撤回应在收到申请人，根据其选择，提交给国际局或受理局，或者在条约第39条（1）适用的情况下，提交给国际初步审查单位的通知时生效。
　　（c）如果申请人提交的，或者由受理局或者国际初步审查单位送交的撤回通知是在国际公布的技术准备完成前到达国际局的，不应进行国际申请的国际公布。

90之二.2　指定的撤回
　　（a）申请人可以在自优先权日起30个月届满前的任何时候撤回对任何指定国的指定。对已选国家的指定的撤回应导致撤回根据本细则90之二.4所作的相应的选择。
　　（b）如果指定一个国家的目的是既获得国家专利又获得地区专利，除另有说明外，撤回对该国的指定应视为仅撤回为获得国家专利的指定。

(c) 撤回对所有指定国的指定，应作为根据本细则90之二.1撤回国际申请来处理。

(d) 撤回应在收到申请人，根据其选择，提交给国际局或受理局，或者在条约第39条（1）适用的情况下，提交给国际初步审查单位的通知时生效。

(e) 如果申请人提交的或者由受理局或者国际初步审查单位送交的撤回通知是在国际公布的技术准备完成前到达国际局的，不应进行指定的国际公布。

90之二.3 优先权要求的撤回

(a) 申请人可以在自优先权日起30个月届满前的任何时候，撤回在国际申请中根据条约第8条（1）提出的优先权要求。

(b) 如果国际申请包含一个以上的优先权要求，申请人可以对一个或者多个或者全部优先权要求行使本条（a）规定的权利。

(c) 撤回应在收到申请人，根据其选择，提交给国际局或受理局，或者如果在条约第39条（1）适用的情况下提交给国际初步审查单位的通知时生效。

(d) 如果优先权要求的撤回引起优先权日的变更，任何自原优先权日起计算并且尚未届满的期限，除本条（e）另有规定外，应自变更后的优先权日起计算。

(e) 对于条约第21条（2）（a）所述的期限，如果申请人提交的或者受理局或者国际初步审查单位送交的撤回通知是在国际公布的技术准备完成后到达国际局的，国际局仍然可以在所述的自原优先权日起计算期限的基础上进行国际公布。

90之二.3之二 补充检索请求的撤回

(a) 申请人可以撤回补充检索请求，撤回期限为向申请人和国际局根据本细则45之二.8（a）传送补充国际检索报告或者宣布不制定这样的报告之前的任何时间。

(b) 在本条（a）规定的期限内，撤回应在收到申请人根据其选择，提交给指定的补充检索单位或者国际局的通知时生效，除非通告没有及时到达指定的补充检索单位，以致没能阻止传送本条（a）述及的报告或者宣布，那么由于适用本细则45之二.8（b），根据条约第20条（1），报告或者宣布的传送将不受到影响。

90之二.4 国际初步审查要求书或者选定的撤回

(a) 申请人可以在自优先权日起30个月届满前的任何时候撤回国际初步审查要求书或者任何一个选定或者全部选定。

(b) 撤回自国际局收到申请人提交的通知时生效。

(c) 如果申请人将撤回通知提交给了国际初步审查单位，该单位应在通知上标明收到的日期并将其迅速送交国际局。该通知应被认为于所标明的日期提交给了国际局。

90之二.5 签字

本细则90之二.1至90之二.4所述的任何撤回通知应由申请人签字，如果有两个或者两个以上申请人，则由所有申请人签字。根据本细则90.2（b）被认为是共同代表的申请人，无权代表其他申请人在这样的通知上签字。

90之二.6 撤回的效力

(a) 根据本细则90之二撤回国际申请、任何指定、任何优先权要求、国际初步审查要求书或者任何选定，对已根据条约第23条（2）或者第40条（2）开始处理或者审查国际申请的任何指定局或者选定局没有效力。

(b) 根据本细则90之二.1撤回国际申请的，该国际申请的国际处理应即终止。

（b之二）根据本细则90之二.3之二撤回补充检索请求的，有关单位进行的补充国际检索应即终止。

（c）根据本细则90之二.4撤回要求书或者所有的选定的，国际初步审查单位对该国际申请的处理应即终止。

90之二.7 条约第37条（4）（b）规定的权能

（a）任何缔约国其本国法规定了条约第37条（4）（b）后半部分所述内容的，应以书面通知国际局。

（b）国际局应将（a）所述的通知迅速在公报上予以公布，并且该通知应对在这种公布之日起1个月以后提出的国际申请生效。

第91条
国际申请和其他文件中明显错误的更正

91.1 明显错误更正

（a）如果申请人要求，申请人提交的国际申请或者其他文件中的明显错误可以根据本细则更正。

（b）错误的更正，应当由"主管单位"许可，意思是：

（ⅰ）国际申请的请求书或其改正中存在错误的情况下——通过受理局；

（ⅱ）说明书、权利要求书、附图或其改正中存在错误的情况下，除根据（ⅲ）由主管的国际初步审查单位处理外——通过国际检索单位；

（ⅲ）如果国际初步审查要求已经提出且没有撤回，并且根据本细则69.1启动国际初步审查的日期已过，说明书、权利要求书、附图或其改正，或者根据条约第19条或者第34条进行的修改中存在错误的情况下——通过国际初步审查单位；

（ⅳ）文件中存在的错误不是根据（ⅰ）至（ⅲ）所述提交到受理局、国际检索单位、国际初步审查单位或者国际局的情况下，除摘要或者根据条约第19条修改外——应当根据情况通过受理局、国际检索单位、国际初步审查单位或者国际局。

（c）仅限于主管单位在根据（f）所述的合适日期内，认为以下事实对其来说是明显的，即申请文件原本想写的内容不是实际出现在文件上的内容，并且除了建议更正的内容以外不可能是其他更正内容，在此情况下，主管单位应当根据本细则许可更正明显错误。

（d）在说明书、权利要求书或者附图或者相关改正或修改中存在错误的情况下，为了（c）的目的，主管单位应当在适用的情况下，仅考虑说明书、权利要求书、附图及改正或者修改的内容。

（e）在错误或相关更正出现在国际申请的请求书中或者在（b）（ⅳ）所述文件中时，为了（c）的目的，主管单位应当在适用的情况下，仅考虑国际申请本身，以及所涉及的更正，或者（b）（ⅳ）所涉及的文件，以及随请求书、更正或文件同时提交的其他文件，在可能的情况下，任何根据行政规程的规定由该单位可以获得国际申请的优先权文件，和在根据（f）所述合适日期内提交该国际申请包括的任何其他文件。

（f）对于（c）和（e）而言，合适日期应当是：

（ⅰ）在原始国际申请的部分中有错误的情况下——国际申请日；

（ⅱ）在原始国际申请以外的其他文件有错误，包括在国际申请中改正或修改中存在错误的情况下——该文件的提交日；

（g）根据本细则，下述错误不应当被更正：

（ⅰ）条约第3条（2）所涉及国际申请的一项或多项，或者国际申请的一页或多页内容遗漏的错误；

（ⅱ）摘要中的错误；

（ⅲ）根据条约第19条修改中的错误，除非根据（b）（ⅱ）主管国际初步审查单位许可其错误的更正；或者

（ⅳ）优先权要求或者根据本细则26之二.1（a）改正或增加优先权中的错误，更正错误可能导致优先权日期的改变；

但是本条不影响本细则20.4、20.5、26之二和38.3的执行。

（h）如果受理局、国际检索单位、国际初步审查单位或者国际局发现国际申请或者其他文件中存在可更正的明显错误，它可以通知申请人根据本细则要求更正。

91.2 更正请求

根据本细则91.1的更正请求，应当在自优先权日起26个月内送交到主管单位。该更正请求应当指明需要被更正的错误以及建议的更正内容，同时，申请人可以选择，在更正请求中包含一个简短的解释。本细则26.4关于更正需要被指明的方式应当比照适用。

91.3 更正的许可和效力

（a）主管单位应当根据本细则91.1迅速地决定是否许可或者拒绝许可更正，同时应当迅速地将许可或者拒绝的决定通知申请人和国际局，在拒绝的情况下，应说明拒绝的理由。国际局应当按照行政规程的规定处理，必要时，包括将许可或者拒绝的决定通知受理局，国际检索单位，国际初步审查单位，指定局和选定局。

（b）如果明显错误更正根据本细则91.1被许可，文件涉及的内容应当按照行政规程规定被更正。

（c）如果明显错误更正被许可，应当在下述条件下生效：

（ⅰ）在原始国际申请中有错误的情况下——自国际申请日起生效；

（ⅱ）存在在除原始国际申请文本以外的其他文件中存在错误的情况下，包括改正和修改国际申请中的错误，自文件提交日起生效。

（d）主管单位拒绝根据本细则91.1许可更正，国际局应当根据申请人在自拒绝之日起2个月内提交的请求，同时缴纳特别费用（该项费用数额应在行政规程中予以规定）后，将更正请求、主管单位拒绝更正的原因以及任何由申请人提交的详细而简短的意见陈述一起公布，在可能的情况下，应当与国际申请一起公布。如果国际申请根据条约第64条（3）不被公布，那么请求、原因和意见陈述（如果有的话）的副本应当根据条约第20条的规定送达。

（e）明显错误更正，不需要被那些在得到主管单位根据本细则91.3（a）更正许可通知之前，就已经开始处理或者审查国际申请的指定局考虑。

（f）仅当指定局发现若其自身作为主管单位根据本细则91.1的规定不会许可这些更正时，指定局可以忽略根据本细则91.1所许可的更正。但前提是，在忽略所述更正之前，指定局应当根据具体情况在合理期限内给予申请人陈述意见的机会。

第 92 条
通信

92.1 信函和签字的必要性

（a）申请人在条约和本细则规定的国际程序中送交的任何文件，除国际申请本身以外，如其本身并非信函形式，则应附有一信函，说明与其有关的国际申请。该信函应由申请人签字。

（b）如果（a）规定的要求没有遵守，应将没有遵守要求的情况通知申请人，并请其在通知中规定的期限内将遗漏补正。规定的期限根据情况应合理；即使规定的期限在提交文件适用的期限届满之后（或者即使后一期限已经届满），该期限自通知邮寄日起仍不得少于 10 日和多于 1 个月。如果遗漏在通知中规定的期限内已经补正，该遗漏应不予理会；否则，应通知申请人说明该文件已被置之不理。

（c）如果（a）规定的要求没有遵守之事被忽视，并且该文件在国际程序中已经予以考虑，则没有遵守要求之事在随后的程序中不产生影响。

92.2 语言

（a）除本细则 55.1、55.3 和（b）另有规定外，申请人向国际检索单位或者国际初步审查单位提交的任何信函或者文件，均应使用与其有关的国际申请相同的语言。但是，如果国际申请的译文根据本细则 23.1（b）已经送交，或者根据本细则 55.2 已经提交的，应使用该译文的语言。

（b）申请人向国际检索单位或者国际初步审查单位提交的任何信函可以使用不同于国际申请的语言，但以该单位许可使用该语言为限。

（c）［删除］

（d）申请人写给国际局的信函应当使用英文、法文或者行政规程允许的任何其他公布语言。

（e）国际局向申请人或者向任何国家局发出的任何信函或者通知应使用英文或者法文。

92.3 国家局或者政府间组织的邮件

国家局或者政府间组织发出或者送交的任何文件或者信函的日期构成条约或者本细则所规定的期限的起算日的，该文件或者信函应以航空邮递，只有非航空邮件在正常情况下付邮后两天内可到达目的地或者没有航空邮递业务的情况下才可以用非航空邮递代替航空邮递。

92.4 电报机、电传机、传真机等的使用

（a）尽管有本细则 11.14 和 92.1（a）的规定，但除（h）另有规定外，构成国际申请的文件以及在申请之后提交的与其有关的任何文件或者信函，在可行的范围内，可以使用电报机、电传机、传真机或者其他类似的能产生打印或书面文件的通信手段送交。

（b）通过传真送交的文件上的签字，为条约和本细则的目的，应认为是适当的签字。

（c）如果申请人已试图通过（a）所述的任何手段送交文件，但收到的部分或者全部文件字迹不清，或者部分文件没有收到，在收到的文件字迹不清或者试图进行的送交失败的限度内,该文件应作为没有收到处理。国家局或者政府间组织应迅速相应地通知申请人。

(d) 任何国家局或者政府间组织可以要求,依(a)所述的任何方法传送的任何文件的原件以及说明该在先送交的附信应于传送日起 14 日内提交,但是条件是,这种要求已经通知国际局,并且国际局已在公报上公布了该信息。该通知应指明这种要求是涉及全部文件还是仅涉及某些种类的文件。

(e) 如果申请人没有提交(d)规定的文件的原件,有关的国家局或者政府组织,根据送交的文件种类并且考虑了本细则 11 和 26.3 的规定,可以

(ⅰ)豁免(d)规定的要求;或者

(ⅱ)通知申请人在通知书中规定的根据情况是合理的期限内提交送交的文件的原件。

但是,如果送交的文件有缺陷,或者已显示出原件有缺陷,而且这种缺陷是国家局或者政府间组织可以发通知要求改正的,该局或者该组织可以在根据(ⅰ)或者(ⅱ)的处理的同时发出改正通知,或者以发出改正通知取代根据(ⅰ)或(ⅱ)的处理。

(f) 如果根据(d)的规定不需要提交文件的原件,但国家局或者政府间组织认为有必要收到原件的,它可以根据(e)(ⅱ)的规定发出通知。

(g) 如果申请人没有履行(e)(ⅱ)或者(f)通知的要求:

(ⅰ)当有关的文件是国际申请,该国际申请应被认为撤回,并且受理局应如此宣布;

(ⅱ)当有关的文件是国际申请之后的文件,该文件应被认为没有提交。

(h) 任何国家局或者政府间组织无义务接受通过(a)所述的方法提交的任何文件,除非它已通知国际局准备通过这种方法接受文件,并且国际局已将这种信息在公报上予以公布。

第 92 条之二
请求书或者要求书中某些事项变更的记录

92 之二.1 由国际局记录变更

(a) 根据申请人或者受理局的请求,国际局应对请求书或者国际初步审查要求书中下列事项的变更予以记录:

(ⅰ)申请人的姓名或者名称、居所、国籍或者地址;

(ⅱ)代理人、共同代表或者发明人的姓名或者名称、地址。

(b) 对其在自优先权日起 30 个月的期限届满后收到的变更记录请求,国际局对请求的变更不应予以记录。

第 93 条
记录和文档的保存

93.1 受理局

各受理局应保存与每一个国际申请或据称的国际申请有关的记录,包括受理本,至少

10 年，自国际申请日起，或者如未确定国际申请日的，自收到日起计算。
93.2 国际局
（a）国际局应保存任何国际申请的文档，包括登记本，至少 30 年，自收到登记本之日起计算。

（b）国际局的基本记录应无限期地保存。
93.3 国际检索单位和国际初步审查单位
各国际检索单位和各国际初步审查单位应保存它收到的每一个国际申请的文档至少 10 年，自国际申请日起计算。
93.4 复制件
为本条的目的，记录、副本和文档也可用摄影的、电子的或其他形式的复制件保存，条件是这些复制件能够符合本细则 93.1 至 93.3 规定的关于保存记录、副本和文档的义务。

第 93 条之二
文件送达的方式

93 之二.1 根据请求的送达；通过数字图书馆的送达
（a）条约、本细则或行政规程规定国际申请、通知、通讯、通信或其他文件（文件）由国际局送达、通知或传送（送达）给任一指定局或选定局的，这种送达应仅根据有关局的请求，并在该局确定的时间进行。这种请求可以就个别文件或某一类或多类文件提出。

（b）在国际局和指定局或选定局同意的情况下，（a）所述的送达应认为是自国际局按照行政规程的规定以电子形式将该文件放入数字图书馆中并且该局能够检索得到该文件之时起生效。

第 94 条[①]
文档的获得

94.1 获得国际局持有的文档
（a）根据申请人或者申请人授权的任何人的请求，国际局以收取服务费用为条件，应提供其文档中所包含的任何文件的副本。

（b）国际局根据任何人的请求，但不在国际申请的国际公布以前，并除条约第 38 条

[①] 编者注：1998 年 7 月 1 日生效的本细则 94 只适用于在该日或该日之后提出的国际申请。1998 年 6 月 30 日前有效的本细则 94 在该日之后对在该日之前提出的国际申请继续有效。1998 年 6 月 30 日前有效的本细则 94 的内容复述如下：

"第 94 条　国际局和国际初步审查单位提供的副本
94.1　提供的义务
根据申请人或者申请人授权的任何人的请求，国际局和国际初步审查单位，以收取服务费用为条件，应当提供申请人的国际申请或者据称是国际申请的文档中所包含的任何文件的副本。"

和（d）至（g）另有规定外，应提供其文档中所包含的任何文件的副本。提供副本可以以收取服务成本费为条件。

（c）① 国际局根据选定局的请求，但不得在国际初步审查报告作出前，应根据（b）规定代表选定局提供国际初步审查单位根据本细则71.1（a）或（b）向国际局传送的任何文件的副本。国际局应在公报上迅速公布任何这类请求的细节。②

（d）国际局不应当提供包含在其文档中的、已根据本细则48.2（1）不予公布的任何信息，也不应提供包含在其文档中的与根据该细则所提请求相关的任何文件。

（e）根据申请人写明理由的请求，如果国际局发现存在如下情况，则不应当提供包含在其文档中的任何有关信息，也不应当提供包含在其文档中与该请求相关的任何文件：

(ⅰ) 该信息明显不是为使公众了解国际申请的目的；

(ⅱ) 公布该信息会明显损害任何人的个人或经济利益；并且

(ⅲ) 没有更重要的公共利益需要获取该信息。

申请人提交依本款所提请求中所涉信息的方式比照适用本细则26.4。

（f）如果国际局根据（d）或（e）的规定不向公众提供有关信息而该信息也包含在受理局、国际检索单位、指定补充检索单位或国际初步审查单位持有的国际申请文档中，国际局应当迅速地相应通知该局和单位。

（g）国际局不应当提供包含在其文档中的仅为国际局内部使用的任何文件。

94.1之二　获得受理局持有的文档

（a）根据申请人或者申请人授权的任何人的请求，受理局应当提供包含在其文档中的任何文件。提供文件副本可以以收取服务成本费为条件。

（b）受理局根据任何人的请求，但不在国际申请的国际公布以前，并除（c）另有规定外，可以提供其文档中所包含的任何文件。提供文件副本可以以收取服务成本费为条件。

（c）受理局不应当根据（b）提供任何国际局已经通知已根据本细则48.2（1）不予公布的信息或者已根据本细则94.1（d）或（e）不提供公众查阅的信息。

94.1之三　获得国际检索单位持有的文档

（a）根据申请人或者申请人授权的任何人的请求，国际检索单位应当提供其文档中所包含的任何文件。提供文件副本可以以收取服务成本费为条件。

（b）国际检索单位根据任何人的请求，但不在国际申请的国际公布以前，并除（c）另有规定外，可以提供其文档中所包含的任何文件。提供文件副本可以以收取服务成本费为条件。

（c）国际检索单位不应当根据（b）提供任何国际局已经通知已根据本细则48.2（1）不予公布的信息或者已根据本细则94.1（d）或（e）不提供公众查阅的信息。

（d）对于指定补充检索单位，（a）至（c）应比照适用。

---

① 编者注：2004年1月1日生效的本细则94.1（c）适用于在该日以及该日之后提交的国际申请。本细则94.1（c）也适用于在2004年1月1日或该日之后提交的任何国际申请的国际初步审查报告的副本，无论该国际申请的国际申请日是在2004年1月1日之前、当天或之后。

② 编者注：有关选定局已经请求国际局向其提供国际初审报告副本的信息也在WIPO官网上公布：www.wipo.int/pct/en/texts/access_iper.html。

94.2　获得国际初步审查单位持有的文档

（a）根据申请人或者申请人授权的任何人的请求，国际初步审查单位应提供其文档中所包含的任何文件的副本。提供文件副本可以以收取服务成本费为条件。

（b）根据任何选定局的请求，但不在国际初步审查报告作出以前，并除（c）另有规定外，国际初步审查单位应提供其文档中所包含的任何文件。提供文件副本可以以收取服务成本费为条件。

（c）国际初步审查单位不应当根据（b）提供任何国际局已经通知已根据本细则48.2（l）不予公布的信息或者已根据本细则94.1（d）或（e）不提供公众查阅的信息。

94.2 之二　获得指定局持有的文档

如果指定局适用的本国法允许第三方查阅国家申请的文档，该局可以允许在本国法规定的查阅国家申请文档的相同限度内，但不得在条约第30条（2）（a）规定的各日期中最早的日期之前，查阅其文档中所包含的与国际申请相关的任何文件。提供文件副本可以以收取服务成本费为条件。

94.3　获得选定局持有的文档

如果选定局适用的本国法允许第三方查阅国家申请的文档，该局可以允许在本国法规定的查阅国家申请文档的相同限度内，但不得在条约第30条（2）（a）规定的各日期中最早的日期之前，查阅其文档中所包含的与国际申请相关的任何文件，包括与国际初步审查相关的任何文件。文件副本的提供可以以收取服务成本费为条件。

第 95 条
来自指定局和选定局的信息和译文

95.1　关于指定局和选定局事项的信息

任何指定局或者选定局应当在下列任何事项发生之后的2个月内，或者在之后尽合理可能快的时间内，向国际局通报关于国际申请的下列信息：

（ⅰ）在申请人完成条约第22条或者第39条所述行为之后，完成该行为的日期以及任何分配给该国际申请的国家申请号；

（ⅱ）在指定局或者选定局根据其本国法或惯例明确公布该国际申请时，该国家公布的号码和日期；

（ⅲ）在授予专利时，授予专利的日期，以及在指定局或者选定局根据其本国法以授权形式明确公布该国际申请时，该国家公布的号码和日期。

95.2　提供译文的副本

（a）根据国际局的请求，任何指定局或者选定局应当向国际局提供申请人向该局提供的国际申请的译文副本。

（b）国际局可以根据请求并且以收费为条件，向任何人提供根据（a）规定收到的译文副本。

第 96 条
费用表；费用的收到和转付

96.1 附于本细则的费用表

本细则15、45之二.2和57所述的费用数额应以瑞士货币表示，并应在费用表中列出，费用表附于本细则，并且是本细则不可分的一部分。

96.2 收到费用的通知；费用的转付

（a）为本条细则之目的，"主管局"应当指受理局（包括作为受理局的国际局）、国际检索单位、指定补充检索单位、国际初步审查单位或国际局。

（b）如果根据本细则或行政规程的规定，一项费用由一个主管局（收取局）为另一个主管局（受益局）代收，收取局应当根据行政规程的规定迅速通知受益局已收到每项此种费用。受益局收到通知后，应如同它于收取局收到该费用之日已收到该费用一样进行处理。

（c）收取局应当根据行政规程的规定向受益局转付任何代受益局收取的费用。

费用表

费用名称	数额
1. 国际申请费（本细则15.2）：	1330瑞士法郎，外加国际申请超出30页部分的每页15瑞士法郎
2. 补充检索手续费（本细则45之二.2）：	200瑞士法郎
3. 手续费（本细则57.2）：	200瑞士法郎

费用减免

4. 如果国际申请按照行政规程的规定以下列形式提交，国际申请费按照以下数额减少：

（a）电子形式，请求书没有使用字符码格式：100瑞士法郎；

（b）电子形式，请求书使用字符码格式：200瑞士法郎；

（c）电子形式，请求书、说明书、权利要求书以及摘要使用字符码格式：300瑞士法郎。

5. 如果国际申请由以下申请人提交，项目1的国际申请费（适用的情况下，按照项目4减少后）、项目2的补充检索手续费和项目3的手续费减少90%：

（a）申请人是自然人，并且是名单上所列的符合下述条件的国家的国民且居民，即该国人均国内生产总值低于25000美元（依据联合国发布的以2005年不变美元价值计算的最近10年平均人均国内生产总值数字），并且依据国际局发布的最近5年的年平均申请数字，该国属于自然人的国民且居民提交的国际申请按每百万人口计少于每年10件，或者按绝对数计少于每年50件；或者

（b）无论是否自然人，申请人是名单上所列的由联合国确定为最不发达国家的国民且居民；

条件是在提交国际申请时，国际申请不存在任何不满足5（a）或5（b）条件的实益所有人，并且如果有多个申请人，每一个申请人都需要满足5（a）或5（b）的条件。5（a）和5（b）所述的国家名单[①]应由总干事根据大会指令，至少每五年更新一次。5（a）和5（b）中所列的标准应由大会至少每五年审查一次。

[①] 编者注：参见2015年2月12日公报第32页和2020年3月5日公报第45页及其后（可从下述网页查阅：http://www.wipo.int/pct/en/official_notices/index.html）。

专利合作条约行政规程

2022 年 7 月 1 日起生效

1. 本文件为《专利合作条约行政规程》的合并文本，根据条约第58条（4）和细则89.2（a）制定并根据细则89.2（b）修改，自2022年7月1日起生效。

2. 本文件将取代文件PCT/AI/22（发布日期2021年10月26日）和PCT/AI/22 Add.（发布日期2022年2月9日）。

3. 本文件略去了附件A和F。这2个附件的全文可以从WIPO网站www.wipo.int/pct/en/texts/index.html下载。

目 录[*]

第一部分 有关一般事务的规程
    第 101 条 缩略语和解释
    第 102 条 表格的使用
    第 102 条之二 ［已删除］
    第 103 条 国际单位所使用表格的语言
    第 104 条 通信语言
    第 105 条 有两个或两个以上申请人的国际申请的标识
    第 106 条 共同代表的变更
    第 107 条 国际单位、指定局和选定局的标识
    第 108 条 发给申请人的信件
    第 109 条 档案号
    第 110 条 日期
    第 111 条 根据细则 82 之四对期限延误的宽免和期限的延长
    第 112 条 条约第 24 条（1）（ⅲ）和第 39 条（2）的效力终止、第 25 条（2）的复查以及第 24 条（2）和第 39 条（3）的效力维持
    第 113 条 向国际局缴纳的特别费用
    第 114 条 费用的通知和转付
    第 115 条 国家、地区和政府间组织的表示

第二部分 有关国际申请的规程
    第 201 条 国际申请的语言
    第 202 条 ［已删除］
    第 203 条 对于不同指定国的不同申请人
    第 204 条 说明书各个部分的标题
    第 204 条之二 权利要求的编号
    第 205 条 修改时权利要求的编号和标识
    第 206 条 发明的单一性
    第 207 条 国际申请各部分的编排和页的编号
    第 208 条 序列表
    第 209 条 关于生物材料保藏事项的另页说明
    第 210 条 ［已删除］

---

[*] 本目录和编者注仅为方便读者查阅而添加，不是本行政规程的组成部分。

第 211 条　关于发明人身份的声明

第 212 条　关于申请人有权申请并被授予专利的声明

第 213 条　关于申请人有权要求在先申请优先权的声明

第 214 条　关于发明人资格的声明

第 215 条　关于不影响新颖性的公开或缺乏新颖性的例外的声明

第 216 条　根据细则 26 之三声明的改正或增加的通知

第 217 条　根据细则 9.2 的规定对国际申请中不得使用的表述等的修改

第 218 条　对细则 48.2（1）和 94.1（e）所述的不予公布信息请求的处理

第三部分　有关受理局的规程

第 301 条　收到据称的国际申请的通知书

第 302 条　优先权要求被视为未提出

第 303 条　请求书中附加事项的删除

第 304 条　在缴费期限届满之前缴费的通知

第 305 条　国际申请副本的标识

第 305 条之二　国际申请译文副本的准备、标识和传送

第 305 条之三　根据细则 20.6（a）（ⅲ）提交的在先申请译文的标识和传送

第 306 条　检索本的推迟传送

第 307 条　国际申请号的编号体系

第 308 条　国际申请及其译文页的标注

第 308 条之二　后提交页的标注

第 309 条　为援引加入目的提交的后提交页的处理程序

第 310 条　不为援引加入目的提交的后提交页的处理程序

第 310 条之二　根据细则 20.5（c）或 20.5 之二（c）后提交页导致国际申请日更改的处理程序

第 310 条之三　细则 20.7 所述的适用期限届满后提交的后提交页的处理程序

第 311 条　国际申请及其译文页删除、替换或增加时的重新编号

第 312 条　决定不作出国际申请被视为撤回的宣布的通知

第 313 条　与国际申请同时提交的文件；在清单中标注必要注释的方式

第 314 条　根据细则 26 之二改正或增加优先权要求

第 315 条　根据细则 26 之二.3（h 之二）受理局对文件的处理

第 316 条　国际申请缺少规定的签字时的程序

第 317 条　根据细则 26 之三.1 改正或增加声明的通知的传送

第 317 条之二　根据细则 26 之四.1 改正或增加说明的通知的传送

第 318 条　取消对非缔约国的指定

第 319 条　细则 4.9（b）的程序

第 320 条　根据细则 16 之二.1（a）通知缴费

第 321 条　在某些情况下受理局对收到款项的分配

第 322 条　提交退还检索费请求的通知

第 323 条　向国际局传送优先权文件

第 324 条　根据细则 20.2（c）关于国际申请号和国际申请日的通知的副本
第 325 条　根据细则 26.4 的缺陷改正和根据细则 91 的明显错误更正
第 326 条　申请人根据细则 90 之二.1、90 之二.2 或 90 之二.3 作出的撤回
第 327 条　受理局对请求书的依职权改正
第 328 条　关于代表的通知
第 329 条　有关申请人居所或国籍事项的改正
第 330 条　登记本因国家安全规定而被禁止或推迟传送
第 331 条　确认本的接收
第 332 条　根据细则 12.1（a）、（c）和（d）以及 12.4（a）受理局所接受语言的通知
第 333 条　国际申请传送给作为受理局的国际局
第 334 条　自优先权日起 19 个月届满后通知申请人提交国际初步审查要求书
第 335 条　有关序列表的程序
第 336 条　根据细则 90.4（d）和 90.5（c）的豁免
第 337 条　［已删除］

第四部分　有关国际局的规程

第 401 条　登记本页的标注
第 402 条　根据细则 26 之二改正或增加优先权要求
第 403 条　国际申请被认为缺乏单一性时对缴纳附加费提出的异议和异议决定的传送
第 404 条　国际申请的国际公开号
第 405 条　根据细则 12.1（a）、（c）和（d）以及 12.4（a）公布受理局可接受语言的通知
第 406 条　国际申请的公布
第 406 条之二　建议的发明名称英文译文
第 407 条　公报
第 408 条　优先权申请号
第 409 条　优先权要求被视为未提出
第 410 条　为国际公布目的对页编号；缺页或错误提交页情形下的程序
第 411 条　优先权文件的收到
第 411 条之二　收到细则 20.6（a）（ⅲ）规定的在先申请的译文
第 412 条　未传送检索本的通知
第 413 条　根据细则 20.6 的援引加入、根据细则 26.4 的改正缺陷和根据细则 91 的明显错误更正
第 413 条之二　根据细则 91 的明显错误更正
第 414 条　国际申请被视为撤回时给国际初步审查单位的通知
第 415 条　根据细则 90 之二.1、90 之二.2、90 之二.3、90 之二.3 之二或 90 之二.4 撤回的通知
第 416 条　对登记本中请求书的改正
第 417 条　根据条约第 19 条所作修改的处理
第 418 条　国际初步审查要求书被视为未提出或未作出时对选定局的通知

第 419 条　对根据细则 26 之三作出的声明的处理

第 419 条之二　对根据细则 26 条之四作出的改正或增加的处理

第 420 条　向国际初步审查单位提供国际申请副本、国际检索报告副本和补充国际检索报告副本

第 420 条之二　向选定局传送其他文件

第 421 条　通知提交优先权文件副本

第 422 条　根据细则 92 之二.1 记录的变更的通知

第 422 条之二　对于根据细则 92 之二.1（a）记录的申请人变更的异议

第 423 条　指定和选定的取消

第 424 条　细则 4.9（b）的程序

第 425 条　关于代表的通知

第 426 条　[已删除]

第 427 条　[已删除]

第 428 条　[已删除]

第 429 条　[已删除]

第 430 条　细则 32 所述指定的通知

第 431 条　提交国际初步审查要求书的公告

第 432 条　自优先权日起 19 个月届满后才提交国际初步审查要求书时对申请人的通知

第 433 条　根据细则 90.4（d）的豁免

第 434 条　关于细则 90.4（d）和 90.5（c）豁免信息的公布

第 435 条　出版物和文件的送达

第 436 条　国际申请译文副本的制作、标识和传送

第五部分　有关国际检索单位的规程

第 501 条　[已删除]

第 502 条　国际申请被认为缺乏发明单一性时对缴纳附加费提出的异议和异议决定的传送

第 503 条　在国际检索单位的国际检索报告和书面意见中标注引用文献的方法

第 504 条　国际申请主题的分类

第 505 条　国际检索报告中对特别相关的引用文献的标注

第 506 条　[已删除]

第 507 条　对国际检索报告中引用的某些特殊类型文献的标注方式

第 508 条　与国际检索报告引用文献相关的权利要求的标注方式

第 509 条　国际检索单位以国际申请译文为基础作出的国际检索和书面意见

第 510 条　国际申请撤回时检索费的退还

第 511 条　根据细则 91 的明显错误更正

第 512 条　关于代表的通知

第 513 条　序列表

第 514 条　授权官员

第515条　考虑申请人意见对摘要的修改
第516条　自优先权日起19个月届满后提交国际初步审查要求书时对申请人的通知
第517条　根据细则90.4（d）和90.5（c）的豁免
第518条　对国际检索单位的书面意见中包含的解释的指南
第519条　收到为补充国际检索目的提交的国际申请副本的通知
第520条　申请人根据细则90之二.3之二的撤回

第六部分　有关国际初步审查单位的规程

第601条　自优先权日起19个月届满后提交国际初步审查要求书时对申请人的通知
第602条　国际初步审查单位对修改的处理
第602条之二　根据细则71.1（b）向国际局传送其他文件
第603条　国际申请被认为缺乏单一性时对缴纳附加费的异议和异议决定的传送
第604条　对包含在国际初步审查报告中的解释的指南
第605条　国际初步审查使用的文档
第606条　选定的取消
第607条　根据细则91的明显错误更正
第608条　关于代表的通知
第609条　申请人根据细则90之二.1、90之二.2或90之二.3的撤回
第610条　序列表
第611条　国际初步审查报告中文件的标识方法
第612条　受权官员
第613条　通知提交根据细则57.4或58.3退款的请求
第614条　有权提出国际初步审查要求书的证据
第615条　期限届满前缴纳费用的通知
第616条　以国际申请译文为基础的国际初步审查
第617条　根据细则90.4（d）和90.5（c）的豁免

第七部分　有关国际申请以电子形式提交和处理的规程

第701条　缩略语
第702条　国际申请的电子提交、处理和传送
第703条　提交申请的要求；基本通用标准
第704条　收到；国际申请日；签名；形式要求
第705条　以电子方式提交的国际申请的受理本、登记本和检索本
第705条之二　以电子形式处理纸件提交的国际申请
第705条之三　以转换后的电子格式处理电子形式提交或扫描为电子形式的国际申请
第706条　格式转换前的文件
第707条　国际申请费的计算和费用的减免
第708条　关于清晰性、完整性、受到病毒感染等的特殊规定
第709条　向申请人的传送方式
第710条　受理局的要求和规范的通知与公布
第711条　电子记录的管理

第 712 条　电子记录的查阅

第 713 条　有关规定对国际单位和国际局的适用以及对通知、通讯、信件和其他文件的适用

第 714 条　由国际局提供电子形式文件副本；指定局的签名要求

第 715 条　从数字图书馆获得优先权文件

第 716 条　根据细则 17.1（b 之二）从数字图书馆获得优先权文件的请求

第八部分　有关第三方意见的规程

第 801 条　第三方意见系统

第 802 条　第三方意见的提交

第 803 条　意见和相关信息的获取

第 804 条　将收到意见通知申请人以及申请人针对该意见的答复

第 805 条　向国际单位和指定局传送意见和答复

附件 A　表　格

第Ⅰ部分　与受理局有关的表格

第Ⅱ部分　与国际检索单位和指定补充检索单位有关的表格

第Ⅲ部分　与国际局有关的表格

第Ⅳ部分　与国际初步审查单位有关的表格

第Ⅴ部分　请求书和要求书表格

附件 B　发明的单一性

附件 C　关于 PCT 国际专利申请中核苷酸和氨基酸序列表展示的规程

附件 D　根据细则 86.1（ⅰ）从公布的国际申请扉页摘出并包含在公报中的信息

附件 E　根据细则 86.1（ⅴ）在公报中公布的信息

附件 F　国际申请的电子申请和处理标准

附录Ⅰ　ePCT 标准的 XML DTD

附录Ⅱ　ePCT 标准的 PKI 体系结构

附录Ⅲ　电子申请的基本通用标准

附录Ⅳ　使用 ePCT 标准的物理介质

附件 G　收到费用的通知和费用的转付

第一部分
有关一般事务的规程

第 101 条
缩略语和解释

（a）在本行政规程中：
  （ⅰ）"条约"是指《专利合作条约》；
  （ⅱ）"细则"是指《专利合作条约实施细则》；
  （ⅲ）"条约 x"是指条约的第 x 条；
  （ⅳ）"细则 x"是指细则的第 x 条；
  （ⅴ）"国际局"是指条约第 2 条（xix）所述的国际局；
  （ⅵ）"国际单位"是指受理局、国际检索单位、国际初步审查单位和国际局；
  （ⅶ）"附件"是指本行政规程的附件，除非根据条文的措辞或性质或者根据该词的上下文明显指代不同含义；
  （ⅷ）"表格"是指在附件 A 中所包含的表格；
  （ⅸ）"WIPO 标准"是指由世界知识产权组织制定的标准；
  （ⅹ）"总干事"是指条约第 2 条（xx）所述的总干事；
  （ⅺ）"电子"技术包括具备电子、数字、磁、光学或者电磁性能的技术；
  （ⅻ）"序列表"、"构成国际申请组成部分的序列表"和"不构成国际申请组成部分的序列表"与附件 C 中的表述相同。
（b）附件为本行政规程的组成部分。

第 102 条
表格的使用

（a）除本条（b）至（k）和本规程第 103 条另有规定外，国际单位应当使用或要求使用以下规定的定制表格：
  （ⅰ）供申请人使用的表格：
      PCT/RO/101（请求书）
      PCT/IPEA/401（国际初步审查要求书）
  （ⅱ）供受理局使用的表格：

PCT/RO/103	PCT/RO/112	PCT/RO/133	PCT/RO/154
PCT/RO/104	PCT/RO/113	PCT/RO/136	PCT/RO/155
PCT/RO/105	PCT/RO/114	PCT/RO/143	PCT/RO/156
PCT/RO/106	PCT/RO/115	PCT/RO/147	PCT/RO/157

PCT/RO/107	PCT/RO/117	PCT/RO/150	PCT/RO/158
PCT/RO/109	PCT/RO/118	PCT/RO/151	PCT/RO/159
PCT/RO/110	PCT/RO/123	PCT/RO/152	
PCT/RO/111	PCT/RO/126	PCT/RO/153	

（iii）供国际检索单位使用的表格：

PCT/ISA/201	PCT/ISA/209	PCT/ISA/219	PCT/ISA/236
PCT/ISA/202	PCT/ISA/210	PCT/ISA/220	PCT/ISA/237
PCT/ISA/203	PCT/ISA/212	PCT/ISA/225	
PCT/ISA/205	PCT/ISA/217	PCT/ISA/234	
PCT/ISA/206	PCT/ISA/218	PCT/ISA/235	
PCT/SISA/501	PCT/SISA/504	PCT/SISA/507	
PCT/SISA/502	PCT/SISA/505	PCT/SISA/510	
PCT/SISA/503	PCT/SISA/506		

（iv）供国际局使用的表格：

PCT/IB/301	PCT/IB/319	PCT/IB/345	PCT/IB/369
PCT/IB/304	PCT/IB/320	PCT/IB/346	PCT/IB/370
PCT/IB/305	PCT/IB/321	PCT/IB/349	PCT/IB/371
PCT/IB/306	PCT/IB/323	PCT/IB/350	PCT/IB/373
PCT/IB/307	PCT/IB/325	PCT/IB/351	PCT/IB/374
PCT/IB/308	PCT/IB/326	PCT/IB/353	PCT/IB/376
PCT/IB/310	PCT/IB/331	PCT/IB/354	PCT/IB/377
PCT/IB/311	PCT/IB/332	PCT/IB/356	PCT/IB/378
PCT/IB/313	PCT/IB/335	PCT/IB/357	PCT/IB/379
PCT/IB/314	PCT/IB/336	PCT/IB/358	PCT/IB/399
PCT/IB/315	PCT/IB/337	PCT/IB/360	
PCT/IB/316	PCT/IB/338	PCT/IB/366	
PCT/IB/317	PCT/IB/339	PCT/IB/367	
PCT/IB/318	PCT/IB/344	PCT/IB/368	

（v）供国际初步审查单位使用的表格：

PCT/IPEA/402	PCT/IPEA/409	PCT/IPEA/420	PCT/IPEA/441
PCT/IPEA/404	PCT/IPEA/412	PCT/IPEA/425	PCT/IPEA/442
PCT/IPEA/405	PCT/IPEA/414	PCT/IPEA/431	PCT/IPEA/443
PCT/IPEA/407	PCT/IPEA/415	PCT/IPEA/436	PCT/IPEA/444
PCT/IPEA/408	PCT/IPEA/416	PCT/IPEA/440	

（b）在使用不同的语言印制本条（a）所述的表格时，允许在排版上作必要的微小变动。

（c）为满足国际单位的特定办公需要，特别是为了满足计算机生成表格或使用开窗信封的需要，允许对本条（a）（ii）至（v）项所述的表格在排版上作必要的微小变动。

（d）受理局、国际检索单位和/或国际初步审查单位属于同一个主管局的，使用本条

（a）所述表格的义务并不适用于该局内部的通信。

（e）表格 PCT/RO/106、PCT/RO/118、PCT/ISA/201、PCT/ISA/205、PCT/ISA/206、PCT/ISA/210、PCT/ISA/219、PCT/IB/313、PCT/IB/336、PCT/IPEA/404、PCT/IPEA/405 以及 PCT/IPEA/415 的附件在未被使用的情况下可以省略。

（f）表格 PCT/RO/101（请求书）、PCT/IB/375（补充检索请求书）和 PCT/IPEA/401（国际初步审查要求书）所附的说明连同该表格的印制版应由相关国际单位提供。表格 PCT/ISA/220 所附的说明应随该表格一起发送给申请人。

（g）本条（a）所述表格以外的表格的使用是可选的。

（h）如果请求书或国际初步审查要求书是用计算机打印出来的，该打印件应按以下方式制作：

（ⅰ）除（ⅸ）小段另有规定外，用计算机打印出来的请求书和国际初步审查要求书的排版布局和内容应与表格 PCT/RO/101（请求书）和 PCT/IPEA/401（国际初步审查要求书）（"印制的表格"）的格式相对应，相同的信息出现在相应的页面上；

（ⅱ）所有的栏框均应用实线画出；双线可以用单线代替；

（ⅲ）即使栏框中没有任何信息，也应当包含栏框编号和标题；

（ⅳ）供国际单位使用的栏框至少应同印制的表格中的栏框一样大；

（ⅴ）所有其他栏框的大小与印制的表格中相应栏框的大小之差应在 1 厘米以内；

（ⅵ）所有文本的字体大小应当不小于 9 磅；

（ⅶ）标题与其他信息应有明显区分；

（ⅷ）以斜体形式出现在印制的表格中的解释性说明可以省略；

（ⅸ）用计算机打印出来的请求书和国际初步审查要求书可以包含有关申请人通信方式的补充或可替代的详细信息。

（i）总干事可以决定用计算机打印出来的请求书和国际初步审查要求书允许使用的其他格式。所有这种格式都应在公报中予以公布。

（j）允许将字符编码格式的表格转换为页面布局的表格，条件是使用国际局提供的样式表制作。①

（k）如果接收局、国际单位或国际局同意接收字符编码格式信息，并且同意生成任何页面布局的表格用于满足其文件记录的要求，则某一个主管局、国际单位或国际局可以仅以字符编码格式向另一局传送表格，不再传送页面布局的表格。

第 102 条之二

[已删除]

第 103 条
国际单位所使用表格的语言

（a）任何受理局所使用表格的语言应与国际申请的申请语言相同，但以下情形除外：

---

① 编者注：可见于 WIPO 网站 www.wipo.int/pct/en/epct/resources。

（ⅰ）国际申请将以细则12.3（a）或12.4（a）所要求的译文语言公布的，受理局应使用该译文语言的表格；

（ⅱ）在与申请人通信时，受理局可以使用其官方语言之一的任何其他语言的表格。

（b）除本规程第104条（b）另有规定外，国际检索单位所使用表格的语言应在条约第16条（3）（b）所述的适用协议中指明。

（c）除本规程第104条（b）另有规定外，国际初步审查单位所使用表格的语言应在条约第32条（3）所述的适用协议中指明。

（d）如果国际申请的语言是英语，则国际局所使用表格的语言应为英语；如果国际申请的语言是法语，则上述表格的语言应为法语。如果国际申请的语言既非英语也非法语，则国际局在与其他国际单位通信时所使用表格的语言应依照该国际单位的意愿，选用英语或法语；在与申请人通信时，则应依照申请人的意愿，选用英语或法语。

第104条
通信语言

（a）申请人提交给受理局的所有信件的语言都应与此信件所涉及的国际申请的语言相同。但国际申请将以细则12.3（a）或12.4（a）所要求的译文语言公布的，上述信件应使用该语言。然而，受理局可以明确允许使用其他任何语言。

（b）如果国际申请的语言是英语，则受理局或者国际单位提交给国际局的任何信件的语言都应为英语；如果国际申请的语言是法语，则上述信件的语言应为法语。如果国际申请的语言既非英语也非法语，则提交给国际局的信件的语言应为英语或法语。但是由受理局、国际检索单位或国际初步审查单位发送给申请人的表格，其副本作为通知传送给国际局的，不需要翻译成英语或法语。

（c）申请人使用ePCT与国际局的任何通信应当使用英语、法语或者国际申请的公布语言。总干事可以决定允许通过其他方式提交的通信使用这些语言，并且可以进一步扩展允许的语言。总干事作出的任何此类决定均应在公报中予以公布。

第105条
有两个或两个以上申请人的国际申请的标识

任何国际申请写明两个或两个以上申请人的，为了标识该申请的目的，在与该申请有关的任何表格或信件中，只需写明请求书中第一申请人的姓名/名称即可。本条第一句的规定不适用于国际初步审查要求书。

第106条
共同代表的变更

按照细则92之二.1（a）的规定对根据细则90.2（b）被认为是共同代表的申请人

进行变更的，如果新的申请人有权依照细则19.1向受理局提出国际申请，则该新申请人应被认为是细则90.2（b）规定的共同代表。

第107条
国际单位、指定局和选定局的标识

（a）只要信件的性质允许，无论其来自或送达申请人，来自或送达任何国际单位，或者在国家阶段处理或审查开始之前，来自或送达指定局或选定局，信件中都可以用本规程第115条所述的双字母代码来表示各国际单位、指定局或选定局。

（b）表示受理局、国际检索单位、国际初步审查单位、指定局或选定局时，应分别在其代码前冠以字母"RO""ISA""IPEA""DO"或"EO"，继之以斜线（例如："RO/JP""ISA/US""IPEA/SE""DO/EP""EO/AU"）。

第108条
发给申请人的信件

（a）为了本条的目的，有两个或两个以上的代理人，而且其委托都有效的，"第一署名代理人"是指委托文件中首先写明的代理人；如果有两份或两份以上的委托文件的，则是指在先提交的委托文件中写明的代理人。

（b）唯一的申请人根据细则90.1（a）的规定委托了一个或多个代理人的，除本条（d）另有规定外，国际单位发给申请人的信件应寄至该代理人，或在适用的情况下寄至第一署名代理人。

（c）有两个或两个以上的申请人的，除本条（d）另有规定外，国际单位发给申请人的信件应寄至：

（ⅰ）如果没有根据细则90.1委托共同代理人，则寄至共同代表，或在适用的情况下寄至共同代表的代理人或第一署名共同代理人；或者

（ⅱ）如果申请人已经根据细则90.1（a）委托了一个或多个共同代理人，则寄至该共同代理人，或在适用的情况下寄至第一署名代理人。

（d）根据细则90.1（b）、（c）或（d）（ⅱ）委托了一个或多个代理人的，本条（b）和（c）的规定应当视具体情况适用于和国际检索单位或国际初步审查单位程序有关的发给申请人的信件，如同这些条款指的就是其所委托的代理人一样。

（e）如果根据本条（c）的规定国际单位发给申请人的信件应当寄至共同代表，但针对该共同代表未写明细则4.5（a）（ⅱ）所要求写明的事项，则信件应寄至：

（ⅰ）请求书中署名的第一申请人，其有权根据细则19.1向受理局提出国际申请，且针对该申请人写明了细则4.5（a）（ⅱ）所要求写明的事项；或者，如果没有这样的申请人，

（ⅱ）请求书中署名的第一申请人，其有权根据条约第9条提出国际申请，且针对该申请人写明了细则4.5（a）（ⅱ）所要求写明的事项；或者，如果没有这样的申请人，

（ⅲ）请求书中署名的第一申请人，且针对该申请人写明了细则4.5（a）（ⅱ）所要求写明的事项。

第109条
档案号

（a）申请人提交的任何文件含有档案号的，该档案号不得超过25个字符，且可以由拉丁字母或阿拉伯数字或两者共同构成。连字符（"－"）也可以用作字母数字字符之间的分隔符。

（b）国际单位发给申请人的信件应当注明该档案号。

第110条
日期

国际申请中的任何日期，或国际单位就该国际申请发出信件中所使用的任何日期，都应当用阿拉伯数字的日、月份名称和阿拉伯数字的年表示。如果申请人没有如此表示，则受理局，或如果申请人和受理局都没有如此表示，则国际局应在请求书上申请人注明的日期后面、上面或下面在括号内重写该日期，分别用两位阿拉伯数字表示日和月，用四位阿拉伯数字表示年，其顺序为日、月、年，并且在日和月的两位数字后标记一圆点、斜线或连字符［例如，"20.3月2004（20.03.2004）""20.3月2004（20/03/2004）"或"20.3月2004（20－03－2004）"］。

第111条
根据细则82之四对期限延误的宽免和期限的延长

（a）受理局、国际检索单位、指定补充检索单位、国际初步审查单位或国际局，如果收到根据细则82之四.1或细则82之四.2提出的宽免延误期限的请求，其应当迅速：
（ⅰ）将其是否宽免该延误的决定通知相关方；并且
（ⅱ）在适用的情况下向国际局传送该请求的副本、任何相关证据或者声明的副本和该决定的副本。

（b）相关当事人根据细则82之四.1规定的电子通信服务普遍不可用请求延误宽免时，必须证实电子通信服务的中断影响了广泛的地理区域，而不是一个局部问题，这是意外的或不可预见的，并且没有其他可用的替代通信手段。

（b之二）国际局应迅速在公报中公布其所收到的根据细则82之四.1（d）的豁免通知。

（c）任何受理局、国际检索单位、指定补充检索单位或国际初步审查单位，根据细则82之四.2的规定，由于该局电子方式通信不可用而对期限延误给予宽免时，应相应地通知国际局。国际局应迅速在公报中公布此信息。

（d）国际局根据细则82之四.2的规定，由于因该局电子通信方式不可用而对期限延误给予宽免时，也应在公报中公布此信息。

（e）国际局还应迅速在公报中公布其收到的细则82之四.2（a）最后一句所述的任何通知。

（f）受理局、国际检索单位、指定补充检索单位、国际初步审查单位或国际局根据细则82之四.3的规定设定一个延长期或附加延长期限时，除细则80.5另有规定外，细则中规定的在该主管局、单位或国际局履行一项行为的期限应于延长期限届满后的第一天届满。

（g）国际局根据细则82之四.3收到的任何有关延长期或附加延长期的通知，应迅速在公报中予以公布。

第112条
条约第24条（1）（ⅲ）和第39条（2）的效力终止、第25条（2）的复查以及第24条（2）和第39条（3）的效力维持

（a）作为指定局的各个国家局应当每年将以下事项向国际局通报一次：

（ⅰ）在前一个日历年中，条约第22条所规定的适用期限已经届满的国际申请的数量；

（ⅱ）在前一个日历年中，在条约第22条所规定的适用期限届满之前，因不符合该条的规定而导致有关国际申请的效力由于条约第24条（1）（ⅲ）的规定而终止的国际申请的数量。

（b）作为选定局的各个国家局应当每年将以下事项向国际局通报一次：

（ⅰ）在前一个日历年中，条约第39条（1）所规定的适用期限已经届满的国际申请的数量；

（ⅱ）在前一个日历年中，在条约第39条（1）所规定的适用期限届满之前，因不符合该条的规定而导致有关国际申请的效力由于条约第39条（3）的规定而终止的国际申请的数量。

（c）如果指定局依据条约第25条（2）认为根据条约第25条（1）所作出的拒绝、宣布或认定不正确，该局应迅速通知国际局其将处理该国际申请，如同条约第25条（2）所述的错误或者疏忽未曾发生一样。通知中最好应包括该指定局作出该决定的理由。

（d）如果指定局或选定局按条约第24条（2）或第39条（3）的规定维持条约第11条（3）所规定效力，相应地，该局应迅速通知国际局。通知中最好应包括该指定局或选定局作出该决定的理由。

第113条
向国际局缴纳的特别费用

（a）细则48.4规定的特别公布费为200瑞士法郎。

（b）细则91.3（d）规定的特别费用应向国际局缴纳，其数额为50瑞士法郎加上超过一页的部分每页12瑞士法郎。在细则91.3（d）规定的期限届满前未缴纳上述费用的，更正的请求、国际单位拒绝更正的原因以及任何申请人提交的详细而简短的意见陈述不会

被公布。细则 91.3（d）最后一句适用且在条约第 20 条规定的国际申请送达之前尚未缴纳上述费用的，送达文件中不应包括更正请求的副本。

（c）细则 26 之二．2（e）规定的特别费用应向国际局缴纳，其数额为 50 瑞士法郎加上超过一页的部分每页 12 瑞士法郎。

第 114 条
费用的通知和转付

根据细则 96.2（b）通知收到费用以及根据细则 96.2（c）转付费用应当依照附件 G 的规定进行。

第 115 条
国家、地区和政府间组织的表示

国家、地区和政府间组织既可以用其全名表示，也可以用公认的简称表示，如果该简称是英语或者法语，则应与 WIPO 标准 ST.3（用双字母代码表示国家以及其他授予或登记工业产权的实体和国际组织的推荐标准）一致，或者也可以用该标准中的双字母代码表示。①

第二部分
有关国际申请的规程

第 201 条
国际申请的语言

提出国际申请所使用的语言最好在请求书中予以写明。

第 202 条
［已删除］

第 203 条
对于不同指定国的不同申请人

（a）可以为地区专利指定的不同国家写明不同的申请人。

（b）既为国家专利，又为地区专利指定某一国家的，应对这两种指定写明相同的申请人。

---

① 编者注：在《WIPO 工业产权信息和文献手册》中公开。

第 204 条
说明书各个部分的标题

(a) 说明书各个部分的标题最好如下：
  (ⅰ) 对于细则 5.1（a）（ⅰ）所述及的内容，标题为"技术领域"；
  (ⅱ) 对于细则 5.1（a）（ⅱ）所述及的内容，标题为"背景技术"；
  (ⅲ) 对于细则 5.1（a）（ⅲ）所述及的内容，标题为"发明内容"或"发明概要"；
  (ⅳ) 对于细则 5.1（a）（ⅳ）所述及的内容，标题为"附图的简要说明"；
  (ⅴ) 对于细则 5.1（a）（ⅴ）所述及的内容，标题为"本发明的最佳实施方式"，或在适当的情况下，"本发明的实施方式"或"实施例说明"；
  (ⅵ) 对于细则 5.1（a）（ⅵ）所述及的内容，标题为"工业实用性"。
  (ⅶ) [已删除]
  (ⅷ) [已删除]
(b) 发明名称之前最好应标明标题"发明名称"。

第 204 条之二
权利要求的编号

细则 6.1（b）述及的权利要求的编号之前最好标明"权利要求"字样（例如："权利要求 1""权利要求 2""权利要求 3"）。

第 205 条
修改时权利要求的编号和标识

(a) 根据条约第 19 条或第 34 条（2）（b）对权利要求的修改，可以将一项或多项权利要求全部删除，增加一项或多项新的权利要求，或者对原申请的一项或多项权利要求的内容进行修改。替换页中的全部权利要求应用阿拉伯数字编号。如果一项权利要求被删除，不需要对其他权利要求重新编号。只要对权利要求重新编号，就应按顺序重新编号。

(b) 申请人应在细则 46.5（b）或细则 66.8（c）所述的信件中说明原始提交的权利要求书与修改后的权利要求书之间的区别或根据具体情况说明之前修改的权利要求书与随后修改的权利要求书之间的区别。在该信件中还应特别写明国际申请中的每一项权利要求（相同情形的几项权利要求可以并为一组）属于下列哪种情形：
  (ⅰ) 该权利要求未修改；
  (ⅱ) 该权利要求被删除；
  (ⅲ) 该权利要求是新增的；
  (ⅳ) 该权利要求替代了原始提交的一项或多项权利要求；
  (ⅴ) 该权利要求是从原始提交的一项权利要求中拆分出来的；
  (ⅵ) 该权利要求替代了之前修改的一项或多项权利要求；

（ⅶ）该权利要求是从之前修改的一项权利要求中拆分出来的。

第 206 条
发明的单一性

国际检索单位、国际初步审查单位、指定局和选定局应根据附件 B 确定国际申请是否符合细则 13 所规定的单一性要求。

第 207 条
国际申请各部分的编排和页的编号

（a）在根据细则 11.7 的规定对国际申请的页进行顺序编号时，国际申请各部分应按以下顺序排列：
（ⅰ）请求书；
（ⅱ）说明书［不包括细则 5.2（a）所述的说明书序列表部分］；
（ⅲ）权利要求书；
（ⅳ）摘要；
（ⅴ）附图（如果有的话）。
（ⅵ）［已删除］
任何说明书序列表部分都应当依据附件 C 单独以电子形式展示。
（b）对页顺序编号应使用下列独立的编号系列来进行：
（ⅰ）第一系列仅用于请求书，从请求书的第一页开始编号；
（ⅱ）第二系列从说明书［在本条（a）（ⅱ）中提及的］的第一页开始，然后是权利要求书，直到最后一页的摘要；
（ⅲ）如果有附图的话，仅对附图再用一个系列，从附图的第一页开始；附图的每一页页码由中间用斜线隔开的两个阿拉伯数字组成，第一个数字是页号，第二个数字是附图的总页数（如 1/3、2/3、3/3）。

第 208 条
序列表

任何序列表，无论是构成国际申请的组成部分，或者不构成国际申请的组成部分，都应当符合附件 C 的规定。说明书主要部分、权利要求书和附图中包含的序列以及关于序列的表述也都应当符合附件 C 的规定。

第 209 条
关于生物材料保藏事项的另页说明

（a）在说明书中没有包含任何有关生物材料保藏事项的说明的情况下，可以另页说明。如果有任何这类说明，应最好采用表格 PCT/RO/134，并且如果是在申请时提交，除本条（b）另有规定外，该表格应最好附在请求书后，并在细则 3.3（a）（ⅱ）所述的清单中予以写明。

（b）对于根据细则 13 之二.7（a）的规定通知国际局的指定局来说，本条（a）仅适用于所述的表格或页包含在提出国际申请时的说明书中，作为其中的一页的情形。

第 210 条
［已删除］

第 211 条
关于发明人身份的声明

（a）细则 4.17（ⅰ）所述的关于发明人身份的声明应采用以下措辞：
"关于发明人身份的声明［细则 4.17（ⅰ）和细则 51 之二.1（a）（ⅰ）］：
关于［本］国际申请［No. PCT/……］，
……（地址）的……（姓名）是［该］［本］国际申请所要求保护主题的发明人"。

（b）如果发明人的名称和地址已在请求书中以其他方式写明，则不必作出该声明。

（c）根据本规程第 212 条（b），该声明在适用的情况下可以与本规程第 212 条（a）所述的声明合并。

第 212 条
关于申请人有权申请并被授予专利的声明

（a）细则 4.17（ⅱ）所述的关于申请人在国际申请日时有权申请并被授予专利的声明，应采用以下措辞，为解释申请人权利的需要，可以包括、省略、重复或者重排（ⅰ）至（ⅷ）中所列的事项：
"当细则 4.17（ⅳ）所述的声明不适用时，关于申请人在国际申请日时有权申请并被授予专利的声明［细则 4.17（ⅱ）和细则 51 之二.1（a）（ⅱ）］：
关于［本］国际申请［No. PCT/……］，
……（姓名/名称）由于下列情形有权提出申请并被授予专利：
（ⅰ）……（地址）的……（姓名）是［该］［本］国际申请所要求保护主题的发明人
（ⅱ）……（姓名/名称）有权作为发明人……（发明人的姓名）的雇主
（ⅲ）……（姓名/名称）与……（姓名/名称）之间的协议，日期为……
（ⅳ）……（姓名/名称）向……（姓名/名称）的权利转让，日期为……
（ⅴ）……（姓名/名称）对……（姓名/名称）的同意，日期为……
（ⅵ）……（法院名称）发出的法院指令，执行从……（姓名/名称）向……（姓名/名称）的转让，日期为……

(ⅶ) 通过……（转让类型）的方式从……（姓名/名称）向……（姓名/名称）的权利转让，日期为……

(ⅷ) 从……（日期）起，申请人姓名/名称从……（姓名/名称）变更为……（姓名/名称）"

(b) 本条（a）中所述的声明在适用的情况下可与本规程第 211 条（a）所述声明合并，在这种情况下，合并声明的起始段落应当采用以下措辞，其余部分应当按照本条（a）的规定措辞：

"当细则 4.17（ⅳ）所述声明不适用时，关于申请人在国际申请日时有权申请并被授予专利［细则 4.17（ⅱ）和细则 51 之二.1（a）（ⅱ）］以及关于发明人身份［细则 4.17（ⅰ）和细则 51 之二.1（a）（ⅰ）］的合并声明：……"

第 213 条
关于申请人有权要求在先申请优先权的声明

细则 4.17（ⅲ）所述的关于申请人在国际申请日时有权要求在先申请优先权的任何声明，应当采用以下措辞，为解释申请人权利的需要，可以包括、省略、重复或者重排（ⅰ）至（ⅷ）所列的事项：

"关于申请人在国际申请日时有权要求下述在先申请优先权的声明，其中该申请人不是提出在先申请的申请人，或者在提出在先申请之后申请人的姓名或名称已经变更［细则 4.17（ⅲ）和 51 之二.1（a）（ⅲ）］：

关于［本］国际申请［No. PCT/……］，

……（姓名/名称）由于以下情形有权要求在先申请的优先权：

(ⅰ) 该申请人是在先申请所要求保护主题的发明人

(ⅱ) ……（姓名/名称）有权作为发明人……（发明人的姓名）的雇主

(ⅲ) ……（姓名/名称）与……（姓名/名称）之间的协议，日期为……

(ⅳ) ……（姓名/名称）向……（姓名/名称）的权利转让，日期为……

(ⅴ) ……（姓名/名称）对……（姓名/名称）的同意，日期为……

(ⅵ) 由……（法院名称）发出的法院指令，执行从……（姓名/名称）向……（姓名/名称）的转让，日期为……

(ⅶ) 通过……（转让类型）的方式从……（姓名/名称）向……（姓名/名称）的权利转让，日期为……

(ⅷ) 从……（日期）起，申请人的姓名/名称从……（姓名/名称）变更为……（姓名/名称）"

第 214 条
关于发明人资格的声明

(a) 细则 4.17（ⅳ）所述的为指定美国而作出的关于发明人资格的声明应采用以下措辞：

"为指定美国而作出的关于发明人资格的声明［细则4.17（ⅳ）和细则51之二.1（a）（ⅳ）］：

我在此声明，我相信我是本申请中要求保护的发明的原始发明人或者共同原始发明人。

本声明针对以本声明作为其一部分的国际申请（如果声明与国际申请同时提交）。

本声明针对国际申请No. PCT/……（如果根据细则26之三提交声明）。我在此声明，上述国际申请由我申请或由我授权他人申请。

我在此承认，本声明中任何故意作假的陈述将依据《美国法典》［*United States Code*（U. S. C.）］第18篇第1001条受到罚款或不多于5年的监禁或二者并罚的惩罚。

姓名：……

居所：……（城市以及美国的州或者在适用的情况下的国家）

通信地址：……

发明人的签字：……（该签字必须是发明人的签字，而不能是代理人的签字）

日期：……"

（b）存在一个以上的发明人并且所有的发明人没有在本条（a）所述的同一份声明上签名的，每份声明应注明所有发明人的姓名。

（c）根据细则26之三.1对本条（a）所述声明作出的任何改正或者增加应采用该款所述声明的形式，并由发明人签字。另外，任何这种改正应当以"发明人资格的补充声明"为标题［细则4.17（ⅳ）和细则51之二.1（a）（ⅳ）］。

第215条
关于不影响新颖性的公开或缺乏新颖性的例外的声明

关于不影响新颖性的公开或缺乏新颖性的例外的声明应采用以下措辞，必要时可以包括、省略、重复或者重排（ⅰ）至（ⅳ）中所列的事项：

"关于不影响新颖性的公开或缺乏新颖性的例外的声明［细则4.17（ⅴ）和细则51之二.1（a）（ⅴ）］：

关于［本］国际申请［No. PCT/……］，

……（姓名/名称）声明，［该］［本］国际申请中要求保护的主题已经发生下述公开：

（ⅰ）公开的类型（可适用地包括）：

（a）国际展览

（b）发表

（c）滥用

（d）其他：……（具体说明）

（ⅱ）公开的日期：……

（ⅲ）公开的标题（如果适用）：……

（ⅳ）公开的地点（如果适用）：……"

第 216 条
根据细则 26 之三声明的改正或增加的通知

细则 26 之三.1 所述的任何通知应当包括含有已改正声明的替换页，或者含有声明的增加页，以及解释该改正或增加的附信。

第 217 条
根据细则 9.2 的规定对国际申请中不得使用的表述等的修改

（a）在受理局、国际检索单位或指定补充检索单位收到旨在遵守细则 9.1 的修改的情况下，应：

（ⅰ）在每一替换页的右上角，以不可擦除的方式标注国际申请号和该替换页的收到日；

（ⅱ）在每一替换页的页底部空白边缘居中位置，以不可擦除的方式标注"替换页（细则 9.2）"字样或使用国际申请公布语言的等同语标注；

（ⅲ）在包含修改内容或与任何替换页一起提交的信件上，以不可擦除的方式标注该信件的收到日；

（ⅳ）将包含修改内容的信件的副本存档，或者，如果修改包含在某一替换页，将被替换页、替换页所附信件的副本以及替换页的副本存档；

（ⅴ）除非第（ⅵ）项的情况适用，应立即向国际局传送所有信件和替换页，并将其副本传送给受理局、国际检索单位和指定补充检索单位；

（ⅵ）如果根据条约第 12 条（1）规定的传送尚未完成，受理局应向国际局传送登记本的同时传送所有信件和替换页；除非国际申请被视为撤回且适用细则 29.1（ⅲ）的规定，上述信件或替换页的副本还应同检索本一起传送给国际检索单位。登记本和检索本应包含任何被替换的页。

（b）国际局从受理局、国际检索单位或指定补充检索单位收到本条（a）中所述修改的，国际局应将该修改移至登记本中，同时注明受理局或国际单位收到该信件的日期，或将替换页放入登记本中。任何信件和任何被替换页应保存在国际申请的文档中。国际局从受理局、国际检索单位收到本条（a）中所述修改的，在适用的情况下，应立即将所有信件和替换页的副本传送给指定补充检索单位进行补充检索。

（c）在国际局收到来自申请人的旨在遵守细则 9.1 的修改时，应：

（ⅰ）在每一替换页的右上角，以不可擦除的方式标注国际申请号和该替换页的收到日；

（ⅱ）在每一替换页的页底部空白边缘居中位置，以不可擦除的方式标注"替换页（细则 9.2）"字样或使用国际申请公布语言的等同语标注；

（ⅲ）在包含修改内容或与任何替换页一起提交的信件上，以不可擦除的方式标注该信件的收到日；

（ⅳ）将包含修改内容的信件存档，或者当修改包含在替换页时，将被替换页、替换页所附的信件以及替换页存档；

（ⅴ）在适用情况下，应立即将所有信件和替换页的副本传送给受理局、国际检索单位和指定补充检索单位。

第 218 条
对细则 48.2（l）和 94.1（e）所述的不予公布信息请求的处理

(a) 在国际局根据细则 48.2（l）决定国际公布中不予公布的信息或根据细则 94.1（e）决定不提供查阅包含在其文档中的信息的情况下，应：

（ⅰ）在每一替换页的右上角，以不可擦除的方式标注国际申请号和该替换页的收到日；

（ⅱ）在每一替换页的页底部空白边缘居中位置，以不可擦除的方式标注"替换页［细则48.2(l)］"字样［替换页中包含根据细则48.2(l)不予公布信息］或"替换页［细则94.1(e)］"字样［替换页中包含根据细则94.1(e)不予提供信息查阅］，或使用国际申请公布语言的等同语标注；

（ⅲ）在包含不予公布的内容或与任何替换页一起提交的信件上，以不可擦除的方式标注该信件的收到日；

（ⅳ）将包含所述不予公布的内容的信件的副本存档，或者，如果所述不予公布的内容包含在某一替换页，将被替换页、替换页所附信件以及替换页存档；

（ⅴ）立即将所有替换页的副本传送给受理局、国际检索单位、指定补充检索单位或国际初步审查单位（其中被替换页也包含在受理局或国际单位的国际申请文件中）。

(b) 国际局根据细则 48.2（l）决定不从国际公布中删去信息或根据细则 94.1（e）决定提供查阅包含在其文档中的信息时，应按照本条(a)(ⅰ)、(ⅲ)和(ⅳ)的规定进行处理。

(c) 本规程第 311 条（a）至（c）应比照适用于国际局收到的国际申请页的任何删除、替换或增加。

第三部分
有关受理局的规程

第 301 条
收到据称的国际申请的通知书

在根据条约第 11 条（1）作出认定之前，受理局可以通知申请人已经收到据称的国际申请。该通知书应注明实际收到日和本规程第 307 条所述的据称的国际申请的国际申请号，并且为了便于标识，应注明发明名称。

第 302 条
优先权要求被视为未提出

受理局根据细则26之二.2（b）宣布一项优先权要求被视为未提出的，该局应将相关优先权要求置于方括号内，并在方括号间画一条线，但仍使其清晰可辨，并在空白边缘处注明"在PCT程序中不予考虑（受理局）"的字样，或是国际申请公布语言的等同语，同时相应地通知申请人。如果国际申请的副本已经传送给国际局和国际检索单位，受理局还应通知国际局和该国际检索单位。

第 303 条
请求书中附加事项的删除

（a）受理局根据细则4.19（b）依职权删除请求书中包含的任何事项的，应将该事项置于方括号中并在空白边缘处注明"由受理局删除"的字样，或是国际申请公布语言的等同语，同时相应地通知申请人。如果国际申请的副本已传送给国际局和国际检索单位，受理局还应通知国际局和该国际检索单位。

（b）受理局不应当依职权删除在请求书中包含的细则4.17所述声明中的任何事项。

第 304 条
在缴费期限届满之前缴费的通知

如果受理局在缴费期限届满之前发现未缴纳全部或部分传送费、国际申请费（包括超过30页每页的附加费）或检索费，则受理局可以通知申请人在自收到国际申请之日起1个月内缴纳所缺的数额。

第 305 条
国际申请副本的标识

（a）申请人根据细则11.1（a）以一份文本提出国际申请的，受理局应在根据细则21.1（a）的规定准备条约第12条（1）所要求的其他副本时，标注以下字样或是国际申请公布语言的等同语：

(ⅰ)在原始文本第一页的左上角标注"登记本"；

(ⅱ)在一份副本的相同位置处标注"检索本"；并

(ⅲ)在另一份副本的相同位置处标注"受理本"。

（b）申请人根据细则11.1（b）以一份以上的文本提出国际申请的，受理局应选出最适合复制的一份，在其第一页的左上角标注"登记本"的字样，或是国际申请公布语言的等同语。在核实其余任一副本的一致性并在按照细则21.1（b）的规定准备受理本之后，受理局应在一份副本第一页的左上角标注"检索本"的字样，在另一份副本相同的位置处标注"受理本"的字样，或是国际申请公布语言的等同语。

第 305 条之二
国际申请译文副本的准备、标识和传送

（a）根据细则 12.3 提交国际申请译文的，受理局应当：
（ⅰ）在所提交的译文副本的数量少于为本款目的所需副本的数量时，负责迅速准备所需的其他副本，并应有权确定完成该项任务的费用及向申请人收取该费用；
（ⅱ）在译文原始文本第一页的左上角标注"登记本–译文（细则 12.3）"的字样，并向国际局传送此文本；
（ⅲ）在一份译文副本的相同位置处标注"检索本–译文（细则 12.3）"的字样，将其与按照本规程第 305 条（a）（ⅱ）标注有"检索本"字样的请求书副本一起视为细则 23.1（b）所述的检索本，并向国际检索单位传送该检索本；并
（ⅳ）在另一份译文副本的相同位置处标注"受理本–译文（细则 12.3）"的字样，并将该副本存档。
（b）根据本条（a）标注译文副本时，受理局可以使用国际申请公布语言的等同语来替代前款所述的字样。
（c）根据细则 12.4 提交国际申请译文的，受理局应当：
（ⅰ）在所提交译文副本的数量少于为本款目的所需副本的数量时，负责迅速准备所需的其他副本，并应有权确定完成该项任务的费用及向申请人收取该费用；
（ⅱ）在译文原始文本第一页的左上角标注"登记本–译文（细则 12.4）"的字样，并向国际局传送此文本；并
（ⅲ）在另一份译文副本的相同位置处标注"[受理本–译文（细则 12.4）]"的字样，并将该副本存档。

第 305 条之三
根据细则 20.6（a）（ⅲ）提交的在先申请译文的标识和传送

根据细则 20.6（a）（ⅲ）提交在先申请译文的，受理局应当在译文第一页的左上角标注"在先申请的译文[细则 20.6（a）（ⅲ）]"的字样，并在根据细则 20.6（b）或（c）作出决定后，向国际局传送此译文。

第 306 条
检索本的推迟传送

在将登记本传送给国际局以后才将检索本传送给国际检索单位的，受理局应通知国际局。受理局可以标注请求书中为此目的设置的方格来作出此通知。

第307条
国际申请号的编号体系

根据细则20.1（a）据称是国际申请的文件应被赋予一个国际申请号，该国际申请号包括字母"PCT"、斜线、本规程第115条所述的代表受理局的双字母代码、表明该文件首次收到年份的四位数字、斜线和按照国际申请收到的先后顺序依次分配的六位数字（例如："PCT/SE2004/000001"）。国际局作为受理局的，应使用双字母代码"IB"。

第308条
国际申请及其译文页的标注

（a）收到据称是国际申请的文件后，受理局应在收到的每份文本的请求书上以不可擦除的方式标注实际收到日。

（b）受理局应在据称的国际申请的每一页的右上角，以及根据细则12.3或细则12.4提交的国际申请译文的每一页的右上角，以不可擦除的方式标注本规程第307条所述的国际申请号。

（c）如果受理局根据细则20.2作出肯定决定，则受理局应在请求书上标注受理局的名称和"PCT International Application"或"Demande Internationale PCT"的字样。如果受理局的官方语言既非英语也非法语，"PCT International Application"或"Demande Internationale PCT"字样可以附带受理局官方语言的相应译文。

（d）如果受理局根据细则20.4作出否定决定或者根据条约第14条（4）作出宣布，那么受理局应在已经标注国际申请号的所有文件上删除国际申请号中的字母"PCT"，并在任何与据称的国际申请有关的后续信件中使用不带上述字母的号码。

第308条之二
后提交页的标注

对于首次收到申请文件日之后收到的包含条约第11条（1）（ⅲ）（d）或（e）所述的项目或细则20.5（a）所述的部分或细则20.5之二（a）所述项目或部分的任何页（"后提交页"），受理局应以不可擦除的方式在其每页右上角标注本规程第307条所述的国际申请号和该页的实际收到日。

第309条
为援引加入目的提交的后提交页的处理程序

（a）除本条（f）另有规定外，本条适用于根据细则20.6（a）确认援引加入有关页所包含的项目或部分的声明所附具的后提交页。

（b）本条（a）所述的后提交页在细则20.7所述的适用期限内收到，且受理局发现有细则 20.6（b）规定的情形的，受理局应当：

（ⅰ）在每一后提交页的底部空白边缘的居中位置，以不可擦除的方式标注"援引加入（细则 20.6）"的字样，或是国际申请公布语言的等同语；

（ⅱ）通知申请人后提交页中所包含的项目或部分被视为在首次收到申请文件的当日就已经包含在国际申请或据称的国际申请中，并视具体情况通知申请人，该日期已经被记录或保留为国际申请日；

（ⅲ）将根据（ⅰ）标注的后提交页和根据细则 20.6（a）提交的声明的副本存档；

（ⅳ）后提交页是根据细则 20.5 之二提交以改正任何被错误提交的页（"错误提交页"）的，在每一错误提交页的页底部空白边缘居中位置，以不可擦除的方式标注"错误提交（细则 20.5 之二）"，或使用国际申请公布语言的等同用语标注，并将错误提交页移至该国际申请相应项目的尾部。

（ⅴ）根据条约第 12 条（1）规定的传送已经完成的，应相应地通知国际局和国际检索单位，将根据（ⅰ）标注的后提交页和基于根据细则 20.6（a）提交的声明传送给国际局，并将其副本传送该国际检索单位；

（ⅵ）条约第 12 条（1）规定的传送尚未完成的，将根据（ⅰ）标注的后提交页和根据细则 20.6（a）提交的声明附在登记本之后，并将其副本附在检索本之后。

(c) 本条（a）所述的后提交页在细则 20.7 所述的适用期限内收到，且受理局发现细则 20.6（c）的情形的，除本规程第 310 条之二另有规定外，受理局应当：

（ⅰ）对国际申请日进行必要的更改或将后提交页的收到日记录为国际申请日；

（ⅱ）通知申请人后提交页的内容不被视为包含在首次收到申请文件之日收到的国际申请或据称的国际申请中，并视具体情况通知申请人，国际申请日已经被记录或更改为后提交页的收到日；

（ⅲ）将后提交页和根据细则 20.6（a）提交的声明的副本存档；

（ⅳ）后提交页是根据细则 20.5 之二提交以改正任何的错误提交页的，将错误提交页从国际申请中移除并相应地通知申请人，并将被移除页的副本保存在文件中；

（ⅴ）条约第 12 条（1）规定的传送已经完成的，应相应地通知国际局和国际检索单位，将改正后的请求书的第一页和最后一页的副本、后提交页以及根据细则 20.6（a）提交的声明传送给国际局，并将其副本传送该国际检索单位；

（ⅵ）条约第 12 条（1）规定的传送尚未完成的，将后提交页和根据细则 20.6（a）提交的声明附在登记本之后，并将一份副本附在检索本之后。

(d) 本条（a）所述的后提交页在细则 20.7 所述的适用期限内收到，但据称的国际申请仍不满足条约第 11 条（1）要求的，受理局应根据细则 20.4 的规定处理，但不得早于细则 20.7 规定的期限届满前。

(e) 本条（a）所述的后提交页在细则 20.7 所述的适用期限之后收到的，受理局应根据本规程第 310 条之三的规定处理。

(f) 收到本条（a）所述的后提交页，但是基于细则 20.8（a）的规定，这些页所包含的遗漏项目或部分不能根据细则 4.18 和细则 20.6 援引加入到国际申请中的，受理局应当：

（ⅰ）通知申请人，根据细则20.6（a）提交的确认援引加入遗漏项目或部分的声明不予考虑；

（ⅱ）比照适用本规程第310条（b），将根据细则20.6（a）提交的声明根据情况当作根据细则20.3（b）（ⅰ）提交的改正或是根据细则20.5（b）或（c）提交的遗漏部分进行处理；

（ⅲ）申请人在细则20.5（e）规定的期限内请求不予考虑有关的遗漏部分的，根据本规程第310条之二（b）的规定处理。

（g）本条（a）所述的根据细则20.5之二提交的后提交页用以改正任何错误提交的项目或部分，但是基于细则20.8（a之二）的规定，这些页所包含的正确项目或部分不能根据细则4.18和20.6规定援引加入国际申请中的，受理局应当：

（ⅰ）除本条（ⅱ）另有规定外，将国际申请传送给国际局作为受理局；

（ⅱ）如果申请人未授权根据细则19.4（a）（ⅲ）传送国际申请，或未在规定期限内缴纳所需费用，根据本规程第333（c）条的规定处理，并应比照适用本条（f）规定的程序，将根据细则20.6（a）提交的声明根据情况当作根据细则20.5之二（b）或（c）提交的改正进行处理。

第310条
不为援引加入目的提交的后提交页的处理程序

（a）本条适用于没有附带细则20.6所述的确认援引加入有关页所包含的项目或部分的声明的后提交页。

（b）本条（a）所述的后提交页在细则20.7所述的适用期限内收到，且根据细则20.3（b）（ⅰ）、20.5（b）或20.5之二（b）记录，或根据细则20.5（c）或20.5之二（c）更改了国际申请日的，除本规程第310条之二另有规定外，受理局应当：

（ⅰ）视具体情况，根据细则20.3（b）（ⅰ）、20.5（b）或20.5之二（b）记录国际申请日，或根据细则20.5（c）或20.5之二（c）对国际申请日进行必要的更改；

（ⅱ）通知申请人根据（ⅰ）记录和更改的国际申请日；

（ⅲ）将后提交页的副本存档；

（ⅳ）根据细则20.5之二提交的后提交页用以替换任何的错误提交页的，将错误提交页从国际申请中移除并相应地通知申请人，并将被移除页的副本保存在文件中；

（ⅴ）条约第12条（1）规定的传送已经完成的，应相应地通知国际局和国际检索单位，将改正后的请求书的第一页和最后一页的副本及后提交页传送给国际局，并将其副本传送给该国际检索单位；

（ⅵ）条约第12条（1）规定的传送尚未完成的，将后提交页附在登记本之后，并将一份副本附在检索本之后。

（c）本条（a）所述的后提交页在细则20.7所述的适用期限内收到，但据称的国际申请仍不满足条约第11条（1）要求的，受理局应根据细则20.4的规定处理。

(d) 本条（a）所述的后提交页在细则 20.7 所述的适用期限之后收到的，受理局应根据本规程第 310 条之三的规定处理。

第 310 条之二
根据细则 20.5（c）或 20.5 之二（c）后提交页导致国际申请日更改的处理程序

（a）在细则 20.7 所述的适用期限内收到根据本规程第 309 条（a）或第 310 条（a）所述的后提交页后，根据细则 20.5（c）或 20.5 之二（c）修改国际申请日的，除了本规程第 309 条（c）（ⅰ）至（ⅲ）或第 310 条（b）（ⅰ）至（ⅲ）处理程序以外，受理局应视具体情况：

（ⅰ）视具体情况提醒申请人注意可使用细则 20.5（e）或细则 20.5 之二（e）规定的程序；

（ⅱ）视具体情况继续本规程第 309 条（c）（ⅳ）至（ⅵ）或第 310 条（b）（ⅳ）至（ⅵ）的处理程序，但不得早于细则 20.5（e）或细则 20.5 之二（e）规定的期限届满前且申请人未根据该条款作出请求。

（b）申请人在细则 20.5（e）或细则 20.5 之二（e）规定的期限内请求不予考虑有关的遗漏部分或改正的项目或部分的，受理局应当：

（ⅰ）将国际申请日恢复为在根据细则 20.5（c）或 20.5 之二（c）更改国际申请日前适用的日期；

（ⅱ）视具体情况，在包含有关遗漏部分的每一页底部空白边缘的居中位置，以不可擦除的方式标注"不予考虑［细则 20.5（e）］"的字样，或在体现有关改正的项目或部分的每一页底部空白边缘的居中位置，以不可擦除的方式标注"不予考虑［细则 20.5 之二（e）］"的字样，或是使用该国际申请公布语言的等同语标注；

（ⅲ）通知申请人遗漏部分或改正的项目或部分被视为未提出，且国际申请日恢复为在根据细则 20.5（c）或 20.5 之二（c）更改国际申请日前适用的日期；

（ⅳ）将根据（ⅱ）标注的后提交页和根据细则 20.5（e）或细则 20.5 之二（e）作出的请求的副本存档；

（ⅴ）条约第 12 条（1）规定的传送已经完成的，应相应地通知国际局和国际检索单位，将根据（ⅱ）标注的后提交页、根据细则 20.6（a）提交的声明和根据细则 20.5（e）或细则 20.5 之二（e）作出的请求传送给国际局，并将其副本传送给该国际检索单位；

（ⅵ）条约第 12 条（1）规定的传送尚未完成的，应相应地通知国际局，将根据（ⅱ）标注的后提交页、根据细则 20.6（a）提交的声明和根据细则 20.5（e）或细则 20.5 之二（e）作出的请求附在登记本之后。

第 310 条之三
细则 20.7 所述的适用期限届满后提交的后提交页的处理程序

在细则 20.7 所述的适用期限届满后收到根据本规程第 309 条（a）或第 310 条（a）

所述的后提交页的，受理局应：

（ⅰ）通知申请人收到后提交页的事实、日期以及该页在 PCT 程序中不予考虑的事实；

（ⅱ）在包含有关遗漏或改正的项目或部分的每一页底部空白边缘的居中位置，以不可擦除的方式标注"不予考虑（细则 20.7）"，或是使用该国际申请公布语言的等同语标注；

（ⅲ）将根据（ⅱ）标注的后提交页的副本存档，在适用的情况下，将根据细则 20.6（a）提交的声明的副本存档；

（ⅳ）条约第 12 条（1）规定的传送已经完成的，应相应地通知国际局，将根据（ⅱ）标注的后提交页，以及在适用的情况下，根据细则 20.6（a）提交的声明传送给国际局；

（ⅴ）条约第 12 条（1）规定的传送尚未完成的，应相应地通知国际局，将根据（ⅱ）标注的后提交页，以及在适用的情况下，根据细则 20.6（a）提交的声明附在登记本之后。

第 311 条
国际申请及其译文页删除、替换或增加时的重新编号

（a）在必须增加新页、删除整页、改变页的顺序或任何其他原因导致必须重新编号时，除本规程第 207 条另有规定外，受理局应对国际申请的页按顺序重新编号。

（b）对国际申请的页应按下述方式临时重新编号：

（ⅰ）除本条（ⅲ）另有规定外，当删除整页时，受理局应插入带有相同页码的一页空白页并在页码下面注明"已删除"的字样，或是该国际申请公布语言的等同语，或在下一页的页码下面，以括号形式插入已删除的页码和"已删除"的字样，或是该国际申请公布语言的等同语；

（ⅱ）当增加一页或几页时，每一页都应先注明前一页的页码，然后画一条斜线，再写上另一个阿拉伯数字，按这样的方式对增加的新页顺序编号，未改动页后增加的第一页总是用数字 1 表示（例如：10/1、15/1、15/2、15/3 等）；当需要在已经增加的页序上再增加新页，为了表示后加页应使用另一位数字（例如：15/1、15/1/1、15/1/2、15/2 等）；

（ⅲ）根据细则 20.5 之二提交的用以改正错误提交的项目或部分的正确项目或部分加入国际申请的，应在不考虑错误提交的项目或部分页的情况下，对正确项目或部分的页进行编号，并且不需要根据本条（ⅰ）对错误提交的项目或部分页进行处理，无论是在根据本规程第 309（c）（ⅳ）或 310（b）（ⅳ）从国际申请中移除错误提交的项目或部分页时，或者根据本规程第 309（b）（ⅳ）将它们移至国际申请的相应部分的尾部时。

（c）在本条（b）所述的情况下，建议受理局在最后一页的页码下面写明该国际申请的总页数，再写上"总页数"的字样，或是国际申请公布语言的等同语。还建议受理局在增加的最后一页的下面写明"增加的最后一页"的字样，或是国际申请公布语言的等同语。

（d）本条（a）至（c）应比照适用于根据细则 12.3 或 12.4 提交的国际申请的任何译文。

第312条
决定不作出国际申请被视为撤回的宣布的通知

受理局在已经根据细则29.4（a）通知申请人其准备根据条约第14条（4）作出宣布之后又决定不作出该宣布的，受理局应相应地通知申请人。

第313条
与国际申请同时提交的文件；在清单中标注必要注释的方式

（a）与国际申请同时提交的任何委托书、优先权文件、费用计算页和本规程第209条（a）所述的包含生物材料保藏事项的单独说明，应附在登记本后；细则3.3（a）（ⅱ）所述的任何其他文件仅根据国际局的特殊要求而提交。如果任何文件在清单中注明与国际申请同时提交，而事实上在登记本最后离开受理局时并未提交的，受理局应在清单中予以指明，清单中的上述注明应被视为未作出。

（b）根据细则3.3（b）的规定，如果清单是由受理局填写的，则受理局应在其空白边缘处标注"受理局填写"的字样，或是国际申请公布语言的等同语。如果受理局仅填写了其中的一部分，则应对上述字样和该局所作的每一处注明加注星号。

第314条
根据细则26之二改正或增加优先权要求

（a）申请人在提交给受理局的通知中，根据细则26之二改正或增加优先权要求，受理局应将该改正或增加的内容记载在请求书中，并在由于改正而删除的内容上画一条线，但仍使其清晰可辨，并在空白边缘处标上字母"RO"。

（b）如果已将国际申请的副本送交国际局和国际检索单位，受理局应将根据细则26之二对优先权要求所作的任何改正或增加及其收到该改正或增加的日期迅速通知申请人、国际局和检索单位。

第315条
根据细则26之二.3（h之二）受理局对文件的处理

（a）受理局收到根据细则26之二.3（h之二）提交的请求，并决定不将该文件或其部分传送国际局时，应：

（ⅰ）在根据细则26之二.3（h之二）提交的请求上，以不可擦除的方式标注该请求的收到日；

（ⅱ）在每一替换页的右上角，以不可擦除的方式标注国际申请号和该替换页的收到日；

（ⅲ）在每一替换页的页底部空白边缘居中位置，以不可擦除的方式标注"替换页［细则 26 之二.3（h 之二）］"字样或使用国际申请公布语言的等同语标注；

（ⅳ）将根据细则 26 之二.3（h 之二）提交的请求的副本存档，并且在可适用情况下将被替换页、替换页的副本存档；

（ⅴ）应立即向国际局传送所有替换页。

（b）在受理局收到根据细则 26 之二.3（h 之二）提交的请求并发现一部分文件的信息属于该条规定的情形，但受理局尚未收到申请人删除该部分内容的替换页的情况下，受理局可以决定不将文件或其部分传送国际局，并酌情按照（a）（ⅰ）和（ⅳ）款所述进行处理，或者要求申请人提交替换页。申请人在受理局指定的期限内提交替换页的，受理局按（a）款所述进行处理。申请人未在受理局规定的期限内提交替换页的，受理局可以将包含该部分的文件和根据细则 26 之二.3（h 之二）提交的请求传送国际局，或者根据细则 26 之二.3（h 之二）决定不将文件或其部分传送国际局。

（c）受理局自行决定一部分文件的信息属于细则 26 之二.3（h 之二）中规定的情形的，可以要求申请人提交已删除该部分信息的替换页并按照（b）款处理，或者决定不将文件或其部分传送国际局。

（d）受理局收到根据细则 26 之二.3（h 之二）提交的请求，但仍决定将文件或其部分传送国际局的，应按（a）（ⅰ）、（ⅱ）和（ⅳ）款规定进行处理，并立即将根据细则 26 之二.3（h 之二）提交的请求和所有相关的替换页传送国际局。

第 316 条
国际申请缺少规定的签字时的程序

根据条约第 14 条（1）（a）（ⅰ）的规定，受理局发现国际申请因缺少规定的签字而有缺陷的，该局应将该国际申请请求书部分的相关页的副本，连同根据条约第 14 条（1）（b）的规定要求改正的通知一起发给申请人。申请人应在规定的期限内在相关页上按规定签字后将该副本交回。

第 317 条
根据细则 26 之三.1 改正或增加声明的通知的传送

如果申请人向受理局提交了根据细则 26 之三.1 作出的通知，则该局应在该通知上标注收到日并将其迅速传送给国际局。该通知应当被视为已经由国际局在所标注的日期收到。

第 317 条之二
根据细则 26 之四.1 改正或增加说明的通知的传送

如果申请人向受理局提交了根据细则 26 之四.1 做出的通知，受理局应当在该说明上标注收到日并立即将其传送给国际局。该通知应当被视为已经由国际局在所标注的日期收到。

第 318 条
取消对非缔约国的指定

受理局应依职权取消对任何非缔约国的指定，将该指定置于方括号内，并在方括号之间画一条线，但仍使其清晰可辨，同时在空白边缘处注明"受理局依职权予以取消"的字样，或是国际申请公布语言的等同语，并相应地迅速通知申请人。如果登记本已传送给国际局，受理局还应通知国际局。

第 319 条
细则 4.9（b）的程序

（a）受理局发现请求书中包含根据细则 4.9（b）规定的不指定某一国家的标注，而请求书中并不包含在上述国家提交的在先国家申请的优先权要求的，受理局应相应地迅速通知申请人并应提醒申请人注意细则 26 之二的规定。

（b）如果受理局在细则 26 之二.1（a）规定的期限届满前没有收到改正或增加在未指定的上述国家提交的在先国家申请的优先权要求，受理局应依职权删除根据细则 4.9（b）规定的标注，将该标注置于方括号内，并在方括号间画一条线，但仍使其清晰可辨，同时在空白边缘处注明"由受理局依职权取消"的字样，或者该国际申请公布语言的等同语，并相应地迅速通知申请人。如果登记本已经传送给国际局，受理局还应通知国际局。

第 320 条
根据细则 16 之二.1（a）通知缴费

受理局根据细则 16 之二.1（a）发出缴费通知时，如果在规定期限届满前收到申请人缴纳的款项，应告知申请人这些款项已经用于缴纳何种费用。

第 321 条
在某些情况下受理局对收到款项的分配

（a）在受理局已收到申请人关于其缴纳给该局的款项用于缴纳何种费用的说明的情况下，受理局应照此分配这些款项。

（b）如果受理局收到申请人缴纳的款项，但这笔款项与已收到的任何其他款项加在一起仍不足以付清传送费（如果有的话）、国际申请费和检索费（如果有的话）的全部费用，受理局在未曾收到申请人关于为此目的提供的这些款项用于缴纳何种费用的说明的情况下，应当将这些款项按照以下顺序依次分配用于缴纳应缴而未缴的费用：

（ⅰ）传送费；
（ⅱ）国际申请费；
（ⅲ）检索费。

第322条
提交退还检索费请求的通知

受理局在根据细则16.2退还检索费之前，可以先通知申请人提交一份退款请求。

第323条
向国际局传送优先权文件

（a）根据细则17.1（a）递交给受理局的任何优先权文件应由受理局连同登记本一起传送给国际局，或者，如果该文件是在登记本已经传送给国际局之后才收到的，应在收到之后迅速传送给国际局。

（b）如果优先权文件由受理局出具，并且申请人在优先权日后16个月期限届满之前请求受理局根据细则17.1（b）的规定准备优先权文件并传送给国际局，受理局在收到这种请求（"出具优先权文件的请求"）之后以及在适用的情况下，该条款所述费用已缴纳后，应迅速将优先权文件传送给国际局。如果已经提出出具优先权文件的请求，但尚未缴纳所需费用，受理局应迅速通知申请人，除非在优先权日后16个月期限届满之前缴纳该费用，或者在条约第23条（2）的情形下，在请求对国际申请进行处理或者审查之前缴纳该费用，否则该出具优先权文件的请求将被视为未提出。

（c）受理局在传送优先权文件时，应将其收到优先权文件的日期或收到出具优先权文件请求的日期通知国际局。

（d）根据本条（b）的规定出具优先权文件的请求被视为未提出的，受理局应迅速通知国际局。如果受理局在自优先权日起17个月内没有通知国际局，即使申请人尚未缴纳所需费用，受理局也应将优先权文件准备就绪并传送给国际局。

（e）受理局在优先权日后16个月期限届满之后收到出具优先权文件的请求，或根据本条（b）的规定该请求被视为未提出的，受理局应相应地迅速通知申请人，并提醒其注意细则17.1（a）的规定。

第324条
根据细则20.2（c）关于国际申请号和国际申请日的通知的副本

如果该国际申请要求了一项在先申请的优先权，那么在根据细则20.2（c）的规定向国际局传送关于国际申请号和国际申请日的通知的副本中，还应包括该国际申请中所标明的该在先申请的申请日。如果要求多项在先申请的优先权，则应标明其最早的申请日。

第325条
根据细则26.4的缺陷改正和根据细则91的明显错误更正

（a）受理局收到根据细则26.4的缺陷改正或者受理局许可根据细则91提出的明显错

误更正请求的，该局应当：

（ⅰ）在每一张替换页的右上角，以不可擦除的方式，注明国际申请号和该页的收到日；

（ⅱ）在每一张替换页的底部空白边缘的居中位置，以不可擦除的方式注明"替换页（细则26）"（如果该替换页包含根据细则26的缺陷的改正），或者注明"更正页（细则91）"（如果该替换页包含根据细则91的明显错误更正）的字样，或国际申请公布语言的等同语；

（ⅲ）在包含有改正或更正的信件或替换页的附信上以不可擦除的方式标注该信件的收到日；

（ⅳ）将包含有改正或更正的信件的副本存档，或者当这种改正或更正包含在替换页中时，将被替换的页、替换页附信的副本以及替换页的副本存档；

（ⅴ）除（ⅳ）另有规定外，应迅速将所有信件和替换页传送给国际局并将其副本传送给国际检索单位；

（ⅵ）如果根据条约第12条（1）规定的传送尚未进行，应将所有信件和替换页连同登记本一起传送给国际局，除非国际申请被视为撤回且适用细则29.1（ⅲ）的规定，上述信件或替换页的副本还应连同检索本一起传送给国际检索单位。登记本和检索本应包含任何被替换的页。

（b）受理局拒绝许可根据细则91提出的明显错误更正请求的，应根据本条（a）（ⅰ）、（ⅲ）和（ⅳ）的规定进行处理，并迅速将所有信件和为此目的的替换页传送给国际局。如果登记本尚未传送给国际局，应将任何信件和为此目的的替换页连同登记本一起传送。

第326条
申请人根据细则90之二.1、90之二.2或90之二.3作出的撤回

（a）受理局应当将申请人向其提交的根据细则90之二.1撤回申请、根据细则90之二.2撤回指定或者根据细则90之二.3撤回优先权要求的通知，连同关于其收到日的标注，一起迅速传送给国际局。如果登记本尚未传送给国际局，受理局应将上述通知连同登记本一起传送。

（b）如果检索本已经传送给国际检索单位，而国际申请已根据细则90之二.1被撤回，或者优先权要求已根据细则90之二.3被撤回，受理局应迅速将该撤回通知的副本传送给国际检索单位。

（c）如果检索本尚未传送给国际检索单位，而国际申请已根据细则90之二.1被撤回，受理局不应将检索本传送给国际检索单位，而且除本规程第322条另有规定外，应将检索费退还申请人，除非该款项已转交给国际检索单位。如果检索费已经转交给国际检索单位，受理局应将请求书和要求撤回的通知的副本传送给该国际检索单位。

（d）如果检索本尚未传送给国际检索单位，而优先权要求已根据细则90之二.3被撤回，受理局应将要求撤回的通知的副本连同检索本一起传送给国际检索单位。

第 327 条
受理局对请求书的依职权改正

（a）除本条（d）另有规定外，登记本尚未传送给国际局的，并且由于请求书中包含自相矛盾之处或微小缺陷，例如不符合本规程第 115 条的要求，而需对其进行改正的，受理局可以依职权改正该请求书。如果受理局进行这种改正，应相应地通知申请人。

（b）依据本条（a）作出改正时，受理局应在空白边缘处标注字母"RO"。如果有要删除的任何事项，受理局应将该事项置于方括号内，并在方括号间画一条线，但仍使其清晰可辨。如果要替换任何事项，应适用本款第一和第二句话。

（c）受理局应当核对档案号的字符数（如果有的话），应将超出本规程第 109 条允许字符数的字符删除。

（d）受理局不应当对请求书中包含的细则 4.17 中所述声明作任何的依职权修改。

第 328 条
关于代表的通知

（a）受理局收到委托书或撤销委托或放弃委托的文件，而登记本和检索本已经传送的，受理局应迅速将该委托书或文件的副本传送给国际局和国际检索单位以向其发出通知，并请求国际局根据细则 92 之二.1（a）（ii）的规定在有关代理人或共同代表的事项中记录这种变更。

（b）如果受理局尚未传送登记本和/或检索本，该受理局应将委托书或撤销委托或放弃委托的文件的副本连同登记本和/或检索本一起传送。

第 329 条
有关申请人居所或国籍事项的改正

在答复改正条约第 11 条（1）（i）所述缺陷的通知时，如果申请人向受理局提交了满足其要求的证据，表明在国际申请的实际收到日申请人实际上有权向该受理局提出国际申请，则上述通知应被视为是要求改正条约第 14 条（1）（a）（ii）和细则 4.5 关于申请人的居所和/或国籍的记载之缺陷的通知，并且申请人可以对这些记载进行相应的改正。如果申请人作出这种改正，则应视为不存在条约第 11 条（1）（i）所述的缺陷。

第 330 条
登记本因国家安全规定而被禁止或推迟传送

（a）根据细则 22.1（a）有关国家安全的规定禁止受理局将登记本传送给国际局的，该受理局应相应地通知申请人和国际局。

(b) 本条（a）的通知应在自优先权日起 13 个月届满前发出。如果该受理局认为国家安全方面的许可即将获得，则可以推迟发出上述通知，但如果上述许可在自优先权日起 17 个月届满前仍未获得，则该通知应当在该期限届满前发出。

第 331 条
确认本的接收

除细则 92.4 另有规定外，受理局通过传真机收到一件国际申请，随后又收到该国际申请的原件的，应当在原件请求书第一页和说明书第一页的底部注明"确认本"的字样，或是国际申请公布语言的等同语。在这种情况下不需标注本规程第 325 条所述的标记。通过传真机收到的国际申请应作为登记本。除登记本之外，确认本也应传送给国际局。

第 332 条
根据细则 12.1（a）、（c）和（d）以及 12.4（a）受理局所接受语言的通知

（a）每个受理局考虑细则 12.1（b）的规定应将根据细则 12.1（a）规定准备接受的提出国际申请所使用的一种或几种语言通知国际局。

（a 之二）每个受理局应通知国际局，在考虑到细则 12.1（a）和（b）的情况下，其准备根据细则 12.1（d）接受的用于提交说明书序列表部分的、任何语言相关自由文本的一种或多种语言。

（b）每个受理局应将根据本条（a）、（a 之二）（d）和（e）通知的任何变更信息通知国际局。如果该变更意味着：

（ⅰ）受理局不再准备接受以其先前通知国际局其准备接受的语言提出的国际申请；

（ⅱ）受理局不再准备接受将国际申请翻译成其先前通知国际局其准备接受的公布语言的译文；

（ⅲ）受理局不再准备接受以其先前通知国际局其准备接受的语言提交的请求书；或

（ⅳ）受理局不再准备接受以其先前通知国际局其准备接受的语言提交的包含任何语言相关自由文本的说明书序列表部分，

这种变更的生效日应为按照本规程第 405 条在公报上公布该变更通知之日后 2 个月或由受理局决定的迟于该时间的日期。

（c）本条（a）、（a 之二）、（b）、（d）或（e）的规定不禁止任何受理局在以下特殊情况下接受：

（ⅰ）使用受理局尚未通知国际局准备接受的语言提出国际申请；或

（ⅱ）将国际申请翻译成该局尚未通知国际局准备接受的公布语言的译文；或

（ⅲ）使用该局尚未通知国际局准备接受的语言提交请求书；或

（ⅳ）使用该局尚未通知国际局准备接受的语言提出的包含任何语言相关自由文本的说明书序列表部分。

（d）各有关受理局应当将其根据细则 12.4（a）规定准备接受的将国际申请翻译为公布语言所使用的一种或几种语言通知国际局。

（e）各个受理局应将其根据细则 12.1（c）规定准备接受的提交请求书所使用的一种或几种语言通知国际局。

第 333 条
国际申请传送给作为受理局的国际局

（a）国家局考虑细则 19.4（a）（ⅰ）、（ⅱ）或（ⅱ之二）的规定准备进行细则 19.4（b）规定的程序的，如果该国家局要求缴纳细则 19.4（b）所述费用而该费用尚未缴纳，应当迅速通知申请人在自该通知之日起 15 日内缴纳该费用。

（b）国家局考虑细则 19.4（a）（ⅲ）的规定准备进行细则 19.4（b）规定的程序的，它应当迅速请求作为受理局的国际局同意其传送国际申请。作为受理局的国际局应迅速对该请求作出答复。如果作为受理局的国际局同意传送，该国家局应迅速通知申请人：

（ⅰ）如果该传送未经申请人授权，在自通知之日起 15 日内向该局提交传送授权书；并且

（ⅱ）如果该局要求缴纳细则 19.4（b）所述的费用而申请人尚未缴纳，于本款（ⅰ）项所述期限内缴纳该费用。

（c）该国家局：

（ⅰ）如果要求缴纳细则 19.4（b）所述的费用而申请人未缴纳该费用，在考虑细则 19.4（a）（ⅰ）至（ⅲ）的规定之后不必进行细则 19.4（b）规定的程序；

（ⅱ）如果作为受理局的国际局不同意，或者申请人没有授权根据细则 19.4（a）（ⅲ）的规定传送国际申请，在考虑细则 19.4（a）（ⅲ）的规定之后不应进行细则 19.4（b）规定的程序。

第 334 条
自优先权日起 19 个月届满后通知申请人提交国际初步审查要求书

国际初步审查要求书在自优先权日起 19 个月届满之后才提交给受理局，并且自 2002 年 4 月 1 日起生效的条约第 22 条（1）规定的期限不适用于有关的指定局的，受理局应当：

（ⅰ）相应地迅速通知申请人，提醒申请人注意如下事实，即条约第 39 条（1）（a）规定的期限不适用，而 2002 年 3 月 31 日以前有效的条约第 22 条（1）规定的期限仍然适用于有关的指定局；并且

（ⅱ）进行细则 59.3 规定的程序。

第 335 条
有关序列表的程序

（a）除本条（b）至（d）和附件 C 所列的特殊规定外，本规程第 305 条之二、第

308 条（b）、第 308 条之二至第 310 条之三和第 325 条应比照适用于在相关程序中单独以电子形式提交的任何序列表。

（b）受理局接受以物理介质提交的序列表的，受理局应视情况，根据附件 C 中的处理程序在物理介质上标注"序列表"字样，同时对根据本规程第 308 条（b）、第 308 条之二至第 310 条之三或第 325 条提出或提交的文件的其他标识一起进行标注。

（c）受理局应保证从申请人处收到的代表序列表的任何文件的内容不变。有关国际申请号或为序列表目的的任何必要注释，应按照附件 C 中的处理程序记录在文件名或与文件相关的其他元数据中。

（d）受理局收到根据细则 13 之三的用于国际检索目的的序列表和任何附件 C 中所列的随附声明的，受理局应将这些文件连同检索本一起或尽快传送给国际检索单位。

第 336 条
根据细则 90.4（d）和 90.5（c）的豁免

（a）根据细则 90.4（d），受理局豁免细则 90.4（b）规定的向其提交单独委托书的要求的，该受理局应相应地通知国际局。

（b）根据细则 90.5（c），受理局豁免细则 90.5（a）（ⅱ）规定的将总委托书的副本附在请求书或者任何单独通知之后的要求的，该受理局应相应地通知国际局。

（c）即使受理局已经原则上豁免提交单独委托书，或者总委托书副本的要求，在特定情况下受理局仍可以作出上述要求。

（d）受理局已经根据本条（a）或（b）通知国际局的，应当将已按上述条款所通知信息的任何变更通知国际局。

第 337 条
［已删除］

第四部分
有关国际局的规程

第 401 条
登记本页的标注

（a）国际局收到登记本时，应在请求书的适当位置标注该登记本的收到日。

（b）如果受理局未能依据本规程第 311 条和第 325 条标注其中一页，国际局可以加以标注。

第 402 条
根据细则 26 之二改正或增加优先权要求

（a）如果申请人根据细则 26 之二的规定，在提交给国际局的通知中改正或增加了优先权要求，国际局应将该改正或增加的内容记载在请求书中，并在因改正而被删除的事项上画一条线，但仍使其清晰可辨，再在空白边缘处标上字母"IB"。

（b）[已删除]

（c）国际局应迅速将根据细则 26 之二对优先权要求所作的任何改正或增加及其收到该改正或增加的日期通知申请人、受理局和国际检索单位。

第 403 条
国际申请被认为缺乏单一性时对缴纳附加费提出的异议和异议决定的传送

申请人对于国际申请被认为缺乏单一性而缴纳条约第 17 条（3）（a）或者第 34 条（3）（a）规定的附加费提出异议，根据细则 40.2（c）或 68.3（c）的规定请求国际局向指定局或者选定局传送上述异议以及国际检索单位或者国际初步审查单位所作异议决定的文本的，国际局应当根据该请求予以办理。

第 404 条
国际申请的国际公开号

国际局应给予每件公布的国际申请一个国际公开号，该号应有别于国际申请号。国际局应在公布的国际申请以及公报栏目上使用该国际公开号。该号应包括一个双字母代码"WO"、表示公布年份的四位数字、斜线和由六位数字组成的序列号（例如："WO2004/123456"）。

第 405 条
根据细则 12.1（a）、（c）和（d）以及 12.4（a）
公布受理局可接受语言的通知

国际局应迅速在公报上公布本规程第 332 条（a）、（a 之二）、（b）、（d）或（e）所述的任何通知。

第 406 条
国际申请的公布

（a）国际申请应在每周的特定日公布。

（b）为了条约第 21 条的目的，国际局可以纸件形式，或者全部或部分以电子形式公布国际申请。

（c）有关国际申请公布的详细情况以及每件公布的国际申请扉页的形式和细节，应在征求与这些情况有直接利益关系的局或国际单位的意见后，由总干事决定。

第 406 条之二
建议的发明名称英文译文

（a）如果国际申请使用非英文进行国际公布，并且不要求基于细则 12.3（a）提交该国际申请的英文译文，申请人可以在优先权日起 14 个月届满之前向国际局提交建议使用的发明名称的英文译文。

（b）在准备细则 48.3（c）所述的译文时，如果建议的译文是在本条（a）所述的期限内收到的，国际局应当尽可能地考虑使用此建议的译文。

第 407 条
公报

（a）细则 86.1 所述的公报应以电子形式在互联网上予以公布。在征求与公报公布方式有直接利益关系的局或国际单位的意见后，公报可以通过由总干事决定的任何其他电子方式公布。

（b）对于每件公布的国际申请，公报还应包括细则 86.1（ⅰ）、细则 86.1（ⅳ）中规定的内容以及附件 D 所述的数据。

（c）细则 86.1（ⅴ）所述的信息应指附件 E 所注明的信息。

（d）有关公报的形式以及更多特殊内容的详细情况，应当由总干事在征求与这些情况有直接利益关系的局或国际单位的意见后决定。

第 408 条
优先权申请号

（a）［已删除］

（b）如果细则 4.10（a）（ⅱ）所述的在先申请号（"优先权申请号"）是在规定的期限届满之后提交的，国际局应将提交所述在先申请号的日期通知申请人和指定局。国际局应在国际公布中注明所述日期，即在公布的国际申请扉页上靠近优先权申请号的位置处注明"迟交于……（日期）"的字样，如果国际申请的公布语言不是英语，应使用国际申请公布语言的等同语予以注明。

（c）如果在国际公布的技术准备工作完成时还未提交优先权申请号，国际局应注明该事实，即在公布的国际申请扉页上优先权申请号的位置处注明"未提交"的字样，如果国际申请的公布语言不是英语，应使用国际申请公布语言的等同语予以注明。

第 409 条
优先权要求被视为未提出

如果国际局根据细则 26 之二.2（b）宣布优先权要求被视为未提出，国际局应将相关优先权要求置于方括号内，并在方括号间画一条线，但仍使其清晰可辨，再在空白边缘处注明"在 PCT 程序中不予考虑（国际局）"的字样，或是该国际申请公布语言的等同语，并相应地通知申请人。国际局也应通知受理局和国际检索单位。

第 410 条
为国际公布目的对页编号；缺页或错误提交页情形下的程序

（a）在为国际申请的国际公布进行准备的过程中，只有在必须增加新页、删除整页或改变页的顺序时，国际局才应对要公布的页按顺序重新编号。除此之外，应当维持按本规程第 207 条所作的编号。

（b）如果某一页未曾提交或根据本规程第 310 条之二或第 310 条之三的规定为国际处理的目的不予考虑，国际局应在公布的国际申请中注明上述意见。

（c）如果受理局没有根据本规程 311（b）（ⅲ）改正页编号，国际局应当相应地对公布的页进行编号。

第 411 条
优先权文件的收到

（a）国际局应对其收到或获得的每件优先权文件，记录其收到或获得该优先权文件的日期，并相应地通知申请人和指定局。该通知应注明优先权文件的提交、传送或获得是否符合细则 17.1（a）、（b）或（b 之二）的规定；对于指定局，该通知应最好与细则 47.1（a 之二）规定的通知一同作出。

（b）如果提交、传送或获得了优先权文件，但不符合细则 17.1（a）、（b）或（b 之二）的规定，国际局应在本条（a）的通知中提醒申请人和指定局注意细则 17.1（c）的规定。

第 411 条之二
收到细则 20.6（a）（ⅲ）规定的在先申请的译文

国际局应在收到细则 20.6（a）（ⅲ）规定的译文上注明"译文［细则 20.6（a）（ⅲ）］"的字样，或法语的等同语。

第 412 条
未传送检索本的通知

如果国际局自收到登记本之日起 2 个月内未收到国际检索单位根据细则 25.1 发出的通知，国际局应提醒受理局向国际检索单位传送检索本。该提醒函的副本应传送给国际检索单位。

第 413 条
根据细则 20.6 的援引加入、根据细则 26.4 的
改正缺陷和根据细则 91 的明显错误更正

（a）如果国际局收到来自受理局的包含根据细则 26.4 的改正缺陷的信件或者替换页和附信，国际局应将该改正转移到登记本中，同时注明受理局收到该信件的日期，或者将替换页放入登记本中。任何信件和被替换的纸页都应保存在该国际申请的文档中。

（b）本条（a）应比照适用于受理局、国际检索单位或（国际初步审查要求已经提出时）国际初步审查单位根据细则 91 许可的明显错误更正。

（b之二）如果国际局收到来自受理局的、根据本规程第 309 条（c）（ⅴ）、第 310 条（b）（ⅴ）或第 310 条之二（b）（ⅴ）规定的请求书的改正页或后提交页，国际局应将该改正移到登记本中并将后提交页放入登记本中。

（c）如果国际检索单位根据细则 43.6 之二（b）通知国际局依据细则 91 许可的明显错误更正在国际检索中未予考虑，国际局应相应地通知指定局；如果国际初步审查要求已经提出，还应通知国际初步审查单位。

（d）如果国际初步审查单位根据细则 70.2（e）通知国际局依据细则 91 许可的明显错误更正在国际初步审查中未予考虑，国际局应相应地通知选定局。

第 413 条之二
根据细则 91 的明显错误更正

（a）国际局根据细则 91 许可更正的，应：

（ⅰ）在每一替换页的右上角以不可擦除的方式注明国际申请号和收到该替换页的日期；

（ⅱ）在每一替换页的底部空白边缘的居中位置以不可擦除的方式注明"更正页（细则 91）"的字样，或是国际申请公布语言的等同语；

（ⅲ）在包含更正的信件或替换页的附信上以不可擦除的方式注明收到该信件的日期；

（ⅳ）将包含更正的信件副本或当更正包含在替换页中时，被替换的页、替换页附信的副本及替换页的副本存档。

（b）国际局根据细则 91 拒绝许可更正的，应按本条（a）（ⅰ）、（ⅲ）和（ⅳ）的

规定进行处理。

（c）国际局根据细则 91 许可或拒绝许可明显错误更正的，应相应地通知申请人、国际检索单位、（如果国际初步审查要求书已经提出）国际初步审查单位，以及指定局或选定局，并且如果国际局拒绝许可更正，该通知还应包括拒绝的理由。

第 414 条
国际申请被视为撤回时给国际初步审查单位的通知

如果国际初步审查要求书已经提出，并且根据条约第 14 条（1）、（3）或（4）的规定该国际申请已被视为撤回，国际局应迅速通知国际初步审查单位，除非该国际初步审查报告已经作出。

第 415 条
根据细则 90 之二.1、90 之二.2、90 之二.3、
90 之二.3 之二或 90 之二.4 撤回的通知

（a）申请人根据细则 90 之二.1 撤回国际申请、根据细则 90 之二.2 撤回指定或根据细则 90 之二.3 撤回优先权要求的事实，连同撤回通知到达国际局、国际初步审查单位或受理局的日期，都应由国际局予以记录，并迅速通知受理局、申请人，以及该撤回影响到的指定局，并且如果撤回涉及国际申请或优先权要求，且国际检索报告或条约第 17 条（2）（a）的宣布，以及国际检索单位的书面意见尚未作出的，还应通知国际检索单位。但是如果该撤回涉及国际申请，且撤回通知是在登记本传送给国际局以前提交给受理局的，国际局应将上句话中所述的通知和细则 24.2（a）所述的通知仅传送给受理局和申请人。

（b）如果根据细则 90 之二.1 撤回国际申请时，或根据细则 90 之二.3 撤回优先权要求时，国际初步审查要求书已经提交，但国际初步审查报告尚未作出，那么除非撤回通知是提交给国际初步审查单位的，否则国际局应迅速将撤回的事实，连同该撤回通知到达国际局或受理局的日期，通知国际初步审查单位。

（c）如果根据细则 90 之二.1 撤回国际申请时，或根据细则 90 之二.3 撤回优先权要求时，补充检索请求已经提出，但补充国际检索报告尚未作出，那么国际局应迅速将撤回的事实，连同该撤回通知到达国际局或受理局的日期，通知指定补充检索单位。

（d）国际局应迅速将申请人根据细则 90 之二.3 之二撤回补充检索请求的事实，连同撤回通知提交给或视为提交给国际局的日期，通知：
（i）申请人；和
（ii）指定补充检索单位，除非撤回通知是提交给该单位的。

（e）国际局应将申请人根据细则 90 之二.4 撤回国际初步审查要求书或一项或多项选定的事实，连同撤回通知提交给或被视为提交给国际局的日期，迅速通知：
（i）申请人；
（ii）该撤回所涉及的每一选定局，除非尚未通知该局已被选定；以及

(iii) 在撤回国际初步审查要求书或全部选定的情况下，通知国际初步审查单位，除非撤回通知是提交给该单位的。

第 416 条
对登记本中请求书的改正

（a）由于撤回一项指定或根据细则 92 之二作出变更而需要对请求书进行改正的，国际局应对登记本作必要的改正，并相应地通知申请人和受理局。

（b）国际局依据本条（a）作出改正时，应在空白边缘处注明字母"IB"，如果所述改正涉及某些内容的删除或替换，国际局应将该内容置于方括号内，并在方括号间画一条线，但仍使被删除或替换的内容清晰可辨。

第 417 条
根据条约第 19 条所作修改的处理

（a）国际局应根据细则 46.1 的规定，记录收到根据条约第 19 条所作修改的日期，并应当将该日期通知申请人且在其发布的任何出版物或副本中予以注明。

（b）国际局应在根据细则 46.5（a）要求提交的每一替换页的右上角注明国际申请号和根据细则 46.1 的规定收到该替换页的日期，并在底部空白边缘的居中位置注明"修改页（条约第 19 条）"的字样。国际局应将任何被替换的页、替换页的附信存档。

（c）国际局应将任何替换页放入登记本中。

（d）在国际局收到国际初步审查要求书时，如果国际检索报告和国际检索单位的书面意见已经作出，并且没有根据条约第 19 条作出修改，国际局应相应地通知国际初步审查单位，除非该单位已经告知国际局它不希望被如此通知。

第 418 条
国际初步审查要求书被视为未提出或未作出时对选定局的通知

在选定局根据条约第 31 条（7）的规定接到其被选定的通知之后，国际初步审查要求书被视为未提出或未作出的，国际局应相应地通知该局。

第 419 条
对根据细则 26 之三作出的声明的处理

（a）根据细则 4.17 作出的任何声明，或者根据细则 26 之三.1 对其作出的任何改正，在细则 26 之三.1 规定的期限内提交给国际局的，国际局应当在该文件上注明收到该声明或者改正的日期，并将附加页或者替换页放入登记本中。

（b）国际局应将根据细则 26 之三.1 作出的任何修改或者增加的声明迅速通知申请人、受理局以及国际检索单位。

（c）国际局不应当依职权修改在请求书中包含的根据细则4.17作出的声明。

（d）根据细则4.17作出的任何声明，或者根据细则26之三.1对其作出的任何改正是在细则26之三.1规定的期限届满之后提交给国际局的，国际局应相应地通知申请人，并告知申请人这种声明或者改正应当直接提交给指定局或者相关局。根据细则4.17（ⅳ）作出并且已经按照本规程第214条的规定签名的任何声明在细则26之三.1规定的期限届满之后提交给国际局的，国际局应当将其返回给申请人。

第419条之二
对根据细则26条之四作出的改正或增加的处理

（a）根据细则4.11作出的任何说明，或者根据细则26之四.1对其作出的任何改正，在细则26之四.1规定的期限内提交给国际局的，国际局应当在请求书上注明该改正或者增加，在因改正删除的任何说明上画一条线但仍使其清晰可辨，以及在边缘处注明字母"IB"。

（b）国际局应将根据细则26之四.1作出的任何改正或者增加的说明迅速通知申请人。

（c）根据细则4.11作出的任何说明，或者根据细则26之四.1对其作出的任何改正，在细则26之四.1规定的期限届满之后提交给国际局的，国际局应相应地通知申请人，并告知申请人这种说明或者改正应当直接提交给指定局或者相关局。

第420条
向国际初步审查单位提供国际申请副本、
国际检索报告副本和补充国际检索报告副本

（a）国际初步审查单位与国际检索单位不是同一个国家局或政府间组织的一部分的，国际局应在收到国际检索报告后，或者如果是在收到国际检索报告之后又收到国际初步审查要求书的，则在收到该要求书后，迅速将国际申请副本、国际检索报告副本、（在适用的情况下）该报告英文译文的副本送交国际初步审查单位。如果发出的不是国际检索报告而是条约第17条（2）（a）所述的宣布，前一句中提到国际检索报告时应视为是指该宣布。

（b）如果指定补充检索单位根据细则45之二.7已经作出补充国际检索报告，并且国际初步审查单位与该指定补充检索单位不是同一个国家局或政府间组织的一部分，那么国际局应在收到补充国际检索报告后，迅速将补充国际检索报告副本、（在适用的情况下）该报告英文译文的副本送交国际初步审查单位［细则45之二.8（c）］。如果发出的不是补充国际检索报告而是条约第17条（2）（a）所述的宣布，前一句中提到补充国际检索报告时应视为是指该宣布。

第420条之二
向选定局传送其他文件

国际局应根据细则71.1（b）向各选定局传送从国际初步审查单位收到的文件，同时国际局根据细则 73.2 进行条约第 36 条（3）（a）所规定的传送。

第 421 条
通知提交优先权文件副本

在国际局收到根据细则 17.1 的优先权文件之前，国际检索单位根据细则 43 之二.1（b），或者，国际检索单位或国际初步审查单位根据细则 66.7（a）要求提供作为国际申请中优先权基础的申请副本的，除非细则 17.1 所述的适用期限已经届满，否则国际局应将该要求告知申请人，并提醒其注意细则 17.1 的规定。

第 422 条
根据细则 92 之二.1 记录的变更的通知

（a）国际局应当将其根据细则 92 之二.1（a）记录的变更，除本规程第 425 条所述通知涉及的变更以外，通知：
　　（ⅰ）受理局；
　　（ⅱ）国际检索单位，只要国际检索报告或条约第 17 条（2）（a）的宣布以及国际检索单位的书面意见尚未作出；
　　（ⅲ）指定局，除非该变更能及时反映在公布的国际申请中，该公布用于条约第 20 条送达的目的；
　　（ⅳ）国际初步审查单位，只要国际初步审查报告尚未作出；
　　（ⅴ）选定局，除非该变更能及时反映在公布的国际申请中，该公布用于条约第 20 条送达的目的；
　　（ⅵ）申请人（如果该变更包括申请人的变更，该通知应发送给原申请人和新申请人；如果原申请人和新申请人由相同的代理人所代表，则应仅向该代理人发出一份通知）。
（b）在细则 92 之二.1（b）适用的情况下，国际局应相应地通知申请人，如果该变更是受理局提出的，应当相应地通知该受理局。

第 422 条之二
对于根据细则 92 之二.1（a）记录的申请人变更的异议

（a）国际局依据细则 92 之二.1（a）记录的变更：
　　（ⅰ）包括申请人变更的，且
　　（ⅱ）细则 92 之二.1（a）所述的请求没有由原申请人和新申请人签字或其代表签字的，且
　　（ⅲ）原申请人以书面方式对变更提出异议的，
按照细则 92 之二.1（a）作出的变更应被认为未曾记录。
（b）本条（a）适用的，国际局应当相应地通知所有收到本规程第 422 条（a）通知的人。

第 423 条
指定和选定的取消

（a）如果受理局没有依职权取消对非缔约国的指定，则国际局应将该指定置于方括号内，并在方括号间画一条线，但仍使该指定清晰可辨，在空白边缘处注明"国际局依职权予以取消"的字样，或是法语的等同语，并相应地通知申请人和受理局。

（b）国际局应依职权取消以下事项：
（ⅰ）对非指定国的选定；
（ⅱ）对不受条约第Ⅱ章约束的任何国家的选定，如果国际初步审查单位没有取消这种选定。

（c）国际局应将取消的选定置于方括号内，并在方括号间画一条线，但仍使该选定清晰可辨，再在空白边缘处注明"国际局依职权予以取消"的字样，或是法语的等同语，并相应地通知申请人，如果该选定是在国际初步审查要求书中注明的，还应相应地通知国际初步审查单位。

第 424 条
细则 4.9（b）的程序

（a）如果受理局没有发现请求书中包含一项根据细则 4.9（b）未指定某一国家的说明但是并不包含在该国提交的在先国家申请的优先权要求，则国际局应迅速通知申请人并提醒申请人注意细则 26 之二的规定。

（b）如果国际局在细则 26 之二.1（a）规定的期限届满前未收到改正或增加对于在上述未指定国家提交的在先国家申请的优先权要求的通知，国际局应依职权删除根据细则 4.9（b）作出的说明，将该说明置于方括号内，并在方括号间画一条线，但仍使该说明清晰可辨，再在空白边缘处注明"国际局依职权予以取消"的字样，或是法语的等同语，并相应地通知申请人和受理局。

第 425 条
关于代表的通知

委托书或包含撤销或放弃委托的文件提交给国际局的，国际局应立即通知受理局、国际检索单位、指定补充检索单位和国际初步审查单位，将该委托书或文件的副本传送给它们，并根据细则 92 之二的规定记录有关代理人或共同代表的变更。在放弃委托的情况下，国际局还应通知申请人。如果国际局收到依据本规程第 328 条关于代表的通知，国际局应立即相应地通知指定补充检索单位和国际初步审查单位。

第 426 条至第 429 条
[已删除]

第 430 条
细则 32 所述指定的通知

国际申请的效力根据细则 32.1（a）的规定延伸至后继国的，国际局应当迅速，但不是在国际申请国际公布之前，根据条约第 20 条的规定向有关指定局送达，并且根据细则 47.1（a 之二）通知该指定局。

第 431 条
提交国际初步审查要求书的公告

（a）对于在 2004 年 1 月 1 日之前提交国际初步审查要求书的国际申请，2003 年 12 月 31 日前有效的细则 61.4 所述的有关国际初步审查要求书和相关选定国的信息在公报上的公布，应包括一则公告，其中注明国际初步审查要求书已于自优先权日起 19 个月届满前提交，并在适用的情况下，注明已经选定所有的可选国家，或如果未选定所有可选国家的，注明那些没有被选定的可选国家。

（b）对于在 2004 年 1 月 1 日当天或之后提交国际初步审查要求书的国际申请，从 2004 年 1 月 1 日起生效的细则 61.4 所述的有关国际初步审查要求书和相关选定国的信息在公报上的公布，应包括一则公告，注明国际初步审查要求书已于细则 54 之二.1（a）规定的适用期限届满前提交，并且已经选定所有被指定且受条约第 II 章约束的缔约国。自优先权日起 19 个月届满之后提交该要求书的，从 2002 年 4 月 1 日起生效的条约第 22 条（1）规定的期限不再适用于所有的指定局，该公告也应注明这一事实。

第 432 条
自优先权日起 19 个月届满后才提交国际初步审查要求书时对申请人的通知

国际初步审查要求书自优先权日起 19 个月届满之后才提交并随后根据细则 59.3（a）传送给国际局的，或者自优先权日起 19 个月届满之后才提交给国际局，并且从 2002 年 4 月 1 日起生效的条约第 22 条（1）规定的期限不适用于所有指定局的，国际局应根据具体情况，连同根据细则 59.3（c）（ⅰ）发给申请人的通知或者根据细则第 59.3（c）（ⅱ）发给申请人的通知一起：

（ⅰ）迅速相应地通知申请人，提醒其注意条约第 39 条（1）（a）规定的期限不再适用，而 2002 年 3 月 31 日前有效的条约第 22 条（1）继续对任何此类指定局适用的事实；

（ⅱ）进行细则 59.3 规定的程序。

第433条
根据细则90.4（d）的豁免

（a）根据细则90.4（d）的规定，国际局豁免细则90.4（b）规定的向其提交单独委托书的要求的，国际局应当在公报中公布这一事实的通知。

（b）即使国际局原则上已经豁免了这一要求，但是在特别情况下，国际局仍然可以要求提供单独委托书。

第434条
关于细则90.4（d）和90.5（c）豁免信息的公布

（a）根据本规程第336条（a）、第517条（a）或第617条（a）通知国际局的对细则90.4（b）规定的提交单独委托书这一要求的任何豁免，或者该信息的任何变更，应当迅速在公报中予以公布。任何变更的生效日应当是在公报中对于这种变更予以公布后的2个月，或者是可由国际局确定的更晚的日期。

（b）根据本规程第336条（b）、第517条（b）或第617条（b）通知国际局的对细则90.5（a）（ⅱ）规定的在请求书、国际初步审查要求书或任何单独的通知后附上总委托书副本的这一要求的任何豁免，或者该信息的任何变更，应当迅速在公报中予以公布。任何变更的生效日应当是在公报中对于这种变更予以公布后的2个月，或者是可由国际局确定的迟于上述时间的日期。

第435条
出版物和文件的送达

（a）除本条（b）另有规定外，细则87.1所述的出版物和细则93之二.1所述的文件应以电子形式通过国际局的电子数据交换服务送达。

（b）国际局和相关国际单位或局达成一致的，细则87.1所述的出版物和细则93之二.1所述的文件可以以其他形式和方式送达。

（c）根据细则93之二.1（b），国际局和相关局都同意的，细则93之二.1所述文件的送达应认为是自国际局通过其电子数据交换服务使得该局可以电子形式获得该文件之时起生效的。

（d）细则87.1所述的出版物和细则93之二.1所述的文件的送达的相关技术细节应得到国际局和相关国际单位或局的同意。

第436条
国际申请译文副本的制作、标识和传送

为了补充国际检索的目的，细则45之二.1（c）（ⅰ）规定的国际申请的译文已经提

交的，国际局应在译文首页的左上角注明"译文［细则45之二.1（c）（ⅰ）］"的字样，并向指定补充检索单位传送该译文的副本。

第五部分
有关国际检索单位的规程

第 501 条
[已删除]

第 502 条
国际申请被认为缺乏发明单一性时
对缴纳附加费提出的异议和异议决定的传送

国际检索单位，应将其根据细则42.2（c）的规定对申请人在其国际申请被认为缺乏单一性时就缴纳附加费提出的异议所作的决定传送给申请人，最好不迟于连同国际检索报告一起传送。它同时还应将该异议和异议决定的副本，以及申请人提出的将异议和异议决定的文本转送给指定局的请求传送国际局。

第 503 条
在国际检索单位的国际检索报告和书面意见中标注引用文献的方法

国际检索报告中引用的任何文献都应按照 WIPO 标准 ST.14（在专利文献中列入引证参考文献的建议）[①] 予以标注。在国际检索报告中引用的任何文献可以用缩略的形式在国际检索单位的书面意见中引用，条件是对该文献的引用明白无误。

第 504 条
国际申请主题的分类

（a）根据国际专利分类法应用于专利文献所遵循的原则，对国际申请主题的分类需要采用一个以上的分类号的，国际检索报告应当注明所有的分类号。

（b）使用任何国家的分类系统的，国际检索报告也可以注明根据该系统所有适用的分类号。

（c）国际申请的主题既根据国际专利分类法又根据任何国家分类系统进行分类的，只要可能，国际检索报告应注明两个相互独立分类法的相应分类号。

（d）只要可行，就应使用根据条约第21条公布国际申请时适用的国际专利分类法的版本。

[①] 编者注：在《WIPO工业产权信息和文献手册》中公开。

第505条
国际检索报告中对特别相关的引用文献的标注

（a）国际检索报告中的引用文献是特别相关的文献的，细则43.5（c）要求的专门标注应由字母"X"和/或"Y"组成，并标在该引用文件的旁边。

（b）"X"类适用于这样的情况，即单独考虑这篇文献时，要求保护的发明不能认为具备新颖性或不能认为具备创造性。

（c）"Y"类适用于这样的情况，即当这篇文献与其他一篇或多篇其他这类文献结合时，这种结合对本领域技术人员来说是显而易见的，要求保护的发明不能认为具备创造性。

第506条
[已删除]

第507条
对国际检索报告中引用的某些特殊类型文献的标注方式

（a）国际检索报告中引用的任何文献涉及细则33.1（b）所述的口头公开、使用公开、展览或以其他方式公开的，细则所要求的单独标注应由字母"O"组成，并标在引用文件的旁边。"O"类应附带有"X"类、"Y"类或"A"类之一。

（b）国际检索报告中引用的任何文献是细则33.1（c）所规定的公开申请或专利的，细则所要求的特别标注应由字母"E"组成，并标在引用文献的旁边。

（c）国际检索报告中引用的任何文献不认为是特别相关的文件，不需要使用本规程第505条所规定的"X"和/或"Y"类的标记，但是限定了该领域的一般现有技术，则应用字母"A"标注，并标在引用文献的旁边。

（d）国际检索报告中引用的任何文献，其公开日早于该国际申请的申请日，但迟于该申请所要求的优先权日的，应用字母"P"标注在引用文献的旁边。"P"类应附带有"X"类、"Y"类或"A"类之一。

（e）国际检索报告中所引用的任何文献，其公开日在该国际申请的申请日或优先权日之后，而且与该申请不发生抵触，但是其引用是为了说明该发明所根据的原理或理论，有助于更好地理解该发明，或者其引用是为了说明该发明所根据的推理或事实是错误的，该文献应用字母"T"标注，并标在该引用文献的旁边。

（e之二）国际检索报告中引用的任何文献是申请人在国际申请中引用的，应用字母"D"标注在引用文献的旁边。"D"类应附带有注明引用文献相关性的种类之一。

（f）国际检索报告中所引用的任何文献是出于上述（a）至（e之二）以外的原因的，例如：
——对优先权要求可能产生怀疑的文献，

——用来确定另一篇引用文献的公开日的文献，

这类文献应用字母"L"标注，标在该引用文献的旁边，并说明引用该文献的原因。

（g）如果一篇文献是同族专利的成员，只要可行，国际检索报告中应当在同属于该同族专利的引用文献之外提及该文件，并在其前面标注符号（&）。同族专利的成员名单可以在另一页上列出，但应清楚地注明它们属于哪一族，而且该页上的任何内容事项如果不是用英语写就的，还应以英语译文提交国际局。

（h）如果检索审查员尚未证实一篇文献的内容，但确信其与该检索审查员检查过的另一篇文件实质相同的，则可以在检索报告中以上述（g）第一句所说的引用同族专利成员的方式对该文件加以引用。

第 508 条
与国际检索报告引用文献相关的权利要求的标注方式

（a）为了标注与引用文献相关的权利要求，应当在国际检索报告的适当栏目中标注：

（ⅰ）引用文献仅与一项权利要求相关的，标注该权利要求的编号，例如"2"或"17"；

（ⅱ）引用文献与两项或两项以上的编号连续的权利要求相关的，应标注该系列的第一个和最后一个权利要求的编号，并在其中间加一连字符，例如"1~15"或"2~3"；

（ⅲ）引用文献与两项或两项以上的编号不连续的权利要求相关的，应按照从小到大的顺序标注每一项权利要求的编号，并用逗号隔开，例如"1，6"或"1，7，10"；

（ⅳ）引用文献与多个（ⅱ）所述的权利要求系列，或者同时与（ⅱ）和（ⅲ）两类权利要求相关的，应按照从小到大的顺序标注这些系列或单个权利要求编号和系列，并用逗号将几个系列隔开，或将单个权利要求编号与每个权利要求系列隔开，例如"1~6，9~10，12~15"或"1，3~4，6，9~11"。

（b）国际检索报告中引用的同一篇文件对于不同权利要求或权利要求组的相关程度不同的，应相对每种相关程度类别分别列出每个有关的权利要求或权利要求组。可以用线将每种类型与每一相关的权利要求或权利要求组分开。

下面的例子用来说明这样的情形，即一篇文献根据本规程第 505 条（b）与权利要求 1~3 特别相关，根据第 505 条（c）与权利要求 4 特别相关，而根据第 507 条（c）对于权利要求 11 和 12 是一般的现有技术：

类型	引用文件	相关的权利要求编号
	GB，A 392，415（JONES）1933 年 5 月 18 日（18.05.33）	
X	图 1	1~3
Y	第 3 页，第 5~7 行	4
A	图 5，支座 36	11~12

第 509 条
国际检索单位以国际申请译文为基础作出的国际检索和书面意见

国际检索单位以根据细则 23.1（b）传送给该单位的国际申请译文为基础进行国际检索并作出书面意见的，国际检索单位的国际检索报告和书面意见应作如此说明。

第 510 条
国际申请撤回时检索费的退还

（a）在国际检索单位开始国际检索之前，国际申请被撤回或被视为撤回的，除本条（b）和（c）另有规定外，该检索单位应将检索费退还申请人。

（b）如果本条（a）所述的退款与作为国际检索单位的国家局的本国法不一致，只要它与该法继续不一致，国际检索单位可以不退还检索费。

（c）在根据本条（a）退款之前，国际检索单位可以首先通知申请人提出退款请求。

第 511 条
根据细则 91 的明显错误更正

（a）国际检索单位许可根据细则 91 的更正的，它应当：

（ⅰ）在每一替换页的右上角，以不可擦除的方式注明国际申请号和替换页的收到日；

（ⅱ）在每一替换页底部空白边缘处的居中位置，以不可擦除的方式注明"更正页（细则 91）"的字样，或国际申请公布语言的等同语，并按本规程第 107 条（b）的规定注明国际检索单位；

（ⅲ）在包含该更正的信件或替换页的附信上，以不可擦除的方式注明该信件的收到日；

（ⅳ）将包含该更正的信件副本，或者替换页中包含更正时，将被替换的页、替换页的附信副本以及替换页的副本存档；

（ⅴ）迅速将信件和替换页传送给国际局，并传送受理局。

（b）国际检索单位拒绝许可细则 91 的更正的，应根据本条（a）（ⅰ）、（ⅲ）和（ⅳ）的规定进行处理，并且迅速将信件和提交的替换页传送给国际局。

第 512 条
关于代表的通知

委托书或包含撤销或放弃委托的文件提交给国际检索单位的，该单位应立即通知国际局，将委托书或文件的副本转送给国际局，并要求国际局根据细则 92 之二.1（a）（ⅱ）的规定记录关于代理人或共同代表的内容的变更。

第513条
序列表

（a）［已删除］

（b）如果国际检索报告和国际检索单位的书面意见依据的序列表不作为国际申请的一部分，而是为国际检索目的提交的，则国际检索报告和国际检索单位的书面意见应相应地予以说明。

（c）由于没有按照规定的格式、语言和方式将序列表提供给国际检索单位，而导致无法进行有意义的国际检索，以及不能就所要保护的发明是否具有新颖性、创造性（非显而易见性）以及工业实用性作出有意义的书面意见，国际检索单位应在国际检索报告或者根据条约17（2）（a）作出的宣布以及书面意见中予以说明。

（d）为国际检索目的提交的序列表，如果该序列表是通过物理介质提交的，国际检索单位应依照附件C中的程序在该介质上以"不构成国际申请组成部分的序列表"的字样进行物理标记。

（e）国际检索单位应：

（ⅰ）在文档中保存为检索目的提交的不作为国际申请一部分的任何序列表的副本，并

（ⅱ）将其副本随国际检索报告的副本一起传送给国际局。如果序列表是通过物理载体提交的，并且该物理载体的数目少于国际检索单位要求提交的份数，则国际检索单位有义务准备额外的副本，同时有权为履行此义务制定相应的费用标准并向申请人收取该费用。

（f）各国际检索单位应通知国际局依照附件F所接受的序列表的传送方式。国际局应尽快在公报上公布该通知的具体内容。

第514条
授权官员

细则43.8所述的对国际检索报告负责的以及细则43之二.1（b）所述的对国际检索单位的书面意见负责的国际检索单位的官员是指，实际进行检索工作并制定检索报告和国际检索单位的书面意见的官员，或者负责对检索和书面意见的制定进行监督管理的其他官员。

第515条
考虑申请人意见对摘要的修改

国际检索单位应将其根据细则38.3的规定对摘要所作的任何修改通知申请人和国际局。

第 516 条
自优先权日起 19 个月届满后提交国际初步审查要求书时对申请人的通知

国际初步审查要求书自优先权日起 19 个月届满之后才提交给国际检索单位，且从 2002 年 4 月 1 日起生效的条约第 22 条（1）规定的期限不适用于所有的指定局的，该单位应当：

（ⅰ）迅速相应地通知申请人，提醒其注意条约第 39 条（1）（a）规定的期限不适用，而 2002 年 3 月 31 日前有效的条约第 22 条（1）中的期限继续适用于任何这种指定局；

（ⅱ）按照细则 59.3 进行处理。

第 517 条
根据细则 90.4（d）和 90.5（c）的豁免

（a）根据细则 90.4（d）的规定，国际检索单位豁免细则 90.4（b）规定的向其提交单独委托书的这一要求的，国际检索单位应相应地通知国际局。

（b）根据细则 90.5（c）的规定，国际检索单位豁免细则 90.5（a）（ⅱ）规定的在任何单独的通知后附上总委托书副本的这一要求的，应相应地通知国际局。

（c）即使国际检索单位总体上已经豁免了这一要求，但是在特别的情况下，国际检索单位可以要求单独委托书或者总委托书副本。

（d）已经根据本条（a）或（b）通知国际局的国际检索单位应当将根据上述条款通知给国际局的信息的任何变更通知国际局。

第 518 条
对国际检索单位的书面意见中包含的解释的指南

为了制定国际检索单位的书面意见的目的，应当比照适用本规程第 604 条的规定。

第 519 条
收到为补充国际检索目的提交的国际申请副本的通知

指定补充检索单位应迅速将收到为补充国际检索目的提交的国际申请副本的事实和收到日期通知国际局和申请人。

第 520 条
申请人根据细则 90 之二.3 之二的撤回

指定补充检索单位应迅速向国际局传送申请人根据细则 90 之二.3 之二向其提交的撤

回补充检索请求的通知。指定补充检索单位应在通知上注明收到撤回通知的日期。

第六部分
有关国际初步审查单位的规程

第601条
自优先权日起19个月届满后提交国际初步审查要求书时对申请人的通知

（a）国际初步审查要求书是在自优先权日起19个月届满之后才提交的，且2002年4月1日起生效的条约第22条（1）规定的期限不适用于所有的指定局的，国际初步审查单位应迅速相应地通知申请人，并且提醒其注意条约第39条（1）（a）所规定的期限不适用，而2002年3月31日前有效的条约第22条（1）继续适用于任何这种指定局的事实。

（b）国际初步审查要求书是在自优先权日起19个月届满之后才提交给非主管该国际申请国际初步审查的国际初步审查单位，且从2002年4月1日起生效的条约第22条（1）规定的期限不适用于所有的指定局的，该单位应：

（ⅰ）立即相应地通知申请人，提醒其注意条约第39条（1）（a）所规定的期限不适用，而2002年3月31日前有效的条约第22条（1）继续适用于任何这种指定局；

（ⅱ）进行细则59.3规定的程序。

第602条
国际初步审查单位对修改的处理

（a）国际初步审查单位应当：

（ⅰ）在根据细则66.8提交的每一替换页的右上角，以不可擦除的方式标注该国际申请号和该替换页收到日；

（ⅱ）在每一替换页的底部空白边缘的居中位置，以不可擦除的方式标注"修改页"的字样，或该要求书所用语言的等同语，并根据本规程第107条（b）的规定注明国际初步审查单位；

（ⅲ）将任何被替换的页、替换页（无论是否被取代）、替换页的附信以及细则66.8（b）最后一句所述的信件存档；

（ⅳ）任何被取代的替换页和关于上述被取代替换页的信件根据细则70.16（b）作为国际初步审查报告附件的，除了（ⅰ）和（ⅱ）所述的标注外，在每个被取代的替换页和关于被取代替换页的每个信件的底部空白边缘的居中位置，以不可擦除的方式标注"被取代的替换页［细则70.16（b）］"的字样，或者如适用，"附信［细则70.16（b）］"的字样，同时不能使根据（ⅱ）所作的标注模糊；

（ⅴ）将根据细则70.16提供的替换页和信件作为传送给国际局的国际初步审查报告的附件；

（ⅵ）将根据细则70.16提供的替换页和信件的副本作为传送给申请人的国际初步审查报告副本的附件。

（b）在根据细则66.8对国际申请增加一页或多页时，应适用本规程第311条（b）（ⅱ）有关对替换页编号的规定。

（c）国际初步审查单位收到申请人在细则46.1规定的期限之后提交的据称是根据条约第19条修改的副本的，国际初步审查单位可以认为该修改是按条约第34条提出的修改，在这种情况下，该单位应相应地通知申请人。

（d）国际初步审查单位收到根据条约第19条的修改副本的，应比照适用本条（a）和（b）的规定。

第602条之二
根据细则71.1（b）向国际局传送其他文件

（a）根据细则71.1（b），国际初步审查单位应向国际局传送以下文件的副本：
（ⅰ）国际初步审查单位作出的任何书面意见；
（ⅱ）任何含有根据条约34条的修改的替换页和任何修改附带的信件，包括任何未被替换过的此类修改和信件；
（ⅲ）申请人根据细则66.3提交给国际初步审查单位的任何含有意见陈述的信件；
（ⅳ）国际初步审查单位发出的任何限制权利要求或缴纳附加费的通知；和
（ⅴ）任何针对限制权利要求或缴纳附加费的通知的异议以及相应的决定，无论申请人是否依照细则68.3（c）提出此请求。
国际初步审查单位可以向国际局传送存档中任何其他文件的副本。

（b）国际初步审查单位可以在文件可获取后的任一时间向国际局传送本条（a）中所述的文件，但通常不晚于向国际局传送国际初步审查报告副本的时间。

（c）任何国际初步审查单位可以决定推迟本条（a）和（b）的实施，直至技术方面准备完成。

第603条
国际申请被认为缺乏单一性时对缴纳附加费的异议和异议决定的传送

国际初步审查单位应将其根据细则68.3（c）的规定对申请人在其国际申请被认为缺乏单一性时就缴纳附加费提出的异议所作的决定传送给申请人，最好不迟于连同国际初步审查报告一起传送。它同时还应将该异议和异议决定的副本，以及申请人提出的将异议和异议决定的文本转送给选定局的请求传送国际局。

第604条
对包含在国际初步审查报告中的解释的指南

（a）细则70.8规定的解释应当清楚地指出任何一篇引用文献适用于条约第35条

(2）所述的新颖性、创造性（非显而易见性）以及工业实用性三个标准中的哪一个，并且应该参照引用文献清楚地说明支持有关满足或未满足上述任何一个标准的结论的理由。

（b）条约第 35 条（2）所述的解释应当简洁，最好采用短句的形式。

第 605 条
国际初步审查使用的文档

国际初步审查单位和国际检索单位是同一个国家局或政府间组织的一部分的，国际检索和国际初步审查应当使用同一份文档。

第 606 条
选定的取消

（a）国际初步审查单位应当依职权取消：
（ⅰ）对不是指定国的任何国家的选定；
（ⅱ）对不受条约第Ⅱ章约束的任何国家的选定。
（b）国际初步审查单位应当将该选定置于方括号内，并在方括号间画一条线，但仍使该选定清晰可辨，并在空白边缘处注明"国际初步审查单位依职权取消"的字样，或使用要求书所用语言的等同语，并相应地通知申请人。

第 607 条
根据细则 91 的明显错误更正

（a）国际初步审查单位根据细则 91 许可明显错误更正的，其应当：
（ⅰ）在每一替换页的右上角，以不可擦除的方式标注国际申请号和该替换页的收到日；
（ⅱ）在每一替换页底部空白边缘的居中位置，以不可擦除的方式标注"更正页（细则 91）"的字样，或使用要求书所用语言的等同语，以及本规程第 107 条（b）规定的国际初步审查单位的标识；
（ⅲ）在包含更正内容或与任何更正页一起提交的信件上，以不可擦除的方式标注该信件的收到日；
（ⅳ）将包含更正内容的信件的副本存档，或者，如果更正包含在某一替换页中时，将被替换页、替换页所附信件的副本以及替换页的副本存档；
（ⅴ）在传送给国际局的国际初步审查报告副本中附上根据细则 70.16 提交的所有替换页和信件；
（ⅵ）在传送给申请人的国际初步审查报告副本中附上根据细则 70.16 提交的所有替换页和信件的副本。
（b）如果国际初步审查单位根据细则 66.4 之二没有接受明显错误更正，并且根据细则 70.2（e）的规定在国际初步审查报告中指出，应当根据本条（a）的规定处理，但以与本条（a）（ⅱ）一致的方式标注"更正页（细则91）–本报告未考虑（细则66.4之二）"的字样。

（c）如果国际初步审查单位根据细则66.4之二没有接受明显错误更正，并且未能在国际初步审查报告中按照细则70.2（e）第二句的规定加以标注，应当按照本条（a）（ⅰ）至（ⅳ）的规定处理，将任何替换页、包含更正内容的信件或者替换页的附信传送给国际局。国际局随后将迅速地通知选定局。

第608条
关于代表的通知

委托书或包含撤销或放弃委托的文件提交给国际初步审查单位的，该单位应立即通知国际局，将委托书或文件的副本传送给国际局，并且请求国际局记录根据细则92之二.1（a）（ⅱ）的规定变更有关代理人或共同代表的内容。

第609条
申请人根据细则90之二.1、90之二.2或90之二.3的撤回

国际初步审查单位接到申请人根据细则90之二.1（b）撤回国际申请、根据细则90之二.2（d）撤回指定或者根据细则90之二.3（c）撤回与该申请同时提出的优先权要求的任何通知的，国际初步审查单位应迅速传送给国际局。国际初步审查单位应在上述通知上注明收到该通知的日期。

第610条
序列表

（a）如果国际初步审查单位的书面意见或国际初步审查报告依据的序列表不是作为国际申请的一部分而是为国际初步审查目的提交的，国际初步审查单位的书面意见和国际初步审查报告应相应地予以说明。

（b）如果国际初步审查单位由于没有得到所需格式、语言和方式的序列表，而导致不能就所请求保护的发明是否具有新颖性、创造性（非显而易见性）以及工业实用性作出有意义的书面意见，或不能进行有意义的国际初步审查，国际初步审查单位应当在书面意见和国际初步审查报告中对此予以说明。

（c）为国际初步审查目的提交的序列表，如果该序列表是通过物理介质提交的，国际初步审查单位应依照附件C中的程序在该介质上以"不构成国际申请组成部分的序列表"的字样进行物理标记。

（d）国际初步审查单位应：
（ⅰ）将不构成国际申请组成部分而是为国际初步审查目的提交的任何序列表的副本存档；并
（ⅱ）将一份副本立即或与国际初步审查报告一起传送给国际局。如果序列表是

通过物理载体提交的,并且该物理载体的数目少于国际初步审查单位要求提交的份数,则国际初步审查单位有义务准备额外的副本,同时有权为履行此义务制定相应的费用标准并向申请人收取该费用。

(e) 各国际初步审查单位应通知国际局依照附件 F 所接受的序列表的传送方式。国际局应尽快在公报中公布该通知的具体内容。

(f) 如果某个国家局或政府间组织既是国际检索单位又是国际初步审查单位,任何不作为国际申请一部分而是为国际检索目的提交给该国家局或组织的序列表,应当被认为已经为国际初步审查的目的向其提交。

第 611 条
国际初步审查报告中文件的标识方法

在国际初步审查报告中引用而未在国际检索报告中引用的任何文件,应以与本规程第 503 条对国际检索报告的要求相同的形式来标识;国际检索报告中已经引用,又在国际初步审查报告中加以引用的文件,可以用缩略方式标识,条件是对该文件的引用明白无误。

第 612 条
受权官员

细则 70.14 所述的对国际初步审查报告负责的国际初步审查单位官员是指实际进行了审查工作,并制定国际初步审查报告的官员或者负责对审查进行监督管理的其他官员。

第 613 条
通知提交根据细则 57.4 或 58.3 退款的请求

国际初步审查单位在根据细则 57.4 或 58.3 退款之前,可以首先通知申请人提交退款请求书。

第 614 条
有权提出国际初步审查要求书的证据

国际初步审查单位根据申请人在国际初步审查要求书中所作的标记,依据细则 54 认为申请人无权向该单位提出要求书,因而该要求书根据细则 61.1(b)的规定被视为未提出,但是申请人提出了使国际初步审查单位满意的证据,证明事实上申请人在该要求书的收到日已具有向该单位提出要求书的权利的,国际初步审查单位应认为在要求书的实际收到日已经满足了条约第 31 条(2)(a)的规定。

第615条
期限届满前缴纳费用的通知

在期限届满前，如果国际初步审查单位发现手续费或国际初步审查费未缴纳或部分未缴纳，可以根据具体情况通知申请人在细则57.3或58.1（b）规定的期限内缴纳所缺的费用。

第616条
以国际申请译文为基础的国际初步审查

国际初步审查单位以根据细则55.2（a）向该单位提交的，或在细则55.2（b）所述情况下，根据细则23.1（b）向该国际初步审查单位所属的国家局或政府间组织传送的国际申请的译文为基础进行国际初步审查的，国际初步审查报告中应作如此说明。

第617条
根据细则90.4（d）和90.5（c）的豁免

（a）根据细则90.4（d）的规定，国际初步审查单位豁免细则90.4（b）规定的向其提交代理人单独委托书这一要求的，国际初步审查单位应相应地通知国际局。

（b）根据细则第90.5（c）的规定，国际初步审查单位豁免细则90.5（a）（ⅱ）规定的在要求书或任何单独的通知后附上总委托书副本这一要求的，应当相应地通知国际局。

（c）即使国际初步审查单位总体上已经豁免了这一要求，但是在特殊情况下，国际初步审查单位可以要求提供代理人的单独委托书，或者总委托书副本。

（d）已经根据本条（a）或（b）通知国际局的国际初步审查单位应当将根据上述条款通知给国际局的信息的任何变更通知国际局。

第七部分
有关国际申请以电子形式提交和处理的规程

第701条
缩略语

除非从条文的措辞、性质或者上下文可以明确判断具有其他的含义，否则为了本部分和附件F的目的：

（ⅰ）"电子包"，是指为了传送一个或多个电子形式的文件而将一个或多个电子文件

打成的一个数据包;①

（ⅱ）"电子文件格式"，是指在电子形式文档中信息的表述和编排形式；

（ⅲ）"传送方式"，对于电子形式的文档来讲，是指通过诸如电子方式或者物理方式传送文档的形式；

（ⅳ）"电子签名"，指附在电子文件之后的或者与电子文件合理相关的电子形式信息，可被用于识别签名人，并表明签名人对该文档内容的认可；

（ⅴ）"基本通用标准"，是指在附件F中规定的、以电子形式提交国际申请的基本通用标准；

（ⅵ）国际申请和其他文件的"传送"与细则89之二.3所述的含义相同；

（ⅶ）附件F中对文字和表达方式的解释与本部分中的含义相同。

第702条
国际申请的电子提交、处理和传送

（a）以电子形式提交的国际申请的提交、处理和传送，以及对以纸件形式提交的国际申请以电子形式进行处理和传送，应当符合本部分和附件F的规定。②

（b）除本部分另有规定外，不应当仅因其是电子形式而否定以电子形式提交、处理和传送的国际申请的法律效力。

（c）[已删除]

第703条
提交申请的要求；基本通用标准

（a）除本部分另有规定外，如果受理局已经根据细则89之二.1（d）通知国际局准备受理电子形式的国际申请，则国际申请可以以电子形式提交。

（b）以电子形式提交的国际申请应当：

（ⅰ）采用受理局根据附件F规定的或者符合基本通用标准的电子文件格式；

（ⅱ）采用受理局根据附件F规定的或者符合基本通用标准的传送方式提交；③

（ⅲ）采用受理局根据附件F规定的或者符合基本通用标准的、与传送方式适应的电子包形式；

（ⅳ）利用受理局根据附件F规定的或者符合基本通用标准的电子申请软件来准

---

① 编者注：在本规程附件F5.2.2节中有电子包的示例。

② 编者注：除了根据本规程第703条（f）通知的过渡时期保留外，考虑到发送局和接收局之间文件的传送，仅有在双方有协议的情况下，局和局之间传送这部分可以不遵守附件F中的要求；接收局应该相应地通知国际局并详细说明上述协议的技术内容。

③ 编者注：使用基本通用标准[参见本规程第701条（ⅴ）和附件F，附录Ⅲ]对于申请人不是强制性的，但是除了符合受理局为本规程第703条（b）（ⅰ）、（ⅱ）和（ⅳ）的目的所规定的不同要求的申请之外，该受理局还必须接受符合基本通用标准的申请。然而，基本通用标准本身为受理局提供了某些可选方案来实施。应当指出，基本通用标准规定使用PKI技术对国际申请文档进行打包。

备和提交①；并且

（ⅴ）不含有附件 F 或者基本通用标准规定的病毒及其他恶意程序的形式。

（c）为了条约第 14 条（1）（a）（ⅰ）的目的，以电子形式提交的国际申请应该由申请人采用受理局根据附件 F 规定的，或者除本规程第 704 条（g）另有规定外，符合基本通用标准的一种电子签名作出签名。②

（d）未曾根据细则 89 之二.1（d）通知国际局准备受理电子形式的国际申请的受理局可以决定在特定情况下受理使用以这种形式向该受理局提交的国际申请，在这种情况下，本部分应同样适用。

（e）如果以电子形式向受理局提交的国际申请不符合本条（b）的规定，该受理局可以拒绝受理该申请，或者可以决定受理该申请。

（f）如果在 2002 年 1 月 7 日，国家局关于以电子形式提交的国家申请所适用的本国法和技术系统与本条（b）（ⅱ）至（ⅳ）的规定不一致：③

（ⅰ）只要这种不一致继续存在，则对于作为受理局的该局，相关的规定就不适用；并且

（ⅱ）该局可以另外规定以符合其本国法和技术系统的电子形式向其提交国际申请；

条件是该局在给国际局发出细则 89 之二.1（d）所述的通知之前，并且不迟于 2002 年 4 月 7 日，相应地通知国际局。国际局应当迅速在公报中公布所收到的信息。

第 704 条
收到；国际申请日；签名；形式要求

（a）受理局应当迅速④通知申请人或者使申请人能够得到确认，该局已经收到以电子形式向其提交的据称的国际申请。该通知或者确认应标明或包含：

（ⅰ）该局的标识；

---

① 编者注：国际局提供支持基本通用标准的所有要求和根据附件 F 形成的某些替代方案的软件。该软件的使用不是强制性的，但是任何申请人都可以选择使用该软件，在这种情况下，受理局必须接受相应的国际申请［除非根据本规程第 703 条（f）对此作出保留］（见附件 F，第 6 条）通用标准。

② 编者注：受理局必须说明其准备接受的一种或多种电子签名类型［参见本规程第 710 条（a）（ⅰ）］。尽管符合基本通用标准的签名足以满足提出申请的目的，但是也可以要求该签名符合受理局根据本规程第 704 条（g）作出的特殊要求。应当注意，为条约第 14 条（1）（a）（ⅰ）的目的而对申请进行签名的要求（这可能是由申请人作出基本的或者增强的电子签名）区别于打包时签名的要求（要求使用提交者的电子签名）。

③ 编者注：根据本规程第 703 条（f）作出过渡性保留的主管局必须遵守包括本规程第 703 条（b）（ⅰ）在内的本规程第七部分和附件 F 的其他规定。例如，本规程第 703 条（b）要求受理局向国际局传送文档的电子包符合附件 F 的规定。即使向受理局提出的国际申请本身，根据该局依照本规程第 703 条（f）作出的过渡性保留，没有符合本规程第 703 条（b）（ⅲ）和附件 F5.2.1 关于电子包的要求，也应如此。向根据本规程第 703 条（f）作出过渡性保留的受理局提出国际申请的，申请人不必遵守附件 F 关于基于 PKI 基础的电子包的规定。然而，申请人随后与国际局、国际检索单位、国际初步审查单位之间的电子形式传送应符合附件 F 的要求。

④ 编者注：细则和行政规程中的许多条款都要求"迅速的"官方行为。关于在规定情形中什么是"迅速的"这一问题不是用绝对术语来定义的，而应在 PCT 受理局指南中解释。在本规程第 704 条（a）的上下文中，一般来讲，通知书应在几分钟内而不是在几小时或者几天内发出。本条中所述的不同事项在某些情况下可能必须在不同的时间通知或者确认，例如在批量传送文档的情况下。

（ⅱ）收到的日期；[①]

（ⅲ）由该局给予据称的国际申请的参考号或者申请号；以及

（ⅳ）由该局为所收到的该据称的国际申请生成的消息摘要；

并且，取决于该局的选择，还可以标明或包括其他信息，例如：

（ⅴ）所收到的电子文件的名称和大小；

（ⅵ）所收到的电子文件的创建日期；和

（ⅶ）所接收的据称的国际申请的副本。

（b）如果受理局根据细则89之二.1（d）或者本规程第703条（e）拒绝受理以电子形式向该局提交的据称的国际申请，应当在考虑申请人所提交信息后可行的情况下[②]，迅速通知申请人。

（c）在收到以电子形式提交的据称的国际申请之后，受理局应当迅速确定该据称的国际申请是否符合条约第11条（1）的规定，并应当相应地进行处理。

（d）以电子形式提交的国际申请没有根据本规程第703条（c）签名的，应当认为不符合条约第14条（1）（a）（ⅰ）的规定，受理局应当作出相应处理。

（e）以电子形式提交的国际申请不符合本规程第703条（b）的规定，但是受理局根据本规程第703条（e）的规定决定受理该申请的，这种不符合规定的情形应视为不符合条约第14条（1）（a）（ⅴ）所述的形式要求，受理局应当在考虑是否满足适度统一的国际公布（细则26.3）和令人满意的电子通信的要求之后，相应地进行处理。[③]

（f）根据细则19.4的规定，以电子形式提交的国际申请可以由接收该申请的主管局送交作为受理局的国际局。

（g）如果以电子形式提交的国际申请使用了一种符合基本通用标准但不是受理局根据本规程第703条（c）规定的电子签名进行签名的，该受理局可以要求以电子形式提交给该局的任何后续文档或者信件应当使用其规定的电子签名进行签名。如果不符合该要求，应当比照适用细则92.1（b）和（c）。

第705条
以电子方式提交的国际申请的受理本、登记本和检索本

（a）国际申请以根据附件F标准进行打包签名的文件包形式电子提交的，为了条约

[①] 编者注：收到日期的确定将根据适用于纸件申请提交的常规原则来确定，包括通过电子方式（例如通过传真传送）提交的。

[②] 编者注：当然，受理局有义务根据情况合理地决定什么是"可行的"。尽管应当尽可能地给予申请日，但仍需注意的是，受理局没有义务接受不符合附件F规定的国际申请［参见本规程第703条（e）］。受理局不必竭尽全力地去寻找那些并未提供足够信息以使得能够与之联系的申请人。

[③] 编者注：应用"适度统一的国际公布"和"令人满意的电子通信"的标准，对受理局过度严格地执行形式要求起到限制的作用，这与细则26.3中所述在纸件形式提交国际申请的情况下"适度统一的国际公布"和"令人满意的复制"的措辞类似。

第 12 条的目的，与该申请相关的受理本和登记本①均应包括这种电子文件包的副本。

（b）国际申请以电子形式提交但不是以根据附件 F 标准打包签名的文件包形式提交的，为了条约第 12 条的目的，与该申请相关的受理本和登记本均应包括所提交的该申请的电子形式副本。如果所提交的申请是被加密的，则受理本和登记本应包括解密的版本。如果所提交的申请受到病毒或者其他形式恶意程序的感染，则受理本和登记本应包括已去除感染的版本。②

（c）国际申请以存储在物理介质上的电子形式提交的，受理本和登记本不应包括该物理介质，但是受理局应当为了细则 93.1 的目的，将原始提交的申请与该物理介质一起保留。③

（d）国际检索单位已经根据细则 89 之二.1（d）通知国际局其准备处理电子形式的国际申请的，本条（a）和（b）比照适用于检索本；否则，检索本应包括由受理局打印成纸件的申请副本。

第 705 条之二
以电子形式处理纸件提交的国际申请

（a）国际申请以纸件提交的，可以根据本部分的规定，将其扫描为完整准确的副本（"扫描本"），并以此扫描本为基础进行处理。

（b）根据本条（a）以及为了条约第 12 条的目的，受理局、国际局和国际检索单位可以根据情况制作国际申请的扫描本并将其作为受理本、登记本或检索本。

（c）如果根据本条（b）将国际申请的扫描本作为登记本，国际申请的原始纸件文本应当由国际局，或者与国际局达成协议的受理局代表国际局，自国际申请日起至少保存 5 年。原始提交的纸件文本的请求书的首页和说明书的首页底部应当标注"国际申请—纸件提交的原始文件（行政规程第 705 条之二）"或者用国际申请公布语言的相应词语标注。④

（d）在本条（c）所述的期限届满之前，如果基于申请人提交更正请求或者其他方式，国际局发现，根据本条（b）保存的作为登记本的国际申请扫描本不是本条（c）所述的原始申请的完整准确副本，则应更正登记本使之与原始申请文本一致。如果受理局、国际检索单位、国际初步审查单位或者指定或选定局认为国际局应当发现本款第一句所述需更正内容，应提醒国际局注意有关情况。

---

① 编者注：如同以纸件形式提交申请的情况，登记本的后续处理要求以标记或者标记符（数据项）的形式添加有关申请处理的附加信息（例如申请号、收到日期和申请日）。严格地说，这种附加信息并不构成登记本的一部分，而只是与登记本关联的信息。

② 编者注：除本规程第 705 条之二（c）另有规定外，细则 93.1 对受理局保存记录作出了一般性规定，包括保存记录的时间。在申请已被加密或者受到病毒感染的情况下，本规程第 705 条的操作取决于受理局是否决定受理该申请以及该申请是否能够被解密或者被去除感染从而能够被给予国际申请日。

③ 编者注：本条旨在确保将包含所提交国际申请的原始提交的物理介质用作证据目的进行保留，该物理介质作为受理局记录的一部分，但不构成受理本或者登记本的一部分。

④ 编者注：原则上，受理局应当在收到原始文本时就作出标记，但是也可以在根据本规程第 705 条之二（d）将其用作登记本更正目的时作出标记。

（e）如果国际局根据本条（d）更正了登记本，应当迅速通知申请人，公布经更正的国际申请以及修订后的首页，并在公报中公告此更正。本规程第 422 条（a）（ⅰ）至（ⅴ）关于受理局、国际检索单位、国际初步审查单位、指定局或选定局的通知应比照适用。

第 705 条之三
以转换后的电子格式处理电子形式提交或扫描为电子形式的国际申请

（a）国际申请以电子形式提交的、或以纸件提交后根据本规程 705 条之二（a）扫描成电子形式的，可以根据本部分的规定，将该申请的初始或扫描后的电子格式转换为其他允许的电子格式以作为完整准确的副本（"转换本"），并以此转换本为基础进行处理。

（b）国际申请为本条（a）所述目的可以转换成的电子格式为根据附件 F 3.1.1.1 条所述的 XML 格式。

（c）根据本条（a）并取决于相关局之间的协议，为了条约 12 条的目的，受理局、国际局和国际检索单位可以根据情况制作国际申请的转换本并将其作为受理本、登记本或检索本。

（d）尽管有本规程 705 之二（c）的规定，如果将国际申请的转换本依据本条（c）作为受理本、登记本或检索本，应当依据细则 93 在国际申请文档中保存初始或扫描后的电子副本。

（e）本规程 705 条之二（d）和（e）应比照适用于任何转换本与根据本条（d）所保存的初始或扫描后的电子副本之间不一致的更正。

第 706 条
格式转换前的文件

（a）为以电子形式提交国际申请的目的，组成国际申请的文件是由另一种电子文件格式（"转换前格式"）转换而来的，如果受理局允许并接受为此目的的转换前格式，申请人可以连同国际申请一起提交格式转换前的文件。在此情况下：

（ⅰ）格式转换前的文件应作出标识，同时附带一份申请人的声明，声明以电子形式提交的国际申请是格式转换前文件的完整准确副本；

（ⅱ）在请求书中最好包含一个说明，表明格式转换前文件是依照本规程第 706 条连同国际申请一起提交的。

（b）如果发现以电子形式提交的国际申请实际上并不是依照本条（a）提交的格式转换前文件的完整准确副本，申请人可以自优先权日起 30 个月内请求受理局改正国际申请，以使之与格式转换前文件一致。依照本条（b）请求进行改正的方式应比照细则 26.4 进行。

（c）如果受理局、国际检索单位、国际初步审查单位或者国际局发现看起来是本条（b）所述的可改正的缺陷，有关局或单位应当提醒申请人注意该缺陷以及依照本条（b）

进行改正的程序。

（d）如果国际申请已经传送给国际局和国际检索单位，受理局应当迅速将根据本条（b）的任何改正通知申请人、该局或该单位。如果需要，国际局应当相应地通知国际初步审查单位。如果改正是在国际公布技术准备工作完成之后作出的，国际局应当迅速将改正后的国际申请连同修订后的首页一起公布。

（e）如果依照本条（b）进行的改正是在国际检索单位开始起草检索报告、书面意见或者国际初步审查单位开始起草国际初步审查报告之前通知相应单位的，那么适用情况下国际检索单位为了国际检索和作出书面意见的目的以及国际初步审查单位为了国际初步审查的目的应当考虑该改正，并在上述报告或书面意见中作出标明。

（f）本条（a）至（e）应比照适用于条约第3条（2）所述的组成国际申请任何项目的文件。

第707条
国际申请费的计算和费用的减免

（a）除了本条（a之二）另有规定外，以电子形式提交的国际申请的国际申请费应当根据将该申请以符合细则11规定的形式要求打印出来时所包含的页数来计算。[①]

（a之二）如果提交的国际申请包含一份看上去像是序列表的文件且文件格式符合WIPO标准ST.26，在计算国际申请费时，不应包括此类电子文件含有的任何内容。

（b）受理局已经根据本规程第710条（a）通知国际局其准备受理电子形式的国际申请或者根据本规程第703条（d）决定受理电子形式的国际申请的，细则所附费用表第4（b）、（c）和（d）项应当适用于以电子形式向该受理局提交的国际申请的费用减免。

第708条
关于清晰性、完整性、受到病毒感染等的特殊规定

（a）当国际申请是电子形式提交的，受理局应当立即检查该申请是否是清晰可辨认的，以及该申请是否看起来已经被完全接收。[②] 如果该局发现该国际申请的全部或者部分是难以辨认的，或者该申请的部分看起来还没有收到，则视难以辨认或者使用电子方式传送[③]失败的程度，该国际申请应当作为没有收到处理，并且受理局应当在考虑申请人所提

[①] 编者注：注意到在细则11中对于纸件的空白边缘（见细则11.6）和文字的大小［见细则11.9（d）］有弹性的规定，国际申请费应当依据假定该国际申请以规定的最小空白和符合要求的字体大小方式打印出纸件时所包含的页数来计算。在实际中，受理局不应当把国际申请打印出纸件，而是应该根据由电子申请软件计算出的国际申请的页数和在请求书中写明的页数计算。

[②] 编者注：当然，期望受理局采取合理的步骤来读取该申请。在可能的程度内可以自动进行核对。

[③] 编者注："传送"一词应被理解为通常意义上的传送，包括以电子形式或者物理方式实现的传送。应当注意的是，国际申请可以以物理介质的方式提出（参见附件F附录Ⅳ）。

交信息后可行的情况下①，相应地迅速通知申请人。②③

（b）受理局收到电子形式的据称的国际申请后，应立即检查该申请是否被病毒及其他形式恶意程序感染。④ 如果受理局发现据称的国际申请已经被感染：

（ⅰ）该局不需要对该据称的申请清除感染，可以根据本规程第703条（e）的规定拒绝接受该申请；

（ⅱ）如果该局根据本规程第703条（e）的规定决定接受该据称的申请，该局应当使用在此情形下可合理获得的方式，例如通过对该申请清除感染或者根据本规程第706条制作备份副本等方式，读取该申请，并且以必要时可识别该申请内容的方式保存该申请；⑤

（ⅲ）如果该局发现其能够根据本条（b）（ⅱ）读取和存储该据称的申请，应当决定是否给予国际申请日；

（ⅳ）如果该局给予该申请国际申请日，应当在考虑申请人所提交信息后可能的情况下，迅速通知申请人，并且如果有必要，要求其提交一份未感染的申请替换副本；

（ⅴ）如果该局给予该申请国际申请日，应当分别情况以本条（b）（ⅱ）或者（ⅳ）中所述已去除感染的申请、备份副本或者替换副本为基础来制作受理本、登记本和检索本，但是其应当为细则93.1的目的，如本条（b）（ⅱ）所述对该申请加以保存。

第709条
向申请人的传送方式

（a）如果受理局提供此服务，应当通过符合附件F标准的电子方式将通知、通告及其他信件（"文件"）发送给申请人，除非申请人要求使用受理局提供的其他传送方式。

（b）如果在受理局看来，通过电子方式发送给申请人的文件未被成功传送，则该局应迅速以相同或其他方式重新发送该文件。

（b之二）如果受理局提供此类服务且申请人如此请求，受理局可以按附件F第5.1之三节所规定的标准将文件通过电子系统提供给申请人自行提取，而不是直接发送文件给申请人。在此情形下，文件在电子系统内可供申请人提取之日应被认定为该文件传送给申请人的日期。在有新文件可供提取时，受理局应当通过电子方式迅速提醒申请人，除非申请人要求不这样做。

---

① 编者注：参见PCT/AI/23第59页脚注④。

② 编者注：国际局发现其收到的以电子形式提出的国际申请的登记本难以辨认的，将通知受理局，在适用的情况下，根据本规程第708条（a）的规定进行处理。如果国际申请由于难以辨认或者传送失败而被视为未收到，受理局可以根据收到该申请的部分的多少决定是否给予申请日。

③ 编者注：参见PCT/AI/23第59页脚注③。

④ 编者注：国际局发现其收到的以电子形式提出的国际申请的登记本受到病毒感染的，将通知受理局，在适用的情况下，根据本规程第708条（b）的规定进行处理。

⑤ 编者注：由于作为证据的目的可能需要参考原始提交的申请，所以如果可能，受理局应当保存原始提交的申请，即被感染状态下的申请。

（c）当受理局的电子系统不可用而无法以电子形式或电子方式提交或提取文件时，如果可能的话，该局应当迅速通过适当方式公布上述信息。

（d）如果受理局与国际局之间达成协议，该局可以向国际局提供文件的电子副本，由国际局代表该局通过电子方式传送给申请人。

第 710 条
受理局的要求和规范的通知与公布

（a）受理局根据细则 89 之二.1（d）和本规程第 703 条（a）向国际局发出的该局准备受理电子形式的国际申请的通知，在适用的情况下，应当说明：

（ⅰ）该受理局根据本规程第 703 条（b）（ⅰ）至（ⅳ）和（c）规定的电子文件格式（在适用的情况下，应包括该电子文件格式的版本）、传送方式、电子包类型，电子申请软件和电子签名类型，以及由受理局依照基本公用标准规定的任何可选方式；

（ⅱ）与电子文件接收相关的条件、规则和程序，包括工作时间、用于核实或者证实收到的可选处理方案、用于电子传送通告和通知的可选方案、在线缴费的方式、关于技术支持系统、电子和软件要求以及与电子形式提交的国际申请和相关文档相关的其他行政事务的细节；

（ⅲ）可以以电子形式传送给该局的或者可以由该局以电子形式传送的文件的种类；

（ⅳ）该局是否，以及在何种条件下接受根据本规程第 706 条（a）和（f）提交的格式转换前文件以及其根据该条接受的电子文件格式（在适用的情况下，应包括此类电子文件格式的版本）；

（ⅴ）在该局的电子系统不可用的时候，用于通知申请人的程序，以及申请人可以作为备选方案遵循的程序；

（ⅵ）该局接受的认证单位，以及发布该认证所依据的证书策略的电子地址；

（ⅶ）获取以电子形式提交或存储的国际申请文档的程序。

（b）如果之前根据本条（a）作出的通知中提到的事项有任何变化，受理局应当通知国际局。

（c）国际局应当迅速在公报中公布国际局根据本条（a）或（b）收到的通知。

（d）根据本条（b）通知的任何变化的生效日期，应当是受理局在通知中规定的日期，但是限制申请提交可选方式的变化应当在该变化的通知在公报中公布之日起 2 个月后生效。

第 711 条
电子记录的管理

（a）为了细则 93 的目的，应根据真实性、完整性、机密性和不可否认性的要求，并且考虑到附件 F 列出的电子记录管理原则，来处理与国际申请相关的电子形式的记录、副本和文档。

（b）应申请人或者与某一国际申请相关的其他利害关系人的请求，除根据条约对第三方查阅国际申请有约束规定外,① 受理局应当证实与该申请相关的任何电子记录是由该局根据本条（a）的规定进行维护和存储的。

第 712 条
电子记录的查阅

在适当考虑确保数据完整性和在适用的情况下数据机密性的要求,附件 F 中所述电子记录管理的原则,以及确保国家局或者政府间组织的电子网络、系统和应用程序的安全性需要的情况下,相关的国家局或者政府间组织可以选择通过电子方式或者以电子形式,提供条约、细则或者本行政规程所允许的对以电子形式提交、处理或者存储的国际申请文档中包含的文件的查阅。

第 713 条
有关规定对国际单位和国际局的适用以及对通知、
通讯、信件和其他文件的适用②

（a）除了本规程第 703 条（c）、第 704 条（c）至（g）、第 707 条、第 708 条（b）（ⅲ）至（ⅴ）,第 710 条（a）（ⅳ）和第 704 条（b）之外,本部分的规定如果可以适用但是没有明确说明适用于国际检索单位和国际初步审查单位以及国际局,应当比照适用于这些国际单位和国际局。③

（b）除了本规程第 703 条（c）、第 704 条（c）至（f）、第 705 条、第 707 条、第 708 条（b）（ⅲ）至（ⅴ）和第 710 条（a）（ⅳ）之外,本部分的规定如果可以适用但是没有明确说明适用于以电子形式提交、处理或传送的关于国际申请的通知、通讯、信件或者其他文件,应当比照适用于这些关于国际申请的通知、通讯、信件或者其他文件。

第 714 条
由国际局提供电子形式文件副本；指定局的签名要求

（a）如果任何国际检索单位、国际初步审查单位或者指定局没有根据细则 89 之二.1（d）通知国际局其准备处理电子形式的国际申请,国际局应当向该局或者单位提供由国际局以电子形式保存的,并且该局或者单位有权接收的文件的纸件副本。国际局也可以应相关单位或者局的请求,提供电子形式的副本。

（b）任何指定局④都可以要求申请人采用该指定局根据附件 F 规定的电子签名类型在

---

① 编者注：条约第 30 条和第 38 条以及细则 94 对查阅国际申请有所限制。
② 编者注：根据条约第 27 条（1）,第七部分和附件 F 有关国际申请的形式或者内容的规定将自动适用于指定局。但是,附件 F 的规定一般不适用于申请人与指定局之间的通信。
③ 编者注：关于本规程第 703 条（a）和第 710 条,行使超过一种职能（受理局、国际检索单位和/或国际初步审查单位）的主管局,应就其每一种职能,通知国际局其准备接受和处理电子形式的国际申请。
④ 编者注："指定局"必然包含选定局。

其以电子形式提交的文档或者信件上签名。

第715条
从数字图书馆获得优先权文件

（a）为了细则17.1（b之二）、17.1（d）[在适用情况下，由于细则17.1（c）和82之三.1（b）而适用]、66.7（a）[在适用情况下，由于细则43之二.1（b）而适用]和91.1（e）的目的，在下述情况下，应当认为国际局、指定局、国际检索单位或者国际初步审查单位可以从某一数字图书馆获得优先权文件：

（ⅰ）如果相关局或国际单位已经通知国际局，或者国际局已经声明，其已经准备好从该数字图书馆获得优先权文件；并且

（ⅱ）相关优先权文件已经保存于该数字图书馆中，同时，基于访问相关数字图书馆的程序要求，申请人已经授权相关局或国际单位或国际局获取该优先权文件。

（b）如果根据优先权文件数字存取服务框架协议①第12段：

（ⅰ）国际局，或者

（ⅱ）作为指定局、国际检索单位或者国际初步审查单位的某一专利局，

通知国际局，其准备通过该数字存取服务获得优先权文件，该通知应当视为根据本条（a）（ⅰ）的声明或通知，即国际局或者相关局将通过该数字存取服务从任何按框架协议第10段作出的通知中所述的数字图书馆获得优先权文件，包括上述通知后来对其生效的图书馆，只要是在该局或单位被请求提取优先权文件的日期之前。

（c）根据本条（a）（ⅰ）或（b）向国际局作出通知的相关局或国际单位，应当将所通知信息的任何变更通知国际局。

（d）国际局应当迅速在公报中公布收到的根据本条（a）（ⅰ）或（b）作出的任何通知，其根据本条（a）（ⅰ）或（b）作出的任何声明，以及有关信息的变更情况。

（e）根据本条（d）公布的任何变更的生效日，应当分别情况由相关局或国际单位或国际局确定，但是涉及任何限制申请人请求该局、国际单位或国际局从数字图书馆获得优先权文件行为的变更，除非优先权文件不再保存于该数字图书馆，应当在公报中公布该变更之日起2个月后生效。

第716条
根据细则17.1（b之二）从数字图书馆获得优先权文件的请求

（a）根据细则17.1（b之二）的任何请求：

（ⅰ）应当按照细则4.10（a）的规定注明相关优先权文件；并且

（ⅱ）必要时，应当包括由国际局或受理在先申请的专利局提供给申请人的查询码。

（b）按照细则17.1（b之二）和本条（a）的规定，如果申请人请求国际局根据第

---

① 编者注：由国际局于2009年3月31日制定，可从WIPO网站查阅：www.wipo.int/das/en/documentation.html。

715条（a）获取优先权文件，该文件被认为是可以从数字图书馆获取的，但是国际局发现事实上该优先权文件不可获得，国际局应当通知申请人，并给予其提供优先权文件或者确保该文件可以从数字图书馆获取的机会，期限为不少于通知之日起2个月内或者在细则17.1（a）规定的期限内，以后届满之日为准。如果在该期限内申请人提供优先权文件或者使国际局可以获得，应当认为已满足细则17.1（b之二）的要求。如果在该期限内申请人未提供优先权文件或国际局仍无法获得，通过数字图书馆获得优先权文件的请求应当视为未提出。

（c）如果申请人请求国际局根据细则17.1（b之二）从数字图书馆获取优先权文件，但是该请求不符合细则和本条（a）的规定，或者相关优先权文件被认为无法按照本规程第715条（a）的规定获得，国际局应当迅速通知申请人。

第八部分
有关第三方意见的规程

第801条
第三方意见系统

（a）国际局应当提供一个电子系统，供第三方就其认为与国际申请中要求保护的发明是否具有新颖性和/或创造性相关的现有技术提出意见（"第三方意见系统"）。

（b）第三方意见系统：
　　（ⅰ）应当提供给第三方保持匿名的选择；
　　（ⅱ）应当允许提出的意见中包含对提及的每份现有技术文件关联性的简要解释，以及现有技术文件的副本；
　　（ⅲ）可以限制一份意见中相关现有技术文件的数量；并且
　　（ⅳ）可以限制对一件国际申请提出意见的数量，包括每个第三方可提出的意见数量以及总体数量。

（c）国际局应当采取技术手段防止对第三方意见系统的滥用。

（d）在必要的情况下，国际局可以临时或无限期地暂停第三方意见系统的使用。

第802条
第三方意见的提交

（a）就一件国际申请提出的第三方意见应当：
　　（ⅰ）通过本规程第801条所述的第三方意见系统提交至国际局；
　　（ⅱ）在相关国际申请的国际公布日之后、优先权日起28个月届满前提交；
　　（ⅲ）使用公布语言，除了现有技术文件的副本可以使用任何语言之外；
　　（ⅳ）与其所示的国际申请相关；
　　（ⅴ）提及现有技术；

（ⅵ）不包含病毒或其他形式的恶意程序；

（ⅶ）不包含与国际申请所要求保护的发明的新颖性和创造性问题无关的评论或者其他内容；并且

（ⅷ）不包含对第三方意见系统构成滥用的评论或者其他内容。

（b）任何第三方提交的据称的意见，如果在国际局看来不符合本条（a）的规定，将不被作为第三方意见处理。国际局将通知相应的第三方，除非该据称的意见看起来明显意图滥用该系统。该据称的意见将不对公众公开，也不会向申请人、任何国际单位或者指定局传送。

第 803 条
意见和相关信息的获取

（a）任何第三方意见应当迅速向公众公开，但通过该系统上传的现有技术文件副本应当仅向申请人、主管国际单位和指定局提供。

（b）如果第三方按照本规程第 801 条（b）的规定请求匿名，国际局不应将该第三方的任何细节告知公众、申请人、任何国际单位或者任何指定局。

第 804 条
将收到意见通知申请人以及申请人针对该意见的答复

（a）当收到第一份关于某国际申请的第三方意见之时，国际局应当通知申请人。如果收到进一步的意见，在优先权日起 28 个月期限届满后，国际局应当迅速通知申请人所收到的全部进一步意见。

（b）在优先权日起 30 个月内，申请人可以针对所收到的任何第三方意见提交答复。答复意见应该由申请人自己选择使用英语、法语或者国际申请的公布语言，并且应当迅速向公众公开。

第 805 条
向国际单位和指定局传送意见和答复

（a）国际局应当迅速地将任何第三方意见和申请人的答复传送给主管国际检索单位、主管补充国际检索单位和主管国际初步审查单位，除非国际局已经收到了相应的国际检索报告、补充国际检索报告或者国际初步审查报告。

（b）在优先权日起 30 个月期限届满后，国际局应当按照细则 93 之二规定的方式迅速地将任何第三方意见和申请人的答复传送给所有指定局。指定局在国家阶段处理中没有义务考虑相关意见或答复。

［后接附件］

附件 A
表　格

本附件包含供申请人以及国际单位使用的表格，包括本规程第 102 条述及的表格在内，具体内容没有附印于此。本附件由如下五个部分组成：

第Ⅰ部分　与受理局有关的表格
第Ⅱ部分　与国际检索单位和指定补充检索单位有关的表格
第Ⅲ部分　与国际局有关的表格
第Ⅳ部分　与国际初步审查单位有关的表格
第Ⅴ部分　请求书和要求书表格

从世界知识产权组织（WIPO）网址 www.wipo.int/pct/en/forms/index.html 可以获得这些表格。

附件 B
发明的单一性

（a）**发明的单一性**。细则 13.1 涉及发明的单一性要求并说明了这样一个原则，即一件国际申请应当只涉及一项发明，或者，如果申请中包含一项以上的发明，只有在所有这些发明相互关联而形成一个总的发明构思的前提下，才能允许将这些发明作为一件国际申请提交。

（b）**技术关联**。细则 13.2 明确了判断国际申请中要求保护的一组发明是否满足发明单一性要求的方法。只有在要求保护的发明之间存在技术关联，各个发明包含一个或多个相同的或相应的"特定技术特征"时，这些发明才存在单一性。细则 13.2 将"特定技术特征"定义为：在将每一项发明作为一个整体考虑时，其中对现有技术作出贡献的技术特征。这种判断是基于权利要求书的内容作出的，权利要求可根据说明书和附图（如果有的话）进行解释。

（c）**独立权利要求和从属权利要求**。必须首先考虑的是，发明单一性只涉及国际申请的独立权利要求而不涉及从属权利要求。所谓"从属"权利要求是指包含了另一个权利要求的全部特征，并且与该另一权利要求属于同一类型的权利要求（"权利要求的类型"指的是根据要求保护的发明主题对权利要求所作的分类——例如，产品、方法、用途、设备或者工具等)。

（ⅰ）如果独立权利要求避开了现有技术且满足发明的单一性要求，则从属于这些独立权利要求的任何权利要求均不存在缺乏单一性的问题。尤其是，即使一个从属权利要求本身包含了一个进一步的发明也没关系。同样，在上位概念与下位概念的情况下，如果使用上位概念的权利要求避开了现有技术，则不存在单一性问题。此外，在组合/亚组合的情况，如果该亚组合的权利要求避开了现有技术且包括了该亚组合的全部特征，则也不存在单一性问题。

（ⅱ）然而，如果一项独立权利要求未避开现有技术，则从属于该权利要求的所有从属权利要求之间是否依然存在发明关联的问题需要慎重考虑。如果其间不存在关联，则事后有可能提出缺乏单一性的异议（也就是说，结论是在对现有技术评估之后才作出）。类似的考虑适用于上位概念/下位概念或组合/亚组合的情形。

（ⅲ）即使在国际检索开始之前，也应使用这种判断发明是否具有单一性的方法。如果已经对现有技术作了检索，可以在现有技术检索结果的基础上，在假定权利要求避开了现有技术的前提下，对发明单一性作出的初步判断予以重新考虑。

(d) 特殊情形的说明。对细则13.2所述的判断发明单一性的方法来说，有三种特殊情形需要作更详细的解释：

（ⅰ）不同类的权利要求的组合；

（ⅱ）所谓"马库什权利要求"；以及

（ⅲ）中间体和最终产品。

以下针对每一种情形，给出细则13.2所述方法的解释原则。应当理解下面给出的原则在所有的情况下都是对细则13.2的要求的解释，而不是例外。

下面的例子将有助于理解对前述的三种特别关注情形所作出的解释。

(e) 不同类型权利要求的组合。根据细则13.2判断发明单一性的方法应当解释为，在同一件国际申请中，允许包括下列任何一种不同类型权利要求的组合。

（ⅰ）除了一个特定产品的独立权利要求之外，一个专用于制造该产品的方法的独立权利要求，和一个该产品的用途的独立权利要求；或者

（ⅱ）除了一个特定方法的独立权利要求之外，一个为实施该方法而专门设计的设备或工具的独立权利要求；或者

（ⅲ）除了一个特定产品的独立权利要求之外，一个专用于制造该产品的方法的独立权利要求，和一个为实施该方法而专门设计的设备或工具的独立权利要求。

应当理解，如果使用一种方法的固有结果是获得某种产品，则该方法就属于专用于制造该产品的方法；如果一种设备或工具对于改进现有技术的贡献与某种方法对于改进现有技术的贡献相对应，则该设备或工具即属于为实施该方法而专门设计的设备或工具。

因此，如果使用要求保护的方法的固有结果是获得要求保护的产品，在其两者之间存在技术关联，则该方法应认为是专用于制造该产品的方法。所谓"专用"并非意味着该产品不能使用一种不同的方法来制造。

同样，如果一个设备或工具对于改进现有技术作出的贡献与一个方法对于改进现有技术作出的贡献相对应，则应认为该设备或工具是"为实施要求保护的方法而专门设计"的。所以，该设备或工具仅仅能够被用来实施该要求保护的方法是不充分的。然而，所谓

"专门设计"并不意味着该设备或工具不能被用来实施另一方法,也并不意味着该方法不能使用另一种设备或工具来实施。

(f)"马库什权利要求"。一项权利要求限定一些可选择要素（化学的或非化学的）的所谓"马库什权利要求",也应遵循细则13.2的规定。在这种特殊情况下,在可选择要素具有类似性质的时候,应当认为已经满足细则13.2所规定的技术关联及相同或相应的特定技术特征的要求。

（ⅰ）当马库什组是可选择的化合物时,如果满足下列标准,应当认为它们具有类似性质：

（A）所有可选择要素具有共同的性质或作用；以及

（B）（1）具有一种共同的结构,即所有可选择化合物都共有一种具有重要意义的结构单元,或

（B）（2）在共同的结构不能成为统一标准的情况下,所有的可选择化合物应属于该发明所属领域中一个公认的同一化合物类别。

（ⅱ）在上述（f）（ⅰ）（B）（1）中,"所有可选择化合物都共有一种具有重要意义的结构单元"是指这些化合物具有一共同的化学结构,该结构占据它们结构中的大部分,或者这些化合物的结构仅有一小部分是相同的,但是该共有结构在结构上构成了与现有技术的区别部分,且该共有结构是它们具有共同性质或作用的关键。该构成单元可以是一种单一的组分,也可以是连接在一起的各独立组分的组合。

（ⅲ）在上述（f）（ⅰ）（B）（2）中,"已被承认的化合物类别"是指根据本技术领域的知识可以预期到,该类别的成员在要求保护的发明的范围内的具有相同表现。换句话说,每个成员都可以互相代替,而且可以预期会获得相同的效果。

（ⅳ）马库什组中的各个可选择要素可能分属不同类别,但这一事实不应单独拿来作为证明缺乏单一性的理由。

（ⅴ）考虑这些可选择要素时,如果能证明至少有一种马库什可选择要素相对于现有技术不具有新颖性,审查员应重新考虑发明的单一性问题。重新考虑并非意味着提出缺乏单一性的异议。

(g)中间体和最终产品。涉及中间体和最终产品时,也适用细则13.2的规定。

（ⅰ）"中间体"是指中间产物或起始产物。这些产物能够通过物理或化学变化生产出最终产品,在上述变化中,中间体失去了原有的本性。

（ⅱ）如果能满足下列两个条件,就中间体和最终产品而言,应认为具有发明的单一性：

（A）中间体和最终产品具有相同的基本结构单元；即：

（1）中间体和最终产品的基本化学结构是相同的,或者

（2）两种产品的化学结构在技术上是密切相关的,该中间体向最终产品引入一个基本结构单元。并且

（B）中间体与最终产品在技术上相互关联,这意味着最终产品直接由该中间体制造,或者是通过少数都含有相同基本结构单元的中间体而分离出来的。

（ⅲ）也可以认为在结构未知的中间体和最终产品之间存在发明的单一性。例如,在一种具有已知结构的中间体与一种结构未知的最终产品之间,或在一种结构未

知的中间体与一种结构未知的最终产品之间。在这些情况下，要想满足单一性要求，必须有足够的证据表明该中间体与最终产品在技术上是密切相关的，例如，该中间体含有与最终产品相同的基本单元或向最终产品引入一个基本单元。

（ⅳ）在一件国际申请中，可以接受在制备最终产品的不同方法中所用的不同中间体，只要这些中间体具有相同的基本结构单元。

（ⅴ）在由中间体转化为最终产品的过程中，该中间体和最终产品不能被一种已知的中间体分隔开。

（ⅵ）如果在同一件国际申请中要求保护用于最终产品的不同构成部分的不同中间体，不应认为在这些中间体之间存在单一性。

（ⅶ）如果中间体和最终产品是族系化合物，每一种中间化合物都应对应于最终产品的族系中要求保护的一种化合物。然而，某些最终产品也可能在中间产品的族系中没有相应的化合物，这样，该两个族系就不需要绝对一致。

（h）只要应用上述的解释就能断定发明的单一性。中间体除了能够用于制造最终产品，还显示了其他可能的效果或作用的事实并不影响对发明单一性的判断。

（i）根据细则13.3，在判断发明是否有单一性时，不考虑这些发明是在分开的权利要求中要求保护的还是作为可选择要素在一个权利要求中要求保护的。

（j）细则13.3的意图并不在于鼓励在一个权利要求中使用可选择要素的做法，而是在于阐明：不论权利要求采用哪种形式，判断发明单一性的标准（即细则13.2规定的方法）是一样的。

（k）细则13.3并不妨碍国际检索单位或国际初步审查单位或局，根据权利要求的清楚、简明或该单位或局所采用的权利要求收费方法等考虑因素反对在一个权利要求中包含这些可选择要素。

（l）表明这些原则怎样在具体的案子中得到应用的指导例，详见《PCT国际检索和初步审查指南》。

附件 C[①]
关于 PCT 国际专利申请中核苷酸和氨基酸序列表展示的规程

绪言

1. 依据细则5.2（a），如果国际申请包含依据行政规程要求的核苷酸和/或氨基酸序列，则该序列应包含在序列表中，说明书应包含符合行政规程中规定的标准的序列表部分。依据本规程第208段的规定，任何序列表，无论是构成国际申请的一部分还是不构成

[①] 编者注：本附件中所述的说明适用于2022年7月1日或之后提出的国际申请。附件C的以前版本继续适用于在该日期之前提出的国际申请。

国际申请的一部分，都应符合附件C（本附件）的规定。

2. 本附件提供了与上述序列表的提交和处理相关的说明，无论其是否构成国际申请的一部分。

定义

3. 就本规程而言：

（a）"序列表"、"核苷酸"和"氨基酸"的含义与WIPO标准ST.26中相同；

（b）"构成国际申请组成部分的序列表"是指包含在所提交的国际申请中的序列表，包括以下任何情况的序列表：

（ⅰ）依据细则20.5（b）或（c）或细则20.5之二（b）或（c）的规定包含在国际申请中的，

（ⅱ）依据细则20.6（b）的规定被认为已经包含在国际申请中的，

（ⅲ）依据细则26改正、依据细则91更正或依据条约第34条（2）（b）修改的任何序列表或其中的部分，或

（ⅳ）依据条约第34条（2）（b）对说明书中的相关序列表部分的修改而包含在所提交的国际申请中的序列表，但其不在原始提交的序列表中；

（c）"不构成国际申请组成部分的序列表"是指序列表不构成国际申请的一部分，而是为国际检索或国际初步审查的目的而提交的。

与WIPO标准ST.26的关系

4. 说明书中的序列表部分应符合WIPO标准ST.26。依据本附件中规定的具体要求，该标准应适用于国际申请中的任何核苷酸或氨基酸序列的公开，特别是关于：

（a）该核苷酸或氨基酸序列公开是否应包含在序列表中；

（b）核苷酸或氨基酸序列的公开所展示的方式；

（c）允许将"自由文本"的限定符作为值，以及对这些被认为语言相关自由文本的限定符的标识[①]，和

（d）用XML（可扩展标记语言）表示序列表的文档类型定义（DTD）。

5. 在WIPO标准ST.26的任何修订后，总干事应决定该标准的修订版本适用于国际申请的日期，并在公报上公布该信息，以及关于在该日期或之后提交序列表但相关的国际申请在该日期之前提交的情形所涉及的任何过渡性规定。

需要在序列表中展示的序列

6. 依据WIPO标准ST.26，为细则5.2的目的而需要包含在序列表中的序列是用残基计数方式在国际申请任何位置进行公开的，且可表示为：

（a）一个非分支序列或一个分支序列的线性区域，包含十个或更多明确定义的核苷酸，其中相邻的核苷酸由以下方式连接：

（ⅰ）一个3'至5'（或5'至3'）的磷酸二酯键；或

（ⅱ）导致相邻碱基排列的任何化学键，即模拟自然发生的核酸中碱基的排列；或

[①] 编者注：见世界知识产权组织标准ST.26第87和88段，以及该标准的附件I的第6节表5和第8节表6。

(b) 非分支序列或线性区域包含四个或以上明确定义的氨基酸的分支序列,其中氨基酸形成一个单一的肽主干,即相邻的氨基酸由肽键连接。

7. 依据 WIPO 标准 ST.26,在一个序列分配了自己的序列标识码的情况下,序列表不得含有少于十个特定定义的核苷酸或少于四个特定定义的氨基酸的序列。

<u>在国际申请中展示序列</u>

8. 如果序列包含在序列表中,各局可能不要求相应的序列也出现在说明书的主要部分。然而在特定的情况下,申请人可能有正当的理由在说明书、权利要求书或附图的主要部分列出一些序列。如果在说明书主要部分、权利要求书或附图中展示任何序列,应该使用最合适的方式展示相应信息以达到相关目的。在申请的说明书、权利要求书或附图中,即使序列嵌入在说明书、权利要求书或附图中,序列表中出现的序列应该以序列标识符表示,并在前面加上"SEQ ID NO:"。类似地,太短而不能包含在序列表中的序列可以以申请人认为最合适的方式展示。

语言相关要求

9. WIPO 标准 ST.26 规定了在描述序列的特征时必须使用的"控制词汇表",即对本标准附录 I 中相关部分的注释。

10. 在该标准下,"限定符"用于提供除了由特征键和特征位置所传递的特征之外的有关特征的某些信息。有几种允许的"值格式"类型,用来由限定符传递不同类型的信息,即控制词汇表、数字标识符(例如,数字或日期)、"自由文本"和序列。

11. 本标准附录 I 中规定的词汇不与语言相关,仅应符合 WIPO 标准 ST.26 的要求,并且不得进行翻译。这包括:

(a) 本规程第 1 条规定的核苷酸符号和第 3 条规定的氨基酸符号;

(b) 本规程第 2 条规定的改性核苷酸的简称和第 4 条规定的改性氨基酸的简称作为某些限定符的唯一允许值;

(c) 本规程第 5 条和第 7 条规定的特征键名称,以及第 6 条和第 8 条规定的限定符名称,尽管许多允许的特征键名称和限定符是英语或英语简称(例如,特征键 5.1 "C-region"和 7.18 "MOD_RES"("残基改性"的简称);和限定符 6.5 "cell_type"和 8.3 "organism");

(d) 在本规程第 6 条和第 8 条中的所有允许使用的"值格式",它们用以适应不同类型的信息传递,而不是使用"自由文本"(也即控制词汇,数字标识符如数字或日期和序列),尽管这些允许"值格式"包含英语的或英语缩写的元素或明显来自英语或拉丁语词汇(例如,限定符 6.15 "direction",其值格式为:"left"、"right"或"both");以及

(e) "自由文本"限定符值,而不是那些在标准中被认为是语言相关的"自由文本"。

12. 语言相关自由文本必须使用受理局为相关目的所接受的语言提交。WIPO 标准 ST.26 允许在相同的序列表中以一种或两种语言书写语言相关的自由文本:英语(在 INSDQualifier_value 元素中)和/或其他指定的语言(在 NonEnglishQualifier_value 元素中)。第 16 至 19 段考虑了在任何特定情况下允许使用的或要求使用的语言。

13. NonEnglishQualifier_value 元素中包含的任何自由文本的语言都应在 NonEnglishQualifier_value 属性中指明。在序列表中的所有 NonEnglishQualifier_value 元素的内容

都应使用相同的语言。如果任何 INSDQualifier_value 或 NonEnglishQualifier_value 元素使用了语言相关的自由文本，则所有此类元素都应以相关语言书写。

14. 作为所有语言相关自由文本的原始语言，即提交时提供的序列表中语言相关自由文本的语言或语言之一，应优选地使用 ST26SequenceListing 元素的 OriginalFreeTextLanguageCode 属性来指示。指定语言可在国际阶段使用，以协助评价，并在相关情况下，纠正上述序列表中规定的语言相关自由文本标识符的 INSDQualifier_value 元素和 NonEnglishQualifier_value 元素之间的差异。对于国家阶段，在国际申请日时包括了一种以上的自由文本语言版本的情况，应属于国家法律问题。

15. WIPO 标准 ST. 26 要求第一申请人的姓名或名称应使用申请语言提供。如果第一申请人的姓名或名称不是以拉丁字符提供的，必须以拉丁字符提供音译或翻译，而与序列表的语言无关。本发明的标题必须以申请语言提供，也可以以其他语言提供。在提交给受理局、国际局、国际检索单位或国际初步审查单位的任何序列表翻译版本中，申请人可以使用翻译的语言添加这些项目，但对此不做要求。

所提交国际申请中序列表的语言

16. 细则 12.1（d）允许受理局在构成国际申请组成部分的序列表中指定可能用于语言相关自由文本的语言。受理局可允许或要求以与国际申请正文相同或不同的语言提交语言相关自由文本。受理局也可以允许，但可能不要求已提交的序列表依据 WIPO 标准 ST. 26 以第二语言包含语言相关自由文本。这使得语言相关自由文本既可以以已提交的国际申请主体的语言提交，又可以依据细则 12.3 或 12.4 以进行国际检索或国际公布时所需的不同语言提交。在这种情况下，不需要与序列表同时提交国际申请主体的译文；主体的译文可以在以后提供，整体译文将在译文的最后一部分收到之日视为已收到。

序列表的翻译

17. 当依据细则 12.3、12.4、12 之二 .2（a）（ⅱ）、20.6（a）（ⅲ）、45 之二 .1（c）（ⅰ）、49.5 或 55.2（a），国际申请或在先申请的序列表中语言相关自由文本的译文需要作为译文一部分时，则该译文应以新的序列表的形式提供，其中包含所需语言中所有语言相关自由文本，以新增或替换的语言对序列表原文进行翻译。序列表的其余部分应保持不变，除了：

（a）ST26SequenceListing 的适当属性描述的内容，特别包含 productionDate 和相关情况下的 nonEnglishFreeTextLanguageCode；

（b）最好包括申请的识别细节（知识产权局代码、国际申请号和国际申请日），如果这些已被给予并通知到了申请人，以及在适用时，应更新自国际申请提交以来修改的任何其他一般信息中的要素，或将其翻译成为翻译语言相关自由文本使用的语言。受理局或国际局不得仅仅因为其与国际申请的其余部分的相应细节有不同，或在国际申请日和提交翻译的日期之间已经改变，而要求修改或更新一般信息中的任何要素，也不得要求翻译这些要素。

18. originalFreeTextLanguageCode 应继续使用原始语言，无论该语言版本是否包含在翻译的序列表中。

不构成国际申请组成部分的序列表的语言

19. 如果是依据细则13之三.1或13之三.2提供了序列表，以国际检索或国际初步审查为目的，语言相关自由文本应以国际检索单位或国际初步审查单位接受的语言之一提供，通常与说明书主要部分的语言一致。序列表还可以包括第二语言版本的语言相关自由文本，通常是申请语言或英语。

提交国际申请时包含序列表，或在之后提供序列表

20. 依据WIPO标准ST.26的要求，序列表要展示为XML文件的形式，意味着它只能以电子形式提供。一个包含第6段中描述的序列的国际申请如果没有这样的序列表，是有缺陷的，并且可能很难在后期进行纠正。强烈建议使用WIPO SEQUENCE或等同的软件准备序列表，以验证序列表内容的形式和内容。

21. 如果包含序列表的国际申请以电子形式提交，无论是通过电子方式还是物理方式传递，序列表都应优先按照附件F成为文件包的一部分，其中序列表索引为符合该附件规定的标准。

22. 尽管有第21款的规定，任何受理局都可能接受看上去包含与申请日提交的主文件包分开提交的序列表的电子文件，并且应当接受此类单独的电子文件，以避免申请人因某些实际情况无法将序列表作为主文件包一部分的情况，例如，由于文件太大以至于无法被用于准备或接收国际申请剩余部分的软件所处理。依据细则19.4（a）（ⅱ之二），如果受理局无法处理此类申请，则该申请应被视为已由该主管局代表作为受理局的国际局所接收。

通过独立物理介质提交的序列表

23. 任何物理介质，只要包含的序列表是与第21段中提及的文件包分开提交的，或者国际申请其余部分是纸件形式提交的，则应将该物理介质清楚地标记为"序列表"或用公布语言表示的等同内容，其提交序列表的主管局应为其添加国际申请号。如果序列表在国际申请日之后提交，主管局应还依据第309条至第310条之三、第325条、第511条、第513条、第607条或第610条中适用的一款指明序列表的性质。用于序列表传送的物理介质最好应采用受理局和国际检索单位用于进行国际检索均可接受的形式。

24. 按照行政规程附录Ⅳ至附件F中第2（c）和（c之二）段规定的程序，当序列表的文件太大而无法包含在单个物理介质中时，可将其拆分，以便文件可以重新连接成一个连续的文件，且没有任何遗漏或重复的内容。除第23段中提到的标签外，每个物理介质均应编号，例如"磁盘1/3""磁盘2/3""磁盘3/3"。

电子形式的序列表及其国际申请其余部分以纸件形式提交

25. 强烈不建议申请人以纸件形式提交国际申请主体部分且以电子形式单独提交序列表。尽管如此，依据本规程第703条（d）和（e）款，如果申请人通过其他方式向受理局提出申请明显不切实际，那么任何受理局均可接受以这种方式提交的国际申请。按照细则19.4（a）（ⅱ之二）如果接收的主管局无法处理此类申请，该申请应被视为已由该局代表作为受理局的国际局接收。

接收和处理包含序列表的国际申请
由受理局检查

看起来像序列表的电子文件

26. 受理局应将任何看起来像 WIPO 标准 ST. 26 XML 格式序列表的电子文件作为国际申请的一部分，只要它是在受理局确定该文件满足条约 11（1）所有要求成为据称的国际申请的日期当天或之前收到的即可，无论该序列表是在说明书主要部分中引用还是在请求书中提及，甚至没有被正确标记，除非又依据细则 12.3 作为国际检索目的的译文或依据细则 12.4 作为国际公布目的的译文提交了第二份序列表。这与这份声称或看似是序列表的电子文件是否实际上符合 WIPO 标准 ST. 26 的问题是不相关的（不需要由受理局检查，只需由国际检索单位检查）。如果受理局发现公开序列的单独电子文件采用的格式似乎不是 WIPO 标准 ST. 26 XML 格式，应就该文件内容是否意图作为说明书的一部分向申请人核实，并在必要情况下，请申请人以说明书主体部分接受的形式提供该内容。为此目的，受理局可能会要求申请人提供一致性声明，即声明以接受的格式重新提交的文件内容与最初提交的电子文件的内容相同。或者，受理局可以将文件转换为申请人同意的格式。

检查是否符合 WIPO 标准 ST. 26 以及其他缺陷

27. 不应要求受理局进行自动验证以检查序列表是否符合 WIPO 标准 ST. 26 或以其他方式检查其内容是否符合本细则和本规程的要求。然而，当主管局意识到存在缺陷时，例如，当其使用国际局为此目的提供的验证工具对在线提交进程或其他主管局程序检查序列表文件并发现问题时，主管局可以相应地通知申请人。

28. 如果受理局发现，序列表的一般信息部分与请求书中的相应信息之间存在差异，受理局可以提请申请人注意这一事实。这申请人可以在细则 26.2 规定的期限内更正差异，但不得被要求必须这样做。国际申请应当基于请求书中的说明处理。

国际申请费的计算

29. 依据本规程第 707（a 之二）条，如果提交的国际申请包含一个电子文件，该文件看起来是符合 WIPO 标准 ST. 26 XML 格式的序列表，国际申请费在计算页数时不考虑此类电子文件中包含的任何材料。但是，如果电子文件是其他任何格式，或者明显不是序列表，例如，说明书、权利要求书或附图被错误标记为序列表，此类文件在计算页数时应纳入考虑范围。

国际申请日之后提交的序列表的处理

30. 依据本规程第 305 条之二或第 325 条，如适用时依据第 335 条（a），如果依据细则 12.3（为了国际检索目的的译文）、细则 12.4（为了国际公布目的的译文）或细则 26.4（改正缺陷）的任何规定之一，在国际申请日之后收到序列表时，受理局应将序列表副本连同为相关目的提交的任何替换表一并转发给国际检索单位和国际局。

31. 如果序列表是在细则 13 之三规定的国际申请日之后收到的（用于国际检索目的的序列表，不构成国际申请的一部分），受理局应将其转交给国际检索单位。

由国际检索单位或国际初步审查单位检查

32. 国际检索单位或国际初步审查单位应检查作为检索本的一部分或为国际初步审查目的而提供的国际申请副本的一部分收到的任何序列表是否符合 WIPO 标准 ST. 26 的要

求，并且语言相关自由文本是否符合官方的语言要求。如果序列表包含缺陷，或者国际申请包含的序列表应存在在序列表中但未包含在内，则国际单位可以请申请人依据细则13之三.1提交序列表以进行国际检索，或依据细则13之三.2提交用于国际初步审查目的的序列表。

序列表的改正、更正和修改

33. 对说明书提交的任何依据细则26的改正、依据细则91的明显错误更正或依据条约第34条（2）（b）的修改，如果涉及构成原始提交国际申请一部分的序列表，或者涉及基于原始提交国际申请中所含序列依据条约第34条（2）（b）对说明书进行修改而包含在国际申请中的任何序列表，应当提交包含相关改正、更正或修改的符合WIPO标准ST.26的完整的新序列表，并且应当将有关改正、更正或修改的性质在随附的信件中明确说明。

34. 按照WIPO标准ST.26，第33段提及的任何序列表应尽可能按照提交时申请中的序列保留其原始数字编号，必要时按照WIPO标准ST.26的规定表示任何"故意跳过的序列"，否则序列表应依据该标准按照它们在国际申请中出现的顺序进行编号。

35. 如果第33段所述的序列表的改正、更正或修改后的内容呈现在物理介质上，则该介质应被标记为"序列表–改正"、"序列表–更正"或"序列表–修改"，视情况也可能是用公布语言表示的同样内容，同时标记国际申请号。

36. 当受理局收到新的序列表时，不需要检查序列表的内容。受理局可以简单地检查它是否收到一个似乎是序列表的电子文件，以及随附的信件，然后将这些项目转发给国际检索单位和国际局，连同对国际申请主体内容的任何随附改正、更正或修改表。

援引加入：遗漏和错误提交部分

37. 国际申请中遗漏的序列表可以依据细则20.5加入国际申请，或者错误提交的序列表可以依据细则20.5之二被移除或替换。以上情况下，适当的序列表可以确认为按照细则20.6援引加入。

38. 依据本规程第335条，此类安排的程序相当于说明书的其他部分。如果序列表未通过援引加入的方式，而是通过修改国际申请日的方式加入，那么受理局无须对比新提交的序列表与在先提交的序列表的差异，只需要以适当的方式标记序列表并按照本规程第310条和第310之二的规定处理。如果序列表以援引加入的方式加入，则适用本规程第309条中的程序，即，在此情况下，受理局应在文件名或包含相应序列表的XML文件元数据中做出适当的标记。如果受理局在对比所提供的用于确认援引加入的序列表与在先提交的序列表存在的差异时需要帮助，推荐向国际局寻求指导。

序列表不构成国际申请的一部分

39. 依据细则13之三.1（e）[适用时，依据细则13之三.2和45之二.5（c）]，任何依据细则13之三.1、13之三.2和45之二.5（c），为国际检索目的或国际初步审查目的向国际单位提交的序列表不构成国际申请的一部分。任何此类情况提交的序列表须附带一份声明，表明其未超出国际申请公开的范围。

40. 本附件第4至20段和第24段应比照适用于任何此类序列表。此类序列表应包含符合第6段所述的标准的国际申请公开的所有序列。按照WIPO标准ST.26，此类序列表应尽可能保留申请提交时的序列的原始数字编号，必要时将任何"故意跳过的序列"按照 WIPO 标准 ST.26 表示。否则，序列表应依据该标准按照其在国际申请中出现的顺序进行编号。

41. 如果此类序列表以物理介质形式提供，则该物理介质应标记为"序列表不构成国际申请的一部分"，或使用与之等同的国际公布或国际初步审查语言，同时标记国际申请号。

各局之间序列表的传送

42. 如果序列表要在各受理局、国际局、国际检索单位、国际初步审查单位和指定局或选定局之间传送，则应与收到的申请人递交的未修改的原始版本一并传送。如果通过在线方式传送，则国际申请号和序列表类型（原始提交，已修改，用于国际检索目的等）应使用适合于在线传输的方式，采用 XML 或等同的元数据对文件名编码。

43. 当序列表以物理介质的方式接收时，序列表也可以在线传送，在这种情况下，国际申请号和序列表类型也应和在线方式提交的序列表一样，采用 XML 或等同的元数据对文件名编码。如果序列表使用物理介质传送，则物理介质应按上述相关段落所述进行物理标记，且不更改物理介质中的任何内容。

指定局和选定局的程序

44. 细则 13 之三和细则 76.5 规定，任何指定局或选定局均不得要求申请人向其提供符合行政规程中规定标准的序列表之外的序列表。如果序列表不符合标准且并未包含以指定局或选定局国家处理所要求的语言撰写的语言相关自由文本，依据本规程第 17 和 18 段，该主管局可以要求申请人在视具体情况而定的合理期限内，依据细则 49.5 以新序列表的形式提供译文。

45. 指定局或选定局不得仅依据细则 49.5 要求提供作为译文一部分的新序列表，因为包含第二语言的语言相关自由文本的序列表已经为国家处理的目的作为国际申请一部分提交过了，或因为序列表的一般信息部分不包含国家申请标识符。

附件 D
根据细则 86.1（i）从公布的国际申请扉页摘出并包含在公报中的信息

下列信息应当从每一件公布的国际申请的国际公布出版物的扉页摘出，并应按照细则 86.1（i）的规定收入公报相应的条目中：

1. 有关国际公布的信息

   1.1 国际公开号

   1.2 国际公开日

1.3 在公布的国际申请中是否公布有以下各项的标注：

    1.31 国际检索报告

    1.32 根据条约第 17 条（2）的宣布

    1.33 根据条约第 19 条（1）修改的权利要求

    1.34 根据条约第 19 条（1）的声明

    1.35 有关根据细则 20.5 之二（b）或（c）删除错误提交的项目或部分的信息

    1.36 根据细则 91.3（d）第一句的更正请求

    1.37 细则 48.2（b）（v）所述的有关援引加入的遗漏的项目或部分或正确的项目或部分的信息

    1.38 根据细则 26 之二.2（d）有关优先权要求的信息

    1.39 根据细则 26 之二.3 有关优先权要求恢复请求的信息

1.4 国际申请的申请语言

1.5 国际申请的公布语言

2. 有关国际申请的信息

  2.1 发明名称

  2.2 国际专利分类号（IPC）

  2.3 国际申请号

  2.4 国际申请日

3. 有关优先权要求的信息

  3.1 在先申请号

  3.2 在先申请的申请日

  3.3 在先申请是否是：

    3.31 国家申请：提交在先申请的国家

    3.32 地区申请：根据适用的地区专利条约被委托负责授予地区专利的机构，和在细则 4.10（b）（ii）所述的情况下，提交在先申请的《保护工业产权巴黎公约》的成员国

    3.33 国际申请：提交在先申请的受理局

4. 有关申请人、发明人及代理人的信息

  4.1 其姓名

  4.2 其通信地址

5. 有关指定国的信息

  5.1 其名称

  5.2 希望得到地区专利的任何表示

  5.3 所寻求的各种保护类型的表示，除非另有表示

6. 有关不影响新颖性的公开或缺乏新颖性的例外的声明的信息

  6.1 公开的日期

  6.2 公开的地点

  6.3 公开的类型（例如展览、科学出版物、会议报告等）

6.4 展览会、出版物或会议的名称
7. 有关根据细则13之二与说明书分开提交的生物材料的保藏事项的信息
    7.1 保藏事项已被公开的事实
    7.2 国际局收到该保藏事项的日期
8. 有关在细则26之三.1规定的期限届满前国际局收到的细则4.17所述任何声明的信息
    8.1 已经作出这种声明的事实以及作出该声明所根据的细则4.17中适用项目的引用

附件 E
根据细则86.1（ⅴ）在公报中公布的信息

1. 根据条约第22条及第39条，适用于每一个缔约国的期限。
2. 国际检索单位同意列入最低文献量中的非专利文献的清单。
3. 不愿意接收条约第13条（2）（c）所述副本的国家局的名单。
4. 缔约国的本国法中有关国际式检索的规定。
5. 国际局与国际检索单位或国际初步审查单位之间达成协议的文本。
6. 全部或部分豁免条约第20条所述送达权利的国家局的名单。
7. 受PCT第Ⅱ章约束的缔约国名单。
8. 根据国际申请号列出的国际申请号与国际公布号的对照索引。
9. 申请人姓名或名称索引，对每一个姓名或名称给出其相应的国际公开号。
10. 国际公开号索引，根据国际专利分类号进行分组。
11. 对根据细则39和67各国际检索单位及国际初步审查单位将不予以检索或审查的主题的标注。
12. 指定局或选定局根据细则49.5及76.5对译文提交的要求。
13. 限定细则32.1（b）所述期间的日期，在该期间内必须提交其效力根据细则32.1可以延伸到后继国的国际申请。
14. 受理局根据细则26之二.3或指定局根据细则49之三.2作出的优先权恢复的标准和这方面随后发生的变化。
15. 受理局、国际局以及国际检索和初步审查单位根据细则82之四.2延误期限的原因的相关信息。
16. 根据细则82条之四.3规定的任何延期或额外延期。

附件 F
国际申请的电子申请和处理标准

本附件包含国际申请的电子申请和处理标准,具体内容没有附印在本规程文本中,本附件包括下列附录:

附录Ⅰ ePCT 标准的 XML DTD
附录Ⅱ ePCT 标准的 PKI 体系结构
附录Ⅲ 电子申请的基本通用标准
附录Ⅳ 使用 ePCT 标准的物理介质

附件 F 和其附录 I 在两个单独的文件中提出。从 WIPO 网址 www.wipo.int/pct/en/texts/index.html 可以获得这些文件。

附件 G
收到费用的通知和费用的转付

Ⅰ. 简介

1. 根据细则 96.2(b)和 96.2(c)以及《PCT 行政规程》第 114 条,一局为另一局收取费用的收到通知以及费用转付应按照本附件的规定进行。

2. 就本附件而言,"主管局"一词与细则 96.2(a)中的定义相同。

Ⅱ. 协议和时间表

Ⅱ.1 加入 WIPO 费用转付服务的协议

3. 主管局("参与局")可与国际局商定,参加 WIPO 为 PCT 目的通过国际局转付费用的程序("WIPO 费用转付服务"),具体方式如下:

(a)根据本附件的规定,通过国际局将其为另一参与局收取的部分或全部费用转付给该另一参与局;以及

(b)根据本附件规定,允许另一参与局将代其收取的部分或全部费用通过国际局转付给该局。

4. 如果收费局和相应受益局都已同意参加 WIPO 费用转付服务,则从收费局经由国际局再转付受益局的以下费用:

(a)根据细则 15.2(c)或(d)由主管局作为受理局为国际局的利益收取的国际申

请费；

(b) 根据细则 16.1（c）或（d）由主管局以受理局的身份为参与局以国际检索单位的身份收取的检索费；

(c) 根据细则 45 之二.3（b）国际局为参与局以指定补充检索单位的身份收取的补充检索费；

(d) 根据细则 57.2（c）或（d）国际初步审查单位为国际局收取的手续费；以及

(e) 细则 16.1（e）规定的作为国际检索单位的主管局以确定货币以外的货币收取的检索费有关的差额，

应当分别情况视为按照细则 15.2（c）或（d）、细则 16.1（c）或（d）、细则 45 之二.3（b）、细则 57.2（c）或（d）或细则 16.1（e）的规定对该费用的转付，而不得视为收费局向第三方支付的款项。转付应按照有关主管局和/或国际局商定的转付时间表尽快进行。进行转付的主管局（包括国际局，如适用）应承担因费用转付所产生的所有银行费用。

5. 作为国际检索单位的参与局可以与国际局商定，由其根据第 3（a）段转付的部分或全部费用以及根据第 3（b）段向其转付的费用须按照本附件的规定进行净额结算（"包括净额结算的费用转付"）。

6. 协议应当明确下文第 10 段和第 14 段所述的费用支付通知以及待转费用列表的交换格式。

7. 国际局应当在 PCT 公报上公布每个参与局参加 WIPO 费用转付服务的 PCT 费用转付清单。

Ⅱ.2 费用清单和费用转付的共同时间表

8. 国际局应在与参与局协商后，并考虑到各主管局非工作日或可能无法进行银行转账的日期，每年制定一个时间表（"共同时间表"），明确每个月应当依照下文第 13 段和第 14 段规定提交清单以及根据下文第 19 段至第 23 段规定向国际局转付或接收费用的最晚日期。时间表和任何后续需要的修改应通知每个参与局并在 PCT 公报上公布。

Ⅲ. 通过国际局通知和转付费用

Ⅲ.1 收到费用的通知

收费局向国际局发出的通知

9. 根据细则 96.2（b），收费局应立即通知国际局该局为国际局收取或通过国际局转给受益局的每项费用。最好还应将收到的其他费用及时通知国际局，不论是为其自身收取还是为其他作为受理局、国际检索单位、指定补充检索单位或国际初步审查单位的受益局收取的。

10. 收费局根据第 9 段发出的费用收到通知应按照收费局与国际局商定的格式向国际局发出。通知应包含足够的信息，以明确相关国际申请和支付的费用类型，并最好使用符合附件 F 附录 I 中为此目的发布的 DTD 的 XML 格式。

11. 如果收到多付款项，应立即通知费用已足额支付，无须等待任何退款。

国际局向受益局发出的通知

12. 如果细则 96.2（b）规定费用的通知涉及国际局以外的受益局，国际局应立即通知有关主管局。如果检索本由国际局代表受理局传送给国际检索单位，则传送已支付检索费的信息可以采取传送检索本的方式，并在必要时可推迟至此类传送的其他要求得到满足时。

Ⅲ.2 参与局向国际局传送有关每月或其他定期费用转付的信息

收费局传送费用转付信息

13. 参与的收费局应根据共同时间表制定并向国际局传送以下清单：

（a）该主管局在上个月或其他商定的时间间隔内收取的应支付给国际局或通过国际局转付给另一主管局的费用；和

（b）与前数个月转付的费用或本应转付的费用有关的更正和遗漏。

14. 清单应采用主管局和国际局商定的格式。该清单应包含足够的信息来验证待转付的金额，并最好使用符合附件F附录Ⅰ中为此目的发布的DTD的XML格式。

国际检索单位从非参与局收取的费用差额

15. 任何参与的国际检索单位以不同于确定的货币直接从受理局收取的检索费，应按商定的时间间隔建立一份以确定的货币收取的费用数额的清单，并发送给国际局，以和国际局商定的格式，确保可根据本细则16.1（e）确定应付给国际局或国际检索单位的货币差额。

16. 该单位还应提交与国际局商定的文件，说明以规定货币转账的金额、日期、适用的汇率以及以确定货币收到的金额。

Ⅲ.3 检查收到的费用信息

17. 国际局应将根据第9段、第13段和第15段收到的费用信息与其数据库中有关国际申请的信息进行核对，并向该局确认其与收到的信息是否一致。如果存在需要协调的分歧，国际局应联系参与局。在可能的情况下，应及时对相关通知和清单进行任何必要的更正，以便在收费局收到后一个月内反映在费用转付中。

Ⅲ.4 错误和遗漏的更正

18. 在传送的有关一局为另一局收取费用并通过WIPO费用转付服务转账的信息中发现的任何错误或遗漏，应立即通知国际局。国际局应立即通知收到错误信息的其他局，包括通知受益局对已转至该局的金额进行必要的更正。如果发现错误过迟来不及更正当月转付费用所依据的清单，则应在下个月的清单和转付中包含更正信息。

Ⅲ.5 通过国际局转付金额的计算；通过国际局转付费用

Ⅲ.5.1 向国际局转付不需进行净额结算

19. 如果上文第3段涉及的费用转付不需进行净额结算，则收费局应在不迟于共同时间表中规定的日期，根据上文第13段中传送清单指明的金额转付。收费局应承担因此次转账产生的所有银行费用（如有）。

Ⅲ.5.2 国际局的费用转付不需进行净额结算

20. 如果上文第3段涉及的费用转付不需进行净额清算，国际局应向受益局转交一份待转付费用清单，并在不迟于为此目的在共同时间表中设定的日期转付全部金额。国际局应承担因此次转账产生的所有银行费用（如有）。

Ⅲ.5.3 费用转付需进行净额结算

21. 如果参与局与国际局根据上文第 5 段协议，费用转付须进行净额结算，国际局应在不迟于共同时间表中规定的日期每月制定并向该参与局（"净额结算局"）传送净额结算报表，净额结算报表包括：

（ⅰ）其他主管局为净额结算局收取的费用清单；

（ⅱ）净额结算局为其他局收取的费用清单；和

（ⅲ）关于净额结算局或国际局的净额说明。

22. 如果净额结算表上注明的净额以参与局为受益局，国际局应在不迟于共同时间表中规定的日期前将该净额转给净额结算局。国际局应承担此次转账的所有银行费用（如有）。

23. 如果净额结算表中注明的净额以国际局为受益局，净额结算局应在不迟于共同时间表规定的日期前将该净额转给国际局。参与局应承担此次转账的所有银行费用（如有）。

Ⅲ.5.4 WIPO 费用转付服务中未包含的费用转付

24. 收费局和受益局之间的任何费用转付，如果未包括在 WIPO 费用转付服务中，尽管其中一个或另一个主管局为参与局，仍应按照下文第 25 段进行。

Ⅳ. 未加入 WIPO 费用转付服务的主管局的费用转付

25. 如果收费局或相应受益局尚未同意参与 WIPO 费用转付服务（"非参与局"），则适用情况下以下费用的转付：

（a）根据细则 15.2（c）或（d）由主管局作为受理局为国际局的利益收取的国际申请费；

（b）根据细则 16.1（c）或（d）由主管局以受理局的身份为非参与局以国际检索单位的身份收取的检索费；

（c）根据细则 45 之二.3（b）国际局为非参与局以指定补充检索单位的身份收取的补充检索费；

（d）根据细则 57.2（c）或（d）由主管局以国际初步审查单位的身份为国际局收取的手续费；以及

（e）细则 16.1（e）中与主管局作为国际检索单位收取的检索费有关的差额，

应当分别情况按照细则 15.2（c）或（d）、细则 16.1（c）或（d）、细则 45 之二.3（b）、细则 57.2（c）或（d）或细则 16.1（e）的规定即时进行，并且最好按照有关主管局和/或国际局为此类转付商定的每月转付时间表进行。进行转付的主管局应当承担（a）、（b）和（d）项以及在有关差额归国际局所有时（e）项所述费用的转付所产生的任何银行费用，而国际局应当承担（c）项以及在有关差额归作为国际检索单位的主管局所有时（e）项所述费用的转付所产生的任何银行费用。

PCT 受理局指南

（受理局根据《专利合作条约》处理国际申请的指南）
2022 年 7 月 1 日生效

WIPO
世界
知识产权
组织

1. 本文件为《PCT受理局指南》的合并文本，由WIPO国际局制定，经征询PCT受理局意见后加以修改。

2. 本文件将取代文件PCT/GL/RO/19（发布日期2020年6月25日）。

目　　录

	段次
第1章　导　言	1～13
第2章　通　则	14～31
国际申请、文件以及有关信件的页的标注	14
传真及其他类似通信方式的使用；收到日	15～18
期限的计算	19
文件和信件	20～27
申请人提交的文件和信件	20～22
给申请人的信件	23～26
受理局发送的邮件	27
邮递业务异常和延误期限的宽免	28～30H
申请人寄出的文件或信件的延误或丢失	28
使用投递服务机构	29
根据细则82之四.1的延误期限的宽免	30
根据细则82之四.2的延误期限的宽免	30A～30D
根据细则82之四.3延长期限	30E～30H
表格	31
第3章　国家安全许可	32～34
第4章　根据条约第11条（1）的检查；给出国际申请日的条件	35～54
接收据称的国际申请	35～38
标注	35和36
传真传送文件的确认副本	37和38
给予国际申请日的条件［条约第11条（1）］	39～42
提交申请的权利	40
语言	41
其他最低要求	42
肯定的结论［满足条约第11条（1）的要求］	43和44
给出国际申请日	43
通知申请人	44
条约第11条（1）所述的缺陷	45～47
要求改正	45和45A
期限	46和47

根据条约第11条（2）的改正	48和48A
根据细则20.6（a）确认援引加入遗漏项目	49~50
否定的结论（细则20.4）	50
受理局的错误	51
随后发现未符合条约第11条（1）的要求	52~54

第5章 语言检查［条约第3条（4）(ⅰ)；细则12.1、12.3、12.4和 26.3之三］ .... 55~71

概述	55~58
请求书的语言	59~61
要求	59
缺陷的改正	60
未改正	61
摘要和附图中文字的语言	62~65
要求	62
缺陷的改正	63和64
未改正	65
为国际检索和国际公布目的接受的语言	66~71
主管国际检索单位对国际申请语言的要求	66
不是为国际检索目的接受的语言	67
不是为国际公布目的接受的语言	67A和68
为国际检索目的要求提供译文和缴纳后提交费	69
为国际公布目的要求提供译文和缴纳后提交费	69A
译文的检查	70
未提供所要求的译文	71

第6章 根据条约第14条的检查和其他形式要求 .... 72~165

概述	72~74
形式要求	75~152
请求书表格	75~75B
申请人档案号	76
发明名称	77
有关请求书中的申请人和发明人事项	78~99
有关申请人事项	78~87A
姓名和地址	79~81
国籍和居所	82~86
独立领地和其他不是国家的地区	87和87A
有关发明人的事项	88~90
对于不同的指定国的不同申请人或发明人	95
申请人或发明人死亡时应作的说明	96和97
指定国	100~103
国家	100

从指定中排除某些国家	101
排除国的优先权要求	102
在国际申请日不受 PCT 约束的国家	103
保护或处理的类型	108~111
不影响新颖性的公开	113
主管国际检索单位	114~115A
专利申请或授权的标明	116
在先检索和分类结果的使用	116A~116H
在先检索的引用	116A~116C
不完整或不正确的指明，或者在先检索结果缺失或不一致	116D
申请人未依照细则 4.12 提交请求时，受理局向国际检索单位传送在先检索和分类结果	116E
关于在先检索结果的非正式意见	116F
缺少指明或者缺少非正式意见	116G
在提交国际申请后提交非正式意见	116H
代理人、共同代表和通信地址	117~121
签字	122~128
代理人或共同代表签署请求书	124~125A
授权以法人名义签字	126~128
符合细则 11 所述的形式要求	132~146
概述	132~138
各部分的布置和编页	139 和 140
文字的书写方式	141
关于页边的要求	142 和 143
行的编号序列	144
关于文字的其他形式要求	145
附图和图片	146
摘要	147
看上去不是国际申请部分的内容	148
清单	149~152
申请人给出的说明	149
受理局的标注	150~152
改正缺陷	153~165
根据条约第 14 条（1）（b）和细则 26 的改正	153~159
要求改正	153~155
改正程序	156~158
未根据条约第 14 条（1）（b）和细则 26 进行改正	159
改正其他形式缺陷	160
依职权改正	161~165

可以依职权进行改正的缺陷 ·· 162
　　　依职权改正缺陷的方式 ·· 163
　　　依职权改正的通知书 ·· 164 和 165
第 7 章　优先权要求和优先权文件 ·· **166 ~ 192**
　要求优先权的条件 ··· 166
　优先权的恢复 ··· 166A ~ 166T
　　　优先权的恢复 ··· 166A
　　　不被受理局接受 ··· 166B
　　　优先权恢复请求的接收 ··· 166C
　　　根据细则 26 之二 .3（e）的期限 ·· 166D
　　　形式要求的审查 ··· 166E
　　　说明理由 ··· 166F
　　　声明和证据 ··· 166G
　　　受理局适用的标准 ··· 166H
　　　非故意标准 ··· 166I
　　　适当注意标准 ·· 166J ~ 166M
　　　符合细则 26 之二 .3（h 之二）标准的文件或部分 ·························· 166N ~ 166Q
　　　拟拒绝恢复优先权的请求 ··· 166R
　　　给申请人的决定和通知 ··· 166S
　　　给国际局的通知 ··· 166T
　不符合要求 ·· 167 ~ 172
　　　通知改正或恢复 ··· 167 和 168
　　　改正的期限 ··· 169
　　　请求恢复的期限 ··· 169A
　　　申请人提交的改正 ··· 170
　　　未改正 ··· 171 和 172
　申请人要求改正或增加优先权要求 ·· 173 ~ 177
　向国际局传送申请人提交的优先权文件 ··· 179 ~ 182
　在先申请的证明和向国际局传送 ·· 183 ~ 191
　变更优先权日的效力 ·· 192
第 7 章之二　有关国家要求的声明 ··· **192A ~ 192F**
　对声明的要求 ··· 192A ~ 192C
　不符合要求 ··· 192D
　声明的改正或增加 ··· 192E 和 192F
第 8 章　国际申请的遗漏部分或错误提交的项目或部分 ···························· **193 ~ 221**
　国际申请中的遗漏部分以及附图的提及 ··· 193 和 194
　错误提交的项目或部分 ·· 194A
　通知申请人 ··· 195 和 196
　　　答复期限 ··· 196

没有在先发出通知即收到有关国际申请的纸页 ··· 197 和 198
　　期限 ··· 198
后收到纸页的处理 ·· 199
根据细则 20.5（b）或（c）使国际申请完整的纸页 ·································· 200～202
发出通知后未收到附图时的程序 ··· 203
根据细则 20.5 之二（b）或（c）改正国际申请的纸页 ······························ 203A 和 203B
根据细则 20.6（a）确认援引加入遗漏部分或者正确的项目或部分 ·············· 204～205D
　　肯定的发现 ··· 205C
　　否定的发现 ··· 205D
根据细则 20.6（a）（i）提交纸页的内容不完全包含于在先申请中 ·················· 205E
援引加入正确项目或部分后对于错误提交项目或部分的处理程序 ··············· 205F 和 205G
逾期后收到后提交纸页的处理程序 ·· 206
后收到的摘要 ·· 207

根据细则 26 的替换页和其他替换页 ··· 208～221
根据细则 26 的替换页 ·· 208 和 209
其他替换页 ··· 210 和 211
在请求记录变更的同时提交的请求书替换页 ·· 212
更正页 ·· 213
根据细则 26 改正缺陷和根据细则 91 明显错误更正的程序 ····················· 214～216
根据细则 26 的改正和根据细则 91 的明显错误更正的替换页 ················· 217～221

第 9 章　核苷酸和/或氨基酸序列表 ··· 222～227E
概述 ··· 222
以不符合标准的文件格式公开序列表的处理程序 ·································· 222A～222C
检查是否符合 WIPO 标准 ST.26 和是否有其他缺陷 ······························· 223～223B
后提交的序列表 ·· 227 和 227A
援引加入遗漏或错误提交的部分 ·· 227B 和 227C
局间序列表的传送 ··· 227D 和 227E

第 10 章　对保藏微生物或其他生物材料的记载 ······························· 228～234
概述 ··· 228
保藏的微生物或其他生物材料作为说明书部分的记载 ····························· 229～233
对包含保藏微生物或其他生物材料记载的纸页的语言要求 ··························· 234

第 11 章　费　用 ·· 235～273
概述 ··· 235～236
数额、规定的货币和某些费用的减缴 ·· 237～249
　　传送费 ·· 237
　　检索费 ·· 238～240
　　国际申请费 ·· 241～249
　　　国际申请费 ·· 241～243
　　　对某些国家的申请人减少国际申请费 ···································· 247～249

缴费期限	252～257
在缴费期限届满前通知缴纳某些费用	258
通知国际局和国际检索单位收到费用	258A
在缴费期限届满后通知缴纳某些费用	259～265
滞纳金	264 和 265
已收款项的使用	266
未缴条约第 14 条（3）规定的费用	267
费用的退还	268～271
费用的转账	272～273

第 12 章　向作为受理局的国际局传送国际申请（细则 19.4）　274～282

因申请人的国籍和居所、申请的语言或者因电子文件格式传送国际申请〔细则 19.4（a）（ⅰ）至（ⅱ之二）〕	274～277
因其他原因传送国际申请〔细则 19.4（a）（ⅲ）〕	278～281
对优先权文件的请求	282

第 13 章　登记本、检索本和受理本　283～295

登记本、检索本和受理本的准备	283～284
概述	283 和 284
向国际局传送国际申请的登记本和其他文件	285～287
登记本所附的文件	285
传送登记本的期限	286
未传送登记本	287
向国际检索单位传送检索本和其他文件	288～293
概述	288 和 289
检索本所附的文件	290
传送的期限	291
未缴纳检索费；延迟传送检索本	292 和 293
不向国际检索单位传送的文件和磁盘	294
国家安全许可	295

第 14 章　〔已删除〕

第 15 章　根据细则 91 更正明显错误　302～308

向受理局提交更正请求	302～306
受理局的决定	302 和 303
通知申请人和国际局	304 和 305
拒绝许可更正	306
向另一个单位传送更正请求	307
通知申请人提交更正错误请求	308

第 16 章　申请人、发明人、代理人或共同代表的变更　309～312

记录变更请求的接收	309～311
通知国际局	312

第 17 章　国际申请、指定或优先权要求的撤回 ⋯⋯⋯⋯⋯⋯⋯⋯⋯⋯ **314～324**

　　根据细则 90 之二 .1、90 之二 .2 或 90 之二 .3 撤回国际申请、
　　指定或优先权要求通知的接收 ⋯⋯⋯⋯⋯⋯⋯⋯⋯⋯⋯⋯⋯ **314～321**
　　传送撤回通知 ⋯⋯⋯⋯⋯⋯⋯⋯⋯⋯⋯⋯⋯⋯⋯⋯⋯⋯⋯ **322～324**

第 18 章　向其他单位传送文件 ⋯⋯⋯⋯⋯⋯⋯⋯⋯⋯⋯⋯⋯⋯⋯⋯ **325～332**

　　向国际局传送的文件 ⋯⋯⋯⋯⋯⋯⋯⋯⋯⋯⋯⋯⋯⋯⋯⋯ **325～327**
　　根据细则 59.3 传送国际初步审查要求书 ⋯⋯⋯⋯⋯⋯⋯⋯⋯ **328～332**

第 19 章　其　他 ⋯⋯⋯⋯⋯⋯⋯⋯⋯⋯⋯⋯⋯⋯⋯⋯⋯⋯⋯⋯⋯⋯ **333～339**

　　不得使用的表述等（细则 9）⋯⋯⋯⋯⋯⋯⋯⋯⋯⋯⋯⋯⋯⋯⋯ **333**
　　符合细则 48.2（1）标准的信息 ⋯⋯⋯⋯⋯⋯⋯⋯⋯⋯⋯⋯⋯ **333A**
　　获取受理局保存的文件 ⋯⋯⋯⋯⋯⋯⋯⋯⋯⋯⋯⋯⋯⋯⋯⋯ **333B**
　　国际申请的经认证的副本 ⋯⋯⋯⋯⋯⋯⋯⋯⋯⋯⋯⋯⋯⋯⋯⋯ **334**
　　代理人有权在受理局执业的通知 ⋯⋯⋯⋯⋯⋯⋯⋯⋯⋯⋯⋯⋯ **335**
　　记录和文档的保存 ⋯⋯⋯⋯⋯⋯⋯⋯⋯⋯⋯⋯⋯⋯⋯⋯⋯⋯⋯ **336**
　　国际局完成国际公布的技术准备 ⋯⋯⋯⋯⋯⋯⋯⋯⋯⋯⋯⋯⋯ **337**
　　退还申请人的某类文件 ⋯⋯⋯⋯⋯⋯⋯⋯⋯⋯⋯⋯⋯⋯⋯⋯⋯ **338**
　　受理局错误的更正 ⋯⋯⋯⋯⋯⋯⋯⋯⋯⋯⋯⋯⋯⋯⋯⋯⋯⋯⋯ **339**

附件 A　[已删除]
附件 B　请求书中典型缺陷及其改正的示例

第 1 章
导 言

1. 本指南旨在帮助受理局履行《专利合作条约》（PCT）为其规定的任务，并为受理局提供一份能够帮助其处理 PCT 国际申请的参考文本。本指南阐明了受理局在 PCT 程序中的任务。

2. 本指南推荐了一种受理局履行 PCT 任务的方案。为了保证不同的受理局对所有国际申请的处理方式达到统一，尽可能采用该方案显得特别重要。但是，本指南并未涵盖受理局内所有可能的程序，也未涵盖对每件国际申请所需完成的所有任务。本指南未涵盖一些不经常发生的或特别复杂的情形。

3. 为了掌握全面的信息，应当查阅正式文本，特别是条约本身、《PCT 实施细则》和《PCT 行政规程》。本指南与上述文本不一致时，以上述文本为准。

4. 本指南中的"条"是指条约的条款，"细则"是指《PCT 实施细则》的条款，"规程"是指《PCT 行政规程》的条款，"段"是指本指南的"段"。受理局使用的表格在规程附件 A 的第一部分。

5. 本指南有时也引证请求书表格（表格 PCT/RO/101）注释；当《PCT 申请人指南》有助于受理局履行任务时，本指南也引证《PCT 申请人指南》。

6. "国家局""国家阶段"和"国家费用"等词也适用于地区专利局的程序。

7. 述及"本国法"也相当于述及地区条约，例如非洲地区工业产权组织的《专利和工业品外观设计协议书》（《ARIPO 哈拉雷协议书》）、《欧亚专利公约》、《欧洲专利公约》或《建立非洲知识产权组织协定》（《OAPI 协定》）。

8. 在条约或上述其他正式文本中并未出现但又经常使用的"国际阶段"一词，经常被用来相对于随后在国家局或地区局处理申请的"国家阶段"。国际阶段包括申请人提交国际申请和受理局处理该申请、国际检索单位制定国际检索报告及书面意见和国际局公布国际申请。国际阶段也包括（可选择的）在国际初步审查单位进行的国际初步审查程序。

9. "申请人"一词也指申请人的代理人（或有时是共同代表），除非条文的措词或性质或者该词的上下文明显具有相反的含义，例如本指南中涉及代表的部分。

10. 在本指南中，按照通常完成这些工作的时间顺序，说明受理局在处理国际申请过程中可能需要完成的各种工作。但是，像委托代理人或者辞去或撤销这种委托那样的工作，可以在国际阶段的任何时候发生；对于一些其他工作，在实践中根据情况，同时进行或者以不同于本指南建议的顺序进行可能更为方便。

11. 由于改正缺陷的方式并不总是唯一的或者强制性的，需要满足的要求和改正缺陷有时涉及不同的章节。在某些情况下，受理局可以使用其自由裁量权；在适当的情况下，在作出如何处理的决定之前可以与申请人联系，例如，在决定是依职权改正缺陷还是要求申请人改正该缺陷时。

12. ［已删除］

13. 本指南的附件 B 给出了申请人在国际申请中所犯的典型错误的例子，以及如何改正这些缺陷的说明。

第 2 章
通　则

国际申请、文件以及有关信件的页的标注

14. 标注国际申请、文件以及有关信件的页时，受理局应使用黑色墨水，以便使标注能够通过影印和扫描等方法适于复制。仅使用穿孔方式记载日期是不够的。

传真及其他类似通信方式的使用；收到日

15. 如果受理局允许，构成国际申请的文件以及在申请之后提交的任何文件或者有关的信件，在可行的范围内，可以使用传真或者其他类似的能产生印刷或者书面文件的通信手段送交（细则92.4）。需要注意的是，即使受理局已经通知国际局在一般情况下不准备接受用上述方式送交的文件，但根据情况也可以接受使用这些方式之一送交的文件。

16. 当受理局收到使用上述方式之一传送的页时，应当检查该文件是否清晰可辨和看起来是否完整。如果收到的部分或者全部文件字迹不清，或者部分文件没有收到，在收到的文件字迹不清或者试图进行的送交失败的限度内，受理局应当按未收到该文件处理［细则92.4（c）］。如果部分或者全部文件字迹不清，或者部分文件未收到，受理局应尽快将此情况通知（表格 PCT/RO/140）申请人。

17. 如果用上述方式传送的任何文件（除构成国际申请的文件外），其一部分是在午夜之前收到的，而另一部分是在午夜之后收到的，以致传送是在两天里实现的，受理局应当按本国惯例确定文件的收到日。关于构成国际申请的文件，见细则20.2（a）和本指南第193段至第207段。

18. 如果受理局根据细则92.4（d）要求，或者根据细则92.4（f）认为需要向其提供使用上述方式之一传送的任何文件的原件，应当按照细则92.4（d）至（g）的规定进行。更详细的情况，见本指南第37段和第38段。

期限的计算

19. 对于以年、月、日表示的期限的计算，见细则80.1至80.3。对于到期日在非工作日或官方节假日的期限的计算，见细则80.5。关于某一期限起始日的确定和期限届满日的确定，见细则80.4和80.7。对于申请人邮寄的信件延误或者申请人延迟收到信件时的期限计算，见细则80.6。对于延长期限情况下的期限的计算，见细则82之四.3、规程第111（f）段和第30H段。对于优先权日发生变更时期限的计算或重新计算，见细则26之二.1（c）和90之二.3（d）以及本指南第192段和第321段。

文件和信件

20. 申请人提交的文件和信件。在 PCT 程序中申请人提交的任何纸件，除国际申请本身以外，如其本身不是书信形式，则必须附有一书信，说明其涉及的国际申请；该书信必须由申请人签字［细则92.1（a）］。如果没有遵守这些要求，受理局将没有遵守要求的情况通知申请人，并请申请人在通知书（表格 PCT/RO/131）规定的期限内将遗漏补正。规定的期限根据情况应适当；即使规定的期限在提交纸件的适用期限届满之后（或者即使后一期限已经届满），该期限自通知书寄出之日起不得少于10日和多于1个月。如果申请人在通知书规定的期限之内补正了遗漏，应忽略该遗漏；否则，应通知（表格 PCT/RO/

149）申请人该纸件不予考虑［细则92.1（b）］。如果没有遵守要求一事已被忽略，并且该纸件在国际程序中已经予以考虑，则没有遵守要求一事将不予理会［细则92.1（c）］。

21. 申请人向受理局递交的任何信件应当使用与该信件涉及的国际申请相同的语言，假如国际申请是根据细则12.3（a）或12.4（a）要求的译文语言公布的，任何信件应当用该语言撰写（本指南第67段、第67A段和第68段）。但是，受理局可以明确许可使用任何其他语言［规程第104条（a）］。受理局也可以根据情况接受任何语言。

22. 如果受理局尚未把登记本和/或检索本传送给国际局或国际检索单位，来自申请人的应当传送给国际局和/或国际检索单位的文件和/或信件，应当分别与登记本和/或检索本一起传送（本指南第285段）。否则，随后的文件和/或信件应当迅速传送。表格PCT/RO/118用于传送登记本、检索本和任何其他文件及与其有关的信件。有关登记本和检索本的传送见本指南第285段至第293段。

23. 给申请人的信件。如果申请人根据细则90.1（a）委托了一个或几个代理人，给申请人的信件寄给申请人的代理人，或者当有两个或两个以上代理人时，根据规程第108条（a）或（b）寄给代理人中"首先提及的代理人"。如果有两个或两个以上申请人委托了一个共同代理人（即所有的申请人委托了同一个代理人），信件寄给该共同代理人。如果申请人没有委托共同代理人，但根据细则90.2（a）指定了一个共同代表（即申请人之一被指定为代表所有申请人并且根据条约第9条该申请人是有权提交国际申请的人），信件寄给该共同代表［规程第108条（c）］。如果被指定的共同代表委托了代理人，信件寄给该代理人［规程第108条（c）（i）］。如果委托了一个分代理人［细则90.1（d）（i）］，给申请人的信件还是如上所述寄给首先提及的代理人；只有当指定分代理人的代理人明确要求把信件寄给分代理人时，才把信件寄给分代理人。如有疑问，受理局应与申请人联系，以便确定信件应当寄给谁。如果有申请档案号，寄给申请人的信件必须写明该档案号（规程第109条和本指南第76段）。

24. 如果有两个或两个以上申请人并且他们没有委托一个共同代理人或共同代表，给申请人的信件寄给"被认为"是共同代表的人，即请求书中名列第一位并且根据细则19.1有权向受理局提交国际申请的申请人［细则90.2（b）］。如果该被认为是共同代表的人委托了一个代理人，给申请人的信件寄给该代理人。

25. 如果根据细则4.4（d）在请求书第Ⅳ栏写明了一个特别的通信地址，信件寄到该地址（本指南第81段和第118段）。

26. 如果在国际申请中写明了两个或两个以上申请人，为辨认该申请，只需在与该申请有关的任何表格或信件中写明请求书中名列第一位的申请人姓名（规程第105条）。

27. 受理局发送的邮件。受理局发出的或由其传送的任何文件或信件，当其构成条约和细则规定的任何期限的起算日时，应当用航空邮寄；只有在普通邮递自邮寄起正常情况下2天内可以到达目的地或者在没有航空邮递业务的情况下才可以用普通邮递代替航空邮递（细则92.3）。在申请人应尽快得知通知书或其他通信的内容时，受理局在可能的条件下应当用传真传送该通知书或其他通信，并用邮寄方式发送一份确认副本。如果申请人或代理人已经在请求书第2栏或第4栏加以标注，授权通过电子邮件方式传送通知书的预送本或者仅通过电子邮件方式传送通知书，受理局如果愿意提供此项服务，可以照此发送国际申请的相关通知书给申请人，以避免邮路延误。如果一份正式的纸件通知书在电子形式通知书之后发出，仅将纸件通知书副本作为具有法律效力的文本，仅将纸件副本的发文日用于计算细则 80 意义下的所有期限。当申请人要求仅通过电子邮件方式传送通知书时，电子形式副本上所显示的发文日将用于计算细则 80 意义下所有的期限。

邮递业务异常和延误期限的宽免

28. 申请人寄出的文件或信件的延误或丢失。如果使用令受理局相信的方式证明，有关的文件或信件是在期限届满前至少 5 天之前已经使用航空挂号方式邮寄，或者在普通邮递通常在寄出日 2 天内可以到达目的地的条件下已经使用挂号普通邮递，邮件的延误或丢失应予宽免。关于邮寄的证据，以及在文件或信件丢失的情况下，代替的文件或信件和关于其与原件相同的证据，应在有关的当事人注意到或者经适当努力应已注意到该延误或者丢失之日起 1 个月内提交，无论如何不得迟于具体案件适用的期限届满后 6 个月［细则 82.1（a）至（c）］。

29. 使用投递服务机构。任何受理局可以接受邮政当局以外机构的投递，并可以适用细则 82.1（a）至（c），把投递服务机构当成邮政当局，条件是投递服务机构在接收邮件时已经对邮件的细节进行了登记。如果受理局根据细则 82.1（d）通知国际局，它接受邮政当局以外的投递服务机构的邮件，应当按照该细则的规定进行。即使受理局已经通知国际局在一般情况下它不准备接受投递服务机构的邮件，在某些情形下也可以接受投递服务机构的邮件。

30. 根据细则 82 之四.1 的延误期限的宽免。对于向受理局所作出的行动，如果受理局认为已满足以下条件，对于一项期限的任何延误可以依据细则 82 之四.1 的规定被宽免：

（a）在该当事人的居住地、营业地或者逗留地因战争、革命、内乱、罢工、自然灾害、流行病、电子通信服务普遍不可用或者其他类似原因造成未能遵守期限的；

（b）已合理地尽快采取了相关行动；

（c）当事人所提供的证据是受理局可以接受的形式，或者适用细则 82 之四.1（d）规定的豁免情况下，当事人所提交的声明符合受理局规定的条件；并且

（d）受理局在不迟于具体案件适用的期限届满后 6 个月内收到证据或者声明。

在电子通信服务普遍不可用的特定情况下，当事人必须确定中断影响了广泛的地理区域，而不是局部问题，是意外的或不可预见的，并且当事人没有可用的替代通信方式。办理的手续包括文件的提交、要求的答复、费用的缴纳。当事人是否"合理地尽快"办理了相关手续由受理局根据实际情况判断。通常情况下，意味着导致延误的原因消除后的很短期限内。例如，如果罢工导致代理人无法到达他的办公室，在大多数情况下，可以预计在下一个工作日或者在那不久之后办理手续，视预期的工作被中断的情况而定。此外，如果事故导致代理人的文件完全被破坏，可以合理预期需要更长时间来重新准备所有必要的文件和系统以办理必要的手续。细则 82 之四.1 并不特指"在导致延误的原因消除后合理地尽快"办理手续，当可预见相关紧急情况仍将持续一段时间，并且当事人自身无法采取纠正措施以避免该紧急情况时，当事人应当被允许采取合理步骤解决问题。关于受理局可接受的证据形式，通常情况下，例如由可靠大众媒体渠道的新闻报道或来自相关国家当局的声明或公告是为此目的可接受的。在电子通信服务普遍不可用的情况下，来自互联网服务供应商或向当事人提供电力的公司的声明也是可接受的。

在特殊情况下，例如当受理局认为在特定国家或地区发生的事件可以作为延误期限的

宽免理由时，受理局可以免除对于证据的要求［细则82之四.1（d）］。在这种情况下，该局将规定并公布这种免除的条件。受理局认为满足条件的，将不再需要证据。当事人仍需提交宽免延误的请求，并声明未能遵守期限是由于适用宽免的原因。

延误期限的宽免仅适用于细则所规定的期限，而不适用于优先权期限（关于恢复优先权，见本指南第166A段至第166M段）。受理局应当迅速地将其决定通知当事人（表格PCT/RO/132）。宽免请求、提供的任何证据以及受理局决定的副本都应当传送给国际局（规程第111条）。

30A. 根据细则82之四.2对期限延误的宽免。细则82之四.2规定，允许受理局宽免由于任何该局所准许的电子通信方式不可用而造成的PCT期限延误。当提供这种延误宽免的受理局意识到该局的电子通信手段将发生可预见或不可预见的中断时，该局将：

（a）公布不可用的信息，包括其持续时间；以及

（b）通知国际局，国际局将据此在公报中公布该信息。

30B. 如果满足以下条件，受理局可以对由此原因造成的期限延误予以宽免：

（a）应受理局的要求，申请人指出，延误期限是由于该受理局所准许的电子通信方式中的一项不可用而造成的；

（b）受理局确认所述的该受理局的电子通信方式在有关时间段内不可用；以及

（c）已在下一个可以使用所述电子通信方式的工作日办理了相关手续。

30C. 受理局应当迅速地将其决定通知申请人（表格PCT/RO/132），并向国际局传送该决定的副本，在适用的情况下向国际局传送申请人提供的请求和证据（规程第111条）。

30D. 细则82之四.2仅适用于细则所规定的期限，而不适用于优先权期限。

30E. 根据细则82之四.3延长期限。当受理局所在的国家出现因细则82之四.1（a）所列事件引起的普遍业务中断，影响了该受理局的运行，进而妨碍了当事人在该局办理手续时，受理局可以根据细则82之四.3的规定延长期限。如果受理局发现满足以下两个条件，则该局可以作出上述决定：

（1）受理局所在的国家出现因细则82之四.1（a）所列事件引起的普遍业务中断（该中断不必影响整个国家）；以及

（2）普遍业务中断影响了受理局的运行，并对其向当事人提供正常服务的能力有很大的影响。

例如，当相关国家出现流行病，并且相关当局决定限制人员流动，导致该局的大部分工作人员不能现场办公。另一个例子是自然灾害，它对于受理局用来处理国际申请的电子系统造成了重大损坏。再比如，当受理局所在地的基础设施（如电力供应、水供应或道路）由于地震或者海啸而严重受损时，虽然该受理局仍办公，但其仅可以向公众提供有限的服务。如果受理局有多个分支机构，但只有其中一个或一些的运行受到了影响，则由受理局自行决定是否根据情况酌情适用细则82之四.3，需要注意的是，延长期将适用于在任何分支机构需要办理的手续。

30F. 当受理局认为需要根据细则82之四.3（a）的规定延长期限时，该局将决定延长期限的开始和结束日期。为此，受理局应考虑其向公众提供服务的能力受到的限制或影响可能会持续多久，需要考虑事件的性质、普遍业务中断的严重性、事件未来可能的发展情况以及其他相关因素。根据具体情况，延长期应尽可能短并合理，确保对后续程序造成

的可能的延误最小化。在任何情况下，延长期不得超过 2 个月。如果普遍业务中断仍然持续，受理局可根据细则 82 之四.3（b）的规定决定再次延长期限，每次不得超过 2 个月。

30G. 一旦作出延长或再次延长期限的决定，受理局将公布关于延长期的开始和结束日期的信息，并相应地通知国际局。

30H. 当受理局根据细则 82 之四.3 的规定决定延长期限或再次延长期限时，任何细则规定的需要在该局办理某项手续的期限将在延长期内届满的，该期限将适用细则 80.5 的规定，在延长期到期后的第一天到期。申请人无需提交延期请求，受理局无须对相关的国际申请在这方面作出具体决定。应当注意的是，本规则不适用于优先权期限，因为优先权期限不是细则所规定的期限。

表格

31. 与受理局有关的表格包含在规程附件 A 的第 I 部分。请求书表格（表格 PCT/RO/101）在规程附件 A 的第 V 部分中提供。在受理局使用的这些表格中，强制使用的表格列于规程第 102 条（a）（ii）。受理局使用的表格的语言通常必须与提交国际申请的语言相同，但是，如果国际申请根据细则 12.3（a）或 12.4（a）要求以译文的语言公布，受理局应使用该语言的表格，并且受理局与申请人的通信中可以使用其官方语言中的任何一种其他语言的表格（规程第 103 条）。

第 3 章
国家安全许可

32. 如果本国法要求，受理局从国家安全的角度检查国际申请［细则 22.1（a）］。除国家法律另有规定外，国际阶段的处理可以继续。除第 33 段另有规定外，国家安全许可最迟应当在细则 22.1（a）规定的传送登记本时获得，也就是说，使登记本能够在优先权日起 13 个月期限届满前到达国际局。

33. 如果许可已经被拒绝或者在优先权日起 13 个月末未获得，并且看来不能获得，受理局通知（表格 PCT/RO/147）申请人和国际局不再传送登记本和检索本且该国际申请将不再被视为国际申请。如果受理局认为国家安全许可即将获得，可以推迟作出把国际申请不再视为国际申请的决定，但是如果直到优先权日起 17 个月期限届满时未收到许可，那么它必须作出所述决定和寄出通知书（规程第 330 条和本指南第 285 段至第 287 段）。

34. 在有关国家安全许可的规定妨碍了登记本和检索本的传送时，关于费用退还，见细则 15.4（iii）和 16.2（iii）以及本指南第 268 段至第 271 段。

第 4 章
根据条约第 11 条（1）的检查；
给出国际申请日的条件

接收据称的国际申请

35. 标注。受理局收到据称是国际申请的文件时，应当在请求书最后一页的规定位置上，用不可擦除的方式标注实际收到日。然后按照规程第 307 条给国际申请一个号码，并将此号码标注在请求书第一页的规定位置和据称的国际申请的每一页的右上角位置上［规程第308条（a）和（b）］。如果申请人没有使用请求书表格，受理局按本指南第75A段所述的方式进行处理。如果提交了费用计算页，受理局也在该页的规定位置上标注收到日。

36. 受理局可以通知（为此目的可使用表格PCT/RO/125）申请人，已经收到据称的国际申请（规程第301条）。本通知书不要与国际申请号和国际申请日通知书（本指南第44段）混淆，它不是强制性的，而取决于受理局对向其提交的国家申请的实际做法。如果按照其国家的实际做法，专利局通常在对国家申请给出申请日之前把收到该国家申请之事通知申请人，那么作为受理局也应对国际申请作同样处理。

37. 传真传送文件的确认副本。如果受理局接受传真提交的国际申请，当其收到用传真以外的方式送交的据称是国际申请时，在标注收到日和给出申请号之前，应当检查这些文件是新收到的据称的国际申请，还是已经通过传真机收到的据称的国际申请。在后一情形下，受理局应当在原件请求书第一页下部和说明书第一页下部标注"确认副本"字样，或者使用公布该国际申请所用语言的相应词语标注。如果通过传真仅收到部分页，并且随后申请人仅提交了这些页的原件，应当在所收到的原件的每一页上标注"确认副本"字样。

38. 传真收到的国际申请是登记本。因此，标注在"确认副本"请求书最后一页上的收到日是收到传真传送的日期（规程第331条）。是否需要把传真传送的确认副本的页标注为根据规程第325条所述的替换页，取决于传真页是否存在任何形式上的缺陷［细则92.4（e）和本指南第208段至第210段］。

给予国际申请日的条件［条约第11条（1）］

39. 在收到据称的国际申请时，受理局迅速检查是否满足以下段落中所述的给予国际申请日的条件［条约第11条（1）、细则20.1（a）］。

40. 提交申请的权利。受理局检查申请人是否并不因为居所和国籍的原因而明显缺乏向该受理局提交国际申请的权利。如果有两个或两个以上申请人，只要向其提交国际申请的局是一个缔约国的受理局或者是代表一个缔约国的受理局，并且申请人中至少有一人是该缔约国的居民或国民即可（细则18和19）。有关居所地和国籍的确定见本指南第82段至第87段。如果作为某一缔约国的居民或国民的申请人向根据条约规定的作为受理局的国家局提交了一份国际申请，而该局因申请人的国籍或居所的原因没有权力接受该国际申请，适用细则19.4（a）（ⅰ）（本指南第274段至第277段）。

41. 语言。受理局检查国际申请是否使用了规定的语言撰写。为给予国际申请日的目的，仅需说明书（说明书的任何序列表部分除外）和权利要求书是使用受理局根据细则12.1（a）为提交国际申请接受的语言或语言之一撰写。[①] 有关说明书序列表部分的语言，见本指南第56A段。有关请求书的语言，见本指南第59段。有关摘要和附图中任何文字的语言，见本指南第62段。如果作为某一缔约国的居民或国民的申请人向作为条约规定的受理局的国家局提交了一份国际申请，而撰写该国际申请所使用的语言不是该国家局接受的语言，而是作为受理局的国际局接受的语言，适用细则19.4（a）（ⅱ）（本指南第274段至第277段）。

[①] 如果国际申请是向作为受理局的美国专利商标局提交的，国际申请的所有部分（即请求书、说明书、说明书的序列表部分、权利要求书、摘要、附图中的任何文字）必须用英语撰写［见细则20.1（c）和（d）］。

42. 其他最低要求。受理局检查据称的国际申请是否至少包含以下要件：
（ⅰ）作为国际申请提交的说明（该说明已包含在印制的请求书表格中）；
（ⅱ）申请人的姓名：为给予国际申请日，只要能够确认申请人的身份即可，即使该姓名拼写不正确或者名字没有完整写明，或者在申请人是法人的情况下仅写明了缩写或不完整的名称［细则20.1（b）］；
（ⅲ）看起来是说明书的部分；
（ⅳ）看起来是一项或几项权利要求的部分。

肯定的结论［满足条约第11条（1）的要求］

43. 给出国际申请日。如果条约第11条（1）全部条件得到满足，除按细则19.4（参见本指南第274段至第277段）规定必须把国际申请传送给作为受理局的国际局的情形，受理局根据条约作出肯定的结论，并给予国际申请日［细则20.2（a）］。受理局在请求书的第一页上标注国际申请日，该日期与国际申请的实际收到日一致，以及受理局的名称和"PCT International Application"或"Demande international PCT"字样；如果受理局的官方语言既不是英语也不是法语，"International Application"或"Demande internationale"字样可以附以受理局的官方语言或官方语言之一的译文［规程第308条（c）］。

44. 通知申请人。受理局在给予国际申请号和国际申请日后，应当迅速将其通知申请人（表格PCT/RO/105）；受理局除非同时把登记本传送给国际局，应当把寄给申请人的通知书副本送交国际局［细则20.2（c）］（本指南第285段至第287段）。如果要求了一项在先申请（或几项在先申请）的优先权，在寄送给国际局的通知书副本上，必须写明所要求的（最早的）优先权日（规程第324条）。即使本指南第32段至第34段所说的国家安全的许可在那时尚未获得（表格PCT/RO/105为此设有选择方框），也必须把表格PCT/RO/105的副本寄送给国际局，以便国际局（并且仅仅此时才能够）核查登记本的接收，并根据细则22.1（b）和（c）的规定处理。

条约第11条（1）所述的缺陷

45. 要求改正。如果受理局发现国际申请未满足条约第11条（1）的任何要求，应当通知申请人（表格PCT/RO/103）提交所要求的改正［细则20.3（a）］，或者，如果上述要求是有关遗漏项目的，根据细则20.6（a）通知申请人确认，所涉及的项目是根据细则4.18通过援引加入的［细则20.3（a）］，除非该受理局已根据细则20.8（a）通知国际局细则20.6不符合其本国法。

45A. 如果在确定据称的国际申请是否满足条约第11条（1）的要求时，受理局发现条约第11条（1）（ⅲ）（d）或（e）所述的整个项目或说明书、权利要求书、附图（包括全部附图的情况）的一部分被错误提交或看起来被错误提交的，受理局按照本指南第195段至第199段和第203A段至第206段进行处理。

46. 期限。根据细则20.7，期限是自通知之日起2个月。如果该期限在所要求优先权的最早在先申请的申请日起12个月后届满，受理局必须将这一情况通知申请人［细则20.3（a）］；表格PCT/RO/103包含为此目的的选择方框。该期限不能延长。如果根据条约第11条（2）的改正或者根据细则20.6（a）确认援引加入依据条约11（1）（ⅲ）（d）或（e）所述遗漏部分的通知，受理局均未在2个月期限届满前收到，在期限届满后但在受理局根据细则20.4（ⅰ）给申请人发出通知（表格PCT/RO/104）之前，受理局收到的任何上述改正或通知应被认为在期限内收到［细则20.7（b）］。

47. 申请人可能会答复通知（表格PCT/RO/103）以改正据称的国际申请，他可以通过提交根据条约第11条（2）的改正，或者如果缺陷涉及条约第11条（1）（ⅲ）（d）（说明书）或者（e）（权利要求）项目的遗漏，也可以根据细则20.6（a）通过确认援引加入遗漏项目的方法改正。第二种方式不适用于那些已经根据细则20.8（a）通知国际局细则20.6（a）与本国法不兼容的受理局。这些受理局根据细则20.8（a之三）所述进行处理，或者迅速要求国际局作为受理局同意根据本指南第278段至第281段所述的程序，根据规程第333条（b）和（c）向其传送国际申请。遗漏附图应作为"遗漏部分"而非"遗漏项目"对待，因为根据条约第11条（参见第8章），它们不用来确定国际申请日。

根据条约第11条（2）的改正

48. 如果受理局确认申请人在规定期限内作出了答复，并且提交的改正满足要求，在请求书最后一页（名为"仅由受理局使用"栏的第4项）受理局标注改正的接收日为"在期限内收到根据条约第11条（2）要求的改正的日期："，并在请求书第一页上将该日期标注为国际申请日［细则20.3（b）（ⅰ）］。如果要求了一项在先申请的优先权，由于作出肯定结论，国际申请日为自（最早的）优先权日起1年之后，受理局则按照本指南第167段至第172段所述处理。有关后提交页适用的程序见本指南第200段至第207段。

48A. 如果从请求书中给出的有关申请人的国籍和居所的说明来看，没有一个申请人有权提交国际申请，而且受理局已经按照条约第11条（1）（ⅰ）发出改正缺陷通知书，但是申请人提供证据使受理局相信，事实上在国际申请的实际收到日，申请人有权向该受理局提交国际申请，那么适用下列程序：上述通知书被认为是根据条约第14条（1）（a）（ⅱ）和细则4.5要求申请人改正有关申请人的居所和/或国籍说明的缺陷的通知书，申请人可以据此改正相应的说明（规程第329条）。如果进行了这样的改正，应认为不存在根据条约第11条（1）（ⅰ）的缺陷。① 如果由于申请人的国籍和/或居所使受理局不能受理国际申请，受理局应当根据细则19.4（a）（ⅰ）按本指南第274段至第277段所述把该申请传送给作为受理局的国际局。

根据细则20.6（a）确认援引加入遗漏项目

49. 如果受理局及时（参见本指南第46段）收到确认援引加入遗漏项目的通知，该局应如后段所述，检查是否满足细则20.6的所有要求。

49A. 受理局检查：

（a）请求书（表格PCT/RO/101）是否包含根据细则4.18的声明，如果该声明未包含在提交申请时的请求书中，其是否包含在国际申请中，或者随国际申请一起提交；

（b）申请人是否在提交申请时要求了在先申请的优先权；

（c）申请人是否提交了该在先申请的优先权文本，或者至少是该在先申请的简单副本；以及

（d）根据细则20.6（a）（ⅲ）的情况，申请人是否提交了译文或在先申请的译文。如果申请人已经符合细则17.1（a）至（b之二）的规定，受理局不应当要求申请人再提交相关优先权文件的另一副本。如果该优先权文件已经由申请人提交给国际局，或者

---

① 美国专利商标局作为受理局已通知国际局，该段规定的程序和规程第329条不适用于该局。

由受理局传送给国际局，受理局可以请求国际局提供所述文件的副本。

49B. 受理局检查申请人随确认援引加入遗漏项目的通知提交的页，其全部项目是否均包含于在先申请中。为此，受理局需要对比在先申请与申请人根据细则20.6（a）（ⅰ）在后提交的页的相关内容。如果在后提交的页看起来超出了形式缺陷的改正，并且修改了申请的实质内容，受理局可以在适用的情况下，通知（表格PCT/RO/108）申请人根据细则91请求主管国际检索单位许可更正明显错误。

49C. 国际申请提交时包含多于一项的优先权要求的，申请人可以从这些在先申请的任一项中援引加入项目。为满足细则11的形式要求，若提交页中的权利要求编号、页或段落编号、引用编号或附图中的引用标记与在先申请不同，这些关于形式方面的修改，通常不认为是改变在先申请中包含的内容。

49D. 当受理局发现已经符合细则4.18和20.6（a）的所有要求，该局应当按照规程第309条（b）的程序处理，并相应地发出表格PCT/RO/114。受理局将有关遗漏项目视为已于首次收到条约第11条（1）（ⅲ）提到的一个或多个项目的当天提交，并据此给予国际申请日［细则20.3（b）（ⅱ）］（参见本指南第43段）。

50. 否定的结论（细则20.4）。如果受理局发现，没有及时收到根据条约第11条（1）的缺陷改正，或者收到改正但申请仍不能满足条约第11条（1）的要求，或者缺陷不能根据细则4.18和20.6通过援引加入遗漏部分克服，一旦细则20.7（a）规定的期限届满，受理局应当作如下处理：

（ⅰ）在已经标注国际申请号的所有文件上删除国际申请号中的标识字母"PCT"，然后在任何与据称的国际申请有关的后续信件中使用不带上述字母的所述号码［规程第308条（d）］；

（ⅱ）通知（表格PCT/RO/104）申请人，该申请将不作为国际申请处理，文件上标注的号码将不再作为国际申请号使用［细则20.4（ⅰ）和（ⅱ）］；把该通知书的副本寄给国际局；

（ⅲ）不再传送登记本和检索本，但保存据称的国际申请和与其有关的任何信件［细则20.4（ⅲ）］；仅在根据条约第25条（1）复查的情形下，应特别请求，受理局才将上述文件的副本寄给国际局［细则20.4（ⅳ）］；并

（ⅳ）退还（表格PCT/RO/119）已经收到的任何国际申请费和/或检索费［细则15.4（ⅰ）和16.2（ⅰ）］；只要不与受理局适用的规定相抵触，也可以退还已经收到的任何传送费。有关退费的程序，见本指南第268段至第271段。

受理局的错误

51. 如果受理局发现或在收到申请人的答复后意识到，由于收到文件时已满足条约第11条（1）的要求而不应发出改正通知时，应当按照本指南第43段和第44段所述处理［细则20.3（c）］。

随后发现未符合条约第11条（1）的要求

52. 如果在国际申请日起4个月期限内，受理局发现条约第11条（1）（ⅰ）至（ⅲ）所列要求的任何一项在该日没有满足，应按照条约第14条（4）以及细则29.4和30进行处理。然而，如果满足了根据细则19.4（a）（ⅰ）或（ⅱ）向作为受理局的国际局传送据称的国际申请的条件，受理局不适用该程序，在此情形下，受理局把申请传送给

作为受理局的国际局（本指南第274段至第276段）。

53. 如果受理局准备根据条约第14条（4）宣布国际申请被视为撤回，应将此意图通知（表格PCT/RO/115）申请人，并说明理由。同时受理局要求申请人根据细则29.4（a）在通知之日起2个月内向其提交陈述意见。如果缺陷包含了条约11（1）（ⅲ）（d）或（e）涉及的遗漏项目，那么受理局也应根据细则20.6（a）要求申请人确认该项目是根据细则4.18援引加入的，除非受理局已经根据细则20.8（a）通知国际局细则20.6（a）不符合其本国法。如果在该通知书之后受理局决定不再作出这样的宣布，例如在考虑了申请人提交的陈述意见之后和/或在根据细则20.6（b）作出决定之后，应按规程第312条的规定通知申请人（表格PCT/RO/127）和/或按照规程第309条（b）所述程序处理，并发出表格PCT/RO/114。

54. 如果尽管申请人陈述了意见，或者援引加入遗漏项目［细则20.6（c）］被拒绝，但受理局根据条约第14条（4）仍宣布国际申请被视为撤回，应按照细则29.1进行处理。根据条约第14条（4）的宣布只有在受理局确认，在国际申请日起4个月内，条约第11条（1）（ⅰ）至（ⅲ）所列的任何要求在该日期（细则30.1）没有满足时，才能作出。给申请人的通知书用表格PCT/RO/143。通知书必须写明作出该宣布的理由。在适用的情况下，应同时发出表格PCT/RO/114拒绝援引加入。

第5章
语言检查［条约第3条（4）（ⅰ）；
细则12.1、12.3、12.4和26.3之三］

概述

55. 按照条约第3条（4）（ⅰ），国际申请（即国际申请的所有要件：请求书、说明书、权利要求书、摘要和附图中的任何文字）必须使用"规定的语言"撰写。此要求意味着，说明书、权利要求书、摘要和附图中的任何文字必须使用受理局根据细则12.1（a）和（d）为接受国际申请规定的语言或语言之一撰写，而请求书必须使用受理局接受的任何一种公布语言提交［细则12.1（c）］。国际申请的公布语言是阿拉伯文、中文、英文、法文、德文、日文、韩文、葡萄牙文、俄文和西班牙文［细则48.3（a）］。

56. 有关说明书（其任何序列表部分除外）和权利要求书，符合国际申请必须使用规定的语言撰写的要求是给予国际申请日的一个条件［条约第11条（1）和细则20.1（c）］。如果说明书和/或权利要求书，或者说明书和/或权利要求书的任何部分（说明书的任何序列表部分，见本指南第56A段）未使用规定的语言，除因国家安全许可的任何要求以及缴纳任何所需的费用之外，受理局必须把国际申请传送给作为受理局的国际局（本指南第274段至第282段）。

56A. 关于说明书的任何序列表部分，受理局不需要检查语言相关自由文本是否是以细则12.1（d）所接受的语言提交的。然而，如果受理局注意到语言相关自由文本不是以所接受的语言提交的，受理局将根据细则19.4（a）（ⅱ）的规定向作为受理局的国际局传送国际申请（本指南第41段和第274段至第282段）。

57. 有关摘要、附图中可能包含的任何文字和请求书，符合语言的要求并不是给予国际申请日的条件。如果摘要或附图中的任何文字未符合条约第 3 条（4）（ⅰ）和细则 12.3（a），即如果国际申请的这些要件没有使用与说明书和权利要求书相同的语言撰写，受理局根据细则 26.3 之三（a）的规定进行处理（本指南第 63 段）。如果请求书不符合条约第 3 条（4）（ⅰ）和细则 12.1（c），受理局则根据细则 26.3 之三（c）的规定进行处理（本指南第 60 段）。①

58. 根据细则 12.1（a），受理局可以接受使用不是主管国际检索单位为进行国际检索目的接受的语言提交的国际申请。如果申请人提交国际申请所使用的语言是该申请选择的主管国际检索单位不接受的语言，应当按本指南第 69 段所述要求申请人为国际检索目的提供译文。有关国际申请的语言的规定应理解为，使用其原始语言的国际申请或任何所需的译文只要满足国际阶段第Ⅰ章程序的每一个阶段的要求即可（为受理局处理国际申请、国际检索单位进行国际检索并作出书面意见和国际公布的目的）［细则 12.1（b）、12.3（a）和 12.4（a）］；如果国际申请必须翻译，对于上述所有阶段仅需一个译本。

请求书的语言

59. 要求。有关请求书，受理局在细则 26.3 之三（c）规定的期限内检查请求书（包括根据细则 4.17 包含在请求书中的任何声明）是否符合细则 12.1（c），即提交请求书的语言是否是受理局接受的公布语言。

60. 缺陷的改正。如果请求书不符合细则 12.1（c），受理局要求申请人（表格 PCT/RO/106）在细则 26.2 规定的期限内［细则 26.3 之三（c）］以其接受的任何一种公布语言向其提供请求书（包括根据细则 4.17 包含在请求书中的任何声明）。如果申请人可以在两种或两种以上语言中进行选择，受理局随同通知书一起把使用这些语言的请求书表格副本寄给申请人。受理局应将该通知书的副本寄给国际局。② 根据细则 26.3 之三（c），任何关于所提交的请求书译文缺陷的改正，必须使用译文的语言提交［细则 12.2（c）］。

61. 未改正。如果受理局已经根据细则 26.3 之三（c）向申请人发出通知书，而申请人在规定期限内没有提交要求的改正，受理局按照细则 26.5 的规定进行处理，并且当结论是否定的时候，视情况比照适用细则 29.1 宣布（表格 PCT/RO/117）国际申请被视为撤回。在此情形下适用的程序，见第 159 段。

摘要和附图中文字的语言

62. 要求。有关摘要和附图中的任何文字，受理局在细则 26.1 规定的期限内［细则 26.3 之三（a）］检查这些部分是否使用与说明书和权利要求书相同的语言提交。

63. 缺陷的改正。如果撰写摘要和/或附图中任何文字、或摘要和/或附图的任何部分的语言与撰写说明书和权利要求书的语言不相同，受理局要求（表格 PCT/RO/106）申请人在细则 26.2 规定的期限内［细则 26.3 之三（a）］向其提供摘要和/或附图中任何文字的译文，该译文应当使用根据细则 48.3（a）或（b）公布该国际申请的语言，除非：

（ⅰ）根据细则 12.3（a）或 12.4（a）要求提供（整个）国际申请的译文（本指南第 67 段或第 67A 段）；或

---

① 如果国际申请是向作为受理局的美国专利商标局提交的，国际申请的所有部分（即请求书、说明书、说明书的序列表部分、权利要求书、摘要、附图中的任何文字）必须用英语撰写［见细则 20.1（c）和（d）］。

② 如果国际申请是向作为受理局的美国专利商标局提交的，见本指南第 57 段和附随的脚注。

(ⅱ）摘要和附图中任何文字（已经）使用公布该国际申请应当使用的语言撰写。

64. 在通知书中，受理局应当写明摘要或附图中任何文字应当译成的语言，以便满足细则26.3之三（a）的要求。细则26.3和26.3之二有关形式的要求（本指南第132段至第146段）比照适用于申请人根据细则26.3之三（a）提交的任何译文。

65. 未改正。如果受理局根据细则26.3之三向申请人发出了通知书，并且申请人在适用的期限内没有提供所要求的译文，受理局比照适用细则26.5和29.1的规定进行处理［细则26.3之三（a）］。在此情形下适用的程序，见本指南第159段。

为国际检索和国际公布目的接受的语言

66. 主管国际检索单位对国际申请语言的要求。受理局检查国际申请是否使用完成国际检索的国际检索单位所接受的语言撰写［《PCT申请人指南》附件D、官方公告（PCT公报）］。如果有多个主管国际检索单位，申请人必须指明其选择的一个国际检索单位（本指南第114段）。

67. 不是为国际检索目的接受的语言。如果提交国际申请的语言不是申请人选择的主管国际检索单位所接受的语言，申请人必须在受理局收到国际申请之日起1个月内向该局提供同时是下列语言的国际申请的译文：

（ⅰ）该国际检索单位接受的语言；和

（ⅱ）公布的语言；和

（ⅲ）根据细则12.1（a）受理局接受的语言，除非国际申请已用公布语言提交。

67A. 不是为国际公布目的接受的语言。如果提交国际申请的语言不是公布的语言并且不要求提供根据细则12.3（a）的译文，申请人必须在优先权日起14个月内向受理局提供受理局为国际公布目的接受的任何一种公布语言的国际申请译文。

67B. 对于说明书的任何序列表部分，有关为国际检索和国际公布目的的译文的要求仅适用于语言相关自由文本［细则12.3（a之二）和细则12.4（a之二）］。

68. 有关为国际检索和国际公布目的的译文的要求不适用于请求书［细则12.3（b）、12.4（b）和本指南第59段至第61段］。

69. 为国际检索目的要求提供译文和缴纳后提交费。如果提交国际申请使用的语言不是主管国际检索单位所接受的语言，并且申请人在受理局根据细则20.2（c）向其发出通知书，没有提供根据细则12.3（a）要求的译文（本指南第67段），受理局最好在根据细则20.2（c）寄出该通知书（即表格PCT/RO/105）的同时通知申请人（使用表格PCT/RO/150，其副本寄给国际局）：

（ⅰ）细则12.3（a）规定的期限内，即在受理局收到国际申请之日起1个月内，向受理局提供所要求的译文；在通知书中，受理局指明国际申请应当译成的一种或几种语言，以便满足细则12.3（a）的要求；

（ⅱ）所要求的译文没有在（ⅰ）所述的1个月期限内提供时，在通知之日起1个月内或在受理局收到国际申请之日起2个月内（以后到的期限为准）提供该译文并在适用时缴纳细则12.3（e）所述的后提交费［细则12.3（c）］。

69A. 为国际公布目的要求提供译文和缴纳后提交费。如果提交国际申请的语言不是公布的语言并且根据细则12.3（a）不要求提供译文，并且申请人没有根据细则12.4（a）的要求在优先权日起14个月的期限内提供译文（本指南第67A段），受理局通知申请人（使用表格PCT/RO/157，其副本寄给国际局）自优先权日起16个月内［细则12.4（c）］：

（ⅰ）提供所要求的译文；

（ⅱ）适用的情况下，缴纳细则12.4（e）所述的后提交费。

在通知书中，受理局指明为了满足细则12.4（a）的要求，国际申请可译成的语言或几种语言。

70. 译文的检查。当受理局收到为国际检索或国际公布目的的译文时，在该译文的每一页的右上角用不可擦除的方式标注国际申请号［规程第308条（b）］，并紧接着在其下方标注收到日。如果在适用的期限届满之前（本指南第69段和第69A段）受理局注意到原始文本与译文之间有明显的不一致，例如页数、权利要求的项数、标题等，受理局应提请申请人注意该不一致并给申请人在适用的期限内进行必要改正的机会（本指南第69段和第69A段）。在适用的期限内，申请人有权提供规程第305条之二（c）和第308条（b）规定的印有标记的译文的改正版。如果受理局已经将原始译本传送给国际局，受理局应提醒国际局注意这些改正的页将替换原先传送的译本。有关是否满足复制条件和/或适度统一公布的要求，见本指南第132段至第138段。受理局无须检查任何序列表的译文。

71. 未提供所要求的译文。如果受理局向申请人发出了细则12.3（c）或12.4（c）规定的通知书，而申请人在细则12.3（c）（ⅱ）或12.4（c）适用的期限内没有提交所要求的译文，或者所提交的译文不符合上述要求，或者未缴纳任何规定的后提交费，受理局宣布（表格PCT/RO/117）国际申请被视为撤回，但是在受理局作出该宣布之前和在优先权日起15个月［细则12.3（d）］或17个月［细则12.4（d）］期限届满之前收到的译文和费用被认为在适用期限届满前收到的［细则12.3（d）或12.4（d）］。如果登记本和检索本已分别传送，把该通知书副本寄给国际局和国际检索单位。

第6章
根据条约第14条的检查和其他形式要求

概述

72. 条约第14条（1）（a）从受理局检查国际申请的角度，列出了一些形式缺陷（签字、申请人事项、发明名称、摘要和形式要求）。根据条约第14条（1）（b），如果受理局发现这些缺陷之一，通知申请人（表格PCT/RO/106）在规定的期限内改正，如果没有改正，受理局宣布国际申请被视为撤回。与受理局检查国际申请的上述部分有关的规定以及与向受理局提出改正有关的规定（包括改正期限），包含在细则26中。

73. 条约第14条（1）（a）所述的某些要求列举在细则4中，细则4规定了请求书中应当包含的某些事项，以及按照申请人的选择，所包括的某些声明。细则4还包含一些条约第14条（1）（a）没有包括的其他要求。有关条约第14条（1）（a）没有包括的事项和声明——例如，有关发明人事项（细则4.6）、有关在先检索的事项（细则4.11）或关于国家要求的声明（细则4.17），不应适用条约第14条（1）（b）和细则26的规定。也就是说，符合这些要求是非强制的，即使没有符合这些要求，在国际阶段中对国际申请的处理也可以继续进行。

74. 关于根据细则26要求改正的程序以及包括依职权改正在内的其他缺陷的改正的

详细情况，见本指南第 153 段至第 165 段。

形式要求

请求书表格

75. 受理局检查请求书是否：

（a）使用表格 PCT/RO/101；

（b）是计算机打印件，其版面和内容与表格 PCT/RO/101 格式一致［细则 3.1 和规程第 102 条（h）］；或者

（c）可由总干事确定，使用计算机打印件的请求书的其他格式：任何这样的其他格式在官方公告（PCT 公报）上公布［规程第 102 条（i）］。

75A. 如果请求书是用与表格 PCT/RO/101 的格式一致的计算机打印件提交，受理局检查该打印件是否符合规程第 102 条（h）的规定。在既未使用表格 PCT/RO/101，又未使用符合规程第 102 条（h）要求的计算机打印件的情形下，受理局提请申请人注意此事，并通知（表格 PCT/RO/106）申请人填写表格 PCT/RO/101 的复印件（通知书中附此复印件），并在通知书规定的期限内将填写的表格复印件寄回受理局。这样填写的请求书表格不得与国际申请日提交的请求书不一致。如果有关申请人（本指南第 78 段至第 87A 段和第 95 段至 97 段）、发明人（本指南第 88 段至第 97 段）、代理人或共同代表（本指南第 117 段至第 121 段）的某些说明与提交国际申请之日所作的说明不一致，适用本指南第 309 段至第 312 段所述的程序。如果受理局接受两种或两种以上语言提交的国际申请，见本指南第 60 段。请求书中可能包含的所有说明，除涉及优先权要求的说明和涉及国家阶段所要求的声明分别在第 7 章和第 7 章之二中介绍外，均在以下段落中介绍。

75B. 表格 PCT/RO/101 及与该表一致的计算机打印件在下面的本指南第 76 段至第 128 段中述及。

申请人档案号

76. 如果申请人在请求书中写明了档案号，该档案号不得超过 25 个字符［细则 11.6（f）和规程第 109 条］，以便满足在计算机管理系统中处理。如果该档案号超过 25 个字符，并且除下句另有规定外，受理局可以依职权将其截短到 25 个字符并且通知（表格 PCT/RO/146；也可见本指南第 165 段）申请人或者通知（表格 PCT/RO/106）申请人修改该号，使其符合规程第 109 条。如果受理局愿意，可以不截短档案号或者不通知申请人修改，而保留原有的档案号。关于改正，见本指南第 153 段至第 165 段和附件 B。

发明名称

77. 国际申请必须包括发明名称［条约第 14 条（1）（a）（ⅲ）］。发明名称必须在请求书第 I 栏和说明书第一页的开头写明两次［细则 4.1（a）（ⅱ）和 5.1（a）］。两次写明必须一致。如果国际申请不包括发明名称，受理局通知（表格 PCT/RO/106）申请人根据细则 26 改正该缺陷，并把通知书副本寄给国际局和国际检索单位（细则 37）。如果仅在请求书中写明了发明名称而在说明书第一页上未写明，或者相反，或者这些纸页之一上写明的发明名称有拼写错误，受理局可以依职权改正该缺陷（本指南第 161 段至第 165 段）。在其他所有情形下，受理局通知（表格 PCT/RO/106）申请人改正发明名称（见本指南第 153 段至第 155 段）。受理局没有责任检查发明名称是否符合细则 4.3 的规定。

有关请求书中的申请人和发明人事项
有关申请人事项

78. 请求书必须包含有关申请人的规定事项［条约第14条（1）（a）（ⅱ）］。有关规定在细则4.4和4.5（a）至（d）中。申请人已由受理局登记的，请求书也应写明申请人登记时的号码或其他事项［细则4.5（e）］。

79. **姓名和地址**。根据细则4.4和4.5（a）（ⅰ）和（ⅱ），姓应当写在名的前面；头衔和学位应当删除；法人名称应当使用其正式全称（与该法人的法律状态有关的通用缩写，如果已经构成其正式全称的一部分，则可以使用，例如"Ltd.""Inc.""GmbH"）；地址必须用能够达到快速邮递的方式写明；如果国家可以由双字母代码和/或邮政编码确定（例如，CH－1211 Geneva 20），有关国家的其他指明方式没有必要。有关改正，包括依职权删除多余事项，见本指南第153段至第165段和附件B。

80. 如果姓名或地址不是用拉丁字母书写的，还必须用拉丁字母通过纯音译或意译翻成英文写明。国家名称必须译成英文（细则4.16）。如果没有给出上述意译或音译或其存在缺陷，受理局可以依职权进行音译或意译或者对其进行改正（本指南第161段至第165段）。

81. 除以下两种特殊情形外，对每个申请人只能指明一个地址。第一，如果在请求书第Ⅳ栏中未委托代理人但申请人中的一个被指定为共同代表，可以在请求书第Ⅳ栏中为该共同代表指明一个不同于第Ⅱ栏或第Ⅲ栏的地址（例如，法人的专利机构的地址）。第二，如果既未委托代理人也未指明共同代表，申请人可以在请求书第Ⅳ栏中指明一个专门为通信的地址，此时应当在第Ⅳ栏下部相应的选框中作出标记（本指南第118段）。

82. **国籍和居所**。为了确定申请人是否有权向受理局提交国际申请，必须写明其国籍（本指南第83段）和居所（本指南第84段）。申请人是否是其所声明的某一缔约国的居民或者国民的问题，应取决于该国的本国法，并由受理局决定［细则18.1（a）］。如果所有申请人在主管受理局所在国都没有居所或国籍，该受理局根据细则19.4把国际申请传送给国际局（本指南第274段至第277段）。

83. 根据细则4.5（a）（ⅲ）和（b）以及18.1的规定，每一个申请人的国籍必须用该人是其国民的国家名称表示。然而，无论如何，依照某国法律成立的法人被认为具有该国的国籍［细则18.1（b）（ⅱ）］。

84. 根据细则4.5（a）（ⅲ）和（c）以及18.1的规定，每一个申请人的居所必须用其作为居民所在国家的名称表示。然而，无论如何，在一个国家拥有的真实有效的工商营业所被认为是在该国的居所［细则18.1（b）（ⅰ）］。如果在请求书中没有明确写明居所地国家，申请人地址中写明的国家被推定为申请人的居所地国家（请求书第Ⅱ栏和第Ⅲ栏的注释）；受理局据此依职权（见本指南第161段至第165段）写明有关居所地国家事项。如果地址不包含任何国家并且不能根据该地址中其他部分确定其国家，受理局根据细则26通知（表格PCT/RO/106）申请人写明地址所在国家和居所地国家。

84A. 如果有多个申请人，为了条约第14条（1）（a）（ⅱ）的目的，根据细则26.2之二（b），只要其中有一个申请人指明了根据细则4.5（a）（ⅱ）和（ⅲ）所要求的地址、居所和国籍的事项，并且该人根据细则19.1有权向受理局提交国际申请即可。在这种情况下，受理局不再根据细则26.1要求申请人提供缺少的其他申请人事项。

85. 国家名称应当用其全称、公认的简称或WIPO标准ST.3中的双字母代码写明

（规程第 115 条）。名称和双字母代码也列于《PCT 申请人指南》附件 K 中。

86. 如果一个申请人指明其是两个或多个国家的国民和/或居民，受理局不采取任何行为，因为国际局在公布的国际申请中仅包括首先提及的并且是 PCT 缔约国的国家，或者，如果指明的国家中没有一个是缔约国，则包括第一个提及的国家。

87. **独立领地和其他不是国家的地区**。细则 4.5（b）和（c）要求指明申请人有其国籍和居所地的国家的名称。如果申请人指明独立领地或不被联合国认为是"国家"的地区的名称以代替国籍或居所地的国家，或申请人没有指明国家，受理局可以通知申请人改正请求书以符合细则的规定，或者在受理局的本国法和适用的实际做法允许并在得到充分信息的条件下，受理局可以依职权进行改正（本指南第 161 段至第 165 段）。一般说来这种改正不是必需的，但是如果请求书中除此之外关于任何申请人都没有包含一个是 PCT 缔约国的国籍或居所所属国的指明，以至于根据条约第 11 条（1）（i）不进行这样的改正将使所有申请人都无权提交国际申请时，这种改正是必需的（本指南第 82 段至第 86 段）。至于国际申请的国际公布，国际局的实践是，仅当按照联合国的实践其被认为是国家时，才作为国籍或居所地国家公布；否则将用"−"取代已公布的国际申请中的国家（"［−/−］"将表示没有国籍和居所国家事项）。

87A. 如果申请人是一个政府间组织，例如世界卫生组织，应当写明没有国籍，受理局不应因政府间组织没有国籍而要求或进行改正。

有关发明人的事项

88. 只要有一个指定国的本国法要求在提交国家申请时提供发明人的姓名，就必须提供关于发明人的事项［细则 4.1（a）（iv）］。有关要求这种指明的国家和地区专利组织，见《PCT 申请人指南》附件 B1 和 B2。如果任何指定国的本国法都不要求在提交国家申请时提供发明人的姓名，请求书中可以不包括发明人的事项［细则 4.1（c）（i）］。如果根据细则 4.1（a）（iv）要求提供发明人事项或是根据细则 4.1（c）（i）包括了发明人事项，该事项必须包括发明人的姓名和地址，或者如果有几个发明人时每一个发明人都应符合细则 4.4 和 4.6（a）的规定（本指南第 79 段）。需要指出的是，法人不能作为发明人。对于被指明为仅仅是发明人的人，不要求有关国籍和/或居所地的说明。受理局应依职权删除这种说明。

89. 如果申请人也是发明人，根据不同情况，在请求书第 Ⅱ 栏中的"该人也是发明人"选框中，或者在请求书第 Ⅲ 栏中的"申请人和发明人"选框中必须作出标记［细则 4.6（b）］。如果申请人是法人，不应在这些选框作出标记。在请求书第 Ⅱ 栏和第 Ⅲ 栏中，一个人应仅指明一次，即使该人同时是申请人和发明人。在请求书第 Ⅲ 栏中，对每一个提及的人，都必须对位于右边的选框之一作出标记。

90. 如果没有指明任何发明人，而根据细则 4.1（a）（iv）需要写明本指南第 88 段所述的说明时，受理局可以提醒申请人注意（表格 PCT/RO/132）某些指定国的法律要求在请求书中写明发明人的姓名和提供有关发明人的某些信息。如果在传送登记本之前没有收到申请人对此通信的答复，受理局把该通信的复印件传送给国际局。有关改正，包括依职权改正，见本指南第 153 段至第 165 段以及附件 B。

91. ［已删除］

92. ［已删除］

93. ［已删除］

94. ［已删除］

对于不同的指定国的不同申请人或发明人

95. 细则4.5（d）规定，对于不同的指定国，请求书可以写明不同的申请人。为地区专利而指定的不同国家也可以写明不同的申请人［规程第203条（a）］。如果同时为国家专利和地区专利指定国家的目的，必须指明相同的申请人［规程第203条（b）］。如果不同的人（自然人或法人）作为不同指定国的申请人，那么必须对"补充栏内指明的国家"选框作出标记，并应当使用请求书补充栏。在此情形下，必须在补充栏内重复该人的姓名，并且写明该人作为申请人的指定国［该栏的1（ii）项］。在补充栏内，几个不同的人也可以被指明为对于不同指定国的发明人（例如，当指定国的本国法对此要求不同时）。

申请人或发明人死亡时应作的说明

96. 如果申请人死亡，申请人的权利继受人（例如继承人或法定代表人）应当根据细则92之二请求记录为新的申请人（本指南第309段至第313段）。应当说明请求记录变更的理由。如果没有提交请求书相应页的替换页或者附加页，受理局将变更记载到登记本上（可以在请求书中添加一页）。如果已死亡的申请人曾委托过代理人或共同代表，其权利继受人愿意继续由相同的代理人或共同代表作为代表人，该权利继受人应当考虑委托代理并提交相应的委托书。

97. 如果发明人在提交申请前死亡，请求书仅需写明发明人姓名并说明发明人死亡，例如：JONES，Bernard（已死亡）。

98. ［已删除］

99. ［已删除］

指定国

100. **国家**。根据细则4.9（a），提交请求书即构成：

（i）指定在国际申请日当天所有受条约约束的成员国；

（ii）指明国际申请就每一个适用条约第43条或第44条的指定国而言，通过指定该国，要求授予可获得的每一种保护类型（见本指南第108段至第111段）；并且

（iii）指明国际申请就每一个适用条约第45条（1）的指定国而言，要求授予地区专利，以及［除非适用条约第45条（2）］国家专利。

如果申请人没有使用请求书表格PCT/RO/101，或者如果申请人使用的是2004年1月1日以前发布的没有列出所有缔约国的旧请求书表格，或者如果国际申请日变到了2004年1月1日或以后，上述规定也是有效的。因此，受理局不检查是否所有缔约国都被指定，也不需要依职权添加指定国。

101. **从指定中排除某些国家**。根据细则4.9（b），申请人可以通过标注适用选框的方式表明未指定对德国、日本和/或韩国的任何国家保护类型。这种可能性仅限于这三个国家。所以，不会有其他国家在自动全部指定范围内被排除，而且在请求书中不允许撤回指定。如果申请人在请求书中清楚地指明或撤回了对某个缔约国的指定，受理局应根据细则4.19（b）和规程第303条的规定依职权删除这样的指明或撤回（本指南第161段至第165段）。然而，申请人可以根据细则90之二.2提交一份单独的通知来撤回指定。为欧洲专利的目的指定德国不受影响，因此，如果标注了选框，该国仍将保留为获得地区保护的指定。有关不指定德国、日本和/或韩国的任何国家保护类型的更详细信息，见请求书

表格第Ⅴ栏的有关注释。

102. 排除国的优先权要求。 根据细则4.9（b），只有在请求书表格中第Ⅵ栏中分别要求了德国、日本和/或韩国的在先国家申请的优先权时，申请人才在请求书表格第Ⅴ栏中排除对德国、日本和/或韩国的指定。如果申请时请求书中包含了根据细则4.9（b）未指定该国的说明，但是没有包含要求该国在先国家申请的优先权，根据细则26之二，受理局应迅速通知申请人（表格PCT/RO/132）。根据规程第319条，在细则26之二.1（a）的期限届满前，如果受理局没有收到改正或添加此类优先权的通知，受理局应把请求书第Ⅴ栏括在方括号内，用仍能看清楚的方式划去方括号里的事项，并在页边注明"受理局依职权删除"字样。受理局应迅速通知申请人和国际局（表格PCT/RO/146）。

103. 在国际申请日不受PCT约束的国家。 提交国际申请的当天不是缔约国的国家在提交的请求书中不被指定并且不能在请求书或随后的请求书中被指定。如果申请人在打印的请求书表格第Ⅴ栏中增加了在国际申请日以后成为PCT成员的国家，受理局依职权删除对非缔约国的任何国家的据称指定（规程第318条，本指南第161段至第165段）。

104. ［已删除］

105. ［已删除］

106. ［已删除］

107. ［已删除］

保护或处理的类型

108. 根据细则4.9（a）（ⅱ），提交请求书将构成国际申请如下的指明：就适用条约第43条或第44条的每一个指定国而言，通过指定该国要求授予该指定国可以提供的所有保护类型。根据提交的请求书，申请人将会自动和全部获得每一个指定国可以提供的所有保护类型。申请人可以根据细则4.11（a）（ⅰ）和（ⅱ）指明其按照细则49之二.1希望该国际申请在某些国家作为某种保护类型的申请（只适用于申请增补专利、增补证书、增补发明人证书或增补实用证书或在先申请的继续或部分继续申请；见本指南第116段），但这并不影响根据细则4.9所作出的指定的范围［细则4.11（b）］。根据细则4.9（a）（ⅱ），不能对保护类型进行进一步说明，也不能排除某种保护类型。如果请求书包含这样的事项，受理局应根据细则4.19（b）和规程第303条的规定依职权将其删除（本指南第161段至第165段）。但是，申请人可以提交一份单独的通知撤回某种保护类型（本指南第314段和第322段）。

109. ［已删除］

110. 如果在同一个国家可以获得不同的保护形式，只能为同一个申请人要求这些保护形式；例如，如果可以在获得发明专利保护外还获得实用新型保护，对于同一个指定国的这些不同的保护形式，不能指明不同的申请人。

111. 申请人希望国际申请在任何指定国不是作为专利申请处理，而是作为发明人证书、实用证书、实用新型、"小专利"、增补专利、增补证书、增补发明人证书或增补实用证书的申请处理（该国的本国法规定有这种保护形式），则可以根据细则49之二.1，仅当履行条约第22条所述进入国家阶段的手续时，向该国家局指明［关于根据细则4.11（a）（ⅰ）和（ⅱ）指出的事项，见本指南第116段］。

112. ［已删除］

不影响新颖性的公开

113. 关于不影响新颖性的公开或丧失新颖性例外的声明的程序，见本指南第192A段至第192E段。

主管国际检索单位

114. 受理局检查申请人指定的国际检索单位是否是进行国际检索的主管单位。任何受理局可以宣布一个或几个国际检索单位为负责对向其提交的国际申请进行国际检索的主管国际检索单位（条约第16条；细则35.1和35.2）。

115. 如果申请人指明的国际检索单位是主管国际检索单位或者只有一个主管国际检索单位，受理局在请求书最后一页注明该单位的名称。如果有多个主管国际检索单位并且申请人没有在请求书第Ⅶ栏内表明其选择，受理局检查与国际申请一起提交的其他文件，例如费用计算页或为国际检索目的提供的译文上是否有这种指明。如果不存在任何这种指明，受理局通知申请人在通知书指定的期限内指明对主管单位的选择。表格PCT/RO/132可以用于此目的。指定的期限应当视情况合理确定，应当为通知书发送之日起不少于15天，但不长于1个月。通知书可以指出其中一个国际检索单位作为申请人未能完全答复通知书时的默认选择。如果受理局同时也是一个国际检索单位，通常情况下，该局可以被设置为默认的国际检索单位。如果有多个主管国际检索单位，而申请人为该申请指明了一个非主管单位，受理局用同样的方式进行处理。受理局依职权删除对任何非主管国际检索单位的指明（本指南第161段至第165段），然后可以通过上述程序指明一个主管国际检索单位。

115A. 如果有多个主管国际检索单位，在将检索本传送给申请人最初选择的国际检索单位之前，申请人可以改变其选择。

专利申请或授权的标明

116. 如果为国家程序的目的，申请人欲指明根据细则49之二.1（a）或（b）希望国际申请在任何指定国作为增补专利、增补证书、增补发明人证书或增补实用证书申请进行处理〔细则4.11（a）（ⅰ）〕，或者申请人欲指明根据细则49之二.1（d）希望国际申请作为一个在先申请的继续或部分继续申请进行处理〔细则4.11（a）（ⅱ）〕，应在请求书补充栏第2项或第3项中指明，并指出相关的主申请、主专利或其他的主授权专利。如果根据细则4.11作出的指明看上去不正确或不完整，受理局可以提请申请人注意这一事实，并告知申请人可以根据细则26之四.1向国际局作出改正（表格PCT/RO/132）。请求书中包含的这种指明不影响根据细则4.9（a）作出的全部指定每种保护类型的情况。

在先检索和分类结果的使用

116A. **在先检索的引用。** 如果申请人希望国际检索单位将一份由该单位、其他国际检索单位或者一个国家（地区）局作出的在先的国际检索、国际式检索或国家检索的结果全部或部分地作为国际检索报告的基础，必须在请求书续第Ⅶ栏中作出相应的标明（细则4.12）。

116B. 如果申请人请求国际检索单位考虑一份在先检索的结果，受理局一般要检查申请人是否随国际申请一起提交了在先检索的结果，或者请求受理局或国际检索单位获得该结果。但是，受理局的这项检查并非是必需的，如果涉及的在先检索是由同一国际检索单位或作为国际检索单位的同一国家（地区）局作出的，根据细则12之二.1（c），这种情况下不要求申请人提交在先检索的结果。如果申请人对请求书续第Ⅶ栏第1项中的任一栏作出了标记，但没有对请求国际检索单位考虑在先检索这一栏作出标记或者通知受理局国际检索单位是否有相关文件，受理局应当依职权加以标明。受理局将检查这些文件是否符合请求书续第Ⅶ栏第1.2项中的标明，以及续第Ⅶ栏第1.2项中标明的信息是否完整，看上去是否正确。此外，根据细则12之二.1（b），如果申请人已勾选续第Ⅶ栏第1.2项中相关栏（第二主栏）请求受理局准备并向国际检索单位传送在先检索的结果，受理局将检查相关的在先检索是否已经完成，以及，在适用的情况下，细则12之二.1（b）中提及的费用是否已经缴纳。申请人也可以勾选续第Ⅶ栏第1.2项中相关栏（第二主栏）请求受理局准备并传送在先检索结果，即使该在先检索不是由该受理局完成，但该受理局可以通过其他途径获得该在先检索结果［细则12之二.1（d）］。

116C. 如果续第Ⅶ栏中的指明和提交的在先检索结果符合第116B段所述的要求，受理局根据具体情况传送或准备并传送，或者受理局以其可接受的形式和方式获得并传送检索本和在先检索的结果给国际检索单位。如果在先检索结果暂未包括在内，受理局还应将其完成的任何在先分类结果（如果有）副本与检索本一起传送给国际检索单位［细则23之二.1（b）］。如果申请人根据细则12之二.1（a）随国际申请一起提交了与请求有关的其他文件，受理局可以通知申请人这些文件应直接提交给国际检索单位，或者选择将这些文件传送给国际检索单位。

116D. **不完整或不正确的指明，或者在先检索结果缺失或不一致**。如果受理局发现请求书续第Ⅶ栏第1项中的指明不完整，与提交的在先检索结果不符，或看上去在其他方面不正确，受理局可以依照本指南第161段至第165段（依职权修改）或让申请人按细则91.1处理。但是，任何这些处理不应当延误向国际检索单位传送检索本。如果请求书续第Ⅶ栏第1项中不完整或不正确的标明不能通过依职权改正和/或依照细则91.1处理，或者申请人未能依照细则12之二.1（a）随国际申请一起提交在先检索的结果，或者受理局不能依照细则12之二.1（b）和细则23之二.1（a）准备和传送在先检索结果的副本，受理局应当通知申请人（表格PCT/RO/132）不能遵照其要求让国际检索单位考虑在先检索结果的请求和/或该请求无法向国际检索单位传送。该通知书的副本应发送给国际局和国际检索单位。如果请求书续第Ⅶ栏第1项中的指明看上去与申请人根据细则12之二.1（a）提交的在先检索结果不符，即使这种矛盾不能被解决，受理局仍应当将在先检索的结果传送给国际检索单位。

116E. **申请人未依照细则4.12提交请求时，受理局向国际检索单位传送在先检索和分类结果**。如果国际申请要求优先权的一件或多件在先申请是向作为受理局的同一局提交的，并且该局已对此在先申请作出在先检索或者已对此在先申请进行分类，依据条约第30（2）（a）和（3），受理局应当将任何该在先检索结果和任何该在先分类结果传送给国际检索单位［细则23之二.2（a）］。即使申请人没有依据细则4.12要求国际检索单位考虑同一国际检索单位或另一国际检索单位或某一国家（地区）局作出的在先检索结果，受理局仍有这项义务。如果在先检索是由同一国际检索单位或者由作为国际检索单位的同一国家（地区）局作出的，或者如果受理局注意到国际检索单位可以获得在先检索或分类结果，则无须传送此类结果［细则23之二.2（d）］。例外情形，德国、芬兰和瑞典的国家局作为受理局可能依据申请人的请求不向国际检索单位传送在先检索结果［细则23之二.2（b）］；对于澳大利亚、瑞士、捷克、芬兰、匈牙利、以色列、日本、挪威、瑞典、新加坡和美国的国家局作为受理局而言，如果受理局的本国法与该义务不符，则受理局不能传送任何在先检索和分类结果，除非传送得到了申请人的授权［细则23之二.2(e)］。请求书续第Ⅶ栏第2.2项允许申请人在适用细则23之二.2(b)的情况下，请求不传送在先检索结果。请求书续第Ⅶ栏第2.3项允许申请人在适用细则23之二.2(e)的情况下［包括适用条约30(2)(a)和(3)的情况］，授权受理局转交这些结果。如果申请人勾选了请求书续第Ⅶ栏第2.2项［细则23之二.2(b)］中的框，但受理局未依据细则23之二.2(b)通知国际局，或者后来撤回了不兼容通知，受理局应当依职权进行更正。如果申请人勾选了请求书续第Ⅶ栏第2.3项中的第1个和/或第2个框［细则23之二.2(e)］，但（i）受理局未依据细则23之二.2(e)通知国际局，或者随后撤回了不兼容性通知，或者（ii）条约30(2)(a)和(3)不适用，受理局应当依职权进行更正。

116F. **关于在先检索结果的非正式意见**。如果申请人在请求书中指明，已随国际申请一起提交了关于在先检索结果的非正式意见[1]，受理局应检查申请人是否确实提交了关于在先检索结果的非正式意见，并且将所有上述意见的副本，连同检索本和登记本一起，分别传送给国际检索单位和国际局。

116G. **缺少指明或者缺少非正式意见**。如果申请人在请求书中指明其提交了关于在先检索结果的非正式意见，但是受理局发现缺少这些意见，可以依职权删除请求书中的指明。然而，受理局在作出上述修改前，最好应当通知申请人并要求其说明。如果申请人随国际申请一起提交了在先检索结果的非正式意见，但是未在请求书中指明，受理局仍然应当将上述非正式意见的副本，连同检索本和登记本一起，分别传送给国际检索单位和国际局。

116H. **在提交国际申请后提交非正式意见**。如果在国际申请提交后，受理局收到关于在先检索结果的非正式意见，应当将上述非正式意见的副本传送给国际检索单位和国际局。

代理人、共同代表和通信地址

117. 只有有权在受理局执业的人才可以被委托，并在请求书第Ⅳ栏中被指明为代理人。根据适用的本国法，代理人可以是自然人、法人，或是一个公司或非法人身份的合伙人。如果第Ⅳ栏指明的代理人没有权利在受理局执业，受理局依职权删除"代理人"选框，作为代替，在"通信地址"选框中作上标记。如果第Ⅳ栏指明的人作为代理人已经在请求书第Ⅹ栏签了字，受理局也应依职权删除请求书第Ⅹ栏的签字，并通知申请人提供缺少的签字（表格 PCT/RO/106，也可见本指南第123段）。受理局相应地通知申请人（表格 PCT/RO/146，也可见本指南第165段）。如果申请人之一被指定为共同代表，该申请人必须有权提交国际申请（即该申请人必须是一个缔约国的国民或居民）；只有在所有的申请人没有委托任何代理人时（即如果没有"共同代理人"），该申请人才可以被指定为共同代表［细则90.2(a)］。关于签字的要求，见本指南第122段至第125A段。

117A. 申请人委托代理人或者指定共同代表应通过在请求书上签字或者签署单独委托书的方式进行［细则90.4(a)］。委托代理人也可以通过在请求书或者单独的通知中引用总委托书的方式进行（即现存的单独的委托书委托该代理人代表申请人办理该申请人可能提交的任何国际申请）（细则90.5）。这种总委托书的原件必须提交给受理局（即必须已经向受理局提交或同国际申请一起提交），该总委托书的一份副本应附在请求书或者单

---

[1] 对于纸件申请，相关指示应当在请求书第Ⅸ栏"其他"中给出，指示"对在先检索结果的意见，用于传送给ISA"，或者类似的合适的用语，例如"PCT Direct/非正式意见"。对于电子申请，由各个受理局提供专门规定。

独的通知中［细则 90.5（a）］。

117B. 受理局可以豁免要求提交单独委托书［细则 90.4（d）］或请求书附件中的总委托书副本［细则 90.5（c）］。受理局因此可以不要求申请人提交单独委托书或总委托书的副本，或仅在某些情况下免除这种要求。受理局作出的任何豁免都通知到国际局并公布在官方公告（PCT 公报）中（规程第 336 条和第 433 条）。就受理局豁免要求提交单独委托书而言，细则 90.4（c）不再适用。然而，如果申请人提交了委托书，受理局应检查委托书是否存在缺陷，在适用的情况下，在将提交的单独委托书副本或总委托书副本传送给国际局和国际检索单位之前提醒申请人注意这些缺陷（表格 PCT/RO/123）。关于签字的要求，见本指南第 122 段至第 125A 段。

117C. 如果代理人或共同代表提交了任何撤回国际申请、指定或优先权要求的通知（细则 90 之二.1 至 90 之二.3），代理人或共同代表在以前没有提交过委托书的情况下必须提交单独委托书或总委托书的副本，因为根据细则 90.4（e）和 90.5（d）要求提交单独委托书或总委托书副本的要求不能免除。

118. 有关指明姓名和地址的方式，见细则 4.4（本指南第 79 段至第 81 段和第 85 段）。如果申请人之一被指定为共同代表，在请求书第Ⅳ栏内写明的该申请人地址可以不同于在请求书第Ⅱ栏或第Ⅲ栏中写明的同一申请人的地址。仅在未指明任何代理人或共同代表时，才需要在选框"通信地址"中作出标记。有关依职权改正，见本指南第 161 段至第 165 段。

119. 当受理局收到有关代理人或共同代表的指定（委托书），或者撤销委托或辞去委托的单独文件时，检查文件是否签字［细则 90.4（a）］以及是否符合细则 4.4 的要求。受理局通知（表格 PCT/RO/123）国际局和国际检索单位，并把该文件的副本传送给它们。如果登记本和/或检索本尚未传送，受理局把委托书或者包含撤销或辞去委托的文件的副本同登记本和/或检索本一起传送［规程第 328 条（b）］。如果代理人或共同代表的变更（例如人、姓名或地址）需要登记，受理局应当相应通知（表格 PCT/RO/123）国际局（规程第 328 条）。

120. 当受理局没有免除要求提交委托书并且受理局认为委托书无效时（例如，委托书没有被正确地签字或者文件存在其他缺陷），受理局将该缺陷通知（表格 PCT/RO/124）申请人，或者在辞去委托的情况下通知代理人，并告知在缺陷被改正之前包含委托、撤销或辞去委托的文件被视为不存在［细则 90.4（c）和 90.6（e）］。如果缺陷被改正，适用前段所述的程序。

120A. 代理人向作为受理局的国家局注册的，可以指明代理人注册时的注册号或其他说明［细则 4.7（b）］。

121. 本指南中还有有关代理人和共同代表的其他介绍，特别在以下段落中：第 9 段（"申请人"一词的定义）、第 23 段至第 26 段（给申请人的信件）、第 75A 段（请求书表格）、第 81 段（地址）、第 96 段（申请人死亡）、第 122 段至第 125A 段（签字）、第 126 段至第 128 段（法人签字）、第 192C 段（声明）、第 309 段至第 312 段（变更记录）。

签字

122. 受理局检查国际申请是否按照细则规定签字［条约第 14 条（1）（a）（i）］；有关的规定在细则 2.1、4.1（d）、4.15、90.4（a）、90.5（a）（ii）和 90.6（d）中。

请求书必须由全体申请人签字（细则4.15），或者由委托的代理人或指定的共同代表以他们的名义签字，条件是提交了全体申请人签字的委托书。然而，如果有多个申请人，为条约第14条（1）（a）（i）的目的，请求书由其中一个人签字即可。签字的申请人不一定必须是有权向受理局提交申请的人［细则26.2之二（a）］。在这种情况下，受理局不应根据细则26.1通知申请人提供缺少的签字。

122A. 如果代理人签署了请求书并且受理局豁免了对单独委托书或总委托书副本的要求，这种情况下不再对签字要求进一步检查。这种情况同样适用于指定共同代表。如果该代理人也在请求书第X栏签了字，由于其是代表申请人签字，根据条约第14条（1）的签字要求已经满足。然而，撤回的通知必须由全体申请人或其代表签字（细则90之二.5、本指南第117C段和第314段）。

123. 如果在第122段指定范围内的签字要求未满足，受理局根据条约第14条（1）（b）和细则26通知申请人（表格PCT/RO/106）改正缺陷，并把请求书有关纸页的副本和改正通知书一起寄给申请人，申请人在该页上作出符合规定的签字后寄回受理局（规程第316条）。如果没有符合本指南第124段至第128段所述的有关国际申请签字的全部要求，见本指南第153段至第159段。

124. **代理人或共同代表签署请求书**。如果请求书是由代理人或共同代表签字的，对该代理人或共同代表的委托必须是有效的。根据细则90.1规定该代理人必须有权在有关受理局执业。被指定的共同代表必须是某一缔约国的国民或居民（本指南第117段）。委托代理人或共同代表的委托书必须由每一个被代表的申请人签字；这种委托书的原件应当同国际申请一起提交，除非受理局根据细则90.4（d）已经豁免了这种要求（本指南第117B段和第117C段）［细则90.5（c）］。

125. 如果代理人是在提交给受理局的总委托书中被委托（本指南第117A段），其委托书必须同样由每一位申请人以他们的名字签字。但是，除非受理局根据细则90.5（c）已经豁免了这种要求，这种委托书的副本必须同国际申请一起提交，而且副本本身不需要单独的签字［细则90.5（a）（ii）］。

125A. 如果委托书（包括原始的总委托书）没有签字，或者如果一份需要的委托书未递交或没有签字，或者如果被委托人的姓名和地址不符合细则4.4的规定，该委托书被认为不存在［细则90.4（c）］。同样，如果原始的总委托书没有向受理局存档，或者该总委托书的副本没有随国际申请一起提交，除非受理局根据细则90.5（c）已经豁免了这种要求（本指南第117B段），其对代理人的委托被认为没有效力。出现以上任何一种情况，国际申请被认为没有签字，受理局根据细则26通知（表格PCT/RO/106）申请人改正缺陷。

126. **授权以法人名义签字**。如果申请人是法人，请求书或委托书应当由有权以该法人名义行事的人签字，并附以明确该人的姓名以及该人签字所使用的头衔的说明。当一个自然人是申请人，同时代表另一法人申请人，只要明确说明该人既作为申请人签字也以法人的名义签字时，仅需签字一次。

127. 如果一个自然人（不作为受委托的代理人）以法人的名义签署国际申请，受理局在通常情形下不应要求该人提交其有权代表申请人签字的进一步证据。在确定给出的头衔的简称（例如"主席""秘书"等）是否足够或者是否要求申请人提供其他证据时，受理局可以适用本国法律中的有关规定。尽管如此，在一般情况下只要有该人是作为有关申请人的"授权签字人"的说明即可。如果从请求书的表达方式不能清楚地看出签字人是作为申请人的授权签字人签署请求书，还是作为受委托的代理人签署请求书，受理局应当要求给予明确。

128. 以法人的授权签字人名义签署请求书的人，只要该人有权在受理局执业，原则上可以通过在请求书第Ⅳ栏内写明其姓名，指明自己作为代理人。尽管该做法不是通用的，但申请人有充足的理由采用这种做法，例如，如果有两个或多个申请人，并且希望有关人除作为申请人之一的授权签字人外还被指定为所有申请人的共同代理人，或者希望包括签字人在内的某些人被委托为共同代理人。

129. ［已删除］

130. ［已删除］

131. ［已删除］

符合细则 11 所述的形式要求

概述

132. 国际申请必须在细则规定的范围内满足规定的形式要求［条约第 14 条（1）（a）（ⅴ）］。这些形式要求列举在细则 11 中，它涉及适于复制、页的规格和编号、页边、正文的书写方式、附图等。细则 10 和 11.1 至 11.13 的形式要求也同样适用于其他任何在国际申请日后递交的文件（例如替换页、修改的权利要求、译文）（细则 11.14）。

133. 当国际申请是用公布语言提交时［细则 48.3（a）和第 55 段］，受理局应旨在为达到适度统一国际公布的目的所必要的限度内［细则 26.3（a）（ⅰ）］，包括国际局的图形扫描和光学字符识别（OCR），检查国际申请是否符合本指南第 139 段至第 146 段所述的形式要求。

134. 当国际申请是用公布语言提交的［细则 48.3（a）］，但根据细则 12.3 为国际检索目的提供译文时（本指南第 66 段至第 71 段），仅需在能够满足复制要求目的的限度内，检查译文是否符合细则 11 所述的形式要求［细则 26.3（a）（ⅱ）］，因为译文页并不用于国际公布。受理局检查这些纸页是否能够用影印、扫描或细则 11.2 规定的其他手段直接复制，并且印迹是否黑以及是否具有好的对比度［细则 11.9（d）］。

135. 当国际申请是用非公布语言提交时，这种情况下，不是原始文本而是申请人根据细则 12.3 或 12.4 提供的译文将被公布，受理局仅需在能够满足复制要求的限度内，检查国际申请原始文本是否符合细则 11 所述的形式要求［细则 26.3（b）（ⅰ）和第 134 段］。在为达到适度统一国际公布的目的所必要的限度内，包括国际局的图形扫描和光学字符识别，检查以公布语言提交的译文和附图是否符合细则 11 所述的形式要求［细则 26.3（b）（ⅱ）］。当申请人用国际申请公布语言提交摘要的译文或包含文字译文的附图时，本规定也适用［细则 26.3 之三（a）］。

136. 当根据细则 12.3 或 12.4 要求提交译文，而与原始国际申请一起提交的附图不包含文字时，上述附图不需要与译文一起再次提交。

137. 当申请人必须用公布语言提交摘要或附图中文字的译文时，比照适用有关条约第 14 条所述缺陷的规定，包括对形式要求的检查［细则 26.3 之三（a）］。

138. 如果国际申请不符合前些段所述的形式要求，受理局根据细则 26 规定通知（表格 PCT/RO/106）申请人改正缺陷（本指南第 153 段至第 159 段）。

PCT 受理局指南   **289**

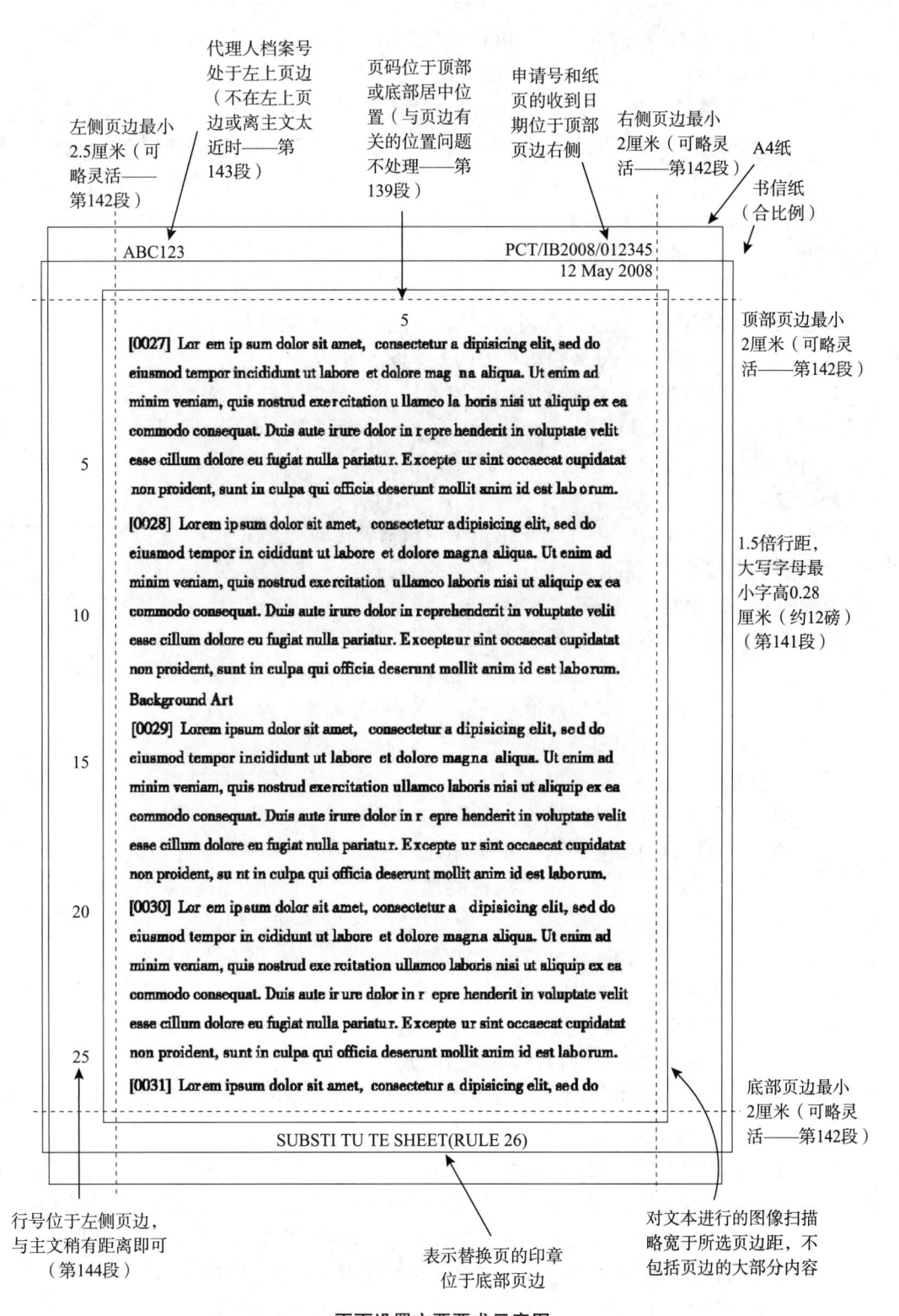

代理人档案号处于左上页边（不在左上页边或离主文太近时——第143段）

页码位于顶部或底部居中位置（与页边有关的位置问题不处理——第139段）

申请号和纸页的收到日期位于顶部页边右侧

左侧页边最小2.5厘米（可略灵活——第142段）

右侧页边最小2厘米（可略灵活——第142段）

A4纸

书信纸（合比例）

```
                ABC123                      PCT/IB2008/012345
                                                12 May 2008

                             5

       [0027] Lorem ipsum dolor sit amet, consectetur a dipisicing elit, sed do
       eiusmod tempor incididunt ut labore et dolore magna aliqua. Ut enim ad
       minim veniam, quis nostrud exercitation ullamco laboris nisi ut aliquip ex ea
       commodo consequat. Duis aute irure dolor in reprehenderit in voluptate velit
  5    esse cillum dolore eu fugiat nulla pariatur. Excepteur sint occaecat cupidatat
       non proident, sunt in culpa qui officia deserunt mollit anim id est laborum.

       [0028] Lorem ipsum dolor sit amet, consectetur adipisicing elit, sed do
       eiusmod tempor in cididunt ut labore et dolore magna aliqua. Ut enim ad
       minim veniam, quis nostrud exercitation ullamco laboris nisi ut aliquip ex ea
  10   commodo consequat. Duis aute irure dolor in reprehenderit in voluptate velit
       esse cillum dolore eu fugiat nulla pariatur. Excepteur sint occaecat cupidatat
       non proident, sunt in culpa qui officia deserunt mollit anim id est laborum.

       Background Art
       [0029] Lorem ipsum dolor sit amet, consectetur a dipisicing elit, sed do
  15   eiusmod tempor incididunt ut labore et dolore magna aliqua. Ut enim ad
       minim veniam, quis nostrud exercitation ullamco laboris nisi ut aliquip ex ea
       commodo consequat. Duis aute irure dolor in reprehenderit in voluptate velit
       esse cillum dolore eu fugiat nulla pariatur. Excepteur sint occaecat cupidatat
       non proident, sunt in culpa qui officia deserunt mollit anim id est laborum.

  20   [0030] Lorem ipsum dolor sit amet, consectetur a dipisicing elit, sed do
       eiusmod tempor in cididunt ut labore et dolore magna aliqua. Ut enim ad
       minim veniam, quis nostrud exercitation ullamco laboris nisi ut aliquip ex ea
       commodo consequat. Duis aute irure dolor in reprehenderit in voluptate velit
       esse cillum dolore eu fugiat nulla pariatur. Excepteur sint occaecat cupidatat
  25   non proident, sunt in culpa qui officia deserunt mollit anim id est laborum.

       [0031] Lorem ipsum dolor sit amet, consectetur a dipisicing elit, sed do

                         SUBSTITUTE SHEET(RULE 26)
```

顶部页边最小2厘米（可略灵活——第142段）

1.5倍行距，大写字母最小字高0.28厘米（约12磅）（第141段）

底部页边最小2厘米（可略灵活——第142段）

行号位于左侧页边，与主文稍有距离即可（第144段）

表示替换页的印章位于底部页边

对文本进行的图像扫描略宽于所选页边距，不包括页边的大部分内容

页面设置主要要求示意图

139. 各部分的布置和编页。 国际申请的各部分必须按下列顺序放置：请求书、说明书（不包含说明书的序列表部分）、权利要求书、摘要以及附图（如果有）。组成国际申请的所有页必须用连续阿拉伯数字按以下独立的系列编页：第一系列仅用于请求书，并从请求书的第一页开始；第二系列从说明书的第一页开始，接着是权利要求书直至摘要的最后一页；必要时，第三系列仅用于附图页。附图各页的页码必须由两组中间用斜线分开的阿拉伯数字组成，第一组是页的编号，第二组是附图的总页数（例如：1/3、2/3、3/3）；见细则11.7和规程第207条。细则11.7（b）规定页码应当在纸张顶部或底部的居中位置，但不应写在空白页边中，但是如果页码出现在纸张顶部或底部的页边中，且并未妨碍受理局在此处标记国际申请号、收到日和其他任何涉及替换页的表述，此时不必作为缺陷。任何说明书的序列表部分必须以单独的 ST. 26 XML 文件展示。

140. 如果在国际申请日希望作为国际申请的一部分提交的某些纸页没有作为国际申请的一部分编页，受理局可以依职权重新编页（见本指南第161段至第165段）；如果受理局没有完成此项工作，国际局将会依职权重新编页。

141. 文字的书写方式。 请求书、说明书、权利要求书以及摘要应当以不易消除的黑色打字或印刷（细则11.9；对于请求书也见请求书表格的有关注释）。这一要求对于说明书、权利要求书和摘要非常重要，因为这些部分将进行无法有效识别手写或颜色较浅文本的光学字符识别。但是，图形符号、化学式和数学式以及中文和日文中的特定字符可以手写。文本应当采用其大写字母不低于0.28厘米高的字体打印［细则11.9（d）］。这一字高大约相当于"Times New Roman"字体中的12磅字体；这点很重要，因为将相对较小的文本用作图形扫描和光学字符识别很不可靠。细则11.9（c）要求打字应当采用1.5倍行距，但仅以文本中行与行的间距被清楚地分开从而保证字母的顶部与其上一行字母的底部间有明显间距为准。此外，请求书表格中的说明（特别是对复选框进行标记）没有使用机器打印的，只要这些说明可以辨认，则不应被拒绝。尽管请求书并不直接原样公布，但国际局为国际公布的目的要对请求书中的详细信息［比如申请人/发明人的姓名（名称）和地址］通过光学字符识别来采集，因此受理局应当在与申请人的联系中，鼓励其在请求书、说明书、权利要求书和摘要的文字部分遵守本指南要求，但是只要请求书表格中的文字足够清晰，以便可以正确采集数据，其请求书表格中的文字不认为存在缺陷。

142. 关于页边的要求。 细则11.6对说明书、权利要求书和摘要的页边规定了最低要求（顶部、底部和右侧页边：2厘米；左侧页边：2.5厘米）。此要求仅需要在保证扫描的过程中信息不会遗漏的范围内检查；而对于以公布语言提交的说明书、权利要求书和摘要或者根据细则12.4为国际公布目的提交的译文，只要保证能够进行有效的图形扫描和光学字符识别以公布国际申请的全部文本即可。为了使说明书、权利要求书的文字与页边中的行政文本分开，光学字符识别选取的区域基于以上图表（本指南第138段和第139段之间）中指出的"理想"的页边距。然而，只要在正文和页边中的内容间有明显的空白区域，对于国际局来说调整原始纸页以达到有效扫描的要求比处理替换页更加容易。因此，只有存在较大缺陷时才要求提交替换页。在实践中，要求在页边上不仅要为任何必要的印章（比如国际申请号印章或者表明该页是替换页的印章）留有充足的空间，而且在边缘周围还应有至少0.5厘米的空白，以避免页面未能很好地放置导致扫描过程中任何信息的遗漏（见下图示例）。这表明页面的顶部页边非常重要，只要左侧页边中的任何行号与正文保持了足够的距离，对于左侧、右侧以及（原始提交文件中的）底部页边的宽度不必进行仔细的检查。带有笺头或者带有申请人或代理人姓名和地址戳记的纸张不能使用。为了符合对 A4 纸张的规格要求需要对原纸页上的文字内容进行缩小复制时，只有当在 A4 规格复印件上的页边和字符大小符合细则 11.6 和 11.9（d）规定时才能被接受。

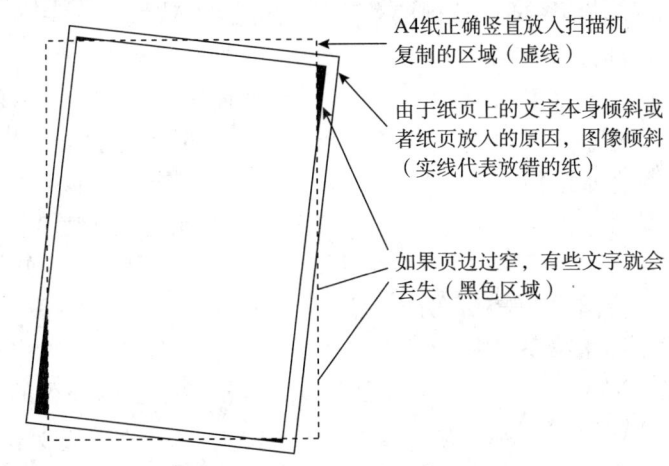

A4纸正确竖直放入扫描机复制的区域（虚线）

由于纸页上的文字本身倾斜或者纸页放入的原因，图像倾斜（实线代表放错的纸）

如果页边过窄，有些文字就会丢失（黑色区域）

由于纸页倾斜导致文本丢失示意图

143. 有时在请求书第一页以外的国际申请页上的申请人档案号，只要该号码是处在上页边的左上角并且在纸页的上边缘起 1.5 厘米内，则对国际公布没有影响。在国际公布的技术准备过程中，国际申请所有页的上部是用一个预先打印的国际公布号［例如 WO 2004/123456（规程第 404 条）］和国际申请号的蒙片盖住。按照上述规定放置的案卷档案号将被盖住，不会出现在公布的国际申请中，也不会妨碍光学字符识别程序。

144. **行的编号序列**。细则 11.8（a）强烈建议"在说明书和权利要求书的每一页上，每逢第 5 行注明行数"，行数应当写在左页边的右半部分内，但这不是强制性的规定。实际上，标记段落比标记行数更有利于对来自储存文本而非图形的数据库中的特定段落进行现代公布和识别。如果没有对行进行编号或者用不同于细则 11.8（a）建议的序列进行编号，不能认为未满足适度统一国际公布的要求［细则 26.3（a）］。只有行号不在左页边或者行号与正文没有清晰的距离才能作为拒绝其的理由。

145. **关于文字的其他形式要求**。为了适度统一国际公布的需要，特别是为了满足图形扫描和光学字符识别的要求，说明书、权利要求书和摘要的文字内容不能分成几栏，这非常重要。此外，文本不应歪斜（然而，不超过 5 毫米的文字倾斜可以被国际局在图形扫描和光学字符识别时纠正，因此通常是可以接受的）。说明书、权利要求书和摘要不应包含附图，但可以包含化学式或数学式，和/或在细则 11.10 规定的范围内包含表格。

146. **附图和图片**。流程图和图表被认为是附图（细则 7.1）。细则没有提到照片。如果不可能用附图来表达时可以提交照片。如果提交照片，照片应当呈现在 A4 规格的纸页上，关于最小页边距适用于附图的规定（顶部和左侧页边：2.5 厘米；右侧页边：1.5 厘米；底部页边：1 厘米。但是，和对文本页的规定相似，这也是灵活的：只要在页边为添加必要的信息如国际申请号留有充足的空间，顶部和左侧的页边可以不作严格要求），并且是黑白的；可以作为原件提交。适用于附图的标准同样适用于照片，见细则 11.10、11.11、11.13 以及《PCT 申请人指南》第五章。

摘要

147. 如条约第 14 条（1）（a）（ⅳ）规定的那样，受理局检查申请是否包含摘要，但不检查摘要是否符合细则 8 的规定（特别是受理局不检查摘要为英文或翻译为英文时是否超过 150 个词）。如果受理局通知（表格 PCT/RO/106）申请人提交所缺的摘要，应分别通知国际局和国际检索单位（细则 38.1 及本指南第 153 段）。

看上去不是国际申请部分的内容

148. 除了请求书表格（细则 4.19），PCT 不包括任何有关看上去不是国际申请部分的内容（例如附录或附件）的规定。当该内容是与国际申请同时提交时，受理局可通过电话联系申请人，或要求申请人在合理期限内说明这些页是否确定作为国际申请的一部分。如果是作为申请的一部分，应当以一个标题对其重新编页从而使其状态清楚以便符合规程第 207 条的要求（本指南第 139 段和第 140 段）。如果申请人在通知书要求的期限内没有确认上述页应构成国际申请的部分，上述页将被忽略并且不作为登记本的一部分，也不传送给国际局（本指南第 294 段）。有关生物材料保藏说明的页，见本指南第 230 段至第 232 段。关于以 ST.26 XML 以外的格式公开核苷酸和/或氨基酸序列的任何单独电子文件，见本指南第 222A 段至第 222C 段。

清单

149. **申请人给出的说明**。请求书第Ⅸ栏的清单应当由申请人填写，其目的是让受理局能够检查据称的国际申请构成部分的所有页和任何序列表，以及附加的文件是否已经提交。受理局检查申请人是否正确填写清单，如果申请人没有这样做，受理局作出必要的标注（细则 3.3、规程第 313 条、本指南第 150 段至第 152 段和第 222 段至第 224 段）。有必要指明国际申请日时国际申请每一部分的实际页数、总页数以及 ST.26 XML 格式的说明书序列表部分（如有）。由此受理局计算登记本的页数（包括请求书但不包括费用计算页），并检查国际申请的页数和所附的文件是否与申请人在请求书表格第Ⅸ栏中指明的一致。请求书表格至少应当包括 3 页，即"第一页""第二页"和"最后一页"。关于说明书序列表部分，清单应反映 ST.26 XML 格式电子文件的存在（本指南第 222 段）。需要指明提交国际申请的语言；如果没有指明，最好由受理局依职权予以指明（本指南第 161 段至第 165 段）；只有当受理局无法确定提交国际申请的语言时，才要求申请人指明。

150. **受理局的标注**。如果直至受理局传送国际申请登记本时，事实上仍未收到清单中指明的随同国际申请一起提交的文件，受理局在清单上作如此的说明，且该文件的指明被认为未曾作出。如果清单未指明事实上已经提交的所有文件，受理局根据细则 3.3（b）的规定补充填写清单，并在页边中记载"受理局填写"或者使用国际申请的公布语言的等同语。如果受理局完成的仅是部分说明，则应使用星号区分上述词语和每一补充的说明（规程第 313 条、本指南第 161 段至第 165 段和附件 B）。

151. 受理局不检查申请人是否指明了以附图中的哪一幅图作为摘要附图。可是，当受理局发现在国际申请正文中，例如在摘要的纸页上，或者在国际申请所附的单独页上发现有对该图的明确指明，受理局在请求书第Ⅸ栏中应当加入该说明。

152. 当在国际申请日提交的页被重新编页时（本指南第 139 段和第 140 段），可能需要改正清单中指明的总页数，并要求为超过 30 页的每一页缴纳附加费（本指南第 241 段至第 249A 段）。受理局需要提醒申请人清单已经被改正。

改正缺陷

根据条约第14条（1）（b）和细则26的改正

153. **要求改正**。如果受理局发现一个或一个以上条约第14条（1）（a）所述的缺陷，应通知（表格PCT/RO/106）申请人改正这些缺陷［条约第14条（1）（b）、细则26.1和规程第316条］。但是，如果有多个申请人并且至少有一个申请人已经签署了请求书［细则26.2之二（a）、规程第316条和第122段］，或者如果请求书仅由代理人签字且受理局已免除要求提供单独委托书或总委托书副本，受理局不要求申请人提供根据细则4.15要求缺少的签字。如果受理局根据条约第14条（1）（b）发出通知，受理局应将此事告知国际局，并且，如果缺少发明名称或摘要（细则37.1和38.1）或者附图有缺陷，还要用寄送表格PCT/RO/106副本的方式告知国际检索单位。改正期限为自发出改正通知书之日起2个月；在作出决定之前，受理局可随时延长该时限（细则26.2）。

154. 受理局检查改正是否在期限内提交。由于根据细则26.2，改正条约第14条（1）（a）所述的缺陷的期限是可以由受理局在作出细则26.5的决定之前的任何时候延长，因此在期限届满之后但在作出决定之前收到的改正仍必须接受。

155. 受理局在确定期限或给予延长期限时，应当考虑国际检索单位在制定国际检索报告之前需要的那些可能与国际检索有关的改正，并应当考虑所有的改正应当在国际公布的技术准备完成之前到达国际局。国际检索报告必须在国际检索单位收到检索本起3个月内或者自优先权日起9个月内作出，以后届满的期限为准［条约第18条（1）、细则42］。有关国际公布的技术准备，见本指南第337段。

156. **改正程序**。请求书（表格PCT/RO/101）中的改正可以在信件中说明，只要能够把对请求书的改正从信件移到登记本上，而不致影响改正将移至其上的页的清晰性和可直接复制性（细则26.4）。如果改正页需要公布，改正页也必须满足适度统一公布的要求。

157. 如果改正的是国际申请请求书外的内容，受理局要求申请人根据细则26.4提交替换页，同时提交一封信函，说明被替换页与替换页之间的区别。

158. 如果申请人根据细则26.3之三（c）必须提交请求书的译文，或者根据细则26.3之三（a）必须提交摘要或附图中的文字的译文，根据条约第14条有关改正缺陷的某些规定应当比照适用［细则26.3之三（a）和（c）］。

159. **未根据条约第14条（1）（b）和细则26进行改正**。如果受理局发现条约第14条（1）（a）所述的缺陷没有被改正或者没有在规定的期限之内改正，应当宣布国际申请被视为撤回，并立即通知（表格PCT/RO/117）申请人、国际局和（如果检索本已经传送）国际检索单位［细则29.1（ii）和（iii）］。该通知只有在国际公布的技术准备完成之前到达国际局，才能够阻止国际公布［细则29.1（v）］，因此要使该申请不被公布，宣布国际申请被视为撤回的决定要尽早通知国际局，这至关重要。在紧急情况下，强烈推荐受理局采用相应的措施通过ePCT向国际局传送撤回通知。使用ePCT将确保国际申请立即在国际局的处理系统中被标记为撤回，并防止在国际公布的技术准备工作完成之前提交撤回的国际申请被公布。在极少数不能使用ePCT的情况下，可以通过网址www.wipo.int/pct/en/epct/contingencyupload.html上传服务。受理局应当在寄给国际局表格PCT/RO/117的副本时附具与宣布国际申请被视为撤回的决定有关的所有文件和信件的副本，以方便指定局随后能够根据条约第 25 条（1）对该决定进行复查。在任何情形下，受理局在考虑细则 26.3 时，原则上不因国际申请不符合细则 11 规定的形式要求而宣布其被视为撤回；仅在不符合细则 11 要求的极端情况下，受理局才作出这种宣布。如果国际申请未载明有关申请人的全部规定事项［条约第 14 条（1）（a）（ii）以及细则 4.4 和 4.5］，在某种情况下，例如当地址有小的错误［见细则 4.4（c）的开头部分］或者当申请人的全名拼写不正确或未注明，甚至于申请人在被要求改正后未在规定期限内改正时，受理局不应根据细则 26.5 作出宣布。如果有多个申请人，只要其中一个根据细则 19.1 有权向受理局提交国际申请的申请人提供了细则 4.5（a）（ii）和（iii）要求的事项即可［细则 26.2 之二（b）］（本指南第 84A 段）。如果受理局在后期发现有会影响适度统一的国际公布的缺陷未改正，在未预先提醒申请人注意和根据细则 26.2 延长期限时，受理局宣布国际申请被视为撤回是不适宜的。

改正其他形式缺陷

160. 如果缺少细则 4 要求的但不属于条约第 14 条范围的说明（本指南第 73 段），或者这些说明看起来有错误，受理局必要时提醒申请人注意。表格 PCT/RO/132 可用于此目的。改正的期限可以根据作出国际检索报告或国际公布的期限按情况确定。但是，如果申请人没有答复此通知书，受理局不需采取任何措施。如果是根据细则 4.17 作出的声明的改正，必须使用表格 PCT/RO/156，不使用表格 PCT/RO/106 或表格 PCT/RO/132，见本指南第 162 段、第 192E 段和第 192F 段。

依职权改正

161. 在某些情形下，受理局可以自行改正国际申请中的形式缺陷，而不要求申请人改正该缺陷。随后告知申请人这一改正，除非申请人反对，否则将保留这一改正。

161A. 国际局在处理国际申请的过程中将作出的更改列举如下。受理局不需要就以下事项进行依职权改正：

- 减少组成档案号的字符的长度至 25 位（规程第 109 条）；
- 删除任何对头衔的说明，例如先生、博士等；
- 加下横线以区分申请人、发明人和/或代理人的姓；
- 修改地址中给出的信息顺序，例如街道排在楼号的前面。

162. **可以依职权进行改正的缺陷**。如果请求书包含细则 4.1 至 4.18 规定以外的事项或规程允许以外的事项，受理局根据细则 4.19（b）依职权删除该事项。其他的可以依职权进行改正的特定情形由规程规定，例如国际申请的重新编页（规程第 311 条）。当国际申请包含前后不一致或关于形式要求上的小缺陷时，也可以依职权进行改正（规程第 327 条）。如果存在几种改正形式缺陷的可能性，受理局应当在进行依职权改正之前根据情况用电话和/或书面与申请人联系，以便获知其明确的想法。如果受理局错误地依职权改变了某一事项，一经发现必须立即依职权予以改正。如果受理局发现在请求书第Ⅷ栏的选框中没有正确地作出标记，或者在该栏的右边没有正确地指明声明的份数，该选框或相关的指明需要被改正（本指南第 192B 段）。然而，受理局对于包含在请求书第Ⅷ栏（i）至（v）的声明不能作出任何依职权改正，例如，对于声明的文字，不能作出任何增加、改变、加删除线或其他的删除［规程第 327 条（d）］。

163. **依职权改正缺陷的方式**。受理局依职权进行改正的方式描述在以下规程中（见本指南附件 B）：

（ⅰ）依职权改正请求书（规程第 327 条）；

（ⅱ）删除请求书中的附加内容［细则 4.19（b）和规程第 303 条］；

（ⅲ）在清单中作出必要注释的方式［规程第 313 条（b）］；

（ⅳ）在国际申请中删除、替换或增加纸页时的重新编页（规程第 311 条）；

（ⅴ）取消对非缔约国的指定（规程第 318 条）；

（ⅵ）不符合规程第 110 条规定的日期表示方法；

（ⅶ）取消对指定国的排除（规程第 319 条）。

164. **依职权改正的通知书**。受理局使用表格 PCT/RO/146 通知申请人任何依职权改正。如果依职权改正是在申请人确认之后作出的，例如在申请人的信件（或电话）的基础上，受理局在给申请人的通知书中应当指明该事实。

165. 表格 PCT/RO/146 并不给出依职权改正的性质的细节，而仅指明受理局进行的依职权改正在哪一页上。因此，被改正页的复印件必须和表格 PCT/RO/146 一起寄给申请人。只有当有关纸页已经传送（即在进行改正之前）给国际局和国际检索单位后，上述表格和改正页的副本才需要寄给国际局和国际检索单位。

第 7 章
优先权要求和优先权文件

要求优先权的条件

166. 如果请求书包含（在请求书表格第Ⅵ栏）一项优先权要求，受理局按以下方式检查优先权要求是否有效：

（a）在先申请必须是在或向《保护工业产权巴黎公约》（以下简称《巴黎公约》）成员国提交的，或者是在或向非《巴黎公约》成员国的任何世界贸易组织成员提交［条约第 8 条（1）和细则 4.10］。

（b）优先权要求必须包含以下事项（细则 4.10）：

（ⅰ）当在先申请是国家申请时

- 提交在先申请的日期；

- 在先申请号；

- 向其提交在先申请的国家；

（ⅱ）当在先申请是地区申请时

- 提交在先申请的日期；

- 在先申请号；

- 根据适用的地区专利条约，被委托授予地区专利的单位（实践中即有关地区局）；以及

- 如果该地区专利条约成员国至少有一个既不是《巴黎公约》成员国也不是世界贸易组织成员，还应注明受理在先申请的至少一个《巴黎公约》缔约国或者世界贸易组织成员［细则 4.10（b）（ⅱ）］；

（ⅲ）当在先申请是国际申请时

－国际申请日；

－国际申请号；

－向其提交在先申请的受理局（实践中通过国际申请号中的双字母代码表示）。

（c）另外，当在先申请是地区申请或者是国际申请时，如果申请人愿意，即使根据细则4.10（b）（ii）并不要求［参见上述（b）（ii）项］，仍可以指明在先申请向其提交的一个或几个《巴黎公约》成员国［细则4.10（b）（i）］。该自愿标注必须在补充栏作出。

（d）条约第8条（2）（a）和《巴黎公约》第4C条（1）要求提交在先申请的日期必须在国际申请日前的12个月期限之内。细则2.4（a）相应地定义了优先权期限。然而，应当注意，细则26之二.2（c）（iii）规定，如果国际申请日在优先权期限届满日起2个月内，优先权要求不应当被视为无效。还应当注意《巴黎公约》第4C条（3）规定，如果优先权期限的最后一日是该局的法定假日或者是该局不接受提交申请的日子，期限应延伸到该局的下一个工作日。细则80.5规定的关于相关局关闭或无邮件投递时的延期比照适用于优先权期限［细则2.4（b）］，并且也直接适用于上述自该期限届满日起的2个月期限。

优先权的恢复

166A. 如果申请人在优先权期限届满后的2个月内请求恢复优先权，并且满足受理局所适用的标准和根据细则26之二.3的要求，受理局应当恢复优先权。

166B. 不被受理局接受。如果受理局已经根据细则26之二.3（j）通知国际局，说明细则26之二.3（a）至（i）的内容与该局适用的本国法不符，但仍收到了恢复优先权的请求，那么受理局可以根据规程第333条（b）和（c）迅速请求国际局作为受理局如本指南第278段至第281段所述的程序同意传送该国际申请。如果一个局仅接受可适用标准中的一个，并且申请人请求根据非该局所适用的标准恢复优先权，该局也可以按此方式处理。

166C. 优先权恢复请求的接收。申请人可以直接在请求书表格（第VI栏）中请求恢复优先权，也可以在细则26之二.3（e）规定的期限内提交单独的请求。受理局检查请求书表格第VI栏中是否包含了申请人恢复优先权的请求。如果受理局收到单独的恢复请求，该局迅速通知国际局。受理局将收到的申请人提交的所有文件的副本（包括恢复请求、理由说明、任何声明或其他证据）传送给国际局，除非受理局发现任何此类文件含有符合细则26之二.3（h之二）所述标准的信息（本指南第166N段至166Q段）（表格PCT/RO/118第6项）。

166D. 根据细则26之二.3（e）的期限。申请人应当在优先权期限届满之日起2个月内提交恢复优先权请求，以及没有在优先权期限内提交国际申请原因的说明，在国际申请中要求一件在先申请作为优先权，并且缴纳请求恢复优先权的必要费用。如果申请人根据条约第21条（2）（b）请求提前公布，应当在国际公布技术准备完成之前满足所有这些要求。

166E. 形式要求的审查。在收到恢复优先权的请求后，受理局迅速审查是否符合以下要求：

（a）国际申请的国际申请日晚于优先权期限届满之日但在届满日起2个月内［细则

26 之二.3（a）］；

(b) 关于一件在先申请的优先权要求是在国际申请中提交的，或者在细则 26 之二.3（e）适用的期限内根据细则 26 之二.1（a）的规定随后增加的；

(c) 恢复优先权的请求以及未能在优先权期限内提交国际申请的原因的声明是在细则 26 之二.3（e）适用的期限内提交的（对于声明，也可见下面第 166F 段）；并且

(d) 恢复请求的费用在细则 26 之二.3（e）适用的期限内缴纳［细则 26 之二.3（d）］。根据受理局的选择，缴纳该费用的期限可以延长至该期限届满之日起不多于 2 个月［细则 26 之二.3（d）］。

如果不符合任何上述要求，并且适用的期限尚未届满，受理局迅速要求申请人（如通过表格 PCT/RO/132）在适用期限内补正以符合该要求。

166F. 说明理由。根据细则 26 之二.3（b）（ii）的规定，申请人应当解释为什么没有在优先权期限内提交国际申请。对于"适当注意"标准，说明应当详细描述导致提交申请迟后的事实和情况，以及尝试及时提交国际申请的任何补救措施或者其他可选措施。对于"非故意"标准，表明未满足优先权期限并非故意的说明通常就足够了。如果受理局发现说明的理由不足以确定申请人是否符合所适用的标准，受理局可以要求申请人通过在合理的期限内修订说明的方式提供进一步的信息（表格 PCT/RO/158 第 5 项）。受理局在该表格的附件中以文字详细说明为何认为说明不够充分。在该通知中，受理局还可以要求申请人提交声明或其他证据以支持说明的理由（本指南第 166G 段）。如果申请人没有在期限内答复该通知，受理局按本指南第 166S 段所述继续处理。如果申请人答复该通知时提交了新的论据，受理局决定恢复优先权，该局按本指南第 166S 段所述继续处理。如果申请人答复该通知时提交了新的论据，受理局仍然决定全部或部分地拒绝恢复优先权的请求，该局按本指南第 166R 段所述继续处理。

166G. 声明和证据。根据细则 26 之二.3（f）的规定，受理局可以要求申请人提供声明或者其他证据来支持说明的理由，如果一些证据已经提供，则在合理期限内提供补充证据（表格 PCT/RO/158 第 3 项和第 4 项）。对于"非故意"标准，表明未满足优先权期限并非故意的说明即可。然而，受理局可以要求该说明以声明的形式提交，并且可以要求说明失败的理由，必要时还需证据支持。对于"适当注意"标准，受理局可以要求用声明或其他证据来证实对原因的说明。

166H. 受理局适用的标准。当作出恢复请求的决定时，受理局可自由适用一般来说较严格的"适当注意"标准［细则 26 之二.3（a）（i）］或一般来说不太严格的"非故意"标准［细则 26 之二.3（a）（ii）］。受理局也可以适用两项标准。在这种情况下，由于对于"适当注意"的肯定决定一般包含了对"非故意"行为的决定，除非申请人另外要求，受理局应当首先适用"适当注意"标准，并且只有在不满足该标准时，才适用"非故意"标准。

166I. 非故意标准。根据细则 26 之二.3（a）（ii）的规定，如果受理局认为未能在优先权期限内提交国际申请是"非故意"的，应当恢复优先权。如果申请人证明其非故意不在优先权期限内提交国际申请，而且在优先权期限内有持续提交国际申请的意图，就符合这个标准。受理局应当关注申请人在优先权期限逾期时的打算，而不考虑申请人在优先权期限届满前或届满后意图的任何变化。

166J. 适当注意标准。根据细则26之二.3（a）（ⅰ）的规定，如果受理局认为，尽管已经尽到情况所必需的"适当注意"，未能在优先权期限内提交国际申请的行为仍然会发生，则应当恢复优先权。一般来说，只有申请人已经采取了作为一个相当谨慎的申请人可能采取的所有措施，才能符合细则26之二.3（a）（ⅰ）意义下的已经尽到"适当注意"标准。在判断申请人是否尽到了一个相当谨慎的申请人应尽的"适当注意"时，受理局考虑每个特殊案例的事实和情况。一般来说，申请人证明他已经采取了所有预防措施来遵守提交国际申请的期限，这是不够的。申请人必须证明他对待有关的特定申请已经尽到了全部"适当注意"。受理局应当致力于对申请人直到优先权期限届满之时为提交国际申请所作的专门行为进行事实分析。在决定申请人是否尽到"适当注意"时，申请人在优先权期限届满之后的行为不应当被考虑。

166K. 如果申请人委托了代理人，申请人和代理人都必须证明他们尽到了"适当注意"以满足"适当注意"标准［见细则90.3（a）］。在正常情况下，对一个申请人而言，指定一个有资质的代表一般而言对满足"适当注意"标准是足够的。然而，在特殊情况下，申请人必须证明选择有资质代理人时的谨慎行为。

166L. 为符合"适当注意"标准，申请人或代理人一般必须证明，已经建立了一个可靠的摘要、备份和提醒系统，由可靠的、充分培训过的、有监管的人员使用该系统并且过去没有犯过这种错误，在这个特殊案例中未能在优先权期限内提交申请是个别事件。如果相同的标准不能适用于一个小规模申请人或代理人，比如一个发明人或者一个小规模或中等规模的企业，任何申请人或代理人应建立一个有效且可靠的提醒、监管和备份系统以符合该领域的最优方法。

166M. 因为每个受理局必须对每个恢复请求进行个案分析，以下事实情况的"适当注意"标准的申请可以提供帮助（根据国际局的经验）：

（a）申请人缺少知识

一个谨慎的申请人掌握能及时提交一件完整国际申请所必要的PCT系统知识，或者如果申请人缺少必要的知识，可以指定一个有能力的代理人代表他提交申请。一个申请人因为缺少关于PCT系统操作知识或者关于《巴黎公约》第4C条列出的12个月优先权期限知识，导致未在优先权期限内提交国际申请，一般不认为尽到了"适当注意"。

（b）申请人缺少资金

一个谨慎的申请人应保证充足的资金以及时提交一件国际申请。一个申请人因为资金限制导致未在优先权期限内提交国际申请，一般不认为尽到了"适当注意"。

（c）申请人或代理人自己的人为错误

一个相当谨慎的申请人或代理人知道遵守至关重要的优先权期限的重要性，并确保准备和提交国际申请的所有方面都用成功且及时提交国际申请所需的认真和小心进行。归于增加的工作负担、文件丢失以及不完整提交国际申请的人为错误，一般是缺少"适当注意"的证据。

（d）申请人和代理人之间的沟通失误

如果申请人指定了代理人，申请人和代理人在与彼此通信时都必须尽到"适当注意"。一个谨慎的申请人用明确及时的方式指示代理人提交国际申请。一个谨慎的代理人根据收到的申请人的指示办理事务，当存在疑问时与申请人进行核实。一个谨慎的代理人用明确的方式告知申请人所有关于及时提交国际申请的重要事项以及晚提交申请的后果。如果常用的通信渠道受阻，一个谨慎的申请人或代理人寻求其他替代方式与对方进行沟通。如果未能及时提交国际申请是因为技术困难导致的（例如，未预期的申请人与代理人之间的电子邮件发送失败），申请人和代理人能证明过去系统运行是可靠的，并且这个故障是任何一方都无法预期的，则他们可能都已经尽到"适当注意"。

（e）申请人或代理人不在办公室

如果一个申请人或代理人在优先权期限届满时不在办公室，一个谨慎的申请人或代理人在缺席是可预见的情况下可以提前提交国际申请，或者指示另一人在他缺席期间及时提交国际申请。例如，一个谨慎的申请人因为假期或者一项医疗预约已预知将不在办公室，应核实提交一件国际申请的优先权期限是否在他缺席期间届满，并指示一个代理人、一个同事或者一个职员代表他提交国际申请。另外，一个谨慎的代理人/申请人维持一个可靠的通信系统，给办公室的其他人提供可使用的重要通信方式，因此其他人在其无计划缺席的情况下可以接受和回复提交申请的指示。例如，一个谨慎的代理人确保提交一件国际申请的指示发送到一个若干人都可以访问的电子邮件账户。如果一个申请人或代理人因为疾病或者假期不能及时提交一件国际申请，一般来说，不能证明尽到了"适当注意"。只有在申请人或代理人遭到无法预期的疾病，需要紧急治疗，并且所需治疗阻断了所有与其他人通信的情况下，未能及时提交一件国际申请，可以认为尽管尽了"适当注意"仍然发生。

（f）代理人或申请人职员的人为错误

一个申请人或代理人可以委托行政管理人员（非代理人，如助手或律师助理）办理特定行政事务。一个谨慎的申请人或代理人谨慎地选择、培训、监管一个可靠的、有经验的、经充分培训的、受监管的雇员的工作。如果申请人或代理人能证明在助手的管理上尽到了"适当注意"，而且在这个特殊案例中未能在优先权期限内提交申请是一个个别的人为错误，那么一个助手在记录、监管、准备或提交国际申请时的人为错误不能归咎于申请人或代理人。在理由的说明中，申请人或代理人一般应当概述助手已经被委托办理特定任务的年数、提供给助手的培训和监管的水平，以及助手在过去是否勤勉地履行了他的所有责任。

（g）记录系统错误

记录系统错误可以被区分为人为录入错误［见上述（c）项和（f）项］和技术错误（如软件故障或服务器崩溃）。当申请人或代理人因为一个技术错误未能及时提交国际申请时，如果申请人或代理人证明他建立了一个可靠并运行良好的提醒系统，有使用和操作该系统的充分知识且由经充分培训和监管的职员来使用该系统，安排了可靠的备份和录入复查（第二个人独立地检查录入数据的正确性）程序，并且该技术错误是出乎意料发生的并且同样是不可预见的，那么他可能已经尽到"适当注意"。

（h）传真或软件提交失败

当一个申请人或代理人因为使用传真或任何提交软件时的传输错误导致未能及时提交一件国际申请，为了满足"适当注意"标准，其必须证明这个错误是因为一个超出申请人/代理人控制的外部技术原因造成的［对于传真提交，也可见细则92.4（c），该条款规定未能成功传送的风险由申请人承担］。当一个谨慎的申请人或代理人在优先权期限的最后一天甚至最后几个小时提交一件国际申请,他应当特别地小心和警惕。这包括在优先权期限届满之前合理地准备提交国际申请必要的设备。比如,当申请人或代理人选择提交电子申请时,这包括一台运行良好的计算机系统、最新的提交软件和数字证书的安装、可靠的互联网连接以及所使用软件的充分的知识;当申请人或代理人选择通过传真提交申请时,这包括一台运行良好的传真机。当一个谨慎的申请人或代理人在提交一件国际申请时遇到技术问题时,申请人或代理人用尽了所有其他可选方式来及时提交国际申请(例如人工递交、邮政快递、通过传真取代电子提交、使用另一台传真机、传送给同一受理局的其他传真号码、提交给在一个不同时区的另一个受理局且该局是主要申请人的主管受理局)。

(i)邮政业务异常

当一个申请人因为邮政业务错误未能及时提交一件国际申请,受理局在判断一个申请人或代理人是否尽到情况所需的所有"适当注意"时,应当适用细则82.1的潜在意思。一个谨慎的申请人或代理人至少在优先权期限届满前5天通过挂号航空邮件邮寄国际申请给受理局(如果平邮正常来说在邮寄日起2天内到达,或者航空邮件不可使用,则申请人或代理人不需要使用航空邮件)。如果国际申请的提交在正常情况下是及时的,并且邮政延误是不可预知的,申请人或代理人可能已经尽到所有"适当注意"。

(j)不可抗力

一件不可抗力的事件意味着是外部的、不可预见的和/或不可避免的,并且是申请人或代理人所无法控制的情况。灾难,比如飓风、火山爆发、地震、国际冲突和战争,可以被认为是上述事件[例如见细则82之四.1(a)]。一般来说,如果上述情况导致申请人或代理人无法在优先权期限内提交国际申请,未能提交申请的情况尽管尽了"适当注意"仍然会发生。如果申请人或代理人证明该事件的后果是无法预测和/或避免的,申请人或代理人一般来说尽到了"适当注意"。

166N. 符合细则26之二.3(h之二)标准的文件或部分。一般情况下,受理局必须将收到的申请人提交的与恢复请求有关的所有文件转交给国际局[细则26之二.3(h)(iv)]。但是,在特殊情况下,如果受理局自行或应申请人的合理要求,认为某份文件或部分属于细则26之二.3(h之二)规定的情形,则该文件或部分不应转交国际局。如果文件或部分文件与国际申请本身的公开或评审明显无关,则该文件或部分文件不是"明显为使公众了解国际申请的目的"。如果向公众披露某份文件或其部分会损害该人具体而明确的个人或经济利益,则披露该文件会"明显损害任何人的个人或经济利益"。仅仅抽象地假设损害个人或经济利益一般是不够的。因此,举例来说,一份文件或部分文件如显然与国际申请无关,但不会对任何人造成任何损害,仍应转交国际局。最后,受理局必须权衡所涉及的不同利益,只有当受理局认为,在某一特定情况下,受影响的人对文件或部分文件保密的利益大于公开该文件或部分文件的公共利益时,受理局才不应将其转交国际局。

166O. 每个情形是否符合细则26条之二.3(h之二)的要求都必须单独考虑。符合细则规定的信息可能涉及在后提交国际申请的人员的私人信息,例如律师助理的姓名、说明疾病性质的医疗证明、与有关国际申请无关的其他国家或国际申请或其他知识产权的信息。

166P. 受理局可以不自行决定不向国际局转交文件或部分文件，而是通知申请人，受理局认为文件或部分文件涉及细则 26 之二.3（h 之二）的规定，请申请人向受理局提交不向国际局转交某份文件或部分文件的合理请求并在适用时提交删除相关部分的替换页（表格 PCT/RO/132）。

166Q. 根据具体情形，受理局可以不向国际局转交全部文件，或者只转交有关部分。适用的程序详见规程第 315 条。

166R. 拟拒绝恢复优先权的请求。如果受理局打算全部或部分地拒绝恢复优先权的请求〔细则 26 之二.3（g）〕，该局应通知申请人拒绝的打算，并允许申请人在合理的期限内进行检查（表格 PCT/RP/158）。在该通知中，受理局还可以要求申请人提交一份声明或其他证据（见本指南第 166G 段）。受理局应当在该表格的附件中用文字具体地解释为何打算全部或部分拒绝恢复请求。如果受理局同时适用"适当注意"和"非故意"两种标准，并发现没有及时提交国际申请是"非故意"的但没有尽到"适当注意"，受理局在表格 PCT/RO/158 的附件中用文字指出根据"适当注意"标准将部分拒绝优先权恢复请求，并解释优先权仍然可以根据"非故意"标准恢复。

166S. 给申请人的决定和通知。一旦受理局决定恢复优先权，或者在通知申请人拒绝的打算后（见第 166R 段）决定全部或部分地拒绝恢复优先权的请求，该局迅速通知申请人其决定（表格 PCT/RO/159）。在该通知中，受理局指出该局是接受了优先权的恢复还是全部或部分地拒绝了恢复优先权的请求，同时指出作出决定所依据的恢复标准。在该表格的附件中，受理局总结其决定的事实和理由。如果受理局依据细则 26 之二.3（h 之二）决定不向国际局传送文件或部分文件，该决定也将通知申请人（表格 PCT/RO/159 中的相关栏），在表格 PCT/RO/159 的相关栏中指明涉及的文件或部分文件，但不披露不传送国际局的实际敏感信息。如果受理局收到申请人依据细则 26 之二.3（h 之二）提交的不向国际局转交文件或部分文件的请求，但仍决定向国际局转交该文件或部分文件，受理局也将此决定通知申请人（表格 PCT/RO/159 中的相关栏）。

166T. 给国际局的通知。受理局迅速向国际局传送决定的副本（表格 PCT/RO/159），以及此前未曾传送的该局与申请人之间任何通信的副本（包括未包含在请求表中的恢复请求本身、任何声明理由、任何声明或其他证据、表格 PCT/RO/132、表格 PCT/RO/158等），除非受理局认为该文件包含符合细则 26 之二.3（h-之二）规定的信息（见上文第 166N 段至 166Q 段）。

不符合要求

167. 通知改正或恢复。如果受理局发现任何一项优先权要求不符合细则 4.10 的要求（本指南第 166 段），或者优先权要求中的任何一个事项与优先权文件中的相应事项不一致，应当通知（表格 PCT/RO/110，附件 A）申请人改正有关的优先权要求，并将通知书的副本传送国际局。如果缺陷在于国际申请日不在优先权期限内，但在优先权期限届满后 2 个月内，受理局同样要通知（表格 PCT/RO/110，附件 B）申请人可以根据细则 26 之二.3 提交优先权恢复的请求。通知程序的第二部分不适用于那些已经根据细则 26 之二.3（j）通知国际局，说明细则 26 之二.3（a）至（i）的内容与该局适用的本国法不兼容的受理局。

168. 当在先申请是地区申请或国际申请时，如果缺少向其提交申请的局的名称或者该名称与优先权文件中的相应事项不一致，只要受理局或国际局掌握的信息，例如从优先权文件中得到的信息，足以作出指明或改正，可以依职权填写或改正。在先申请是国家申请的，如果缺少向其提交申请的国家的名称或者该名称与优先权文件中的相应事项不一致时，可以同样处理。

169. 改正的期限。优先权要求可以在自优先权日起 16 个月内，或者在改正引起优先权日发生变化时，可以在自变化后的优先权日起 16 个月内改正，以先届满的 16 个月期限为准，但是以该改正通知在国际申请日起 4 个月内提交为限［细则 26 之二 . 1（a）］。

169A. 请求恢复的期限。见上述第 166D 段。

170. 申请人提交的改正。受理局收到对改正优先权要求通知书的答复时，应检查申请人提交的事项是否在细则 26 之二 . 1（a）规定的期限之内收到，并且是否满足细则 4.10 的要求。当结论是肯定的，并且除申请人提交替换页的情况外（本指南第 208 段至第 212 段），受理局在请求书中记载改正后的事项，把原先填写的事项放在方括号里，用清晰可见的方式划去方括号里的事项并在页边中注明"RO"字样［规程第 314 条（a）］。受理局相应地通知（表格 PCT/RO/111）申请人，并把该通知书的副本和包含改正的请求书相应页的副本分别传送国际局和国际检索单位。

171. 未改正。应改正优先权要求的通知书，如果申请人在细则 26 之二 . 1（a）规定的期限届满之前没有提交改正优先权要求的通知，为条约规定的程序目的，该优先权要求被视为无效，受理局相应地作出宣布（表格 PCT/RO/111）。如果优先权改正的答复是在受理局宣布优先权要求无效之前，且在不迟于期限届满日起 1 个月内收到，该答复应被认为在上述期限［细则 26 之二 . 2（b）］届满前收到。但是优先权要求不能仅因缺少在先申请的申请号或者优先权要求中的事项与优先权文件中的相应事项不一致，或者国际申请日是在优先权期限届满日起 2 个月内而被认为无效；在这种情形下，国际申请按申请人指明的优先权要求来处理［细则 26 之二 . 2（c）］。

172. 如果受理局宣布优先权要求被认为无效，应在有关的优先权要求两边加上方括号，用清晰可见的方式划去方括号里的事项并在页边中注明"在 PCT 程序中不予考虑（RO）"字样，或者使用国际申请公布语言的相应词语（规程第 302 条）。受理局通知（表格 PCT/RO/111）申请人，并把通知书副本和包含该标注的请求书相应页的副本分别寄给国际局和国际检索单位。

申请人要求改正或增加优先权要求

173. 申请人可以在细则 26 之二 . 1（a）规定的期限之内，以向受理局或国际局提交通知的方式，主动要求改正或增加优先权要求；申请人对优先权要求的改正可以是增加细则 4.10 规定的任何事项［细则 26 之二 . 1（a）］。

174. 如果申请人向受理局提交了这种说明，受理局在请求书中为此目的规定的位置上予以记载，有关页边里的标注，按照本指南第 170 段所述进行。

175. 如果对优先权要求的改正或增加不符合细则 4.10 的要求，并且改正期限［细则 26 之二 . 1（a）］尚未届满，受理局通知申请人改正（其余的）缺陷（表格 PCT/RO/110）。

176. 如果在细则 26 之二 . 1（a）规定的期限届满之后，某一项优先权要求仍不符合细则 4.10 的要求（见本指南第 171 段），为 PCT 程序的目的，该优先权要求被视为无效（细则 26 之二 .2），受理局按照细则 26 之二 . 2（b）、规程第 302 条和第 172 段指明的那样处理，如果申请人提交的改正在该期限届满之后但在受理局根据细则26之二.2（b）作出宣布之前，且在不迟于期限届满日起1个月内，提交的改正被认为在该期限届满之前收到的。此外，对于从表面判断符合细则4.10要求的优先权要求，或者由于细则26之二.2（c）（ⅰ）或（ⅱ）而不能视为无效的优先权要求，由申请人提交的任何改正在根据细则26之二.1（a）的期限届满之后，但不迟于期限届满日起1个月内收到的，应被认为在该期限届满前收到［细则26之二.2（b）］。

176A. 如果申请人在该期限届满之后提交有关增加一项优先权要求的信息，受理局宣布（表格PCT/RO/111）不增加该优先权，因为已超出适用的期限（表格PCT/RO/111）。

177. 如果受理局在细则26之二.1（a）规定的期限届满之后收到改正和/或增加，并在（适用的情况下）根据细则26之二.2（b）作出宣布，对其不予考虑，受理局通知申请人注意（表格PCT/RO/111），可以要求国际局在优先权日起30个月内并在缴纳特定费用的情况下［规程第113条（c）］公布相关信息［细则26之二.2（e）］。

178. ［已删除］

向国际局传送申请人提交的优先权文件

179. 如果要求了一项在先的国家申请、地区申请或国际申请的优先权，经有关单位（即向其提交在先申请的国家局或地区局，或者当在先申请是国际申请时，向其提交该在先国际申请的受理局）证明的该在先申请副本（"优先权文件"），必须由申请人在细则17.1（a）规定的期限内向国际局或受理局提交，除非该在先申请的副本已经随国际申请向提交该优先权要求的受理局提交。

180. 受理局收到优先权文件后，在文件的第一页右上角用不可擦除的方式标注国际申请号和文件的收到日。

181. 受理局检查在请求书中的优先权事项是否与该文件中的相应事项一致。如果结论是肯定的，受理局迅速将优先权文件传送给国际局，并附以收到日期通知书（表格PCT/RO/135）［规程第323条（a）和（c）］。受理局不检查优先权文件是否在细则17.1（a）规定的自优先权日起16个月期限内收到。

182. 如果请求书中的优先权要求事项与优先权文件中的相应事项不一致或不完整，受理局通知（表格PCT/RO/110）申请人改正或提供相关事项，并提醒申请人注意细则26之二.1规定的期限（本指南第167段至第172段）。受理局把优先权文件和上述通知书副本一起传送给国际局。如果请求书中给出的事项不完整（例如缺优先权申请号），并且受理局已有与所缺事项有关的足够信息（例如，这些事项已经包含在优先权文件中），受理局可以在向国际局传送优先权文件之前依职权记载该事项。有关依职权改正的通知，见本指南第170段。

在先申请的证明和向国际局传送

183. 如果在先（国家、地区或国际）申请是向作为受理局的同一个局提交的，并且优先权文件应当由该局出具，申请人可以要求作为受理局的该局准备优先权文件并直接传送给国际局，以代替从该局获得优先权文件并随后向该局或国际局提交。该请求（"优先权文件请求"）必须在不迟于优先权日起16个月内提交，并且受理局可以要求缴纳费用［细则17.1（b）］。该优先权文件请求可以是在请求书表格第Ⅵ栏里的适用选框系统中作出标记或者在其他任何文件中为该目的提交请求，例如在附于国际申请的信件或费用计算页上。该费用计算页包含指明相应费用数额的位置。该请求也可以在发出相关信件后的规定期限内提交。

184. 如果优先权文件请求是在请求书表格以外的任何页上作出的，而且登记本尚未传送，受理局依职权（本指南第 161 段至第 165 段）在请求书表格第Ⅵ栏的相应选框中作出标记。

185. 如果在提交国际申请时没有提交优先权文件请求，而受理局随后在优先权日起 16 个月期限届满前收到了这种请求，应将该事实通知［规程第 323 条（c）和表格 PCT/RO/135］国际局。受理局在该表格的相应选框中作出标记并标明收到该优先权请求文件的日期。

186. 如果优先权请求文件是在优先权日起 16 个月期限届满前提交（本指南第 183 段至第 185 段），并缴纳了所需的费用，受理局尽快准备该文件并随表格 PCT/RO/135 一起向国际局传送该文件［规程第 323 条（b）和（c）］。受理局在第一页的右上角用不可擦除的方式标注国际申请号。

187. 如果受理局在优先权日起 16 个月期限届满前收到优先权请求文件，但申请人未缴纳所需的费用，受理局迅速通知（表格 PCT/RO/128）申请人，除非在优先权日起 16 个月期限届满前，或者在条约第 23 条（2）所述的情形下，最迟在申请人请求对国际申请进行处理或审查时，缴纳了该费用，否则该请求将被视为未提交［规程第 323 条（b）］，并要求申请人缴纳未缴的费用。

188. 如果在优先权日起 16 个月期限届满之后申请人仍未缴纳任何费用，受理局尽快通知（表格 PCT/RO/128）申请人该优先权请求文件被视为未提交。该通知书副本寄给国际局［规程第 323 条（b）和（d）］。如果费用未缴纳，但受理局在优先权日起 17 个月内仍未通知国际局优先权请求文件被视为未提交，即使申请人未缴纳费用，受理局也必须准备优先权文件并将其传送给国际局［规程第 323 条（b）和（d）］。

189. 如果在优先权日起 16 个月期限届满之后，受理局收到优先权请求文件，或者如果该请求已被视为未提交［规程第 323 条（b）］，受理局迅速通知（表格 PCT/RO/128）申请人并提醒他注意细则 17.1（a）的要求［规程第 323 条（e）］。

190. 如果在优先权日起 16 个月后申请人缴纳了费用，并且尚没有任何通知书寄给国际局，受理局还是可以根据申请人的请求准备和传送优先权文件。如果优先权文件是在国际申请的国际公布日之前到达国际局的，该优先权文件被认为在细则 17.1（a）规定的 16 个月期限的最后一天被国际局收到的。

191. 如果由于在先申请不是向该受理局提交，而使优先权请求文件未能被有效地提交，受理局应依职权删除第Ⅵ栏选框中相应的标记并相应地通知申请人（表格 PCT/RO/146）；受理局可以使用表格 PCT/RO/132 解释这种改正的原因。

变更优先权日的效力

192. 如果随着根据细则 26 之二改正或增加优先权要求，国际申请的优先权日被变更，那些从原优先权日起算尚未届满的期限从变更后的优先权日起算，但是那些从原优先权日起算已经届满的期限并不因此而恢复［细则 26 之二.1（c）］。

第7章之二
有关国家要求的声明

对声明的要求

192A. 申请人可以在请求书第Ⅷ栏包含一个或多个以下的声明：

（ⅰ）发明人身份的声明［第Ⅷ（ⅰ）栏］［细则4.17（ⅰ）和规程第211条及第212条（b）］；

（ⅱ）申请人在国际申请日有权申请和被授予专利的声明［第Ⅷ（ⅱ）栏］（细则4.17（ⅱ）和规程第212条］；

（ⅲ）申请人在国际申请日有权要求在先申请的优先权的声明［第Ⅷ（ⅲ）栏］（细则4.17（ⅲ）和规程第213条］；

（ⅳ）发明人资格声明（仅为指定美国的目的）［第Ⅷ（ⅳ）栏］［细则4.17（ⅳ）和规程第214条（a）］；

（ⅴ）不影响新颖性的公开或丧失新颖性的例外的声明［第Ⅷ（ⅴ）栏］［细则4.17（ⅴ）和规程第215条］。

192B. 受理局审查请求书中第Ⅷ栏关于声明的选框并且检查选框中指出的任何声明是否包含在第Ⅷ（ⅰ）至（ⅴ）栏及其续页。如果受理局发现请求书第Ⅷ栏的选框中没有正确作出标记，或者根据细则4.17声明的份数没有在该栏的右列中正确地指明，该选框或相关的指明需要被改正。

192C. 如果请求书中包含涉及细则4.17作出的一项或多项声明，受理局可以检查［细则26之三.2（a）］：

（ⅰ）适用的情况下（在请求书表格的注释中作了解释），每份声明都应用规程第211条至第215条中规定的语句撰写。对于仅为指定美国目的的发明人资格声明的标准语句已预先印制在第Ⅷ（ⅳ）栏中，因此申请人不会遗漏该语句的任何部分；

（ⅱ）任何在第Ⅷ（ⅳ）栏为指定美国目的所作的发明人资格声明都应是发明人直接签字和注明日期，委托的代理人的签字不能充分满足此目的。

受理局对请求书表格中包含的任何声明不作进一步的检查。特别是，不检查作出声明的人的姓名和地址与请求书表格第Ⅱ栏和第Ⅲ栏指明的申请人或发明人的姓名和地址是否一致，也不检查根据细则4.17作出的声明所适用的国家。

不符合要求

192D. 如果受理局发现任何声明不符合第192C段所述的一项或多项要求，可以通知（表格PCT/RO/156）申请人改正有关的声明［细则26之三.2（a）］。通知书的副本也寄给国际局。受理局不能对请求书中包含的涉及细则4.17的声明作出任何依职权改正，例如，不能对声明的内容作出任何添加、改变、加上删除线或其他的删除［规程第327条（d）］。

声明的改正或增加

192E. 在自优先权日起16个月的期限内申请人可以通过给国际局的通知，对请求书仅仅改正声明或增加声明，国际局在该期限届满之后收到的任何通知只要是在国际公布的技术准备工作完成之前收到的，应当视为在该期限的最后一天收到（细则26之三.1）。上述规定适用于无论是按照申请人自己的意愿作出的还是根据细则26之三.2（a）答复受理局或国际局发出的改正通知而作出的改正或增加。

192F. 如果根据细则26之三.1作出的通知递交到受理局，受理局用不可擦除的方式记载收到日并迅速传送给国际局（规程第317条），受理局不检查该通知是否在细则26之三.1规定的期限内递交或者是否满足规程第211条至第216条的要求。

第8章
国际申请的遗漏部分或错误提交的项目或部分

国际申请中的遗漏部分以及附图的提及

193. 受理局通过对比清单中提及的页数与实际收到的页数、检查全部编页、检查独立页是否有明显遗漏及各部分是否清晰，检查国际申请看上去是否完整并且没有遗漏文件，或看上去是否包含全部信息。如果有整个项目看上去遗漏，参见本指南第45段至第50段处理国际申请。如果国际申请看上去有不满足条约第11条（1）的缺陷的，参见本指南第39段至第54段处理。

194. 受理局审查请求书中的清单和国际申请中提及附图［包括流程图和图表（细则7.1）］的文字部分，并检查申请中是否包括附图。如果受理局发现申请提及附图而提及的附图未包括在国际申请中或附图不全，应当在请求书最后一页的"仅由受理局使用"栏右半部分，以在未收到附图的选框中作出标记的方式指出这一事实。只有当申请提及附图而又缺少任何提及的附图时才应对该选框作出标记。如果该方框被作出标记，受理局在该栏中作出标记的选框的下面写明哪些页或图没有收到。可能需要对清单（请求书第Ⅸ栏）进行改正（本指南第149段、第150段和第161段至第165段）。如果登记本和检索本已经传送，受理局应当把最后一页的副本寄给国际局和国际检索单位。

错误提交的项目或部分

194A. 受理局不具体检查国际申请是否包含任何错误提交的项目或部分，而只需将说明书开篇的发明名称与请求书中的发明名称进行核对。但是，受理局在进行前段所述审查或其他审查时，如果发现国际申请的任何项目或部分被错误提交或者看似被错误提交，则提请申请人注意，并按照本指南第195段至第199段和第203A段至第206段所述方式处理。

通知申请人

195. 如果受理局发现国际申请的任何部分看似被遗漏，或者任何项目或部分看似被错误提交，应根据情况，根据细则20.5（a）或细则20.5之二（a）通知（表格PCT/RO/107）申请人，通过提交遗漏部分或正确的项目或部分使据称的国际申请完整或被改正；或者根据细则20.6（a），当遗漏部分或者正确的项目或部分完全包含于国际申请所要求的在先申请中，确认遗漏部分或者正确的项目或部分根据细则4.18被援引加入。如果受理局已经根据细则20.8（a）或（a之二）通知国际局与其本国法不符，则不能选择援引加入方式。对于遗漏部分，该受理局可按照细则20.8（a之三）所述进行处理，或按照本指南第278段至第281段所述的程序，迅速请求国际局作为受理局，同意根据规程

第333条（b）和（c）传送国际申请。对于错误提交项目或部分，该受理局根据细则19.4将国际申请传送至作为受理局的国际局，除非申请人不同意传送或未在期限内缴纳所需费用，在这种情况下，受理局根据细则20.8（a之三）的规定处理［规程第309条（g）］。通知（表格PCT/RO/107）的副本需传送国际局和国际检索单位。

196. 答复期限。申请人可在自通知日起2个月内［细则20.7（a）］答复，根据细则20.5（a）（ⅰ）或20.5之二（a）（ⅰ）使国际申请补充完整或予以改正，或者根据细则20.5（a）（ⅱ）或20.5之二（a）（ⅱ）确认遗漏部分或者正确的项目或部分通过援引方式加入。如果答复通知书的期限是在被要求优先权的最早申请的申请日起1年之后届满，受理局提醒申请人注意该情况［细则20.5（a）］或20.5之二（a）。表格PCT/RO/107中包含为该目的设置的选框。

没有在先发出通知即收到有关国际申请的纸页

197. 受理局可能在首次收到文件之后，又收到与据称的国际申请有关的其他纸页，即使没有根据细则20.5（a）或20.5之二（a）发出过通知。

198. 期限。当受理局没有根据细则20.5（a）或20.5之二（a）发出通知时，提交使国际申请完整或被改正的纸页的期限是自受理局首次收到条约第11条（1）（ⅲ）所涉及的一个或多个项目之日起2个月内［细则20.7（a）（ⅱ）］。

后收到纸页的处理

199. 如果受理局在根据细则20.5（a）或20.5之二（a）发出通知，或未发通知的情况下，在首次收到条约第11条（1）（ⅲ）所涉及的一个或多个项目之后，收到与国际申请有关的纸页，受理局应确定提交的纸页是否使国际申请完整或被改正，或者申请人是否有意确认根据细则20.6（a）通过援引方式加入这些纸页。如果受理局已经根据细则20.8（a）或（a之二）通知国际局与其本国法不兼容，则不能选择援引加入方式。

根据细则20.5（b）或（c）使国际申请完整的纸页

200. 如果申请人没有确认对遗漏部分采用援引加入，但仍然在细则20.7规定的期限内提交了使国际申请完整的纸页，受理局根据规程第308条之二对随后提交的每一页进行标注。受理局在请求书最后一页的相关栏标注使国际申请完整的纸页的收到日期，适用时，改正请求书第一页上标注的国际申请日，但仍使原始的日期清晰可见（规程第310条和第310条之二），并且相应地通知（表格PCT/RO/126）申请人。在国际申请日被改正后，由于细则20.5（e）允许申请人请求放弃有关遗漏部分而保留最初的国际申请日，受理局在通知（表格PCT/RO/126）发出之日起1个月期限届满前不应把后提交的纸页传送给国际局和国际检索单位，除非申请人在该期限届满前已经确认其决定。

200A. 如果申请人请求放弃有关遗漏部分，受理局应恢复改正前的国际申请日并且按照规程第310条之二（b）所述处理，通知（表格PCT/RO/129）申请人最初的申请日已恢复。该表格的副本应传送给国际局，如果检索本已经传送，还应传送给国际检索单位。

201. 如果后提交的纸页涉及附图，受理局在请求书最后一页"仅由受理局使用"栏的右侧删除对关于未收到附图选框的标注，并在收到附图选框作出标注。之前的标注应保持清晰可见。

202. 如果经申请人确认后，国际申请文字部分对缺失附图的提及似乎是笔误（例如，事实上似乎不缺少附图而且对该附图的提及实际上是对包含在国际申请中的一项附图的提及），则受理局应使申请人注意到申请人可根据细则91直接向国际检索单位提交明显错误更正请求。

发出通知后未收到附图时的程序

203. 如果已经根据第195段所述发出通知但是申请人未提交附图，任何提及该附图的内容被视为不存在［条约第14条（2）］，受理局不需采取任何措施。

根据细则20.5之二（b）或（c）改正国际申请的纸页

203A. 如果申请人没有确认援引加入正确的项目或部分，但提交了正确的纸页用以替换错误提交的纸页，以便在细则20.7规定的期限内改正国际申请，受理局根据规程第308条之二在后提交的每张纸页上作出标记。受理局在请求书最后一页的相关框中标注改正页的收到日，在适用的情况下，改正请求书第一页中标注的国际申请日，且仍使较早的日期清晰可见（规程第310条和第310条之二），并相应地通知申请人（表格PCT/RO/126）。受理局还将从国际申请中移除错误提交的纸页（规程第310条和第310条之二）。但是，在国际申请日被改正后，由于细则20.5之二（e）允许申请人请求放弃有关正确的项目或部分而保留最初的国际申请日，受理局在通知（表格PCT/RO/126）发出之日起1个月期限届满前不应把后提交的纸页传送给国际局和国际检索单位和从国际申请中移除错误提交的纸页，除非申请人在该期限届满前已经确认其决定。

203B. 如果申请人要求放弃正确的项目或部分，受理局应恢复改正前的国际申请日并且按照规程第310条之二（b）所述处理，通知（表格PCT/RO/129）申请人最初的申请日已恢复，并且错误提交的项目或部分仍保留在国际申请中。该表格的副本应传送给国际局，如果检索本已经传送，还应传送给国际检索单位。

根据细则20.6（a）确认援引加入遗漏部分或者正确的项目或部分

204. 如果在细则20.7规定的期限内，受理局收到对遗漏部分或者对正确的项目或部分援引加入的确认通知，该局应按照以下各段所述检查是否符合细则20.6的全部要求。

205. 受理局检查：

（a）请求书中是否包含根据细则4.18的声明（表格PCT/RO/101），如果该声明未包含在提交申请时的请求书中，是否包含在国际申请其他处，或随国际申请一起提交；

（b）涉及包含于在先申请中的相关项目或部分的纸页是否已经提交；

（c）申请人在提交申请时是否已要求在先申请的优先权；

（d）申请人是否已提交在先申请的优先权文本或者至少该在先申请的简单副本；

（e）在细则20.6（a）（ⅲ）的情况下，申请人是否提交了译文或在先申请的译文（见规程第305条之三）；并且

（f）如果是说明书、权利要求书或者附图的一部分，申请人是否提交了该部分包含于在先申请中的位置的说明，以及在适用情况下，包含于在先申请译文中的位置的说明。

205A. 受理局检查申请人提交的遗漏部分或者正确的项目或部分是否完全包含于在先申请中。为此目的，受理局根据细则20.6（a）（ⅰ），将申请人提交的纸页与在先申请的相关项目或部分对比。被援引加入的说明书的序列表部分，见本指南第227B段和第227C段。如果后提交的纸页看上去超出了形式缺陷的改正，并且看上去修改了申请的实质内容，受理局在适用情况下，可以通知申请人根据细则91向主管国际检索单位提交明显错误更正请求（表格PCT/RO/108）。

205B. 如果国际申请在提交时要求了一项以上的优先权，申请人可以援引加入任一在先申请的项目或部分。为了符合细则 11 的形式要求，如果提交的纸页中权利要求的编号、页数或段落、标记编号、附图标记与在先申请中的不一致，这些对申请形式方面的修改，通常不应被认为是对在先申请内容的改变。

205C. 肯定的发现。如果受理局发现已经符合细则 4.18 和 20.6（a）的所有要求，根据规程第 309 条（b）所述处理，并据此发出表格 PCT/RO/114。通知中还应包括申请人对相关项目或部分包含于在先申请中的位置的说明，通知的副本传送给国际局和国际检索单位。受理局认为有关的遗漏部分或者正确的项目或部分在条约第 11 条（1）（iii）涉及的一个或多个项目的首次收到日已经提交，并因此保留（或者此时尚未给予，则给予）国际申请日。如果受理局未在同一天收到所有后提交的纸页，受理局根据需要发出多次表格 PCT/RO/114，在每张表格中指出后提交纸页的收到日。

205D. 否定的发现。如果受理局发现未符合细则 4.18 和 20.6（a）的所有要求，或者有关项目或部分没有完全包含于在先申请中，受理局据此发出表格 PCT/RO/114，对后提交的纸页视为援引加入未经确认，并在细则 20.7 规定的期限届满后，按规程第 309 条（c）所述的方式处理（见本指南第 200 段至第 203B 段）。通知的副本（表格 PCT/RO/114）传送给国际局和国际检索单位。

根据细则 20.6（a）（i）提交纸页的内容不完全包含于在先申请中

205E. 如果申请人及时确认援引加入遗漏或正确的项目或部分，并提交包含遗漏或正确的项目或部分的纸页，但这些纸页中存在不完全包含于在先申请的内容，以致不能被援引加入，受理局可以根据自身实际情况，依职权修改这些纸页，使其与在先申请一致。受理局依职权修改的基本方式参见第 161 段至第 163 段。如果改正缺陷的方式多于一种，受理局应当通过电话和/或书面方式联系申请人，以便在依职权修改之前明确申请人的意图。或者，受理局可以非正式地联系申请人，通知其在细则 20.7（a）适用的期限内重新提交符合在先申请内容的纸页；否则受理局按照细则 20.6（c）的程序处理。

援引加入正确项目或部分后对于错误提交项目或部分的处理程序

205F. 如果根据细则 20.6（a）（i）提交的纸页被作为正确的项目或部分用以替换错误的项目或部分而提交，并且受理局发现已经符合细则 4.18 和 20.6（a）的所有要求，则按照规程第 309 条（b）的规定处理，将包含正确项目或部分的纸页纳入国际申请中。同时，有关错误提交的项目或部分的纸页不应被移除，而应保留在国际申请中［细则 20.5 之二（d）］。受理局在这些纸页的每一页下页边的居中位置标注"错误提交（细则 20.5 之二）"字样，并将这些纸页移至据称的国际申请的对应项目之后。具体而言，国际申请的各项目的排列顺序应该是，援引加入的正确项目在前，错误提交的项目放在其后，或者对于涉及某一部分的情况，将正确的纸页插入适当的位置，并将错误提交的纸页分别情况移至说明书、权利要求书或附图的末尾。正确的项目或部分的纸页应在不考虑错误提交的项目或部分纸页的情况下被编号［规程第 311 条（b）（iii）］。错误提交的项目或部分的纸页不需要重新编号。

205G. 受理局检查是否符合细则 11 所述的形式要求，以满足统一的国际公布（包括由国际局进行图片扫描和光学字符识别）的目的［细则 26.3（b）（ii）］。受理局也可以请申请人按照本指南第 205F 段所述的方式对国际申请的纸页进行排序，或者受理局愿意的话，可以依职权改正国际申请的纸页排序［规程第311条（b）（ⅲ）］。

逾期后收到后提交纸页的处理程序

206. 如果后提交的纸页的收到日不在细则20.7规定的适用期限内，为国际处理的目的，该后提交的纸页不予考虑。申请的收到日和国际申请日维持较早给出的不变。受理局按照规程第310条之三的规定处理，并使用表格PCT/RO/126通知申请人。

后收到的摘要

207. 受理局可以接收包含所缺摘要的页。后接收的摘要不影响国际申请的收到日，因此不影响国际申请日。

根据细则26的替换页和其他替换页

根据细则26的替换页

208. 如果根据细则26.4向受理局提交改正形式缺陷的页，受理局应检查：

（ⅰ）缺陷是否已经被改正；

（ⅱ）提交的替换页的内容是否与被替换页的内容一致；在提交的纸页中的文字或附图与请求书以外的国际申请的相应部分的一致性有疑问时，受理局不接受提交的替换页并通知申请人提交仅包括对相关形式缺陷进行改正的新纸页。受理局可以提醒申请人注意根据细则20.6确认援引加入的可能性（如果可能的替换页的内容完全包含于国际申请所要求优先权的在先申请中，且细则20.7规定的期限尚未届满），或其可以向国际检索单位提交请求，对包含在原始页中的任何明显错误进行更正（本指南第302段至第308段）。或者，在申请人同意的情况下，受理局可以将包含该差异的纸页送交给国际检索单位。在任何情形下，受理局都不把该纸页的副本放入受理本中，也不将该纸页寄送给国际局。如果申请人提交的替换页导致国际申请的总页数变化，不需要改正提交申请时在请求书第Ⅸ栏（清单）内标明的页数；如果申请人提交了包含被改正页数的请求书最后一页的替换页，该纸页不应当放入国际申请中；

（ⅲ）改正是否在细则26.2规定的期限之内（本指南第153段至第155段）提交，并且是否能及时地被包含在公布的国际申请中，然而在期限届满之后（即使在国际公布之后）但在受理局根据细则26.5作出决定之前收到的任何改正仍要接受（本指南第154段）（在此情形下，国际申请将再次公布）。

209. 如果满足上述条件，规程第325条（a）所述的程序适用。申请人也可以主动提交根据细则26的替换页。

其他替换页

210. 有关接受根据条约第3条（4）（ⅰ）改正有关说明书和权利要求书以外部分所允许的语言的缺陷的替换页，见细则26.3之三。

211. 如果替换页是根据细则9要求提交的（不得使用的词语等），见规程第217条。

在请求记录变更的同时提交的请求书替换页

212. 当申请人在根据细则92之二请求记录变更（在请求书中）的同时提交请求书的替换页时，受理局应当在替换页的右上角标注国际申请号和收到该替换页的日期，并在下页边的居中位置标注"替换页"或"替换页（细则92之二）"字样。有关进一步的细节见本指南第309段至第312段。

更正页

213. 有关根据细则91更正明显错误的更正页，见本指南第218段至第221段和第302段至第308段。

根据细则26改正缺陷和根据细则91明显错误更正的程序

214. 根据细则26.4改正缺陷和根据细则91更正明显错误时适用的程序，详细描述在规程第325条中。

215. 由于在国际申请中删除、替换或增加纸页需要对纸页重新编号时，适用程序详细描述在规程第311条中。

216. 任何替换页的副本与任何附于替换页的信件或者包含改正或更正的信件的副本一起保存在受理本中［规程第325条（a）（ⅳ）］。

根据细则26的改正和根据细则91的明显错误更正的替换页

217. 如果受理局收到申请人在答复根据细则26改正形式缺陷通知书时提交的纸页，并发现提交的替换页和被替换页之间有差异，应当按以下几段所述的那样处理。

218. 如果差异是在请求书中，受理局在得到申请人的确认后可以把提交的替换页也认为是根据细则91.1（b）（ⅰ）和91.2提交的更正明显错误的请求。如果受理局许可更正并且该页符合形式要求，受理局在该页上注明"更正页（细则91）"字样，受理局通知（表格PCT/RO/109）申请人许可更正，并将该通知书的副本寄给国际局和国际检索单位［规程第325条（a）］。

219. 如果差异是在请求书以外的国际申请的其他部分，受理局按本指南第208段（ⅱ）所述处理。

220. 如果申请人在收到受理局的通知书后提交一份更正明显错误的请求，并且国际检索单位许可更正并将带有"更正页（细则91）"字样的有关纸页的副本寄给受理局，受理局将该副本加入受理本中。

221. 上述几段描述的程序也适用于申请人随更正明显错误请求一起提交既包含根据细则26对形式缺陷的改正又包括对明显错误更正的替换页的情况。

第9章
核苷酸和/或氨基酸序列表

概述

222. 任何说明书序列表部分都必须符合WIPO标准ST.26［细则5.2（a）、规程第208条和附件C的第4段］。根据此标准，序列表必须为XML格式。受理局审查请求书第Ⅸ栏关于序列表的清单，并检查序列表是否是ST.26 XML格式且作为说明书的一部分提交。如果申请人在提交国际申请的同一日提交了ST.26 XML格式序列表，但是清单中未指明该序列表是作为说明书的一部分，受理局需要依职权对清单进行改正，在清单中体现作为说明书一部分的序列表（规程附件C第26段）。如果是以物理载体提交的序列表，受理局核实载体的类型和数目是否与清单中指明的一致。如果有任何不一致，受理局依职权对清单进行改正。

以不符合标准的文件格式公开序列表的处理程序

222A. 如果申请人在提交国际申请的同一日，以非 ST. 26 XML 格式（例如 ST. 25 TXT 或 PDF）单独提交了电子形式公开的序列表文件，受理局要求申请人确认该文件的内容是否作为说明书的一部分，并通知申请人（表格 PCT/RO/132），如有必要可在合理期限内，提交可被接受格式的作为说明书主体部分的序列表。例如，在提交的文件为 ST. 25 TXT 的情况下，申请人可以提交与其内容相同的 PDF 纸页文件，将其纳入说明书的主要部分，而不影响国际申请日。受理局还可以要求申请人声明，以可被接受格式重新提交的文件内容与原始提交的电子文件内容相同。或者，受理局可以将文件转换为可被接受格式（如 PDF），并通知申请人确认将文件内容作为说明书的一部分，并在合理的时限内缴纳与页数相关的适用的费用（表格 PCT/RO/132）。

222B. 如果申请人确认该文件的内容是说明书的一部分，受理局将在提交（或转换）的纸页的右上角标注国际申请号和收到（或同意转换）日。受理局在页面下方居中位置标注"替换页"字样，并依职权将这些纸页作为说明书的页重新编写页码，否则国际局将对这些纸页重新编写页码。受理局应改正清单中指明的总页数，超过 30 页的纸页可能需要缴纳附加费（本指南第 235 段至第 273 段）。如果受理局在期限内收到费用，将被视为确认该内容作为说明书的一部分。如果申请人未能在期限内确认或缴纳任何适用的费用，单独提交的电子文件内容将不作为国际申请的一部分。

222C. 受理局检查清单是否表明有任何原始提交的不作为说明书一部分的内容是第Ⅸ栏第 9 项的附件项目。受理局将原始提交的电子形式公开的 ST. 25 TXT 格式序列表传送国际局。

检查是否符合 WIPO 标准 ST. 26 和是否有其他缺陷

223. 受理局只需确认是否存在一个看起来是序列表的 XML 文件，无须检查序列表是否符合 WIPO 标准 ST. 26 或细则和行政规程，这种检查随后由国际检索单位完成（细则 13 之三）。如果受理局注意到存在缺陷，例如，由于其在线申请程序或该局的其他程序使用了国际局提供的序列表校验工具对序列表文件进行了校验，受理局可以相应地通知申请人（表格 PCT/RO/132）。

223A. 如果受理局注意到序列表的基本信息部分与请求书中或申请文件中的相应信息之间存在差异，可以提醒申请人注意此事（表格 PCT/RO/132）。申请人可以在细则 26.2 规定的期限内改正不一致之处，但这种改正不是必需的。受理局对国际申请的处理，基于请求书中的指明。

223B. 根据细则 26 对序列表进行改正，必须提交一份完整的序列表，并附上信函对改正进行说明。受理局无须检查改正是否可被接受，只需在 ST. 26 XML 文件的文件名或元数据中作出适当标注即可。如果根据细则 26 条提交的改正是以物理载体提交的，受理局将载体标注为"序列表－改正"，并附上国际申请号。受理局将改正后的序列表连同随附信函转交国际检索单位和国际局。

224. ［已删除］

225. ［已删除］

226. ［已删除］

后提交的序列表

227. 提交国际申请之后提交的任何序列表原则上不作为该国际申请的一部分。如有疑问时，受理局应向申请人确认序列表是否作为国际申请的一部分，以使国际申请完整或正确（细则20.5和20.5之二），或者该序列表是为了检索的目的提交的（细则13之三.1）。如果序列表是为了检索的目的提交的，受理局将序列表及随附的说明迅速转交国际检索单位（见本指南第290段）。

227A. 如果为了检索的目的提交的序列表是以物理载体提交的，则该载体将被标注"序列表不作为说明书的一部分"，或者使用国际公布语言或国际初步审查语言的等同语标注，并附上国际申请号。

援引加入遗漏或错误提交的部分

227B. 如果确认通过援引加入的方式（细则20.6）提交序列表，受理局可以请国际局协助，对援引加入的序列表与在先申请中的序列表进行比对。

227C. 对于通过援引加入或后提交的为使国际申请完整或正确的序列表（细则20.5和20.5之二），受理局在ST.26 XML文件的文件名或元数据中作出适当标注。如果受理局收到的序列表是在物理载体上的，受理局在载体上标注"序列表"字样，以及与其他纸页所需的标注等同的标注［规程第308（b）条、第308之二至第310条之三］。

局间序列表的传送

227D. 如果序列表是在线传输的，受理局将国际申请号和序列表类型（提交、改正、为了检索的目的提交的等）编码在文件名中，引用与在线传输方式相适应的XML或等效元数据。电子文件的内容不应被更改。

227E. 对于收到的在物理载体上的序列表，受理局可以提取文件并在线传输。在这种情况下，受理局将国际申请号和序列表类型编码在文件名或相关元数据中，其方式与在线收到序列表的方式相同。如果在多个数据载体上接收到序列表，则受理局在在线传输之前，将提取的文件合并形成一个连续文件。

第10章
对保藏微生物或其他生物材料的记载

概述

228. 当国际申请涉及保藏的微生物或其他生物材料时，检查申请中是否作出含有已保藏的微生物或其他生物材料记载事项，或者微生物或其他生物材料记载事项是否与申请相关不是受理局的责任。但如果申请人提供了这些记载事项，受理局在下面指明的范围内检查这些事项，并在某些情形下要求申请人改正或提醒申请人注意某些方面。

保藏的微生物或其他生物材料作为说明书部分的记载

229. 某些国家的法律要求，根据细则13之二.3（a）提供的对保藏的微生物或其他生物材料的记载应当包括在说明书中（《PCT申请人指南》附件L）。当这些事项是以单独的纸页提供时，例如表格PCT/RO/134，申请人应将该纸页作为说明书的页编页（最好在说明书的最后，规程第207条所述的第二系列中）。在此情形下，不应对请求书第Ⅸ栏中有关保藏的微生物或其他生物材料的单独说明的选框作出标注。如果对保藏的微生物或其他生物材料的记载是写在单独的纸页上，该纸页最好和请求书一起提交并在清单中注明［规程第 209 条（a）］。

230. 如果纸页中包含如细则 13 之二定义的，对保藏的微生物或其他生物材料的记载，并且该记载是在提交国际申请的同一日与说明书分开提交的，即没有作为国际申请的一部分编页时（例如以表格 PCT/RO/134 形式），受理局可以提醒申请人注意，某些国家的本国法要求申请人指示是否将有关的事项包括在说明书中。

231. 如果申请人确认将这些纸页作为说明书的一部分，应当将其加入说明书的最后并按规程第 207 条重新编页。受理局对这些页可以依职权重新编页，或者通知（表格 PCT/RO/106）申请人改正缺陷（本指南第 153 段至第 165 段）。可能需要改正清单中注明的总页数，并可能需要为超过 30 页的页缴纳附加费（本指南第 235 段至第 273 段）。受理局在必要时提请申请人注意此事。

232. 如果在上述情形中，申请人不答复受理局的通信，对国际申请的处理继续进行，受理局不需对此作出进一步的行为。

233. 受理局在向国际局传送登记本之后收到的任何有关保藏的微生物或其他生物材料记载的单独纸页必须迅速传送给国际局，以便使其尽量能够在国际公布的技术准备完成之前到达国际局［细则 13 之二.4（d）］。

对包含保藏微生物或其他生物材料记载的纸页的语言要求

234. 如果包含保藏的微生物或其他生物材料记载的纸页是说明书的一部分，这些纸页必须使用申请提交时的语言撰写，或者根据细则 12.3（a）或 12.4（a）要求提交国际申请译文的情况下，使用申请提交的语言和译文使用的语言两种语言。如果受理局发现这些纸页还缺少相应的译文，应迅速通知（表格 PCT/RO/150 或表格 PCT/RO/157）申请人提交这些页的译文。

第 11 章
费　用

概述

235. 受理局检查根据条约第 3 条（4）（ⅳ）应当缴纳的费用是否已经缴纳。如果申请人提交了费用计算页（请求书的附件），受理局检查申请人在该页中写明的费用数额是否正确；受理局在该页右边为此目的预留栏内进行标注。在各种情况下由受理局收取的费用有：

（ⅰ）传送费（费用计算页的 T 栏），根据细则 14，受理局为了履行其作为受理局对国际申请所必须履行的任务而有权收取的费用；

（ⅱ）国际申请费，根据细则 15，为了国际局的利益收取的费用（费用计算页的 I 栏）；和

（ⅲ）检索费（费用计算页的 S 栏），根据细则 16，为了国际检索单位利益收取的费用。

236. 必要时受理局可以收取其他费用，这些费用包括要求恢复优先权的费用［细则 26 之二.3（d）］、准备国际申请附加副本的费用［细则 21.1（c）、规程第 305 条之二以

及本指南第283段和第284段］、准备和传送优先权文件的费用（细则17.1）、滞纳金（细则16之二）、迟交国际申请译文的费用［分别为细则12.3（e）或12.4（e）和本指南第69段或第69A段］和向作为受理局的国际局传送据称的国际申请的费用（细则19.4、本指南第275段和第281段）。

数额、规定的货币和某些费用的减缴

传送费

237. 如果有传送费，其数额由受理局确定，并使用受理局规定的货币缴纳。受理局也可以规定减缴该费用的条件。

检索费

238. 检索费的数额由主管国际检索的国际检索单位确定。关于主管国际检索单位，见本指南第114段和第115段。关于各国际检索单位规定的数额以及可以使用的货币，见《PCT申请人指南》附件D。

239. 某些国际检索单位准予减缴检索费，详情见《PCT申请人指南》附件D。

240. 检索费应当使用受理局规定的货币或规定的货币之一［"规定货币"，见细则16.1（b）］缴纳。如果规定货币是自由可兑换的，用这些货币表示的检索费的数额应根据细则16.1（d）和PCT大会关于确定新的特定费用等值换算金额的指示制定，并由国际局通知每一个规定使用该规定货币缴纳检索费的受理局。

国际申请费

241. 国际申请费。国际申请费的数额（用瑞士法郎表示）列于细则所附的费用表中，使用受理局规定的货币或规定的货币之一缴纳。其数额取决于提交国际申请时申请的总页数，该总页数表示在请求书第Ⅸ栏（清单）的"总页数"中。如果国际申请超过30页，必须为超过30页的每一页缴纳国际申请费的附加费［细则15.2（a）和96以及费用表］。对于摘要页也要缴纳该附加费，即使在提交国际申请时缺摘要也要缴纳。

242. 对于看起来为ST.26 XML格式序列表的电子文件，不收取任何费用（规程第707条）。

243. 当国际申请包含与序列表公开有关的表格时，任何包含这些表格的纸页应计算到说明书的正规纸页中。

244. ［已删除］

245. ［已删除］

246. ［已删除］

247. 对某些国家的申请人减少国际申请费。申请人是自然人，并且是被列为人均国内生产总值低于25000美元（根据最近10年平均的人均国内生产总值，按照联合国公布的2005年美元币值计算）的国家的国民和居民，或者是根据国际局公布的最近5年平均每年申请数量少于10件国际申请（每百万人口）或者少于50件国际申请（绝对数量）的国家的国民和居民，或者申请人无论是否是自然人，只要是被联合国列为最不发达的国家的国民和居民，有资格按照费用表减缴包括国际申请费在内的某些PCT费用的90%。关于其国民和居民有资格减缴的PCT缔约国的信息包含在《PCT申请人指南》"国际阶段"附件C中。申请人有权利享受国际申请费减缴，必须满足如下条件，即在提交国际申请时，申请人是申请的真正且唯一的所有人，并且没有义务将发明的权利转让、让与、让渡或许可给没有资格获得费用减缴的另一方。如果有几个申请人，每一个人都必须符合上述标准。如果申请人或所有申请人都满足费用减缴的条件，国际申请费的减缴基于请求书第Ⅱ栏和第Ⅲ栏中给出的姓名、国籍和居所自动适用，不需要为减缴费用提交特别请求。

248. 即使一个或几个申请人不是来自缔约国，只要他们之中的每一个人都是符合上述标准的国家的国民和居民，并且他们之中至少有一个人是缔约国国民或居民而有资格提交国际申请，费用的减缴也适用。关于其国民和居民有资格减缴费用的缔约国，见《PCT申请人指南》附件C和WIPO网站（www.wipo.int/pct/zh/），也在官方通知（《PCT公报》）和《PCT时事通讯》中定期更新公布。涉及不是缔约国的国家时，受理局应当与国际局联系。

249. 当申请人（或所有申请人）根据其情况有资格减缴国际申请费时，应缴纳的数额（费用计算页的Ⅰ栏）是国际申请费的10%（费用计算页的Ⅰ栏）。

250. ［已删除］

251. ［已删除］

缴费期限

252. 受理局检查根据条约第3条（4）（ⅳ）应当缴纳的费用是否已经在规定的期限内缴纳。

253. 传送费、国际申请费和检索费应当自受理局收到国际申请之日起1个月内缴纳。应当缴纳的数额是收到日适用的数额［细则14.1（c）、15.3和16.1（f）］。

254. ［已删除］

255. ［已删除］

256. ［已删除］

257. 关于为准备和向国际局传送优先权文件应当缴纳的费用，见细则17.1（b）。

在缴费期限届满前通知缴纳某些费用

258. 收到（据称的）国际申请时，受理局检查是否已经缴纳费用并通知申请人（已缴纳全部费用或仅缴纳规定费用的一部分，或者缴纳过多需退还）。当未缴纳费用或缴费不足时，受理局可以通知（表格PCT/RO/102）申请人在规定的期限内缴纳应缴的数额（规程第304条）。

通知国际局和国际检索单位收到费用

258A. 受理局在确认申请人已缴纳全部费用（包含多缴的情况）时，应通知国际局和国际检索单位申请费和检索费已缴纳［细则96.2（b）］。虽然只有在国际检索单位和受理局不一致的情况下才有必要就检索费进行通知，但最好在所有情况下都通知。受理局为检索费目的参加世界知识产权组织费用汇交服务的，国际局将把通知转发给国际检索单位。当使用eSearchCopy发送检索本时，该服务中的机制足以确认费用的支付情况。

在缴费期限届满后通知缴纳某些费用

259. 如果受理局发现，根据细则14.1（c）、15.3和16.1（f）缴费期限届满时没有缴纳费用或者已缴纳的费用不足以支付传送费、国际申请费和检索费，受理局通知（表格PCT/RO/133）申请人在通知日起1个月内缴纳足以支付这些费用的数额，并将该通知书副本传送给国际局［细则16之二.1（a）］。

260. ［已删除］

261. ［已删除］

262. 如果受理局在缴费期限届满后根据细则16之二.1（a）发出缴纳费用的通知书，并在缴费期限届满前收到申请人的款项，受理局告诉申请人该款项已经用于哪几种费用（规程第320条）。关于已收到的款项对各种费用的使用，见规程第321条和本指南第266段。表格PCT/RO/133用于此目的。

263. 受理局在发出通知书（表格PCT/RO/133）之前收到的费用应当认为在适用期限届满之前收到的。换言之，如果收到的数额足以支付应缴的全部数额，不应当发出任何通知书，并且不应当要求缴纳任何滞纳金；如果收到的费用仅够支付部分应缴纳的数额，应当发出有关重新计算的所欠数额通知书，并可以要求缴纳根据所欠费用计算的滞纳金。

264. 滞纳金。如果受理局在缴费期限届满后通知（表格PCT/RO/133）申请人缴纳费用，可以（但不是必须）要求申请人缴纳滞纳金。滞纳金的数额取决于缴费通知书中指明的所欠数额：滞纳金是未缴数额的50%，在最低数额与最高数额之间。最低数额与传送费相等，并适用于未缴费用的数额少于传送费时；最高数额与页数为30页的国际申请费的50%相等（即使国际申请的页数超过30页），并且适用时应当按照费用表第4项和/或第5项以减缴后的国际申请费为基础计算（细则16之二.2和费用表）。

265. 上述通知程序（根据细则16之二）不适用于应向受理局缴纳的其他费用，特别是不适用于为准备并向国际局传送优先权文件应付的费用。

已收款项的使用

266. 受理局根据收到的申请人的指定依照规程第321条和细则16之二.1（c）使用已经收到的款项。当受理局收到的款项不足以支付所需费用时，并且受理局没有收到申请人关于款项使用的指明，受理局应将收到的款项按照以下顺序和范围相继使用已经到期而未缴纳的费用：

（i）传送费；

（ii）国际申请费；

（iii）检索费。

未缴条约第14条（3）规定的费用

267. 如果申请人没有向受理局缴纳细则16之二要求的数额或者缴纳的数额不足以支付传送费、国际申请费、适用情况下的滞纳金和检索费，则受理局根据条约第14条（3）宣布国际申请被视为撤回，并用表格PCT/RO/117迅速通知申请人。将通知书副本寄送给国际局，并且当检索本已经传送时，也应寄送给国际检索单位［细则16之二.1（c）和29.1］。由于国际公布只有在此通知在国际公布准备工作完成前到达国际局的情况下才能被阻止［细则29.1（v）］，视为撤回的宣布应尽快作出并尽早通知国际局以保证该宣布生效。在紧急情况下，强烈建议受理局通过ePCT系统向国际局发送撤回通知，最好使用系统中相应的操作。通过ePCT操作可以保证国际申请在国际局的处理系统中快速被标记为撤回，并且撤回通知在国际公布准备工作完成前提交的话就能阻止公布。在极少数无法使用ePCT系统的情况下，可以使用网址 www.wipo.int/pct/en/epct/contingencyupload.html 上传服务。

费用的退还

268. 根据细则15.4有下列情形之一的，受理局向申请人退还（表格PCT/RO/119）为支付国际申请费已经缴纳的所有数额：

（ⅰ）如果按照条约第11条（1）所作的决定是否定的（因而不能给予国际申请日）；

（ⅱ）如果在给国际局传送登记本之前国际申请被撤回或被视为撤回；或

（ⅲ）如果申请因国家安全规定的原因不作为国际申请。

269. 根据细则16.2有下列情形之一的，受理局向申请人退还（表格PCT/RO/119）为支付检索费已经缴纳的所有数额：

（ⅰ）如果根据条约第11条（1）所作的决定是否定的（因而不能给予国际申请日）；

（ⅱ）如果在检索本传送给国际检索单位之前国际申请被撤回或被视认为撤回［规程第326条（c）］；或

（ⅲ）如果申请因国家安全规定的原因不作为国际申请。

270. 受理局在根据细则16.2退还检索费之前，可以先要求申请人提交退款请求（规程第322条）。

271. 关于非主管受理局退还传送费，见本指南第276段。

费用的转账

272. 受理局应当每月把上月收到的国际申请费［细则15.2（c）和（d）］和检索费［细则16.1（c）和（d）］分别汇给国际局和国际检索单位。受理局为自己的利益将收到的作为传送费（细则14）和滞纳金（细则16之二.2）的费用留下。

272A. 如果受理局参加了世界知识产权组织费用汇交服务，应按照每年制定的共同时间表进行费用的汇交（规程附件G第8段）。受理局向国际局送交上个月（或者其他商定时间段）收到的费用的清单，以及需要对前几个月已汇交或未汇交的费用作出的任何更正的清单（规程附件G第13段）。如果这些费用不需要与受理局其他应收费用"净额结算"，则将总额汇交国际局（规程附件G第19段）。如果费用需要进行"净额结算"，则受理局等待收到一份"净额结算单"，该"净额结算单"中会说明应付给受理局或者受理局应支付的金额（规程附件G第21段至第24段）。

273. 在汇国际申请费和检索费时，受理局应当以电子形式，至少将以下信息通知国际局：国际申请号、与转账相关的每项国际申请的国际申请费和检索费的总额。这种通信最好采用XML格式，如果受理局使用相关的ePCT服务发送信息，则输入的数据会自动转换为适当格式。

第12章
向作为受理局的国际局传送国际申请（细则19.4）

因申请人的国籍和居所、申请的语言或者因电子文件格式传送国际申请［细则19.4（a）（ⅰ）至（ⅱ之二）］

274. 如果据称的国际申请文件是由一个缔约国的国民或居民向作为条约规定的受理局的国家局提交的，但是

（ⅰ）因申请人的国籍或居所原因，该国家局不是接受该据称的国际申请的主管受理

局（细则 19.1 或 19.2）；或者

（ii）撰写据称的国际申请所使用的语言不是该国家局根据细则 12.1（a）接受的语言，或者说明书的序列表部分中相关自由文本的语言不是该国家局根据细则 12.1（d）接受的语言，但是是作为受理局的国际局根据该细则所接受的语言［见《PCT 申请人指南》附件 C（IB）：关于该局可接受的语言］；或者

（iii）全部或者部分国际申请以电子形式提交，其格式不是该国家局接受的格式，

则国家局适用细则 19.4（b）中所述的程序。

275. 国家局不进一步检查据称的国际申请是否满足给出国际申请日的条件。如果国家局要求缴纳细则 19.4（b）所述的费用，并且该费用尚未缴纳，国家局应迅速通知（表格 PCT/RO/151）申请人，在通知之日起 15 天内缴纳该费用［规程第 333 条（a）］。国家局不必等待此项费用缴纳后才传送据称的国际申请。然而，如果没有缴纳所需的费用，国家局无须传送据称的国际申请，但应根据细则 20.4 进行处理，通知申请人其据称的国际申请不符合条约第 11 条（1），并且该申请现在和将来都不会作为国际申请来处理。

276. 除支付细则 19.4（b）所规定的费用的必要数额外，申请人已经缴纳的全部费用应当予以退还。应以国际局规定的货币向作为受理局的国际局缴纳传送费、国际申请费和检索费（本指南第 237 段至第 243 段）。为计算缴纳这些费用的期限的目的，国际申请的收到日被认为作为受理局的国际局实际收到该国际申请的日期［细则 19.4（c）］。

277. 当不要求缴纳费用或者申请人已缴纳了所有规定的费用时，除非有关国家安全的规定不允许传送据称的国际申请，应当向作为受理局的国际局传送据称的国际申请［细则 19.4（b）和规程第 333 条（a）和（c）］。国家局就传送据称的国际申请通知（表格 PCT/RO/151）申请人，并将据称的国际申请和给申请人的通知书副本一起传送给作为受理局的国际局，在请求书最后一页为此目的规定的位置上标注国家局收到据称的国际申请的日期（本指南第 35 段）。这样传送的据称国际申请被认为由该局根据细则 19.1（a）（iii）代表作为受理局的国际局在该国家局收到国际申请之日收到的。

因其他原因传送国际申请［细则 19.4（a）（iii）］

278. 当据称的国际申请是向作为条约规定的受理局的某一国家局提交时，该国家局和国际局因细则 19.4（a）（i）至（ii 之二）规定以外的任何原因，并在征得申请人同意后，可以同意将该据称的国际申请根据细则 19.4（b）传送给作为受理局的国际局。

279. 如果国家局考虑细则 19.4（a）（iii），打算按照细则 19.4（b）的程序进行时，应迅速请求作为受理局的国际局同意向其传送据称的国际申请。如果国际局依据国家局的请求同意其建议的传送，除非申请人已经许可建议的传送，否则该国家局应迅速通知申请人在通知之日起 15 日内向该局提交对建议的传送的许可［规程第 333 条（b）］。如果作为受理局的国际局同意建议的传送并且申请人许可建议的传送，适用本指南第 275 段至第 277 段所述的程序。为此目的可以使用表格 PCT/RO/152。

280. 如果作为受理局的国际局不同意或如果申请人不许可根据细则 19.4（a）（iii）建议的传送，或者在期限内未收到申请人的许可，该国家局不向作为受理局的国际局传送据称的国际申请，而是自行处理该据称的国际申请。

281. 如果主管受理国际申请的国家局考虑细则 19.4（a）（iii）的规定，打算根据细则 19.4（b）的程序进行，该国家局最好不要求为传送据称的国际申请缴纳费用。但是，

如果受理局要求缴纳该费用而申请人没有缴纳，受理局按照本指南第275段所述的对未缴纳费用进行处理，在未缴纳费用的情形下，受理局自行处理该据称的国际申请。

对优先权文件的请求

282. 有关依据申请人请求准备并向国际局传送优先权文件的细则17.1（b）不适用于根据细则19.4传送据称的国际申请的情况。

第13章
登记本、检索本和受理本

登记本、检索本和受理本的准备

概述

283. 当国际申请和清单中注明的文件［细则3.3（a）（ii）］被要求提交一份以上副本，而受理局没有收到所需数目的文本时，受理局准备所需的附加副本（细则11.1和21.1）。如果根据细则12.3为国际检索的目的提交了译文，检索本应包括请求书和译文［细则23.1（b）］。关于准备、确认和传送国际申请副本的程序在规程第305条（对于原始提交的国际申请）和规程第305条之二（对于任何要求的译文）中有详细叙述。

284. 当受理局准备了条约第12条（1）要求的附加副本时，有权要求为完成该任务收取费用［细则21.1（c）和规程第305条之二］。但是，大部分受理局将该费用包含在传送费中，并且不再收取准备附加副本的额外费用。如果要求缴纳该项费用，受理局可以使用表格PCT/RO/120通知申请人缴纳该费用。

向国际局传送国际申请的登记本和其他文件

285. 登记本所附的文件。应当附于登记本的文件列举在规程第313条（a）中。表格PCT/RO/118用于传送登记本和附于登记本的文件（本指南第22段）。任何一份被要求的委托书副本都应当传送。如果已经通过传真收到国际申请并且随后又收到了确认本，传真件（即登记本）和确认本都应传送给国际局（规程第331条）。如果根据细则12.3或12.4提交了国际申请的译文，该译文应与登记本（即用原始语言撰写的国际申请）一起传送（规程第305条之二）。如果国际申请被受理局视为撤回或者由申请人撤回，也必须进行登记本的传送，在此情形下撤回通知也必须传送（本指南第314段至第324段）。

286. 传送登记本的期限。在给予国际申请日之后，受理局应尽快向国际局传送登记本和规程第313条（a）所列的文件。除非尚未获得必要的国家安全许可（本指南第32段至第34段），受理局必须及时传送登记本，以便登记本能够在优先权日起13个月届满前到达国际局；如果通过邮寄进行传送，受理局必须在不迟于优先权日起13个月届满前5天寄出登记本［细则22.1（a）最后一句］。

287. 未传送登记本。如果国际局在自优先权日起14个月内仍未收到登记本，并且申请人要求受理局向其提供国际申请的证明副本，适用细则22.1（c）至（f）。

向国际检索单位传送检索本和其他文件

概述

288. 如果缴纳了检索费，受理局应向国际检索单位传送（表格PCT/RO/118）检索本［细则23.1（a）和（b）］。如果国际申请已由申请人撤回或者被受理局视为撤回，将不传送检索本。

289. 当根据细则12.3提交了国际申请的译文时，该译文和请求书副本一起被认为条约第12条（1）所述的检索本［细则23.1（b）和规程第305条之二（a）（iii）］。在此情形下，原始提交的国际申请副本将不传送给国际检索单位。

290. **检索本所附的文件。** 受理局在传送检索本的同时传送有关生物材料保藏的文件、在先检索的文件和所需的委托书副本。如果受理局收到作为国际检索目的的电子序列表，受理局应迅速将序列表（及任何随附内容）向国际检索单位传送［细则23.1（c）和规程第335条（d）］。

291. **传送的期限。** 传送最迟必须在向国际局传送登记本的同一天进行［细则23.1（a）］，或者如果根据细则12.3提交国际申请的译文，在收到译文后尽快传送，除非没有缴纳检索费。

292. **未缴纳检索费；延迟传送检索本。** 在传送登记本时尚未缴纳或未缴足检索费的情况下，受理局不应传送检索本，直到检索费全额缴纳。在此情形下，受理局在收到检索费后尽快传送检索本［细则23.1（a）和（b）］。如果延迟传送检索本，受理局可以告知（表格PCT/RO/102）申请人。受理局通过在请求书最后一页为此目的规定的选框中作出标记的方式将此情况通知国际局（规程第306条）。

293. 如果检索本已经传送给国际检索单位而检索费还没有缴纳，受理局尽快将此情况通知该国际检索单位。为此目的，可以使用表格PCT/RO/132。

不向国际检索单位传送的文件和磁盘

294. 不打算作为国际申请一部分的附件或附录不应传送给国际检索单位（本指南第149段至第152段）。转让申请权利的副本不应传送，因为在国际阶段并不要求该副本。也不传送申请人提交的既不是受理局要求也不为受理局接受的替换页。

国家安全许可

295. 当有关国家安全的规定不允许把申请作为国际申请处理时，不应传送登记本和检索本。如果必须进行国家安全检查，一旦获得要求的许可就应将登记本传送给国际局［条约第27条（8）、细则22.1（a）］。如果要求的国家安全许可被拒绝，受理局应当在自优先权日起13个月期限届满之前将此事通知申请人和国际局（规程第330条和本指南第32段至第34段）。

第14章
［已删除］

第15章
根据细则91更正明显错误

向受理局提交更正请求

302. **受理局的决定。** 受理局收到申请人提交的更正国际申请或者其他文件（例如委托书）中的明显错误的请求时，受理局应检查其是否有权许可所要求的错误更正。只有当错误是在请求书中或向受理局提交的除国际申请本身（说明书、权利要求书、摘要、附图、说明书的序列表部分）以外的其他文件中时，受理局才有权许可。当其有权许可时，如果要求更正的错误是细则91.1（c）所规定的明显错误，并且更正是用提交国际申请时使用的语言，受理局应许可更正；但是根据26.3之三（c）要求提交请求书的译文的，更正只需用该译文的语言提交［细则12.2（b）（ⅱ）］。遗漏整个部分或整页不得更正［细则91.1（g）（ⅰ）］。关于改正或增加细则4.17中的声明，见本指南第192E段和第192F段。

303. 如果受理局许可更正，应在更正页的底部空白边缘的居中位置标明"更正页（细则91）"字样，并根据规程第325条（a）进行处理。

304. 通知申请人和国际局。受理局将其决定通知申请人（表格PCT/RO/109），如果更正被拒绝，还应说明拒绝的理由［细则91.3（d）和规程第325条（b）］。受理局把该通知的副本传送给国际局。

305. 许可更正的，受理局应当尽快把通知传送给国际局，以便在国际公布时考虑该更正或者在适当的情况下重新公布国际申请。

306. 拒绝许可更正。如果受理局拒绝许可更正，根据规程第325条（b）处理。另外，受理局应当通知申请人（表格PCT/RO/109）可以在细则91.3（d）规定的期限内，请求国际局在可能的情况下将拒绝及其理由，连同国际申请以及申请人想提交的进一步简要陈述一起予以公布。

向另一个单位传送更正请求

307. 如果受理局收到明显错误更正的请求，而该错误发生在国际申请除请求书以外的任何部分或其他文件中，受理局应当将该更正请求和提交的替换页传送给有权许可更正的单位（依据情况可以是国际检索单位、国际初步审查单位或国际局），并相应通知申请人［细则91.1（b）（ⅱ）至（ⅳ）］。受理局可以不传送更正请求，而是通知申请人应当将更正请求提交给有权许可更正错误的单位。关于提交更正请求所使用的语言，见细则12.2（b）。

通知申请人提交更正错误请求

308. 如果受理局发现申请人提交的国际申请或其他文件中有看起来明显的错误，可以通知（表格PCT/RO/108）申请人向有权许可该更正的主管单位提交更正错误的请求［细则91.1（b）和91.2］。

第16章
申请人、发明人、代理人或共同代表的变更

记录变更请求的接收

309. 受理局可以接收申请人提交的记录变更下列事项的请求：变更申请人或其姓名、居所、国籍、地址［细则92之二.1（a）（ⅰ）］，或者变更发明人、代理人、共同代表或其姓名、地址［细则92之二.1（a）（ⅱ）］。国际局依据申请人或受理局的请求记录这些变更。提交委托尚未记录的代理人或共同代表的委托书，或者提交由记录中的申请人提交的根据细则90.6撤销委托或者辞去委托的文件，被认为是记录变更代理人或共同代

表的请求。

309A. 申请人提交记录变更申请人的请求的，如果该变更可以被移至请求书的相关栏内而不会对移入变更内容的纸页的清晰度有不良影响，则受理局不应要求申请人提交请求书第Ⅱ栏和第Ⅲ栏的替换页。如果申请人请求记录根据细则92之二.1（a）（ⅰ）或（ⅱ）所作的变更，从而提供了在提交国际申请时未在请求书中写明的、细则4.5（a）（ⅱ）和（ⅲ）要求的事项，并且所述请求符合条约第14条（1）（a）（ⅱ）的要求［见细则26.2之二（b）］，受理局记录提供的事项并相应地通知国际局（表格PCT/RO/113）。

309B. 如果请求记录变更涉及申请人或者代理人的电子邮件地址，受理局在准备表格PCT/RO/113时，应检查在紧挨电子邮件地址的相应方框里，申请人或者代理人是否明确授权受理局、国际检索单位、国际局和国际初步审查单位可以使用提供的电子邮件地址发送关于该国际申请的通知副本或者仅使用电子邮件发送通知。

310. 受理局应检查记录变更请求是否由记录中的申请人或代表该人的其他人签字。如果记录中的申请人或由其正式委托的代理人提交记录变更申请人的请求，在国际阶段不要求为证明新的申请人的权利而提交任何证明文件（例如转让文件、已经死亡的发明人的权利的继承文件）。另外，为了记录申请人的变更，新的申请人无须是缔约国的居民或国民。不过，受理局可以提醒申请人注意，如果在提交国际初步审查要求时，没有一个申请人来自缔约国，将无权提交该要求。

311. 当一个未经记录的申请人（"新申请人"）请求对申请人、代理人或共同代表的变更进行记录时，应当提供有关该新申请人享有申请权或享有以已记录的申请人名义提交该变更请求的权利的证明文件。如果未经记录的申请人没有提供该证明，受理局应当要求其在记录变更之前提供该证据。如果新申请人委托原申请人的同一代理人，应当提交由新申请人签署的新委托书。如果新申请人委托新代理人，也应当提交委托书。在这两种情形下，如果受理局收到原代理人或新代理人签署的信件而没有收到委托书，应当要求新申请人提交委托书。但是，如果受理局根据细则90.4（b）免去申请人提交单独委托书的义务，则在上述任一情况下都不要求新申请人提交委托书。

通知国际局

312. 受理局应将记录变更请求通知（表格PCT/RO/113）国际局。受理局传送委托书、撤销委托或辞去委托文件使用表格PCT/RO/123。

313. ［已删除］

第17章
国际申请、指定或优先权要求的撤回

根据细则90之二.1、90之二.2或90之二.3撤回国际申请、指定或优先权要求通知的接收

314. 申请人可以向受理局提交撤回国际申请［细则90之二.1（b）］、撤回指定（包括撤回为某一特定保护类型目的所作的指定）［细则90之二.2（d）］或撤回优先权要求［细则90之二.3（c）］的通知。申请人也可以直接向国际局提交撤回通知。任何撤回通知必须由在提交撤回通知时国际申请中所写明的全体申请人或其代表人签字。受理局收到申请人提交的撤回通知后，应当在撤回通知上标注收到日并检查撤回是否生效，即检查：

（i）依据不同情况，撤回通知是否分别在细则90之二.1（a）、90之二.2（a）或90之二.3（a）规定的期限内收到；

（ii）撤回通知是否由全体申请人或以全体申请人的名义签字。

315. 撤回国际申请的通知应当由申请人签字，有两个或两个以上申请人的，应当由所有申请人签字或者由正式委托的共同代理人或共同代表以所有申请人的名义签字。受理局收到撤回通知时，申请人尚未提交委托书或以法人名义签字的授权书的，受理局将要求申请人向其提交。

316. 根据细则90.2（b）被认为是共同代表的申请人，即"被认为的"共同代表（本指南第24段），不能以其他申请人的名义签署撤回通知（细则90之二.5）。

317. 如果满足上述条件（本指南第314段和第315段），撤回自受理局收到撤回通知之日起生效［细则90之二.1（b）、90之二.2（d）和90之二.3（c）］。

318. 国际申请的撤回通知可以指明撤回仅在能够阻止国际公布的情况下才生效（"有条件撤回"）。在此情形下，如果条件不能得到满足，即如果国际公布的技术准备已经完成，则撤回不产生效力。有关国际公布的技术准备的完成，见本指南第337段。

319. 当为不同指定国的目的指明了不同的申请人或发明人并且撤回了对一个国家的指定时，受理局可以在受理本的相关纸页的空白边缘中标明该效力。

320. 如果撤回指定导致某人成为不再是指定国的国家的申请人，受理局依职权在请求书中作出必要的标记。

321. 如果根据细则90之二.3撤回一项优先权要求引起国际申请的优先权日变更，任何自原优先权日起计算并且尚未届满的期限，自变更后的优先权日起重新计算。以原优先权日起计算的已经届满的期限不再恢复［细则90之二.3（d）］。

传送撤回通知

322. 受理局应当尽快向国际局传送根据细则90之二.1、90之二.2或90之二.3提交的撤回通知（表格PCT/RO/136）、撤回某种保护类型的通知（表格PCT/RO/132），并注明受理局收到的日期。如果登记本尚未传送给国际局，则受理局在向国际局传送登记本的同时传送该撤回通知［规程第326条（a）］。申请人撤回国际申请或（最早的）优先权要求的意图往往是阻止或推迟申请的国际公布。因此，受理局必须考虑只有当撤回通知在完成国际公布的技术准备之前到达国际局才能够阻止或推迟国际局作出国际公布。在紧急情况下，强烈建议受理局通过ePCT系统向国际局发送撤回通知，最好使用相应的操作。通过ePCT系统操作可以保证国际申请在国际局的处理系统中快速被标记为撤回，并且撤回通知在国际公布准备工作完成前提交的话就能阻止公布。在极少数无法使用ePCT系统的情况下，可以使用网址www.wipo.int/pct/en/epct/contingencyupload.html提供上传服务。

323. 如果检索本已经传送给国际检索单位，受理局应当尽快把撤回国际申请或优先权要求的通知副本传送给该国际检索单位［规程第326条（b）］。有关因国际申请被撤回而退还检索费，见规程第322条和第326条（c）。

324. 如果国际申请是在向国际检索单位传送检索本之前撤回的，则受理局不传送检索本［规程第326条（c）］。如果撤回优先权要求，见规程第326条（d）。

第 18 章
向其他单位传送文件

向国际局传送的文件

325. 如果受理局收到申请人提交的、应当向国际局提交的文件，受理局应当在文件上标注收到日并尽快传送给国际局。受理局可以将传送事宜通知申请人。具体而言，这种情况适用于以下文件：

（i）提交国际申请之后提交的、记载保藏微生物或其他生物材料的文件（细则13之二.3和本指南第228段至第234段）；

（ii）请求公布有关优先权要求视为未提交的信息的文件［细则26之二.2（d）和本指南第171段、第172段和第175段］；

（iii）根据细则91.3（d）更正被拒绝的，请求公布更正明显错误请求和申请人可能提交的替换页的文件（本指南第306段）；

（iv）改正或者增加与细则4.17所述的国家要求有关的声明（细则26之三和本指南第192F段）；

（v）根据条约第19条提交的对权利要求的修改（细则46.1）；

（vi）根据细则26之三.1提交的改正或增加声明的通知（规程第317条）；

（vii）根据细则4.11提交的改正或增加事项的通知（细则26之四.1）；

（viii）根据细则45之二.1提交的补充检索请求。

326. 上述文件以及国际申请日之后提交的其他文件，例如改正形式缺陷的文件、根据细则91改正明显错误的文件或根据细则92之二请求记录变更的文件，应当在国际公布的技术准备完成之前到达国际局，以便国际公布反映出所有已作过的改变，见本指南第312段。有关国际申请公布的内容，见细则48.2。有关国际公布的技术准备的完成，见本指南第337段。

327. 有关优先权文件，见本指南第179段至第191段。有关后提交委托书的传送，见规程第328条和本指南第309段至第312段。

根据细则59.3传送国际初步审查要求书

328. 当根据条约第Ⅱ章的国际初步审查要求书提交给了受理局并且仅有一个主管国际初步审查单位时，受理局应当根据细则59.3（a）和（f）处理，即在要求书上标明收到的日期，并

（i）将要求书传送给国际局，国际局再传送给主管国际初步审查单位；或者

（ii）直接把要求书传送给主管国际初步审查单位。

受理局通知申请人（表格PCT/RO/153），并依据情况把通知书的副本传送给国际局或者主管国际初步审查单位。

329. 当根据条约第Ⅱ章的国际初步审查要求书提交给了受理局并且有多个主管国际初步审查单位时，受理局应当根据细则59.3（a）和（f）处理，即在要求书上标明收到日期，并：

（i）将要求书传送给国际局，国际局随后通知申请人指明主管国际初步审查单位；

或者

（ⅱ）通知申请人（表格 PCT/RO/154）自发文之日起 15 日内或者在细则 54 之二.1（a）适用的期限届满之前，以后到期的为准，指明应向其传送要求书的主管国际初步审查单位。如果申请人在期限内提交了该指明，受理局向该单位传送要求书（表格 PCT/RO/153）。相应地，受理局通知申请人（表格 PCT/RO/153），并依据情况把通知书的副本传送给国际局或主管国际初步审查单位。

330. 如此传送给主管单位的国际初步审查要求书应被认为由受理局代表主管单位于要求书上标明的日期收到［细则 59.3（e）］。

331. 如果国际初步审查要求书是在优先权日起 19 个月期限届满之后向受理局提交的，并且自 2002 年 4 月 1 日生效的条约第 22 条（1）规定的期限不适用于所有指定局的，相应地，受理局应当尽快通知申请人（规程第 334 条）。表格 PCT/RO/153 和表格 PCT/RO/154 中包含有为此目的的方框。在这种情况下，还应当通过电话或传真通知申请人。受理局通常不对要求书的收到日期是否晚于细则 54 之二.1（a）适用期限的届满日作出判断，但应提醒申请人注意，如果适用期限已经届满，主管国际初步审查单位将会随后通知申请人。表格 PCT/RO/153 和表格 PCT/RO/154 中也包含有为此目的的方框。

332. 如果申请人没有在通知书（表格 PCT/RO/154）指定的期限内指明向其传送要求书的主管国际初步审查单位，要求书被视为未提交，并由受理局作出宣布（表格 PCT/RO/155）。

第 19 章
其　他

不得使用的表述等（细则 9）

333. 如果受理局发现国际申请中包含根据细则 9.1 不得使用的词语、附图或说法，例如贬低申请人以外的任何特定人的产品或方法的说法，或者贬低任何这样的人的申请或专利的优点或有效性的说法，可以按照细则 9.2 处理。为此目的使用表格 PCT/RO/112，并把副本传送给国际局和国际检索单位。①

符合细则 48.2（1）标准的信息

333A. 受理局没有义务检查国际申请或其他文件中是否有符合细则 48.2（1）标准的信息。但是，如果受理局注意到国际申请或其他文件含有似乎符合这些标准的信息，可以建议申请人请求国际局在国际公布中删去这些信息（表格 PCT/RO/130）。

获取受理局保管的文件

333B. 如果国际局已通知受理局（通过表格 PCT/IB/385）其在国际公布或公共文档访问中删去了信息，受理局不得向申请人或其授权人以外的任何人提供该信息的获取途径，以及在适用的情况下，表格 PCT/RO/130、表格 PCT/IB/385 和随附表格 PCT/IB/385 的任何替换页的获取途径。受理局可以提供从国际局收到的表格 PCT/IB/385 所附的任何替换页。

---

① 在适用的情况下，国际局会通知任何指定主管局进行补充检索。

国际申请的经认证的副本

334. 申请人可以要求受理局制作向该局提交的国际申请的经认证的副本（细则21.2）。如果申请人没有缴纳规定的费用，受理局通知（表格PCT/RO/128）申请人缴纳规定数额的费用，并在收到该费用后，制作经认证的副本并提供给申请人（表格PCT/RO/122），或者在申请人按细则17.1（b）（本指南第183段）提交优先权文件请求的情况下，制作经认证的副本并提供给国际局。经认证的副本应包括原国际申请的副本和有关的改正（包括更正）。某纸页被替换的，建议把该替换页插入证明副本的原始提交页的后面。有关请求认证国际申请的副本并将其传送给国际局，见本指南第183段至第191段。

代理人有权在受理局执业的通知

335. 当受理局从国际局、国际检索单位、被指定进行补充检索的单位或国际初步审查单位收到要求了解某人是否有权在受理局执业的请求时，受理局应当根据细则83.2将有关信息通知国际局或该单位。这些对相关单位有约束力的信息应当使用表格PCT/RO/148提供。

记录和文档的保存

336. 受理局应保存与每一国际申请或据称的国际申请有关的记录至少10年，该时间自国际申请日起算，或者当没有给出国际申请日时，以收到据称的国际申请之日起算（细则93.1）。记录、副本和文档可以用摄影的、电子的或其他的复制形式保存，只要这些复制件符合细则93.1至93.3规定的关于保存记录、副本和文档的义务（细则93.4）。

国际局完成国际公布的技术准备

337. 除要求提前公布外，国际申请自优先权日起18个月期限届满后迅速公布［条约第21条（1）和（2）］。通常国际申请在每周四公布，国际公布的技术准备工作一般在实际公布日前15日完成。当因为每周四是国际局的非工作日而不在这一天进行国际公布时，国际公布可以是前一天（每周三）（但并不总是这样）。在这种情况下，受理局可以与国际局联系，以便确认确切的国际公布日，或者在ePCT系统中查询预定公布日期。应当由国际局公布的并且如果用普通通信手段或许不能在完成技术准备日之前到达国际局的文件、通知或通信，应当通过ePCT系统传送。上传文件时，最好采取与文件类型相对应的特定操作，或使用文件上传服务并指明文件类型。使用ePCT传输文件将确保这些文件直接进入国际局的处理系统，以便根据与预定公布日期的接近程度进行紧急处理。在极少数无法使用ePCT系统的情况下，可使用网址www.wipo.int/pct/en/epct/contingencyupload.html提供上传服务。

退还申请人的某类文件

338. 受理局可能收到申请人提交的国际申请程序未要求的文件，例如转让证明、仅用于国家阶段的委托书、为国家阶段目的的信息公开声明、受理局只要求一份文本时提交的多份副本等。由于在国家或地区阶段时申请人需要将这些文本提交给国家或地区局，因此应将这类文件退还给申请人。

受理局错误的更正

339. 受理局可以更正其在处理国际申请过程中的任何错误，除非受理局错误的更正已经由条约、细则、规程或本指南规定的具体程序涵盖，在这种情况下应遵循上述程序。在如此操作前，受理局应当迅速通知申请人、国际局，以及在适用的情况下通知国际检索单位和国际初步审查单位（表格PCT/RO/132）。

附件 A
［已删除］

附件 B
请求书中典型缺陷及其改正的示例

本附件列举了申请人在请求书出现的一些典型错误和受理局可以依职权改正的例子。偶数页列出缺陷，奇数页为相应的依职权改正。各例的相关注释如下，对细则、规程等的引用见本指南第 4 段。

第 II 栏和第 III 栏

例 1

法人不能是发明人，因此，当申请人是法人时，选框"该人也是发明人"不可被标记。见本指南第 88 段。

例 2

自然人（申请人或发明人）的姓必须放在名前。学位、头衔或其他说明，例如博士、工程师、夫人、先生等不应被使用。见本指南第 79 段和第 161A 段。

任何被指明为"申请人"或"申请人和发明人"（但不包括仅被指明为"发明人"者）必须写明其国籍所属国和居所所属国。如果未写明居所，申请人地址中给出的国家被推定为申请人的居所所属国，受理局依职权添加该国家名称。如果未写明国籍，则仅能根据申请人提供的信息添加。可以用相应的双字母代码写明国家（WIPO 标准 ST.3）。见本指南第 82 段至第 85 段。

例 3

国籍和居所必须用相应的国家名称写明（细则 4.5 和 18.1），这些写明必须符合规程第 115 条的规定。可以用相应的双字母代码写明国家（WIPO 标准 ST.3）。但是，在有多个申请人的情况下，根据细则 26.2 之二（b），只要其中至少一个申请人写明了地址、国籍和居所，并且该人是根据细则 19.1 有权提交国际申请的人，则受理局不必要求申请人提供缺少的其他申请人的上述事项。见本指南第 82 段至第 87A 段。

例 4

如果国际申请提交前发明人已死亡，请求书应仅写明发明人的姓名并写明该发明人已死亡。选框"申请人"或"申请人和发明人"不应被标记，必须标记"发明人"选框。见本指南第 97 段。

由于本例中的人被指明为"发明人"，不需要写明地址、国籍或居所，也不需要标记申请人所针对的指定国的选框。见本指南第 88 段。

第Ⅳ栏

例 5

如果委托了代理人，请求书除应对"代理人"选框进行标记外，仅需写明其姓名和地址，而不需要说明其他的事项。PCT 体系不认为头衔、学位等是姓名的一部分，因此不要包含这些内容。见本指南第 118 段。

补充栏

例 6

如果涉及"继续申请"，应当写明主专利申请的申请号和申请日。见本指南第 116A 段。

第Ⅵ栏

例 7

日期必须按照规程第 110 条规定的方式写明。见本指南第 163 段。

例 8

如果要求了一项在先申请的优先权但相应的优先权要求未包含在先申请的申请日，受理局应当通知申请人在自优先权日起 16 个月期限内改正该优先权要求，或者，如果改正导致优先权日发生变动，则自变动后的优先权日起 16 个月内改正，以先届满的 16 个月期限为准，但是以此项改正在国际申请日起 4 个月内提交为限〔细则 26 之二.1（a）和 26 之二.2（a）（ⅱ）和（ⅲ）〕。如果申请人提供了申请日，受理局应当在请求书上添加该日期，并在空白边缘上注明"RO"。应上述通知要求，如果申请人在规定的期限届满之前没有提供在先申请的申请日，为 PCT 的程序之目的，该优先权要求被视为未提交〔细则 26 之二.2（b）〕。见本指南第 166 段至第 172 段。

第Ⅶ栏

例 9

如果希望国际检索单位在进行国际检索时考虑在先检索结果，申请人必须通过标记相应的选框在请求书中说明（细则 4.12）（见本指南第 116A 段至第 116D 段）。

第Ⅷ（ⅳ）栏

例 10

即便是申请人明显漏写了居所，受理局也不能用该声明中其他处或请求书中其他部分的任何说明对声明（或者对请求书中可能包含的任何其他声明）进行依职权改正。受理局应通知申请人对声明进行改正。见本指南第 192A 段至第 192F 段。

第Ⅸ栏

例 11

清单页应由申请人填写；如果申请人没有这样做，受理局应作出必要的标注。见本指南第 149 段和第 150 段。

PCT 国际检索和初步审查指南

(国际检索和初步审查单位根据《专利合作条约》
处理国际申请的指南)
2022 年 7 月 1 日起施行

1. 本文件为 2022 年 7 月 1 日起施行的《PCT 国际检索和初步审查指南》文本，由 WIPO 国际局在征询 PCT 国际检索和初步审查单位意见后制定。

2. 本指南取代 2021 年 7 月 1 日起施行的《PCT 国际检索和初步审查指南》（PCT/GL/ISPE/11）。

目　　录

第 I 部分　绪言与概述

　　　　　　　　　　　　　　　　　　　　　　　　　　　　　　段次

第 1 章　绪　言 ·· **1.01 ~ 1.15**
　　本指南的目的与地位 ·· 1.01 ~ 1.04
　　本指南的编排和术语 ·· 1.05 ~ 1.08
　　国际申请过程概述 ··· 1.09 ~ 1.12
　　　　国际阶段 ··· 1.10 ~ 1.11
　　　　国家（或地区）阶段 ·· 1.12
　　国际单位 ··· 1.13 ~ 1.15
　　国际申请的典型处理流程图

第 2 章　国际检索阶段概述 ·· **2.01 ~ 2.22**
　　目的 ·· 2.01 ~ 2.04
　　初步事务 ··· 2.05 ~ 2.09
　　　　从受理局接受检索本 ·· 2.05 ~ 2.07
　　　　由国际检索单位进行确认和分配 ······························· 2.08 ~ 2.09
　　国际检索程序 ··· 2.10 ~ 2.12
　　作出国际检索报告的期限 ·· 2.13
　　国际检索报告、书面意见等的传送 ······························· 2.14
　　向申请人开放的选择权 ··· 2.15
　　国际检索报告和书面意见的其他程序 ····························· 2.16
　　　　保密处理 ··· 2.16
　　检索报告的公布、国际检索单位书面意见的公开 ················· 2.17 ~ 2.18
　　　　专利性国际初步报告（PCT 第 I 章）（当未提交要求书时） ··· 2.18
　　检索报告中所引用文件的副本 ····································· 2.19
　　补充国际检索 ··· 2.20 ~ 2.21
　　国际式检索 ·· 2.22

第 3 章　国际初步审查阶段概述 ····································· **3.01 ~ 3.30**
　　引言 ·· 3.01 ~ 3.06
　　初步事务 ··· 3.07 ~ 3.15
　　　　要求书的提交 ·· 3.07 ~ 3.08
　　　　要求书的检查与受理通知书 ····································· 3.09 ~ 3.12

国际初步审查的开始	3.13~3.15
国际初步审查程序	3.16~3.22
书面意见或国际初步审查报告的基础	3.20~3.21
进一步的考虑	3.22
国际初步审查报告的性质	3.23
作出国际初步审查报告的期限	3.24
国际初步审查报告和相关文件的传送	3.25~3.25A
国际初步审查报告的其他程序	3.26~3.29
保密处理	3.26
国际初步审查报告和相关文件的公开	3.27
国际初步审查报告向选定局的传送	3.28
国际局初步审查报告的翻译	3.29
国际初步审查报告中所引用文件的副本	3.30

第Ⅱ部分 国际申请

第4章 国际申请的内容（不包括权利要求书）	4.01~4.32
概述	4.01
说明书	4.02~4.27
技术领域	4.04
背景技术	4.05
发明内容	4.06~4.07
附图的简要说明	4.08~4.09
实施发明的最佳方式	4.10
结构特征和功能特征	4.11
充分公开	4.12~4.13
工业实用性	4.14
核苷酸和/或氨基酸序列表	4.15
生物材料的保藏	4.16~4.18
引述保藏的微生物或其他生物材料作为说明书的一部分	4.19
对含有保藏微生物或其他生物材料的说明页的语言要求	4.20
一般问题	4.21~4.27
附图	4.28
不得使用的表述等	4.29~4.32
第4章附录	
背景技术	
第5章 权利要求书	5.01~5.58
概述	5.01~5.03
权利要求的形式和内容	5.04~5.11
权利要求的种类	5.12~5.19

类型	5.12~5.14
独立权利要求和从属权利要求	5.15~5.19
权利要求的解释	5.20~5.28
"用途"权利要求	5.21
前序部分	5.22~5.23
开放式和封闭式权利要求	5.24
装置加功能权利要求	5.25
方法限定的产品权利要求	5.26~5.27
方法权利要求中的产品和装置限定	5.28
权利要求与说明书不一致	5.29~5.30
清楚	5.31~5.41
相关术语的清楚	5.34~5.38
其他术语的清楚	5.39~5.41
权利要求的简明、数目	5.42
以说明书为依据	5.43~5.44
要求保护的发明的清楚和完整公开	5.45~5.58
与权利要求书充分对应	5.52~5.53
权利要求书与公开内容的关系	5.54~5.58

第5章附录
  多项从属权利要求
  权利要求的解释
      用途权利要求
  方法限定的产品权利要求
  简明

第6章 优先权	**6.01~6.17**
要求优先权的权利	6.01~6.05
确定优先权日	6.06~6.10
要求优先权	6.11~6.17
第7章 国际申请的分类	**7.01~7.08**
定义	7.01
国际申请的分类确定	7.02~7.04
多个分类	7.03
以提交的公开内容进行分类	7.04
在以后公布国际检索报告情况下对分类的修改	7.05
范围不清楚时的分类	7.06
发明缺乏单一性	7.07
对不进行国际检索的国际申请的分类	7.08
第8章 细则91——文件中明显的错误	**8.01~8.24**
根据细则91不能更正的错误	8.08~8.10

缺少的项目或页 ································· 8.09
　　优先权要求的改正 ······························· 8.10
向另一个单位传送更正的请求 ······················· 8.11~8.12
通知申请人请求更正 ······························· 8.13
更正请求的提交和处理 ····························· 8.14~8.17
更正的许可和效力 ································· 8.18~8.23
更正的生效日期 ··································· 8.24

第Ⅲ部分　国际检索单位和国际初步审查单位的审查员需要共同考虑的问题

第9章　国际检索和国际初步审查的排除及限制 ············· 9.01~9.42
　　导言 ··· 9.01
　　被排除的主题 ··································· 9.02~9.15
　　　　科学和数学理论 ······························· 9.05
　　　　植物或动物品种或者用于生产植物和动物的本质是生物学的方法，
　　　　但微生物学方法除外 ··························· 9.06
　　　　经营业务、进行纯智力活动或从事游戏活动的方案、规则或方法 ········ 9.07
　　　　对人体或动物体进行外科手术或治疗的处置的方法，
　　　　以及在人体或动物体上实施的诊断方法 ··········· 9.08~9.10
　　　　单纯的信息表述 ······························· 9.11~9.14
　　　　计算机程序，在国际单位不具备条件对这些程序进行检索或
　　　　初步审查的程度内 ····························· 9.15
　　在评价主题性质时的一般考虑 ····················· 9.16~9.18
　　　　权利要求的形式 ······························· 9.16
　　　　仅一些权利要求中有被排除主题的情况 ··········· 9.17
　　　　怀疑的情况 ··································· 9.18
　　某些情况下检索和初步审查的程度 ················· 9.19~9.39
　　　　可能进行检索或者初步审查并在书面意见中指出的例子 ········ 9.20~9.25
　　　　根本不可能对所有或一些权利要求进行检索的例外情况的例子 ········ 9.26~9.30
　　　　非现有技术问题 ······························· 9.31~9.32
　　　　工业实用性 ··································· 9.33
　　　　非正式澄清 ··································· 9.34~9.35
　　　　不清楚的权利要求 ····························· 9.36~9.37
　　　　永动机 ······································· 9.38
　　　　序列表 ······································· 9.39
　　宣布不制定国际检索报告 ························· 9.40
　　多项从属权利要求 ······························· 9.41~9.41B
　　补充国际检索 ··································· 9.42

第9章附录
　　关于经营业务、执行纯智力活动或从事游戏活动的方案、规则或方法的被排除主题

关于计算机程序的被排除主题

第 10 章　发明单一性……………………………………………………… **10.01~10.88**

发明单一性的确定 ……………………………………………… 10.01~10.10
特殊情形的说明 ………………………………………………… 10.11~10.19
　　不同类权利要求的组合 …………………………………… 10.12~10.16
　　"马库什法" ………………………………………………… 10.17
　　中间体和最终产品 ………………………………………… 10.18~10.19
有关发明单一性的举例 ………………………………………… 10.20~10.36
要求保护的发明（方法、装置、产品等）的不同方面 ……… 10.21~10.36
　　具有发明单一性——例 1 至 14 …………………………… 10.21~10.34
　　不具有发明单一性（审查前）——例 15 至 16 ………… 10.35~10.36
具有重叠特征但是逐步增加新特征的权利要求 ……………… 10.37~10.40
　　具有发明单一性——例 17 ………………………………… 10.37
　　不具有发明单一性（审查前）——例 18 至 20 ………… 10.38~10.40
发明的互补形式（例如接收器和发射器）…………………… 10.41~10.43
　　具有发明单一性——例 21 和 22 ………………………… 10.41~10.42
　　不具有发明单一性（审查前）——例 23 ………………… 10.43
发明的替换形式（解决同一技术问题的不同技术方案）…… 10.44~10.59D
　　具有发明单一性——例 24 至 30 ………………………… 10.44~10.50
　　不具有发明单一性（审查前）——例 31 至 39 ………… 10.51~10.59
　　从属权利要求增加了偏离发明构思的实质特征
　　（审查后不具有单一性）——例 40 ………………………… 10.59A
　　单一独立权利要求不具有发明单一性——例 41 和 42 …… 10.59B~10.59C
　　具有重叠特征的复杂权利要求组——例 43 ………………… 10.59D
使用最少推理的示例 …………………………………………… 10.59E~10.59J
国际检索阶段的程序 …………………………………………… 10.60~10.70
　　缴纳附加费的通知书 ……………………………………… 10.60~10.63
　　在未缴费的情况下检索附加发明 ………………………… 10.64~10.65
　　异议程序 …………………………………………………… 10.66~10.70
国际初步审查阶段的程序 ……………………………………… 10.71~10.82
　　异议程序 …………………………………………………… 10.78~10.82
补充国际检索阶段的程序 ……………………………………… 10.83~10.88
　　意见的复核 ………………………………………………… 10.87~10.88

第 11 章　现有技术……………………………………………………… **11.01~11.26**

现有技术概述 …………………………………………………………… 11.01
公开日 …………………………………………………………………… 11.02~11.05
　　用于国际检索报告目的的相关日 …………………………………… 11.03
　　用于书面意见和国际初步审查目的的相关日 …………………… 11.04~11.05
引起对国际申请中优先权要求质疑的文件 ……………………………… 11.06

不属于现有技术范围但仍可能有相关性的文件 …………………… 11.07~11.11
  在后公布的专利申请（用于国际检索报告） ………………… 11.07
  在后公布的专利申请（用于国际初步审查） ………………… 11.08~11.09
  共同未决申请，包括同日提交的申请 ………………………… 11.10
  用于理解发明的文件 …………………………………………… 11.11
公开的形式 …………………………………………………………… 11.12~11.22
  书面公开的公众可获得性 ……………………………………… 11.12
  互联网公开 ……………………………………………………… 11.13
  在可信的出版商网站上的公开 ………………………………… 11.14~11.15
  在可靠性未知网站上的公开 …………………………………… 11.16~11.20
  专利与非专利文件引用的不同 ………………………………… 11.21
  转载在先口头说明的文件 ……………………………………… 11.22
难以确定文件的日期 ………………………………………………… 11.23
涉及具体权利要求或权利要求部分方案的相关日 ………………… 11.24~11.26

第 12 章　新颖性 ……………………………………………… 12.01~12.10
新颖性的含义 ………………………………………………………… 12.01~12.02
判断新颖性时考虑的因素 …………………………………………… 12.03~12.10
  方法 ……………………………………………………………… 12.03
  实质地或隐含地公开 …………………………………………… 12.04
  权利要求的解释 ………………………………………………… 12.05
  文件的结合 ……………………………………………………… 12.06
  可选方案 ………………………………………………………… 12.07
  一般公开与具体公开 …………………………………………… 12.08~12.09
  范围 ……………………………………………………………… 12.10

第 12 章附录

第 13 章　创造性 ……………………………………………… 13.01~13.19
创造性的含义 ………………………………………………………… 13.01~13.02
判断创造性时考虑的因素 …………………………………………… 13.03~13.13
  什么是"显而易见"？ …………………………………………… 13.03
  借助以后的知识 ………………………………………………… 13.04
  发明作为一个整体；已知或显而易见要素的组合 …………… 13.05~13.07
  评价对于现有技术的贡献 ……………………………………… 13.08~13.10
  "本领域技术人员" ……………………………………………… 13.11
  组合教导 ………………………………………………………… 13.12~13.13
实例 …………………………………………………………………… 13.14
其他考虑因素 ………………………………………………………… 13.15~13.19
  "事后"分析 ……………………………………………………… 13.15
  技术价值，长期需要 …………………………………………… 13.16~13.17
  商业成功 ………………………………………………………… 13.18

从属权利要求 ·· 13.19

第13章附录
问题－解决法
仅用一篇文件对创造性提出质疑的实例

第14章　工业实用性 ·· 14.01～14.06
工业实用性的含义 ·· 14.01～14.03
方法 ·· 14.04～14.06

第14章附录
有用性
 具体或特定的有用性
 实质或实际的"真实"的有用性
 可信的有用性
工业实用性
 特定目的
 清楚和完整的公开
 实现特定目的的可能性
 必须满足要求的日期

第Ⅳ部分　国际检索

第15章　国际检索 ·· 15.01～15.97
国际检索和补充国际检索的目的 ······························ 15.01～15.07
 非书面公开 ·· 15.05
 公开的地理位置、语言、年代和方式 ···················· 15.06～15.07
审查员 ·· 15.08～15.09
检索的基础 ·· 15.10～15.17C
国际检索的范围 ·· 15.18～15.20
国际检索的方向和主题 ·· 15.21～15.28
 权利要求的分析 ·· 15.21～15.23
 尚未缴纳任何费用的发明 ·································· 15.24
 完全覆盖 ·· 15.25
 推测的权利要求 ·· 15.26
 从属权利要求 ·· 15.27～15.28
特殊权利要求类型和特征的检索 ······························ 15.29～15.32
 要素的组合 ·· 15.31
 权利要求的不同类型 ······································ 15.32
不能进行有意义检索的情况 ·································· 15.33～15.36
 明显错误和不得使用的表述等（细则第9条） ········· 15.34～15.36
信息符合细则48.2（1）的标准 ································ 15.36A
获取国际检索单位持有的文件 ································ 15.36B

检索策略	15.37~15.42
初始步骤	15.37
摘要和名称	15.38
分类	15.39
检索之前公布	15.40
检索说明	15.41~15.42
检索领域	15.43~15.51
类似领域	15.48~15.51
进行检索	15.52~15.62
采用互联网进行检索的安全性	15.56~15.59
没有找到文件	15.60
停止检索	15.61
记录检索	15.62
评价现有技术	15.63~15.72
针对相关现有技术的疑问	15.64~15.65
排除的主题	15.66
引证文件的选择和标明最相关的部分	15.67~15.72
检索后的程序	15.73~15.75
准备国际检索报告	15.73
修改国际检索报告	15.74
收到错投的按照条约第19条的修改	15.75
补充国际检索	15.76~15.97
请求补充国际检索	15.78~15.79
国际单位收到补充国际检索的请求	15.80~15.81
补充国际检索的启动	15.82~15.83
撤回补充国际检索请求	15.84
补充国际检索的基础	15.85~15.86
补充国际检索排除的权利要求	15.87~15.88
不得使用的表述等	15.88A
信息符合细则48.2（1）的标准	15.88B
获取指定的补充检索单位持有的文件	15.88C
发明单一性	15.89~15.92
检索的程度	15.93
补充国际检索报告的制定	15.94~15.96
文件副本	15.97
第16章　国际检索报告	**16.01~16.87**
概述	16.01~16.04
补充国际检索	16.03
国际式检索	16.04

作出国际检索报告的期限	16.05
完成国际检索报告	16.06 ~ 16.07
表格未要求的事项	16.07
国际检索报告的表格和语言	16.08 ~ 16.13
国际检索报告的表格	16.08 ~ 16.10
检索报告的语言	16.11
公布包含的页	16.12 ~ 16.13
填写传送国际检索报告或宣布的通知书，以及国际检索单位的书面意见（表格PCT/ISA/220）	16.14 ~ 16.21
通信地址	16.14
申请人或代理人的档案号	16.15
国际申请号	16.16
国际申请日	16.17
申请人	16.18
未作出检索报告或作出限制性检索报告的情况	16.19 ~ 16.21
填写国际检索报告（表格PCT/ISA/210）	16.22 ~ 16.85
最早的优先权日	16.22
总页数	16.23
"还附有本报告所引证的各现有技术文件的副本"栏	16.24
报告的基础	16.25
核苷酸和/或氨基酸序列表	16.26
主要国际检索报告的参考文献	16.27
国际检索主题的限制	16.28 ~ 16.32
发明名称、摘要和附图	16.33 ~ 16.51
——发明名称	16.35 ~ 16.38
——摘要	16.39 ~ 16.47
——要公布的附图	16.48 ~ 16.51
主题的分类	16.52
检索领域	16.53
检索的最低限度文献	16.54
最低限度文献之外的文献检索	16.55 ~ 16.57
所查询的电子数据库	16.58 ~ 16.61
在先检索	16.62
被认为是相关的文献	16.63 ~ 16.64
引证类型	16.65 ~ 16.76
——特别相关的文件	16.66 ~ 16.68
——表明技术状况而不会破坏新颖性或创造性的文件	16.69
——涉及非书面公开的文件	16.70
——中间文件	16.71

——涉及发明基础的理论或原理的文献	16.72
——潜在的抵触专利文献	16.73
——申请中引证的文献	16.74
——由于其他原因引证的文献	16.75
——非破坏性的公开	16.76
文献和权利要求的关系	16.77
文件的引证	16.78～16.82A
报告的完成	16.83～16.85
国际检索报告中所引证的参考文献的副本	16.86～16.87

第 V 部分　书面意见/国际初步审查报告

第 17 章　书面意见和国际初步审查报告的内容	**17.01～17.73**
导言	17.01～17.03
不同类型的意见与报告	17.04～17.08
国际检索单位的书面意见	17.04～17.05
国际初步审查单位的书面意见	17.06～17.07
国际初步审查报告	17.08
意见或报告的内容	17.09～17.55A
内容概述	17.09
意见或报告的形式	17.10
数据	17.11～17.12
第Ⅰ栏：书面意见或报告的基础	17.13～17.27
——语言事项	17.15
——被视为原始提交申请的一部分的页	17.16～17.16B
——以修改的国际申请为基础的审查	17.17～17.20
——核苷酸和/或氨基酸序列表	17.21
——导致编号跳越的修改	17.22
——超出原始公开范围的修改	17.23～17.24
——扩展检索	17.25
——修改，未附有指明在原申请文件中修改基础的信函	17.26
——明显错误的更正	17.27
第Ⅱ栏：优先权	17.28～17.31
第Ⅲ栏：对于新颖性、创造性和工业实用性不作出审查意见	17.32～17.37
——依据细则 67.1 被排除的主题	17.33
——清楚或支持	17.34～17.35
——对某些或全部权利要求不进行国际检索	17.36
——核苷酸和/或氨基酸序列表	17.37
第Ⅳ栏：缺乏发明单一性	17.38～17.41
——在提出异议的前提下缴纳附加费	17.41

第Ⅴ栏：根据细则66.2（a）（ⅱ）关于新颖性、创造性或
　　工业实用性的推断性意见；为支持这种意见的引用文件和解释 ⋯⋯ 17.42~17.44
　　第Ⅵ栏：某些引用的文件 ⋯⋯⋯⋯⋯⋯⋯⋯⋯⋯⋯⋯⋯⋯⋯ 17.45~17.48
　　第Ⅶ栏：国际申请中的某些缺陷 ⋯⋯⋯⋯⋯⋯⋯⋯⋯⋯⋯⋯ 17.49
　　第Ⅷ栏：对国际申请的某些意见 ⋯⋯⋯⋯⋯⋯⋯⋯⋯⋯⋯⋯ 17.50~17.55
　　——报告的完成 ⋯⋯⋯⋯⋯⋯⋯⋯⋯⋯⋯⋯⋯⋯⋯⋯⋯⋯ 17.51
　　——书面意见和国际初步审查报告的语言 ⋯⋯⋯⋯⋯⋯⋯⋯ 17.52
　　——反对意见的形式 ⋯⋯⋯⋯⋯⋯⋯⋯⋯⋯⋯⋯⋯⋯⋯⋯ 17.53~17.54
　　——确保报告对后续阶段有最大利用价值 ⋯⋯⋯⋯⋯⋯⋯⋯ 17.55
　　标准语段 ⋯⋯⋯⋯⋯⋯⋯⋯⋯⋯⋯⋯⋯⋯⋯⋯⋯⋯⋯⋯⋯ 17.55A
　通知改正或修改 ⋯⋯⋯⋯⋯⋯⋯⋯⋯⋯⋯⋯⋯⋯⋯⋯⋯⋯⋯ 17.56~17.58
　作出部分书面意见或不作出书面意见的情形 ⋯⋯⋯⋯⋯⋯⋯⋯ 17.59~17.66
　　排除的主题 ⋯⋯⋯⋯⋯⋯⋯⋯⋯⋯⋯⋯⋯⋯⋯⋯⋯⋯⋯⋯ 17.60
　　缺乏发明单一性 ⋯⋯⋯⋯⋯⋯⋯⋯⋯⋯⋯⋯⋯⋯⋯⋯⋯⋯ 17.61~17.65
　　——国际检索单位的书面意见 ⋯⋯⋯⋯⋯⋯⋯⋯⋯⋯⋯⋯ 17.61~17.62
　　——国际初步审查单位的书面意见或国际初步审查报告 ⋯⋯ 17.63~17.65
　　首先处理主要反对意见 ⋯⋯⋯⋯⋯⋯⋯⋯⋯⋯⋯⋯⋯⋯⋯ 17.66
　其他考虑事项 ⋯⋯⋯⋯⋯⋯⋯⋯⋯⋯⋯⋯⋯⋯⋯⋯⋯⋯⋯⋯ 17.67~17.73
　　国际检索报告中引用的某些文件 ⋯⋯⋯⋯⋯⋯⋯⋯⋯⋯⋯ 17.67
　　某些情况下需要考虑的其他文件 ⋯⋯⋯⋯⋯⋯⋯⋯⋯⋯⋯ 17.68~17.69
　　说明书与权利要求不一致 ⋯⋯⋯⋯⋯⋯⋯⋯⋯⋯⋯⋯⋯⋯ 17.70
　　建议的修改 ⋯⋯⋯⋯⋯⋯⋯⋯⋯⋯⋯⋯⋯⋯⋯⋯⋯⋯⋯⋯ 17.71
　　答复书面意见的考虑 ⋯⋯⋯⋯⋯⋯⋯⋯⋯⋯⋯⋯⋯⋯⋯⋯ 17.72~17.73

第Ⅵ部分　国际初步审查阶段（国际初步审查报告以外内容）

第18章　要求书接受的初步程序 ⋯⋯⋯⋯⋯⋯⋯⋯⋯⋯ 18.01~18.18
　传真机、电报机、电传机等的使用 ⋯⋯⋯⋯⋯⋯⋯⋯⋯⋯⋯ 18.01
　国际初步审查的基础 ⋯⋯⋯⋯⋯⋯⋯⋯⋯⋯⋯⋯⋯⋯⋯⋯⋯ 18.02~18.09
　　关于修改的声明 ⋯⋯⋯⋯⋯⋯⋯⋯⋯⋯⋯⋯⋯⋯⋯⋯⋯⋯ 18.03~18.06A
　　为国际初步审查目的而使用的语言 ⋯⋯⋯⋯⋯⋯⋯⋯⋯⋯ 18.07~18.09
　国际初步审查单位所用的文件等 ⋯⋯⋯⋯⋯⋯⋯⋯⋯⋯⋯⋯ 18.10~18.18
　　国际申请和要求书所用的语言 ⋯⋯⋯⋯⋯⋯⋯⋯⋯⋯⋯⋯ 18.14~18.15
　　优先权文件及其译本 ⋯⋯⋯⋯⋯⋯⋯⋯⋯⋯⋯⋯⋯⋯⋯⋯ 18.16
　　核苷酸和/或氨基酸序列表 ⋯⋯⋯⋯⋯⋯⋯⋯⋯⋯⋯⋯⋯⋯ 18.17~18.18

第19章　国际初步审查单位的审查程序 ⋯⋯⋯⋯⋯⋯⋯ 19.01~19.52
　概述 ⋯⋯⋯⋯⋯⋯⋯⋯⋯⋯⋯⋯⋯⋯⋯⋯⋯⋯⋯⋯⋯⋯⋯ 19.01~19.05
　国际初步审查的启动及时间期限 ⋯⋯⋯⋯⋯⋯⋯⋯⋯⋯⋯⋯ 19.06~19.12
　　审查的启动 ⋯⋯⋯⋯⋯⋯⋯⋯⋯⋯⋯⋯⋯⋯⋯⋯⋯⋯⋯⋯ 19.07~19.09
　　完成审查的期限 ⋯⋯⋯⋯⋯⋯⋯⋯⋯⋯⋯⋯⋯⋯⋯⋯⋯⋯ 19.10~19.12

国际初步审查的第一阶段 ··· 19.13~19.25
　　　　概述 ··· 19.13~19.14
　　　　扩展检索 ·· 19.15~19.21
　　　　不需要作出书面意见的情况 ·· 19.22~19.23
　　　　需要再次发出书面意见的情况 ··· 19.24
　　　　没有对其制定国际检索报告的权利要求 ······································· 19.25
　　国际初步审查的进一步阶段 ··· 19.26~19.33
　　国际初步审查报告的改正 ··· 19.34~19.35
　　普遍适用于国际初步审查各阶段的事项 ·································· 19.36~19.46
　　　　进行修改：一般性考虑 ··· 19.36
　　　　明显错误的更正 ·· 19.37~19.40
　　　　与申请人的非正式联系 ·· 19.41~19.46
　　国际初步审查报告的作出 ··· 19.47~19.48
　　　　概述 ··· 19.47~19.48
　　期限的确定 ·· 19.49~19.51
　　　　申请人未能在规定期限答复 ·· 19.51
　　要求书或所有选定的撤回 ·· 19.52

第20章　修　改 ··· **20.01~20.22**
　　在国际初步审查启动之前的修改 ··· 20.01~20.03
　　　　根据条约第19条对权利要求的修改 ·· 20.01
　　　　根据条约第34条的修改 ·· 20.02~20.03
　　作出修改：一般原则 ·· 20.04~20.08
　　对修改的确认 ··· 20.09
　　增加的主题 ·· 20.10~20.19
　　不支持 ··· 20.20~20.21
　　申请译文的修改 ··· 20.22

第20章附录
　　新的主题

第Ⅶ部分　质　量

第21章　国际检索和初步审查的通用质量框架 ································ **21.01~21.33**
　　导言 ·· 21.01~21.03
　　1. 领导层和政策 ··· 21.04~21.10
　　2. 基于风险的实践 ··· 21.11~21.14
　　3. 资源 ··· 21.15
　　　　——足够的人力资源
　　　　——足够的物质资源
　　　　——足够的培训资源
　　　　——对资源的监管

4. 行政工作量的管理	21.16
5. 质量保证	21.17
6. 沟通	21.18~21.21
单位间的沟通	21.18~21.19
与用户的沟通和对其指导	21.20
与WIPO、指定局和选定局的沟通	21.21
7. 记录	21.22~21.25
8. 检索过程记录	21.26
9. 内部复核	21.27~21.30
10. 报告机制	21.31~21.32
将来的发展	21.33

第Ⅷ部分　事务及行政程序

第22章　事务及行政程序　　22.01~22.61

要求书的接收	22.01
主管的国际初步审查单位的确定和要求书的标明	22.02~22.05
国际申请的核对	22.06
申请人提交要求书的权利	22.07~22.10
申请人的变更	22.10
国家的选定	22.11
对影响收到日的细节的核查	22.12~22.13
核查要求书是否按时提交	22.14~22.15
制定国际初步审查单位文档	22.16~22.19
向国际局传送要求书	22.20~22.23
要求书中的某些缺陷	22.24~22.26A
语言	22.27
签字	22.28~22.32
关于申请人的标明	22.33~22.34
关于代理人的标明	22.35~22.36
改正要求书中缺陷的通知书	22.37~22.41
缴费和退款	22.42~22.48
向国际局转交手续费	22.49
传真机、电报机、电传打印机等的使用	22.50~22.51
邮递业务中的异常	22.52
期限延误的宽免	22.52A~22.52D
根据细则82之四.3延长期限	22.52E~22.52H
期限的计算	22.53
根据条约第19条的修改	22.54
书面意见的答复	22.55~22.57

国际初步审查报告和相关文件的传送 …………………………………… 22.58~22.58B
要求书或全部选定的撤回………………………………………………………… 22.59
专供国际检索或初步审查的核苷酸和/或氨基酸序列表的处理………… 22.60~22.61

第I部分
绪言与概述

第1章
绪　言

本指南的目的与地位

1.01　本指南为各单位在国际检索和审查程序期间提供了应遵循的有关操作指南。

1.02　本指南主要是供各国际检索及初步审查单位的审查员使用，但也希望对申请人和专利从业者有所帮助。本指南在适当的时候也适用于国际式检索（参见2.22段）。此外，本指南也可用于指定国和选定国的专利局在国家阶段对国际申请进行检索和审查以及更好地理解国际检索和审查报告。尽管本指南用于国际申请，但如果国内法允许的话，国家局可以比照用于处理国家申请；也可以在为统一各国专利局现行实践的目的而进行修订国内法时所借鉴。然而本指南一般不涉及受理局的行为，尽管在一些情况下受理局也作为国际检索单位和/或国际初步审查单位。

条约第16条（3）（b）、第32条、第33条

1.03　本指南是关于国际检索及审查的一般原则，提供关于国际检索及审查的说明，且有助于PCT、PCT细则和PCT规程中有关国际检索及审查规定的适用。本指南试图涵盖有代表性的情况。因此，本指南应仅被视为一般性的说明；在例外情况下，审查员也可以超越所述说明。但是，申请人可能希望国际检索及审查单位能够依据本指南，将其作为一般性规则来适用，直到该指南被修改时为止。另外在本指南的不同部分，还将指导审查员以某一种具体形式来解释某项权利要求。这将有助于使指定局和/或选定局理解审查员作出的关于新颖性、创造性（非显而易见性）及工业实用性的结论，但这绝不意味着约束指定局或选定局使之也采用相似的解释。本指南提出了国际检索单位及国际初步审查单位为了保证质量而需要遵循的标准，以使不同单位得到的检索及审查结果间的差异最小化。

1.04　上述标准只适用于国际检索与初步审查目的的，任何缔约国可适用其他的或不同的标准来判断所请求保护的发明是否可以在本国被授予专利权。还应当注意，本指南并不是具有约束力的法律文本。制定本指南的目的是帮助国际检索及审查单位根据条约第17条和第18条制作国际检索和审查报告、根据条约第34条及细则43之二制作书面意见、根据条约第35条制作国际初步审查报告。对有关国际检索及审查之疑问的最终解释权需要参考条约的各条规定本身，必要时，参考华盛顿外交会议的备忘录及PCT大会所给予的解释。国际检索或审查单位未遵守本指南本身不会构成对该单位行为进行复核的基础，除非根据适用的国内法和惯例需要进行这种复核。

本指南的编排和术语

1.05　本指南首先列出了框架，之后为国际检索阶段和国际初步审查阶段，又对许多步骤及概念进行了更详细的解释。本指南分成8个部分。第I部分对国际检索阶段和国际

初步审查阶段的程序进行了简要概述。第Ⅱ部分给出了国际申请的详细内容。第Ⅲ部分给出了审查员在国际检索和国际初步审查阶段要考虑的详细内容。第Ⅳ部分就国际检索进行了详细说明。第Ⅴ部分包含了书面意见和国际初步审查报告的内容。第Ⅵ部分对国际初步审查程序进行了讨论。第Ⅶ部分列出了一般质量保证框架，第Ⅷ部分对事务和行政程序进行了讨论。不同部分中某些章的内容只与一个阶段或另一个阶段有关。除非是在文本中说明的一些例外情况下，国际检索单位和国际初步审查单位的审查员可以考虑任何特别的问题外，本指南的大部分章节均与两个阶段的工作有关，两个阶段应适用相同的标准。

1.06 除非另有限定，本指南中提到的"条约"是指《专利合作条约》（PCT），"条约第×条"是指PCT第×条，"细则×"是指《PCT实施细则》第×条，"规程第×条"是指《PCT行政规程》第×条，"部分"、"章"和"段"是指本指南中的相应部分。对《PCT行政规程》中的部分和附件的引用加有前缀"规程"。

1.07 "国际单位"或"单位"，除非另有限定，是指国际检索单位和/或国际初步审查单位。除非另有限定，本指南中所用术语"审查员"是指在国际初步审查单位、国际检索单位或指定补充检索单位工作的审查员。"检索"和"审查"，除非另有限定，均是指根据条约及实施细则所进行的国际检索和国际初步审查。

1.08 所提到的"国家"局或法律也包括地区专利制度，其中某一政府间组织受几个国家的委托来承担审批地区专利的任务。

国际申请过程概述

1.09 依据PCT提交的国际专利申请从提交申请到获得专利权（或被驳回）包括两个主要阶段，通常称为"国际阶段"和"国家阶段"（或"地区阶段"，当国际申请指定的是一个地区组织而不是一个国家时）。下面的1.10段和1.11段以及在本章结束处提供的典型国际申请流程图给出了关于国际阶段的一个简要概述，且将在本指南的第Ⅱ部分至第Ⅷ部分给出完整的说明。

国际阶段

条约第22条、第23条

1.10 国际阶段从国际申请提出开始，且如果国际申请不被撤回的话，包括各种形式审查、国际检索、书面意见的准备，申请的公开，如果申请人要求，还包括国际初步审查。此阶段中，除申请人具体请求外，任何国家或地区专利局均不可以对申请进行处理或审查。

1.11 国际阶段依次包括若干组性质不同的行为，但是实际上这些行为在时序上也会稍有重叠：

（a）向一适当的受理局提交国际申请：所提交的内容包括"请求书"（请求按照条约处理该国际申请，同时提供例如申请人、发明人、任一代理人等相关的资料，以及与该申请有关的细节，例如发明名称及任何优先权请求等）、说明书、一项或多项权利要求、一幅或多幅附图（如需要）以及摘要。

（b）完成一些程序性的检查，给予国际申请日，将申请的副本传送国际局（登记本）和国际检索单位（检索本）。

（c）由国际检索单位进行国际检索：包括检索是否存在与请求保护发明的新颖性和创造性有关的在先公开物，通常在自优先权日起16个月时作出国际检索报告且作出关于新颖性、创造性和工业实用性的书面意见，这将在本指南的在后内容中进行详细说明

（参见第 2 章及第Ⅳ部分、第 V 部分）。

（d）在自优先权日起的 18 个月时由国际局对国际申请、国际检索报告，以及按照条约第 19 条的修改（如果有）进行国际公布；国际检索单位的书面意见（以及申请人提交的所有非正式答复）同时向公众公开。

（e）或者应申请人的要求，为了扩展整个的检索范围（例如，为更好地覆盖主要检索单位没有覆盖到的语言涉及的现有技术），由不同于进行主要国际检索的单位作出补充国际检索。补充国际检索可以由一个以上的单位应要求进行。对于补充国际检索程序更详细的概述，参见第 15 章 15.75 至 15.97 段，以及 9.42 段和 16.03 段。

（f）或者应申请人递交的要求书（PCT 第Ⅱ章）的要求，由国际初步审查单位进行国际初步审查，审查员在由申请人提交的根据条约第 19 条或第 34 条所进行的任何说明或修改的基础上进一步考虑新颖性、创造性和实用性问题，这将在本指南的以后内容中进行详细说明；最后作出题为"专利性国际初步报告（PCT 第Ⅱ章）"的国际初步审查报告（参见第 17 章）。

（g）如果申请人在答复由国际检索单位作出的书面意见时，没有提交对国际申请进行审查的要求书，则由国际局代表国际检索单位发出"专利性国际初步报告（PCT 第Ⅰ章）"；此专利性国际初步报告应具有与由国际检索单位作出的书面意见相同的内容。

（h）由国际局向指定局或选定局传送的文件包括申请的副本、已递交的任何修改、任何补充国际检索报告，以及专利性国际初步报告，其中包括由国际检索单位作出的书面意见或者国际初步审查报告（如已作出）的内容。

国家（或地区）阶段

1.12 自申请优先权日起 30 个月之后（在一些国家由于过渡性条款而设为 20 个月；一些国家也可对向该局提交的申请另行规定一个更晚的期限），申请就可以在其各个指定局（如没有请求进行国际初步审查则适用 PCT 第Ⅰ章）或选定局（如已请求进行国际初步审查则适用 PCT 第Ⅱ章）开始进入国家（或地区）阶段。这是根据相关国家法或地区规定而实际上导致专利的授权或驳回的程序。尽管国家和地区专利局不能超越 PCT 及其实施细则中关于申请形式及内容的要求提出另外的要求，但是依据条约，在国家或地区阶段对申请所进行的审查不受已进行的任何国际检索或审查结果的约束。

国际单位

条约第 16 条、第 32 条；细则 35、36、59、63

1.13 国际检索单位和国际初步审查单位是受托完成条约所规定的多项任务，特别是作出国际检索和初步审查报告的国家局或政府间组织。这些单位由 PCT 联盟大会任命。任命的要求就是这些单位必须在两方面都获得任命（即承担检索和初步审查）。关于单位的职能以及特殊单位的要求的细节列于《PCT 申请人指南》附件 D、E，以及补充国际检索单位（SISA）中。这些单位通过 PCT 国际单位会议（PCT/MIA）定期集会（参见 WIPO 网址：www.wipo.int/pct）。

1.14 可以授权一个或多个单位对一个具体国际申请进行检索或审查。这将取决于国际单位与国际局之间的协议，以及由各个受理局通报国际局关于哪个单位有资格对该局受理的国际申请进行处理的决定。如果有一个以上的单位有资格对任何一个具体申请进行检索或审查，则由申请人以请求书或要求书的形式来选定所希望的单位。国际检索单位可以决定是否愿意向任何未在该单位进行主要国际检索的申请人提供补充国际检索服务。

1.15 对于任何一件具体申请而言，国际初步审查单位通常与国际检索单位是同一个单位，但并不必然如此。可以由申请人来具体选定另一个不同的单位，或者有时一个单位可能有资格对一件具体的国际申请进行检索，但并不能对其进行审查。因此国际检索单位要以一致的标准来作出国际检索报告及书面意见，这一点是特别重要的，这样便于任何其他单位以及申请人和指定局来有效地利用国际检索报告及书面意见。

国际申请的典型处理流程图

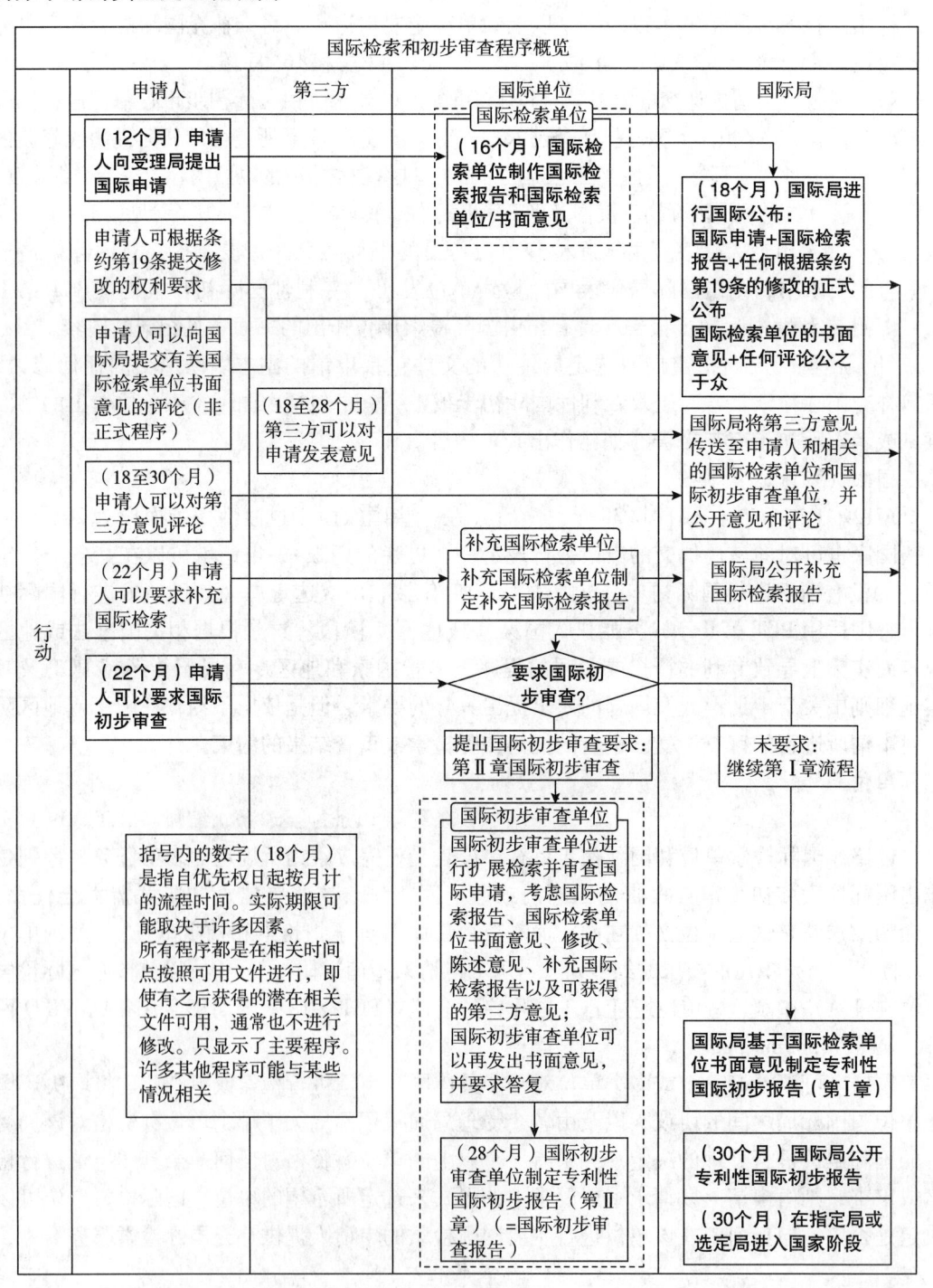

	申请人	第三方	国际单位	国际局
行动	（12个月）申请人向受理局提出国际申请		**国际检索单位** （16个月）国际检索单位制作国际检索报告和国际检索单位/书面意见	（18个月）国际局进行国际公布： 国际申请+国际检索报告+任何根据条约第19条的修改的正式公布 国际检索单位的书面意见+任何评论公之于众
	申请人可根据条约第19条提交修改的权利要求			
	申请人可以向国际局提交有关国际检索单位书面意见的评论（非正式程序）	（18至28个月）第三方可以对申请发表意见		国际局将第三方意见传送至申请人和相关的国际检索单位和国际初步审查单位，并公开意见和评论
	（18至30个月）申请人可以对第三方意见评论			
	（22个月）申请人可以要求补充国际检索		**补充国际检索单位** 补充国际检索单位制定补充国际检索报告	国际局公开补充国际检索报告
	（22个月）申请人可以要求国际初步审查		要求国际初步审查？ 提出国际初步审查要求：第Ⅱ章国际初步审查	未要求：继续第Ⅰ章流程
	括号内的数字（18个月）是指自优先权日起按月计的流程时间。实际期限可能取决于许多因素。所有程序都是在相关时间点按照可用文件进行，即使有之后获得的潜在相关文件可用，通常也不进行修改。只显示了主要程序。许多其他程序可能与某些情况相关		**国际初步审查单位** 国际初步审查单位进行扩展检索并审查国际申请，考虑国际检索报告、国际检索单位书面意见、修改、陈述意见、补充国际检索报告以及可获得的第三方意见；国际初步审查单位可以再发出书面意见，并要求答复	国际局基于国际检索单位书面意见制定专利性国际初步报告（第Ⅰ章）
			（28个月）国际初步审查单位制定专利性国际初步报告（第Ⅱ章）（=国际初步审查报告）	（30个月）国际局公开专利性国际初步报告 （30个月）在指定局或选定局进入国家阶段

第 2 章
国际检索阶段概述

目的

2.01 本章提供了国际检索阶段的简要初步概述。在本指南的第Ⅱ部分和第Ⅳ部分中提供了有关国际检索阶段程序之完整说明。

条约第15条（2）；细则33.1（a）

2.02 国际检索的目的在于，发现相关的现有技术，以便确定该国际申请涉及的所要求保护的发明是否具有新颖性或创造性，以及如果该发明具有新颖性和创造性，则其程度如何。在一些情形下，由于权利要求的范围非常不确定或者该申请包含了被排除的主题（参见第9章），或者要求保护了多项发明（参见第10章），所以国际检索单位无须对所要求保护之主题中的一些或全部进行检索。

细则43之二

2.03 在作出国际检索报告的同时，检索审查员应给出书面意见。书面意见的首要目标是就所要求保护的发明是否具有新颖性、创造性（非显而易见性）、工业实用性的问题形成初步、非约束性意见。书面意见的第二目标是明确该国际申请的形式或内容上是否存在缺陷或者关于权利要求书、说明书、附图的清楚性是否存在重大和相关问题，或者权利要求是否得到了说明书的充分支持的问题。

2.04 该检索和书面意见必须按照与国际初步审查阶段所采用的相同标准来进行。如下面在2.10段中所详细描述的那样，该检索还可以就一些与新颖性和创造性不是严格相关的问题作出报告。

初步事务

从受理局接受检索本

细则23.1

2.05 只要该国际申请已经以国际检索单位所接受的语言提出，则一旦该申请已经取得了申请号、已经按照条约第11条和第14条进行了相关的形式审查并且缴纳了国际检索费，受理局就应该将该申请的检索本送交给国际检索单位。

细则12

2.06 如果提交该国际申请所采用的语言不被进行国际检索的国际检索单位接受，则该申请人必须向受理局提交一份译成以下语言之一的该国际申请的译文：

（a）国际检索单位所接受的语言，和

（b）公布的语言，和

（c）按照细则12.1（a）规定的受理局所接受的语言，除非该国际申请是以国际公布语言递交的。

但是请求书不需要翻译。对于说明书中的序列表，仅需要翻译基于语言的自由文本。如果申请人被要求提供这种译文，则国际检索应该以该译文为基础进行。

细则23.1（b）

2.07 如果根据细则12.3将该国际申请的译文提交给受理局，则该译文副本和请求书副本将一起被认为是检索本；一旦从申请人那里接受检索本之后，除未缴纳检索费之外，否则该检索本应由受理局立即传送给国际检索单位。后者情况下，检索本应于检索费缴纳后立即传送。

　　由国际检索单位进行确认和分配

细则25.1

　　2.08　国际检索单位使用表格PCT/ISA/202通知申请人该检索本已经收到，并将通知副本传送给国际局和受理局（当受理局与国际检索单位不同时）。

　　2.09　然后尽快将该国际检索分配给能够在期限内完成该检索的检索审查员。初步分类也必须尽快完成。

国际检索程序

　　2.10　国际检索单位的作用如下，随后的章节将对细节进行说明：

　　（a）确定该案的分类，尤其确定是否需要请教其他领域的审查员以确保进行正确的检索；可能必须根据更全面的因素来重新考虑该分类，但是在该国际申请公布时必须给出确定的分类（参见第7章）；

条约第17条（3）；细则40

　　（b）考虑该申请是否满足发明的单一性要求，如果不具备单一性的话，则确定是否应该通知该申请人缴纳与额外发明相关的附加检索费（参见第10章）；

细则39

　　（c）考虑该主题中的一些或全部是否涉及无须检索单位进行检索的主题（参见第9章）；

细则4.12、16.3、41

　　（d）确定是否采用由申请人在请求书表格中提到的与该申请相关的任何早期检索的结果来作出国际检索报告，并因此批准任何适当的退款；

细则13之三

　　（e）如果该国际申请包括核苷酸和/或氨基酸序列，但未包括符合规程规定的标准且使用一种可接受语言的序列表，确定是否通知申请人提供序列表（参见15.12段和15.14A段）；

条约第15条、第17条（2）

　　（f）进行国际检索以发现相关的现有技术（参见第11章），同时考虑若存在检索单位没有义务检索的主题（参见第9章），则检索单位没有义务对所述主题进行检索，或者说明书、权利要求书或附图是否未符合规定的要求以至于不能进行任何有意义的检索（参见第9章和15.33段），或者权利要求涉及数个不同的发明且检索单位已通知申请人缴纳附加检索费，而尚未缴纳（参见第10章）；

细则37、38

　　（g）考虑摘要和发明名称是否合适，并且在某些情况下起草替换方案（参见16.33至16.47段）；

细则43

　　（h）作出检索报告，说明检索结果和某些其他信息（参见第16章），或者宣布检索是没有必要的或者将没有意义（参见第9章）；

细则43之二

（i）在国际检索单位审查范围内，就该国际申请是否具有新颖性、创造性、工业实用性及符合条约和实施细则的其他要求作出书面意见（参见第17章）。

2.11 根据检索的结果，上述事项中的一些尤其是发明的单一性可能是一直要考虑的问题。然而，鉴于接受来自申请人的改正或附加费的时限，在早期考虑这些事务很重要。

2.12 在作出国际检索报告的少数情况中，国际检索单位可以专门要求申请人作出回复，例如在认为该国际申请缺乏发明单一性时（参见第10章），无论是否与意见陈述书一起提交了异议请求，都需要缴纳用于检索其他发明的附加费。国际检索单位还可能需要用于审查异议的异议费。另一例子是，国际检索单位在已经起草国际检索报告之后，收到受理局的通知，遗漏部分或者正确的项目或部分已经包含在国际申请中或者已经通过援引加入的方式补入国际申请中，那么在该情况下，也可以要求申请人支付附加费（参见15.11A至15.11C段）。

作出国际检索报告的期限

细则42.1、43之二.1

2.13 国际检索单位必须在以下任一个期限内作出国际检索报告和书面意见（或者国际检索单位没有必要进行检索或不能作出有意义之检索的宣布）：

（i）自接收到检索本之日起3个月；或

（ii）自该申请优先权日起9个月，

以后到期者为准。

国际检索报告、书面意见等的传送

细则44.1

2.14 一旦作出国际检索报告和书面意见，国际检索单位应该在同一天将国际检索报告和书面意见的一份副本传送给国际局并且将一份副本传送给申请人。

向申请人开放的选择权

2.15 一般来说，申请人在接收到国际检索单位的国际检索报告和书面意见之后有以下几种选择：

（a）将对国际检索单位的书面意见的（非正式）答复送交国际局，国际局将向公众公开，并传送至指定局（参见下面2.17段和2.18段）；

细则46

（b）将按照条约第19条（1）修改的权利要求书递交给国际局，同时附函指出所作修改在原申请文件中的根据，并指明修改前后权利要求间的差异，还可包括一份解释这些修改的简要说明；

细则45之二

（c）向不同于进行主要国际检索的单位并提供补充国际检索服务的其他单位，提出一项或多项补充国际检索请求；

条约第31条、第34条（2）（b）；细则53

（d）请求国际初步审查，包括将被国际初步审查单位所考虑的意见陈述和/或修改；

（e）根据细则90之二撤回该申请；或

（f）在国际阶段中不采取任何进一步的行动，而是等待直到必须（或如需）在指定局继续该申请。

国际检索报告和书面意见的其他程序

保密处理

条约第30条；细则94.3

2.16 在国际申请的国际公布之前，所有与该申请相关的材料都是保密的，并且在没有得到申请人请求或授权的情况下，除按条约和细则为处理该申请所专门要求的信息传送外，这些材料不能被任何人或单位获得。

如果请求提前处理，只要国际申请已经公布，则指定局或选定局都可以在由其国家法所规定的程度内允许公开已经传送给它的任何文件。

检索报告的公布、国际检索单位书面意见的公开

条约第21条（3）；细则48.2

2.17 国际检索报告与国际申请同时公布，除非国际检索报告尚不能获得。如果延误的话，则之后尽可能快地单独公布。书面意见以及申请人提交的所有非正式答复由国际局同时公开。

专利性国际初步报告（PCT第Ⅰ章）（当未提交要求书时）

细则44之二

2.18 如果因为申请人没有提交国际初步审查请求或者该请求已撤回而没有作出任何国际初步审查报告，则国际局将准备一份内容与书面意见相同，题为"专利性国际初步报告（PCT第Ⅰ章）"的报告。要注意，即使在申请人提交了按照条约第19条所作的任何修改的情况下，这些修改将不会在专利性国际初步报告中被考虑。还要注意的是，在如细则44之二.3（a）和（d）所规定的某些情况下，国际局可以将该书面意见或报告翻译成英文。任何这种报告和译文都被传送给指定局，然后该指定局可以在自优先权日起30个月届满之后，或者在申请人已经根据条约第23条（2）规定要求其申请提前进入国家阶段的情况下提前将其公开。该报告以及任何译文也将在自优先权日起30个月届满之后由国际局向公众公开。

检索报告中所引用文件的副本

条约第20条（3）；细则44.3

2.19 在自国际申请的国际申请日起7年内的任意时间，在缴纳用于制作和邮寄副本的费用（如该单位要求）的条件下，申请人或任何指定局有权请求国际检索单位将在检索报告中所引用文件的副本传送给他们（引用文件的副本可以与国际检索报告一起自动地送交给申请人）。

补充国际检索

细则45之二

2.20 国际检索单位可将补充国际检索作为一项可选附加服务提供给申请人。该检索作为主要国际检索的补充，是基于对检索不可能完全无遗漏这一事实的认识。执行补充检索的单位具备语言专长而主要国际检索单位不具备这一专长时，补充检索尤为有意义。自优先权日起22个月内，申请人可向任何提供该服务的单位（除了进行主要检索的单位）要求补充检索。可以向提供该服务的不同单位要求多次补充检索。

2.21 由提供补充检索的单位来决定该服务的众多细节。服务的范围在国际局与单位的协议附件中规定，相关细节公布在《PCT申请人指南》的SISA附件中。补充检索流程的细节，包括条件、限制以及时间期限，在 15.76 至 15.97 段以及 9.42 段和 16.03 段有详细讨论。

国际式检索

条约第15条（5）

2.22　根据条约第 15 条（5），可以委托国际检索单位对国家申请进行"国际式检索"。这些检索的范围与国际检索相似，并且适用与作出检索报告相同的考虑事项。但是，只进行检索本身，而不对这些申请作出任何书面意见，除非相关局之间有同时作出意见的具体协议。

第 3 章
国际初步审查阶段概述

引言

3.01　本章将对国际初步审查阶段作概括性介绍。有关国际初步审查阶段程序方面的详细讨论见本指南的第Ⅴ部分和第Ⅵ部分。

条约第31条

3.02　国际初步审查是国际申请的一个可选程序，在申请人提交了"要求书"的情况下才进行。其与国际检索单位的书面意见有着共同的目标，并基于国际检索单位的书面意见这一程序，允许申请人回应国际初步审查单位，就意见是否正确和/或为了克服缺陷进行的修改进行争辩。国际初步审查的结论记载在国际初步审查报告［标题为"专利性国际初步报告（PCT第Ⅱ章）"］中，报告的副本传送给申请人和国际局。国际局将该报告传送到每个选定局（通常是所有缔约国的专利局）。

条约第31条（4）；细则53.7

3.03　提交国际申请时，如果申请人未撤回任何指定国，则要求书的提交构成对所有指定国的"选定"，且这些指定国受条约第Ⅱ章约束（所有缔约国都签署了此条件）。对选定国的选择，表示希望国际初步审查的结果将在有关国家使用，但是应当注意，国际初步审查的结果在这些国家是没有约束力的。

3.04　使用国际初步审查具有这样的实际效果：国家阶段的程序在不使用 PCT 途径时更有利于申请人和国家局的条件下开始。由于第Ⅰ章中所作的书面意见，申请人就其获得保护的机会得到了更早和更明确的指示。而且根据该书面意见在国际阶段作出的修改可以在国际初步审查报告中得到反映，而不必将该修改提交给每个选定国。选定局将节约大量的审查工作。这种节约的程度取决于国内法及惯例。

3.05　审查员的态度很重要。审查员的工作应当始终是有建设性和帮助性的。审查员应当牢记：按照 PCT 的要求，撰写国际申请说明书和权利要求书是申请人或其授权的代理人的责任。

3.06　所有国际申请，无论原始申请的国家和撰写申请的语言如何，都应当受到同等的待遇。

初步事务

要求书的提交

条约第31条（6）；细则54之二

3.07 在下列期限届满之前，以后到期为准，申请人应当向主管的国际初步审查单位提交要求书：

（a）国际检索报告或涉及条约第17条（2）（a）的宣布以及根据细则43之二.1作出的书面意见传送申请人之日起3个月；或

（b）自国际申请的优先权日起22个月。

3.08 出于过渡的目的，申请人应注意：对条约第22条（1）的修改作出保留的某些国家（对大多数国家而言该条款在2002年4月1日已生效），如果想要获得30个月国际阶段中的利益，则必须在优先权日起的19个月内提交要求书。对这一修改宣布保留的国家，于2002年2月21日公布在《PCT公报》08/2002期中。后续的撤回也公布在《PCT公报》中。相关信息参见WIPO网址：www.wipo.int/pct。

要求书的检查与受理通知书

细则54之二、59、60、61

3.09 国际初步审查单位核对确保自己为该申请的主管单位，确认该要求书形式和语言合格，且是否在3.07段指定的期限内提交。如果不是主管单位，则将要求书传送到国际局；如果存在缺陷，则要求申请人改正；如果要求书是在3.07段规定的期限届满之后提交的，则不予受理，且由国际初步审查单位通知申请人。如果要求书合格，该初步审查单位给出要求书的受理日期，将副本传送到国际局，并向申请人发出受理通知。这些程序在第18章进行了详细陈述。

细则62

3.10 然后，国际局向国际初步审查单位传送：

（a）国际检索单位作出的书面意见副本，除非作为国际检索单位的国家局或政府间国际组织也是国际初步审查单位；以及

（b）根据条约第19条提交之修改的副本，和对该修改的说明以及该修改可能对说明书及附图产生影响的说明，除非该国际初步审查单位已表示收到了这些文件。

细则61之二.1

3.11 如果国际检索单位的书面意见不是用英语或该国际初步审查单位可接受的语言作出的，该国际初步审查单位可以请求国际局将该书面意见翻译成英文。翻译在2个月内完成，并将副本传送给国际初步审查单位和申请人，申请人可以就译文的准确性作出评论并将该评论传送给国际局和国际初步审查单位。

条约第31条（7）；细则61

3.12 国际局收到国际初步审查单位发来的要求书后，即通知选定国的选定局，并在公报上公布该要求书的信息，对这一信息的公布不应早于国际申请的公布。

国际初步审查的开始

细则69.1

3.13 在具备如下条件时，国际初步审查单位正常地启动国际初步审查（参见第19章）：

（ⅰ）要求书；

（ⅱ）缴纳应缴（足额）的手续费和初步审查费，其中可能包括根据细则58之二.2的滞纳金；

（ⅲ）如果申请人根据细则55.2要求翻译的，则要有译文；以及

（ⅳ）国际检索单位作出国际检索报告，或者根据条约第17条（2）（a）的发出宣布不作出国际检索报告的通知，并且根据细则43之二.1作出书面意见。

3.14 上述情况的例外情形如下：

细则69.1（c）

（a）所述涉及修改的说明包含这样的指示：应考虑根据条约第19条的修改［细则53.9（a）（ⅰ）］，国际初步审查单位在收到有关修改的副本之前不得启动国际初步审查。

细则69.1（e）

（b）这里涉及修改的说明包含这样的指示：提交了根据条约第34条作出修改的要求［细则53.9（c）］，但实际上没有提交这样的修改，则在收到该修改或细则60.1（g）（参见18.04段）所规定的期限届满之前，以先到期者为准，国际初步审查单位不得启动国际初步审查。

细则69.1（b）、（d）

（c）如果国家局或者政府间组织同时作为一件申请的国际检索单位和国际初步审查单位，在申请人未［按照细则53.9（b）］在修改的说明中指明推迟审查直至条约第19条规定的申请修改（这种修改仅在收到国际检索报告后才允许）期限届满之后的情况下，若国家局或政府间国际组织愿意，国际初步审查可以与国际检索同时启动［可能需要要求申请人根据条约34条提交修改文件副本，如上段（b）所述］。

（d）涉及修改的说明包含国际初步审查延期开始的指示时，国际初步审查单位在以下情况发生时才进行国际初步审查：

（ⅰ）接收到按照条约第19条作出的任何修改的副本；

（ⅱ）接收到申请人作出的其不会按照条约第19条作出修改的通知；或

（ⅲ）细则46.1规定的关于提交条约第19条修改的时间期限届满。

细则69.1（a）

（e）如果涉及修改的说明包含这样的指示：国际初步审查的开始将推迟到细则第54条之二.1（a）规定的适用期限届满（即直到提出要求的期限届满），除非细则第69.1（b）适用，否则国际初步审查单位在所述期限届满之前不得启动国际初步审查。

3.15 审查一旦开始，国际申请将被送到负责作出国际初步审查报告的审查员手中。其中在实施检索的国际检索单位与国际初步审查单位为同一国家局的情况下，国际初步审查应优选由负责国际检索的审查员来承担。

国际初步审查程序

细则66.1之三

3.16 国际初步审查单位通常在国际初步审查流程启动时进行扩展检索。扩展检索的主要目标是发现细则64中提及的相关文献，其在国际检索报告制定之后才能被检索获得。如果国际初步审查单位认为这样的检索不能实现任何有用的目标，则将不进行扩展检索（参见19.15段）。

条约第34条（2）

3.17 在报告作出之前，申请人一般有权得到至少一次主要针对要求保护的发明是否具有新颖性、创造性（非显而易见性）和工业实用性问题的书面意见，除非国际初步审查单位认为下述标准均得到满足：

（ⅰ）如条约目的所确定的，发明满足条约第 33 条（1）的标准，即具有新颖性、创造性和工业实用性；

（ⅱ）经过国际初步审查单位检查，国际申请符合条约和细则的要求（参见细则 70.12 和本指南第 17 章）；以及

（ⅲ）该单位不打算作其他允许的审查。

条约第 33 条（6）；细则 45 之二.8（c）；细则 66.1（e）；规程第 420 条

3.18 由国际局向国际初步审查单位发送国际检索报告副本以及任何补充国际检索报告的副本。在国际初步审查中需要考虑国际检索报告以及补充国际检索报告（适用情况下）所引用的所有文件，以及其他任何相关文件。国际初步审查单位不必针对没有作出国际检索报告的任何权利要求提出书面意见。如果补充检索报告在国际初步审查单位已开始起草书面意见或审查报告［细则 45 之二.8（c）］后收到，该单位完成书面意见或国际初步审查报告时可不考虑该补充检索报告。

细则 66.1 之二

3.19 而且应当注意，国际检索单位根据细则 43 之二.1 所作的书面意见［参见 2.10 段（ⅰ）］通常被视为国际初步审查单位之初步审查的第一次书面意见。该细则条款之例外是，国际初步审查单位可以通知国际局，由具体国际检索单位（而不是国际检索单位的国际初步审查单位）作出的书面意见将不视为初步审查的书面意见。因此当这一条款适用于某一具体申请时，国际初步审查单位必须书面通知申请人。在作出其书面意见时，无论如何还是应当考虑国际检索单位的意见。

书面意见或国际初步审查报告的基础

细则 66

3.20 申请人有权根据条约第 34 条提交修改，并与根据条约第 19 条所作的任何修改一样，该修改被认为是针对后续的书面意见和国际初步审查报告作出的，除非被根据条约第 34 条作出的在后修改所推翻或代替，或者申请人提交这些修改时不符合细则 46.5（b）（ⅲ）或细则 66.8（a）的规定（尤其是其未能指明其提交的修改在原始提交申请中的基础）。可允许的修改将在第 20 章的 20.04 段以及下列等段处有详细阐述。

3.21 根据细则 43 之二.1 所作的书面意见，若被视为国际初步审查单位第一次书面意见，应包括一份答复期限的通知。这样做的结果是，为确保在国际初步审查过程中考虑修改文件或申述意见，将修改文件及申述意见与要求书同时提交是必要的。

进一步的考虑

细则 66.2、66.4、66.6

3.22 当国际初步审查单位已经进行了扩展检索并且准备在扩展检索获得的现有技术文献基础上提出反对意见时，应发出进一步的书面意见。在其他情况下，如果时间充裕，申请人努力克服审查员提出的反对意见，并且国际初步审查单位有足够资源提供此服务，该单位可以自行决定发出进一步的书面意见。该单位也可以通过书信、电话或会晤的方式与申请人进行非正式联系。

国际初步审查报告的性质

条约第35条（2）；细则70

3.23 该单位发出的报告不包含任何关于要求保护的发明根据任一国内法是否或看起来可以获得专利权问题的说明；而仅仅用"是"或"否"评论每项权利要求看起来是否满足所述的3个标准，而且每项的说明都有引证的文件和另外的解释。

作出国际初步审查报告的期限

细则69.2；70.15（b）

3.24 国际初步审查单位必须在下述期限届满之前，以后到期者为准，作出一份题为"专利性国际初步报告（PCT第Ⅱ章）"的国际初步审查报告：

（ⅰ）自优先权日起28个月；

（ⅱ）自细则69.1规定的国际初步审查开始时间起6个月（参见3.13至3.14段）；或

（ⅲ）自国际初步审查单位收到根据细则55.2提供的任何译文之日起6个月（参见18.11段和18.12段）。

国际初步审查报告和相关文件的传送

细则71.1（a）

3.25 报告由国际初步审查单位传送给申请人和国际局。

细则71.1（b）；规程第602之二

3.25A 国际初步审查单位还将其文档中的若干其他文件转交国际局。待转交的文件包括但不限于该单位出具的任何书面意见、申请人根据条约第34条提交的任何修改和信函，以及申请人根据细则66.3提交的任何信函。

国际初步审查报告的其他程序

保密处理

条约第38条；细则94.2

3.26 国际初步审查报告作出之前，国际初步审查的文档处于保密状态。除非申请人请求或授权，无论是国际局还是国际初步审查单位都无权使用国际初步审查的文档。一旦作出国际初步审查报告，国际初步审查单位应当为任何提出要求的选定局提供文件。在补偿成本的条件下，经授权的相应文件副本可提供给该申请人要求的第三方或该申请人授权的任何人。

国际初步审查报告和相关文件的公开

细则94.1（c）

3.27 自优先权日起30个月，国际局一经将报告传送到选定局，国际局将代表那些已通知国际局希望国际局提供这项服务的选定局，向公众提供该报告和根据细则71.1（b）收到的其他文件，连同任何译文及申请人对译文的陈述意见。

国际初步审查报告向选定局的传送

细则73.2、93之二.1

3.28 自优先权日起30个月或更早〔如果申请人根据条约第40条（2）要求提前进入国家程序〕，国际局则将国际初步审查报告和根据细则71.1（b）收到的其他文件传送给选定局。国际局向任何选定局的传送仅仅在有关局提出请求且该局指定的时间生效。

国际局初步审查报告的翻译

细则72

3.29 在国际初步审查报告用英语之外的其他语言作出的情况下，国际局将该报告翻译成英语并将译文传送给索要该译文的选定局，也同时传送给申请人。申请人有权对译文的准确性作出书面陈述，并将该书面陈述的副本传送至国际局和每一个有关的选定局。

国际初步审查报告中所引用文件的副本

条约第36条（4）；细则71.2

3.30 在自国际申请的国际申请日7年内的任何时间，申请人或任何选定局有权要求国际初步审查单位将国际初步审查报告中所引证而没有被国际检索报告引证的任何文件副本寄送给他们，如果该单位要求，需要缴纳制作副本的费用和邮资（这些引证文件的副本与国际初步审查报告一起自动地传送给申请人）。

第Ⅱ部分
国际申请

第4章
国际申请的内容（不包括权利要求书）

概述

条约第3条（2）

4.01 关于国际申请的内容在条约第3条（2）中作了规定。国际申请必须包括：

（ⅰ）请求书（参见《PCT受理局指南》）；

（ⅱ）说明书（参见4.02~4.27段）；

（ⅲ）一项或多项权利要求（参见第5章）；

（ⅳ）一幅或多幅附图（必要时；参见4.28段）；和

（ⅴ）摘要（参见第16章）。

本章讨论国际检索单位和国际初步审查单位所关注的上述（ⅱ）和（ⅳ）。

说明书

条约第5条

4.02 国际申请必须"对发明作出足够清楚和完整的说明，足以使本领域技术人员能实施该项发明"。13.11段对"本领域技术人员"的含义作了说明。这种公开的要求应当由说明书完成，如有附图，同时借助附图。细则5规定了与说明书内容有关的各项要求。这些规定的目的是：

（ⅰ）确保国际申请包括使本领域技术人员能够实施该项发明所需的全部技术信息；以及

（ⅱ）使读者能够理解发明人对本领域所作的贡献。

细则5.1

4.03 说明书应当以与请求书（表格 PCT/RO/101）中一致的名称开头。说明书应包括规程第 204 条涉及的小标题（"技术领域"、"背景技术"、"发明公开"、"附图的简要说明"、"实施发明的最佳方式"和"工业实用性"）。为了统一公布格式，并有助于获得国际申请中的技术信息，强烈推荐使用这些小标题。以下段落将讨论推荐使用的部分小标题。

技术领域

细则 5.1（a）（ⅰ）

4.04 申请应当具体说明与其相关的技术领域。

背景技术

细则 5.1（a）（ⅱ）、6.3（b）（ⅰ）

4.05 说明书还应当指出申请人所知道的、对理解发明及其与现有技术的关系有帮助的任何背景技术；最好列出反映这些背景技术的文件，尤其是专利文献。对现有技术说明的进一步指导，参见本章附录。这一点特别适用于那些与定义要求保护的主题所必需的发明技术特征相应的背景技术，这些技术特征从整体上看是现有技术的一部分［参见细则 6.3（b）（ⅰ）和本指南 5.05 段］。

发明内容

细则 5.1（a）（ⅲ）、9.1（ⅲ）

4.06 所要求保护的发明，应以如下方式公开，即使发明要解决的一个或多个技术问题及其解决方案能够被理解。为满足这一要求，只应当包括为阐述发明所必需的那些细节内容。若发明在于认识到问题是什么（参见第 13 章），这应当是明显的，以及若解决这一问题（一旦认识到）的手段是显而易见的，则实际上，对该技术解决方案细节的说明可降到最低限度。

4.07 然而，当审查员对某些细节是否必要产生怀疑时，则不应当要求将这些细节删除。此外，不需要采用明确地介绍问题和解决方案的形式来提出发明。申请人应当说明其认为发明优于现有技术的任何效果，但不应采用贬低任一具体现有技术产品或方法的方式进行这种说明。无论是对现有技术，还是对申请的发明，都不应以可能使人产生误解的方式进行说明。例如，采用模糊的方式说明，使读者认为现有技术几乎未能解决技术问题，而实际情况并非如此。允许参考 4.30 段进行公正的评论。关于对技术问题说明的修改或补充，参见 20.18 段。

附图的简要说明

4.08 如果包括附图，应当首先对附图作简要说明，说明方式如："图 1 是变压器外壳的平面图；图 2 是该外壳的侧视图；图 3 是图 2 沿箭头 X 方向的侧视图；图 4 是图 1 沿 AA 线的截面图。"当说明书中必须提到附图中的组成部件时，应当指出该部件名称及其编号，即不应当采用"3 通过 4 与 5 连接"的方式，而应采用"电阻 3 通过开关 4 与电容器 5 连接"的方式说明。

4.09 说明书与附图应当保持一致，尤其是附图标记以及其他标号应当保持一致（参见 4.28 段）。但如因修改说明书而将整个段落删除，再去删除附图中的全部多余标记，则未免较为繁杂，在这种情况下，审查员不必太严格地要求在说明书和附图之间使用一致的附图标记。但不应出现相反的情形，换言之，说明书或权利要求书中所用的所有附图标号或标记均应当在附图中出现。

实施发明的最佳方式

细则5.1（a）（v）

4.10 国际申请应当至少说明申请人所考虑的实施所要求保护的发明的最佳方式；在适当的情况下，应举例说明，如有附图，还应参照附图。申请人无须指出，哪种实施方式或哪个实施例是认定的最佳方式。判断是否符合最佳实施方式的要求需要"两步质询法"。首先，必须确定申请人在提出申请时是否考虑了实施发明的最佳方式。这是一种主观质询，关注申请人在申请时的思维状态。其次，如果发明人实际上确实考虑了最佳方式，就必须确定说明书是否公开了本领域技术人员可以实施的最佳方式。这是一种客观质询，关注所要求保护的发明的范围和本领域技术人员的水平。审查员应当假定申请中公开了最佳方式，除非有证据表明与此假定不一致。因此，在国际申请中基于缺乏最佳方式而提出反对意见是极其少见的。目前，就申请是否需要给出最佳方式方面，国际单位与某些指定国存在不同的做法。如果指定国的国内法并不要求说明最佳方式，只要给出任何一种实施方式即可（不论是否是所考虑的最佳方式），则未提供所认为的最佳实施方式在该国不产生任何影响。

结构特征和功能特征

4.11 为了充分满足条约第5条和细则5.1（a）（iii）和（v）的各项要求，如果各部件的功能特征不是一目了然的，则不仅应从发明的结构特征，而且还应从其功能特征方面进行描述。实际上，在某些技术领域（例如，计算机），清楚地描述功能可能比过于详细地描述结构更为合适。

充分公开

4.12 申请人有责任保证在其第一次提出国际申请时，满足充分公开的要求，即所有权利要求中要求保护的发明符合条约第5条的规定（参见5.43至5.53段）。如果公开很不充分，那么这种缺陷是不可能在不违反条约第34条（2）（b）规定的情况下，通过增加新的实施例或技术特征来克服的，因为上述条款规定申请的主题内容不得超出国际申请所公开的范围（参见20.03段、20.10段和以下内容）。如果公开不充分，不足以使本领域技术人员实施所要求保护的发明，则权利要求也可能会太宽，不能得到说明书和附图的支持。因此，在此情形下，该申请可能既不符合本段充分公开的要求，也不符合权利要求以说明书为依据的要求（参见5.54至5.58段）。

4.13 在少数情况下，递交的国际申请中对发明公开得不充分，使得本领域技术人员无法实施；这种不满足条约第5条要求的缺陷实质上是无法克服的。这里有两种情况值得特别说明：

（a）第一种情况是，成功地实现发明依赖于偶然性。即当本领域技术人员按照说明书的指导实施发明时，发现所断言的发明效果是不可重现的，或者发现不能以可靠的方式来成功地实现发明效果。这方面的一个具体实例是涉及突变的微生物学方法。不过，应将这种情况与虽然可能出现一定比例的失败但重复成功确有保证的情况区分开，例如，在制造小磁芯或电子元件的情况中；后一种情况下，只要通过非破坏性的实验过程，就不难分拣出合格产品，则不应当提出不符合条约第5条规定的反对意见。

（b）第二种情况是，本来就不可能成功实现发明，因其违反了公认的物理规律。这方面的例子如永动机（参见4.06段）。

工业实用性

条约第33条（1）、（4）；细则5.1（a）（vi）

4.14 参考论述发明工业实用性的第14章。

核苷酸和/或氨基酸序列表

细则5.2；规程第208条；规程附件C

4.15 国际申请包含具有10个及以上特定核苷酸，或4个及以上特定氨基酸的任何核苷酸和/或氨基酸序列的公开内容时，说明书应当包括符合规程附件C所规定标准的单独序列表部分。关于核苷酸和/或氨基酸序列表的处理，参考9.39段、15.12段和15.14A段（检索阶段）以及18.17段和18.18段（审查阶段）。

生物材料的保藏

细则13之二

4.16 术语"生物材料"是指任何带有遗传信息并能够自我复制或者能够在生物系统中被复制的材料。在申请涉及生物材料，而该生物材料在申请中不能用其他方式描述以满足条约第5条要求充分公开的情况下，在确定是否符合这些要求时应考虑这种材料的保藏。

4.17 在不能用其他方式满足条约第5条要求充分公开的情形时，材料的保藏构成说明书的一部分；从而在确定是否满足这些要求时应考虑材料的保藏。因此，仅在申请中引述保藏材料可能并不足以代替该材料在申请中的清楚公开以符合充分公开的要求。但是，应当指出，在申请中引述保藏不会产生这样的推断，即为满足这些要求，保藏是必要或必需的。

4.18 根据4.16段和4.17段，在确定是否满足条约第5条有关充分公开的要求时，考虑生物材料的保藏。另外，在某些国际单位，在确定是否满足条约第6条的依据要求时，同样要考虑生物材料的保藏。

引述保藏的微生物或其他生物材料作为说明书的一部分

细则13之二.7

4.19 某些国家的国内法要求说明书包括按细则13之二.3（a）规定提交的微生物或其他生物材料的保藏说明（参见《PCT申请人指南》，附件L）。当指定这样的国家且在如表格PCT/RO/134（可采用PCT-SAFE软件制作）的附加页上说明时，所述页必须作为说明书页编号，但这并不是国际单位所考虑的。

对含有保藏微生物或其他生物材料的说明页的语言要求

条约第11条（1）（ii）、第14条（4）；细则29.3、30

4.20 如果包括保藏微生物或其他生物材料的说明页是说明书的一部分，则必须使用与说明书同样的语言。这是给予国际申请日的要求［条约第11条（1）（ii），参见《PCT受理局指南》第41段］。如果国际检索单位在自国际申请日起4个月内发现，尽管已给予国际申请日，但这些页使用与说明书不同的语言，则国际检索单位采用表格PCT/ISA/209通知受理局，指出其认为受理局应根据条约第14条（4）作出该国际申请视为撤回的决定。如果受理局没有在国际申请日起4个月内作出这种决定，则国际申请不能被视为撤回，该缺陷只能在书面意见中指出（参见17.49段）。申请人可提交适当的改正或

（如果要求国际初步审查）补正。

一般问题

细则5.1（b）；规程第204条

4.21 应当按细则5.1（b）和规程第204条（参见4.03段）规定的方式和顺序撰写说明书的各部分，除非，"由于发明的性质，用不同的方式或不同的顺序撰写说明书有利于更好地理解发明，并能节约说明书的篇幅"。由于对发明作出清楚、完整的说明是申请人的责任，因此审查员应运用其自由裁量权来决定是否对撰写格式提出反对。只要说明书撰写得清楚、有序并提供了全部所需的信息，某些脱离细则5.1（a）要求的做法也是容许的。例如，如果发明建立在一种偶然发现的基础上，其实际应用已确认为有用的，或者如果发明开创了全新的领域，则可不采用细则5.1（a）（ⅲ）（参见4.06段）的规定。还有一些技术上较简单的发明，可以用很少的说明且只要稍微引述现有技术即可充分理解。

细则10.2

4.22 说明书应当清楚、明确，避免使用不必要的技术行话。通常只采用该领域普遍公认的技术术语、标记和符号。也可采用鲜为人知的或特别创制的技术术语，但须经过充分定义，且无一般公认的等同概念。这种处理方式可延伸到在国际申请的语言中无等同术语的外来术语。一般不允许用已有确切含义的术语表示其他不同的含义，因其容易造成混乱。但在某种情况下，可以从相近技术领域中，合理地借用某一术语。术语和标记在整个国际申请中应当一致。

4.23 对于计算机领域发明的特殊情况，不能依赖编程语言中的程序列表作为发明公开的唯一方式。同其他技术领域一样，说明书应基本上用常规语言撰写，可能还附有流程图或有助于理解的其他辅助手段以使本领域技术人员可以理解发明。如果简单引用按常规计算机编程语言编写的程序有助于说明发明的一个实施方案，也是允许的。

细则10.1（a）、（b）、（d）、（e）

4.24 当涉及物质特性时，如果含有定量的问题，应当具体说明有关的单位。如果是参照一公开标准实现的（例如，一种筛眼孔径标准），且该标准是由一组首字母或类似的缩写字母表示的，则应在说明书中充分标明。重量和测量单位应当用公制表示，如果用其他制度表示，也应加注公制。同时，温度应当用摄氏温度表示，如果先用其他方式表示了，也应加注摄氏温度。其他物理量（即除其单位可从长度、质量、时间和温度直接导出的那些物理量外）应当用国际惯例公认的单位表示；例如，应当用MKSA（米、千克、秒、安培）或SI（国际单位）制表示电的单位。化学和数学符号、原子量和分子式应按通用方式表示，而技术术语、标记和符号应当是"本领域中普遍接受"的那些。特别地，如果上述技术领域存在任何约定的国际标准，则在切实可行的情况下应采用这些标准。

4.25 用专有名词或类似用语表示物质或物品是不合乎要求的，因为这些用词仅仅表示来源，或者它们涉及一系列不同的产品。如果采用这种名词，则为了满足条约第5条的要求，一般应当对产品作出充分的指明，使本领域技术人员不依赖于该名词就可实施发明。但如这类用词已成为国际上认可的标准说明性术语，且已具有确切含义（例如，"Bowden"缆线、"Bellville"垫圈），则可以使用且无须对其所表示的产品作进一步的指明。

4.26 国际申请中引用的其他文件既可涉及背景技术，也可涉及部分发明公开。如果参考文献是针对背景技术的,它可以在原始申请中,也可以在以后引入该申请中(参见20.18段)。如果参考文献直接与发明公开的内容有关(例如,请求保护的设备中一个部件的细节),则根据条约第5条的规定,它必须记载在原始递交的申请中,并清楚写明文件的出处,使其易于检索到。如果引用文件中的内容对于满足条约第5条的要求是必不可少的,则应当将其写入说明书,因为考虑到发明的必要特征,专利说明书应当是独立完整的,即无须参考其他任何文件就能够理解。

4.27 说明书中引用未公布的、在前递交的专利申请(即在国际申请日之前没有公布的),不应当视作发明公开的一部分,除非在该国际申请的公开日或该公开日之前公众能获得所引用的专利申请。对于在国际申请的公开日或该公开日之前能为公众获得的专利申请的引用,可以用所引用的实际内容替代并可由审查员加以考虑。类似地,如果可以证明教科书和期刊的内容已在国际申请日之前确定,也可允许在同样条件下引用这些教科书和期刊。对公众在该国际申请的公开日之后可获得的或根本未公开的任何文献(例如,公开前撤回的专利申请),审查员都不应当为国际初步审查的目的考虑引用该文献。但是应当注意,上述做法只限于国际阶段,且并不排除任何指定局或选定局根据有关国内法对递交的国际申请公开内容作出规定。

附图

细则11

4.28 细则11.10至11.13规定了对附图的各种形式要求。唯一可能造成困难的问题在于附图中包括的文字内容是否绝对必要。在电路图、方框图和流程图中,用以表示复杂系统的功能性整体物(如磁芯存储器、速度积分器)的关键词如果能够迅速、清楚地解释附图,则从实际角度考虑,可以认为注明这些关键词是必不可少的。不过,这类关键词也可用一个数字或字母表示,然后在说明书中予以说明。

不得使用的表述等

细则9.1(ⅰ)、(ⅱ)

4.29 国际申请中不得包括四类用语。细则9.1对这些类别的用语作了具体说明。属于第一类、第二类情况(违反道德或公共秩序)的例子有:煽动暴乱或扰乱秩序;煽动犯罪行为;种族、宗教或类似的歧视宣传;以及淫秽内容。制定细则9的目的是防止出现可能引起的暴乱或公共秩序混乱,或导致犯罪或其他一般性的伤害行为。审查员只在极少情况下可能会引用该条款。

细则9.1(ⅲ)

4.30 在第三类情况(贬低性说明)中,必须将诽谤或类似贬低性说明与公正评论加以区别,前者不允许使用,后者例如明显的或一般公认的缺点,或陈述已被申请人发现的缺点,如果相关则可以使用。

细则9.1(ⅳ)

4.31 第四类是无关的内容。但应当注意,只有在其是"明显无关或不必要的"情况下,例如,与发明主题或相关现有技术的背景(参见本章附录中的A4.05[2]段)确定无关时,才能用该条款特别予以禁止。这种待删除的说明可能在原始说明书中就已是明显无关或不必要的。然而也可能在审查程序中,变成明显无关或不必要的说明,例如将专利的权利要求限制到原始申请的几种选择方案中的一种方案。

4.32 由受理局（参见《PCT 受理局指南》）、国际检索单位（参见 15.35 段）、补充检索指定单位（参见 15.88A 段）或国际局处理与细则 9.1 有关的事项。应当通知申请人删除的禁止内容适用的类别。

第 4 章附录

背景技术

A4.05 国际初步审查单位对申请人将现有技术作为参考引入国际申请是否适当有不同的做法。国际初步审查单位可视情况执行以下的指南。

A4.05 [1] 适当时，可以允许申请人将后续查到的参考文件，例如检索报告中列出的，写入对现有技术的说明部分，只要修改不超出国际申请公开的范围。例如，虽然根据原始申请对现有技术的说明了解到发明人是从某一点开始进行其发明创造的，但引证的文件表明，所称的发明过程的某些阶段或某些方面已属公知。审查员可以要求申请人写入这些文件的出处并对相关内容作简要概述。应当注意任何这种内容的引入，不得与条约第 34 条（2）（b）相抵触（参见 20.10 至 20.19 段）。

A4.05 [2] 由于已假定读者具有本领域的一般背景和技术知识，并且无论如何不允许进行超出原始申请范围的修改，因此审查员不应当要求申请人写入任何具有论文或研究报告性质的内容，或可从教科书查到的或其他众所周知的解释性说明。同样地，审查员不应要求申请人对引证的现有技术文件的内容作详细的说明。除非在某些特定情况下，为了充分理解要求保护的发明必须对参考文件进行较详细的说明，在其他情况下只需要指出写入该参考文件的理由就足够了。不要求罗列涉及现有技术同一特征或同一方面的多份参考文件；只需要指出最相关的那些文件即可。另外，审查员不必要求申请人删掉任何这类不必要的内容，除非它们太宽泛了。

第 5 章
权利要求书

概述

条约第 3 条（2）

5.01 国际申请必须包括"一项或多项权利要求"。

条约第 6 条

5.02 这些权利要求必须：
（ⅰ）确定请求保护的内容；
（ⅱ）清楚和简明；以及
（ⅲ）得到说明书充分支持。

5.03 本章规定了权利要求的适当的形式和内容，以及在判断它们所限定的发明的新颖性和创造性、检索与这种判断相关的现有技术时如何解释它们。

权利要求的形式和内容

细则 6.3（a）

5.04 权利要求必须用"发明的技术特征"来撰写。这意味着其中不应当包括任何涉及如商业效益或其他非技术内容的说明，但是对发明目的的说明如果有助于限定发明，则应当允许写入权利要求中。权利要求的每一特征不需要都用结构特征限定。由于该问题属于国内法范围，所以一般情况下，本领域技术人员无须进行创造性劳动就能找到实现该功能的某种方式，或者只要这种方式在该申请中已经充分公开，审查员就不应反对在权利要求中包含功能性限定。正如权利要求的任何其他限定那样，功能性限定因其用在上下文中清楚地传达给本领域技术人员，因而必须被评价和考虑。涉及技术应用的用途发明的权利要求是可以允许的。参见5.21段。

细则6.3（b）（ⅱ）、（c）；规程第205条

5.05 细则6.3（b）规定，"在适当的情况下"，权利要求应当分两部分撰写。第一部分应包括对发明的主题名称，即与要求保护的发明有关的设备、方法等所属一般技术领域的说明，随后说明"限定要求保护的主题所必要的，但其结合是现有技术一部分"的那些技术特征。从这些措辞中可以清楚地知道，必须说明的仅仅是与发明相关的那些现有技术的特征。例如，当一项发明涉及照相机，而要求保护的发明的创造性仅仅在于照相机快门时，权利要求的第一部分写成"一种照相机，该照相机包括具有……的焦平面快门"就足够了（这里叙述了所采用的一些特征的公知组合），而不需要涉及其他已知特征，如透镜和取景窗。第二部分或"特征部分"应当说明与第一部分［细则6.3（b）（ⅰ）］说明的特征组合在一起构成要求保护范围的技术特征，即发明对现有技术作出贡献的那些技术特征。如果检索结果或根据条约第33条（6）认为相关的任何附加文件揭示了权利要求第二部分的任何特征实际上与其第一部分的全部特征组合在一起是已知的，而且这种组合的效果与请求保护的发明整个组合方式所产生的效果相同，则审查员可要求申请人将这一个或几个特征移到权利要求的第一部分中。但是，当权利要求涉及一种新的组合方式，且可采用不止一种方式正确地将权利要求中的特征划分为现有技术部分与特征部分时，如果申请人选择的划界方式是无误的，则审查员不应干涉。如果审查员在第一次书面意见中通知申请人采用不同的划界方式，而未被申请人接受时，则审查员不应当再坚持，因为权利要求的撰写方式属于指定国或选定国国内法的范围。

5.06 例如，当申请人的发明明显在于对部件或步骤的已有组合的显著改进时，审查员可要求申请人采用上述两部分的撰写方式。但如细则6所规定的，权利要求的这种形式只在适当的情况下采用。有时发明的性质可能不适合以这种两部分的方式撰写权利要求，例如，这将导致歪曲地或错误地理解发明或现有技术的情况。这种允许采用不同撰写方式的发明的例子有：

（ⅰ）对同等状态的已知元件或步骤的组合，创造性仅在于该组合本身；

（ⅱ）对已知化学方法的改变而非增加，例如，省去某种物质或用一种物质代替另一种物质；和

（ⅲ）功能上相互关联的部件组成的复杂系统，创造性涉及对数个这些部件或其相互关系的改变。

5.07 在例（ⅰ）和（ⅱ）的情况下，按照细则6.3（b）要求采用两部分方式撰写权利要求可能会是武断和不恰当的，而对于例（ⅲ）的情况，采用两部分撰写方式会导致权利要求过于冗长并且难以理解。按照细则6.3（b）的两部分方式撰写权利要求有时

会不恰当的另一个例子是，要求保护的发明是不属于已知类别的一种新的化合物或一组化合物。也有可能出现适宜用不同方式撰写权利要求的其他情况。

5.08 在判断是否要求申请人将一项权利要求按细则6.3（b）规定的两部分方式撰写时，重要的是应当判断这种撰写方式是否是"适当的"。在这方面应当牢记，权利要求分两部分撰写的目的是使读者更清楚地看出，限定请求保护的发明主题所必需的特征中，哪些特征从整体上看，是现有技术的一部分。如果这一点在说明书现有技术的说明部分中表述得足够清楚，满足细则5.1（a）（ii）要求，则不按细则6.3（b）规定的两部分方式撰写权利要求是适当的。

细则11.10（a）、（b）、（c）

5.09 权利要求以及说明书"可以包括化学式或数学式"，但不应有附图。"任何权利要求可以包括表格"，但"只有在请求保护的主题需要使用表格时"才可以。由于使用了"需要"一词，当权利要求中使用表格较为方便的时候，审查员不应反对这种做法。

细则6.2（a）

5.10 权利要求在说明发明的技术特征时，"除非绝对必要"，不得引用说明书和附图。特别是不得使用如"如说明书……部分所述"或"如附图2中所示"等用语。应当注意例外条款的强调用语。因而在适当的情况下，应当要求申请人说明引用说明书或附图是"绝对必要"的。一种例外的情况是要求保护的发明包含用附图表示的某种特定形状，该形状既不易用词语限定，也不易用简单的数学式限定。另一种特殊的例子是涉及化学产品的发明，其特征只能用图形或图表限定。

细则6.2（b）

5.11 如果有附图，把权利要求中的技术特征与附图表示的相应特征联系起来，可以更容易理解权利要求，最好是将适当的附图标记括上括号置于权利要求中的特征之后。采用细则6.3（b）规定的优选形式撰写的权利要求，应在权利要求的两部分中分别加上上述附图标记。但这些附图标记不能解释为对权利要求范围的限定，只是用来帮助理解权利要求限定的发明主题。

权利要求的种类

类型

细则13；规程第206条；规程附件B

5.12 权利要求有两种基本类型，即物体（产品、装置）的权利要求和活动（方法、用途）的权利要求。第一种基本类型的权利要求（产品权利要求）包括物质或组合物（如化合物或化合物的混合物）以及人类技术生产的任何物体（如物品、制品、装置、机器、多个装置组合的系统）。这方面的实例有"装有自动反馈电路的操纵机构……"、"包括……的纺织外套"、"由X、Y、Z组成的一种杀虫剂"或"包括多个发射和接收站的通信系统"。第二种基本类型的权利要求（方法权利要求）适用于其中包括用某种材料产品完成该方法的所有类型的活动；这种活动可利用材料产品、能量、其他过程（如控制过程）或生物来实现（但是，参见9.04至9.15段涉及国际检索或初步审查排除的内容）。

5.13 应当注意的是，用不同措辞撰写的权利要求，实际上可能属于同一类型，并且范围实质相同。例如，涉及"系统"的权利要求和涉及"装置"的权利要求可能都属于"装置"类型。还应注意到，在同一件国际申请中，允许写入不同类型的权利要求，只要这些权利要求满足细则13.1的要求即可（参见第10章）。审查员应当牢记，这些不同类型权利要求的存在可能有助于申请人随后在所有指定/选定国获得对其发明的全面保护，因为专利侵权要由国内法来解决。所以，审查员一方面应当对不必要增加的一些独立权利要求给予注意（参见5.42段），另一方面也不应对存在的一些措辞不同但作用明显相似的权利要求采取过于教条或机械的解决办法。

5.14 细则13.3规定"在确定一组发明是否由一个总的发明构思联系在一起时，不应考虑这些发明是在不同的权利要求中要求保护，还是在同一个权利要求中作为选择方案要求保护"。这意味着尽管审查员应当对不必要增加的一些独立权利要求提出反对意见，但对2项或多项同类独立权利要求，只要它们之间有一个共同的发明构思，且从整体上满足条约第6条关于权利要求应当"简明"的规定（参见5.42段），审查员就不应当提出反对意见。适用上述原则时，审查员应当已经注意到5.13段对范围明显相似的权利要求所作的说明。尽管如此，有些情况下，仍不适宜将发明主题包括在特定类型的单个独立权利要求中，例如：（1）发明是对两个分开的但又相互关联的制品的改进，这两种制品可分别出售，如电插头和插座，或发射器和接收器；（2）发明是关于电桥式整流电路，在这种情况下，可能需要包括采用这种电路的单相结构和多相结构的不同独立权利要求，因为在这两种结构中每相所需的电路数目是不同的；（3）发明在于一组新的化合物并且制备这些化合物的方法有多种。

独立权利要求和从属权利要求

细则13.4

5.15 所有国际申请应当包括一项或多项记载发明必要特征的独立权利要求。任何独立权利要求后面可以跟随一项或多项有关该发明具体形式的权利要求。显然，涉及具体形式的任何权利要求实际上也必须包含该发明的必要特征，因此必须包含至少一项独立权利要求的全部特征。对具体形式应当广义地理解为，比一项或多项主权利要求中所提出的更为具体的对该发明的定义或该发明的各种不同的实施方式。应当注意，根据细则13.1的规定，允许在独立权利要求中包含合理的数目的对要求保护的发明进行具体限定的从属权利要求，即使在任何从属权利要求的全部特征本身可能构成一项发明的情况下亦如此。

细则6.4（a）、（b），66.2（a）

5.16 任何从属权利要求必须包括对其所从属的权利要求的引用，必须被解释为包含其引用的权利要求中的所有限定。多项从属权利要求包括它所引用的某个具体权利要求的所有限制。参见本章附录和9.41段对多项从属权利要求的进一步规定。

细则6.4（c）

5.17 任何从属权利要求，无论怎样引用在前的权利要求，都应尽可能地用最切实可行的方式集中在一起。其排列应当使得相关权利要求之间的联系易于确定，并且使其结合的含义易于理解。如果权利要求的排列方式使得限定的主题保护范围含糊不清，则审查员应当要求申请人进行适当的修改。

5.18 独立权利要求或从属权利要求都可以包含并列选择的要素，但这些并列选择的要素应当有相似的性质，并且可以等同地相互取代，此外，这些并列选择要素在一项权利要求中的数目和撰写方式不能使该权利要求模糊不清或难以理解（参见10.09段和10.17段）。

5.19 一项权利要求即使不是细则6.4条规定的从属权利要求，也可以包含对另一项权利要求的引用。这种情况的一个例子是一项权利要求引用一项不同类型的权利要求（例如，"实施权利要求1的方法的装置……"或"制造权利要求1的产品的方法……"）。类似地，在插头和插座的例子中，引用另一个配合部件的一个部件的权利要求（例如，"用于与权利要求1的插座配合的插头……"）不是从属权利要求，因为该权利要求并未明显地包含其引用的前面的权利要求中的限定，而是仅仅与前面的权利要求具有功能性关系。

权利要求的解释

条约第6条

5.20 出于检索和审查的目的，应当以同样的方式解释权利要求。每项权利要求的用词应当理解为相关领域技术人员赋予它们的通常的含义和范围，除非在特定情况下，说明书通过明确的定义或者其他方式给予该用词以特定的含义。参见本章附录对权利要求解释的进一步说明。

"用途"权利要求

5.21 特殊用途的物质或组合物的权利要求一般应理解为指实际上适合于所述用途的物质或组合物；表面上与权利要求中定义的物质或组合物相同的已知产物，如果它是以不适合于所述用途的形式存在，则不破坏权利要求的新颖性，但是，如果已知产物以实际上适合于所述用途的形式存在，则尽管其从来未被描述过具有这种用途，它仍然破坏权利要求的新颖性。例如，首先用于外科、治疗和/或诊断方法的已知物质或组合物的权利要求，如果以"物质或组合物X"的形式提出，然后注明用途，如"……用作药物"、"……作为抗菌剂"或者"……用于治疗疾病Y"，应被理解为限于以该用途存在或包装时的物质或组合物（参见5.22段）。参见本章附录对用途权利要求的进一步规定以及对国际单位何时可以将"用途"权利要求等同于"方法"权利要求的说明。

前序部分

5.22 出于检索和审查的目的，前序部分对评价权利要求要素的作用应该根据每个申请案的情况个案确定。在检索和审查过程中，必须对前序部分引用要求保护的发明的目的或者目标用途的说明进行评估，以判定所引用的目的或目标用途是否导致要求保护的发明与现有技术之间存在结构差异（或者在方法权利要求中，存在方法步骤差异）。如果是的话，则引用可用于限定权利要求。在细则6.3（b）规定的两部分权利要求中，前序部分被看作对权利要求范围的限制。

5.23 如果权利要求以"实施该方法的设备……"措辞开始，则必须解释为仅指适合于实施该方法的设备。对于除此之外具有该权利要求限定的全部特征，但不适合于所述目的，或需要经过改进才能如此应用的设备，一般不应当认为落入该权利要求的范围。例如，一项权利要求表述了一台包含装置限定的用于切肉的机器。权利要求"用于切肉的机器"的用语只叙述了该装置的功能（即切肉）而没有任何明确的结构限定。只要现有技术的切割机能够切肉，这种用语在评价新颖性和创造性时就不起任何作用。在该例中，应将"用于切肉"的用语仅作为对用以切肉的机器的限定。这样，要查看现有技术，看切割机是否本来就能够切肉，而不管现有技术说明书中具体记载该机器切割的何种材料。这种考虑同样适用于有特定用途的产品权利要求。例如，如果权利要求涉及"一种用于钢水的模具",即暗示出对该模具的某些限定。因此,熔点远低于钢的塑料冰块盘就不包括在该权利要求范围内。同样地,用于特定用途的物质或组合物的权利要求应当解释为是指实际上适合于所述用途的物质或组合物;如果一种已知产品本身与该权利要求限定的物质或组合物相同,但其所处状态使其不适合于所述用途,则不否定该权利要求的新颖性。

开放式和封闭式权利要求

5.24 在评价新颖性或者创造性时,审查员应考虑权利要求书中使用的是哪种类型的过渡用语,例如,权利要求中使用的"由……组成"、"包含"、"其特征在于"或"基本上由……组成"。检索的主题将依所使用的过渡用语而定。

(a)一项权利要求使用"封闭式"类型的过渡用语时,其权利要求不能被解释为包括含有该权利要求所述以外结构要素或方法步骤的产品或方法。例如,如果一项权利要求表述为"仅由A、B和C构成的产品",则不能理解为包括公开具有A、B、C、D或任何其他附加特征或成分的产品的现有技术,因而与此现有技术相比具有新颖性。术语"由……组成"可以被某些国际单位解释为"封闭"式的过渡用语,但是,其他国际单位将这种表达方式处理为等同于"实质上由……组成",如下面的(c)中所述。

(b)一项权利要求使用"开放式"类型的过渡用语撰写时,其可以解释为包括含有该权利要求中没有述及的结构组成部分或方法步骤的产品或方法。例如,如果一项权利要求表述为"包含A、B和C的产品",其可以理解为包括公开具有A、B、C、D和任何附加特征或要素的产品的现有技术,而且与此现有技术相比较,不具有新颖性。

(c)一项权利要求使用"基本上由……组成"类型的过渡用语撰写时,权利要求占据的范围介于以封闭形式撰写的封闭式权利要求和全开放式权利要求之间。"基本上由……组成"类型的过渡用语将权利要求的范围限定为要求保护的发明的具体材料或步骤"和那些对基本特性或新特性没有实质性影响的内容"。在进行检索和审查时,如果基本特性或新特性实际上在说明书或权利要求中没有清楚的说明,"基本上由……组成"应该被理解为等同于开放式用语(例如,"含有")。

装置加功能权利要求

5.25 如果权利要求的限定用其功能或特性来定义一个装置或步骤,而没有具体的结构或材料或操作支持,除非在权利要求中作了进一步说明,否则这种限定应该被解释为表述能够实现所述功能或具有所述特性的任何结构或材料或操作。如果对装置作了进一步的说明,则权利要求应解释为包括那些进一步具体限定。例如,如果一项权利要求表述了限制液体流速的阀门,则将被审查员解释为包含对阀门装置的进一步具体限定,而不是任何限制流速的装置。另一个例子中,"一种具有隔热层的建筑材料"的权利要求应该被解释为具有任何是"隔热层"的"产品"的建筑材料。但是,应该注意的是,这种装置加功能的权利要求是否清楚和简明的问题以及要求保护的发明对本领域技术人员而言是否充分公开的问题应该单独地判定。

方法限定的产品权利要求

5.26 当权利要求用制造该产品的方法来限定产品时,这种权利要求整体上是产品权利要求。如果现有技术中存在这种产品,即使这种产品的制造方法并没有被披露,但是,它们显示出与要求保护的发明内在相同,或者没有区别,则这种产品权利要求缺乏新颖性。参见本章附录中对方法限定的产品权利要求的进一步解释。

5.27 如果一件产品只能以生产产品的方法步骤来限定，或者该制造方法将给最终产品带来区别特征，审查员应在确定检索的主题和根据现有技术判断专利性时考虑该方法步骤。例如，一项权利要求表述为"双层结构的嵌板，由一块铁的分板和一块镍的分板焊接制成"。在这个例子中，审查员在确定检索的主题和根据现有技术判断专利性时，要考虑"焊接"方法，因为该焊接方法生产出的最终产品的物理特性与其他焊接方法生产出的不同，也就是说，该产品只能用方法步骤来限定。如果在现有技术中没有使用焊接方法制造的相同双层结构的嵌板，那么就不会对权利要求的新颖性产生疑问。

方法权利要求中的产品和装置限定

5.28 出于检索和审查的目的必须考虑方法权利要求中出现的产品和装置限制。参见5.22段关于权利要求解释中前序部分的作用。

权利要求与说明书不一致

5.29 当权利要求与说明书之间存在严重不一致的情况时，应当要求申请人进行修改以消除不一致。例如，说明书可能说明，或可能暗示出权利要求中没有记载的某一技术特征对实施发明是必不可少的。在这种情况下，审查员应当要求申请人修改权利要求，使其包括这一特征。但如果申请人在答复意见中，令人信服地说明这一特征对本领域技术人员是清楚的，而说明书对该特征属于必要特征的说明是不准确的，则相反，应当要求对说明书进行修改。另一种不一致性表现在说明书和附图包括的发明的一种或几种实施方案明显落在权利要求覆盖的主题范围之外（例如，权利要求都是限定采用电子管的电路，而其中一种实施方案却用半导体作替代物）。此时同样应当要求申请人修改权利要求或说明书和附图，消除这种不一致的现象，以避免在以后解释权利要求的含义时，可能出现任何可能的不确定。但另外，可以忽略那些不会造成权利要求含义不清的不一致。

5.30 说明书中暗示的保护范围可能以某种含糊的、不确切方式而得以扩展的一般性说明不符合条约第6条的规定，应当反对。特别是，应当反对指称保护范围扩展到覆盖发明"精神"的任何说明。在权利要求仅针对若干特征的组合，而在说明书中暗示请求保护的不仅是作为整体的这种组合，而且还请求保护其中各个特征或这些特征的部分组合的任何说明，应当反对。

清楚

条约第6条

5.31 权利要求应当清楚，不仅要求每一项权利要求应当清楚，而且要求所有权利要求作为一个整体应当清楚。由于权利要求的作用是限定请求保护的主题，所以在就请求保护的发明看上去是否具有新颖性、创造性和工业实用性方面的问题提出审查意见的过程中，权利要求清楚与否是至关重要的。因此，对本领域技术人员而言，权利要求中的用语的含义单以权利要求本身的表述来看应该尽可能清楚（参见5.20段）。

5.32 每项权利要求都必须以合理的清楚程度提出寻求保护的发明的范围。权利要求的语言是否清楚必须根据具体申请公开的内容、现有技术中的教导，以及在完成本发明时本领域技术人员对权利要求的解释来分析。如果本领域技术人员可以以合理的确定度判定要求保护的发明的界限，则权利要求满足清楚的要求。权利要求的宽泛不等同于不清楚。如果权利要求包含的主题范围是清楚的，并且如果该申请人没有另外指出他意图的发明范围与权利要求中限定的范围不同，则权利要求满足清楚的要求。

5.33 独立权利要求应当清楚地说明限定发明所需的全部必要特征,除非这类特征已为所用的一般术语所暗示,如一项关于"自行车"的权利要求,不需要提到轮子的存在。如果权利要求是发明产品的制备方法,则本领域技术人员采用适当方式实施该方法时,应当必然能得到该特定的发明产品;否则将因存在内在的不一致性而使权利要求不清楚。对于产品权利要求,如果该产品是公知产品,发明在于对其某些方面的改进,权利要求只要清楚地表示出该产品,说明改进之处和改进方式就足够了。对设备权利要求亦采用类似的考虑方式。

相关术语的清楚

5.34 权利要求如果包括致使读者不清楚特征范围的、含糊或模棱两可形式的措辞,会因为不清楚而被提出反对意见。除非术语在具体领域中具有公认的含义,如"高频放大器"相对于放大器具有确定的含义,否则,权利要求中不允许使用相对的或者类似的措辞,如"薄""宽""强"。如果程度术语出现在权利要求中,审查员应该确定本领域技术人员根据说明书中披露的程度测量标准或者根据现有技术及其现状能否知道该术语的含义。如果申请人可以不违反条约第 19 条(2)或者第 34 条(2)(b)的规定,不会使申请的主题扩展至超出原始申请的内容,则应当要求申请人定义或者删除该术语。申请人不能依靠不清楚的术语来区别现有技术与要求保护的发明。

5.35 权利要求限定的范围必须与发明允许的范围准确相同。一般情况下,权利要求采用达到的效果来限定发明或发明的一个特征,应当以不清楚为由提出反对意见。当要求保护的范围大于说明书能够支持的范围时,也可以根据缺乏支持提出反对意见。但是,如果发明只能用其效果加以限定,而且该效果不必通过过度实验就能够实现(参见 5.46 段),例如通过说明书中适当说明的实验或操作直接和肯定地验证,且只涉及试错,则不应当提出反对意见。例如,发明涉及一种可使其中燃烧的香烟头自动熄灭的烟灰缸,使香烟头自动熄灭的功能是由烟灰缸的形状及其相对尺寸来实现的。其中烟灰缸的相对尺寸按难以限定的方式可作较大幅度的变化,同时仍保持所需效果。所以只要权利要求尽可能清楚地限定了烟灰缸的结构和形状,同时说明书中包括了使读者按常规实验步骤就能确定所需尺寸的适当说明,则权利要求中就可以用所达到的效果限定相对尺寸,而不会因为不清楚而遭致反对。

5.36 如果发明涉及一种产品,其可以用不同的方式在权利要求中限定,例如,通过化学配方,作为方法限定的产品或者通过其参数加以限定。仅仅通过参数限定产品在下列情况下是允许的,即:发明不能用任何其他方式充分限定,只要这些参数可以通过说明书中的指示或者通过本领域认可的客观方法清楚和可靠地确定。这同样适用于用参数限定技术特征的方法。如在高分子链中会出现这种情况。使用非本领域认可的参数,或者使用不能获得的装置测量的参数,应当以不清楚为由加以反对。审查员应当认识到这种可能性,即申请人可能试图用不常见的参数掩盖其发明缺乏新颖性的缺陷(参见 12.04 段)。

5.37 如果一项设备或产品权利要求试图通过引用该设备或产品的使用特征来限定发明,可能导致不清楚。当权利要求不仅限定产品本身,而且还说明该产品与不属于要求保护的发明部分的第二种产品的关系时,尤其是这样(例如,一种发动机汽缸盖,其中汽缸盖用其在发动机中连接的特征限定)。这种权利要求必须通过使用恰当的权利要求用语(例如,用"可以与……连接"代替"连接")来对要求保护的单个产品进行清楚限定,或者必须指出第一产品与第二产品的结合（例如，"带有汽缸盖的发动机"或者"包含汽缸盖的发动机"）。在独立权利要求中也可以允许引用不属于要求保护的第一产品部分，但是在使用中与第一产品相关的第二产品的尺寸和/或相应形状来限定第一产品的尺寸和/或形状（例如，在车辆号码牌的安装支架的例子中，支架框架和固定部分通过与号码牌外形的关系加以限定）。

5.38 当权利要求中出现"大约"或类似的用词，如"接近"时，审查员应给予特别关注。这种用词可用于例如特定的值（如"约200 ℃"）或特定范围（如"约X至约Y"）的情况。在每种情况下，审查员都应当判断该词的含义在整个申请的上下文中是否足够清楚。另外，如果采用像"大约"这样的措辞导致不能清楚地将发明与现有技术区分开，则应当从缺乏新颖性和创造性的角度提出反对意见。

其他术语的清楚

5.39 商标和类似的表达方式描述的是产品的商业来源特征，而不是与发明有关的产品性质（该性质会随时间而改变）。因此，审查员应当要求申请人删掉权利要求中出现的商标或类似的表达方式，除非采用这类表达方式是不可避免的；商标或类似表达方式只有在其具有确切的含义被普遍认可的情况下才可以允许（参见5.34段）。

5.40 对"优选地"、"例如"、"如"或"尤其是"这类表达方式，应当仔细判断，以确保其不致引起模糊不清。审查员应当注意，这类表达方式对权利要求的保护范围不起限定作用；即在任何这种表达方式后所跟的特征应当看作完全任选的。

5.41 一般情况下，权利要求的主题是通过肯定的特征加以限定的。但是，可以利用"放弃"、"否定限定"或者"排除"的方式限制权利要求的范围；换言之，可以将用技术特征清楚限定的一个要素明确地排除在请求保护的范围之外，例如，为了满足新颖性规定而采取这种做法。权利要求也可以包括否定限制或限定不在要求保护的发明中的主题的用语（例如，"其中组合物不含水"）。否定限定本身没有什么模棱两可的或者不确定的。如果否定限定在要求保护的发明中，试图通过排除申请人没有作出的发明而非清楚和简明地说明申请人所作的发明，则会导致权利要求不清楚。表达"所述均聚物在天然三叶橡胶中不含蛋白质、皂类、树脂和糖"的限制以便排除现有技术产品的特征的权利要求，如果其中每个所述限制是清楚的则应认为该权利要求也是清楚的。此外，否定限制"与所述氧化展开剂不能形成染料"是清楚的，因为寻求专利保护的边界是清楚的。如果替代要素在说明书中有肯定陈述，则它们可以清楚地在权利要求中予以排除。仅仅缺乏肯定的陈述不是排除的基础。

权利要求的简明、数目

细则6.1（a）

5.42 权利要求应当简明，不仅每一项权利要求应当简明，而且所有权利要求作为一个整体也应当简明。例如，用词的过分重复或者关于细微特征的权利要求数量过多可以认为不满足该要求。参见本章附录有关对确定权利要求"简明"的进一步说明。

以说明书为依据

条约第6条

5.43 权利要求"应以说明书作为充分依据"。这是指每一项权利要求的主题在说明书中必须有依据，而且权利要求的范围必须不得宽于说明书和附图可以支持的范围。

5.44 一般情况下，除非有充分的理由确信本领域技术人员在申请给出的信息基础上，用常规实验方法或分析方法不能把说明书记载的特定内容扩展到权利要求限定的整个范围，否则即认为权利要求以说明书为依据。但这种依据必须是针对要求保护的发明的特征；毫无技术或其他相关内容的模糊说明或断言不作为任何依据。审查员只有在有充分理由的情况下，才应当以缺乏依据为由提出反对意见。审查员提出反对意见时，如果可能，反对的理由应得到公开文件的充分支持。

要求保护的发明的清楚和完整公开

条约第5条

5.45 每项权利要求的主题必须以"足够清楚和完整能使本领域技术人员实施本发明的方式"得到说明书和附图的支持。如果要求保护的发明提供的信息足以让本领域技术人员在国际申请日时不需要进行过度实验就能够实施该发明，则要求保护的发明的公开就被认为足够清楚和完整。

5.46 公开是针对本领域技术人员的（参见13.11段）。如果需要，该技术人员会考虑使用他具备的一般知识来补充申请中含有的信息。公开必须能够让本领域技术人员在国际申请日之时而不是检索和审查时以其有的基本知识足以实施本发明。虽然允许合理数量的试错，但本领域技术人员根据要求保护的发明公开的内容和一般知识，必须不需要"过度的实验"就能够实施本发明。这特别适用于非开创性技术领域。

5.47 在判断是否需要过度实验来实施要求保护的发明时，所需考虑的因素包括：
（ⅰ）权利要求的宽泛度；
（ⅱ）发明的性质；
（ⅲ）本领域技术人员的一般知识；
（ⅳ）本领域的可预见性水平；
（ⅴ）申请中提供的指导量，包括现有技术的引证；和
（ⅵ）根据公开的内容实施要求保护的发明所需要的实验量。

5.48 权利要求的宽泛度与确定过度实验有关，因为本领域技术人员必须能够实施要求保护的发明的全部范围。例如，如果申请仅仅公开了如何实施要求保护的发明的一部分，则申请人不能要求保护所述发明范围的所有内容。但是，即使在不可预见的领域，在权利要求的范围内也不需要提供覆盖每种可能情况的实例。如果本领域技术人员不需要过度实验就能够实施要求保护的发明，则代表性的实例以及对这些实例作为一个整体如何实施于权利要求的范围的说明通常是足够的。

5.49 要求保护的发明的主题，对确定本领域技术人员的一般性知识和现有技术状况是至关重要的。例如，如果各种参数值的选择是本领域技术人员的公知常识，则这种选择不应该被认为需要过度实验。

5.50 "申请中提供的指导量"是指在说明书、权利要求书和附图中，包括实施例和对其他申请或文件的引证中明示或暗示的信息。本领域技术人员对本发明的性质已知得越多，对本领域可预见的内容越多，则为实施要求保护的发明所需要的申请本身包含的信息就越少。例如，如果本领域技术人员能够容易地预见要求保护发明的特征的效果，则本领域存在可预见性。

5.51 除进行实验需要的时间和花费之外，还应该考虑实验的性质，例如，实验是仅

仅需要普通劳动还是需要超越普通劳动。

与权利要求书充分对应

5.52 多数权利要求是由一个或多个具体的实施例概括而成的。对每一具体的申请案，审查员都应当参照相关的现有技术，判断权利要求概括的范围是否恰当。一项概括恰当的权利要求，其范围应当既不过宽致使超出发明的范围，也不过窄致使剥夺了申请人公开发明而应获得的回报。不应当对申请人已经说明的显而易见的改变、等同物的使用提出疑问。尤其是如果可以合理地预期到权利要求覆盖的所有变化都具有申请人在说明书中为其描述的特性和用途，则申请人相应概括的权利要求是恰当的。

5.53 一项只作一般性限定的权利要求，即例如涉及整类产品或机器的权利要求，如果说明书中有合理的支持，并且也没有理由怀疑发明在权利要求的整个范围内不能实施，即使该权利要求范围很宽，也是可以接受的。但是，当说明书给出的信息不充分，本领域技术人员用常规实验方法或分析方法，不足以把说明书记载的内容扩展到要求保护但未经清楚说明的部分时，审查员应当要求申请人在陈述意见中确认，根据说明书给出的信息，实际上都可以很容易地将发明应用到要求保护的整个范围内，或者如果不能说明这一点，应当要求申请人根据说明书限制权利要求的范围。例如，权利要求是一种处理"合成树脂成型物"以获得其物理性质一定改变的特定方法。如果说明书中描述的所有实施例都是关于热塑型树脂的，并且该方法看起来不适用于热固型树脂，则将权利要求限制到热塑型树脂是必要的，以满足充分性的要求。

权利要求书与公开内容的关系

5.54 要求保护的发明必须得到说明书和附图的充分支持，从而表明申请人仅仅要求保护在国际申请日他已经认识到和描述的主题。

5.55 如果在阅读申请之后，本领域技术人员仍然不能实施要求保护的发明，因为权利要求中缺少实现发明的功能或操作的必要要素，则权利要求书与说明书和附图不一致且不相称。例如，考虑一项涉及具有给定所需性能的改进的燃油组合物的权利要求。说明书对获得具有这种性能的燃油的一种方式提供支持，该方式是其中有一定量的某种添加剂。没有公开获得具有所需性能燃油的任何其他方式。如果权利要求没有提到任何添加剂，则权利要求没有得到说明书充分支持。一个例子是权利要求与所公开的内容不一致，例如，由于权利要求书与说明书中含有的内容相矛盾。另一个例子是，考虑到说明书和附图，权利要求的范围覆盖了申请人没有意识到的领域，例如，仅仅推测还没有被研究过的可能。

5.56 如果本领域技术人员能够理解该功能也可用其他手段实现，则权利要求可以用其功能较宽泛地限定某一特征，即使说明书对该特征只给出了一个实施例。例如，权利要求中的"终端位置检测装置"可仅由说明书中含有限位开关的一个实施例获得支持，因为对于本领域技术人员来说，显然可以用如光电管或应力规来代替限位开关。不过，在一般情况下，如果申请的整个内容给人的印象是，功能是以一种特定方式实现的，且说明书没有设想其他替代方法，而权利要求包含了完成该功能的其他方式或所有方式，则权利要求不满足以说明书为依据的要求。此外，如果说明书中仅以含糊的方式说明其他方式也可以采用，但不能合理地获知这些方式是什么及怎样采用，则也是不充分的。

5.57 仅仅用化合物参数来表征该化合物在一定情况下是恰当的（参见5.36段）。只有当通过足够的相关区别特征对发明进行描述时，该特征能证明申请人在申请日时意识到并描述了要求的保护发明，例如，通过对局部结构、物理和/或化学特性、结合结构与功能之间已知或公开的相互关系的功能特征或这些特征的组合的说明，用其参数来表征化合物才得到说明书的充分支持。

5.58 对于是否符合条约第 5 条的充分要求，以及条约第 6 条对权利要求书公开内容的依据要求，要分别确定。在某些情况下，权利要求的范围太宽，不能得到说明书和附图的支持，其公开内容同样也不充分，不足以使本领域技术人员能够实施要求保护的发明。因此，存在既不满足有关权利要求与公开内容之间关系的要求，也不满足充分性的要求的情况。参见 4.12 段。

第 5 章附录

多项从属权利要求

A5.16 关于多项从属权利要求的处理，国际检索和初步审查单位的做法各不相同。国际单位可以适当选择以下任何一个选择性的指导原则。

A5.16［1］ 引用两项其他权利要求的从属权利要求应该仅以择一方式引用。多项从属权利要求不能作为其他多项从属权利要求的基础。

A5.16［2］ 引用两项其他权利要求的从属权利要求可以以择一方式或者以累积方式引用。多项从属权利要求可以作为其他多项从属权利要求的基础。

权利要求的解释

A5.20 关于说明书是否可以对权利要求中使用的术语提供具体定义，国际检索和初步审查单位的做法各不相同。国际单位可以适当选择以下任何一个选择性的指导原则。

A5.20［1］ 如果说明书通过定义在权利要求中出现的术语等方式给出具体含义，则该定义应该被用于解释权利要求。权利要求不应该被说明书和附图中明显公开的内容限制其含义。权利要求不应该被说明书中要求保护的发明的实施例范围所限制。而且，如果权利要求中的措辞需要解释，则考虑说明书和附图，以及在申请日本领域技术人员的一般知识。

A5.20［2］ 如果说明书给出了权利要求中用词的具体含义，审查员应当尽可能地要求申请人修改权利要求，使得从权利要求本身的措辞就能清楚理解其含义。另外，权利要求还应当从技术角度来理解。这种理解可以脱离权利要求措辞的严格字面含义。

用途权利要求

A5.21 某些国际检索和初步审查单位在进行国际检索和审查时，撰写形式为例如"物质 X 作为杀虫剂的应用"或者"用作杀虫剂时的物质 X"的"用途"权利要求应当视作等同于撰写形式为"采用物质 X 杀害虫的方法"的"方法"权利要求（但是，应当指出，在某些指定国/选定国，"用作……时"权利要求根据国内法因为不清楚和构成排除主题而视为不适当的方法权利要求）。在这些单位，不应当将上述形式的权利要求解释成针对可确认用作杀虫剂（例如，加入其他添加剂）的物质 X。类似地，"晶体管在放大电路中的应用"的权利要求应当相当于一个用包含晶体管的电路进行放大的方法的方法权利要求，而不应当解释为针对"一种采用晶体管的放大电路"，也不应解释为"用晶体管装配放大电路的方法"。

方法限定的产品权利要求

A5.26 关于方法限定的产品权利要求,国际检索和初步审查单位的做法各不相同。国际单位可以适当选择以下任何一个选择性的指导原则。

A5.26[1] 如果一项权利要求用制造产品的方法来限定该产品,该权利要求应该理解为本身是产品权利要求,该产品具有由权利要求中所述的制造方法得出的特征。因此,由方法限定的产品权利要求所限定的产品的专利性并不依赖于其制造方法。仅仅依据产品是由新方法所制造的事实,不能认为该产品具有新颖性。如果这种权利要求中的产品与现有技术中描述的产品相同,或者由之显而易见,则该权利要求不具有专利性,即使现有技术中描述的产品由不同的方法制成。

A5.26[2] 如果一项权利要求用制造产品的方法限定该产品,则该权利要求涉及并被预期为已经由该方法实际制造的产品。

简明

A5.42 关于每项权利要求和权利要求整体是否简明,国际检索和初步审查单位的做法各不相同。国际单位可以适当选择以下任何一个选择性的指导原则。

A5.42[1] 如果权利要求过于多重或重复,可以以不简明为由提出反对意见。根据发明的性质和范围,如果存在重复和多重的不合理数量的权利要求,其整体结果是造成困惑而不是清楚,则这种权利要求是过于多重的。权利要求不应过于多重以至于造成困惑而使要求保护的发明限定模糊。但是,如果权利要求相互区别,理解保护范围没有困难,则一般不应以此为由提出反对意见。此外,权利要求应该相互区别。如果同一申请中提出的权利要求相同或者内容非常接近以至于都覆盖同样的内容,则尽管它们的措辞略有不同,也可以以简明为依据提出反对意见。但是,如果改变措辞实际上导致两项权利要求之间的范围略有不同,也不应该提出这种反对意见。只有当每项权利要求含有冗长的重复或者不重要的细节导致要求保护的发明的范围因此而模糊不清时,才能根据不简明对其提出反对意见。

A5.42[2] 考虑权利要求的数量时必须要考虑申请人要求保护的发明的性质。过分的用词重复或者琐碎权利要求的重复导致确定要求保护的主题过于繁重,因而可以认为不符合此项要求。权利要求数量合理或者不合理取决于个案的实际情况。同时还必须考虑相关公众的利益。权利要求的表述不应使要求保护的主题模糊。此外,一项权利要求中出现的选择性方案的数量不应使得判定权利要求要求保护的主题过于繁重。

第6章
优先权

要求优先权的权利

条约第11条、第14条;细则20

6.01 一件国际申请以其符合条约第11条规定的日期作为国际申请日。只有在特殊情况下,即按条约第14条(2)规定,后提交附图和/或后提交原始申请时缺失的说明书、权利要求书以及附图部分[参见细则20.5(c)],或者后提交正确要素或部分用于更正已经错误提交的内容[参见细则20.5之二(c)]时,由于细则20.6规定的不丧失原始申请日的援引加入的可能性,该日期才会变动。国际申请日是国际申请的唯一有效日期。该日期对于确定某些期限的届满,以及出于国际检索和初步审查的目的确定现有技术的状态时十分重要。

条约第2条(xi)

6.02 但在很多情况下,国际申请要求享有在先申请的申请日的优先权。这时,要根据优先权日(也就是该在先申请的申请日)计算某些期限。而且,优先权日将成为用于国际审查目的,也就是作出书面意见(由国际检索单位或国际初步审查单位作出)和国际初步审查报告的有效日期。应注意,用于国际检索目的的相关日通常是国际申请日。11.03段定义了用于国际检索目的的"相关日",11.04至11.05段定义了用于书面意见(无论是由国际检索单位作出,还是由国际初步审查单位作出)和国际初步审查报告目的的"相关日"。进一步参见17.29段和18.16段。15.01段定义了用于国际检索目的的"相关现有技术",11.01段给出了现有技术的一般定义。

条约第8条(1);细则2.4、4.10、26之二.2

6.03 一项有效的优先权必须满足数个条件:首先,被要求作为优先权基础的在先申请,必须由国际申请的申请人或其前期权利人提出;其次,在先申请必须"在或向任何《保护工业产权巴黎公约》缔约国提出,或者,在或向不是该公约缔约国的任何世界贸易组织成员提出"。措辞"在或向"任何国家或成员提出是指要求作为优先权基础的在先申请可以是在先的国家申请、地区申请或国际申请。此外,总体上说,国际申请必须在在先申请的申请日起12个月内提交(优先权期限)。然而,倘若国际申请日迟于优先权届满之日2个月内,将不会仅由于国际申请日迟于优先权届满之日而认为优先权要求无效(细则26之二.2),例如,考虑到申请人在国际阶段向受理局(细则26之二.3)或向指定国的单位(细则49之三.2),就优先权期限获得恢复权利的可能性。该在先申请可以是专利申请,或是实用新型注册申请,或是发明人证书申请。只要在先申请的内容足以确定申请日,无论该申请以后的最终结果如何(例如,后续有可能被撤回或视为撤回),都可以用来确立优先权日。6.04段和6.11至6.17段提到有效要求优先权需要满足的其他条件。

条约第8条(2)(a)

6.04 通常,其申请日被要求优先权的申请,必须是该发明已提交的首次申请。然而,如果一份在后申请与在或向同一国家首次提出的一份在先申请的发明主题相同,且该在后申请递交时,在先的第一份申请已被撤回、被放弃或被驳回,但并未向公众公开,也未遗留任何悬而未决的权利问题,并且未作为要求优先权的基础,则可将该在后申请视作可要求优先权的首次申请。审查员一般不考虑该问题,除非有明确的证据表明存在在先申请,例如,美国的连续申请的情况。在明显存在相同发明主题的在先申请,且在因现有技术介入而使优先权至关重要的情况下(参见6.06段),审查员应当要求申请人充分说明,在先申请对于待审申请的发明主题不存在任何悬而未决的权利问题。

条约第8条(1)

6.05 一件国际申请可以基于一件以上的在先申请要求几项优先权(多项优先权),即使这些在先申请是分别在不同国家提出的。国际申请中的内容以公开该项内容的最早的优先权申请确定其优先权日。例如,国际申请说明并要求保护发明的两个实施方式(A

和B)，A公开在一份法国申请中，B公开在一份德国申请中，则对于该国际申请的相应部分可要求法国和德国申请的优先权日；实施方式A享有法国的优先权日，而实施方式B享有德国的优先权日。如果一份国际申请是在两份在先申请的基础上提出的，其中一份公开了特征C，另一份公开了特征D，但两份都没有提到C和D的组合，则关于这种组合的权利要求只能享有该国际申请本身的申请日。换言之，不允许对优先权文件进行拼凑。可能出现的一种例外情况是，一份优先权文件中引用了另一份优先权文件，并且明确地指出能够将这两篇文件中的特征以特定方式组合。

确定优先权日

6.06 一般情况下，在作出书面意见或国际初步审查报告时，审查员不应对优先权的有效性进行任何调查，在这种情况下，书面意见或报告通常不再包含第Ⅱ栏（优先权）（参见17.28段）。但是，如果与确定要求保护的发明的新颖性和创造性（非显而易见性）有关的主题有下述情形之一时，优先权就显得十分重要：

（i）属于细则64.1规定的，在所要求的优先权日当天或优先权日之后，但在国际申请日之前已公开；

（ii）该主题内容构成了细则64.2规定的非书面公开的部分内容，即在优先权日之前以非书面形式公开，并且该非书面形式公开的内容以书面形式公开在优先权日与国际申请日之间（包括所述优先权日与国际申请日）；或

（iii）该主题内容构成了细则64.3意义上的一份申请或专利的部分内容，即该申请或专利在相关日或该日之后公布，但在国际申请日之前提交申请，或要求了一份在国际申请日之前提交的在先申请的优先权。

在这些情况下（即涉及的现有技术与较早日期有关的情况），审查员必须查明要求的优先权日与其审查的国际申请的相应部分是否一致，且在适当时，同时考虑本细则64.3意义上的申请或专利所要求的任何优先权是否有效（同时参见细则70.10，最后一句）。

6.07 当审查员需要考虑优先权日问题时，应当牢记6.03至6.05段的全部内容。但审查员同时应当记住，为了确立优先权日，不需要在在先申请的权利要求中，找出该要求优先权的发明的全部内容。只要在先申请的文件，从整体上具体公开了这些内容就足够了。所以，在确定优先权日问题时，应当将在先申请的说明书和权利要求书或附图作为一个整体加以考虑，但无须考虑仅在说明书中现有技术部分记载的或明确放弃的主题。

6.08 必须具体公开的要求意味着仅仅暗示或用广义和一般性的术语解释所关注内容是不充分的。涉及某一特征之详细实施方案的权利要求，不能仅以优先权文件中一般性地引述该特征而享有优先权，但也不要求准确地相互对应。根据合理的评价，基本上公开权利要求所有重要内容的结合就足够了。

6.09 判断一项权利要求能否享受优先权文件日期的基本准则与判断一份申请的修改文件是否符合条约第34条（2）（b）规定的准则相同。即为了获得优先权日，必须在优先权文件中明确地或内在地公开权利要求的主题，包括那些对本领域技术人员来说是隐含的特征。下面举例说明这种隐含公开。一份申请公开了一种设备，该设备中涉及的固定部件是指螺母和螺栓，或是弹簧扣，或是肘节式插销，只要在这些内容的公开中隐含了"可脱扣固定"的一般性概念，则一项包括"可脱扣固定部件"的设备的权利要求有权享受上述申请的优先权日。

6.10 如果一份具体的在先申请不满足本章6.07至6.09段的判断准则，则权利要求的相关日或为符合上述各项判断准则而且提供了所需的公开内容的最先申请的优先权日，或在不具备这些条件的情况下，为该国际申请本身的国际申请日。

要求优先权

条约第11条；细则4.10

6.11 尽管根据细则26之二在6.16段中规定的时间内对优先权请求的随后改正，包括增加或删除整个优先权请求是允许的，但要求优先权的申请人必须在请求书（表格PCT/RO/101）中按细则4.10的规定作出说明，说明在先申请的各项具体细节（参见6.13段）。

细则17.1

6.12 当要求优先权时，除给出在先申请的具体细节之外，申请人必须：

（ⅰ）在自优先权日起16个月内向国际局或受理局提交优先权文件，除非该优先权文件已与国际申请一起递交给受理局；

（ⅱ）在优先权文件由受理局发出的情况下，要求受理局准备并传送该文件给国际局；或者

（ⅲ）能够根据规程从数字图书馆获取优先权文件时，在国际公布前要求国际局从数字图书馆获得优先权文件。

然而，国际局在16个月期限届满之后收到申请人提交的任何优先权文件，且该优先权文件是在国际申请的国际公开日之前收到的，则仍然视为国际局在16个月期限届满之日收到的。如果该优先权文件是由受理局出具的，申请人可以不提交优先权文件，而要求受理局将优先权文件传送给国际局，在这种情况下，只要申请人在16个月期限届满之前提出了这种要求，不管优先权文件什么时候到达国际局，提交优先权文件的期限要求都已经满足。

6.13 审查员应当记住，根据条约第8条（1）的要求，细则4.10（a）规定了要求一份或几份在先申请的优先权声明的格式要求（参见6.11段）。优先权声明的规定格式包括注明以下内容：

（ⅰ）在先申请的提交日期；

（ⅱ）在先申请的申请号；

（ⅲ）如果在先申请是国家申请，受理该申请的《保护工业产权巴黎公约》缔约国的名称或者不是该公约成员国的任何世界贸易组织成员的名称；

（ⅳ）如果在先申请是地区申请，依据适用的地区专利条约有权授予地区专利的组织；

（ⅴ）如果在先申请是国际申请，受理该申请的受理局。

6.14 如果在先申请是地区申请或国际申请，申请人也可以在优先权声明中指明该在先申请向其提交的一个或多个保护工业产权巴黎公约缔约国。

6.15 如果在先申请是地区申请，而且该地区专利条约的缔约国至少有一个既不是《保护工业产权巴黎公约》缔约国，也不是世界贸易组织的成员，则优先权请求必须指明该在先申请向其提交的至少一个该公约缔约国或至少一个世界贸易组织成员。

细则26之二

6.16　细则26之二明确规定，关于优先权请求的声明如果没有在请求书（表格PCT/RO/101）中提出，申请人必须自优先权日起16个月内，或者，如果优先权声明的改正或增加会导致优先权日的改变，从改变后的优先权日起16个月内，以16个月期限最先届满者为准，向国际局或受理局提供该声明，但无论如何，该增加或改正优先权请求的通知应当从国际申请日起4个月届满之前提交。优先权请求的改正可以包含对细则4.10所述任何注明的改正或增加。

细则66.7（a）、（b），17.1（c）、（d）

6.17　如果审查员需要优先权文件的副本（参见6.06段），由国际局根据要求提供这样的副本，除非在国际局尚未收到优先权文件（参见6.12段）的情况下。如果优先权文件使用的语言不是有关单位使用的语言或语言之一（在使用几种语言的情况下），审查员可以用表格PCT/IPEA/414要求申请人在自通知书之日起2个月内，提供优先权文件的译文。同时，在仍有时间提交优先权文件或其译文期间，审查员可视所要求的在先申请的优先权有效而继续作出书面意见（参见11.05段、17.26段和18.16段）；然而，在没有按期提供必要的优先权文件或其译文的情况下，则视为未要求优先权而作出进一步的书面意见或制定国际初步审查报告。任何指定局在给予申请人在具体情况下合理的时限内提供其优先权文件的机会之前，不得无视该优先权请求。此外，如果优先权文件可根据规程从数字图书馆获得，则任何指定局不得无视该优先权要求。

第7章
国际申请的分类

定义

细则43.3

7.01　分类涉及将一个或者多个分类号分配给一件特定的国际申请，借此确定该申请的发明技术主题。每件国际申请必须由国际检索单位按照国际专利分类体系（IPC）进行分类。而且本章只论述这种分类。

国际申请的分类确定

7.02　国际申请的分类由国际检索单位决定。根据IPC现行的规则将分类号应用于每件国际申请。IPC指南可以通过访问WIPO网址：http://www.wipo.int获得。

多个分类

7.03　如果国际申请需要多个分类号，那么根据IPC指南分配所有的这种分类。

以提交的公开内容进行分类

7.04　在不考虑国际申请作任何修改的内容的情况下确定分类，因为该分类应当与公布的国际申请即提交时的申请的内容有关。但是，如果审查员对发明的理解，或者对提交时申请内容的理解，因检索发生了极大的改变（例如，由于发现现有技术或者由于澄清明显含糊不清之处），应当相应地修改分类。

在以后公布国际检索报告情况下对分类的修改

7.05　在国际检索报告不能及时同国际申请一起公布，因此分别公布，而且审查员发现根据7.04段规定的原因需要修改最初分类的情况下，他将修改的分类纳入国际检索报告中，通过加上"已作修改"的字样，标明由它替换国际申请中公布的分类。除非审查员非常确信有此必要，否则不应当对分类进行这种修改。

范围不清楚时的分类

7.06 当发明范围不清楚时，应基于发明尽可能被理解的程度进行分类。如7.04段所讨论的那样，如果通过检索消除了不清楚之处，可能在后续阶段有必要对分类进行修改。

发明缺乏单一性

7.07 因为所有要求保护的发明都在公布的国际申请中被公开，所以不管发明是否缺乏单一性，所有要求保护的发明都必须完全进行分类。每项要求保护的发明都按照7.02至7.06段的规定进行分类。

对不进行国际检索的国际申请的分类

7.08 如果国际检索单位发现国际申请涉及不要求检索的主题或者不能进行有意义的检索（参见第9章），不管怎样仍应尽可能进行分类，并为国际申请公布的目的将其传送给国际局。

第8章
细则91——文件中明显的错误

细则91.1（a）至（e）、细则91.2

8.01 在国际申请中或在随后递交的其他文件中包含的、非明显故意的错误（如语言错误、拼写错误），如果自优先权日26个月内提交更正请求并且符合相关规定，则可以更正。这种错误必须对于主管单位是"明显的"：

（ⅰ）非故意出现在相关文件中的；以及

（ⅱ）除所提议更正方式外不会再有其他的更正方式。

8.02 对于主管单位而言，这必须很明显是错误。根据细则91，主管单位的人员判断声称的错误是否是明显的以及是否可更正没有特例。每个单位可依实践，例如，在任何情况下想象的读者是否应当是不具有特殊技能的普通人，或者，尤其是在错误位于说明书、权利要求书或者附图中的情况下，是否为"本领域技术人员"。主管单位决定错误是否可更正。

8.03 在细则91中，术语"单位"根据细则所述情况可以是指受理局、国际局、国际检索单位或者国际初步审查单位（参见8.12段）。

细则91.1（c）

8.04 明显错误更正的标准是双重标准：

（ⅰ）判断是否确实是错误；以及

（ⅱ）评估提交的更正是否是更正的唯一原本方式。

换句话说，首先，必须明显是错误；其次，必须明确除了提交的更正没有其他更正的方式。

细则91.1（d）

8.05 可更正的明显错误的例子包括：语言错误、拼写错误和语法错误，只要更正后公开的含义不改变即可。明显错误不仅限于这类错误，还包括对说明书、权利要求书或附图的改正，主管单位确定声称的错误是否是明显只能基于说明书、权利要求书和附图，不依赖任何外部文件。确定说明书、权利要求书和附图中的错误是否是明显的并且因而可更正不应当考虑优先权文件的内容。化学式和数学公式的错误通常不能更正，除非它们是公知常识。

细则91.1（e）

8.06　当错误存在于：

（ⅰ）国际申请请求书，或其改正中；或

（ⅱ）除说明书、权利要求书或附图外的文件或其改正中，或者根据条约第19条或第34条的修改中；

主管单位的决定仅考虑国际申请本身的内容，并在适用的情况下，所涉及的改正，或者所述文件，以及随请求书、改正或文件同时提交的其他文件，在有可能的情况下，任何根据规程的规定该单位可以获得的关于国际申请的优先权文件和根据8.07段在适合的日期内提交的主管单位国际申请文件中包含的其他文件。

细则91.1（f）

8.07　为确定明显错误更正请求是否应当被许可的适合的日期为：

（ⅰ）当原始国际申请［包括请求书，参见条约第3条（2）］的一部分存在声称的错误时：国际申请日；

（ⅱ）当除原始国际申请外的其他文件中，包括国际申请的改正或者修改中存在声称的错误时：收到包含声称的错误的文件的日期。

当原始国际申请的一部分中存在声称的错误时，以国际申请日适用8.04段描述的双重更正标准。国际申请日之后获得的知识不可以用于改正这样的错误。当在其他文件中存在声称的错误时，以文件的提交日适用双重更正标准。不可以依赖该日期之后获得的知识。

根据细则91不能更正的错误

8.08　根据细则91.1（g），下述错误不应当被更正：

细则91.1（g）（ⅰ）

（ⅰ）条约第3条（2）所涉及的国际申请的一项或多项（请求书、说明书、权利要求书、附图或摘要）或者国际申请的一页或多页内容遗漏的错误；

细则91.1（g）（ⅱ）

（ⅱ）摘要中的错误；

细则91.1（g）（ⅲ）

（ⅲ）根据条约第19条修改中的错误，除非由于已经提出国际初步申请请求且未撤回，并且根据细则69.1国际初步审查启动的日期已过，主管国际初步审查单位许可该更正；或

细则91.1（g）（ⅳ）

（ⅳ）优先权要求错误或者根据细则26之二.1（a）改正或增加优先权要求声明中的错误，该错误的更正可能导致优先权日的改变。

缺少的项目或页

8.09　但是，应当注意，细则20.3至20.8给出了向受理局提供遗漏项目或页的规

定。申请人可以根据细则38.3，提交对国际检索单位制定的摘要的修改。不同于优先权日的改变，可以根据细则91或细则26之二.1（a）变更优先权要求。

优先权要求的改正

细则26之二.2（e）

8.10 影响优先权日的优先权要求的改正或增加仅根据细则26之二生效。但是，当申请人希望改正或增加优先权要求，但细则26之二.1所规定的期限已经届满时，申请人可以要求国际局公布相关信息。这样的请求应当在自优先权日起30个月届满之前提出，并且缴纳特别的费用。

向另一个单位传送更正的请求

细则91.1（b）

8.11 下述单位主管国际申请及相关文件中更正的许可：

（i）如果国际申请的请求书或其改正中存在错误：受理局；

（ii）如果说明书、权利要求书或附图或其改正中存在错误，除根据（iii）由主管的国际初步审查单位处理外：国际检索单位；

（iii）如果国际初步审查要求已经提出且没有撤回，并且根据细则69.1国际初步审查启动的日期已过，说明书、权利要求书、附图或其改正，或者根据条约第19条或第34条的修改中存在错误：国际初步审查单位；

（iv）在除（i）至（iii）涉及的文件中存在错误提交至受理局、国际检索单位、国际初步审查单位或者国际局的情况下，除非摘要或者根据条约第19条的修改中存在错误：根据具体情况，受理局、国际初步审查单位或者国际局。

8.12 如果国际单位收到对请求书中的明显错误的更正请求（当国际单位不是受理局时），或者它收到不在其主管权限内许可更正的其他任何文件时，该单位将更正请求与任何提交的替换页一起传送至如以上所列的适当的国际单位，并相应地通知申请人。国际单位除传送请求书之外，也可以通知申请人该请求书应当送交主管更正该错误的单位。递交这种更正请求所使用的语言，参见细则12.2（b）。

通知申请人请求更正

细则91.1（h）

8.13 如果国际单位发现申请人递交的国际申请中或任何其他文件中出现明显错误，可以通知（可选择使用表格PCT/ISA/216或适用时表格PCT/IPEA/411）申请人将更正请求书递交到有权处理该更正的单位［细则91.1（b）和（h）］。尽管细则91.1（h）允许国际单位通知更正，但不期望提出这样的通知。因为根据细则91可以更正的任何错误，将不妨碍作出检索报告，并且不影响任何书面意见或国际初步审查报告的内容。

更正请求的提交和处理

细则91.2

8.14 更正请求书必须在自优先权日起26个月内提交给主管单位。更正请求必须详细说明要更正的错误和提出的更正，并且根据申请人的选择，包括简要的说明。

细则91.3；规程第511条

8.15 当更正请求书提交至国际检索单位且该单位有权处理更正时，该单位根据细则91.1决定错误是否可更正，根据规程第511条标记文件，并且完成表格PCT/ISA/217。国际检索单位将更正请求和表格 PCT/ISA/217 传送至受理局、国际局和申请人。

细则91.1

8.16 在国际初步审查程序中，国际申请中明显错误的更正可以根据申请人自己的意愿请求作出。此外，审查员基于对申请人递交的国际申请（除请求书外）和任何其他文件的研究，也会注意到明显错误。

细则91.3；规程第607条

8.17 当国际初步审查单位许可或者拒绝明显错误更正时，应当迅速将许可或拒绝的决定使用表格 PCT/IPEA/412 通知申请人，在拒绝的情况下，应说明拒绝的理由。国际初步审查单位如规程第607条所述标记请求书，并将更正请求书的副本以及表格 PCT/IPEA/412 发送给国际局和申请人。

更正的许可和效力

细则43.6之二

8.18 根据细则91.1许可的明显错误更正，除非更正是在国际检索单位开始起草国际检索报告之后被许可或者通知国际检索单位的，国际检索单位为了国际检索（包括国际检索报告和国际检索单位的书面意见的准备）应该予以考虑。根据8.19段国际检索报告中应说明已考虑所述更正。

细则43.6之二（b）；规程第413条

8.19 在主管单位根据细则91.3（a）通知该局更正许可之日前国际申请的处理或审查已经启动的，如果可能，国际检索报告说明是否考虑明显错误的更正。如果报告没有说明是否考虑明显错误更正，国际检索单位据此通知国际局，并且国际局根据规程进行处理。

细则48.2（a）（vii）、91.3（d）

8.20 根据申请人的请求，如果主管单位拒绝根据细则91.1的更正，可能的情况下（当请求在国际局在公布的技术准备完成之前收到时），国际局与国际申请同时公布更正请求、该单位拒绝更正的理由以及申请人提交的进一步简要陈述。这样的请求必须在自拒绝日起2个月内提交，并且缴纳特定的费用。

细则48.2（k）

8.21 如果国际局在国际公布的技术准备完成之后收到根据细则91.3（d）的公布请求，在收到这样的公布请求后迅速公布该明显错误的更正请求、理由和陈述。同时重新公布扉页。

8.22 如果国际局在国际公布的技术准备完成之前收到或者得到明显错误更正的许可，国际公布包括该更正。

细则48.2（i）

8.23 如果国际局在国际公布的技术准备完成之后收到或者得到明显错误更正的许可，所有与更正有关的说明、包含更正的页、替换页，以及根据本细则91.2提交的信函应当一同公布。同时重新公布扉页。

更正的生效日期

细则91.3（c）

8.24 如果明显错误更正被许可，应当在下述条件下生效：
（i）在原始国际申请中存在错误的情况下：自国际申请日起生效；

（ⅱ）在除原始国际申请以外的其他文件中存在错误的情况下，包括国际申请的改正和修改中存在错误：自该文件的提交日起生效。

因而，原始国际申请中存在的明显错误的更正自国际申请日起生效（即不是自更正提交日起生效），其他文件中存在的错误的更正自该相关文件提交日起生效（即不是自更正提出日起生效）。

第Ⅲ部分
国际检索单位和国际初步审查单位的审查员需要共同考虑的问题

第9章
国际检索和国际初步审查的排除及限制

导言

条约第17条（2）、第34条（4）

9.01 国际检索和初步审查单位的目标应当是作出尽可能完整的国际检索报告及专利性国际初步报告。不过存在某些不制定检索报告的情况，或者是检索报告、书面意见或国际初步审查报告只覆盖了一份报告通常所覆盖主题的一部分。这可能或者是由于该国际申请包含不需要该单位处理的主题（参见下面的9.02至9.18段），或者是由于说明书、权利要求书或附图不符合某一要求——例如清楚或者权利要求书要得到说明书的支持，且达到一定程度以至于无法对全部或部分权利要求进行有意义的检索（参见下面的9.19至9.39段）。条约第17条（2）（a）（ⅱ）中的术语"有意义的检索"应该被理解为包括一种检索，这种检索在合理的程度内是足够完整的以用于确定要求保护的发明是否符合实质性要求，也就是新颖性、创造性以及工业实用性的要求，和/或条约第5条和第6条关于充分、支持以及清楚的要求。因此，"无意义的检索"应该被限制为例外的情况，在这种情况中，对于某一特定的权利要求是根本不可能进行检索的，例如说明书、权利要求书或者附图完全不清楚的情况。如果说明书、权利要求书或附图能够被充分理解，则即使申请中有的部分不符合前述要求，也应当在承认确定检索程度时需要考虑在这些不符合要求的情况下进行检索。参见9.19至9.30段中对于这一问题的进一步的讨论及实例。

被排除的主题

条约第17条（2）（a）（ⅰ）、第34条（4）（a）（ⅰ）；细则39、67

9.02 细则39规定了一些不需要国际检索单位进行检索的主题。细则67列出了相同的主题，对于所列主题也不需要国际初步审查单位进行国际初步审查（并且，根据细则43之二.1（b），对于所列主题，国际检索单位也不需要就新颖性、创造性和工业实用性作出书面意见）。尽管这些条款中所列主题可以被排除在检索或审查之外，但并没有要求它们必须被排除。根据各单位的政策，可以对这样的主题进行检索或审查，例如，根据作为国际检索单位或国际初步审查单位的局的国内法进行检索或审查。即使根据相应的国内法认为该主题不具有可专利性，也可能是这种情况。根据各单位与国际局之间的协议，附录中列出了某特定单位准备进行检索或审查的任一种这样的主题。因此，从国际检索或国际初步审查中排除的主题可能因单位不同而不同。

9.03 对检索或国际初步审查的任何所述的限制都应当在该单位作出的书面意见或国际初步审查报告中附有合理解释。如果不进行任何检索，则检索审查员将完成表格 PCT/ISA/203（宣布不制定国际检索报告）。按照一般原则，在任何可行的情况下都应当进行检索或审查，包括尽管该单位认为细则 39 或 67 中所列的任何主题根据作为该单位的专利局的国内法不可授权，但是该单位已经决定对其检索或审查的情况。

9.04 下面的段落涉及根据细则 39 或 67 可以从国际检索或初步审查中排除的主题。各单位中关于排除的实践情况是不相同的。一些单位使用涉及"实践应用"的方法，而其他单位则使用涉及"技术特征"的方法。各单位可以使用符合自己实际情况的方法。9.05 段、9.07 段以及 9.11 至 9.15 段中使用了与这些可选择的实践相适应的两种术语。对于这些段落来说，术语"实践应用"应当被理解为表示要求保护的发明被视为一个整体时所具有的提供有用的、具体的及有形的结果的实践应用特征。"技术特征"应当被理解为表示要求保护的发明必须涉及一个技术领域，必须与技术问题相关，并且必须具有能够在权利要求中确定请求保护的主题的技术特征。但是，应当注意下面的 9.06 段、9.08 至 9.10 段涉及不受这些可选择的实践影响的被排除的主题。

科学和数学理论

细则 39.1（ⅰ）、67.1（ⅰ）

9.05 仅仅在权利要求书中出现科学或数学理论并非立即就排除对其进行检索或初步审查。当权利要求书作为一个整体来看时，如果应用或实施所述理论可以产生实践应用或者具有技术特征，由于结果并不是纯粹抽象的或智力的，则需要对其进行检索以及初步审查。科学理论是一种更广义形式的发现。例如，半导电性的物理理论会被排除在外，而新的半导体装置及制造方法是需要进行检索及初步审查的。数学理论是纯粹抽象的或智力方法应被排除这一原则的一个具体实例。例如，一种除法的简算方法将被排除，而设计用于执行相应方法的计算器则需要进行检索和初步审查。

植物或动物品种或者用于生产植物和动物的本质是生物学的方法，但微生物学方法除外

细则 39.1（ⅱ）、67.1（ⅱ）

9.06 虽然植物和动物品种被排除在检索之外，但转基因植物及有基因变异的非人类动物以及实现这些类型发明的方法是要进行检索及审查的。一种方法是否是"本质是生物学的"，取决于技术上人类介入该方法的程度；如果这种介入在决定或控制想要获得的结果方面起了重大作用，则不能将该方法排除在外。例如，一种有选择性地繁殖马的方法，仅包括为了繁殖进行选择并将具有某些特性的马集中在一起，则该方法本质上是生物学的。然而，特征在于采用生长激素或利用辐射处理植物的方法本质上不是生物学的，这是由于虽然该方法涉及生物学过程，但是所要求保护的发明的实质是技术性的。类似地，克隆或者基因控制非人类动物的方法本质上也不是生物学方法，要对其进行检索和审查。利用技术手段处理土壤，以抑制或促进植物生长的方法，也不排除在外。前述排除并不适用于微生物学的方法或用微生物学的方法得到的产品。术语"微生物学的方法"应当被理解为不仅包括使用微生物的工业方法，而且包括生产微生物的方法，例如通过基因工程

生产微生物的方法。微生物学方法得到的产品也是检索和初步审查的主题（产品权利要求）。根据细则39和67，将微生物学方法得到的产品的自身的繁殖解释为微生物学的方法；因此，微生物本身，由于它是由一种微生物学的方法得到的产品，可以受到保护。术语"由微生物学方法得到的产品"还包括质粒和病毒。

经营业务、进行纯智力活动或从事游戏活动的方案、规则或方法

细则39.1（ⅲ）、67.1（ⅲ）

9.07 经营业务、进行纯智力活动或从事游戏活动的方案、规则或方法是抽象或智力特征的项目中的另一些实例。应当注意，排除的决定性因素不是请求保护发明所涉及的特定领域或其分类，而是请求保护的发明是否具有抽象特性。本章附录中给出了实践中存在差异之处的特别指南。

对人体或动物体进行外科手术或治疗的处置的方法，以及在人体或动物体上实施的诊断方法

细则39.1（ⅳ）、67.1（ⅳ）

9.08 通过外科手术或治疗对人体或动物体进行处置的方法及在人体或动物体上实施的诊断方法是不需要单位进行国际检索或初步审查的另一些主题。但是，对于用于这些方法中的外科手术、治疗或诊断用仪器或装置是应当进行检索和初步审查的。对于用于这些处置或诊断方法中的新产品，特别是物质或组合物也应当进行检索和初步审查。

9.09 应当注意，细则39.1（ⅳ）和67.1（ⅳ）只排除了一定的通过外科手术或治疗进行处置的方法或者一定的诊断方法。而对有生命的人或动物所实施的其他处置方法（例如，对羊进行处理以促进生长，改善羊肉质量或提高羊毛产量），或者用于测量或记录人体或动物体的特性的其他方法是要进行国际检索和初步审查的，条件是（可能是这种情况）这些方法本质上不具有生物学特性（参见9.06段）。例如，包含通过施用化学产品而对人进行美容处理的权利要求的申请是应当予以检索和审查的。但对于包括外科手术的美容处理是不需要进行检索或初步审查的（参见9.10段的最后一句）。

9.10 予以排除的处置或诊断方法必须事实上限于在有生命的人体或动物体上实施。因此，根据细则39（1）（ⅳ）和67（1）（ⅳ）规定，在死亡的人或动物体上所实施的处置或诊断方法不被排除在国际检索和初步审查之外。对已脱离人体或动物体的身体组织或体液所实施的处置或者对它们进行的诊断方法也不被排除在检索和初步审查之外，条件是这些组织或体液不再返回到同一体内。因此，对储存在血库中的血所进行的处置或者对血样所进行的诊断性检测是不排除在外的，但是血液将返回到同一体内的血液透析方法能够被排除在外。诊断方法包括用于医学目的的对人体或动物体的状态所实施的探查，所以测量躯体血压的方法或者使X射线穿过躯体来获得关于躯体的内部状态的信息的方法都能够被排除在国际检索或初步审查之外。治疗性处置暗示着对疾病或躯体的机能障碍所进行的治疗；例如，免疫等预防性方法被视为治疗方法，因而可以被排除在外。外科手术不限于治愈性处置，更多地是指处置的性质，因此美容外科手术的方法也被排除在检索或初步审查之外。

单纯的信息表述

细则39.1（ⅴ）、67.1（ⅴ）

9.11 根据细则39和67，任何特征仅在于信息内容的信息表述都将被排除在外。不

管权利要求是针对信息表述本身（如声音信号、言语、可视显示），还是针对记录在载体上的信息（如特征在于其主题内容的书籍、特征在于录制的音乐段的留声机唱片、特征在于发出警告的交通信号、特征在于记录的数据或程序的计算机用磁带），或是针对用于表述信息的方法和设备（如特征仅在于显示或记录信息的显示器或记录仪），该规定均适用。但是，当编码信息的提供具有技术特征，或者具有与信息载体、方法或设备的结构关系和功能关系时，这些应当作为涉及用于提供信息的信息载体或方法或设备的主题而予以审查。这些例子包括：具有容量标记的测量设备，所述容量标记既具有结构关系，又具有功能关系，以对设备进行重新校准，所进行的重新校准取决于所期望的数量；一种留声机唱片，其特征在于带有特殊形状的沟槽以进行立体声录音；或一种侧边装有声道的幻灯片。

9.12　单纯的数据排列或编辑通常为被排除的主题，除非排列或表达方式具有技术特征或者实践应用。例如，单纯的程序列表本身不能被执行，并且仅仅是内在思想的表达，而不是该思想的应用，因此落在被排除的范围之内。与底层程序不交互的、脱离实体的数据结构不需要进行国际检索和审查，而以具有技术特征或实践应用的有形媒介来体现的数据结构应当是进行国际检索和审查的对象。可能具有技术特征或实践应用的另一些实例有：一种电报设备或通信系统，其特征是用一种特殊的编码来表示字符（如脉冲编码调制）；以及一种设计用来产生表示被测量信息的特殊形式的图形的测量仪器。用于在一特定基因数据库中搜索基因序列（该搜索功能超越了单纯的信息表达）的计算机系统将具有技术特征或实践应用，就如同能够指示多肽的三维坐标和多肽 Q 的原子坐标的显示的计算机程序那样。但是，在其上编码有具有多肽原子坐标的计算机可读介质则不具有技术特征或实践应用，即使数据结构是在有形介质中体现出来的。以下面的实例来说明在生物信息学领域中排除和不排除的数据排列或编辑的主题。

9.13　例1：蛋白质自身的3－D结构数据

权利要求1：用图1中所列的原子坐标产生的蛋白质P的计算机模型。

权利要求2：包含有如图1中所示的蛋白质P原子坐标的数据阵列，当遵照蛋白质模型算法时，该数据阵列产生出蛋白质P的3－D结构表示。

权利要求1和2不需要进行国际检索和审查。两项权利要求都是指与底层程序不交互的、脱离实体的数据结构。

9.14　例2：针对特定蛋白质的硅筛选方法

权利要求1：一种能够结合蛋白质P的化合物的鉴定方法，包括以下步骤：

将三维分子模型算法应用于图1中所示的蛋白质P的原子坐标，以确定蛋白质P的结合区的空间坐标；以及

用所存储的一组候选化合物的空间坐标对蛋白质P结合区的空间坐标进行电子筛选，以鉴定能够结合蛋白质P的化合物。

权利要求2：用包含由权利要求1中的方法所确定的化合物的名字和结构的数据进行编码而得到的数据库。

权利要求1是一种具有技术特征或实践应用的方法。因此，需要进行国际检索和审查。

权利要求2是一种与底层程序没有交互作用的、脱离实体的数据结构。因此，不需要

进行国际检索和审查。

计算机程序，在国际单位不具备条件对这些程序进行检索或初步审查的程度内

细则39.1（vi）、67.1（vi）

9.15 计算机程序在国际单位不具备条件对其进行检索或初步审查的程度内，是被排除的主题。应注意到最初计算机程序可以用许多形式来表达。通常，仅引用了程序代码的权利要求是被排除的主题。但是，在说明书和权利要求书中，达到了用自然语言描述的计算机可执行程序或者自引证代码的程度，依据关于排除条件的相关指南，应当认为国际单位具有基于这样的描述进行检索和初步审查的"条件"。各单位在确定关于计算机程序的排除方面存在不同实践。本章的附录中列出了实践中存在差异之处的具体指南。

在评价主题性质时的一般考虑

权利要求的形式

9.16 在考虑是否出现细则39或67所述主题时，审查员要牢记两点。首先，为了确定主题，审查员不要考虑权利要求的形式或种类，而要将精力集中在其内容上。9.15段中所给出的用于说明要求保护计算机程序的不同方式的实例说明了第一点。其次，任何排除仅应用到国际申请涉及被排除主题的程度。例如，用一种区别仅在于其上录制的音乐不同的留声机唱片来说明，如果同时改进了唱片纹道的形式，当使用适宜的拾取装置时，唱片可以按新的方式运转（如第一个立体录音唱片），就可对要求保护的主题进行国际检索和初步审查。执行细则39和67规定时，审查员不应当采用比国内申请更严格的有关标准。

仅一些权利要求中有被排除主题的情况

条约第17条（2）（b）、第34条（4）（b）

9.17 当仅有一些权利要求的主题是被排除在检索和初步审查之外的主题时，就要在国际检索报告、书面意见和国际初步审查报告中指出这一点。当然要针对其他权利要求进行检索和初步审查。

怀疑的情况

9.18 在怀疑权利要求所覆盖的主题是否构成被排除的主题的情况下，国际单位在利用可获得文献的程度下尽可能进行检索或初步审查。

某些情况下检索和初步审查的程度

9.19 可能存在例外情况，其中说明书、权利要求或者附图不符合所规定的要求达到了一定的程度以至于不能进行有意义的检索，也就是说，根本不可能对某一具体权利要求进行检索（参见9.01段）。但是，在某些情况下，说明书、权利要求书或者附图能够被充分理解，即使申请的一部分或几部分不符合所规定的要求，也要在确定检索程度时考虑不符合规定之处并进行检索。在这样的情况下，国际检索报告和书面意见要指出，说明书、权利要求书或者附图如何不符合所规定的要求（参见16.28段、16.29段和17.34段）。在指出缺陷时，国际检索单位还要注明，为了确定检索的程度已考虑了不符合具体规定的要求所达到的程度，而且要尽可能准确地指出这一程度。通常检索应尽可能地达到实际可能的最大程度。

可能进行检索或者初步审查并在书面意见中指出的例子

9.20 例1

权利要求1：馏出燃料油在120到500℃的范围内沸腾，当馏出燃料油处在低于

蜡状物出现温度的10℃温度时，其蜡状物含量至少为0.3重量%，该蜡状晶体在该温度下的平均微粒尺寸小于4000纳米。

说明书中除了公开向燃料油中加入一些添加剂，没有公开获得期望晶体尺寸的任何其他方法，而且对本领域技术人员来说也无法获得任何制造这种类型的燃料油的公知常识。

首先应当针对添加剂和具有确定数量已公开的添加剂的燃料油进行检索，然后检索领域将被扩展到与所请求保护的主题相关的所有可能领域，也就是扩展到具有所期望特性的燃料油组合物的宽泛概念。但是，检索不必被扩展到能够合理地确定找到最佳对比文件的概率低的领域。如果具有尽可能小的晶体的宽泛概念在本领域中是公知的，则在书面意见中应当指出权利要求不符合新颖性和/或创造性要求。书面意见还应当包括非现有技术理由的任何意见（也就是条约第5条和第6条诸如充分和依据的要求以及工业实用性的要求）。在本例中，权利要求将在书面意见中以下列非现有技术理由被拒绝：（1）不能被说明书和附图"以使本领域的普通技术人员能够实施本发明的充分清楚和完整的方式"所支持（参见5.45段）；和/或（2）得不到说明书和附图的充分支持，因而表明申请人仅请求保护他在申请日所认识到的和描述的主题（参见5.54段和5.58段）。国际检索报告应当指引检索领域，用于现有技术目的的最相关的对比文献，以及可能的话，用于非现有技术目的的最相关的对比文献［参见16.72段（其中指出符号"T"应当用于表示发明的推理或主张的内容不正确的引证文献），以及15.66段（指出用于表示可能被排除在国际检索之外的主题的类型符号）］，在本例中，涉及缺乏说明书的支持。国际检索单位也应当在非现有技术理由的反对意见中包含关于为了确定检索程度对这些反对意见已经作出的考虑达到什么样的程度的说明，而且应当尽可能明确地指出这一程度，例如，添加剂和具有确定数量的被公开的添加剂的燃料油和/或具有期望特性的燃料油组合物的宽泛概念。

9.21 例2：仅由所实现效果的特征限定的权利要求

权利要求1：一种使原材料以能得到具有改善特性的缓释药片的方式反应的方法。

说明书公开了一种使特定材料以特定方式反应以获得具有特定释放速率的特定生物活性材料的缓释药片的实施例。

首先应当针对以特定方式进行反应的特定材料来进行检索。如果不能找到已公开的特定实施例，则将检索进行扩展。例如，检索可以被扩展到具有特定生物活性材料的缓释药片。但是，检索不必扩展到能够合理地确定找到最佳对比文件的概率低的领域。除了关于新颖性或创造性的意见，书面意见还应当给出任何非现有技术理由的意见（也就是条约第5条和第6条诸如充分和支持的要求以及工业实用性的要求）。在本例中，权利要求将在书面意见中以下列非现有技术理由被拒绝：（1）权利要求不清楚，这是由于（a）权利要求没有记载方法的任何步骤，以至于没有以合理程度的清楚和具体来提出发明的范围（5.32段），以及（b）"改善特性"的措辞是一个相对性的术语（5.34段）；（2）权利要求试图仅仅以要实现的效果来限定发明（5.35段）。同样，国际检索报告应当引证检索领域、用于现有技术目的的最相关的对比文献，以及用于非现有技术目的的最相关的对比文献。国际检索单位也应当在非现有技术理由的反对意见中包含关于为了确定检索程度，对这些反对意见已经作出的考虑达到什么程度的说明，而且应当尽可能明确地指出这一程度，例如，以特定方式反应的特定材料。

9.22 例3：权利要求的特征仅在于不常见的参数

权利要求1：一种呕吐指数小于或约为1.0的脂肪。

该说明书公开了多种声称具有小于1.0的呕吐指数的脂肪和多种具有大于1.0的呕吐指数的脂肪。具有小于1.0的呕吐指数的脂肪的例子包括饱和和不饱和脂肪的不同混合物。具有大于1.0的呕吐指数的脂肪的例子也包括饱和和不饱和脂肪的不同混合物。没有公开这些脂肪混合物的其他特性，例如熔点。说明书公开了以特定的速度和温度搅拌脂肪且在室温下测量被搅拌混合物的黏度来确定呕吐指数。

首先应当针对说明书中公开的具有小于或约为1.0的呕吐指数的实施例进行检索。如果在现有技术中找到了所公开的这些实施例中的一个，则指出由于相同的材料具有相同的特性，因此权利要求相对于现有技术缺乏新颖性。除关于新颖性和创造性的意见之外，书面意见还应当给出任何非现有技术理由的意见（也就是，条约第5条和第6条诸如充分和支持的要求以及工业实用性的要求）。在本例中，权利要求将以下列非现有技术理由被拒绝：(1) 在权利要求的全部范围内，不能"以足够清楚和完整以使本领域的普通技术人员能够实施本发明的方式"被说明书和附图所支持（5.45段）；和/或(2) 请求保护的发明得不到说明书和附图的充分支持，由此表明申请人仅仅请求保护他在申请日所认识到和描述的主题（5.54段和5.58段）；以及(3) 所请求保护的发明不清楚，这是因为不能根据说明书中的说明或者根据本领域中认可的客观方法清楚且可靠地确定出参数（5.36段）。如果没有找到这些实施例中的任一个，检索不必简单地仅限于这些实施例，这是因为申请人使用了新描述/发现的参数来解释发明。通常可利用其他公知参数或化学或物理特性来进行检索，这些参数和物理特性能够推导出结论，即新描述/发现的参数是必然存在的，即固有的。例如，在本例中，也许可以利用诸如饱和度等参数来进行检索。国际检索单位也应当在非现有技术理由的反对意见中包含关于为了确定检索程度，对这些反对意见已经作出的考虑达到什么程度的说明，而且应当尽可能明确地指出这一程度，例如，说明书中公开的实施例和/或暗示新参数存在的其他公知参数或化学或物理特性。

9.23 例4：包括多个实施方式的化学马库什类型的权利要求

在本例中，权利要求包括大量的可能的实施方式，而说明书所公开并提供支持的仅是那些实施方式中的一个相对小的部分（参见5.48段）。

在这种情况下，检索可以仅针对请求保护的涉及具体公开的化合物，或者已制备或检测的组分以及对这些的结构性概括的实施方式进行。书面意见也应当包括关于条约第5条和第6条（充分和支持）的意见，具体描述说明书如何仅对请求保护的实施方式中的相对小的一部分提供了支持。国际检索单位也应当在非现有技术理由的反对意见中包含关于为了确定检索程度，对这些反对意见已经作出的考虑达到什么程度的说明，而且应当尽可能明确这一程度，例如，具体公开的化合物，或者已制备或检测的组分，以及对这些的结构性概括。

9.24 例5：具有多个选项、变量等的化学马库什权利要求

在本例中，权利要求包括如此多的选项、变量、可能的排列和/或附带条件，以至于使得权利要求不清楚和/或不简明并达到了不符合条约第6条和细则6的程度（参见5.42段）。

在这种情况下，应当针对权利要求中清楚和简明或者其请求保护的发明达到了可以被理解程度的那些部分进行检索。例如，可以仅针对要求保护的涉及清楚公开的化合物，或者清楚地制备或检测的组分以及对这些的结构性概括的实施方式进行检索。书面意见也应当包括关于条约第6条的意见（清楚和/或简明），具体描述权利要求如何不清楚和/或不简明。国际检索单位也应当在关于非现有技术理由的反对意见中包含关于为了确定检索程度，对这些反对意见已经作出的考虑达到什么程度的说明，而且应当尽可能明确地指出这一程度，例如，清楚公开的化合物，或者清楚地制备或检测的组分，以及对这些的结构性概括。

9.25 例6：大量的权利要求

一个申请包括480项权利要求，其中有38项独立权利要求。由于范围有重叠，导致无法清楚地区别各项独立权利要求。包括有太多的权利要求，并且它们使用这种方式撰写，以至于不符合条约第6条和细则6。但是，在说明书中有一个合理的基础，例如一具体段落清楚地指示出预期要请求保护的主题。

应当基于预期要请求保护的主题来进行检索。在书面意见中，应当以不符合条约第6条和细则6的非现有技术理由而对权利要求提出反对意见。国际检索单位也应当在不符合条约第6条和细则6的反对意见中包含关于为了确定检索程度，已经对这些反对意见的考虑达到什么程度的说明，而且应当尽可能明确地指出这一程度，例如，对被检索的主题进行简明的书面描述，可能的话引证一个具体的段落。

根本不可能对所有或一些权利要求进行检索的例外情况的例子

9.26 这些例子涉及例外的情况，即由于申请不符合所规定的要求，根本不能对所有或一些权利要求进行有意义的检索。这意味着对所有或一些权利要求可能进行有意义检索的情况为，例如，考虑克服不符合规定之处的一种可能的修改，然后按照9.19段中所列程序以及9.20段至9.25段中的例子进行检索。

9.27 当根本没有任何一项权利要求可以进行有意义检索时，由于不能确定克服不符合规定之处的任何可能的修改，则国际检索单位根据条约第17条（2）（a）（ⅱ）作出宣布。但是，当仅对一些权利要求根本不能进行有意义检索时，根据条约第17条（2）（b）要在国际检索报告中指出这种结果，而对其他权利要求照常进行检索。

9.28 例1

权利要求1：我的发明价值一百万美元。

权利要求1是申请中仅有的权利要求。说明书没有提供关于本发明的足够信息，以确定出在对权利要求进行修改后可能合理预期的保护主题。

根本不可能进行检索。将根据条约第17条（2）（a）（ⅱ）作出宣布。在书面意见中，应当以不符合条约第6条和细则6的非现有技术理由对权利要求提出反对意见。国际检索单位也应当在不符合条约第6条和细则6的反对意见中包含为了确定根本不可能进行任何检索，对这些反对意见已经作出的考虑达到什么程度的说明。

9.29 例2

权利要求1：包含氪的物质的组合物。

说明书引用了术语"氪"。但是，说明书中没有以周期表中的任何元素为根据定义所声称的物质。说明书中也没有给出所声称的物质的任何物理特性，例如密度、熔点等。

根本不可能对权利要求1进行任何检索。

9.30 例3：大量的权利要求

一个申请包含有480项权利要求，其中38项是独立权利要求。由于范围有重叠，导致无法清楚地区别各项独立权利要求。申请中包括有太多的权利要求，并且它们使用这种方式撰写，至于不符合条约第6条和细则6。在说明书中或者在别处，例如从一个具体段落也没有任何合理的基础，可指示出预期可能要求保护的主题。

根本不可能进行任何检索。

非现有技术问题

9.31 能够在第5章中找到关于检索程度的更详细的讨论。对于关于非现有技术问题的检索，参见15.02段和15.53段。

9.32 能够在5.31至5.58段中找到关于非现有技术关注点的更详细的讨论，其中包括权利要求的清楚、权利要求的数目和简明、在说明书中得到支持、请求保护的发明的清楚和完整公开、与权利要求充分对应，以及权利要求与公开内容之间的关系。可以在20.20段和20.21段中找到关于新主题的更详细的讨论。

工业实用性

9.33 如果关于工业实用性的意见是否定的，则在检索报告中应当引证用于支持该意见的任何现有技术，而且要在书面意见中陈述理由。此外，如果可行，应当作出关于新颖性和创造性的说明（参见17.42段）。

非正式澄清

条约第17条（2）（a）（ii）、(b)，第34条（4）（a）（ii）、(b)

9.34 在说明书、权利要求书或者附图不符合例如清楚或者权利要求得到说明书支持等有关规定，且其不符合程度达到了不能进行任何有意义检索的情况下，可能的话，国际检索单位可以在宣布不制定国际检索报告之前，要求申请人给予非正式澄清。审查员应当记住，如果国际检索单位对全部或者部分要求保护的主题没有进行检索和作出书面意见，则国际初步审查会受到相应的限制，并且，对于申请人没有要求进行国际初步审查的情况，国际检索单位所作出的国际检索和书面意见将会尽可能被利用。类似地，如果在国际检索单位作出第一次书面意见时或国际初步审查单位作出书面意见时，不可能对全部或部分请求保护的主题提出关于新颖性、创造性（非显而易见性）或工业实用性的意见，审查员可以要求申请人进行非正式澄清。但是，这并不意味着通知或许可申请人向国际检索单位提交修改。由于国际申请的说明书或权利要求书不符合条约第5条和第6条的规定且达到了不可能对要求保护的主题就其新颖性、创造性或工业实用性进行审查的程度，从而不可能对全部或部分要求保护的主题提出关于新颖性、创造性（非显而易见性）和工业实用性的意见。在这种情况下，审查员在可能的程度内对要求保护的主题进行审查，并且制定书面意见，在书面意见中要反映全部或部分要求保护主题的不支持或其他缺陷（参见17.35段）。即使在申请人进行了非正式澄清之后，审查员在书面意见中仍旧可以提出非现有技术理由的反对意见，这是由于缺少这种澄清，要求保护的主题曾是且仍是不清楚的。

9.35 如果权利要求中存在对确定权利要求的保护范围造成困难的任何类型的缺陷，

例如，含糊不清、不一致、模糊或有歧义的措辞，那么就需要参见 9.34 段进行澄清。这些类型的缺陷包括即使在考虑了说明书和附图（如果有）之后，权利要求中所使用的语言仍是不清楚的情况。

不清楚的权利要求

9.36 当所要求保护的主题整体上包括可选方案，其中的一些方案可清楚地实现该发明，并且其他可选方案不能清楚地实现该发明，则检索审查员检索那些可清楚地实现该发明的部分。对于其他不能清楚地实现该发明的方案，审查员考虑说明书和附图的内容，以及相关技术领域的公知常识，根据通过修改可以合理预期的要求保护的主题确定检索的主题，然后对所确定的主题进行检索。书面意见和国际初步审查报告尽可能地对权利要求的新颖性、创造性和工业实用性作出意见，并解释未能对余下的部分进行适当评价的理由。

9.37 例如：如果发明涉及 A + B + C + D 的组合，其中 B 是不清楚的，应当如 9.36 段所指出的那样，在审查员能够确定的被检索主题的范围之内进行检索。但是，如果 B 完全不清楚，以至于不可能确定出可能合理预期将要请求保护的主题，则不进行检索。作为另一个例子，如果发明涉及（A1 或 A2）+（B1 或 B2）的组合，其中 A2 不清楚，但如 9.36 段中所指出的那样审查员能够确定出 A2，那么要对该权利要求的全部进行检索，包括所有可选的组合。但是，如果 A2 完全不清楚，以至于不可能确定出可能合理预期将要请求保护的主题，则仍旧要对可选组合（A1 + B1）及（A1 + B2）进行检索，而不必对可选组合（A2 + B1）和（A2 + B2）进行检索。

永动机

条约第17条（2）（a）

9.38 国际申请是有关永动机（永远运动）的申请时，不需要将其从检索中排除。国际检索单位应当努力对这样的申请进行检索，除非这类申请不清楚以至于需要应用条约第 17 条（2）（a）的原则。

序列表

细则13之三.1（a）；规程第208条；规程附件C

9.39 如果国际申请包含需要包括在序列表中的核苷酸和/或氨基酸序列的公开，但国际检索单位没有可供使用的符合规程附件 C 中规定的标准并且以一种可接受语言提供的序列表副本，那么就可能出现另一种不可能进行有意义的检索或者初步审查的情况。在作出检索报告和书面意见之前，国际检索单位要求尽可能快地提交这样的序列表（参见 15.12 段和 15.14A 段）。但是，如果没有提交序列表，或者没有以标准要求的格式提交或以一种可接受的语言提供，那么该单位要在可能的程度范围内作出有意义的检索或者初步审查。例如，如果要求保护一种指定的蛋白质，就可能根据其名称而不是其序列对这种蛋白质进行检索。应当注意，具有少于 10 个特定核苷酸或少于 4 个特定氨基酸的序表，无须包括在序列表中（参见 4.15 段）。

宣布不制定国际检索报告

条约第17条（2）（a）

9.40 在所有权利要求的主题构成排除于检索之外的主题时（参见 9.02 至 9.18 段）或者在所有要求保护的主题不能进行有意义的检索时（参见 9.01 和 9.26 至 9.39 段），必须按照条约第 17 条（2）（a）用表格 PCT/ISA/203 宣布不制定国际检索报告并说明理由。

不过，即使没有检索，也应作出书面意见，但不能提出新颖性和创造性的问题，并且可能也不能提出其他问题，如工业实用性。不提出新颖性和创造性问题的具体原因在书面意见中可以通过引用宣布中全部解释的方式引用进行说明。

多项从属权利要求

条约第17条（2）（b）、第34条（4）（b）；细则6.4（a）

9.41 细则6.4（a）规定，引用一项以上其他权利要求的任何权利要求（多项从属权利要求）应当择一引用，并且多项从属权利要求不应作为其他多项从属权利要求的基础。如果国际申请包含按照不同形式撰写并且作为国际检索单位的专利局的国内法不允许用上述不同方式撰写多项从属权利要求，则国际检索单位可以根据条约第17条（2）（b）作出说明。但是，如果且仅限于在不能进行有意义的检索时，才作出这种说明。这种情况也要在书面意见中指明，当然只可能在事实上已经检索过的权利要求的范围内作出关于新颖性和创造性的书面意见或者国际初步审查报告。

9.41A 应当注意，一项独立权利要求也可以包含对另一项权利要求的引用（参见5.19段）。当一项独立权利要求包含对一项以上其他权利要求的引用并作为多项从属权利要求的基础时，如果作为国际检索单位的专利局的国内法不允许以这种方式起草多项从属权利要求，则国际检索单位也可以根据条约第17条（2）（b）项作出说明。但是，如果且仅限于在不能进行有意义的检索时，才作出这种说明。在这种情况下，也应在书面意见中指出。

9.41B 判断一项权利要求是否是多项从属权利要求时，审查员不仅应该考虑权利要求本身的形式，而且应该考虑所述权利要求中引用的权利要求。引用多项从属权利要求或包含对一项以上其他权利要求的引用的独立权利要求的任何从属权利要求，都应该被认为本身是多项从属权利要求，因此，不应作为任何其他多项从属权利要求的基础。

补充国际检索

9.42 本章中这种情况一般适用于根据细则45之二按照15.76至15.97段进行补充国际检索。检索单位规定的额外限制条件在15.87段和15.88段中进行了说明。

第9章附录

关于经营业务、执行纯智力活动或从事游戏活动的方案、规则或方法的被排除主题

A9.07 对经营业务、进行纯智力活动或从事游戏活动的方案、规则或方法的排除，各国际检索和初步审查单位在实践中存在差异。国际单位可以视情况以下述可选指南中的任意一条作为依据。

A9.07［1］ 关于发明是否落在被排除范围内的关键问题是，当请求保护的发明作为一个整体来看时，该请求保护的发明是否具有抽象的特征，或者由此而没有提供具有有用的、具体的、有形的结果的实践应用。例如，孤立地请求保护一种经营业务或涉及商业运行的理论或方法且其没有任何实践应用，则可能被排除在检索和审查之外，然而用于实施与商业相关的活动的具有实践应用的计算机可执行的方法或设备就需要进行检索和初步审查。此外，由其规则限定的游戏作为一种抽象实体可能被排除在外。但是，一种用来进行游戏的新设备就需要进行国际检索和审查。

A9.07 [2] 这些是本质上具有抽象或者智力特征的项目。尤其是，学习语言的方案、解决纵横组字谜的方法、游戏（作为由其规则确定的一种抽象实体）或者组织商业运作的方案既被排除在检索之外也被排除在审查之外。但是，如果要求保护的主题指定的是用于执行至少部分方案的设备或技术方法，则必须将方案和设备或方法作为一个整体进行检索和审查。在权利要求指定为用于实施方案中的至少一些步骤的计算机、计算机网络或其他传统的可编程设备，或其程序的具体情况下，要将该权利要求作为"与计算机相关的发明"进行审查（参见9.15段）。

关于计算机程序的被排除主题

A9.15 各国际检索和初步审查单位对于计算机程序的排除存在不同的实践。国际单位可以视情况以下述可选指南中的任意一条作为依据。

A9.15 [1] 此处的基本考虑与对细则67中所列的其他排除的考虑完全一样，也就是说，要求保护的程序是否具有提供有用的、具体的、有形的结果的实践应用。仅仅是描述可执行代码的程序清单而不是记录在计算机可读载体上的有形实体，是被排除的主题，并且由此也就不是国际检索和审查的主题。类似地，仅仅是产生一种思想表达（例如，数学理论）的可执行程序，即使被有形地表达出来，也将落入被排除的范围。但是，包含有在计算机可读载体上被有形地表达出来的可执行代码的程序，当其被执行时具有实践应用，则将不被排除在外而应当对其进行检索和审查。此外，数据处理过程或者通过计算机程序实施或者通过特殊的电路来实施，并且在这两者之间作出选择与创造性概念无关，完全由经济或实用因素决定。执行数据处理过程中涉及的技术在确定排除主题中不应当是决定性的。记住这一点，对于任何在计算机可读载体上被有形地表达出来的可提供实践应用（例如，计算机程序产品权利要求）的计算机程序应当进行该领域的检索和初步审查。不应当仅仅由于程序与其实施有关而拒绝进行国际检索和初步审查。这意味着，例如，程序控制的机器和程序控制的生产和控制程序通常应当被认为是可对其进行国际检索和初步审查的主题。随之还有，当要求保护的主题仅仅涉及公知计算机的程序控制的内部工作时，如果其提供了实践应用，则可能对该主题进行检索和审查。例如，一种公知的数据处理系统，其具有一个小的快速工作存储器和另一较大但较慢的存储器。假设这两个存储器在程序的控制下，以这样的方式运行，使得一个需要的寻址空间大于快速工作的存储器容量的程序，能以如同该处理数据完全存贮在所述快速存储器中基本一样的速度运行。程序在虚拟扩展该工作存储器的效果方面提供了实践应用，所以将需要进行检索和初步审查。在对这样的权利要求进行检索和初步审查的情况下，一般而言，也应当对产品、方法和用途权利要求进行检索和审查。关于这一点请参见5.13段和5.31段。

A9.15 [2] 此处的基本考虑与对细则67中所列的其他排除的考虑完全一样，也就是说，要求保护的程序是否具有技术特征。仅仅是产生一种思想表达（例如，数学理论）的程序将落在被排除主题的范围内。另外，数据处理过程既可通过计算机程序实施也可通过特殊的电路来实施，在这两者之间作出选择与创造性概念无关，完全由经济或实用因素决定。执行数据处理过程中所涉及的技术不应当是进行排除的决定性因素。记住这一点，对于任何具有技术特征的计算机程序应当在该领域进行检索和初步审查。不应当仅仅由于程序与其实施有关而拒绝进行国际检索和初步审查。这意味着，例如，程序控制的机器和程序控制的生产和控制程序通常应当被认为是可对其进行国际检索和初步审查的主题。随之还有，当要求保护的主题仅仅涉及公知计算机的程序控制的内部工作时，如果其提供了超出程序与计算机之间的正常交互作用的技术效果，则可对该主题进行检索和审查。例如，一种公知的数据处理系统，其具有一个小的快速工作存储器和另一较大但较慢的存储器。假设这两个存储器在程序的控制下，以这样的方式运行，使得一个需要的寻址空间大于快速工作的存储器容量的程序，能以如同该处理数据完全存贮在所述快速存储器中基本一样的速度运行。程序在虚拟扩展该工作存储器的效果方面提供了技术特征，所以将需要对涉及该程序的权利要求进行检索和初步审查，无论其呈现为例如产品、计算机程序产品、方法和用途权利要求等任何形式。而关于这一点，请参见5.13段和5.31段。

第10章
发明单一性

发明单一性的确定

条约第17条（3）（a）；细则13；规程第206条

10.01 一件国际申请应只涉及一项发明，或者，如果有多项发明，只有当所有这些发明由一个总的发明构思（细则13.1）联系在一起时才允许包括在一件国际申请中。在同一个国际申请中要求保护一组发明的，只有在这些请求保护的发明之间存在技术关联，含有一个或者多个相同或者相应的特定技术特征时，发明单一性才存在。"特定技术特征"一词在细则13.2中有定义，是指在要求保护的各个发明作为一个整体考虑时，其中每一个发明对现有技术作出贡献的那些技术特征。根据权利要求的内容确定发明的单一性，说明书和附图（如果有的话）用来解释权利要求的内容。

细则13.2；规程附件B（b）段

10.02 在考虑一个具体的技术特征是否对现有技术作出"贡献"，因而构成"特定技术特征"时，要考虑新颖性和创造性。例如，国际检索发现的文献表明主权利要求可能缺乏新颖性或创造性，则相对于现有技术，所要求保护的包含一个或多个相同或相应特定技术特征的发明之间可能不再具有技术上的关联，导致两个或多个从属权利要求不再具有一个总的发明构思。

细则13.2

10.03 发明缺乏单一性的问题，可能在"审查前"，即在对照现有技术审查权利要求之前，就十分明显，也可能在"审查后"，即考虑现有技术之后，才能看出来。例如，在"审查前"即可认为独立权利要求A＋X、A＋Y、X＋Y之间缺乏单一性，因为不存在所有权利要求共有的主题。对于独立权利要求为A＋X和A＋Y的情况，由于A是两项权利要求共有的，审查前有单一性。然而，如果能确定A是已知或者显而易见（参见第13章中的显而易见性的解释）的，则审查后可能缺乏单一性，因为A（假定它为一个单独特征或一组特征）不是对现有技术构成贡献的技术特征。

10.04 当发明缺乏单一性的问题十分明显时，审查员应当指出，但不应当在狭义的、仅在字面上或纯理论的方法基础上提出或坚持己见。对于各个可选项之间相互关联的程度，应当根据国际检索发现的现有技术状况或条约第33条（6）规定的其他任何密切相关文件披露的现有技术状况，采取宽松、实际的处理方式。如果几个独立权利要求之间的共同特征是公知的，而各自的其余的内容又彼此相异，没有任何共同的新的发明构思相联系，则显然缺乏发明单一性。另外，如果有一个总的发明构思，且具有新颖性和创造性，则不应提出其缺乏单一性。审查员在这两种极端情况之间作出决定时，不应当采取硬性规定，而应当具体情况具体分析，应采取使申请人获益的做法。

10.04A 为了评估申请是否要求保护不具有单一性的主题，国际单位可以应用"最少推理"方法，通过确定（多组）发明之间的共同或相应内容（如果有的话），为什么由于缺少相同或相应的特定技术特征，该内容不能提供单一总体发明构思，以及为什么（多组）发明之间没有技术关联（如果不明显的话）。尤其，对在（多组）发明之间是否存在技术关联的分析，可以包括无共同技术特征以及权利要求为什么可以分至一组的指示、这些特征为什么不同的陈述、每个组通过其特征所显示的技术性质的鉴定，以及它们的技术性质为什么不同的解释。在适当的情况下，根据技术领域，例如化学，通过它们的特征所显示技术性质的分析，可以替代地解释一组化合物替代物不具有相似的性质、中间体和最终产品不具有相同的基本结构元素并且在技术上不紧密相关、工艺过程不专适于产品的生产、产品本身不提供关联不同用途的单一总体发明构思，或者用途本身不提供关联多项权利要求的单一总体发明构思。在10.59E至10.59J段中提供了使用最少推理的示例。

10.05 从前面的段落可以清楚地看出，有关发明单一性的决定是由国际检索单位或国际初步审查单位作出的。但是，各单位不应当仅仅因为要求保护的发明被分在不同的分类组中或者只是为了将国际检索限制在某些分类组，而提出缺乏发明单一性的异议。

规程附件B（c）段

10.06 发明的单一性首先必须考虑的仅仅是国际申请的独立权利要求，而非从属权利要求。所谓"从属"权利要求是指包含一项或者多项其他权利要求的全部特征的权利要求，并引用，最好一开始就引用其他权利要求，然后写明要求保护的附加特征（细则6.4）。审查员应当记住，一项权利要求即使不是细则6.4规定的从属权利要求，也可以包含对另一项权利要求的引用。这种情况的一个例子是引用一项不同类型权利要求的权利要求（例如，"实施权利要求1的方法的设备……"或"制造权利要求1的产品的方法……"）。类似地，像5.19段例举的插头和插座的情况，引用其他配合部件的一个部件的权利要求（例如，"用于与权利要求1的插座配合的插头……"）不是一项从属权利要求。

10.07 如果独立权利要求避开了现有技术而且满足发明单一性的要求，则从属于这些独立权利要求的任何权利要求不存在缺乏单一性的问题。尤其是，如果一项从属权利要求本身包含了一个进一步的发明也没有关系。例如，假定权利要求1请求保护一种有特定形状的汽轮机叶片，而权利要求2是"如权利要求1所述的汽轮机叶片"，且由合金Z制成。审查员不能以合金Z具有新颖性，其组成是非显而易见的，因而该合金本身已包含了一项独立的以后可能获得专利权的发明的必要特征为理由，根据细则13规定提出反对意见；也不能以尽管合金Z不具有新颖性，但它在汽轮机叶片上的应用是非显而易见的，因此构成了一项与汽轮机叶片有联系的独立的发明为理由，根据细则13的规定提出反对意见。再如另一实例，假定主权利要求限定了从产品B开始制备产品A的方法，第二项权利要求是"根据权利要求1的方法，其特征是利用产品C反应制备产品B"。同样，在这种情况下，由于权利要求2包含了权利要求1的全部特征，所以，无论由C制备B的方法是否是有新颖性和有创造性的，都不能根据细则13.1提出反对意见。因为权利要求

2 包含了权利要求 1 的所有特征。同样，如果属的权利要求避开了现有技术并且满足发明单一性的要求，则属/种的情况不存在单一性问题。此外，如果分组合的权利要求避开了现有技术并且满足发明单一性的要求，而且组合的权利要求包括了该分组合的全部特征，则组合/分组合的情况也不存在单一性问题。

10.08 然而，如果一个独立权利要求并未避开现有技术，则从属于该权利要求的所有权利要求之间是否依然存在发明联系的问题需要慎重考虑。如果其间不存在联系，则审查后可能会提出缺乏单一性的异议（也就是说，仅在评价现有技术之后提出）。类似的考虑适用于属/种或组合/分组合的情形。即使在国际检索开始之前，也应使用这种确定发明是否具有单一性的方法。在作出现有技术检索的情况下，在权利要求避开现有技术的假设基础上作出的关于发明单一性的初步判定，可以在现有技术检索结果的基础上予以重新考虑。

10.09 发明的可选择形式既可以在多个独立权利要求中提出，也可在一项权利要求中提出（参见 5.18 段）。在后一种情况中，可能不能直接明显地看出这些独立的可选方案。但无论在哪种情况下，都应当用同样的标准判断发明是否具有单一性，并且在一项权利要求中，也可能存在缺乏单一性的问题。如果权利要求中包含了不属于一个总的发明构思的不同实施方式，应当就其缺乏单一性提出反对意见。细则 13.3 不限制各单位在考虑诸如权利要求的清楚、简明或该单位采用的权利要求收费体系的基础上，针对包含在一项权利要求中的可选方案提出反对意见。

10.10 如果在一项权利要求中要求保护若干单个要素的组合（与上一段讨论的不同实施方式的情况相反），即使这些要素在单个考虑时是不相关的，通常也不提出缺乏发明单一性的意见（参见 15.31 段）。

特殊情形的说明

规程附件 B（d）段

10.11 有三种特殊情况，关于这些情况，细则 13.2 中包含的确定发明单一性的方法有更详细的解释：

（ⅰ）不同类的权利要求的组合；

（ⅱ）所谓"马库什法"；以及

（ⅲ）中间体和最终产品。

上述每一种情况中，细则 13.2 中包含的方法的解释原则说明如下。应当理解的是，下面所说明的原则，在所有的情况下都是对细则 13.2 的要求的解释，而不是例外。下面的例子将有助于理解对前段所述的三个特别关注的领域所作出的解释。

不同类权利要求的组合

规程附件 B（e）段

10.12 根据细则 13 确定发明单一性的方法解释为，在同一件国际申请中允许包括下列任何一种不同类权利要求的组合：

（ⅰ）除一个特定产品的独立权利要求之外，一个专门用于制造所述产品的方法的独立权利要求，以及一个所述产品的用途的独立权利要求（参见 10.21 段例 1）；或

（ⅱ）除一个特定方法的独立权利要求之外，一个为实施所述方法而专门设计的设备或工具的独立权利要求；或

（ⅲ）除一个特定产品的独立权利要求之外，一个专门用于制造所述产品的方法的独

立权利要求，以及一个为实施所述方法而专门设计的设备或工具的独立权利要求。

如果一种方法使用的结果本来就是获得某种产品，则该方法是专门用于制造该产品的，如果一种设备或工具对现有技术的贡献与某种方法对现有技术的贡献相对应，则该设备或工具是为实施该方法而专门设计的。

10.13 因此，如果要求保护的方法使用的结果本来就是获得要求保护的产品，在二者之间存在技术关联，则该方法被认为是专门用于制造该产品的。所谓"专门用于"并不是意味着该产品不能使用一种不同的方法来制造。

10.14 同样，如果一个设备或工具对现有技术的贡献与一种方法对现有技术作出的贡献相对应，则该设备或工具被认为是"为实施要求保护的方法而专门设计"的。所以，该设备或工具仅仅能够用来实施该要求保护的方法是不够的。然而，所谓"专门设计"并不意味着该设备或工具不能用来实施另一方法，也不意味着该方法不能使用另一种设备或工具来实施。

10.15 审查员应当认真考虑比 10.12 段所列出的组合更广泛的组合方式，确保它们满足细则 13（发明的单一性）和条约第 6 条（权利要求的简明）的规定（参见 5.42 段关于权利要求的简明）。特别是，虽然按照 10.12 段一个分段的规定一组独立权利要求总是允许的，但若把细则 13.3 的规定（该条款规定，判断发明单一性时，无须考虑这些发明是分别在不同的权利要求中要求保护，还是在同一权利要求中作为并列选择项要求保护）与 10.12 段的规定［即在细则 13.3 规定的几项同类独立权利要求中的每一项独立权利要求的基础上，撰写出 10.12 段规定的一组独立权利要求（参见 5.12 至 5.14 段）］结合起来，形成几组独立权利要求，则不要求国际单位接受多个这样的组合。只是在例外的情况下，才能接受由此类组合产生的增加的权利要求。例如，可以允许像发射器和接收器这样两个相互关联的物品的独立权利要求；但根据 10.12 段规定，不允许申请人在该国际申请中还包括另外 4 项独立权利要求：两项分别为制造发射器和接收器方法的独立权利要求，另两项分别为发射器和接收器用途的独立权利要求。

10.16 不同类型权利要求必须由一个总的发明构思相联系，并且应当特别注意 10.12 段对这种联系所用的措辞。在（i）中产品与方法之间的联系在于该方法必须是"专用于制造"该产品的方法。类似地，在 10.12 段（ii）中，要求保护的设备或工具必须是为实施该方法"专门设计"的。同样地，在（iii）中，该方法必须是"专用于制造"该产品的，该设备必须是为实施该方法而"专门设计"的。（i）与（iii）的组合方式中，强调的是产品，发明的实质根本上在于产品，而（ii）项的组合方式中，强调的是方法，发明的实质根本上在于方法。

"马库什法"

规程附件 B（f）段

10.17 单一的权利要求限定一些可选择要素（化学的或非化学的）的情况，也应遵守细则 13.2 的规定，即所谓"马库什法"。在这种特定的情况下，在可选择要素具有类似性质的时候，应当认为满足了细则 13.2 所规定的技术关联及相同或相应的特定技术特征的要求。

（a）当马库什组是用于化合物的可选择要素时，如果满足下列标准，它们被认为具有类似的性质：

（A）所有可选择化合物具有一种共同的性能或作用；且

（B）(1) 具有一个共同的结构，即所有可选择化合物共有一个具有重要意义的结构单元；或

（B）(2) 在共同的结构不能成为统一的标准的情况下，所有的可选择化合物应属于该发明所属领域中公认的化合物类别。

(b) 在上述（a）（B）(1) 段中，"所有可选择化合物共有具有重要意义的结构单元"是指这样的情况，即这些化合物具有一个共同的化学结构，该结构占它们结构的大部分，或者如果这些化合物的结构仅有一小部分是相同的，该共同结构相对于现有技术构成结构上的区别部分，并且该共同结构对共同的性能或作用是必不可少的。该结构单元可以是单个成分，也可以是相互联系的单个成分的组合（参见10.46 段和10.47段例26 和27）。

(c) 在上述（a）（B）(2) 段中，"公认的化合物类别"是指根据本技术领域的知识可以预期到该类的成员对于要求保护的发明来说其表现是相同的。换句话说，每个成员都可以互相替代，而且可以预期所要达到的效果是相同的（参见10.53 段例33）。

(d) 马库什组中的各个可选择要素可能分类不同，这一事实不单独用来作为证明发明缺乏单一性的理由。

(e) 考虑这些可选择要素时，如果能证明至少有一个马库什可选择要素相对于现有技术不具有新颖性，审查员应重新考虑发明的单一性问题。重新考虑并非必然意味着提出缺乏单一性的反对意见。

中间体和最终产品

规程附件B（g）段

10.18 涉及中间体和最终产品的情况也适用细则13.2 的规定。

(a) "中间体"是指中间产物或起始产品。这些产品具有通过一种物理或化学变化生产出最终产品的性能，在上述变化中，中间体失去了原有的本性。

(b) 如果能满足下列两个条件，应认为中间体和最终产品具有发明的单一性：

（A）中间体和最终产品具有相同的基本结构单元，即：

(1) 中间体和最终产品的基本化学结构是相同的；或

(2) 两种产品的化学结构在技术上密切相关，该中间体引入一个基本结构单元到最终产品中；且

（B）中间体与最终产品在技术上相互关联，这意味着最终产品是直接由中间体制造的，或者是从少数都含有相同的基本结构单元的中间体中分离出来的（参见10.28 段和10.29 段例8 和9）。

(c) 在结构未知的中间体和最终产品之间也可能存在发明单一性，例如，在一个已知结构的中间体与一个结构未知的最终产品之间，或在一个结构未知的中间体与一个结构未知的最终产品之间。在这种情况下，要想满足单一性的要求，必须有足够的证据表明该中间体与最终产品在技术上是密切相关的，例如，该中间体包含与最终产品相同的基本单元或引入一个基本单元到最终产品中（参见10.32 段和10.33 段例12 和13）。

(d) 可以允许在一件国际申请中包含制备最终产品的不同方法中使用的不同中间体，只要这些中间体具有相同的基本结构单元。

（e）在由中间体转化为最终产品的过程中，该中间体和最终产品不能被一种已知的中间体分隔开来。

（f）如果同一件国际申请请求保护最终产品的不同结构部分的不同中间体，不应认为这些中间体之间存在单一性。

（g）如果中间体和最终产品是族系化合物，每一个中间化合物必须对应于最终产品的族系中要求保护的一个化合物。然而，某些最终产品也可能在中间产品的族系中没有相应的化合物，所以，该两个族系不需要绝对一致。

规程附件 B（h）段

10.19 只要应用上述的解释能够确认发明的单一性，则中间体除了能够用于制造最终产品，还显示了其他可能的效果或作用的事实，不应影响发明单一性的判定。

有关发明单一性的举例

10.20 以下例子说明发明单一性原则在特殊情况下的应用。

上文 10.01 至 10.10 段讨论了确定特定技术特征。应当认识到，基于国际单位如何确定任何共同的技术特征是否对现有技术作出贡献，国际单位在确定哪些特征是特定技术特征方面，根据个案可能有所不同。除非另有说明，否则以下示例在国际单位所确定的共同技术特征是特定技术特征的基础上进行。以下示例根据如下情形提供：

（ⅰ）请求保护的发明的不同方面（方法、装置、产品等）：示例 1 至 16（参见 10.21 至 10.36 段）；

（ⅱ）具有重叠特征但逐渐添加新特征的权利要求：示例 17 至 20（参见 10.37 至 10.40 段）；

（ⅲ）发明的互补形式（例如，接收器和发射器）：示例 21 至 23（参见 10.41 至 10.43 段）；

（ⅳ）本发明一个方面的替代形式（相同问题的不同方案）：示例 24 至 39（参见 10.44 至 10.59 段）；

（ⅴ）添加了偏离发明构思的实质特征（审查后不具备单一性）的从属权利要求：示例 40（参见 10.59A 段）；

（ⅵ）单一独立权利要求中发明不具有单一性：示例 41 至 42（参见 10.59B 段和 10.59C 段）；

（ⅶ）具有重叠特征的复杂权利要求组：示例 43（参见段落 10.59D 段）；以及

（ⅷ）使用最少推理的示例：示例 44 至 48（参见第 10.59E 至 10.59J 段）。

要求保护的发明（方法、装置、产品等）的不同方面

具有发明单一性——例 1 至 14

10.21 例 1

权利要求 1：一种制备化学物质 X 的方法。

权利要求 2：物质 X。

权利要求 3：物质 X 作为杀虫剂的应用（方法）。

权利要求 1、2 和 3 之间在审查前具有单一性，因为所有权利要求的共同的特定技术特征是物质 X。然而，如果物质 X 未界定在现有技术基础上的贡献，则所有权利要求不存在共同的特定技术特征。相应地，可能缺乏单一性（参见 10.20 段）。

10.22 例2

　　权利要求1：化合物X的族系作为杀虫剂的应用。

　　权利要求2：属于化合物X族系的化合物X_1。

权利要求1和2之间具有单一性。假如X_1具有杀虫功效，则特定技术特征是化合物X族系作为杀虫剂的用途。

10.23 例3

　　权利要求1：一种耐腐蚀性高，强度高的铁素体不锈钢带，其主要成分为（按重量百分比）：Ni = 2.0 ~ 5.0；Cr = 15 ~ 19；Mo = 1 ~ 2；以及平衡量Fe，其厚度为0.5mm ~ 2.0mm，0.2%屈服强度超过$50kg/mm^2$。

　　权利要求2：一种生产耐腐蚀性高，强度高的铁素体不锈钢带的方法，该带的主要成分为（按重量百分比）：Ni = 2.0 ~ 5.0；Cr = 15 ~ 19；Mo = 1 ~ 2；以及平衡量Fe，该方法包括以下步骤：

　　（a）热轧至2.0mm ~ 5.0mm的厚度；

　　（b）在基本上无氧的条件下，在温度800 ~ 1000℃条件下对该经热轧后的带材进行退火；

　　（c）冷轧该带材至0.5mm ~ 2.0mm的厚度；然后，

　　（d）再在温度1120 ~ 1200℃条件下对冷轧后的带材进行最后退火，时间为2 ~ 5min。

产品权利要求1与方法权利要求2之间存在单一性。产品权利要求中的特定技术特征是0.2%屈服强度超过$50kg/mm^2$。权利要求2中的工艺步骤必然生产出一种铁素体不锈钢带，其0.2%屈服强度超过$50kg/mm^2$。即使这一特征从权利要求2的措辞之中看并不明显，但在说明书中有清楚的公开。因此，这些方法步骤就是与产品（即具有所要求的强度特征的相同铁素体不锈钢）权利要求中的限定相对应的特定技术特征。

10.24 例4

　　权利要求1：用于灯泡的灯丝A。

　　权利要求2：具有灯丝A的灯泡B。

　　权利要求3：探照灯，它装有具有灯丝A的灯泡B和旋转装置C。

权利要求1、2和3之间存在单一性。所有的权利要求共有的特定技术特征是灯丝A。

10.25 例5

　　权利要求1：一种在动物身上作标记的标印装置，它包括圆盘形元件和紧固圆盘元件，圆盘形元件具有从该元件上垂直伸出的轴，轴的端部穿过待标记动物的皮肤，紧固圆盘元件被固定在皮肤另一侧的轴的突出端部。

　　权利要求2：一种应用权利要求1的标印装置的设备，该设备具有一个由压缩空气驱动的枪，用于将圆盘形元件的轴推入皮肤中，该设备还设置有一个支撑表面，用于举起紧固圆盘元件，该支撑表面被放置在待标记动物的身体相关部位的另一侧。

权利要求1的特定技术特征是标印装置，该装置具有带轴的圆盘形元件和被固定在轴端部的紧固圆盘元件。权利要求2中相应的特定技术特征是用于驱动该标印装置的压缩空气驱动枪，以及用于紧固圆盘元件的支撑表面。权利要求1和2之间存在单一性。

10.26 例6

　　权利要求1：化合物A。

　　权利要求2：一种杀虫剂组合物，包括化合物A和一种载体。

权利要求1和2之间存在单一性，它们共有的特定技术特征是化合物A。

10.27 例7

　　权利要求1：一种杀虫剂组合物，包含化合物A（由 a_1、a_2……组成）和一种载体。

　　权利要求2：化合物 a_1。

　　产品权利要求2未请求保护所有的化合物A，这是由于其中的某些化合物缺乏新颖性。

只要 a_1 具有杀虫活性，该活性也是权利要求1中化合物A的特定技术特征，那么权利要求1和2的主题之间依然存在单一性。

10.28 例8（中间体/最终产品）

权利要求1：

（中间体）

权利要求2：

（最终产品）

中间体和最终产品的化学结构在技术上密切相关。引入最终产品的基本结构单元是：

因此，权利要求1和2之间存在单一性。

10.29 例9（中间体/最终产品）

权利要求1：

[化学结构式 (Ⅰ)]

权利要求2:

[化学结构式 (Ⅱ)]

(Ⅱ)是制备(Ⅰ)的中间体。其闭合机理在该领域是众所周知的。虽然化合物(Ⅰ)(最终产品)与化合物(Ⅱ)(中间体)的基本结构明显不同,但化合物(Ⅱ)是化合物(Ⅰ)的开环母体。两个化合物具有一个共同的基本结构单元,该单元构成了两者间的联系,包括两个苯环和一个三唑环,因此,这两种化合物的化学结构被认为是技术上密切相关的。

因此该例满足发明单一性的要求。

10.30 例10(中间体/最终产品)

权利要求1:无定形聚合物A(中间体)。

权利要求2:结晶聚合物A(最终产品)。

在本例中,将无定形的聚合物A的薄膜拉伸使之结晶。

在此,单一性是存在的,这是因为中间体与最终产品存在这样的联系,即无定形聚合物A被用作制备结晶聚合物A的起始产品。

为了作进一步说明,假定本例中的聚合物A是聚异戊二烯。在此,该中间体无定形的聚异戊二烯与最终产品结晶聚异戊二烯具有相同的化学结构。

10.31 例11(中间体/最终产品)

权利要求1:用作纤维材料的聚合物,其通式结构如下:

[重复单元(X)]

$$H-[OCH_2CH_2OC(=O)-C_6H_4-C(=O)]_n-OCH_2CH_2OH \quad (Ⅰ)$$

权利要求 2：化合物，其通式结构如下：
（用作聚合物 I 的中间体）

$$H \!-\!\!\left[\!-\!OCH_2CH_2O\!-\!\overset{O}{\underset{\|}{C}}\!-\!\!\left\langle\!\!\bigcirc\!\!\right\rangle\!-\!\overset{O}{\underset{\|}{C}}\!-\!\right]_{n'}\!\!\!-\!OCH_2CH_2OH \quad (II)$$

（初级缩聚产物）

这两个发明之间属于中间体和最终产品的关系。

物质（II）是物质（I）的原料。

同时，两个化合物都具有一个基本结构单元［重复单元（X）］，技术密切相关，因此该中间体与最终产品满足单一性的要求。

10.32　例 12（中间体/最终产品）

　　权利要求 1：具有结构 A 的新化合物（中间体）。

　　权利要求 2：A 与物质 X 反应制得的产品（最终产品）。

　　（详细内容参见下文。）

10.33　例 13（中间体/最终产品）

　　权利要求 1：A 和 B 的反应产物（中间体）。

　　权利要求 2：A 和 B 的反应产物与物质 X 和 Y 反应制得的产品（最终产品）。

　　在例 12 和例 13 中，中间体和/或最终产品的化学结构是未知的。例 12 中权利要求 2 的产品（最终产品）的结构是未知的，例 13 中权利要求 1 的产品（中间体）和权利要求 2 的产品（最终产品）的结构是未知的。

如果有证据表明作为本案例创造性特征的最终产品的性质是由中间体带来的，则存在单一性。例如，例 12 和例 13 中使用中间体的目的是改变最终产品的某种性质。该证据可以是说明书中的试验数据，该数据表明中间体对最终产品的影响。如果不存在这种证据，则基于中间体—最终产品的联系，其间不存在单一性。

10.34　例 14（A）：（蛋白质及其编码 DNA）

　　权利要求 1：具有 SEQ ID NO：1 的分离的蛋白质 X。

　　权利要求 2：编码权利要求 1 的蛋白质 X 的分离的 DNA 分子。

　　（某些国际单位假定请求保护的生物分子是分离形态的，所以不要求权利要求像上述权利要求一样明确地包含术语"分离的"。）

　　说明书教导蛋白质 X 是一种白介素-1，一种与淋巴细胞活化有关的可溶性细胞因子。说明书还给出了具有编码 SEQ ID NO：1 的具有 SEQ ID NO：2 的 DNA 分子。

　　没有现有技术，因而 SEQ ID NO：1 和 SEQ ID NO：2 均具有新颖性和创造性。

要求保护的 DNA 分子编码蛋白质 X，因此蛋白质 X 和编码蛋白质 X 的 DNA 共有一个相应的技术特征。因此，权利要求具有发明的单一性（审查前）。

请注意，尽管鉴于这两类分子之间的特殊关系（即 DNA 编码蛋白质遵循众所周知的遗传密码），通常接受 DNA 和相应的编码蛋白质在审查前具有发明单一性，但一些国际单位可能认为存在如下所述的例外。

此外，由于蛋白质 X 构成了对现有技术的贡献，因此，在审查后，蛋白质 X 和编码蛋白质 X 的 DNA 具有特定技术特征。

例 14（B）

如果存在另一个 DNA 权利要求，包括不编码蛋白质 X 的 DNA 分子，一些国际单位可能会发现这些权利要求不具有相同或相应的技术特征，因而在审查前缺乏单一性。这种权利要求的例子如下：

权利要求 3：编码蛋白质 X 的分离的 DNA 分子，或其 DNA 片段。

权利要求 4：具有 SEQ ID NO：2 的分离的 DNA 分子，或在严格的条件下与 SEQ ID NO：2 的互补序列杂交的 DNA 分子。

基于 DNA 片段和杂交的 DNA 分子不限于编码蛋白质 X，一些国际单位可能认为权利要求 3 缺乏单一性。其他国际单位可能将"其 DNA 片段"或杂交分子解释为衍生自 DNA 分子并代表相同的总体发明构思，因此认为存在单一性。

在严格条件下与 SEQ ID NO：2 的互补序列杂交的 DNA 分子与 SEQ ID NO：2 具有显著的同一性。因此，一些国际单位可能认为权利要求 4 涉及相同的总体发明构思，因此认为存在单一性。

如果现有技术中存在关于蛋白质 X 或编码蛋白质 X 的 DNA 的教导，一些国际单位可能会认为相同或相应的技术特征没有对现有技术作出贡献，即不是特定技术特征，因而缺乏单一性（审查后）。

例 14（C）

此外，如果审查前认为蛋白质（或一类蛋白质）和核酸（或一类核酸）具有发明单一性的结论将与其他指导（例如马库什测试）冲突，则一些国际单位可能认为权利要求不共享相同或相应的特定技术特征，因此根据该事实在审查前或审查后认为缺乏发明单一性。

这种权利要求的例子如下：

权利要求 5：一种具有功能 X 的分离的蛋白质。

权利要求 6：分离的 DNA 分子，其编码具有功能 X 的蛋白质，所述蛋白质选自 SEQ ID NO：1、SEQ ID NO：2 和 SEQ ID NO：3。

如果在审查前，SEQ ID NO：1～3 在"马库什测试"下缺乏单一性［例如，未通过 10.17 段中的马库什测试的部分（B）（1）和（B）（2）］，因为 DNA SEQ ID NO：1～3 编码来自不同家族的结构不同的蛋白质，所述蛋白质在结构上/进化上不相关（例如，枯草杆菌蛋白酶样和胰凝乳蛋白酶样丝氨酸蛋白酶，二者已知具有相同的丝氨酸蛋白酶功能，但具有完全不同的结构并且属于进化上不同的家族），一些国际单位可能认为，在分离的 DNA SEQ ID NO：1～3 与具有功能 X 的相应编码蛋白质之间不存在发明单一性。

不具有发明单一性（审查前）——例 15 至 16

10.35　例 15

权利要求 1：一种处理织物的方法，包括在特定的条件下（例如，温度、辐射），用一种特殊的涂料组合物对该材料进行喷涂。

权利要求 2：根据权利要求 1 的方法喷涂得到的一种织物材料。

权利要求 3：用于权利要求 1 的方法的一种喷涂机，其特征在于采用一结构新颖的喷嘴，能使被喷涂的组合物更好地分布在织物上。

权利要求 1 的方法赋予权利要求 2 的产品一种预料不到的性能。权利要求 1 的特定技术特征是采用特定的处理条件，该条件与必须选择特殊涂料相对应。权利要求 1 和 2 之间存在单一性。权利要求 3 中的喷涂机与上面确定的特定技术特征不相关。权利要求 3 与权利要求 1 和 2 之间不存在单一性。

10.36　例 16

　　权利要求 1：一种燃烧器，带有通向混合燃烧室的切向的燃料进料口。

　　权利要求 2：一种制造燃烧器的方法，包括形成通向混合燃烧室的切向的燃料进料口的步骤。

　　权利要求 3：一种制造燃烧器的方法，包括浇铸步骤 A。

　　权利要求 4：一种实施制造燃烧器的方法的设备，包括导致形成切向的燃料进料口的特征 X。

　　权利要求 5：一种实施制造燃烧器的方法的设备，它包括一防护腔 B。

　　权利要求 6：一种制造碳黑的方法，它包括使燃料沿切向进入燃烧器的混合燃烧室的步骤。

权利要求 1、2、4 和 6 之间存在单一性。这些权利要求共有的特定技术特征是切向的燃料进料口。权利要求 3 和 5 与权利要求 1、2、4 和 6 之间缺乏单一性，因为权利要求 3 和 5 不包括权利要求 1、2、4 和 6 中的相同或相应的特定技术特征。权利要求 3 和 5 之间也缺乏单一性。

具有重叠特征但是逐步增加新特征的权利要求

　　具有发明单一性——例 17

10.37　例 17

　　权利要求 1：一种显示器，具有特征 A + B。

　　权利要求 2：根据权利要求 1 的显示器，具有附加特征 C。

　　权利要求 3：一种具有特征 A + B 的显示器，具有附加特征 D。

权利要求 1、2 和 3 之间存在单一性。所有的权利要求共有的特定技术特征是特征 A + B。

　　不具有发明单一性（审查前）——例 18 至 20

10.38　例 18

　　权利要求 1：一种包括步骤 A 和 B 的制造方法。

　　权利要求 2：为实施步骤 A 而专门设计的设备。

　　权利要求 3：为实施步骤 B 而专门设计的设备。

权利要求 1 和 2 之间或权利要求 1 和 3 之间存在单一性。权利要求 2 和 3 之间不存在单一性，因为在这两项权利要求之间不存在共同的特定技术特征。

10.39　例 19

　　权利要求 1：一种在物品上喷涂涂料的方法，其中涂料含有一种新的防锈物质 X，该方法包括使用压缩空气将涂料喷成雾状，通过一个新式的电极装置 A 使雾状的涂料带有静电再喷涂到物品上的步骤。

　　权利要求 2：一种含有物质 X 的涂料。

　　权利要求 3：一种包括电极装置 A 的设备。

权利要求 1 和 2 之间具有单一性，其共同的特定技术特征是含有物质 X 的涂料，权利要求 1 和 3 之间也存在单一性，其共同的特定技术特征是电极装置 A。但是权利要求 2 和 3 之间缺乏单一性，在它们之间不存在共同的特定技术特征。

10.40　例 20

有时，权利要求包含的范围与其他权利要求的范围重叠。在这些情况下确定发明单一性，需要仔细考虑。缺乏单一性的意见将取决于该案的事实，并且应当注意不是在狭义的、仅在字面上或纯理论的方法基础上提出反对意见，如 10.04 段中所提醒注意的。类似地，如 10.05 段中所述，国际单位在处理以下示例时可能具有不同的做法。

　　权利要求 1：碳钢，其包含 0.10%~0.40% 的锰。
　　权利要求 2：碳钢，其包含 0.60%~1.65% 的锰。
　　权利要求 3：碳钢，其包含 0.50%~0.90% 的锰。
　　说明书指出：
　　包含 0.10%~0.40% 锰的碳钢降低了高温下的氧化。
　　包含 0.60%~1.65% 锰的碳钢改善带电性。
　　包含 0.50%~0.90% 锰的碳钢改善强度，同时出乎意料地大幅改善延展性。

碳钢含有锰是公知常识。权利要求 1 和 2 以及权利要求 1 和 3 在审查前缺乏单一性，但是在权利要求 2 和 3 之间存在发明单一性。然而，如果现有技术教导或建议碳钢中锰含量为 0.60%~0.90% 范围内的任何重叠部分，以致改善导电性和/或改善强度，同时出乎意料地显著改善延展性，则权利要求 2 和 3 之间将在审查后不存在单一性。

发明的互补形式（例如接收器和发射器）

具有发明单一性——例 21 和 22

10.41　例 21（同类权利要求）

　　权利要求 1：特征为 A 的插头。
　　权利要求 2：对应特征 A 的插座。

特征 A 是包含在权利要求 1 和 2 中的一个特定技术特征，因此存在单一性。

10.42　例 22（同类权利要求）

　　权利要求 1：具有用于视频信号的时轴扩展器的发射器。
　　权利要求 2：具有用于所接收的视频信号的时轴压缩器的接收器。
　　权利要求 3：视频信号的传送设备，它包括具有用于视频信号的时轴扩展器的发射器和具有用于所接收的视频信号的时轴压缩器的接收器。

特定技术特征是权利要求 1 中的时轴扩展器和权利要求 2 中的时轴压缩器，二者是相应的技术特征。权利要求 1 和 2 之间存在单一性。权利要求 3 包括上述全部特定技术特征，与权利要求 1 和 2 具有单一性，在组合权利要求（权利要求 3）不存在的情况下，仍能满足单一性的要求。

不具有发明单一性（审查前）——例 23

10.43　例 23（筛选方法以及用该方法鉴定的化合物）

　　权利要求 1：鉴定受体 R 拮抗剂化合物的方法，包括将在其外膜上表达受体 R 的细胞与其天然配体接触；观察配体的结合；将与所述配体结合的细胞与选自化合物库的候选化合物接触；观察配体结合的变化。

权利要求2：具有式1的化合物X。
权利要求3：具有式2的化合物Y。
权利要求4：具有式3的化合物Z。

建议将受体R和其天然配体作为药物靶。认为拮抗受体R的化合物具有可用于治疗的生理效果。目标是鉴定先导化合物作为进一步筛选和检测组合库的基础。该库提供许多结构不同的可能化合物。例子表明可以用权利要求1的方法鉴定影响天然配体与受体结合的生理作用的化合物。只有化合物X、Y和Z具有所述效果，但它们看起来不共有具有重要意义的结构单元。说明书没有说明要求保护的化合物的结构与活性之间的关系以及受体R的结构和化合物的结构之间的关系。

受体R、其生物功能以及其天然配体是现有技术中已知的。可作为受体R拮抗剂的化合物不是已知的。

方法权利要求1的技术特征在于在筛选检测中观察候选化合物对配体结合的影响。在化合物X、Y或Z中，既不存在相同的，也不存在相应的特定技术特征。在筛选方法与所要求保护的化合物之间不存在制备上的联系。此外，所述筛选方法不是使用所要求保护的化合物X、Y和Z的方法。在对于化合物作为受体R拮抗剂所必需的结构没有任何教导的情形下，没有将所述方法与所要求保护的化合物联系在一起的总的构思。因此，缺乏发明的单一性（审查前）。

如果化合物X、Y和Z具有共同的性能或者作用，并且具有对于共同的性能或者作用必不可少的、具有重要意义的结构单元，则认为化合物X、Y和Z具有相同或相应的特定技术特征。尽管化合物X、Y和Z确实具有拮抗受体R的共同性能，但对于共有的具有重要意义的结构单元没有教导，因此没有公开相同或相应的技术特征。

一种可能的分组是：

发明1：鉴定化合物……的方法（权利要求1）

发明2：化合物X（权利要求2）

发明3：化合物Y（权利要求3）

发明4：化合物Z（权利要求4）

发明的替换形式（解决同一技术问题的不同技术方案）

具有发明单一性——例24至30

10.44 例24

权利要求1：具有提升装置的椅子。

权利要求2：具有机械螺杆提升装置的椅子。

权利要求3：具有液压提升装置的椅子。

由于所有的权利要求共有的特定技术特征是提升装置，因此在审查前，权利要求1至3之间存在单一性。然而，如果具有提升装置的椅子是本领域公知的，则将不存在所有权利要求共有的特定技术特征，并缺乏单一性。

10.45 例25（A）（共同的结构）

权利要求1：结构式如下的一种化合物：

其中 R^1 选自苯基、吡啶基、噻唑基、三嗪基、硫代烷基、烷氧基和甲基；$R^2 \sim R^4$ 是羟基、甲基、苄基或苯基。

这些化合物是用作提高血液吸氧能力的药物。

在该案例中，吲哚基是所有可选择化合物共有的具有重要意义的结构单元。因为所有要求保护的化合物都宣称具有相同的用途，所以存在单一性。这与"马库什法"一致，其中由共同结构提供特定技术特征，该共同结构构成与现有技术结构上不同的部分，并且共同结构对于共同的性质或活性是必不可少的（参见10.17 段）。

例 25（B）（共同的结构包括权利要求 1 中条件）

权利要求 1：结构式如下的一种化合物：

其中 R^1 选自苯基、吡啶基、噻唑基、三嗪基、硫代烷基、烷氧基和甲基；$R^2 \sim R^4$ 是羟基、甲基、苄基或苯基，条件是 R^2 和 R^3 不能同时为甲基。

这些化合物是用作提高血液吸氧能力的药物。

在该案例中，吲哚基是所有可选择化合物共有的具有重要意义的结构单元。因为所有要求保护的化合物都宣称具有相同的用途，所以在审查前存在单一性。然而，显示具有相同用途和具有该共同核心结构的化合物的现有技术，可用于表明在审查后该权利要求缺乏发明单一性。该现有技术甚至可包括其中 R^2 和 R^3 均为甲基的现有技术，因为现有技术仅需要教导共同的内容（即现有技术不需要预期权利要求/使权利要求显而易见）。

例 25（C）（共同的结构包括权利要求 1 中的功能性限定）

权利要求 1：一种具有结构式（Ⅰ）的化合物，具有增强血液吸氧能力的性质：

［结构式（Ⅰ）］

其中 R^1 选自苯基、吡啶基、噻唑基、三嗪基、硫代烷基、烷氧基和甲基；$R^2 \sim R^4$ 是羟基、甲基、苄基或苯基。

在该案例中，吲哚基是所有可选择化合物共有的具有重要意义的结构单元。而且，说明书和权利要求书教导了所有具有结构式（Ⅰ）的化合物都具有所声称的用途。因此，在审查前，存在单一性。教导具有所声称功能的共同结构的现有技术，可用于表明在审查后该权利要求缺乏发明单一性。

对于一些国际单位，即使对于教导其中 R^1 是苯基且 $R^2 - R^4$ 是甲基的结构式（Ⅰ）、但未提及声称功能的现有技术，缺乏单一性也是适用的，因为如申请人的说明书和/或证明这一点的其他参考文献所证明的，它将被认为固有地具有声称的功能，无论该证据是在申请人的申请日之前还是之后公布，因为化合物和其性质是不可分离的。

例 25（D）（共同的结构包括权利要求 2 中的替代功能）

权利要求 1：一种具有结构式（Ⅰ）的化合物：

［结构式（Ⅰ）］

其中 R^1 选自苯基、吡啶基、噻唑基、三嗪基、硫代烷基、烷氧基和甲基；$R^2 \sim R^4$ 是羟基、甲基、苄基或苯基。

权利要求 2：根据权利要求 1 的化合物，其中 R^1 是吡啶基，而 $R^2 \sim R^4$ 是甲基。

化合物可用作提高血液吸氧能力的药物。

在该案例中，吲哚基是所有可选择化合物共有的具有重要意义的结构单元。而且，说明书和权利要求书教导了所有具有结构式（I）的化合物都具有所声称的用途。因此，在审查前，存在单一性。

如果在审查后，缺乏发明单一性，则一些国际单位将确定检索的第一项发明将是具有结构式（I）且其中 R^1 是苯基（不是吡啶基）而 $R^2 \sim R^4$ 是羟基（不是甲基）的化合物，因为它们是权利要求 1 中列出的第一项马库什成员（同样参见例34）。应当注意，在这种情况下，第一项要求保护的发明不包括任何亚属，而是限于每个变量的第一实施方案。然而，该单位/审查员可以自由裁量并根据案例的具体情况，在第一项发明中包括一个或多个亚属。

或者，该国际单位可以确定所搜索的第一项发明可以包括不同的分组。在大多数情况下，将基于对案例情况的考虑而作出决定，包括不同分组的相互从属性、申请中给出的具体实例和已经确定的现有技术。例如，在上述情况下，可以认为苯基、吡啶基、噻唑基和三嗪基具有共同的性质，因为它们是芳环。然而，公开了具有相同活性并在该位置包含芳族基团、如嘧啶的化合物的现有技术，可用于使得这些分组的每一个之间缺乏单一性。

在另一个替代方案中，一些国际单位可以确定每种类型的第一取代基，在此为 R^1，是作为特定技术特征；换句话说，如果其中 R^1 是苯基的结构式（I）是现有技术中已知的，则第一项发明是其中 R^1 是吡啶基且 $R^2 \sim R^4$ 是羟基、甲基、苄基或苯基（即 $R^2 \sim R^4$ 的所有选项）的结构式（I）；第二发明是其中 R^1 是噻唑基且 $R^2 \sim R^4$ 是羟基、甲基、苄基或苯基的结构式等。

10.46 例26（共同的结构）

权利要求 1：结构式如下的一种化合物：

$$R_1-N=C-CH\quad Z$$
（带有 SCH_3 取代基）

其中 R_1 选自苯基、吡啶基、噻唑基、三嗪基、硫代烷基、烷氧基和甲基，Z 选自氧（O）、硫（S）、亚氨基（NH）和亚甲基（—CH_2—）。

这些化合物是用作减轻下背部疼痛的药物。

在这个具体案例中，一个六元环相连接的亚氨基硫醚基团 $-N=C-SCH_3$ 是所有可选择化合物共有的一个具有重要意义的结构单元。因此，由于所有要求保护的化合物都宣称具有相同的用途，所以存在单一性。

10.47 例27（共同的结构）

权利要求 1：结构式如下的一种化合物：

其中 R^1 是甲基或苯基，X 和 Z 选自氧（O）和硫（S）。

该化合物用作药物，它含有 1,3-噻唑取代基，该取代基对哺乳动物的组织具有更好的渗透性，使得该化合物能用作治疗头痛的去痛剂和局部消炎剂。

所有的化合物都有一个共同的化学结构，即连接在一个亚氨基团上的噻唑环和六原子杂环化合物，这在上述化合物结构中占大部分。因此，由于所有要求保护的化合物都宣称具有相同的用途，所以存在单一性。

10.48 例 28（共同的结构）

$$X \left[\overset{O}{\underset{}{C}} - \underset{}{\bigcirc} - \overset{O}{\underset{}{C}} - OCH_2CH_2O \right]_n \left[\overset{O}{\underset{}{C}} - \underset{NO_2}{\bigcirc} - \overset{O}{\underset{}{C}}OCH_2CH_2O \right]_{m_l} H$$

$1 \leq l \leq 10$

$200 \geq n + m \geq 100$

X：环己基-CH_2O- 或 苯基-CH_2O-

上述所有的共聚物都具有共同的抗热降解性能，这是由于导致热降解作用的末端羧基（COOH）与 X 发生了酯化反应，从而减少了自由羧基的数量。

各可选化合物的化学结构被认为是技术上彼此密切相关的。因而在一项权利要求中出现一组化合物是允许的。

10.49 例 29

权利要求 1：烃类气相氧化催化剂：它由（X）或（X+a）组成。

该例中，（X）使 RCH_3 氧化为 RCH_2OH，（X+a）使 RCH_3 进一步氧化成 RCOOH。

两种催化剂具有一个共同的成分和共同的作用，即作为 RCH_3 的氧化催化剂。虽然使用（X+a）的氧化反应更完全，直至形成羧酸，但是作用仍然是相同的。

该案例中的马库什组可以接受。

10.50 例 30（多种结构和功能相关的多核苷酸）

权利要求 1：选自核苷酸序列组 SEQ ID NO：1~10 的分离的多核苷酸。

（某些单位假定请求保护的生物分子是分离形态的，所以不要求权利要求像上述权利要求一样明确地包含术语"分离的"。）

与例 35 的情况相同，只是所要求保护的多核苷酸共有一个具有重要意义的结构单元，它们相应的 mRNA 仅在患有疾病 Y 的患者肝细胞中表达。在健康个体的肝细胞中不表达。

没有可获得的现有技术，该共有的结构单元之前没有被确认过，在表达含有该结构单元的 mRNA 的基因与患有疾病 Y 的患者之间也没有确立过任何关联。

如果可选择要素具有共同的性能或作用，并且共有一个对于共同的性能或作用必不可少的具有重要意义的结构单元，权利要求 1 的多核苷酸就被认为具有相同或相应的技术特征。有些专利局认为权利要求 1 是一个马库什组。

在该例中，说明书公开了 SEQ ID NO：1~10 具有共同的性能，即 mRNA 的表达仅出现于患有疾病 Y 的患者中。而且，SEQ ID NO：1~10 共有一个对于共同的性能必不可少的具有重要意义的结构单元，即包含共有结构单元的探针能够检测患有疾病 Y 的患者的 mRNA。由于这两个要求都满足了，这组要求保护的多核苷酸分子满足发明单一性的要求（审查前）。

不具有发明单一性（审查前）——例 31 至 39

10.51　例 31

权利要求 1：用于直流电动机的控制电路 A。

权利要求 2：用于直流电动机的控制电路 B。

权利要求 3：一种设备，包括一台带有控制电路 A 的直流电动机。

权利要求 4：一种设备，包括一台带有控制电路 B 的直流电动机。

控制电路 A 是一个特定技术特征，控制电路 B 是另一个不相关的特定技术特征。

权利要求 1 和 3 之间或权利要求 2 和 4 之间具有单一性，但权利要求 1 和 2 之间或 3 和 4 之间缺乏单一性。

10.52　例 32（共同的结构）

$$X\!-\!\!\left(\!C\!-\!\!\bigcirc\!\!-\!C\!-\!OCH_2CH_2CH_2CH_2CH_2\!-\!O\!\right)_{\!n}\!\!-\!H$$

$100 \geqslant n \geqslant 50$

$X: \text{（环己基）}\!-\!CH_2O\!-\!$ 或 $CH_2\!=\!\!\bigcirc\!\!-\!CH_2O\!-\!$

使已知的聚亚己基对苯二甲酸酯的末端羧基（COOH）与 （环己基）—CH₂O—发生酯化反应，由于能导致热降解的自由羧基（COOH）的数量减少了，从而使所得的化合物具有抗热降解性能。相反地，使已知的聚亚己基对苯二甲酸酯的末端羧基（COOH）与含有 CH₂ =CH—〇—CH₂O— 的一种乙烯化合物发生酯化反应，所得化合物在与不饱和单体混合并固化（加成反应）时作为凝固树脂的原料。

该权利要求所包括的所有酯并不具有共同的性能或作用，例如，通过与"CH₂ = CH"乙烯化合物发生酯化反应得到的产品就不具有抗热降解性能。因此不允许这一组化合物在一件申请中提出。

10.53　例 33（缺少共同的结构）

权利要求 1：一种除草组合物，它主要包括有效量的 A 与 B 的混合物，以及一种惰性载体或稀释剂，其中 A 是 2，4－D（2，4－二氯－苯氧基乙酸），B 是第二种除草剂，选自硫酸铜、氯化钠、氨基磺酸铵、三氯醋酸钠、二氯丙酸、3－氨基－2，5－二氯苯甲酸、联苯甲酰胺（一种酰胺）、二碘苯甲腈（腈）、二硝基苯酚（苯酚）、氟乐灵（二硝基苯胺）、EPTC（硫代氨基甲酸盐）以及西玛三嗪（三嗪），以及惰性载体或稀释剂。

B 中的不同成分必须是某一公认化合物类别的成员。所以在本案中可以缺乏单一性为由提出反对意见。由于 B 的成员不能被视为属于同一类化合物，而是实际上属于如下不同类的化合物：

（a）无机盐：硫酸铜、氯化钠、氨基磺酸铵；

（b）有机盐及羧酸：三氯醋酸钠、二氯丙酸、3－氨基－2，5－二氯苯甲酸；

(c) 酰胺：联苯甲酰胺；

(d) 腈：二碘苯甲腈；

(e) 苯酚：二硝基苯酚；

(f) 胺：氟乐灵；

(g) 杂环：西玛三嗪。

10.54　例 34

权利要求 1：结构式如下的药物化合物：A–B–C–D–E，

其中：A 选自 $C_1 \sim C_{10}$ 烷基或烯基或环烷基，取代或未取代的芳基或含有 1~3 个选自 O 和 N 的杂原子的 $C_5 \sim C_7$ 杂环；

B 选自 $C_1 \sim C_6$ 烷基或烯基或炔基、氨基、磺基、$C_3 \sim C_8$ 醚或硫醚；

C 选自含有 1~4 个选自 O、S 或 N 杂原子的 $C_5 \sim C_8$ 饱和或不饱和杂环，或取代或未取代的苯基；

D 选自 B 或 $C_4 \sim C_8$ 羧酸酯或酰胺；以及

E 选自取代或未取代的苯基、萘基、茚基、吡啶基或噁唑基。

不能从上述通式中容易地确定出具有重要意义的结构单元，因而无法确定特定技术特征，所有不同组合之间不具有单一性。当确定第一项发明时，一种方法是考虑其从属权利要求的内容。

另一种方法是，将第一项发明视为每一个变量首先提到的结构，即 A 为 C_1 烷基，B 为 C_1 烷基，C 为具有一个 O 杂原子的 C_5 饱和杂环，D 为 C_1 烷基，以及 E 为取代的苯基。限制于该第一项发明的从属权利要求可以被认为与第一项发明存在单一性，并且均可进行检索，而无须缴纳附加费。

一些国际单位的另一种方法是更宽泛地考虑第一项发明。例如，第一项发明可以是这样的化合物，其中 A 是 $C_1 \sim C_{10}$ 烷基，B 是 $C_1 \sim C_6$ 烷基，C 是具有一个 O 杂原子的 $C_5 \sim C_8$ 饱和杂环，D 是 $C_1 \sim C_6$ 烷基，而 E 是取代或未取代的苯基。在这种情况下，可以确定其他组合需要额外检索费。例如，第二项发明可以是这样的化合物，其中 A 是烯基，B 是烯基，C 是取代或未取代的苯基，D 是 $C_4 \sim C_8$ 羧酸酯，而 E 是萘基。在这种情况下，考虑说明书和示例以确定要求缴纳额外检索费的特定化合物组，也可能是合适的。

包含多个变量的权利要求的分组，应基于与先前在这些指南中所述一致的原则，逐案确定。

10.55　例 35（多种结构和功能不相关的多核苷酸）

权利要求 1：选自核苷酸序列 SEQ ID NO：1~10 的分离的多核苷酸。

（某些单位假定请求保护的生物分子是分离形态的，所以不要求权利要求像上述权利要求一样明确地包含术语"分离的"。）

说明书中公开了要求保护的多核苷酸是从人的肝脏 cDNA 库获得的 500 bp cDNA。尽管没有相应蛋白质的功能或生物活性的说明，但这些多核苷酸的结构是不同的，并且能用作获得全长的 DNA 的探针。而且，要求保护的多核苷酸彼此不是同源的。

没有可获得的现有技术，人的肝脏 cDNA 库在此之前没有建立。

如果可选择要素具有共同的性能或作用，并且共有一个对于共同的性能或作用必不可少的具有重要意义的结构单元，如国际单位所确定的（参见10.05段），权利要求1的多核苷酸就被认为具有相同或相应的技术特征。有些专利局可能认为权利要求1为一个马库什组。

该例中，说明书中没有公开所有多核苷酸SEQ ID NO：1～10具有共同的性能或作用。虽然每个序列可以用作分离各自全长DNA的探针，但是由于SEQ ID NO：1～10之间不具有同源性，由SEQ ID NO：1衍生的探针不能分别用于分离SEQ ID NO：2～10。

而且，由于这些多核苷酸彼此不是同源的，它们不共有一个共同的结构，即具有重要意义的结构单元。不能认为糖-磷酸骨架是具有重要意义的结构单元，因为所有核酸分子都含有该结构单元。因此，这10种多核苷酸分子不共有任何具有重要意义的结构单元，不能认为具有相同或相应的技术特征。

仅仅是多核苷酸片段由相同来源（人的肝脏）衍生得到的事实不足以确定其满足发明的单一性的要求。如国际单位所确定的，这些多核苷酸没有共同的性能或作用，并且不具有共同的结构。由于这两个要求均不满足，这组要求保护的多核苷酸分子不满足发明单一性的要求（审查前）。

一种可能的分组是：

发明1～10：具有SEQ ID NO：1～10的多核苷酸。

10.56 例36[功能不相关的单核苷酸多态性（SNP）]

权利要求1：分离的核酸分子，包括在下面所述一处位置具有单一多形变化的SEQ ID NO：

1：

多形	位置	由SEQ ID NO：1中的核苷酸变为
1	10	G
2	27	A
3	157	C
4	234	T
5	1528	G
6	3498	C
7	13524	T
8	14692	A

（某些单位假定请求保护的生物分子是分离形态的，所以不要求权利要求像上述权利要求一样明确地包含术语"分离的"。）

根据说明书，SEQ ID NO：1的长度为22930个核苷酸。单核苷酸多态性1～8没有特征，即没有公开共同的性质或活性。

现有技术公开了SEQ ID NO：1，但是没有确认任何具体作用。

如果可选择要素具有共同的性能或者作用，并且共有一个对于共同的性能或作用必不可少的具有重要意义的结构单元，则认为权利要求1的多核苷酸具有相同或相应的技术特征。有些专利局认为权利要求1是马库什组。

在本例中，说明书没有公开所有的SNP 1~8共有一种性能或作用。由于现有技术中已经描述了SEQ ID NO：1，而且所要求的不同SNP之间不存在功能上的联系，因此，所有突变点均在限定的序列（SEQ ID NO：1）内的事实不足以确立发明的单一性。所以，权利要求1的SNP不具有发明的单一性。

一种可能的分组是：

发明1~8：SNP 1~8。

10.57　例37（共有与共同结构无关的一种共同功能的分子）

权利要求1：一种融合蛋白，包含与含有SEQ ID No：1、2或3的多肽相连的载体蛋白X。

说明书公开了载体蛋白X为1000个氨基酸长，其功能是提高融合蛋白在血液中的稳定性。SEQ ID No：1、2和3是从大肠杆菌的不同抗原区分离的小表位（10~20个残基长）。SEQ ID No：1、2和3没有任何具有重要意义的共同结构。

蛋白X的结构及其作为载体蛋白的功能均是本领域公知的。产生大肠杆菌抗原应答的融合蛋白是本领域公知的。

如果可选择要素具有共同的性能或者作用，并且共有对于共同的性能或者作用必不可少的重要结构单元，则认为权利要求1的融合蛋白具有相同或相应的技术特征，如国际单位所确定的（参见10.05段）。有些专利局认为权利要求1是马库什组。

在本例中，融合蛋白共有的唯一共同结构是载体蛋白X。融合蛋白具有共同的性能，即产生大肠杆菌特异性的抗体反应。但是，单独用载体蛋白免疫不会产生共同的性能；必须有SEQ ID No：1、2或3才有这种性能。

在3种融合蛋白之间不存在特定技术特征。由于（1）赋予共同性能的SEQ ID No：1、2和3不共有具有重要意义的结构单元，（2）共同结构载体蛋白X没有赋予共同的性能，以及（3）融合蛋白产生大肠杆菌特异性的抗原反应是本领域公知的，所以所有融合蛋白具有共同性能的事实不足以确立发明的单一性。

一种可能的分组是：

发明1：含有载体蛋白X和SEQ ID NO：1的融合蛋白。

发明2：含有载体蛋白X和SEQ ID NO：2的融合蛋白。

发明3：含有载体蛋白X和SEQ ID NO：3的融合蛋白。

10.58　例38（具有共同的结构并编码具有共同性能的蛋白的多个核酸分子）

权利要求1：选自SEQ ID No：1、2或3的分离的核酸。

（某些单位假定请求保护的生物分子是分离形态的，所以不要求权利要求像上述权利要求一样明确地包含术语"分离的"。）

说明书公开了编码脱氢酶的3种核酸，所述脱氢酶包括限定催化位点和这些蛋白的脱氢酶功能的保守序列基元。这3种核酸从3种不同的来源（小鼠、大鼠和人）中分离。说明书清楚地表明在核苷酸和氨基酸序列水平，基于总的序列相似性（85%~95%同一性），这3种核酸都是同源的。

现有技术描述了分离自猴的核酸分子，它与SEQ ID NO：1有高度的序列相似性

（例如90%）。猴的核酸编码包括由保守基元限定的催化位点的脱氢酶。

如果可选择要素具有共同的性能或者作用，并且共有对于共同的性能或者作用必不可少的具有重要意义的结构单元，则认为权利要求1的核酸具有相同或相应的技术特征。有些专利局认为权利要求1是马库什组。

细则13.2要求发明之间共有的技术特征定义为对现有技术的贡献。

所要求保护的核酸分子共有的相同或相应技术特征在于它们的共同性能（编码脱氢酶）以及它们共有的对于共同性能必不可少的结构单元（保守基元）。但是，已经从不同来源（猴）分离出了可编码脱氢酶并含有共同的结构单元的核酸分子。因此，由于所要求保护的分子之间的功能和结构相似性不能构成该组发明作为一个整体对现有技术的贡献，因此，所述技术特征不是特定的。因此，缺乏发明单一性（审查后）。

另外，如果可获得的唯一现有技术公开了可编码脱氢酶的核酸分子，其脱氢酶不具有由保守序列基元限定的催化位点，则该技术特征是特定的，SEQ ID NO：1、2或3具有发明单一性。

一种可能的分组是：

发明1：SEQ ID NO：1的核酸；

发明2：SEQ ID NO：2的核酸；

发明3：SEQ ID NO：3的核酸。

10.59 例39（编码具有部分结构同一性和所宣称的共同性能的受体的DNA）

权利要求1：编码鸟苷三磷酸-结合蛋白的偶联受体（GPCR）的多核苷酸，所述多核苷酸包含选自SEQ ID NO：1至SEQ ID NO：2069的偶数个序列的核苷酸序列。

说明书鉴定了在数个已知的GPCR分子中发现的、宣称对于GPCR功能必不可少的15个氨基酸残基的保守序列。产生了编码保守氨基酸序列的共有多核苷酸序列。使用所述共有多核苷酸序列在包含人类基因序列的数据库中检索。使用该系统，鉴定了1035种宣称编码包括保守序列的GPCR分子的多核苷酸序列。

现有技术公开了含15个氨基酸残基的保守序列的人类GPCR分子，以及编码15个氨基酸的保守序列的多核苷酸序列。

1035种多核苷酸序列之间的共同技术特征是编码15个氨基酸残基的共有序列的共有多核苷酸序列。由于所述共有多核苷酸序列是已知的，因而不能构成该组发明作为一个整体对现有技术的贡献，因此该技术特征不是特定的。因此，1035种不同的多核苷酸缺乏发明单一性（审查后）。

一种可能的分组是：

发明1~1035：基于SEQ ID NO：1~2069（奇数个）的多核苷酸

如果说明书中没有宣称或者并不能明显看出，15种氨基酸残基的保守序列对GPCR的功能是必不可少的，那么在没有任何相关现有技术时，发明之间缺乏单一性。

另外，假定说明书中有作上述宣称，那么本例中，没有现有技术时，各组发明之间具有单一性。

从属权利要求增加了偏离发明构思的实质特征（审查后不具有单一性）——例40

10.59A 例40

权利要求1：一种加湿器，包括：

桶，用于容纳供水；入口，用于接收可呼吸气体流，该入口被配置成将流体引导到供水上方以对流体进行加湿；

出口，可连接到管道；芯吸元件，设置在桶中；以及

加热元件，从入口延伸到出口，其中所述加热元件被配置成接触供水。

权利要求2：根据权利要求1的加湿器，其中，加热元件包括：

至少一个电阻线，其具有第一端和第二端；

绝缘层，位于所述第一端和所述第二端之间；以及

外涂层，围绕该至少一个电阻线和该绝缘层。

权利要求3：根据权利要求1的加湿器，还包括在所述桶中的支撑件，以支撑芯吸元件，其中支撑件是管状支撑件，且芯吸元件设置在管状支撑件的外表面上。

在该示例中，发现权利要求1的特征在现有技术中公开，因此不具备新颖性和创造性。另外，权利要求2和3限定了基本上不同的特定技术特征，并且还涉及基本上不同的技术方面。只要该考虑符合10.04段中的以下陈述，则在审查后，权利要求2和3不具有单一性："如果几个独立权利要求之间的共同特征是公知的，而各自的其余内容又彼此相异，没有任何共同的新的发明构思相联系，则显然缺乏发明单一性。另外，如果有一个总的发明构思，且具有新颖性和创造性，则不应提出其缺乏单一性。审查员在这两种极端情况之间作出决定时，不应当采取硬性规定，而应当具体情况具体分析，应采取使申请人获益的做法。"

单一独立权利要求不具有发明单一性——例41和42

10.59B 例41

权利要求1：一种检测受试者中膀胱癌的方法，其包括：

（a）将从受试者获得的样本与一种或多种试剂接触，所述试剂检测选自MAGEA 10、DSCR8、MMP 12、CXCL9、DSCR8、KRT81、LOC729826、PTHLH、MMP11和S100A7中至少一种标志物的表达；以及

（b）将非癌细胞、例如来自膀胱组织的非癌性细胞或非癌性膀胱细胞系，与一种或多种检测上文列出的至少一种标志物的表达试剂接触；

其中与所述非癌细胞相比，所述样本中一种或多种标志物的较高表达水平指示所述受试者患有膀胱癌。

根据"马库什法"，当替代物具有共同的性质或活性并且具有共同的结构或属于公认的一类化合物时，限定替代物的权利要求可以具有单一性。

"公认的一类化合物"必须是基于现有技术已知的一类化合物（例如，TNF抑制剂、肿瘤抑制剂、丝氨酸苏氨酸激酶），本领域技术人员预期其将以相同的方式产生作用。

在本权利要求中，虽然替代物具有共同的性质，即它们的作用为膀胱癌的生物标志物，但替代物不具有共同的结构；并且不被认为是公认的一类化合物，因为所指明的每种生物标志物来自不同的基因/蛋白质家族。因此，每种生物标志物被认为是单独的发明。

还应注意，膀胱癌和生物标志物之间的关联性已经在现有技术中公开，因此其本身不能代表特定技术特征。

10.59C 例42

权利要求1：一种制备用于患者足部的矫形器的方法，该方法包括以下步骤：

准备用于足部的矫形器模板，其中模板在脚跟端和脚趾端之间延伸，准备模板包括以下步骤：

将上层的热塑性材料附接到下层的热塑性材料，或将准备的矫形器模板加热到预定温度。

权利要求可以撰写成两个不同的独立权利要求（a）或（b）。

（a）一种制备用于患者足部的矫形器的方法，该方法包括以下步骤：

准备用于足部的矫形器模板，其中模板在脚跟端和脚趾端之间延伸，准备模板包括以下步骤：

将上层的热塑性材料附接到下层的热塑性材料。

或

（b）一种制备用于患者足部的矫形器的方法，所述方法包括以下步骤：

准备用于足部的矫形器模板，其中模板在脚跟端和脚趾端之间延伸，准备模板包括以下步骤：

将准备的矫形器模板加热到预定温度。

通过"准备用于足部的矫形器模板，其中模板在脚跟端和脚趾端之间延伸"来"制备用于患者足部的矫形器"的特征，对于权利要求（a）和（b）是共同的。

然而，如果可以确定该共同特征在本领域中是已知的，则在审查后，该单一独立权利要求中将缺乏发明单一性。

具有重叠特征的复杂权利要求组——例43

10.59D 例43

权利要求常常包含与其他权利要求的特征重叠的特征。在这些情况下，确定发明的单一性需要仔细考虑。缺乏单一性的意见将取决于案例的事实，并且应当注意不是在狭义的、仅在字面上或纯理论的方法基础上提出反对意见，如10.04段中所提醒注意的。

权利要求1：一种涡轮转子叶片，其构造形成半圆形横截面。

权利要求2：根据权利要求1所述的涡轮转子叶片，包括合金Z。

权利要求3：合金Z。

独立权利要求1涉及一种涡轮叶片，"其构造形成半圆形横截面的叶片"的特征被认为是该权利要求的特定技术特征。

独立权利要求3涉及"合金Z"，并且这被认为是该权利要求的特定技术特征。

因此，独立权利要求1和3在审查前缺乏单一性，因为这些权利要求没有共同的特定技术特征。

如果权利要求1具有新颖性和创造性，则根据10.07段，从属于具有新颖性的权利要求1的任何权利要求具有发明单一性。即在权利要求1和2之间存在发明单一性。

如果在查看现有技术之后发现权利要求1不具备新颖性或不具备创造性；即如果"其构造形成半圆形横截面的涡轮转子叶片"在本领域中是已知的，且发现合金Z具备新颖性和创造性，则在权利要求2和3之间存在发明单一性，因为两者包含共同的特定技术特征，即合金Z。

然而，如果合金 Z 不具备新颖性或不具备创造性，则权利要求 2 和 3 之间不具备发明单一性，这将是纯粹的学术实践。

在所有上述情况下，独立权利要求 1 和 3 在审查前缺乏单一性，因为这些权利要求没有共同的特定技术特征。然而，权利要求的适当分组将取决于案例的事实。

使用最少推理的示例

10.59E 存在多种方式提供"最少推理"，尤其是用于在不明显的情况下，解释为什么不存在技术关系。以下示例展示了可能的推理类型，被简化以符合本指南的格式，但是基于（缺乏）技术关系不是显而易见的假设。由于一些国际单位对不具备单一性的评估或策略可能不同，所以这些示例仅用于说明当某个国际单位提出不具备单一性的反对意见并提供最少推理时的可能推理类型。

10.59F 例 44

权利要求 1：一种用于检查集装箱的系统，该系统包括处理单元、交通工具和安装在交通工具上的传感器，其中处理单元配置为使交通工具沿着集装箱移动并且从传感器收集数据。

权利要求 2：根据权利要求 1 的系统，其中，传感器是辐射检测器。

权利要求 3：根据权利要求 1 的系统，其中，交通工具是无人机。

现有技术：文献 D1 公开了权利要求 1 的所有特征。

确认共同内容：

联接权利要求 1 至 3 的主题的共同内容是独立权利要求 1 的特征。

不能确定单一总体发明构思的原因：

根据文献 D1 已知该共同内容，因此该共同内容不包括相同或相应的特定技术特征。

本发明的其余技术特征之间没有技术关系的原因：

权利要求 2：其余的技术特征"辐射检测器"是用于识别集装箱内的隐藏核威胁的装置。

权利要求 3：其余技术特征"无人机"是用于紧密接近货物的装置，从而可以提高所收集数据的信噪比。

技术特征"辐射检测器"和"无人机"是不同的，并且具有不同的技术特性。因此它们不是相应的。

结论：

由于在多个权利要求中不存在相同或相应的特定技术特征，因此多项发明未通过单个总体发明构思关联，不满足发明单一性的要求。

10.59G 例 45

权利要求 1：通过对单核苷酸多态性（SNP）SNP1、SNP2、SNP3 或 SNP4 中的至少一种进行基因分型以诊断疾病 X 的方法。

说明书：SNP 1～4 位于基因 Y 中。

现有技术：通过基因 Y 中的 SNP5 基因分型以诊断疾病 X 的方法。

确认共同内容：

与独立权利要求 1 中的替代方案关联的共同内容是通过对至少一种 SNP 进行基因分型以诊断疾病 X 的方法（相同特征）。对于某些局，基因 Y 中的 SNP 也构成共同内容

（相应特征）的一部分。

不能构成单一总体发明构思的原因：

根据现有技术已知该共同内容，因此该共同内容不包括相同或相应的特定技术特征。

本发明的其余技术特征之间没有技术关系的原因：

替代方案（SNP1、SNP2、SNP3和SNP4）在结构上是不相关的，它们不具有相似的性质。

结论：

申请不满足发明单一性的要求。

10.59H 例46

　　权利要求1：一种手术灯装置，其包括灯头，其中灯头配置为发射可变色光。

　　权利要求2：一种手术灯装置，其包括可移动地面基座，其中可移动地面基座带有电池，作为手术灯装置的电源。

说明书：照明单元的颜色可以适于更好地识别感兴趣的特定组织类型。使用电池避免可移动地面基座采用在手术室中构成绊倒风险的电缆连接。

确认共同内容：

将两个独立权利要求关联在一起的共同构思是手术灯装置。

不能构成单一总体发明构思的原因：

该共同内容不包括基于相同或相应的特定技术特征的单个总体发明构思，因为该共同内容在本领域中是公知的并且属于本领域技术人员的公知常识。

本发明的其余技术特征之间没有技术关系的原因：

权利要求1和权利要求2中对共同内容作出技术贡献的其余特征是：

权利要求1包括附加特征"配置为发射可变色光的灯头"。该特征表示用于增加对手术现场中特定细节的识别的装置。

权利要求2包括附加特征"带有电池作为手术灯装置的电源的可移动地面基座"。该特征表示用于减少手术室中绊倒风险的装置。

技术特征"配置为发射可变色光的灯头"及"带有电池作为手术灯装置的电源的可移动地面基座"是不同的且具有不同技术特性。因此它们不是相应的。

结论：

该权利要求不满足发明单一性的要求。

10.59I 例47

　　权利要求1：一种用于操纵轮椅的具有特征A+B的头盔。

　　权利要求2：一种用于轮椅的具有特征C+D的液压升降机构。

本申请包含下列发明或发明组，这些发明或发明组未关联以形成细则13.1规定的单一总体发明构思。

组Ⅰ：权利要求1，涉及一种用于操纵轮椅的具有特征A+B的头盔。

组Ⅱ：权利要求2，涉及一种用于轮椅的具有特征C+D的液压升降机械。

上面列出的发明组不涉及细则13.1规定的单一总体发明构思，原因如下：

权利要求1和权利要求2的特征不同，以至于它们不具有任何相同或相应的特定技术特征（细则13.2）。

国际单位可能通过分析每项发明的特征的技术性质，以进一步补充上述推理：

权利要求1包括"具有特征A+B的头盔"的特征。该特征表示允许人仅通过头部运动来操纵轮椅的装置。

权利要求2包括"具有特征C+D的液压升降机械"的特征。该特征表示用于支撑人从轮椅上站起来的装置。

结论：

权利要求不满足发明单一性的要求。

10.59J 例48

权利要求1：一种购物篮，包括主体、两个或多个轮子和可折叠把手，其中，其至少两个底角内部设置有隔离壁，形成构造以接收堆叠在其上的购物篮的轮子的容积。

权利要求2：一种购物篮，包括主体、两个或多个轮子和可折叠把手，其中，所述购物篮包括位于其一个侧壁上的第二把手，该第二把手是可延伸的。

现有技术：文献D1公开了一种购物篮，包括主体、两个或多个轮子和可折叠把手。

本申请不满足发明单一性要求，并且存在由以下权利要求涵盖的两项发明：

发明分组：

发明1：权利要求1，其涉及一种购物篮，包括主体、两个或多个轮子和可折叠把手，其中，其至少两个底角内部设置有隔离壁，形成构造以接收堆叠在其上的购物篮的轮子的容积。

发明2：权利要求2，其涉及一种购物篮，包括主体、两个或多个轮子和可折叠把手，其中，所述购物篮包括位于其一个侧壁上的第二把手，该第二把手是可延伸的。

如细则13.1所要求的，发明之间没有关联以形成单一总体发明构思的原因如下：

共同主题：

与两项发明关联的共同主题被表示为一种购物篮，包括主体、两个或多个轮子和可折叠把手。

共同主题不具有新颖性/显而易见性：

然而，这些技术特征是已知的，并且未限定对现有技术的贡献。文献D1已经公开了所有这些技术特征。

发明组之间无技术关系：

权利要求1中对现有技术作出贡献并且可以被认为是特定技术特征的技术特征是："至少两个底角内部设置有隔离壁，形成构造以接收堆叠在其上的购物篮的轮子的容积"。

通过该技术特征解决的问题可以被解释为"将购物篮的底板与由堆叠在上方的另一购物篮的轮子带来的灰尘隔离"。

权利要求2中对现有技术作出贡献并且可以被认为是特定技术特征的技术特征是："所述购物篮包括位于其一个侧壁上的第二把手，该第二把手是可延伸的"。

通过这些技术特征解决的问题可以被解释为"便于不同身高的用户抓握篮子"。

结论：

这些特定技术特征解决了不同的问题，并且导致在发明之间没有涉及一个或多个相同或相应的特定技术特征的技术关系（细则13.2）。因此，这些发明未通过单一总体发明概念相互关联，不能满足发明单一性的要求（细则13.1）。

国际检索阶段的程序

缴纳附加费的通知书

条约第17条（3）（a）；细则16、40.1、40.2、42

10.60 在确定缺乏单一性之后，除去10.64段和10.65段所述情形，国际检索单位在发出国际检索报告和国际检索单位的书面意见之前（参见下面的10.61段），以信件的方式将缺乏发明单一性的情况通知申请人，该信件包含缴纳附加费的通知书（表格PCT/ISA/206）。该通知书：

（ⅰ）详细说明认为国际申请不符合发明单一性要求的理由（参见10.63段）；

（ⅱ）确定不相关联的发明并说明附加检索费的数目以及应当缴纳的数额；并

（ⅲ）通知申请人缴纳异议费（如果有的话）（参见10.66段至10.70段）。

国际检索单位不考虑撤回缺乏单一性的申请，也不要求申请人修改权利要求，但通知申请人，如果国际检索报告除了针对首先提到的发明，还要针对其他发明作出，则申请人必须在通知书之日起1个月内缴纳附加费用（和异议费，如果有的话）。如果申请人在提出异议的情况下愿意缴纳附加费，且可以缴纳异议费（参见10.66至10.70段）国际检索单位也可以通知申请人在通知书之日起1个月内缴纳这样的费用。

10.61 如果愿意的话，所述通知书可能已经附有所进行的部分国际检索结果的通知，该结果被认为是针对国际申请中与"第一项"发明有关的部分而起草的。部分国际检索的结果对于申请人决定是否应当缴纳附加检索费，以便对国际申请的其他部分进行国际检索来说是非常有用的。除10.64段和10.65段规定的情形外，只有当申请人缴纳了附加费，才将对多项发明或者某组发明（不是权利要求中首先提到的发明）进行检索。因此，不管缺乏发明的单一性是在"审查前"直接可知还是在"审查后"变为明显的，审查员可以两种方式中的一种方式进行下去：可以立即将其发现告知申请人，并通知其缴纳附加检索费和异议费（如果有的话）（用表格PCT/ISA/206），并对权利要求中首先提到的发明（主要发明）进行检索或者继续进行检索；或者，也可以选择对"主要发明"进行检索并起草一份部分国际检索报告，且将该报告随缴纳附加检索费和异议费（如果有的话）的通知书（用表格PCT/ISA/206）一起发出。

10.62 由于在进一步检索前给予申请人1个月的时间期限缴纳费用，收到检索副本后，国际检索单位应当努力保证国际检索能尽早进行，以便符合细则42所规定的作出国际检索报告的期限要求。最后，国际检索单位应当就国际申请中与已经缴纳了检索费和附加检索费的发明有关的那些部分起草国际检索报告和书面意见。国际检索报告（参见16.32段）和书面意见（参见17.38段和17.39段）应当确定不相关联的各个发明或者构成单一性的某几组发明，并说明国际申请中已进行了检索的部分。如果未缴纳附加检索费，国际检索报告和书面意见将只包含与权利要求中首先提到的发明有关的参考资料。

细则40.1

10.63 在缴纳附加费的通知书中，国际检索单位阐明符合逻辑的技术上的推理，该推理包含认为缺乏单一性的基本考虑。

在未缴费的情况下检索附加发明

10.64 从经济的角度考虑，如果花费较少或者不花费额外的检索劳动，可以建议审查员在对主要发明作出检索的同时，检索主要发明的分类单元中的一个或多个附加发明

（尽管未缴纳附加费）。当缴纳附加检索费之后，那么，必须在可能相关的更多分类单元中完成这种附加发明的国际检索。无论是在"审查前"或者"审查后"确定的缺乏发明单一性，都可能发生这种情况。

10.65 通常，当审查员确定发明缺乏单一性时，要求申请人对附加发明的检索付费。然而，在例外的情况下，审查员能够用微不足道的额外劳动对多于一项发明进行国际检索和作出书面意见，特别是当发明在构思上非常接近时。在这些情况下，审查员可以决定连同首先提到的发明一起完成附加发明的国际检索和书面意见。在考虑所付出的工作量时，审查员不仅要考虑进行检索需要花费的时间，也要考虑作出书面意见所用的时间，因为即使检索有关的分析的劳动是微不足道的，在作出国际检索单位的书面意见时的情况可能会相反，因而要求附加费是合理的。如果认为全部的额外劳动都不能证明有理由要求附加费用，则所有结果都应当包括在国际检索报告中，无须通知申请人针对已检索的附加发明缴纳附加检索费，但应写明缺乏发明单一性的情况。

异议程序

细则40.2（c）、（e）

10.66 申请人可以对缺乏发明单一性的主张或者对所要求缴纳的附加费数目过高提出异议，并要求退还已缴纳的附加费。如果国际检索单位认定该异议是正当的，退还该费用。对于任何待考虑的异议来说，都必须缴纳附加检索费。为考虑异议请求，国际检索单位可以要求缴纳异议费（参见10.69段）。

细则40.2（c）

10.67 异议是缴纳附加费时以一起递交的意见陈述书的形式提出的，该异议解释为什么申请人认为满足发明单一性的要求并充分考虑了国际检索单位发出的缴纳附加费通知书中所说明的理由。

细则40.2（c）、（d）；规程第403条

10.68 异议由国际检索单位内设的复核组予以审查，并作出决定。审查程序由各国际检索单位自行设定，尽管复核组成员不必限于异议请求所涉及的人员。某些单位可以进行两级异议复核制，只有当对异议的初级审查表明异议不是完全合理的情况下才会召开复核组会议。根据申请人提出异议的合理程度，全部或部分退还附加费。根据申请人的要求，国际局将异议和对该异议作出的决定的文本连同国际检索报告一并送交指定局（参见10.70段）。

细则40.2（c）、（e）

10.69 有关国际检索单位收取异议费（如果有）的详细规定见《PCT申请人指南》的附件D。如果在要求缴纳附加费的通知书日1个月内还没有缴纳异议费，则视为未提出异议。只有当复核组认为异议是完全合理，才会根据细则40.2（e）的规定退还申请人异议费。这就意味着，即使复核组没有退还所有的附加检索费和异议程序中涉及的所有检索费，也应当退还异议费。例如，申请人支付了4项附加检索费，但是在异议程序中只要求退还其中的两项。如果退还这两项费用，异议又完全合理，也应当退还异议费。

细则40.2（c）；规程第502条

10.70 在申请人提出异议并缴纳了附加检索费的情况下，迅速将对发明是否满足单一性要求的决定通知该申请人（使用表格PCT/ISA/212）。同时，国际检索单位将异议副本和对异议作出的决定副本，连同申请人要求把异议和对异议作出决定的原文送交指定局

的请求传送给国际局。

国际初步审查阶段的程序

条约第34条（3）（a）至（c）；细则68

10.71 条约第34条（3）（a）至（c）和细则68（亦参见细则70.13）规定了国际初步审查单位处理发明单一性问题的程序。10.74至10.82段对该程序作了更充分的说明。应当注意，在多数情况下，国际检索单位必然注意并提出缺乏单一性的问题，国际检索单位将会以与国际申请权利要求书中首先提到的发明（主要发明）或具有单一性的一组发明有关的部分为基础拟定国际检索报告和书面意见，除非申请人缴纳了附加费用。

10.72 如果申请人没有利用该机会使发出的国际检索报告包括其他几项发明中的至少一部分，即表示申请人准备使其国际申请在该原始递交的国际申请最初包含的权利要求书中首先提到的发明的基础上进入审查程序。

10.73 然而，无论国际检索单位是否提出了发明单一性问题，审查员都可以在国际初步审查阶段考虑该问题。审查员应当考虑国际检索报告中引用的所有文件和其他任何相关文件。

细则68.2、68.3

10.74 当审查员发现发明缺乏单一性时，可以选择（参见10.76段）向申请人发出通知书（使用表格PCT/IPEA/405），通知申请人发明缺乏单一性的理由，并要求申请人在发出通知书之日起1个月内，限制权利要求，或者为要求保护的每一项附加的发明缴纳附加费用。发出这种通知书时，审查员指明可能避免因发明缺乏单一性而不被接受的至少一种可能的限制方式。在要求申请人缴纳附加费的通知书中，审查员需有逻辑地提出技术推理，包括根据本指南判定发明缺乏单一性的基本考虑。异议费到期，在申请人提出异议的情况下愿意缴纳附加费并且可以缴纳异议费（参见10.78至10.82段），国际初步审查单位也可以向申请人发出通知书，通知其在通知书之日起1个月内缴纳该费用。

条约第34条（3）（c）；细则68.4、68.5

10.75 如果申请人不履行上述通知书的要求（不缴纳附加费用，或者根本不限制或没有充分限制权利要求），审查员对国际申请中看上去是"主要发明"的那些部分作出国际初步审查报告，并在该报告中说明有关事实。在不容易确定主要发明的情况下，将权利要求书中首先提到的发明看作主要发明。

细则68.1

10.76 但是，有一些缺乏发明单一性的情况，与要求申请人限制权利要求或缴纳附加费用的处理程序（细则68.2）相比，不花费或几乎不花费额外努力，就可以对整个国际申请作出国际初步审查报告。因此，从经济角度考虑，建议审查员根据细则68.1的规定，选择不要求申请人限制权利要求或缴纳附加费用的处理方式。在这种情况下，审查员对整个国际申请进行初步审查并作出国际初步审查报告，但在该报告中指出，审查员认为申请不满足发明单一性要求，并说明其理由。

条约第34条（3）（c）

10.77 如果申请人在提出异议的同时，履行通知书的要求，及时缴纳了附加费或限制了权利要求，审查员将对已经缴纳了附加费用或已经限制了的权利要求的那些要求保护的发明进行国际初步审查。应当注意，"任何选定国的本国法可以规定，如果该国家专利局认为国际初步审查单位的通知书是正当的,该国际申请中与主要发明无关的那些部分,就其在该国的效力来说,应当认为已经撤回,除非申请人向该局缴纳特别费用"[条约第34条(3)(c)]。

异议程序

细则68.3(c)

10.78 申请人可以针对发明缺少单一性或者所要求附加费的数目过多提出异议,并要求退还支付的附加费。如果在某种程度上国际初步审查单位发现异议合理,则退还费用(异议中的附加审查费必须缴纳)。当处理异议时,国际初步审查单位应当要求申请人缴纳异议费(参见10.81段)。

细则68.3(c)

10.79 申请人提出异议,在缴纳附加费时以意见陈述书的形式,解释为什么申请人认为满足发明单一性的要求并充分考虑了国际初步审查单位发出的缴纳附加费通知书中所说明的理由。

细则68.3(c)、(d);规程第403条

10.80 该异议由国际初步审查单位内设的复核组予以审查,并作出决定。尽管并不要求复核组的人员必须限于作出异议决定的人员,审查程序由各国际初步审查单位自行设定。某些单位进行两级异议复核制,只有当初级审查表明异议并不完全合理的情况下才会召开复核组会议。根据申请人提出异议的合理程度,全部或部分退还申请人附加费。根据申请人的要求,国际局将异议和对该异议作出的决定的文本连同国际初步审查报告一并送交选定局(参见10.82段)。

细则68.3(e)

10.81 有关国际初步审查单位收取异议费(如果有)的详细规定见《PCT申请人指南》的附件E。如果在要求缴纳附加费的通知书日1个月内还没有缴纳异议费,则视为未提出异议。只有当复核组认为异议是完全合理的情况下,才会根据细则68.3(e)的规定退还申请人异议费(同样的原则适用于根据细则40规定在国际检索阶段中对申请退款是否合理进行的评估,参见第10.69段)。

细则68.3(c);规程第603条

10.82 在申请人提出异议并缴纳了附加检索费的情况下,迅速将对发明是否满足单一性要求的决定通知该申请人(使用表格PCT/IPEA/420)。同时,国际初步审查单位将异议副本和对异议作出的决定副本,连同申请人要求将异议和对异议作出的决定送交选定局的请求传送给国际局。

补充国际检索阶段的程序

细则45之二.6

10.83 与主国际检索的情况相反,在补充国际检索阶段对其他发明无法缴纳附加费。因此,应当立即对主要发明形成补充国际检索报告(参见10.86段中主要发明定义的考虑因素),限于几乎不需要付出额外检索努力的未缴费的附加发明检索的可能性(如10.64段和10.65段关于主国际检索的规定)。

细则45之二.6(a)、(b)

10.84 负责补充检索的单位可以对发明的单一性进行评价,但是应当考虑国际检索

报告中主国际检索单位的意见,以及申请人提出的异议或补充国际检索启动之前收到的国际检索单位对该异议作出的决定。

10.85 如果审查员认为发明缺乏单一性,应当在补充国际检索报告的第Ⅲ栏中进行说明。如果审查员同意主国际检索报告中的评价,可以简单通过引用国际检索报告的形式给出意见。另外,如果审查员有不同的观点,或者赞同针对异议的决定中(该决定通常不出现在原始国际检索报告中,仅可在之后作为单独文件获得)有关发明单一性的修正观点时,应当将所述理由全部陈述出来以便申请人和第三方都容易理解。

细则45之二.1(d),46之二.6(a)、(f)

10.86 主要发明通常是权利要求书中首次提及的发明,但当首次提及的发明不需要作出检索报告时(由于不清楚、排除检索的主题或其他任何原因),或当申请人请求将补充检索限定到负责主要国际检索的国际检索单位首次确认的发明之外的其他发明时(例如,因为根据主要国际检索结果第一项发明可以完全被预期,很明确不能授予专利权),审查员应当使用适当的裁量权去选择需要检索的发明。

意见的复核

10.87 常规的异议程序(参见10.66至10.70段)并不适用于补充国际检索请求。然而,申请人可以在国际补充检索报告通知之日起1个月之内,请求该单位对于审查员关于发明单一性的意见进行复核。所述请求需以复核费为条件。使用表格 PCT/SISA/503 及时将复核结果通知申请人。此表格也能够用于说明由于在审查员通知申请人之日起1个月内并没有缴纳复核费,复核请求视为未提出。

10.88 如果发现审查员意见至少部分是不合理的,该单位应当发出修正的补充检索报告,陈述发明单一性的修正观点,并且在合适的情况下,包括应当涵盖的所有权利要求的检索结果。如果所述意见全部不合理,也应当将任何复核费用退回申请人。

第 11 章
现有技术

现有技术概述

条约第33条(2);细则33.1

11.01 将用于评价发明的新颖性(参见第12章)和创造性(发明是否显而易见;参见第13章)目的而采用的现有技术定义为:在"相关日"之前,"在世界上任何地方,公众通过书面公开(包括绘图和其他图解)能够获得的一切事物"。应当注意上述定义的范围。如果书面公开所包含的相关信息可以被公众获得,则对该相关信息所处的地理位置或所采用的语言或方式(包括记载于互联网上或联机数据库中的书面公开方式)没有任何限制。只要现有技术文件在"相关日"之前可被公众获得,则对于该文件公开的年代(无论是100年之久,还是在"相关日"的前一天公开)没有限制。如果申请人确认,则此确认中所提及的主题(例如,国际申请中标以"现有技术"的一幅附图)可以构成现有技术。对于该确认构成了现有技术的推定,申请人可以进行反对。

公开日

细则33.1、43之二.1、64.1

11.02 应当注意，用于国际检索报告目的的相关现有技术与用于其他目的，包括国际检索单位给出书面意见的相关现有技术的定义不同，因为用于国际检索报告目的的"相关日"与用于书面意见和国际初步审查目的的"相关日"在定义上有所不同。

用于国际检索报告目的的相关日

11.03 细则33.1明确指出，国际检索报告中应包括可能相关的公开内容，"只要在国际申请日之前对公众公开"。细则33.1将"相关日"定义为国际申请的国际申请日。这样，即使国家局不同意审查员对优先权有效性的意见，仍可以确保国际检索报告提供完整的信息。

用于书面意见和国际初步审查目的的相关日

细则2.4（a）

11.04 为了书面意见和国际初步审查，细则64.1将相关日定义为：

（i）除（ii）项和（iii）项另有规定外，处于国际初步审查阶段[或，连同细则43之二.1（b），国际检索单位正在为该申请作出书面意见]的国际申请的国际申请日；或

（ii）当国际申请要求一个在先申请优先权并且具有在优先权期限内（从申请日起12个月内）的国际申请日时，该在先申请的申请日，除非国际单位认为优先权要求无效；

（iii）当国际申请要求一个在先申请的优先权，并且其国际申请日晚于优先权期限届满日，但在所述日期之后的2个月期限内的，该在先申请的申请日，除非国际单位由于除该国际申请的申请日晚于优先权期限届满之日之外的理由认为优先权要求无效。

11.05 很明显，当可能的相关文件在该申请要求的优先权日与国际申请日之间公开时，为了确定该国际申请的权利要求的"相关日"，审查员需要考虑所要求的优先权日是否有效。注意：若时间允许申请人完善、更改或添加优先权要求，但是由于国际检索单位需要及时作出书面意见，因而审查员没有足够时间适当确定该优先权要求的有效性，则用于该书面意见目的的"相关日"应为所要求的优先权日[参见6.17段和17.29（b）段]。

引起对国际申请中优先权要求质疑的文件

11.06 在国际检索报告中应当提及可能证明国际申请的优先权无效的文件（例如，同一申请人的在先申请或由此而得的专利表明，作为优先权基础的申请可能不是所述发明的首次申请），并在书面意见的相关部分作出解释。国际检索单位在确定国际申请的优先权要求是否有效时通常不作特别检索，除非有特殊原因，例如，当优先权申请为未被要求过优先权的在先申请的"部分继续"时；有时，申请人的居住国与优先权申请的国家不同也可能意味着不是首次申请，则需要作某些扩展性的国际检索。

不属于现有技术范围但仍可能有相关性的文件

在后公布的专利申请（用于国际检索报告）

细则33.1（c）

11.07 进一步地，国际检索报告还包括公开日同于或晚于被检索的国际申请的国际申请日、但其申请日或者要求的优先权日（如果有）早于被检索的国际申请的国际申请日的已公布的专利申请或专利，所述文件若早于国际申请日公开，将会构成条约第15条（2）意义下的相关现有技术。

在后公布的专利申请（用于国际初步审查）

细则64.3

11.08 在国际初步审查时，不认为在先提交在后公布的专利申请或专利是与新颖性和创造性有关的现有技术的一部分。然而，国际检索单位的书面意见以及初步审查报告必须按照细则70.10的规定（参见17.45段）对这种已经公开的申请或专利引起关注，因为此类文件可能关系到指定局或选定局对新颖性和创造性的确定。

11.09 细则70.10规定，按照细则64.3的要求而在国际初步审查报告中引用的任何已公布的申请或者专利同样要被提及，并且指出其公布日、申请日以及所要求的优先权日（如果有的话）。对于此类文件的优先权日，报告可以指出，按照国际初步审查单位的意见，该日期尚未有效地成立。

共同未决申请，包括同日提交的申请

11.10 PCT对申请日相同的共同未决的国际申请不作具体处理。然而，大多数专利审批制度接受的原则是，就一项发明而言，不应授予同一申请人两项专利。可以允许申请人基于同样的说明书提出两件国际申请，但权利要求的范围应当完全不同，并且针对不同的主题。但在极少情况下，同一申请人就两件或多件国际申请指定了相同的一个或多个国家，且这些申请的权利要求具有相同的优先权日并涉及同样的发明（尽管该要求保护的发明的字面表述不一定完全相同），则在国际检索报告中应该引证每一个抵触申请（只要已被公布）并标记为"L"类型，因为其可能造成重复授权。当申请人向其国际申请指定国提出与所述国际申请具有相同优先权日并属于同样的发明的国家申请时，如果审查员发现这种情况，则单独给申请人发出通知。但是，当具有相同优先权日并属于同样的发明的两件申请（国际申请或其他申请）由两个不同的申请人提出时，则不应发出这样的通知。

用于理解发明的文件

规程第507条（e）

11.11 还可能出现某些其他情况，即国际申请日当天或之后公布的文件具有相关性；例如：一份在后的文件包含发明所依据的原理或理论，其可能有助于更好地理解该发明，或者，一份在后的文件表明该发明所根据的推理或事实是错误的。无须为此而扩展国际检索，但是检索审查员可以在国际检索报告中选择引证其得知的这种性质的文件。在国际检索报告中引用此类文件，并在书面意见中解释其相关性。

公开的形式

书面公开的公众可获得性

细则33.1（c）、64.3、70.10

11.12 如果在相关日（参见11.02至11.05段）公众可以接触并获得文件的内容，且对所获得的知识的使用或传播不存在保密限制，则该书面公开，即文件被视为可以为公众获得。应当按照上述原则确定，当文件缺少索引或目录时是否会导致公众不能获得所述文件的内容。当可被公众得到的文件的日期只给至月份或年份，而没有给出具体的日期时，推定该文件的内容分别在该月或该年的最后一日被公众获得，除非有相反的证据。

互联网公开

11.13 在互联网或在线数据库中公开的现有技术被视为其他形式的书面公开。公开于互联网或在线数据库上的信息被视为在其被公布的当日即可为公众获得。当引证互联网公开（网页）的文件时，可能出现如何确立公布日及公开时间是否已被修改过的问题。确立网页的公布日时，重要的是区分两类互联网公开，即在可信的出版商网站上公开与在未知可信度的网站上公开。

在可信的出版商网站上的公开

11.14 此种实例为在线科学刊物（其将纸件刊物的内容在线公开，或可以为独家的在线出版物）。报纸、期刊、电视和无线电台的网站通常也属此列。在无相反证据时，对这种互联网公开文件所示的公布日不予置疑。审查员应在国际检索报告中引证该互联网公开文件，并且在国际检索单位给出的书面意见中和在初步审查时相应地引证这样的公开文件。申请人负有证明其为不实的举证责任。

11.15 有时可能不能充分确定某一公布日是否在细则 64.1（b）规定的被视为现有技术的时间范围内（也就是说，不清楚该公开发生在有效优先权日之前还是之后）。这种情况为，例如，只给出了公布的月份或年份，且与国际申请有效优先权的月份或年份相同。在这种情况下，检索单位可能需要咨询网站的经营人以充分准确地确立公布日，从而得知该公开文件是否为细则 64.1（b）规定的相关现有技术，这与确立纸件公开文件的准确公布日的做法是一致的。

在可靠性未知网站上的公开

11.16 这类网站的实例包括属于私营个体、私营团体（如俱乐部）、商业网站（如广告）等的那些网站。在国际检索阶段遇到这样的互联网公开且公开内容中未对其公布日给出任何清楚的指示时，检索单位可以考虑采用能够获得其公布日的技术手段。

11.17 这种技术手段包括：

（a）内嵌在互联网公开文件自身中的、与公布日有关的信息（日期信息有时隐藏在网站的创建程序中，但在浏览器的网页上看不见）；

（b）借助搜索引擎获得对该网页的索引日期（由于搜索引擎在索引新网站时通常需要一定时间，因此该日期通常晚于网页公开的实际公布日）；以及

（c）得自商用互联网归档数据库网站的信息（例如，互联网归档路径回复器）。

11.18 当审查员获得已确立了互联网公布日的电子文件时，他应制作该文件的打印信息件，该打印信息件须述及该相关互联网公开的统一资源定位器（URL）和该互联网公开相关文件的公布日。然后审查员必须在国际检索报告中将此打印信息件引证为"L"类文件，并根据该互联网公开相关文件内容的相关程度（"X""Y""A"）和确立的日期（"X""Y""A""P,X""P,Y""P,A""E"等）引证该公开文件。当审查员不能确立该互联网公开相关文件的公布日，且该文件与要求保护的发明的创造性和/或新颖性有关时，如果该文件及时公开会影响某些权利要求，应在国际检索报告中将该文件引证为针对这些权利要求的"L"类文件，并按照其打印信息件给出的日期作为其公布日［参见 16.75 段（b）］。

11.19 当此类互联网公开确实清楚地述及公布日，并且该公布日：

（i）不与上面述及的信息资源相矛盾（这时应注意，由搜索引擎给出的索引日期通常晚于实际公布日，因此，当审查员发现所述文件的索引日期晚于互联网公开文件自身给出的公布日时，并不必然表明该互联网公开可被获知的时间晚于其宣称之日，这只表明搜

索引擎对它建立的索引发生在其可被获知之后）；且

（ii）足够准确，以至于可以确定所述文件是否被足够早地公开并因而可以根据细则 33.1（a）和 64.1（b）认为其是相关的，

则审查员应当相信给出的日期并在检索报告中将其定为公布日，并将该公布日用于初步审查中。申请人负有证明其不实的举证责任。

11.20 在无相反证据时，审查员应假定网络公开的内容未随时间改变。

专利与非专利文件引用的不同

细则 64.3

11.21 作为一般原则，如果非专利文件的公开日或公众可获得日确实与国际申请日相同或晚于国际申请日，则在国际检索报告中不引用该文件。然而，在被检索申请的申请日当天或之后公布的专利文件，若此类公开申请文件的申请日或优先权日早于被检索申请的申请日，则在检索报告中引用（参见 11.07 段）。所述公布的专利文件虽被检索报告引用，也不被视为条约第 33 条（2）和（3）意义下的现有技术，但在初步审查报告中述及。

转载在先口头说明的文件

细则 64.2

11.22 若口头说明（如公开演讲）或在先使用或销售（如在公开展览会上的演示）发生在国际申请的相关日之前，而转载该口头说明或证明该在先使用或销售的文件在国际申请相关日的当天或之后公开，则国际检索报告可以引用该文件。在先演讲、展示或其他事件不视为用于根据条约第 33 条（2）和（3）评价新颖性和创造性的现有技术的一部分，但是书面意见和国际初步审查报告应根据细则 70.9 规定的方式提请注意这种非书面公开。

难以确定文件的日期

11.23 在难以确定文件的公开日或公众可获得日是否同于或晚于国际申请的申请日的情况下，国际检索可以证实该文件。国际检索单位应试图消除可能存在的任何疑问。存在疑问时可以引用能作为证据的其他文件。审查员应当认可文件中对公开日的说明是正确的，除非有相反的证据，例如：国际检索单位提供的证据表明为在先公开，或申请人提供的证据表明为在后公开。有些情况下可以确定文件的确切公开日期，例如：依据向公众开放的图书馆的入藏日，或依靠诸如"互联网归档路径回复器"的信息资源确定网站的建立日期。如果申请人提出充分的理由质疑某文件构成其国际申请的相关现有技术，且任何进一步的调查都没有提供足够的证据以消除该质疑，则审查员不应就此继续。

涉及具体权利要求或权利要求部分方案的相关日

细则 64.1（b）

11.24 应当注意，为了确定现有技术，细则 64.1（b）中将"相关日"定义为国际申请日或当该国际申请含有有效优先权时的优先权日（另见 6.03 段和 6.04 段）。还应记住，不同的权利要求或一项权利要求中要求的不同可选方案可能具有不同的相关日。

11.25 必须考虑每一项权利要求（或当权利要求描述了数种可选方案时，该权利要求的一部分方案）的新颖性和创造性问题，而且涉及一项权利要求或权利要求的一部分方案的现有技术中可能包含不能被引用来否定另一项权利要求或权利要求部分方案的内

容，因为后者具有更早的相关日。当然，如果有关现有技术中的全部内容在最早的优先权日之前已经公开，则审查员无须（也不应）考虑各优先权日的分布。

11.26 第6章详细说明了针对一项权利要求或权利要求的部分方案的优先权日的有效性。

第 12 章
新颖性

新颖性的含义

12.01 在作出国际初步审查意见时，如果权利要求定义的发明的每一个要素或步骤都在细则64.1（参见11.01段和11.04段）所定义的现有技术中明确或实质地公开，包括对本领域技术人员（关于"本领域技术人员"的定义参见13.11段）来说隐含公开的任何特征，则由权利要求所定义的发明缺乏新颖性。实质性的要求是，审查员依据的外在证据必须清楚地证明，参考文件中必然存在该未被描述的内容，而且本领域技术人员也会如此认为。然而，实质性的成立并不取决于或然性或可能性。仅仅因为在给定的情形下可能产生某种结果是不充分的。评价新颖性时，无须考虑在现有技术文件中未公开的众所周知的等同物；因为这属于显而易见性（参见第13章创造性）的范畴。当然，这种考虑同样适用于作出书面意见时和选择引入国际检索报告中的文件时（除非出现相关日可能不同的情况，参见11.02段和11.05段）。

12.02 现有技术的公开必须使本领域技术人员能够实现要求保护的发明。通常，如果审查员考察的是现有技术中的专利文件（公布的申请和授权的专利），则可推断为能实现发明。如果审查员考察的是非专利文献而看上去存在能否实现发明的疑问的话，审查员应当确认现有技术确实能使本领域技术人员实现要求保护的发明。在确定一份具体文件是否能够实现要求保护的发明并因此破坏其新颖性时，适当情况下可以考虑该现有技术文件之外的知识。参见本章附录，其中对确定能否实现时可以考虑的该现有技术文件之外的知识作了进一步指示。在文件中提及了名称或化学式的化合物不被认为是已知的，除非该文件中的信息，以及适当时结合本领域技术人员通常可以获得的其他知识，使其能够被制备并分离，或者，例如当其为天然产物时，仅能够被分离。但是，由于不能实现要求保护的发明从而不能用来破坏新颖性的现有技术文件可以用来判断要求保护的发明是否缺乏创造性（参见第13章）。

判断新颖性时考虑的因素

方法

12.03 评价新颖性时，审查员应当采用如下步骤：

（ⅰ）评价所要求保护的发明的要素；

（ⅱ）确定所选择的文件是否构成"现有技术"的一部分（参见11.01至11.05段）；

（ⅲ）以文件公开日之时本领域技术人员的标准，评判所要求保护之发明的各个要素或步骤是否被该文件从整体上明确地或实质地公开。

实质地或隐含地公开

12.04 缺乏新颖性的缺陷可以从公开文件明确陈述的内容中看出，也可以从该文件实质或隐含的教导中看出。例如，一份文件公开了橡胶的弹性，即使该文件未明确陈述橡胶为"弹性材料"，但关于"弹性材料"的权利要求也是可以预期的，因为现有技术中教导的橡胶本身是一种"弹性材料"。另外，在某种意义上新颖性的缺乏可能是隐含的，即本领域技术人员在实现现有技术文件的教导时，不可避免地达到属于权利要求范围的结果。审查员只有在对该现有技术教导的实施效果不存疑问的情况下，才应指出丧失新颖性的问题。否则，应考虑创造性问题（参见第13章）。

权利要求的解释

12.05 关于考虑新颖性时对权利要求的解释，审查员应当参照5.20至5.41段给出的指导意见。特别是，审查员应当记住，必须考虑权利要求中列出的对于目的或意图的用途的说明，以确定所列的目的或意图的用途是否会导致要求保护的发明与现有技术在结构上有所不同（或者对于方法权利要求而言，在方法步骤上有所不同）。无区别性特征的特殊意图的用途不予考虑（参见5.21至5.23段）。例如，用作催化剂的物质X的权利要求与用作染料的已知相同物质相比，不具备新颖性，除非限定的用途意味着该物质的某种特定形式（例如，存在某些添加剂），使之能够区别于已知形式的该物质。也就是说，应当考虑未被直接陈述但由特定用途所暗示的特征。例如，如果权利要求涉及"盛钢水的模盘"，这意味着对该模盘的某种限定。由于制冰块的塑料模盘的熔点远低于钢水模盘，未落入该权利要求的范围，因而不破坏钢水模盘的新颖性。

文件的结合

12.06 应当注意，在评价新颖性时（与评价创造性不同），不允许将现有技术中分别记载的方案组合在一起（参见13.12段）。但是，如果一篇文件（"主要"文件）明确引用了第二篇文件（如，用来为某些特征提供更详细的信息），则可以根据主要文件的指示程度把该第二篇文件的教导视为引入到该主要文件中。同样，为了说明主要文件中采用的专用术语在其公布日时应如何理解，允许使用字典或类似的参考文件。也允许利用其他文件作为证据证明主要文件的公开是充分的（例如，化合物制备与分离的公开，或对天然产物而言，其分离的公开）。参见12.02段和本章附录。还允许利用其他文件作为证据证明，在主要文件的公布日，某特征虽未被记载，但却实质地存在于该主要文件中（例如，在12.04段列举的教导橡胶是"弹性材料"的文件）。

可选方案

12.07 若权利要求包含可选方案，如马库什权利要求（P1、P2、P3、…、Pn），则公开于现有技术中的任何可选方案占先。

一般公开与具体公开

12.08 如果权利要求以一般性术语表述发明，则在判断新颖性时，落入一般性权利要求参数范围内的具体实例的公开破坏该一般概念权利要求的新颖性。例如，现有技术文件中铜的公开破坏作为一般概念的金属的新颖性，但不破坏任何非铜金属的新颖性，铆钉的公开破坏作为一般概念的固定件的新颖性，但不破坏除铆钉之外的任何具体固定件的新颖性。

12.09 记载一般概念的一项现有技术通常不破坏该一般概念之下的具体概念的权利要求的新颖性。换句话说，如果审查针对的权利要求记述一个具体实例，且该具体实例没有明确命名但却落入一项现有技术中的一般性公开范围内，那么，除非所述具体实例与该项现有技术充分具体地一致，否则，该权利要求不被占先。如果该项现有技术与权利要求的实例充分具体地一致,则无论该项现有技术中另外记述了多少其他具体概念,该实例都不具备新颖性。

范围

12.10 如果一项现有技术的具体实例落入要求保护的范围内,则其破坏要求保护的范围的新颖性。因此,当以数值范围或其他形式表述的权利要求概括了若干组合时,如果其中之一被现有技术披露,则该权利要求被占先。例如,一项权利要求涉及含有 0.6% ~ 0.7% 镍(Ni)和 0.2% ~ 0.4% 钼(Mo)的钛(Ti)合金,则该权利要求被现有技术中披露的含有 0.65% Ni 和 0.3% Mo 的钛合金占先。如果一项现有技术披露的范围与权利要求的范围相关、部分重叠或落入权利要求的范围内,但没有披露权利要求范围内的具体实施例,则应当针对不同情况来判断权利要求的新颖性。为了破坏权利要求的新颖性,现有技术应当充分具体地公开要求保护的主题。如果权利要求限定了窄范围,现有技术公开了宽范围,并且从申请的其他事实可以看出,要求保护的窄范围并不仅仅是实施该项现有技术的教导的一种方式(例如,有证据表明只有在要求保护的窄范围内才一定会产生该选择的效果(例如,预料不到的结果),则可以合理地推定现有技术没有充分具体地公开该窄范围,即不能破坏权利要求(选择发明)的新颖性。所述预料不到的效果还使得该权利要求具有非显而易见性(参见第 13 章创造性)。

第 12 章附录

A12.02 在确定某项现有技术是否充分公开了要求保护的发明从而破坏其新颖性时,各个国际检索和初步审查单位对于可以考虑什么样的外部知识所采用的做法不一致。一些单位遵循以下第一种原则,另一些单位遵循以下第二种原则。而不遵循这两种原则的单位还可能依据现有技术文件判断要求保护的发明是否缺乏创造性。

A12.02〔1〕 现有技术文件在其有效日必须达到充分公开。对在先公开的文件而言,"有效日"指其公布日。遵循此种原则的单位要求,对于本领域技术人员而言,现有技术文件与在该文件有效日可普遍获得的知识一起充分公开了所要求保护的发明的各个要素或步骤。

A12.02〔2〕.1 现有技术文件在被检索或审查的权利要求的"相关日"必须达到充分公开。用于国际检索报告目的的相关日的定义参见 11.03 段。用于书面意见和国际初步审查目的的相关日的定义参见 11.04 段和 11.05 段。

A12.02〔2〕.2 为了确定对于本领域技术人员而言现有技术文件是否充分公开了所要求保护的发明的各个要素或步骤,遵循此原则的单位需要考虑在现有技术文件公布日之后但在被检索或审查的权利要求的相关日之前能够获得的知识。

第 13 章
创造性

创造性的含义

13.01 考虑到细则所定义的现有技术(参见 11.01 段),如果要求保护的发明在相关日（参见11.02至11.05段）对于本领域技术人员而言不是显而易见的，则认为其具有创造性。新颖性和创造性的判断标准不同。如果权利要求的每个要素或步骤均清楚地或实质地在现有技术的范围内公开，则所述权利要求不具有新颖性（参见12.01段）。与作为整体的现有技术比较，如果发明在整体上对本领域技术人员而言是非显而易见的，则满足创造性/非显而易见性的要求。为了确定是否满足创造性/非显而易见性的要求，可以将多项现有技术进行组合。因此，审查员不仅应该考虑权利要求与每份文件或与所述文件中分别记载的每一部分之间的关系，而且如果所述文件或文件的各个部分之间的组合对于本领域技术人员而言是显而易见的，则还应该考虑权利要求与这种组合之间的关系。

13.02 条约第33条（3）对判断创造性时所用的"现有技术"进行了定义（参见第11章）；尽管现有技术不包括在后公布的申请或专利，但在11.07段提及的情况下（同样参见16.73段），国际初步审查报告中可以引用在后公布的申请或专利。

判断创造性时考虑的因素

什么是"显而易见"？

13.03 对于权利要求限定的任何要求保护的主题而言，需要考虑的问题是，在该权利要求的相关日，在考虑当时已知技术的情况下，本领域技术人员获得该权利要求范围内的事物是否是显而易见的。如果是显而易见的，则认为该权利要求不具备创造性。术语"显而易见"是指不超越技术的正常发展进程，仅仅是简单地或合乎逻辑地由现有技术得到，即不包括超出预期的本领域技术人员具有的任何实践技能或能力。在判断创造性/非显而易见性时，考虑的基本因素是：

（ⅰ）必须从整体上考虑要求保护的发明；

（ⅱ）必须从整体上考虑对比文件，并且本领域技术人员必须有动机或受到启示去组合对比文件的教导，以得到要求保护的发明主题，包括考虑成功的合理预期或可能性；且

（ⅲ）考虑对比文件时，不能得益于所要求保护的发明内容而进行事后想象。

借助以后的知识

13.04 与判断新颖性不同（参见12.02段和第12章附录），在考虑创造性时，合理的做法是借助以后的知识解释任何已公开的文件，以及结合本领域技术人员在权利要求的相关日能够普遍得到的知识。

发明作为一个整体；已知或显而易见要素的组合

13.05 在判断创造性（非显而易见性）时，一般必须将要求保护的发明作为一个整体考虑。在确定现有技术与权利要求之间的区别时，所要考虑的问题不是该区别本身是否是显而易见的，而是要求保护的发明整体上是否是显而易见的。因此，一般地说，对于组合发明的权利要求，由于该组合发明的每个特征分别考虑时都是已知的或显而易见的，"所以"认为要求保护的整个发明主题就是显而易见的，这种论点是不正确的。唯一例外的情况是：组合发明的各个特征之间没有功能上的联系。即权利要求仅仅是将各个特征并列在一起，并不是一种真正的组合［参见13.14（d）段的例子］。

13.06 虽然为了评价是否存在创造性，任何情况下都应当针对权利要求的技术特征（而不是例如仅仅针对构思），但是对审查员而言重要的是记住，本领域技术人员可以通过各种方式获得发明。

13.07 在确定任一特定发明对所属技术领域作出的贡献以判断该项发明是否具有创

造性时，应当首先考虑申请人在说明书和权利要求书中对已知技术的确认；申请人对已知技术所作的任何确认，审查员都应当认为是正确的，除非申请人声明有误。尽管如此，国际检索报告或任何其他相关文件中包含的其他现有技术可能会使要求保护的发明在考虑角度上与公开内容明确显示的发明完全不同，确实如此，该引用的现有技术可能使申请人自愿修改权利要求以重新定义其发明。在判断创造性时还应考虑本领域技术人员的一般知识。同样，现有技术必须能够用于其所教导的情形，即使其并非要求保护的发明的全部。因此，无论是使各项现有技术与认可的事实组合还是与一般知识组合，这种组合都必须使要求保护的发明能够实现。

评价对于现有技术的贡献

13.08 在评价创造性/非显而易见性时应当考虑的因素：

（ⅰ）确定要求保护的发明的范围；

（ⅱ）确定相关各项现有技术的范围；

（ⅲ）确定相关情况下的本领域技术人员；

（ⅳ）确定相关各项现有技术与要求保护的发明之间的区别和类似性；

（ⅴ）综合现有技术的相关方案和本领域技术人员的一般知识，以此确定对于本领域技术人员来说要求保护的发明从整体上是否是显而易见的。

13.09 如果任何现有技术或本领域技术人员的一般知识使得在相关日（参见11.02至11.05段），本领域技术人员有动机或试图通过替换、组合或修改一项或多项这些现有技术而得到所要求保护的发明，并具有合理的成功可能性，则发明从整体上来说是显而易见的。判断创造性的一种具体方式是采用本章附录中描述的问题-解决法。

13.10 对于任何权利要求而言，为了得出其是否具有创造性的结论，必须确定权利要求的主题在整体上与所有现有技术的区别（若涉及从属权利要求，参见13.19段）。在考虑这一问题时，审查员不应仅仅根据权利要求的形式所暗示的观点（现有技术加特征部分，参见5.04至5.08段）来处理。审查员应当确定最接近的现有技术，将其作为评价创造性的基础。这被认为是，作为考虑显而易见性问题的最佳基础的一篇单一对比文件所引出之特征的组合。在确定现有技术的公开范围时，除明确公开外，还应当考虑隐含性公开，即本领域技术人员由该明确公开能够合理引出的教导。判断这种公开的临界时间是所涉及的申请的提交时间。还应当考虑权利要求相关日时本领域技术人员的一般知识。

"本领域技术人员"

13.11 应当将本领域技术人员想成具有本领域技术的假想的人，他知晓相关日之前所属技术领域的一般知识。同时还应当假想其已经了解了"现有技术"的一切知识，尤其是国际检索报告中引用的文件，并且具有从事常规实验的普通手段和能力。如果发明所基于的及由最接近的现有技术所引出的问题促使本领域技术人员到另一技术领域寻找解决方案，则该技术领域的技术人员是有资格解决该问题的人。因此，在判断该解决方案是否具有创造性时必须以该专业人员的知识水平和能力为基准。在有些情况下，将本领域技术人员假想成一组人，如研究或生产团队，可能比假想成一个人更合适。这种情况例如可能出现在某些先进的技术，如计算机或电话系统中，和出现在高度专业化的过程，如集成电路或复杂化学物质的工业化生产过程中。

组合教导

13.12 判断发明是否具有创造性与判断新颖性不同（参见第12章），在创造性判断中，可以将两份或两份以上的现有技术文件的教导进行组合，例如公布的不同专利，或者包含于同一份现有技术文件（如一本具体的书中）的几个技术教导，但是只有在这种组合对本领域技术人员是显而易见的情况下，才应使用这种组合来判断创造性。审查员在确定将两份或两份以上的不同文件的教导组合在一起是否显而易见时，应当考虑下述几点：

（ⅰ）这些文件的性质和内容是否可能使本领域技术人员将其组合在一起；

（ⅱ）这些文件是否来自相同的、相近的技术领域，如果不是，这些文件是否合理地与发明所涉及的特定问题相关。

13.13 当现有技术或本领域技术人员的一般知识使其有动机对一项或多项现有技术的教导进行组合、替换或修改，并具有合理的可能性时，所述一项或多项现有技术的组合、替换或修改可能导致缺乏创造性/显而易见性。与此相反，当本领域技术人员不能预期这种组合时，即使每一项现有技术在单独考虑时是显而易见的，其仍然可能满足创造性（非显而易见性）要求。当本领域技术人员有合理的依据将一份文件的两部分或几部分彼此结合时，这些部分的相互组合是显而易见的。将公知的教科书或标准字典与其他现有技术文件组合在一起通常是显而易见的；将一份或几份文件的教导与本领域的一般知识进行组合是显而易见的，这只是一般情况中的一种特例。一般而言，如果两份文件中的一份明显地、确定无疑地参考了另一份文件，则将这两份文件的教导进行组合也是显而易见的。应当指出，修改现有技术教导的动机无须与申请人的动机相同。现有技术中暗示的这种组合所达到的优点或效果与申请人发现的不一定相同。现有技术可能暗示了要求保护的发明，但是其用于不同的目的或解决不同的问题。在某些情况下，单一一项现有技术方案可能破坏创造性。在本章附录中附有此种情况的实例。

实例

13.14 下面给出一些指导性的实例，用于判断要求保护的发明在何种情况下是显而易见的，在何种情况下具有创造性（非显而易见性）。应当强调的是，这些实例对审查员来说仅起指导作用，在各种情况下都适用的原则仍是"发明对本领域技术人员来说是否是显而易见的"。审查员在审查具体的申请时，不要生搬硬套明显不适用的实例。而且，下面所列出的情况也并不是穷举的。

（a）要求保护的发明只是明显地应用了某种公知手段，因此不具备创造性：

（ⅰ）对整个要求保护的发明来说，现有技术教导不完全，但至少有一种补充所缺权利要求特征从而获得要求保护的发明的方法，而这种补充对本领域技术人员来说，是很自然的或毫无困难的。

> 例：要求保护的发明涉及一种用铝制造的建筑构件。在先文件公开了相同的建筑构件，同时说明是轻质材料，但未提及使用铝材。铝是本领域中公知的可用作建筑材料的轻质材料。

（ⅱ）要求保护的发明与现有技术的区别仅仅在于使用了具有相同目的的公知的等同物（机械的、电的或化学的），其中所述等同物是现有技术中公认的。应注意，在国际申请中，申请人承认一个要素等同于另一个以前已用于不同目的的要素，并不意味着该要素代替另一要素是显而易见的。

例：要求保护的发明是一种泵与马达的组合装置，与公知的泵与马达的组合装置相比，唯一的区别仅在于其使用水力发动机而不是电动机。

（ⅲ）要求保护的发明仅仅是一种公知材料的新用途，而且这种新用途使用的是该材料的已知性质。

例：一种洗涤组合物，其含有作为洗涤剂的已知化合物，其中该已知化合物具有降低水表面张力的已知性质，而这种性质已知是洗涤剂必须具备的一种性质。

（ⅳ）要求保护的发明是用最新研制的材料去替代已知产品中的相应材料，而该新材料的性质明显适合于这种应用（相似替代）。

例：一种包含聚乙烯套管的电缆，其中所述聚乙烯套管通过黏合剂与金属屏蔽层黏合。要求保护的发明就在于使用了最新研制的、已知适用于黏结聚合物与金属的特定黏合剂。

（ⅴ）要求保护的发明仅在于将已知技术转用于极其类似的情况中（相似用途）。

例：要求保护的发明是将脉冲控制技术用于工业卡车（如铲车）辅助设备的驱动电动机中，但将此种技术用于控制铲车的推进电动机是已知的。

(b) 要求保护的发明以非显而易见的方式应用了某种已知手段，因而具有创造性：

（ⅰ）将已知的方法或手段用于不同的发明目的并且产生了新的预料不到的效果。

例：已知高频电源可用于感应对焊。因此，将高频电源用于导体对焊并产生相似的技术效果是显而易见的。但是，如果使用高频电源对卷带进行连续导体对焊而无须除锈（为了避免在焊点和卷带之间产生电弧，通常必须除锈），则可认为具备创造性。其预料不到的效果是不必除锈，因为在高频下电流主要以呈电容性的方式流过锈皮，而锈皮则形成电介质。

（ⅱ）已知设备或材料的新用途克服了用常规技术无法解决的技术困难，权利要求中限定了用于克服技术困难的该手段。

例：要求保护的发明涉及一种用于支撑和控制储气罐升降的设备，其省去了常规设备中使用的外部导向构架。用于支撑浮船坞或浮桥的类似设备是已知的，但将该设备用于储气罐时，需要克服它在已知应用中没有遇到的实际困难。

(c) 某些技术特征之间显而易见的组合不具有创造性：

要求保护的发明仅仅是将某些已知设备或方法并置或连接在一起，各自以其常规的方式工作，且没有产生任何非显而易见性的相互作用。

例：生产香肠的机器，该机器由一台已知的绞肉机和一台已知的灌肠机对接在一起构成。

(d) 某些技术特征之间非显而易见的组合具有创造性：

组合的各技术特征在功能上彼此支持，并达到了新的技术效果，与每个单独的特征本身是否完全或部分已知无关。

例：一种药物混合物，由止痛药（止痛剂）和镇定药（镇定剂）组成。已知镇定药本身无止痛作用，但通过加入该镇定药，大大增强了止痛药的止痛作用，而这种效果是不能从两种活性物质的已知性质预料得到的。

(e) 从一些已知的可能性中进行显而易见的选择不具有创造性：

（ⅰ）要求保护的发明仅仅在于从一些同等可能的可选方案中进行选择。

例：要求保护的发明涉及一种已知的化学方法，其中向反应混合物施加电加热是已知的。这种加热方法具有很多公知的替换方式；要求保护的发明仅仅在于选择了其中的一种。

（ⅱ）要求保护的发明是在有限的可能范围内选择具体的尺寸、浓度、温度范围或其他参数，而这些参数或可工作范围明显地包括在现有技术中，并且可以通过常规的试错法或使用一般的设计程序得到。如果现有技术中公开了权利要求中的一般条件，则通过常规实验发现最佳或可工作范围是无创造性的。

例：要求保护的发明涉及一种完成已知反应的方法，其特征在于惰性气体的特定流速。而规定的流速仅仅是本领域技术人员必然能够得出的流速。

（ⅲ）要求保护的发明仅仅是可以从现有技术中简单地直接推导出来的。

例：要求保护的发明的特征在于，在制剂Y中使用规定的最小含量的物质X，以改善其热稳定性，但该特征仅从现有技术公开的热稳定性与物质X的含量的线性关系图中就可推导出。

（ⅳ）要求保护的发明仅在于从宽范围的化合物（类）内选择少数化合物（即小类或种）。

例：现有技术公开了一种用通式表征的化合物，该结构中包括一个用"R"表示的取代基。该取代基"R"定义为包括广泛定义的基团的全部范围，如被或未被卤素和/或羟基取代的所有烷基或芳基。现有技术中在广泛定义的基团范围内只公开了很少的几个具体实施方式的实施例。要求保护的发明是从作为取代基"R"的这些公知包含于现有技术中公开的广泛定义的基团中，选择出一个具体的基团或一小组基团。现有技术有动机去选择广泛定义的基团中任一种公知的成员，因此给本领域技术人员提供了动机去进行必要的修改以得到所要保护的化合物。进而，形成的化合物：

——既未通过描述说明，也未显示出具有现有技术的实例所不具有的任何有益的性质；或

——通过描述说明，与现有技术公开的具体化合物相比，具有有益的性质，但这些性质是本领域技术人员能预期这类化合物应具有的性质，所以很可能进行这种选择。

(f) 从一些已知的可能性中进行非显而易见的选择具有创造性：

（ⅰ）要求保护的发明涉及从一种方法的已知范围内特别地选择具体操作条件（如温度和压力），这种选择在该方法的操作上或在所得产品的性能上产生了预料不到的效果。

例：在将物质A和物质B于高温下转化成物质C的方法中，根据现有技术，已知当温度在50~130℃范围内升高时，物质C的产量通常恒定地增加。而发明发现，在之前未研究过的63~65℃的温度范围内，物质C的产量明显地超过预期值。

（ⅱ）要求保护的发明是从宽范围的化合物（类）内选择出具体的化合物（小类或种），且这些化合物具有预料不到的优点。

例：在(e)(ⅳ)中给出的取代化合物的具体例子中，要求保护的发明仍

然在于从现有技术定义的取代基"R"的整个范围内进行选择。但此时，发明不仅在可能的一般范围内选择了具体化合物，而且据描述和显示，生成的化合物具有有益的性质，但其并未指导本领域技术人员为获得所述有益性质进行这种而非其他的特定选择。

（g）克服了技术偏见：

一般情况下，如果现有技术引导本领域技术人员背离要求保护的发明所提出的方案，则该发明具有创造性。该原则尤其适用于下述情况：本领域技术人员甚至不会考虑通过实验去确定，这些方法是否能替换已知方法而克服实际或设想的技术障碍。

例：含有二氧化碳的饮料经消毒后须趁热装进无菌瓶中。常规的看法是，当瓶子从装瓶机上移开后，应当立即使瓶装饮料与外界空气隔离，以防止瓶中的饮料喷出。因此，包括上述步骤但无须采取措施与外界空气隔离（因为实际上已不再需要）的工艺方法可以认为具有创造性。

其他考虑因素

"事后"分析

13.15 应当记住，一项乍看之下显而易见的要求保护的发明，实际上可能是有创造性的。新的想法一旦形成，常常可以从理论上阐明如何从某种已知事物开始，经过一系列看似容易的步骤实现这种想法。审查员应当避免这种"事后"分析。在看待现有技术时，不应得益于不允许的、根据要求保护的发明而产生的事后想象。完成要求保护的发明的教导或暗示必须得益于现有技术和/或本领域技术人员的公知常识，而不应基于申请人公开的内容。为了确定将现有技术的教导进行组合的动机或提示，需要考虑的因素是，在将现有技术中的多组暗示进行组合时是否已存在合理的预期或成功的可能性。在各种情况下，审查员都应当进行实际的、"设身处地"的评价。审查员应当考虑与要求保护的发明的背景技术有关的全部现有技术，公正地评价申请人提交的相关意见陈述或证据。

技术价值，长期需要

13.16 为了确立要求保护的发明具有创造性（非显而易见性），也应将下述因素作为辅助性因素加以考虑：

（ⅰ）要求保护的发明是否满足了长期的需要；

（ⅱ）要求保护的发明是否克服了科学偏见；

（ⅲ）要求保护的发明是否是其他人曾试图完成，但并未完成的；

（ⅳ）要求保护的发明是否产生了预料不到的效果；以及

（ⅴ）要求保护的发明是否具有特别的商业成功。

13.17 例如，当要求保护的发明具有极大的技术价值，特别是，如果其提供了新颖的和预料不到的技术优势，并且可证实其与用于定义所述发明的权利要求的一个或多个特征有关，则审查员不应当轻易作出该权利要求缺乏创造性的决定。这同样也适用于解决以下技术问题的要求保护的发明，即本领域技术人员长时间设法解决的、长期需要实现的或者克服了科学偏见的发明。

商业成功

13.18 仅有商业成功并不能证明创造性，但是如果证据表明现时的商业成功是人们长期需要的，则会关系到创造性，前提条件是审查员同意这种商业成功是来源于要求保护的发明的技术特征而非其他影响（如销售技术或广告宣传），并且其与要求保护的发明的范围相应。

从属权利要求

细则6.4（b）

13.19 在考虑要求保护的发明是否具有新颖性、是否具有创造性（非显而易见性）及是否具有工业实用性时，审查员应当牢记，从属权利要求应当解释为包含其所从属的权利要求的全部特征。因此，如果对独立权利要求的新颖性的意见是肯定的，通常其从属权利要求的新颖性也应当是肯定的。这一原则同样适用于创造性和工业实用性的判断过程，除非从属权利要求包含使该发明不能在工业上应用的附加特征。

第13章附录

问题－解决法

A13.08.1 评价创造性的一种具体方法是采用所谓的"问题－解决法"。该方法由下述步骤组成：

1. 确定最接近的现有技术（另见13.08段）；
2. 确定需要解决的客观的技术问题；以及
3. 根据最接近的现有技术和客观的技术问题，判断要求保护的发明对本领域的技术人员来说是否显而易见的。

步骤1

A13.08.2 最接近的现有技术是指由单一一篇文献得到的特征的组合，该文献提供了判断显而易见性问题的最佳基础。最接近的现有技术可以是，例如：

（i）相关技术领域中的已知组合，所述组合公开了与要求保护的发明最相似的技术效果、目的或意图的用途；或

（ii）与发明共有的技术特征最多并且能够实现发明功能的组合。

步骤2

A13.08.3 在第二步中应当客观地确定发明解决的技术问题。为此，首先应当分析要求保护的发明、最接近的现有技术，以及要求保护的发明与最接近的现有技术之间的区别特征（结构特征和功能特征），然后确定技术问题。

A13.08.4 从这个意义上说，技术问题是指改进或修改最接近的现有技术以使要求保护的发明的技术效果优于最接近的现有技术的目标和任务。

A13.08.5 以此方式得到的技术问题可能不同于说明书中所描述的"技术问题"，这是因为，客观的技术问题的基础是客观确定的事实，特别是在审查过程中揭示的现有技术中存在的事实，该现有技术可能不同于申请人提交申请时实际了解的现有技术。

A13.08.6 术语"技术问题"应当作广义解释；其并非必然意味着该解决方案是对现有技术的技术改进。因此，该问题可能仅仅是寻找一种能够替代已知装置或方法的、具有相同或类似效果或者更节约成本的可选方案。

A13.08.7 有时，权利要求的特征会产生多个技术效果，因此，技术问题可以被理解为包括多个部分或方面，其各自对应于一个技术效果。这种情况下通常必须依次考虑每

个部分或方面。

步骤 3

A13.08.8　第三步中需要解决的问题是，从整体上来说，现有技术中的任何教导是否将会（并非简单的可能，而是将会）促使本领域技术人员考虑所述教导，同时针对所述技术问题对最接近的现有技术进行修改或改进，从而得到在权利要求范围内的某种技术方案，进而完成发明需要完成的任务。

A13.08.9　注意：技术进步的需求并非问题－解决法的需求。然而，按照问题－解决法，即使在不存在技术进步的情况下，也总是可以形成客观的问题（找到可选方案、更易于生产、生产成本更低）。

仅用一篇文件对创造性提出质疑的实例

A13.13　在某些受理局，如果一篇文件在内容上可独立质疑至少一个独立权利要求的创造性，则有可能一项或多项从属于它的权利要求将会被标记为"X"。以下为可能发生这种情况的例子：

（ⅰ）将技术领域中已知的技术特征由其原始领域转而应用于另一个领域，而这种应用对本领域技术人员来说是显而易见的；

（ⅱ）文件的内容与要求保护的主题之间的区别是公知的，以至于不需要书面证据；

（ⅲ）要求保护的主题涉及已知产品的用途，而根据产品的已知性质该用途是显而易见的；

（ⅳ）要求保护的发明与公知技术的区别仅在于采用了公知的等同物，以至于不需要书面证据。

第 14 章
工业实用性

工业实用性的含义

条约第5条、第33条（4）、第34条（4）（a）（ⅱ）、第35条（3）（a）

14.01　要求保护的发明若据其性质可以在任何一种工业中制造或使用（从技术意义来说），则认为其具有工业实用性。国际单位可能认为术语"工业实用性"与术语"有用性"为同义词。参见本章附录。

14.02　按照《保护工业产权巴黎公约》的规定，对"工业"一词作最广义的理解。所以工业包括具有技术特征的任何物理活动，即属于明显区别于美学艺术的有用的或实践技艺的活动；这种活动不仅指使用机器设备，或制造一种物品，还可以包括驱雾的方法，或将能量由一种形式转换成另一种形式的方法。

14.03　从工业实用性和有用性要求的一般特征来说，如果发明无法产生效果，例如，由公知的自然定律而知，发明明显不能操作，则该发明不满足工业实用性要求或有用性要求。认为此类发明不具有工业实用性，或因其不能工作而认为不能用于任何用途。

方　法

14.04　评价工业实用性采用以下步骤：

（ⅰ）确定申请人要求保护什么；且

（ii）确定本领域技术人员是否会认识到所要保护的发明具有工业实用性。

14.05 在大多数情况下，工业实用性是不言而喻的，并且无须对工业实用性要求给出更详细的描述。

细则43之二、66.2（a）（ii）、70.8

14.06 如果任何产品或方法的运行方式被判定是明显违背公认的物理定律，致使本领域技术人员不能实现，则该发明不具有工业实用性，并应通知申请人。

第14章附录

A14.01 并非所有国际单位对工业实用性都有相同的要求。国际单位可视情况选择以下的一种准则。

有用性

A14.01[1] 有的国际单位认为术语"工业实用性"与术语"有用性"为同义词。因此，如果要求保护的发明具有有用性，即（a）具体，（b）有实际意义，以及（c）可信，则认为其具有工业实用性。

具体或特定的有用性

（a）必须区分以下两种情形：申请人公开了发明的具体用途或应用，和申请人仅仅指出可以证实发明是有用的，但并未具体确定为什么认为其有用。例如，如果仅仅指出化合物可用于治疗未指定的疾病，或者指出化合物具有"有用的生物学"性质，则不能充分定义化合物的具体有用性。类似地，在未能披露具体的DNA靶的情况下，如果仅仅将多核苷酸权利要求的用途描述成"基因探针"或"染色体标记物"，则认为该权利要求不是具体的。"化合物可用于诊断疾病"的一般性说明通常是不充分的，因为其没有公开可诊断的病症。与此相对的情形是，申请人公开了化合物具体的生物活性，并且该活性与病症存在合理的关联。后一种情形下的主张充分明确了发明的具体的有用性。而前一种情形下的主张，特别是如果所述主张采用一般性说明的形式清楚地说明"有用的"发明可能来自于申请人的公开，则不能充分定义发明的具体的有用性。

实质或实际的"真实"的有用性

（b）如果需要或如果进行进一步的研究才能确定或合理地证实"真实"意义的用途，则该有用性并非实质的有用性。例如，治疗已知或新发现的疾病的化合物，以及对本身具有"实质的有用性"的化合物进行鉴定的分析方法均定义了有"真实"意义的用途。对于与特定病症的发病倾向有明确关系的物质而言，检测其存在的方法也定义了"真实"意义的用途，所述用途即在于鉴别潜在的患者，用以进行预防性测量或进一步的监测。必须区分以下两种发明：一种发明具有明确限定的实质的有用性，而另一种发明主张的有用性需要通过进一步的研究来确定或合理地证实。诸如"研究工具"、"中间体"或"用于研究目的"之类的标志对于确定申请人是否确认了发明的具体和实质的有用性并无帮助。以下是需要或进行进一步的研究才能确认或合理地证实有"真实"意义用途的情形，因而，它们不具有"实质的有用性"：

（i）基础研究，如对要求保护的产品本身性质的研究或材料所涉及的机理的研究；

（ⅱ）本身不具有具体和/或实质的有用性的材料的分析或鉴定方法；

（ⅲ）本身不具有具体的、实质的和可信的有用性的材料的制造方法；以及

（ⅳ）中间体产品的权利要求，所述中间体用于制备不具有具体的、实质的和可信的有用性的最终产品。

可信的有用性

（c）除非（ⅰ）支持主张的逻辑存在严重的缺陷，或（ⅱ）所述主张所依赖的事实与支持主张的逻辑不一致，否则该主张是可信的。用于这里的可信度是指，以申请人所提供的、用于支持有用性主张的逻辑和事实为基础的说明的可靠性。认为有用性主张不可信的一种情形是，本领域技术人员会认为该主张"按照当时的知识背景考虑是不可信的"，并且申请人并未提供能够反对当时的知识可能给出其他提示的信息。对于涉及用于治疗某种疾病或对某种疾病进行预防接种的化合物的权利要求来说，如果之前并未有过成功的治疗或接种，则应当小心地评价工业实用性要求。如果目前的科学认识表明治疗人类疾病是不可能的，则可能更加难以确认所主张的、用于治疗人类疾病的化合物的有用性的可信度。这种判定总是需要很好地了解在发明完成时的现有技术的状况。但是，不知晓治疗该疾病的事实并不能成为该发明缺乏工业实用性结论的基础。相反，有必要基于申请中所公开的信息确定所主张的发明的有用性是否可信。

工业实用性

A14.01[2].1　某些国际单位认为，仅仅当下列要求满足后，所要求保护的主题才具有工业实用性；否则将不具备工业实用性：

（1）国际申请中必须指明该发明在工业中能够得以开发利用的方式（其意图的功能、特定目的和具体用途）。

（2）国际申请必须以充分清楚和完整（限定了手段和方式）的方式公开发明，以使本领域技术人员可以实施该发明。在缺乏这种信息时，如果实施发明的方式公开于发明优先权日之前公众可获得的来源中，也是允许的。

（3）当本领域技术人员实施任一项权利要求（或多项权利要求）以实现发明所指定的特定目的（具体用途）时，必须切实可行。

特定目的

A14.01[2].2　应当指出，作为一个原则，特定目的易于从一项或多项权利要求限定的主题或者从发明的性质中明显看出。例如，当将发明的主题限定为"计算机"时，不会对其是否可在工业中使用提出怀疑，即认为符合要求（1）。另一方面，如果发明的主题涉及一种新化合物或生产新化合物的方法，如果在国际申请中缺乏特定用途的指示，则认为发明不符合要求（1）。

清楚和完整的公开

A14.01[2].3　如果包含在国际申请中的信息与发明优先权日之前公众可获得的信息一起足以使本领域技术人员实施要求保护的主题，则认为该申请以符合要求（2）的方式描述了发明。应该根据下列两个方面评价申请所提供的信息：其用于实施发明的用途，以及其用于发现所需的现有技术信息的用途。例如，假设独立权利要求限定的所声称的技术特征如下："用于制造机械单元 Q 的材料的热膨胀比为 A 至 B"。如果热膨胀比在该范围内的材料在现有技术中是已知的，则应该认为该申请以符合要求（2）的方式公开了发

明，无须考虑所述材料是否在申请中得到确认。如果该材料在现有技术中并非已知，但申请中包含了足以生产该材料的信息，则要求（2）视为得到满足。

A14.01[2].4 另外，如果热膨胀比在所述范围内的材料在现有技术中是未知的，而且由于国际申请中未包含任何涉及其组成或其生产方法的信息而使其不能生产，则认为其不满足上述例子中的要求（2）。

实现特定目的的可能性

A14.01[2].5 事实上，评价是否符合要求（3）就是评价每项权利要求所限定的发明的技术正确性。这种评价的肯定结果意味着，根据权利要求中所提出的技术特征来实施发明就会得到能够用于所指出的特定目的的实施方式。

A14.01[2].6 作为一个实例，当权利要求的主题是"永动机"时，由于其违背了公知的物理定律，即使该国际申请符合要求（2），也认为其不符合要求（3）。如果技术误差与自然规律没有必然联系，但仍会导致要求保护的主题不能用于申请人指出的特定目的，则仍然视为不符合要求（3）。

A14.01[2].7 另一个实例，要求保护发动机时，如果运行发动机会导致机械运动，则视为符合要求（3）。如果同时发现，国际申请中描述的某些特征，例如，发电机的额定效率比不能实现，则此发现与工业实用性要求无关，应根据说明书充分公开的要求进行处理。

必须满足要求的日期

A14.01[2].8 对是否符合要求（1）至（3）的评价以发明的优先权日为基准。因此，如果在优先权日之前，没有实施要求保护的发明所需要的现有技术的公开信息，以及作为所述申请要求保护的优先权基础的在先申请并未包含所述信息，则在审查时将这些信息补入申请中并不足以使发明在优先权日时具有工业实用性，并且这种补入被认为是违反条约第19条（2）和第34条（2）（b）的新增加的内容。

第Ⅳ部分
国际检索

第15章
国际检索

国际检索和补充国际检索的目的

条约第15条（2）、（4）；细则33.1（a）、34

15.01 国际检索的目的在于找到相关的现有技术，该现有技术包括世界上任何地方公众通过书面公开（包括绘图和其他图解）可以得到（参见第11章），并能有助于确定所要求保护的发明是否具有新颖性（参见第12章）和是否具有创造性（即是否显而易见；参见第13章）的一切事物，但以在国际申请日之前对公众公开为条件。国际检索单位要在其设施允许的情况下努力找到尽可能多的相关现有技术，并且在任何情况下都要查阅在细则 34 中所规定的最低文献量。

15.02 为了作出国际检索报告，还鼓励国际检索单位引证那些可能有助于确定是否符合其他要求，例如充分性、支持和工业实用性的现有技术文献。

15.03 该检索必须认识到某些指定局对什么是现有技术的有效日期具有不同定义。因此，当进行检索时，审查员在适当情况下应该有意识地挑选并选择引用可能在审查员所处局之外的专利局给出的相关现有技术。但是，审查员不必将检索扩展到标准检索参数之外来找到这种技术。在已经进行了检索并且已经确认了这种潜在相关的现有技术的情况中，鼓励审查员例如引证所有在国际申请日之前公开的相关技术，即使该技术和所审查的国际申请具有共同的申请人和/或发明人。即使在条约第 64 条（4）附加条款存在的情况下，审查员在进行检索时也应该遵循条约第 11 条（3）。

15.04 国际检索的另一个目的在于避免，或至少尽量减少国家阶段时的额外检索。

非书面公开

细则 33.1（b）

15.05 除非由在国际申请日之前公众可获得的书面公开所证实并且该书面公开构成现有技术，否则非书面公开，例如口头公开、使用、展出或其他方式的公开对于国际检索而言都不是相关现有技术。但是，如果公众可获得该书面公开的日期在所涉及的国际申请的申请日或之后，即使这种书面公开不符合国际阶段中相关现有技术的定义，只要该非书面公开在国际申请日之前的日期已向公众公开（参见 11.22 段），则该检索报告就应该单独地提及这一事实以及该书面公开的公开日期，因为这种非书面公开可能在国家阶段中由国家法确认为现有技术。

公开的地理位置、语言、年代和方式

15.06 应当注意，公众可获得的相关信息对其地理位置、语言或方式均没有限制；对包含该信息的文件也没有规定年代限制。

15.07 只要电子出版的文件是可得到的，则被认为已公开（参见 11.12 至 11.20 段）。

审查员

条约第 18 条；细则 43

15.08 国际检索应该由国际检索单位进行，并且由国际检索单位作出国际检索报告。国际检索本身通常由一名但并不局限于一名审查员来进行。在该发明实际上需要在相当分散的专业领域中进行检索的适当情况中，可能需要两名或多名审查员来完成该国际检索报告。

细则 43 之二.1（a）

15.09 审查员还需要在作出国际检索报告的同时就所要求保护之发明的新颖性、创造性和工业实用性提供书面意见。如果提出国际初步审查要求，国际检索报告和书面意见一起用于告知国际初步审查单位其完成相关评价所需要的文献和意见陈述，并且告知给指定局以便他们在国家阶段中考虑该申请（如果没有根据 PCT 第 II 章作出国际初步审查报告，则该书面意见以专利性国际初步报告的形式传送给指定局（PCT 第 I 章））。因此，审查员熟悉审查的要求是必要的。为了向申请人和第三方提供对未来国家或地区审查潜在结果的高水平可预测性，审查员应努力按照第 2 章、第 9 章和第 15 章的设想撰写高质量国际检索报告和书面意见，以便使它们可以放心地被指定局和选定局使用。

检索的基础

15.10 在进行国际检索之前申请人没有权利对该申请进行修改，因此国际检索必须在由受理局传送给国际检索单位之申请的检索本基础上进行，除非要更正明显错误（参见第8章）。

15.11 国际申请可以包含标有"援引加入（细则20.6）"的在后提交文件页，这些页是包括遗漏部分或正确要素或由受理局根据细则4.18和20.6从优先权文件援引加入的部分。这些页应当被认为是原始提交的并应该在表格中进行标注。当审查员注意到加入的要素或部分未完全包含在优先权文件中时，应在国际检索单位的书面意见（在第Ⅰ栏第五项"补充意见"中）中表明是否确实怀疑遗漏部分或正确要素或上述援引加入的部分完全包含在优先权文件中。在这种情况下，如果该申请可能被重新确定申请日，检索报告可进一步包括可能相关的附加文件（L）。该申请文件还可能包含盖有"不予考虑［细则20.5（e）］"、"不予考虑［细则20.5之二（e）］"或"不予考虑（细则20.7）"的文件页。这意味着受理局根据相关规定（出于形式或实体原因）没有接受这些文件，或申请人为避免重新确定申请日已撤回这部分。因此这些页不属于申请文件，在检索和审查中应被忽略。该申请还可能包含盖有"错误提交（细则20.5之二）"的页。这些页是申请人错误提交的，并且已经被替换为标有"援引加入（细则20.6）"的页，但是根据细则20.5之二（d）保留在国际申请中。这些页通常不需要为检索和审查目的予以考虑（15.11C段第二句中所述情况除外）。

细则40之二.1

15.11A 如果国际检索单位在开始起草国际检索报告之后从受理局接收到后提交的页的通知［或者如上所述标记为"援引加入（细则20.6）"，或者根据细则20.5（c）或20.5之二（c）在国际申请日改变之后包括在国际申请中］，则可以通知申请人支付附加费（使用表格PCT/ISA/208）。

15.11B 国际检索单位根据细则40之二.1决定发出支付附加费的通知书，在通知书指出上一段所述的收到受理局通知的日期和应支付的附加费的金额，并通知申请人在通知书之日起一个月内支付费用。

15.11C 如果已经在规定的期限内支付附加费，或者尚未发出通知书，国际检索单位根据国际申请包括后提交的页面起草国际检索报告和书面意见［在援引加入正确的要素或部分的情况下，不需要考虑根据细则20.5之二（d）保留在申请中的任何错误提交的要素或部分］。否则，国际检索单位将起草国际检索报告和书面意见，而不考虑后来提交的含有缺失部分或正确元素或部分的页（在通过援引加入正确元素或部分的情况下，国际检索报告和书面意见将基于包括错误提交的元素或部分的国际申请）。在该情况下，国际检索单位将在书面意见中作出相应的标注（参见17.16A段）。

15.11D 在已经及时支付额外费用的情况下，除如15.11C段所述制定国际检索报告和书面意见之外，国际检索单位还可以决定基于最初发送给它的国际申请，完成非官方国际检索报告和非官方书面意见。

细则13之三.1；规程第513条

15.12 如果该申请包含具有十个及以上特定核苷酸或四个及以上特定氨基酸的核苷酸和/或氨基酸序列的内容但是不包含符合相关标准的序列表（参见4.15段），或者序列表未以可接受的语言提供,则国际检索单位可以通知申请人(用表格 PCT/ISA/225)在规定的期限内提交符合标准的/序列表或在适用的情况下,其可接受的语言的序列表译本,以便完成该国际检索。应国际检索单位要求提交序列表或译本时可被要求缴纳国际检索单位要求的费用,该费用不超出国际申请费(不考虑国际申请超过 30 页的情况下每页的费用)的 25%。然而,如果由于受理局未根据细则 23.1(c)的要求将其已收到的、为细则 13 之三目的所使用的电子序列表传送给国际检索单位而造成国际检索单位不具有符合要求的序列表,国际检索单位不应要求支付任何滞纳金。如果申请人依照通知书行事的话,则国际检索单位根据所提供/符合标准的序列表或译本来继续完成国际检索和国际检索报告,或宣布不制定国际检索报告和书面意见。然而,根据条约第 34 条,在申请时没有包含在该国际申请中的任何序列表将不构成该国际申请的一部分,但是将被用作一种检索工具。如果申请人没有在期限内依照通知书行事或者如果对该通知书的答复有缺陷,国际检索单位仅在没有序列表的范围内进行有意义的国际检索(参见 9.39 段)。

15.13 [删除]

细则 12.3、23.1(b)

15.14 若提交国际申请所采用的语言没有被要进行国际检索的国际检索单位接受,申请人应该向受理局提交译成合适语言的该国际申请的译文,而请求书表格不需要这种译文。受理局送交作为检索本一部分的此译文,然后国际检索将在该译文的基础上进行。

细则 4.12、12 之二、细则 12.3、12.3 之三.1;规程附件 C

15.14A 如果国际申请包含说明书的序列表部分,则为了进行国际检索,可能仅需要序列表的基于语言的自由文本的译本。然而,任何这样的译本必须以完整的序列表的形式提供,该序列表包含以所需语言提供的所有基于语言的自由文本。应当注意,受理局可以允许按照规程附件 C 中规定的标准以一种以上的语言提交基于语言的自由文本。如果是这种情况,只要任何一种语言被国际检索单位接受,将不需要序列表的译本。如果基于语言的自由文本未以国际检索单位接受的语言提供,但是受理局没有根据细则 12.3 通知申请人提供译本,则国际检索单位可以根据细则 13 之三.1 通知申请人以其可接受的语言提供序列表译本(使用表格 PCT/ISA/225),并且为此可能收取滞纳金(参见 15.12 段)。

15.15 申请人可以要求国际检索单位考虑由该单位或其他国际检索单位或其他国家(地区)局作出的早期检索结果。在这种情况下,早期检索结果副本(由有关单位或专利局提供的任何形式)将随检索一起发给受理局,或在替代方案中,要求国际检索单位自行制定其完成的早期检索结果,或使用该单位可接受的形式和方式(例如,从数字图书馆)获取早期检索报告。

15.16 当受理局未传送相关文件,并且国际检索单位不能从其自己的记录或从数字图书馆获取这些用于国际检索目的的文件时(以及,如果必要的话,当申请人已经通知该单位收到相关文件时),国际检索单位可(非强制性地使用表格 PCT/ISA/238)要求申请人根据情况在合理的规定期限内提交下列文件:

(ⅰ)相关早期申请的副本;

(ⅱ)如果早期申请使用的语言不是国际检索单位接受的语言时,译为该单位可接受语言的早期申请的译文;

(ⅲ)如果早期检索的结果使用的语言不是国际检索单位接受的语言时,译为该单位可接受语言的该结果的译文；

（iv）早期检索结果中引用的文件副本。

然而，如果申请人在结果中标明早期申请与国际申请"相同，或基本相同"，则不应要求早期申请的副本或译文。由此意味着所描述和要求保护的发明是相同的，超出相应的精确翻译的任何不同仅与格式和微小错误的改正，包含或删除在某些国家所要求的发明非特定内容（例如在发明的研发中使用的公共基金细节）有关。

细则16.3、41.1

15.17 如果申请人要求考虑的早期检索由同一国际单位或者作为国际检索单位的同一专利局完成，该单位在完成国际检索报告和书面意见时必须尽可能地考虑早期检索的结果。

15.17A 如果早期检索由其他国际检索单位或作为国际检索单位之外的其他专利局完成，国际检索单位可以考虑早期检索结果。本文中的"考虑"意味着在早期检索结果中发现的实际益处导致其取代至少部分国际检索。在任何情况下，为改进国际检索质量，审查员应考虑检索和引用文献的领域以确定这些文献的相关性以及它们是否为确定恰当的数据库、分类或技术术语提供帮助。

细则23之二（2）、41.2

15.17B 如果国际申请要求一个或多个在先申请的优先权，其中在先的检索已经由同一国际检索单位或与作为国际检索单位的同一专利局进行，即使申请人没有要求国际检索单位考虑这些结果，该单位在制定国际检索报告和书面意见时必须尽可能考虑这些结果［细则41.2（a）］。

15.17C 如果国际申请要求一个或多个在先申请的优先权，该在先申请向与作为受理局的同一专利局提交并且该专利局已对该在先申请进行了在先的检索，或者已对该在先申请进行了分类，并且根据细则23之二.2（a）或（c）规定，该受理局已向国际检索单位传送任何在先检索或分类结果的副本，或者国际检索单位已以其可接受的形式和方式获得该结果或分类的副本，则该单位在制定国际检索报告和书面意见时可以考虑这些结果［细则41.2（b）］。

国际检索的范围

条约第18条（2）、第20条（1）（a）、第21条（3）、第33条（6）

15.18 国际检索实质上是一种对最相关资源完成全面的高质量检索，该检索报告用来向申请人、公众（在该国际申请公布的情况下）以及指定局和国际初步审查单位提供相关现有技术的信息。

15.19 在一些情况下，指定局没有设施来完成系统检索。这时，审查员应假定指定局对现有技术的认知依赖于国际检索单位的工作，并且这些指定局将在此基础上对所要求保护之发明的专利性作出评价。

15.20 然而，必须认识到尽管全面性应该是国际检索的最终目标，但是由于诸如文本检索的局限性以及任何分类体系和其实施中不可避免的缺陷等因素，所以也可以不必达到该最终目标，并且如果要将费用保持在合理范围内，该目标可能被认为是不经济的。因此审查员考虑与该技术最相关的检索资源，包括检索指南知识产权数字图书馆（IPDL）（参见WIPO网址 www.wipo.int）中所列的数据库，并且以将未找到非常相关的现有技术

（例如对任一权利要求而言是完全占先的）的可能性降低到最小的方式来组织检索和使用检索时间。对于更不相关的现有技术而言，更低的检索率是可以接受的。

国际检索的方向和主题

权利要求的分析

15.21 当拿到一份要进行检索的国际申请时，审查员首先应该根据下文和在第5章中所给出的指导来考虑该申请以便确定所要求保护之发明的主题。为此，审查员根据说明书和附图对权利要求进行严格分析。

条约第15条（3）；细则33.3（a）

15.22 国际检索针对由权利要求限定的发明，在解释上适当考虑说明书和附图（如果有的话），并且特别注重针对权利要求所涉及的发明构思。有关公开与权利要求书之间的关系参见第5章。

细则43.6之二、91.1

15.23 由于在收到国际检索报告之前，除更正明显错误或者改正不符合PCT并由受理局提请申请人注意的形式问题外，不允许申请人修改权利要求，所以国际检索将针对申请时的权利要求。参见15.25段。例外的情况是权利要求中明显错误的更正在国际检索单位开始起草国际检索报告之前，根据细则91.1（b）（ⅱ）、（c）和（d）被允许，在这种情况下，在检索和国际检索报告中考虑更正的权利要求，并据此作出标明（细则43.6之二）（参见8.18段和8.19段）。

尚未缴纳任何费用的发明

条约第17条（3）（a）

15.24 当该国际申请的权利要求涉及不止一项发明，而且涉及不是由一个总的发明构思联系在一起的一组发明时，可以通知申请人（用表格PCT/ISA/206，参见10.60至10.65段）缴纳附加检索费。若申请人答复该通知书时没有缴纳任何附加检索费，除在10.64段和10.65段中指出的情况之外，则国际检索通常应当限于在权利要求中首先提及的与该发明相关的那些部分或相关联的一组发明。若已在规定时间内缴纳了附加费，则也必须检索由此而覆盖的与这些发明相关的那些部分（参见第10章）。

完全覆盖

细则33.3（b）

15.25 原则上，并在可能且合理的范围内，国际检索应当覆盖权利要求所涉及的或者在其修改后可能被合理地预期涉及的整个主题。例如，一件与电路有关的国际申请包含了一项或者多项只直接涉及功能和操作方式的权利要求，而说明书和附图包括一个详细而重要的晶体管电路实施例。在这种情况下，检索必须包括该电路。然而，由于经济原因可能会对必须进行的国际检索作某些限制，例如，在有一项宽范围的权利要求和许多实施例，且不可能预见哪一个将是修改后的权利要求的主题时。

推测的权利要求

15.26 无须对保护范围过分宽的或者推测的权利要求进行特别努力的检索，这样的权利要求超出了其说明书支持的范围。例如，如果一件国际申请涉及并详细地说明了一个自动电话交换机，而权利要求涉及一个自动通信交换中心，则国际检索不应当只是由于权利要求的词义较宽而扩展到自动电报交换机、数据交换中心等，除非这种扩展检索能够提出一份文献，而根据这份文件能够确立关于缺乏新颖性或者创造性的合理的反对意见。同样地，如果权利要求涉及制造一种"阻抗元件"的方法，但说明书和附图只涉及电阻元件的制造，并没有指明利用要求保护的方法如何制造其他类型的阻抗元件，则通常不能认为将检索扩展到比如说包括电容器的制造是正确的。但是，如果无须增加过多努力就可基于未得到说明书支持的权利要求而进行有意义的检索，那么如果该权利要求的保护范围不是过分宽，则检索应扩展到覆盖没有得到说明书支持的所要求保护的主题。

从属权利要求

15.27 针对独立权利要求进行的国际检索也必须考虑所有从属权利要求的主题。从属权利要求解释为受其所从属之权利要求的所有特征所限定。因此，若独立权利要求的主题具有新颖性，就国际检索的目的而言，则从属权利要求也被认为具有新颖性。若国际检索的结果表明独立权利要求具有新颖性和创造性时，则无须对从属权利要求的主题作进一步检索。

15.28 但是，若对主权利要求的新颖性或者创造性有疑问，为了评价从属权利要求的创造性，可能需要通过扩展检索领域来评价该从属权利要求的特征是否有新颖性。不应当对人们所熟知以致书面证据似乎是不必要的特征进行专门检索；然而，如果可以很快地找到表明该技术特征是公知的手册或者其他文件，则应当引证所述手册或者所述文件。当从属权利要求增加了附加特征（而不是提供在主权利要求中已经描述的要素的进一步细节）时，该从属权利要求实际上构成了一项组合权利要求，因此应当按此规定处理（参见15.31段）。

特殊权利要求类型和特征的检索

15.29 权利要求中的词语必须按照本领域技术人员根据这些词语在相关技术领域中所通常具有的意思和范围所理解的那样来解读。参见5.20至5.28段指南关于特殊权利要求类型和特征的解释。

15.30 在由细则6.3（b）所定义的两段式权利要求（在某些单位实践中被称为"杰斐逊权利要求"）中，所要求保护的发明包括在权利要求的前序部分的限定和特征部分中的限定。在这些情况中，前序部分被当作该权利要求范围的限定（参见5.22段）。在某些情况下，最好能够扩展该国际检索的主题以涵盖所要求保护的发明的"技术背景"。这将包括：

（ⅰ）权利要求的前序部分，即在用语"其特征在于"或"改进之处包括"前面的部分；

（ⅱ）被认为在国际申请说明书的导言中已知的、但未经特别引证而验明的现有技术；以及

（ⅲ）本发明的总体技术背景（通常被称为"总的现有技术"）。

要素的组合

15.31 对于其特征为要素组合的权利要求（例如，A、B和C），国际检索应当针对该组合；然而，当为此目的检索分类单元（参见第7章）时，应当同时在这些单元中检索逐一包括这些元素的分组组合（例如，AB、AC、BC以及单个的A、B和C）。为评价该组合的创造性，只有在仍然需要确定要素的新颖性的情况下，才应当在附加的分类单元中针对分组组合或者该组合的单个要素进行检索。

权利要求的不同类型

15.32 当国际申请包含符合单一性要求（参见第10章）的多个不同类型的权利要求时，在国际检索中必须包括所有这些权利要求。当国际申请只包含一种类型的权利要求时，最好在检索中包括其他类型。描述了制造产品的方法但是只是要求保护该产品本身的参考文献可只归入涉及该产品的子分类中，在涉及该方法的子分类中不做交叉参考。因此，针对制造产品的特定方法进行检索时，可能需要针对该产品进行检索以便找到披露了制造该产品之方法的最佳现有技术。同样，例如，除当国际申请包含相反的说明外，通常可以假定在一项涉及化学方法的权利要求中，初始产品构成了现有技术的一部分并且不需要检索；中间产品只有在它们构成一项或者多项权利要求的主题时将进行检索；但是，强烈建议，除非最终产品是明显公知的，否则要对其进行检索，因为最相关的现有技术可能只根据最终产品进行分类。

不能进行有意义检索的情况

条约第17条（2）（a）；细则39、43之二.1、66.2（a）（v）

15.33 审查员通常从国际检索主题中排除不进行检索的主题或者不能作出有意义检索的主题；这可能是由于例如根据细则39将某些主题从检索中排除，或者由于针对特定的权利要求根本不可能进行检索的特殊情况而排除的事实（参见15.12段和第9章）。审查员应该在适当情况下在表格PCT/ISA/210（国际检索报告）的第Ⅱ栏或者表格PCT/ISA/203（宣布不制定国际检索报告）中指出关于相关权利要求不作出检索报告的原因。在表格PCT/ISA/237（国际检索单位的书面意见）的第Ⅲ栏中（参见17.09段、17.33段和17.34段）指出，因为对相关权利要求没有作出国际检索报告，因此没有就新颖性、创造性和工业实用性作出书面意见，详情参见国际检索报告或不制定国际检索报告的宣布，这通常就足够了。

明显错误和不得使用的表述等（细则第9条）

细则9.1、9.2、91.1、33.3（b）；规程第217条、第511条（a）（v）

15.34 如果审查员注意到国际申请中的任何明显的错误，则国际检索单位可以（选用表格PCT/ISA/216；参见8.13段）通知申请人，要求其对该错误进行更正。

15.35 同样，如果国际检索单位注意到如细则9.1中规定的不得使用的内容，例如违反公共秩序（ordre public）或者道德的事情或者公布时必须从国际申请中删除的贬低性说明，则用表格PCT/ISA/218建议申请人自愿修改其国际申请，并且相应地通知受理局和国际局。[①] 应注意，任何改正不能引入新的内容。如果申请人没有在所指出的期限内作出所要求的改正，则审查员就更正后的可以合理预期的权利要求的主题继续进行国际检索和审查。但是，应认识到，如果申请人没有作出所要求的改正，则国际局根据条约第21条（6）可以从该国际申请的公开文本中删除被指出的内容。

15.36 根据细则91.1所作出的任何更正决定（表格PCT/ISA/217）或者目的在于符合细则9.1规定而作出的任何改正，必须传送给国际局；目的在于符合细则9.1规定而作出的任何改正也必须传送给受理局。

[①] 在适用的情况下，国际局通知任何指定的主管补充检索单位。

信息符合细则 48.2（1）的标准

15.36A 国际检索单位没有义务检查国际申请或其他文件是否包含任何符合细则 48.2（1）标准的信息。然而，如果国际检索单位注意到国际申请或任何其他文件包含似乎符合这些标准的信息，则其可以建议申请人请求国际局从国际公布中删除该信息（使用表格 PCT/PCT/ISA/215）。

获取国际检索单位持有的文件

15.36B 如果国际局已通知国际检索单位（通过表格 PCT/IB/385），其已在国际公布或公共文件路径中删除了信息，则该单位不得提供对该信息的访问，并且在适用的情况下，不得提供表格 PCT/ISA/215、表格 PCT/IB/385 以及与表格 PCT/IB/385 一起提交的任何替换页给申请人或他授权的人以外的任何人。国际检索单位可以提供对随表格 PCT/IB/385 一同从国际局收到的任何替换页的访问。

检索策略

初始步骤

15.37 如果在国际申请中引证的文件是作为发明的出发点，或作为表示现有技术或者作为相关问题的选择性方案而被引证，或者它们为正确理解申请所必需时，应当审查这些文件；然而，当这种引证显然只与细节而不是与要求保护的发明直接有关时，可以不考虑它们。如果国际申请引证了没有公布或者国际检索单位不能得到的文件，而该文件对正确理解发明是重要的，且不了解该文件内容就不可能作出有意义的国际检索，如果申请人能够在根据 PCT 为准备国际检索报告规定的期限内提供该文件的副本，则国际检索单位可以推迟检索并要求申请人首先提供该文件的副本。如果没有收到该文件的副本，国际检索单位应当首先尝试进行国际检索，然后必要时说明不能从整体上进行有意义的检索或者需要限制该检索。

摘要和名称

细则 37、38

15.38 然后，审查员针对《PCT 实施细则》（参见 16.41 至 16.42 段）的要求来考虑摘要（连同发明名称和与摘要一起公布的附图）。由于摘要应当与提交时的国际申请有关，审查员应当在完成国际检索之前考虑它并决定其确切内容。在某些情况下（参见 15.40 段），为了公布，审查员将不得不自行确定摘要和/或发明名称，以及/或者选择摘要附图。摘要将使用公布国际申请所用的语言，或者如果已经根据细则 23.1（b）送交了译成另一种语言的译文，且国际检索单位也希望如此，则使用译文的语言。

分类

15.39 在考虑了摘要（如果有的话）之后，审查员至少按照国际专利分类（IPC）对该国际申请进行分类（参见第 7 章）。

检索之前公布

细则 8.2、37.2、38.2

15.40 如果在作出国际检索之前公布国际申请是适当的，则审查员必须根据国际局的要求，在进行检索之前确定该申请的分类；同时为了进行公布，审查员对摘要（连同发明名称和选定的摘要附图一起）进行审查。对摘要的这种审查只需要确保它与申请相关，且与发明名称或者申请的分类不相矛盾。如果申请人没有提供摘要、发明名称或者摘要附图,则由审查员提供。在国际检索单位收到受理局已要求申请人提供摘要和/或发明名称的通知时,不需要确定摘要或者发明名称。根据上面所述,如果国际检索报告的公布晚于国际申请的公布,则与该申请一起公布的摘要是申请时的摘要并且该最终的摘要将与国际检索报告一起公布。

检索说明

条约第17条(2)(a)

15.41 在确定了如15.21至15.23段所述的发明主题后,审查员最好首先作出一份书面检索说明,从而尽可能精确地限定他要检索的主题。在许多情况下,一项或者多项权利要求本身就可以满足这个目的,但为了覆盖发明的所有方面和各个实施方式,可能要将它们概括化。此时,应牢记与排除在国际检索外的主题(参见第9章)和与缺乏发明的单一性(参见第10章)有关的考虑。审查员也可能因为根本不可能进行检索(参见9.19段、9.26至9.30段和9.40段)而不得不在例外的情况下限制国际检索的主题;但是如果可以避免则审查员不应当这样做(参见9.17段和9.19至9.25段)。根据这些理由对国际检索的任何限制都应当在国际检索报告中表明。如果未进行检索,应当根据条约第17条(2)(a)作出宣布。

15.42 应该具体针对权利要求采用的各种类型和形式,例如两段式权利要求和由方法限定产品的权利要求(参见15.21至15.33段),来解释和检索这些权利要求。

检索领域

细则34

15.43 进行国际检索的国际检索单位应该在其设备允许的范围内找到尽可能多的相关现有技术,并且无论如何都要查找细则34所规定的适当最低文献量,并且考虑例如在检索指南IPDL中列出的那些相关数据库或其他检索资源。

细则43.6(b)

15.44 因此,国际检索单位在对一份国际申请进行检索时,原则上将查找存在于检索文档或数据库中检索领域内的所有文献,而不考虑它们的语言或年代,或者文献类型。然而,由于经济原因,审查员应该根据其对该技术领域和所涉及文献的知识作出适当的判断,以省略其中找到与国际检索相关的文献的可能性非常小的检索文档或数据库,例如在所关心的技术领域开始发展之前的文献。同样,审查员只需要查阅同族专利的一项专利,除非他有充分理由认为,在特殊情况下,同族的不同专利的内容存在相当实质性差别,或者只是由于同族专利中的另一项专利在国际申请日之前已被公布并且因此必须被首先引证。

细则33.2(a)、(b)

15.45 该国际检索应该基于可能包含与所要求保护之发明有关的材料的检索文档或数据库来进行。它覆盖PCT最低文献量范围内的所有直接相关的技术领域。然后,该检索可能要扩展以包括其他列出的资源或数据库,例如在检索指南IPDL中列出的那些,或者扩展到类似领域,但是这样做的必要性必须由审查员在每个案子中根据初始领域中的检索结果来决定。参见15.61段。

15.46 审查员在处理每个案子时,必须判断在给定的技术领域中要考虑哪些所列相关检索资源(包括检索指南IPDL中列出的数据库)的问题。应该在所有直接相关的检索领域中,并且必要时在类似的领域中,选择包含在国际检索中的分类位置。该审查员应该考虑该技术领域的所有相关检索资源，并且确定对该国际申请而言最适当的那些检索资源。在检索指南 IPDL 中列出的与这些技术领域相关的检索资源可以为与待审申请的相关性提供有用的指导。例如，这包括专门的检索系统、文摘刊物以及联机数据库。在利用 IPC 进行检索的情况中，在类似领域中的分类位置的选择应该限制在：

（ⅰ）位置较高的小类，以便对抽象（一般化）的对象进行检索，只要这样的抽象从技术观点上看是合理的；以及

（ⅱ）位置平行的小类，要记住所涉及的领域将变得越来越不相关。

15.47 通常有各种与该申请的主题相关的检索策略。审查员应当以其对检索资源的经验和知识为基础作出判断，以选择最适合于手头案件的检索策略，并确定因此所要考虑的各种策略（即分类位置、数据库和其他资源）的顺序。该过程应该对国际申请的主要技术领域给予优先地位，并且对发现相关文件可能性最大的检索资源和策略给予优先地位。

类似领域

15.48 检索领域在适当情况下应该包括与说明书和附图一致的类似领域。

细则33.2（c）

15.49 在任何特定情况中，什么领域应被认为类似领域的问题，应当根据什么是所要求保护的发明的必要功能或者用途来考虑，而不是仅仅根据国际申请中明确指出的特定功能来考虑。

15.50 在确定检索应该扩展的类似领域时，考虑以下方面是有益的：

（ⅰ）本领域技术人员所能想到的可以应用在不同工作或用途中的相同或相似结构的领域；

（ⅱ）所要求保护的技术特征的一般概念所属的领域；

（ⅲ）在发明人所致力的领域内以及合理地属于发明人所涉及的具体问题的技术领域；

（ⅳ）与权利要求书覆盖的主题中的功能或固有的用途相关的领域，也就是说，除主题的一般领域外，还要检索该申请最可能应用的领域。

15.51 要将国际检索扩展到在该国际申请中没有提及的领域的这种决定必须留给审查员来判定，该审查员不应该试图想象发明人可能设想到的该要求保护的发明的所有各种用途。确定在类似领域中扩展检索的最重要的原则应该是，是否可以基于在这些领域中的检索结果以缺乏创造性作出合理的反对意见。

进行检索

15.52 审查员进行国际检索时注意力应集中于任何可能与新颖性或创造性有关的现有技术。另外，鼓励该审查员引证按照 5.52 段和 5.53 段规定的、任何可能有助于确定说明书在整个所要求保护的领域中的充分性，以及按照 5.54 至 5.58 段规定的、确定所要求保护的发明以说明书为充分依据要求的现有技术。审查员也应当注意那些由于其他原因可能具有重要性的文件，例如，对所要求优先权有效性提出疑问的文件、有助于更好或者更正确地理解要求保护的发明的文件或者对技术背景作出描述的文件，但审查员不应当花费时间检索这些文件，也不应当考虑这些事情，除非在特殊情况下有特殊原因要这样做。由于超过要求保护的发明日期而没有当作现有技术的文件仍然可以被引证用来显示普遍的事

实，例如，材料的特性或性能，或者具体的科学事实，或者用来显示出本领域技术水平。

15.53 审查员应该将其检索努力集中在最有可能发现非常相关之文件的检索资源和策略上。当审查员要引证可能有助于确定说明书的充分性的任何现有技术并在相关领域进行检索时，审查员应当标明与确定所要保护的发明的新颖性、创造性、充分支持和工业实用性高度相关的所有文件，而不用考虑其公开日期。在考虑是否将检索扩展到其他领域时，审查员应始终考虑已经获得的检索结果（查找其他数据库、扩展检索式或者包括其他分类位置）。

15.54 审查员通常首先对专利文献进行检索。在某些技术领域，例如，在检索指南 IPDL（参见 15.43 段）中所标识的那些领域中，可能必须检索非专利文献。然而，不论检索什么领域，如果相关专利现有技术很少或没有的话，审查员应该考虑扩展所检索的资源以包括含有非专利文献的数据库。

15.55 要注意的是，不应当对作为公知的、立即且毫无疑问可证明以致书面证据似乎是不必要的特征进行特别检索。但是，如果可行，则优选应当引证表明该特征是公知的某本手册或者其他文件。

采用互联网进行检索的安全性

15.56 当对国际申请进行检索时，可能有必要利用互联网作为检索工具。根据细则42.1，国际检索单位必须在收到检索本 3 个月（或者，优先权日起 9 个月内，如果该日期在后届满）内对该国际申请进行检索，并且受理局通常必须在自国际申请日起 1 个月内将检索本转送给国际检索单位［细则 23.1（a）］。这意味着在要求了 1 年优先权的情况下，该检索通常必须最迟在自优先权日起 16 个月内并根据条约第 21 条（2）（a）在国际公布之前进行。如果该国际申请在检索时还没有公布，则存在这样的危险，即第三方可能看到在不安全的互联网搜索引擎或在互联网上能够访问的数据库中进行检索所使用的检索词。这可能使该申请的内容在公开之前被泄露，这显然是不被希望的。应该强调的是，网站的一般做法是保存检索式记录，这会使检索式被重现。若所重现的网址属于竞争者，这对申请人而言尤其危险。

15.57 所有网址都必须被认为是不安全的，除非检索单位与服务提供商具有商业协议以便保密并与所使用的网址保持安全的链接。

15.58 因此，在该国际申请还没有公布的情况下（如在大多数情况中一样）使用互联网作为检索工具时必须非常小心。若相关数据库可通过访问互联网获得，但国际检索单位可以通过其他安全链接访问相同的数据库，则必须使用该安全链接。

15.59 若国际检索单位不能通过安全链接访问互联网上的数据库，则必须使用表示与所要求保护的发明相关的特征组合的概括化检索词在互联网上进行检索，这些检索词已经显示出存在于现有技术中。

没有找到文件

15.60 如果不能得到与评价新颖性和创造性更相关性质的文件，审查员应当考虑引用已经在国际检索中指出的与发明的"技术背景"最相关的文件。一般说来，将不为此目的作特别的检索努力。然而，在特殊情况下审查员可以在此行使其自由裁量权。在例外的情况下，未发现任何相关文件也可完成国际检索。

停止检索

15.61 当与所需的努力相比，找到更相关的现有技术的可能性变得非常小时，出于经济原因审查员可运用适当的判断来结束检索。除其应用不包含创造性，且可被立即且毫无疑问地证明为本领域公知以致书面证据显得没有必要的特征外，当找到一份或多份文件清楚地表明权利要求所涉及的或者它们可能被合理地预期涉及的整个主题没有新颖性时，也可以停止国际检索。因此，如果仅对于少数所要求保护的实施方案而言没有新颖性，即使这会导致在书面意见中提出没有新颖性的反对意见，审查员也不应该停止检索。如果存在与下列要求相关的突出问题，即关于清楚完整地说明要求保护发明，以使本领域技术人员能够在所要求保护的整个领域中制造并使用该发明的要求；要求保护的发明应完全得到说明书支持的要求；或工业实用性的要求，并且如果这些问题可以通过附加的现有技术来澄清，则审查员可以继续检索。参见 15.52 段。当该文件在互联网上公开并且对其公开的日期存在疑问时（例如，不清楚它是否在细则 64.1 所规定的相关日期之前公开的），审查员应该继续进行检索，就好像未曾检索到该互联网公开的文献一样。

记录检索

细则 43.6（b）、（c）

15.62 在记录国际检索的检索历史中，审查员要列出所检索领域的分类标识符。如果在检索中没有使用 IPC，则要指明所使用的分类。参见 16.59 段。根据国际检索单位的政策，审查员会发现足够详细地记录检索历史以使国家阶段申请的审查员能够完全理解和信赖国际检索是非常有用的。这包括记录任何专利和非专利文献检索以及在互联网上进行的检索的细节，包括：被表示为对范围应用的完全检索式的关键词和检索算符；被作为导致发现现有技术的文本检索基础的逻辑；或者被采用作为与在从序列检索中获得的国际检索报告中所引证的现有技术相对应的序列检索和序列排列的基础的氨基酸或核苷酸序列；或者被采用作为所进行的其他非分类或非文本检索的化学结构检索或细节基础的化学结构。参见 16.53 至 16.62 段的关于检索历史记录的附加指导。所记录的检索历史还应该包括在任何前面检索中所使用的任何检索式。通过从给定电子检索资源构建并执行检索式的自动系统中直接打印出该检索式，通常可以很容易从这些检索历史中提供实际检索式。在采用电子数据库的情况中，应该提供数据库的名称；所采用的实际检索式也可能是有用的信息，根据国际检索单位的政策，如果可行，可以提供这些信息并供国家阶段申请的审查员使用。还鼓励审查员记录下检索历史以包含用来确定是否符合新颖性、创造性、工业实用性、支持性、充分性或其他适当要求的检索细节。但是，除非国际检索单位另有要求，否则不要求包含在检索过程中所进行的所有专利和非专利文献检索的所有细节。

评价现有技术

15.63 审查员确定所要求保护的本发明是否满足第 12 章和第 13 章中所规定的新颖性和创造性标准。

针对相关现有技术的疑问

15.64 因为对新颖性作出最终决定不是国际检索单位的责任而是指定局的责任，因此国际检索单位不应仅仅因为对某些问题存有疑问即舍弃相关文件，例如，对其公开日或者能为公众获得的准确日期，或者对此文件中提到的口头公开、展览等的确切内容存有疑问。国际检索单位应当努力消除可能存在的任何疑问，并应当在国际检索报告中引证相关文件，除非相关文件的公布日或者其能为公众获得的日期显然与国际申请的申请日相同或者比该申请日晚。可以引证能就存疑问题提供证据的其他文件。若参考文件的日期不能清楚地确定，审查员应当将该文件作为"L"类文件进行引用（参见16.75段），并在检索报告中表明公开的确切日期尚未确定。

15.65 除非有相反的证据显示出不同的公开日期，否则在文件中表明的公布日应当被国际检索单位认为是正确的。如果所表明的公布日期不够准确（例如，由于只给出了年份或者年份和月份），无法确定公布是否在国际申请的申请日之前，国际检索单位应当为该目的努力确定足够准确的日期。盖在文件上的接收日期，或者在另一份文件（该文件必须被引证）中的引用日期，在这方面可能会有所帮助。

排除的主题

15.66 当评价可能被排除于国际检索以外的主题时，应特别注意对现有技术文献的评价。在作为国际检索单位的专利局中，如果这种主题被认为是根据条约第17条（2）（a）（ⅰ）规定被排除的，那么，应根据修改后可能合理地被预期要求保护的主题而标注其类型符号（参见16.65至16.75段）。当在该国际申请中出现的其他权利要求涉及没有被排除的主题时，对修改后可能合理预期要求保护的主题进行评价，应该考虑这些未被排除之权利要求的主题。另外，在作为国际检索单位的专利局中，如果这种主题被认为是不被排除的，那么以国际申请中出现的权利要求为基础标注类型符号。

引证文件的选择和标明最相关的部分

细则43.5（c）；规程第505条

15.67 在完成国际检索之后，审查员应当从检索出的文件中选择将在国际检索报告中引证的文件。这些文件应当总是包括最相关的文件并在检索报告中特别标明。不太相关的文件只有在涉及要求保护的发明的某些方面或者细节而这些内容在已选择引证的文件中未发现时，才应引证。在对新颖性或者创造性有怀疑或者不明确的情况下，为了使申请人、指定局和国际初步审查单位有更充分考虑该问题的机会，审查员应当作出引证。

15.68 如果国际局及时向国际检索单位传送了第三方意见以供制定国际检索报告时考虑，该意见中提及的任何现有技术也应被考虑，就好像其作为检索的一部分已被审查员发现一样，前提是其包含现有技术的副本或者审查员可立即获得。如果意见中列出的相关现有技术包含在国际检索报告中，审查员只需要引用该现有技术。

细则43.5（b）至（e）；规程第507条（g）

15.69 为了避免增加不必要的费用，审查员仅需要引证必要的文件，因此当有几份同等相关的文件时，国际检索报告通常不应当引证一份以上的文件。当检索文档中出现同族专利的一项以上的专利时，在为引证而从这些文件中进行选择时，审查员应当考虑语言的方便，最好引证（或者至少指出）使用国际申请语言的文件，也应当适当考虑指定局可能要翻译引证文件的需要。因此，在可能的情况下，审查员应当明确指明所引证文件的相关部分或者段落，例如，同时指明相关段落所在的页以及段或者行数。如果引证文件是以英语之外的语言撰写的专利文件并且同族专利中的另一件专利以英语提供，优选地，审查员应当也指明同族专利中的另一件以英语提供的专利的相应部分或段落。

15.70 作为一般原则，审查员为了引证，将只选择在国际检索单位的检索文档中出现的文件或者用某些其他方式容易得到的文件；以这种方式，对引证文件的内容将不存在任何疑问，因为审查员通常已经检查了所引证的每份文件。

规程第507条（g）、（h）

15.71 但是，在某些情况下，可以引证一份其内容未经核实的文件，其条件是有理由假定存在有与审查员已经审查和引证的另一份文件相同的内容，然后两份文件在国际检索报告中均应提及。例如，审查员已经检索到了一份用更方便的语言并在国际申请日之后可能已公布的相应文件（例如，同族专利的另一件专利，或者一篇文章的译文）代替在国际申请日前用不方便的语言公布并被选为引证的文件（另见16.75段）。审查员也可以假定，在缺少相反的明确表示的情况下，摘要的内容包含在原始文件中。审查员也应当假定口头公开的报告的内容与该公开相一致。

15.72 审查员在引证一份他不熟悉的语言的文件之前，该审查员应当确保该文件是相关的（例如，通过同事的翻译、通过一种熟悉语言的相应文件或者摘要、通过附图，或者文件中的化学公式）。

检索后的程序

准备国际检索报告

15.73 最后，审查员应当准备国际检索报告和书面意见（参见第16章和第17章）。

修改国际检索报告

15.74 在完成国际检索报告之后，少数情况下国际检索单位可能发现更相关的文件（例如，在相关申请的在后检索中）。在国际局完成为公布国际检索报告而作的技术准备之前，这些相关文件应当加入到国际检索报告中。应当迅速将修改后的国际检索报告送达申请人和国际局。此后，如果自国际申请的优先权日起2年内，国际检索单位知道任何特别相关的文件，它应当修改国际检索报告并在报告上清楚地标明"修改版"。然后国际检索单位应当将一份修改后的报告副本传送给申请人，并将另一份修改后的报告副本传送给国际局，以便国际局随后将该报告副本传送给指定局和国际初步审查单位。

收到错投的根据条约第19条的修改

条约第19条

15.75 在传送国际检索报告之后，如果国际检索单位收到申请人错投的根据条约第19条对权利要求所作的修改，它应当迅速将该修改传送给国际局（该修改本来应当递交的局），并相应通知申请人。

补充国际检索

15.76 补充国际检索是由决定提供该项服务的国际检索单位根据细则45之二所提供的可选服务。认识到任何检索都不可能完全没有遗漏，其意在作为主国际检索的补充，而且当进行补充国际检索的单位相对于进行主国际检索的国际检索单位而言有特别的语言优势时，尤其适用这种情况。

细则45之二.5（h）、45之二.9

15.77 提供该服务的诸多细节由进行补充国际检索的单位确定。所提供服务的范围受限制和条件所限，例如，限于主题、该单位进行补充检索的数量，以及所检索权利要求的数目。范围由国际局和国际单位之间协议的附件确定。细节公布在《PCT申请人指南》附件SISA要求补充国际检索中。

请求补充国际检索

细则45之二.1、45之二.4

15.78 如果申请人希望进行补充国际检索,其必须自优先权日起 22 个月内向国际局提出请求,并在提出请求 1 个月内缴纳相关费用。通常认为申请人在看到并考虑主国际检索报告后才提出补充国际检索请求,但这不是必须的。

15.79 如果请求有效,支付所有费用并已提交必要的附加材料(电子形式的序列表的译文和副本),国际局一收到国际检索报告或自优先权日起 17 个月届满(以先到期者为准),就向进行补充检索的国际单位传送下列文件副本:

(ⅰ)补充检索请求;

(ⅱ)国际申请;

(ⅲ)为进行补充国际检索随请求书提交的序列表;

(ⅳ)申请人提交的作为补充国际检索基础的译文;

以及国际局同时或随即收到的:

(ⅴ)国际检索报告和根据细则 43 之二.1 作出的书面意见;

(ⅵ)国际检索单位根据条约第 17 条(3)(a)要求缴纳附加费的通知书;以及

(ⅶ)申请人根据细则 40.2(c)提出的异议和由国际检索单位工作框架下的复核组对此作出的决定。

国际单位收到补充国际检索的请求

规程第519条

15.80 一接收到补充国际检索的请求,国际单位立即使用表格 PCT/SISA/506 向申请人和国际局发送收到国际申请副本的确认通知。

细则45之二.3(e)、45之二.5(g)

15.81 如果,无论是在收到补充国际检索请求确认通知之前还是之后,国际单位发现进行检索超出了其与国际局之间协议所规定的限制或条件,而不属于根据细则 45 之二.5(c)适用条约第 17 条(2)的情况,则该单位认为该请求未提出,在此情况下用表格 PCT/SISA/507 分别通知申请人和国际局,并根据协议规定的程度退还补充检索费,采用表格 PCT/SISA/508 通知退费。

补充国际检索的启动

细则45之二.5(a)

15.82 进行补充检索的单位通常在一收到上文 15.79 段(ⅰ)至(ⅳ)列出的文件后就启动补充国际检索。然而,该单位可以选择推迟检索的启动,直到其也收到国际检索单位的国际检索报告和书面意见,或直到自优先权日起 22 个月届满(以先到期者为准)。

细则45之二.4(f)

15.83 如果主国际检索单位的书面意见不是用英文或补充检索单位可接受的语言作出,该单位可要求国际局在收到补充检索请求之日起 2 个月内提供英文译文。

撤回补充国际检索请求

细则45之二.3(d)、90之二.3之二、90之二.6(b之二);规程第520条

15.84 申请人在向其传送补充国际检索报告或宣布不制定国际检索报告之前可随时撤回补充国际检索请求。在此期限内,申请人可选择向补充检索的单位或国际局发出通

知，收到通知撤回即生效，但如果该通知没有在足够的时间内送达指定的补充检索单位以阻止报告或宣布的传送，根据条约第20条（1）该报告或宣布的传送适用细则45之二.8（b）依然有效。在这种情况下，补充国际检索应停止处理。在此阶段国际单位通常没有义务退还补充检索费（如果撤回在任何文档传送给该单位前发生，由国际局退还费用），但该单位可以根据内部惯例提供全额或部分退还。这样的政策可根据条约第16条（3）（b）在与国际局协议有关退费的部分中提出。如果撤回通知是直接从申请人而不是国际局收到，该单位应在通知上标注收到日并立即将通知副本传送给国际局。

补充国际检索的基础

细则45之二.5

15.85 尽管申请人常有机会根据条约第19条（以及有时根据条约第34条提出要求）在进行补充检索时修改权利要求，补充检索在原始国际申请（或其译文）基础上进行，以更容易进行真正补充的检索，并且结果更容易为申请人或指定局考虑。

细则13之三、45之二.5（c）

15.86 假如申请包含具有十个及以上特定核苷酸或四个及以上特定氨基酸的核苷酸和/或氨基酸序列表的内容，但没有包含符合相关标准的序列表（参见4.15段）或序列表未以可接受的语言提供，单位可以通知申请人（使用表格PCT/SISA/504）在限定的时间内提交符合标准的序列表或者以其可接受语言提供的序列表译本，以便完成补充国际检索。如果申请人依照通知书行事的话，则单位根据所提供的符合标准的序列表或译本来继续完成补充国际检索。根据条约第34条，在申请时未包含在国际申请文件中的任何序列表，将不构成国际申请的一部分，而仅被用作一种检索工具。假如申请人没有在期限内依照通知书行事，或者如果对通知书的答复不符合标准，以至于不能进行有意义的检索，单位将无须进行补充国际检索［参见15.87段（ⅰ）］。

补充国际检索排除的权利要求

细则45之二.5（c）至（e）

15.87 除由于发明缺乏单一性（参见第15.89段，见下文）而限制补充国际检索之外，补充检索可以排除：

细则45之二.5（c）

（ⅰ）无论由于清楚、主题的原因，还是在通知和提供补正机会后依然没有按合适形式和语言提交序列表的原因，而导致不属于完成补充检索的国际单位进行国际检索的主题的任何权利要求（参见9.39段、15.12段和15.33段）；

细则45之二.5（d）、（e）

（ⅱ）在补充检索开始之前，国际检索报告或根据条约第17条（2）（a）的宣布已经完成时，不是国际检索主题的任何权利要求；

细则45之二.5（h），45之二.9（a）、（c）

（ⅲ）符合国际单位与国际局基于条约第16条（3）（b）（不将补充国际检索效果延伸到超出权利要求确定数目的任何权利要求的特别限定）达成一致的特别限制或条件的某些权利要求。

15.88 如果涉及15.87段（ⅰ）或（ⅱ）的排除，意味着不再制作补充国际检索报告，检索单位使用表格PCT/SISA/502宣布并及时通知申请人和国际局。另外，假如部分权利要求被排除，但已制定补充检索报告，在补充国际检索报告（表格PCT/SISA/501）的第Ⅱ栏中显示限制主题。

不得使用的表述等

细则9.1、9.2；规程第217条

15.88A 如果指定补充检索的单位注意到未按细则9.1的规定使用的内容，如违反公共秩序（公共秩序）或道德的情形或者公布时必须从国际申请中删除的贬低性说明，则其以表格PCT/SISA/511建议申请人主动更正国际申请，并相应地通知受理局、国际检索单位和国际局。应当注意，这类更正不得引入新内容。如果申请人未在规定期限内作出所要求的更正，审查员继续进行补充国际检索，覆盖的主题涉及在更正后可以合理地预期的权利要求。任何旨在符合细则9.1的更正必须由指定补充检索的单位传送给受理局、国际检索单位和国际局。

信息符合细则48.2（1）的标准

15.88B 指定补充检索的单位没有义务检查国际申请或其他文件是否包含任何符合细则48.2（1）的标准的信息。然而，如果指定补充检索的单位注意到国际申请或任何其他文件包含符合这些标准的信息，则可以建议申请人请求国际局从国际公布中删除这些信息（使用表格PCT/SISA/512）。

获取指定的补充检索单位持有的文件

15.88C 如国际局已通知指定补充检索的单位（通过表格PCT/IB/385），其已从国际公布或公共文件访问中删除信息，则该单位不得提供对该信息的访问，并且在适用的情况下，不得提供表格PCT/SISA/512、表格PCT/IB/385以及与表格PCT/IB/385一起提交的任何替换页给申请人或他授权的人以外的任何人。指定补充检索的单位可以提供对随表格PCT/IB/385一同从国际局收到的任何替换页的访问。

发明单一性

细则45之二.5（b）、45之二.6

15.89 与国际检索不同，假如发现国际申请缺乏单一性，将不提供缴纳附加费的机会。相反直接针对涉及的主发明的国际申请部分立即制定补充国际检索报告。通常，这将意味着针对权利要求中首先被提出的发明。然而，审查员在确认发明是否具有单一性时也应考虑下面的内容，以及假如没有单一性，确定主发明的内容：

细则45之二.6（b）

（ⅰ）尽管不被国际检索单位的观点束缚，但应适当考虑显示在15.79段（ⅵ）和（ⅶ）里的文档所包含的关于发明单一性的任何意见；

细则45之二.6（f）

（ⅱ）假如国际检索单位已经发现发明缺乏单一性，申请人可以基于细则45之二.1（d）指定希望补充检索被限制在那些发明中的一个（例如，因为第一项发明很清楚没有新颖性，他不希望继续要求保护），假如审查员同意发明单一性的评价并且有关的权利要求不被任何理由所排除，则补充国际检索应聚焦于那个发明；

（ⅲ）在首先要求保护的发明将由于各种理由不被检索时，第一个可检索发明将被考虑作为替代；

（ⅳ）假如其他发明很容易被检索，则补充检索报告的范围可以适当包括那些发明

（参见 10.64 段）。

细则45之二.6（a）（ⅱ）

15.90 审查员关于发明单一性的观点和随后补充国际检索的范围，将以与主国际检索相似的方式记录于补充国际检索报告中（参见 10.83 至 10.86 段）。

细则45之二.6

15.91 常规异议程序（参见10.66 至 10.70 段）不适用于补充国际检索要求。然而，申请人可以在补充国际检索报告的通知之日起 1 个月内，要求国际单位对审查员发明单一性的意见进行复核。该要求可能需要提交复核费。复核的结果应迅速通知申请人并使用表格 PCT/SISA/503 在国际局备份。向国际局传送使用表格 PCT/SISA/503 的备份时还应同时传送有申请人复核请求的副本，以备需要传送至指定局（参见 15.92 段）。如果发现审查员的意见至少部分不公正，国际单位应发出一份更正的补充检索报告，说明关于发明单一性的修正后观点，适用时，包括应包含的所有权利要求的检索结果。如果意见完全不公正，申请人也应该要求退还全部复核费。参见 10.87 段和 10.88 段。

细则45之二.6（e）

15.92 假如申请人要求，国际局将随补充国际检索报告一起传送复核请求文本及其决定到指定局。

检索的程度

细则45之二.5（f）

15.93 补充检索的最小范围在国际局和指定补充检索单位之间的协议里进行设定。可以不同于根据细则 34 规定的 PCT 最低文献量，因为该文献量是希望主国际检索除细则 34（e）中的语言相关例外以外应有效覆盖的文献。如果在补充国际检索（参见 15.82 段）开始之前未收到主国际检索报告，审查员为了决定他应实施的检索程度，可能需要假定主国际检索将进行的范围。关于这件事的任何评论可以记录在补充国际检索报告中（参见 15.96 段）。

补充国际检索报告的制定

细则45之二.7（a）

15.94 自优先权日起 28 个月以内，必须制定补充国际检索报告（表格 PCT/SISA/501），或者作出不制定上述报告的宣布（表格 PCT/SISA/502），使用表格 PCT/SISA/505 传送给申请人和国际局。

细则45之二.7（b）

15.95 用于制定报告或宣布的公布语言，通常或者是国际申请的公布语言，或者是为补充国际检索目的提供的其他翻译语言，即使可能有一些情况，前者不是该单位接受的语言，后者不是公布的语言。

细则45之二.7（c）至（e）

15.96 除下述内容外，补充国际检索报告内容实质上与要检索报告内容一致：
（ⅰ）在扉页上应标明审查员是否能够考虑主国际检索报告；
（ⅱ）审查员不在补充国际检索报告上对国际申请分类或者作出任何分类提示；
（ⅲ）不必包括主国际检索报告中引用的任何文献的引用，除非认为在与未被主国际检索报告引用的其他文献一起引用时具有额外的相关性；

（ⅳ）可能包括相关引用的解释：考虑到没有制定其他的书面意见并且引用常常采用一种不容易被申请人理解的语言的事实，允许包含解释以表明一份文献的相关特征；

（ⅴ）如果在检索期间尚未制定主检索报告，并且未及时传送主检索报告至补充检索指定的单位以供检索中考虑，或者在退回状态已经被检索的复杂申请的情况下，则可以包括关于补充国际检索范围的解释，例如表明关于适当的检索范围的任何假定。

文件副本

细则45之二.7（c）

15.97 基于从国际申请日起7年以内的任何时间提出的请求，只要缴纳相关费用，国际单位必须向申请人或指定局提供引用文件副本，就像根据条约第20条（3）和细则44.3对国际检索单位规定的那样。为此目的可使用表格PCT/SISA/509。

第16章
国际检索报告

概述

16.01 将国际检索的结果记载在国际检索报告（表格PCT/ISA/210）中，并将该报告与必须同时作出的国际检索单位书面意见一起，用表格PCT/ISA/220传送给申请人，用表格PCT/ISA/219传送给国际局。该检索报告由国际局公布，并作为国际检索单位书面意见、任何专利性国际初步报告（PCT第Ⅰ章）以及由指定局或国际初步审查单位对该国际申请进行审查的基础。

16.02 审查员负责保证起草国际检索报告，使其随后能以最终形式打字或者印刷出来。

补充国际检索

16.03 本章指南还适用于补充国际检索报告的准备（参见15.94至15.97段）。补充国际检索报告，采用表格PCT/SISA/501而非表格PCT/ISA/210。附信采用表格PCT/SISA/505替代表格PCT/ISA/220。此外，具体细节仅包括与普通国际检索报告中所要求不同的内容或程序。补充国际检索报告不附加有书面意见，但可以包括某些应包含在书面意见中的解释（参见15.96段）。

国际式检索

16.04 本章指南还适用于国际式检索报告的准备（参见2.22段）。该报告，采用表格PCT/ISA/201而非表格PCT/ISA/210。表格PCT/ISA/220（参见16.14至16.21段）不用作附信：任何可选类型取决于代表执行国际式检索的国家局和国际检索单位之间的协议，如国际式检索报告是否附有书面意见。

作出国际检索报告的期限

条约第17条（2）、第18条（1）；细则42.1

16.05 必须及时进行国际检索，以使得能够在自国际检索单位收到检索本（用表格PCT/ISA/202通知申请人）之日起3个月届满前，或者自优先权日起9个月届满前，以后到的期限为准，最终作出国际检索报告或者根据条约第17条（2）作出宣布（参见9.40段）。如果在缺乏发明单一性或者通知提交序列表的情况下不能满足上述期限，则在收到附加检索费后，或者如未缴纳该费用在缴纳该费用的期限届满后，或者在收到序列表后，迅速作出国际检索报告。

完成国际检索报告

规程第110、503、504、505、507、508条；规程附件B

16.06　下面的段落包含使审查员能够正确完成表格的必要信息。更进一步的信息包含在规程的下列条款中：

（ⅰ）关于日期的表示：规程第110条；

（ⅱ）关于国际申请的分类：规程第504条（不适用于补充国际检索报告）；

（ⅲ）关于引证文件的确定：规程第503条；

（ⅳ）关于文件特殊类型的表示：规程第505条和第507条；

（ⅴ）关于与引证文件相关的权利要求的表示：规程第508条；

（ⅵ）关于发明单一性的考虑：规程附件B。

表格未要求的事项

细则43.9、45之二.7

16.07　国际检索报告不得包含除表格所要求的内容以外的事项；特别是，不得包含任何意见、理由、论点或者解释。但是，对于补充国际检索报告（未附有书面意见），该报告可以包含某些关于引用文献和检索范围的解释：参见15.96段（ⅳ）和（ⅴ）。

国际检索报告的表格和语言

国际检索报告的表格

规程第507条（g）

16.08　完成检索后，审查员根据在检索过程中获得的经验重新考虑分类（不适用于补充国际检索，其中未给出国际申请的分类号）并准备国际检索报告（表格PCT/ISA/210）和传送国际检索报告的通知书（表格PCT/ISA/220）。一旦审查员完成了检索，就应该毫不耽搁地完成检索报告。要传送给申请人和国际局的打印的国际检索报告表格（表格PCT/ISA/210）包括用于所有检索的两页主页（"第1页"和"第2页"）。这两页主页用于记录检索的重要特征，如检索领域并且引证检索发现的文件。打印的国际检索报告表格，还包含六页必要时可选用的续页。"第1页"和"第2页"均有续页，分别是：

（a）"第1页的续页（1）"、"第1页的续页（2）"以及"第1页的续页（3）"；和

（b）"第2页的续页"、"同族专利附件"以及相应的"附加页"。

16.09　只有在国际申请包含核苷酸和/或氨基酸序列的公开内容并且指明作为进行国际检索的基础的序列表，或者需要提供序列表或译本而无论是否在没有符合标准的序列表或译本的情况下进行有意义的检索时，才使用"第1页的续页（1）"。在第1页上标注权利要求是无法检索的（第2项）和/或缺乏发明单一性（第3项）时，使用"第1页的续页（2）"。然后在该续页上作出相应的说明。当摘要或者修改后的摘要由国际检索单位确定了（第5项）并在第1页说明该结果时，"第1页的续页（3）"包含摘要正文。当第2页的篇幅不够记载引证的文件时，要使用"第2页续页"。"同族专利附录"或者一页供选择用的空白页，可以用于表示同族专利。该表格还包括一个"附加页"，当记载其他页上的全部信息需要额外的篇幅时，可以使用"附加页"。表格可以是纸件形式或者是与纸件形式等同的电子件。

16.10 国际式检索（表格 PCT/ISA/201）和补充国际检索（表格 PCT/SISA/501）表格中不含有"第 1 页的续页（3）"，其中不提供摘要的制定。表格 PCT/SISA/501 还可以进一步包括可选页用于记载关于补充国际检索的范围的信息（参见 15.88 段和 16.56 段）。

检索报告的语言

细则43.4

16.11 国际检索报告应该用国际申请公布时所用的语言起草，条件是：

（i）如果根据细则 23.1（b）传送了另一种语言的译文（参见 15.14 段）并且国际检索单位也希望如此，则采用译文使用的语言起草国际检索报告；或

（ii）如果国际申请采用根据细则 12.4 提交的译文所使用的、非国际检索单位接受的语言公布，并且国际检索单位也希望国际检索报告和任何根据条约第 17 条（2）（a）制定的宣布可以是该单位接受的语言以及细则 48.3（a）规定的公布语言。

补充国际检索报告以国际公布语言起草。通常，这或者是国际申请实际公布的语言，或者是用于补充国际检索目的提供的译文语言，也可能前者不是国际单位的工作语言而后者也不是公布语言；在这种情形下，可以使用任何语言公布。

公布包含的页

16.12 应当注意到，只有"第 2 页"、"第 2 页的续页"（如果有）、"第 1 页的续页（2）"（如果有）、"附加页"（如果有），以及载有同族信息的任意单独页时，将是国际公布的对象，正如"第 1 页"和"第 1 页的续页（1）和（3）"（如果有）只包含已出现在公布扉页上的信息时。

细则45之二.8（b）、94.1（a）

16.13 公布的国际申请中不包括任何补充国际检索报告，但是全部文档（包括第一页和任何续页）都向公众公开，适用时还提供英文译文。每当请求主国际检索报告时，还将该报告发送给全部指定局和选定局。

填写传送国际检索报告或宣布的通知书，以及国际检索单位的书面意见（表格 PCT/ISA/220）

通信地址

规程第108条

16.14 通信地址从请求书表格（PCT/RO/101）获得。有代理人代表申请人时，通信地址列在 PCT 请求书表格的第Ⅳ栏。对于申请人自己处理其申请的情况，通信地址可列在 PCT 请求书表格的第Ⅱ栏。但是，存档的信件表明申请人或通信地址变更时，使用在后的地址。

申请人或代理人的档案号

规程第109条

16.15 申请人或代理人档案号从请求书表格（PCT/RO/101）获得，或者是由申请人或代理人的最后一次的通信获得的最新档案号。

国际申请号

16.16 国际申请号由受理局指定并记录在请求书表格上。

国际申请日

16.17 国际申请日由受理局在收到国际申请时确定。该日期记载在请求书表格上。

申请人

规程第105条

16.18 当国际申请有一个以上的申请人时，在国际检索报告中只表明在请求书表格中提及的第一个申请人。其他申请人（若有的话），在第一申请人的名称后用"等"（et al. 或 ET – AL.）表示。第一个提及的申请人在请求书表格的第Ⅱ栏表示，第二申请人在第Ⅲ栏表示；如果有两个以上的申请人，其他申请人在续页上列出。

例（ⅰ）：美国科技公司等（AMERICAN TECHNOLOGIES INC. et al.）

例（ⅱ）：史密斯，约翰·多（SMITH, John Doe）

注意：

（a）如上所示，公司名称用大写字母书写；对于个人的名字，首先用大写字母表示姓，然后用大小写混合的方式表示名，这有助于辨别姓氏。

（b）当用一种不区分字母大小写的语言例如日文制作国际检索报告时，或者国际检索报告的语言具有不同的表示姓和名的顺序时，应当适当变通地遵循这些指南。

未作出检索报告或作出限制性检索报告的情况

细则39和67

16.19 若国际申请的主题涉及下述内容，则国际检索单位不需要检索或审查该国际申请：

（ⅰ）科学和数学理论；

（ⅱ）植物或动物品种或者生产植物或动物的基本生物学方法，但微生物学方法和由该方法获得的产品除外；

（ⅲ）经营业务、纯粹智力活动或者游戏比赛的方案、规则或者方法；

（ⅳ）处置人体或者动物体的外科手术或者治疗方法，以及诊断方法；

（ⅴ）单纯的信息提供；

（ⅵ）国际检索单位不具备条件检索涉及该程序的现有技术的计算机程序。

第9章涉及排除在检索和审查之外的主题，以及其他情况，例如不清楚，在该情况下可能无法针对一部分或者全部权利要求作出有意义的国际检索。同时参见15.12段，该段涉及排除未以可接受语言提供符合相关标准的序列表的权利要求。补充国际检索报告也可排除主国际检索报告中的排除的权利要求。

16.20 本指南9.40段指明了在不能针对任何权利要求作出国际检索的情况下所要采取的行动。

16.21 在审查员发现权利要求涉及一项以上的发明且这些发明不具有一个总的发明构思时，可以只针对第一项发明作出国际检索报告，对其他发明在缴纳附加费的情况下作出检索报告。参见第10章。附加费可以在持有异议的情况下缴纳（参见10.66至10.70段）。

填写国际检索报告（表格PCT/ISA/210）

最早的优先权日

16.22 最早的优先权日在请求书表格（PCT/RO/101）第Ⅵ栏中给出。

总页数

16.23 国际检索报告的第1页表明该报告的总页数。填写正确的页数，该页数不包括没有填写的页（空白页）。总页数应当只包括包含在表格PCT/ISA/210中的页数。总页数不包括表格 PCT/ISA/220（传送国际检索报告和国际检索单位书面意见或宣布的通知书）的页数，因为该表格只是给申请人/代理人的信函。

"还附有本报告所引证的各现有技术文件的副本"栏

16.24 如果国际检索单位将寄出对比文件，则应当选中该栏。

报告的基础

16.25 如果已经根据国际申请的译文进行了检索（参见15.14段），则在国际检索报告第1页的第1项中指明。该项中还包括标明是否考虑了明显错误的更正，以及关于所使用序列表的细节的参考（参见15.15至15.17段）。

核苷酸和/或氨基酸序列表

16.26 该申请若公开了任何具有10个及以上特定核苷酸或4个及以上特定氨基酸的核苷酸和/或氨基酸序列，应当选中第1页的1.c栏并使用［第1页续页（1）中］第Ⅰ栏。因此，如果检索是基于所提供的序列表进行的，则第1项指明其是作为国际申请的一部分还是随后用于国际检索的目的（在这种情况下，还指明其是否附有序列表未超出所提交的国际申请中的公开内容的声明）而提交的。如果申请人未能以可接受的语言提供符合相关标准的序列表，并且在没有序列表的情况下进行检索，则在第2项中指明该事实。详细内容参见4.15段和15.12段。

主要国际检索报告的参考文献

16.27 对于补充国际检索报告，在第1页1.d项写明是否及时收到国际检索报告并考虑在内。如果没有考虑国际检索报告，在表格 PCT/SISA/501 的附件中涉及补充国际检索范围部分有必要注明任何假定都是基于主国际检索的范围作出（参见15.93段）。

国际检索主题的限制

16.28 检索报告表明检索是否因为下面所示的原因受到限制。如果有了任何这样的限制，指出还没有进行检索的权利要求，以及指明这样做的理由。可能产生这样的限制的4种情况是：

（ⅰ）权利要求涉及国际单位不需要检索的主题（参见第9章；对于补充国际检索报告的情形，另见15.87段）；

（ⅱ）涉及的权利要求无法作出有意义的检索（参见第9章）；

（ⅲ）多项从属权利要求不符合细则6.4（a）（参见5.16段）；

（ⅳ）缺乏发明单一性（参见第10章）。

国际检索单位的书面意见还报告相关事实，例如，通过引用在国际检索报告中的全部解释。

16.29 当权利要求由于（ⅰ）至（ⅲ）中的任一原因而没有进行检索时，应当在国际检索报告第1页第2栏中标注。此外，应当填写国际检索报告第Ⅱ栏［在第1页续页（2）上］，给出详细理由。

16.30 应当注意的是，在发明的技术特征方面依赖于参考说明书或附图的权利要求（"综合权利要求"，参见5.10段），只要可以给出确定的解释，就可以对其进行检索并填写报告。然而在国际检索单位的书面意见中以及为了国际初步审查，任何违背细则6.2（a）的情况（除了绝对必要不得依赖引用说明书或附图）都可以记录在意见或报告的第Ⅶ栏。

16.31 如果作为国际检索单位的专利局的国内法允许不满足细则6.4（a）的多项从属权利要求，则在国际检索中包括这样的权利要求，并且不需要在第Ⅱ栏第3项中表示。

16.32 在发现缺乏单一性的情况下（参见第10章），选择国际检索报告（表格PCT/ISA/210）第1页的第3复选框。此外，应当填写国际检索报告的第Ⅲ栏［在第1页的续页（2）上］，而不论是否发出了缴纳附加检索费的通知书。检索报告要表明在这些权利要求中存在的各个发明，是否需要缴纳附加检索费，是否已经缴纳附加检索费，以及检索了哪些权利要求。还要表明是否在缴纳附加检索费时提出异议。对于补充国际检索报告，没有缴纳附加检索费的时机，仅对单一的发明进行检索（参见10.83至10.88段关于该情形下适用的程序）。

发明名称、摘要和附图

条约第3条（2）、第4条（1）（ⅳ）；细则8、44.2

16.33 国际申请必须包括发明名称和摘要。审查员在进行主国际检索时要在国际检索报告第1页的第4项至第6项中指明其对发明名称、摘要正文和摘要附图的选择表示同意或者进行了修改。第Ⅳ栏［第1页续页（3）］用来记录任何新的或修改的摘要。

16.34 本程序不适用于补充国际检索。因此16.35至16.51段不适用于补充国际检索报告。对于国际式检索，根据国际检索单位和其代表执行国际检索的国家局之间的协议确定是否由国际单位复核发明名称和摘要。表格PCT/ISA/201不包括记录这些事宜的特定空白；如果需要，将在单独页记录适当的信息。

——发明名称

细则4.3、26.1、37.2、44.2

16.35 根据细则4.3，发明名称必须简短且准确（用英语或翻译成英语时最好是2个到7个词）。此外，发明名称应当清楚并简要地表达发明的技术目的。关于这点应当考虑下述内容：

（a）不应使用人名或商标名或类似的不能用于确定发明的非技术性的术语；

（b）缩写"等"是模糊的，不应使用，且应当用它想要包含的内容来替换；

（c）发明名称，例如"方法""装置""化合物"单独使用或类似含糊的发明名称没有清楚地表明发明的技术目的。

条约第14条（1）（a）（ⅲ）、第14条（1）（b）；细则26、37.1

16.36 当国际申请缺少发明名称时，相关的受理局应当在其例行核查中发现并相应地发出通知书。受理局应通知国际检索单位该通知书已经发出。如果在指定时间期限内没有向受理局提交发明名称，受理局可以宣布国际申请被撤回。然而，国际检索单位继续进行国际检索，除非并且直到国际检索单位收到该申请被视为撤回的通知。

细则37

16.37 下述情况下要求审查员撰写发明名称：

（ⅰ）申请人在允许的期限内没有答复受理局要求提供发明名称的通知书，但是国际检索单位尚未收到该申请被视为撤回的通知书；

（ⅱ）没有提交发明名称而且受理局没有要求申请人改正该缺陷；或

（ⅲ）发明名称有缺陷，因其不满足细则4.3的要求。

16.38 对于发明名称，审查员不需要获得申请人的同意，且审查员通过适当地完成国际检索报告第1页第4项来确定发明名称。
——摘要

条约第14条（1）（a）（iv）、（1）（b）；细则26、38.1

16.39 若国际申请缺少摘要，受理局应当在其例行核查中发现并相应地发出更正通知书。受理局应通知国际检索单位已经发出该通知书。如果在指定时间期限内没有向受理局提交摘要，受理局可以宣布国际申请被撤回。但是国际检索单位应当继续进行国际检索，除非并且直到国际检索单位收到该申请被视为撤回的通知。

细则38.2

16.40 如果国际申请不含摘要，且国际检索单位未收到受理局关于已经通知申请人提供摘要的通知，则其自行确定摘要。如果国际申请含有摘要，或者申请人依受理局通知书而提供摘要，国际检索单位将审查摘要是否符合细则8的要求。如果发现摘要不符合细则要求，国际检索单位对摘要进行修改，以使其符合要求。

条约第3条（3）；细则8.3

16.41 在审查申请人提供的摘要或在没有摘要的情况下确定摘要内容时，审查员应当考虑到摘要只是作为技术信息，且尤其不能用于解释要求保护的范围的目的。摘要应当如此撰写，使其成为一个在特定技术领域内帮助科学家、工程师或研究人员检索，并且估计是否需要查阅国际申请本身的有效工具。有关准备摘要的指南可以参见 WIPO 标准 ST.12/A。

细则8.1、8.3

16.42 在考虑申请人的摘要和附图是否符合细则8的要求或在起草摘要时，审查员应当特别考虑下述问题：

（a）摘要必须提供说明书、权利要求书和附图中所包括的公开内容概述。概述应该指明发明所属的技术领域，并且以能够清楚理解技术问题、通过本发明解决该问题的要点以及发明的主要用途的方式撰写。它应当作为本领域检索的有效浏览工具来撰写。

（b）摘要应当在公开内容允许的情况下尽可能简明（如果用英语撰写或翻译成英语时最好是50~150个词）。应避免冗长的摘要和不必要的词。摘要不应包含关于要求保护的发明所声称的优点或价值或其推测性应用的陈述。不应使用可能是含蓄的措辞，例如，"该公开关注"、"本发明由该公开限定"和"本发明涉及"。

（c）摘要还应清楚且易于理解。摘要中所提及的和附图所示的每个主要技术特征应当跟随一个放置在括号中的参考标记。如果摘要中使用的附图标记与相关附图中的不对应，摘要可能无法理解。然而，附图上没有附图标记的情况必须被接受，因为审查员没有机制要求将其包括在内。

16.43 应当注意，为申请提供高质量的摘要主要是申请人的责任。然而，在审查申请人提供的摘要时，至少在以下情况下，审查员应当修改摘要以使其符合细则8的要求：

（a）申请人提供的摘要过于冗长，本发明的本质不能证明其合理性；

（b）摘要清楚地包含关于要求保护的发明所声称的优点或价值或其推测性应用的陈述；或

（c）摘要显然未指出由要求保护的发明提供的对申请中所述技术问题的解决方案的要点。

16.44　摘要的审查应当以不影响检索实际完成日期的方式进行。该复核应当与过程中的其他步骤同时进行。

16.45　只有审查员在国际检索报告（参见表格 PCT/ISA/210，第1页，第5项）中完成摘要后，申请人才能对其提意见。这是发给申请人的唯一一份可以提意见的通知。该通知在没有提交摘要时或原始提交的摘要不满足细则8的要求时发出。在这种情况下，审查员制定一个适当的摘要。

细则38.3

16.46　允许申请人从国际检索报告邮寄之日起1个月内向国际检索单位提交摘要的修改，或者，如果由检索单位制定摘要，提交对该摘要的修改和/或意见。之后，审查员应当考虑该修改和/或意见，并确定是否修改摘要。

细则38.3；规程第515条

16.47　如果国际检索单位修改国际检索报告中制定的摘要，它应当用表格 PCT/ISA/205通知国际局和申请人。审查员不必答复申请人提交的意见。

——要公布的附图

细则3.3（a）（ⅲ）、8.2

16.48　若国际申请包含附图，申请人应当建议附图中的一幅图随附摘要以供公布，这在请求书表格（PCT/RO/101）的第Ⅸ栏中指出。如果申请人未这样做，或者如果申请人建议的附图不是表征本发明的最佳附图，审查员应当选择附图中表征本发明的一幅最佳附图，并随说明书摘要公布。

16.49　通常应只选择一幅图。仅当必要信息不能以其他方式表达的特殊情况下，考虑包括一幅以上的图。此外，一般应避免包含大量文本内容的图，因为当该图随摘要一起公布时，这会导致阅读和理解困难。在认为没有一幅图对理解本发明有用的情况下（即使申请人建议了一幅图），不应选择任何图。

16.50　当公布摘要时，在国际检索报告第1页第6项标明摘要附图。如果国际检索单位确定没有附图随摘要一起公布，则如此标明。若申请没有附图，不选任何栏。

16.51　不推荐选择一幅以上的附图；但是，如果需要这样做，那么将表格的措辞从单数变为多数以反映改变。例如，将"figure"改为"figures"，"is"改为"are"，"No."改为"Nos."（当国际检索报告是用不区分单复数的语言准备的时候，例如日语，应当有所变动地遵从该建议）。

主题的分类

细则43.3（a）

16.52　国际检索单位进行主国际检索时根据 IPC 指南和 IPC 中的规定给出强制性的关于"发明信息"的 IPC 号（使用当时使用的 IPC 版本），并且在国际检索报告第2页 A 栏中记录该信息。不需要使用指南中定义的非强制性的 IPC 分类号（例如可选的 IPC 索引码）。IPC 指南可以参见 WIPO 网站 www.wipo.int。参见第7章。在任何补充国际检索中不需要给出附加分类号或重新分类。

检索领域

细则43.6（a）

16.53　在国际检索报告第2页 B 栏中列出表明检索领域的分类号。如果没有为此目的使用 IPC，则标明所使用的分类号。

检索的最低限度文献

16.54　国际检索单位查找细则 34 中规定的最低限度文献，并考虑其他相关数据库或其他检索资源，例如检索指南 IPDL 中所列的那些检索资源。在检索了 IPC 分类号的情况下，无论使用或者不使用关键词对检索进行限定，审查员应当在国际检索报告中填入相关的 IPC 分类号。

最低限度文献之外的文献检索

细则43.6（b）

16.55　在检索除 PCT 最低限度文献之外的文献的情况下，其他检索到的文献可行时在国际检索报告第 2 页 B 栏中指出。该部分用于填写检索的非电子数据库，例如，纸件或缩微胶片。它们用于，例如：

（a）Capri——输入"CAPRI"和用于分类号检索的适当的 IPC 分类号，例如"CAPRI：IPC F16B 1/02"；

（b）根据公布专利的国家特有的分类系统，检索不构成最低限度文献部分的专利说明书——输入检索的分类号，例如"AU Class 53.6"；

（c）根据 IPC 检索不构成最低限度文献部分的专利说明书——输入用于所检索分类号位置的 IPC 分类号，例如"AU：IPC B65G 51/－"。

细则45之二.7（e）（ii）

16.56　对于补充国际检索报告，根据国际局和特定国际检索单位之间的协议确定的服务范围，审查员可以假设主国际检索中已包括 PCT 最低文献量并且主要焦点可能在其他方面，比如以进行补充检索的国际单位擅长的特定语言公开的文件。可包括对补充国际检索范围进行更多评论的附加页，如果检索单位在进行补充检索前未及时收到主检索报告而进行复核，附加页还包括对主国际检索范围作出的任何假设（参见 15.93 段）。

16.57　在审查员选择引用一个来自第三方审查意见而在检索时未曾检索到的文件时，可以将"第三方审查意见提交于［日期］"标注在表格 PCT/ISA/210 的"最低限度文献外检索到的文献"栏。

所查询的电子数据库

细则43.6（c）

16.58　在进行国际检索使用电子数据库的情况下，应在检索报告中包括数据库的名称。此外，取决于国际检索单位的政策，审查员可以发现在检索报告中标明用来在数据库中检索的确切的检索式对他人很有帮助。若记录确切的一个或多个检索式不切实际，则应当包括上述一个或多个检索式的概要。参见 16.59 段。

16.59　应用了关键词（检索术语）的情况下，鼓励在检索报告中包括关键词。如果应用的关键词的数目很大，那么可以使用关键词代表性的示例（例如，"关键词：A、B、C 和类似词语"）。但是，取决于国际检索单位的政策，审查员会发现足够详细地记录检索历史很有帮助，以便国家阶段申请的审查员能够完整地理解并依靠该国际检索报告。参见 15.62 段。

16.60　结构检索不适宜在检索报告中标注。如果进行了结构检索，该检索可通过说明，例如"根据式（I）中的喹啉核进行了结构检索"。

16.61 序列表检索应当按照与结构检索相同的方式处理（检索 SEQ ID：1~5）。例如：

DWPI 和关键词：A、B、C 和类似术语（注意：DWPI 包括 WPAT、WPI、WPIL）；

JAPIO 和关键词：A、B、C 和类似术语；

MEDLINE 和关键词：A、B、C 和类似术语；

DWPI IPC A01B 1/ - 和关键词：A、B、C；

CA 和 WPIDS：IPC C07D 409/ - 和关键词：A、B、C；

CA：根据式（Ⅰ）的结构检索；

ESP@CE 关键词：A、B、C；

Genbank：关于核酸序列 SEQ ID NO：1 的序列检索。

注意：

（a）只填入"关键词检索"而没有写明实际使用的关键词是不合要求的。

（b）不需要标明进入数据库的方式，例如，不需要写明通过互联网进入 ESP@CE，或通过 STN 进入 MEDLINE。

（c）在利用一个较长参考核苷酸或氨基酸序列的一个特定相关部分进行检索，而不是利用用于序列表特定 SEQ ID NO 的申请时提交的参考全长序列进行检索的情况下，检索审查员应当标明包含了被检序列的全长参考序列的区域。例如，"仅检索用于核苷酸 1150~1250 的 SEQ ID NO：1"。

在先检索

16.62 在国际检索报告全部或者部分基于相似主题的申请作出的在先检索的情况下，适当时，可认为该在先检索所查阅的在先申请号和相关检索历史是为当前国际申请进行，除了在先检索的详细内容不能被确定的情况，或者记录在先检索的全部的详细内容不切实际的情况。在后一种情况下，应当包括在先检索的概况。在上述在先申请已经公开的情况下，将该信息记录在国际检索报告中；如果在先申请尚未公开，且该申请人与在先申请的申请人相同，在传送国际检索报告时将该信息正式送达申请人。参见 16.59 段。

被认为是相关的文献

细则 43.5

16.63 完成国际检索报告第 2 页 C 栏可以被看作包括三个部分。它们是：引证类型；文件的引证以及在适当的情况下确定相关段落；以及确定相关的权利要求号。这三个部分在下面的 16.65 段至 16.75 段、16.78 段、16.77 段和 16.80 段中分别讨论。

16.64 应当注意的一些问题：

细则 33.1

（a）选择引证的文件应当是与申请人的发明最接近的现有技术。应当将引证多篇表明相同发明要素的文献的重复教导保持在最低程度（参见 15.67 段和 15.69 段）。

（b）在引证一篇文件时，审查员应当清楚地表明文件的哪一部分或特定页数是最相关的（参见 15.69 段）。若引证文件是以英语以外的语言撰写的专利文件，并且同族专利的另一件专利以英语提供时，优选地，审查员应当也指明同族专利的以英语提供的专利中的相应部分或段落。这样做时，审查员不应将该以英语提供的专利作为单独的文件引用，而应简要提及，并在指明引证文件的特定部分或段落之后指明该以英语提供的专利的相关部分或段落。或者，同族专利中以英语提供的专利的相应部分或段落的指示，可以在国际检索报告的同族专利附件中给出（参见16.82A段）。

（c）对于补充国际检索，审查员在报告中不必包括在国际检索报告中引用的文献，除非需要引用的文献与其他在国际检索报告中未引用的文献互相关联时。需要注意的是补充检索的目的是补充主国际检索而非重新评估，应当尽量避免包含这样的引用和对它们相关性的重新评估。通常，包括这样的引用的原因是，在必须引用该类别为"Y"类的文献（参见16.68段）以将该文献公开的内容结合新引用的文件来指示缺少创造性的情况下，进一步进行主国际检索报告中给出的缺少创造性的评述。然而，在主国际检索报告的确未能识别文献的相关性的程度时可以再次引用该文献，例如，在第一审查员由于不能理解文件的原始语言仅仅基于摘要或机器翻译作出的情形下。

引证类型

规程第505条、第507条

16.65 被引证的文件以字母方式给出类型标记，其细节规定在规程第505条和第507条及下文中给出。引证的类型在报告的"认为相关文件"中解释。每篇引证的文件总应当被标注一种类型。在需要的情况下，可能会组合不同的类型。

——特别相关的文件

规程第505条

16.66 当国际检索报告中引证的文献特别相关时，用字母"X"或"Y"表示。

16.67 当一篇文件单独考虑，要求保护的发明不能被认为具有新颖性，或一篇文件结合公知常识考虑，要求保护的发明不能认为具有创造性的时候应用类型"X"。

16.68 当一篇文件与一篇或更多其他同类文件相结合，且这种结合对于本领域的技术人员而言是显而易见的，从而要求保护的发明不能被认为是有创造性时，该文件应用类型"Y"。

——表明技术状况而不会破坏新颖性或创造性的文件

规程第507条（c）

16.69 当国际检索报告中引证的一篇文件表明了技术状况而不会破坏请求保护的发明的新颖性或创造性时，则用字母"A"表示。

——涉及非书面公开的文件

规程第507条（a）

16.70 当国际检索报告中引证的一篇文件涉及非书面公开时，输入字母"O"。这种公开的例子包括会议记录。这种文件类型"O"经常伴有表明文献相关程度的符号（根据16.67段至16.69段所说的），例如，O，X；O，Y或O，A。

——中间文件

规程第507条（d）

16.71 公开日期在待审申请的申请日与要求的优先权日（或有多个优先权日时最早的优先权日）之间［参见条约第2条（xi）（b）］的文献，用字母"P"表示。对于在考虑中的专利申请的最早优先权日当天公开的文献，也给出字母"P"。文献类型"P"总是伴有表明文献相关程度的符号，例如，P，X；P，Y或P，A。

——涉及发明基础的理论或原理的文献

规程第507条（e）

16.72　若在检索报告中引证的文献的公开日在该国际申请的申请日或优先权日之后，而且与所述申请不发生抵触，但引用它可能有助于更好地理解发明基础的原理或理论，或被引证用于表明发明的推理过程或主张的内容是不正确的，那么该文献用字母"T"表示。

——潜在的抵触专利文献

规程第507条（b）

16.73　任何申请日或优先权日早于被检索申请的申请日，但公布在该被检索的申请的国际申请日或之后，且其内容构成涉及新颖性［条约第33条（2）］的现有技术的专利文献用字母"E"表示［参见行政规程第507条（b）和细则33.1（c）］。对于在考虑中的作为优先权基础的专利文献除外。为了其国家法允许出于创造性目的引用标有字母"E"的文献的组合的缔约国的利益，类型"E"可以伴随有类型"X"、"Y"或"A"中之一。

——申请中引证的文献

16.74　当检索报告引证在进行检索的专利申请的说明书中已经提及的文献时，这样的文献标有字母"D"。文献类型"D"总是伴有指示文件相关性的符号，例如D，X；D，Y或D，A。

——由于其他原因引证的文献

规程第507条（f）

16.75　当在检索报告中因为前面段落提及的原因之外的原因（特别是作为证据）引证了文献，例如：

（a）可能质疑一项优先权要求的文献［《巴黎公约》第4条（c）（4）］；或

（b）确定其他引证文献公开日期的文献，

这样的文献用字母"L"表示。应当给出引证该文献的简要理由。这种类型的文献不必指明针对的权利要求。但是，若其提供只涉及某些权利要求的证据（例如：检索报告中引证的"L"文献使某些权利要求的优先权无效，但不会使其他权利要求的优先权无效），那么该文献的引证应当针对那些权利要求。

——非破坏性的公开

16.76　在某些情况下，根据一个或多个指定局的国内法，发明可以在PCT的相关日之前被公开，而不认为构成现有技术的一部分。申请人可以根据细则4.17（v）用请求书表格作出这样的声明，声明存在例外的现有技术。然而这种豁免没有必要适用于所有的指定缔约国，并且根据细则51之二.1（a）（v），申请人在涉及的指定局的国家阶段/地区阶段可能还必须提交正确的文献，以获得这种豁免。因此，这些文献在检索报告中必须以上述适当的类型被引证，并且还可能在国际检索单位的书面意见和国际初步审查时被考虑。

文献和权利要求的关系

规程第508条

16.77　每篇引证文献都应包括涉及的权利要求。如果有必要，被引证文献的不同相关部分应当与针对的各权利要求以同样的方式给出［"L"类型文献（参见16.80段）以及"A"类型文献［（参见16.73段）例外］。还有可能同一篇文献针对不同权利要求的不同类型。例如：

X	WO9001867 A［WIDEGREN LARS（SE）］ 1990 年 3 月 8 日（1990－03－08）	1
Y	＊图 1＊	2～5
A	＊图 2＊	6～10

上述例子表明该引证文献的图 1 和图 2 公开了破坏权利要求 1 的新颖性或创造性的主题，与检索报告中的其他引证文献结合破坏权利要求 2～5 的创造性，对于权利要求 6～10 的主题，该文献属于非破坏性的现有技术。

文件的引证

规程第 503 条；WIPO 标准 ST. 14

16.78 应当根据 WIPO 标准 ST. 14 确定文件。对于专利文献，包括：

（ⅰ）发布文件的工业产权局，用两个字母的代码表示（WIPO 标准 ST. 3）；

（ⅱ）由发布文件的工业产权局给出的文件编号（对于日本专利文献，天皇纪年必须位于专利文献序列号之前）；

（ⅲ）文件类型，按照 WIPO 标准 ST. 16 在文件上以合适的代码标明，或者，如果没有在文件上标明，如有可能，按照上述标准标明；

（ⅳ）专利权人或专利申请人的名字（大写并且适当情况下简写）；

（ⅴ）引证专利文献的公开日期（用 4 位数字表示公历年），或，更正专利文献的情况下，专利文献的公告日期参考 WIPO 标准 ST. 9 的 INID 代码（48），或如果要就上述文献提供补充改正代码，参考 INID 代码（15）；

（ⅵ）文献中最相关的引用部分的位置指示，最好是相关的段落、页码或行号；同一文献的多种发布形式（例如 PDF 和 HTML）；也可能需要指明参考文献的版本（WIPO 标准 ST. 14 还提供在段落、页码和行号不能明显识别的情况下标明段落的最佳模式的建议）。

16.78A 应根据 WIPO 标准 ST. 14 指明在期刊或其他系列出版物中发表的文章，包括以下内容：

（ⅰ）作者姓名（以大写字母）。在多个作者的情况下，优选地，应输入所有姓名，或者应输入第一作者的姓名，后接"等"；

（ⅱ）期刊或其他系列出版物中的文章标题（酌情缩写或节选）；

（ⅲ）期刊或其他系列出版物的标题（可以使用符合公认的国际惯例的缩写）；

（ⅳ）在期刊或其他系列出版物中的位置，指明用四位数字的年份表示发行日期，发行名称，文章的页码（如果可获得年、月和日，应当适用 WIPO 标准 ST. 2 的规定）；

（ⅴ）如果可获得，分配给该项目的标准标识符和编号，例如，SBN 2－7654－0537－9、ISSN 1045－1064。应当注意，对于相同标题的印刷版本和电子版本，这些编号可以不同；

（ⅵ）在适用的情况下，文章的相关段落和/或附图的相关图。

16.78B 对于以非英语语言撰写的非专利引证文献，在技术上可能的情况下，应包括原始（非英语）参考文献，然后在圆括号中包括翻译成英语的官方译文（如果存在且可获得）。这里的"官方译文"是指原始语言撰写的名称或标题的现有英语表述，其与引文具有相同来源并且可用于识别和检索相关文献。可以在任何官方译文的所有要素之后选择性地提供这些要素的非正式英语译文。任何非正式译文之前应该加上文本"非正式译文"。

16.78C 在前面的段落中描述的情况下和在其他情况下，在国际检索报告中的引证文献识别示例参见于 WIPO 标准 ST.14 中。

细则45之二.7（e）（i）

16.79 在补充国际检索报告中，包括所述引用为何相关的解释。这旨在有助于读者确定文献被引用的原因，尤其是在补充国际检索报告中许多引用使用的语言不能被申请人或指定局和选定局所完全理解的情况下。如果该解释用几个词可完成，并不会使引用列表难懂，则应该包括在主要的引用中。如果需要更详细的解释，则可以为此添加单独页。

16.80 对于"A"类引证文件，没有必要标明相关的权利要求，除非有很好的理由这样做；例如存在很明显的在先缺乏单一性且引证文件只涉及特定的某一或某组权利要求，或者权利要求满足条约第 33 条（2）~（4）关于新颖性、创造性和工业实用性的规定且"A"类引证文件阐明了极其相关的现有技术。

16.81 如果引证的文件在 C 栏中填不下并因此使用了续页，那么应当选中表格 PCT/ISA/210 第 2 页名为"其余文件在 C 栏的续页中列出"的栏。

16.82 检索报告随着说明书在世界范围内公布。为了使任何国家的读者都能以最方便的文件/语言考虑引证文件，每个引证文件的已知的同族专利通常在国际检索报告的同族专利附件中列出。如果检索报告包括同族专利列表，则要选中表格 PCT/ISA/210 第 2 页名为"见同族专利附件"的栏。使用 INPADOC 查阅同族成员时，应当注意：

（a）INPADOC 不提供 1968 年前公开的文献的同族专利列表；

（b）如果 INPADOC 表明一份引证文件没有同族成员，在显示同族专利的地方填写"无"。这向申请人表明已经进行了同族专利的检索且结果为无；以及

（c）如果 INPADOC 表明没有引证文件有同族专利，也应当选中"见同族专利附件"框，应当对所有的引证文件采用在上述（b）中表示的做法。

16.82A 如果引证的专利文件是以英语以外的语言撰写的，则同族专利附件也可以用于指明同族专利中以英语提供的专利的相应部分或段落（参见 15.69 段）。

报告的完成

条约第19条；细则43.1、43.2、46.1

16.83 在国际检索报告第 2 页的底部标明作出国际检索报告的国际检索单位和起草报告的日期。该日期应当是进行检索的审查员起草报告的日期。除了实际完成国际检索的日期，即起草报告的日期之外，国际检索报告也应当标明将该报告邮寄给申请人的日期，该日期对于计算根据条约第 19 条对权利要求提出修改的时间期限是很重要的。

细则43.8；规程第514条

16.84 审查员是受权官员时，他/她的名字将出现在检索报告上。审查员不是受权官员时，负责监督该报告的审查员的名字应当作为受权官员填写。审查员为受权官员时，实际完成日期应当是完成检索报告的日期且应在检索报告上填写该日期。审查员不是受权官员时，"完成日期"应当在负责的官员已经检查并改正（如果有的话）后填写。

16.85 检索报告应当在收到检索副本的 3 个月内或从优先权之日起 9 个月内邮寄，以后到期者为准。

国际检索报告中所引证的参考文献的副本

细则44.3

16.86 国际检索单位最好将引证的所有参考资料附在送达申请人的国际检索报告的副本上。但是，可能要根据单独请求才制作这种副本，并且可能要求缴纳单独的副本费。可以用表格 PCT/ISA/221 通知缴纳该费用。

条约第20条（3）；细则44.3

16.87 根据请求，国际检索单位或者向其负责的机构负责将国际检索报告中引证的所有参考资料的副本送达指定局或者申请人。根据细则44.3规定的条件，该请求可以自国际申请日起7年内随时提出。可以用表格 PCT/ISA/211 传送所引证的参考资料的副本。

第 V 部分
书面意见/国际初步审查报告

第 17 章
书面意见和国际初步审查报告的内容

导言

17.01 本章包括国际检索单位或国际初步审查单位作出的各类书面意见的内容，还包括格式与这些书面意见十分相似的国际初步审查报告的内容。

条约第33条（1）、第34条（2）（c）；细则66

17.02 国际检索单位或国际初步审查单位发出书面意见的目的是，向申请人提供审查员认为申请中存在何种缺陷的初步说明，以便申请人能够确定出最适当的行动方针，包括提交国际初步审查请求书或在作出任何国际初步审查报告之前提交意见陈述或作出修改。其主要作用是确定所要求保护的发明是否具有新颖性、创造性（非显而易见性）和工业实用性。其还包括任何由该单位发现的针对主要影响对发明的新颖性、创造性或工业实用性作出准确判断的某些其他实质性缺陷的意见，和对该国际申请形式方面的某些缺陷提出意见［参见细则43之二.1（a）和66.2（a）］。

17.03 国际初步审查报告与书面意见格式相同，如果申请人提出国际初步审查的请求，则在考虑为答复此前的书面意见（无论是国际检索单位还是国际初步审查单位作出的）而提交的任何修改和意见陈述的基础上作出国际初步审查报告。

不同类型的意见与报告

国际检索单位的书面意见

细则43之二、66.1之二

17.04 国际检索单位同时发出国际检索报告和书面意见，或者根据条约第17条（2）（a）的宣布而不作出国际检索报告。如果申请人提出国际初步审查的请求，该书面意见通常作为国际初步审查单位根据条约第34条（2）的第一次书面意见，因此该书面意见应当包括一份通知书：告知申请人如果想要提出国际初步审查的请求，则应提交答复意见，并同时给出答复的时间期限［参见细则43之二.1（c）和54之二.1（a）］。但是，国际初步审查单位可以通知国际局，由指定的国际检索单位而不是初步审查单位自己发出的书面意见并不作为国际初步审查单位根据条约第34条（2）的第一次书面意见。国际局将该通知公布在公报中。

17.05 本章内容所涉及的许多细则条款指定适用于根据条约第Ⅱ章进行国际初步审查的国际初步审查单位。尽管在参考资料中没有明确表示，但是根据细则43之二.1（b）国际检索单位也适用这些细则条款。

国际初步审查单位的书面意见

细则66.4、66.6

17.06 在申请人请求国际初步审查的情况下，国际初步审查单位也可以发出书面意见。国际检索单位的书面意见通常被作为国际初步审查单位的第一次书面意见。国际初步审查单位可以在考虑申请人为答复国际检索单位发出的书面意见时所作的申述或修改的情况下，作出进一步的书面意见，但是并不强求审查员采取这种做法。在国际初步审查报告作出之前，这种书面意见通常为申请人提供了进一步修改和申述的机会。国际初步审查单位也可以通过电话、书信或会晤与申请人进行非正式的交流。

17.07 对于国际检索单位的书面意见没有被作为根据条约第34条（2）的第一次书面意见的国际申请，国际初步审查单位应当［除非19.22段提出的条件（ⅰ）至（ⅵ）都适用］：

（a）考虑国际检索单位所作出的书面意见的内容，作出如17.02段所述的第一次书面意见；并且

（b）相应地以书面形式通知申请人并根据细则66.2（d）限定答复时间期限。

国际初步审查报告

17.08 假如申请人提出国际初步审查的请求，则在国际初步审查程序结束时，在考虑申请人在审查过程中作出的修改和意见的基础上作出国际初步审查报告［标题为"专利性国际初步报告（《专利合作条约》第Ⅱ章）"］。

意见或报告的内容

内容概述

细则43之二、66.1之二、66.2（a）、70.2（c）和（d）

17.09 任何书面意见通常应当包括细则66.2涉及的所有事项，这些事项是：

（ⅰ）是否出现条约第34条（4）规定的任何一种情况（国际初步审查单位无须审查的申请主题，或者由于不清楚或因权利要求未得到说明书的充分支持而无法就新颖性、创造性或工业实用性形成有意义的审查意见）；

（ⅱ）明显不符合新颖性、创造性或工业实用性的标准；

（ⅲ）在该单位审查范围内国际申请形式或内容方面的缺陷（例如不符合细则5至11规定的一项或几项要求）；

（ⅳ）看起来超出国际申请原始公开范围的修改，或者不符合细则46.5（b）（ⅲ）或细则66.8（a）（参见17.23段）（仅适用于国际初步审查单位的程序）；

（ⅴ）如果在该单位的审查范围内依据未作进一步修改的国际申请作出该国际初步审查报告，则该报告中应当就权利要求书、说明书或附图明显不清楚，或权利要求明显未得

到说明书的支持提出审查意见；

（ⅵ）权利要求涉及的是未对其作出国际检索报告的发明；以及

（ⅶ）因不能获得核苷酸和/或氨基酸序列表而无法进行有意义的国际初步审查。

意见或报告的形式

17.10 使用表格 PCT/ISA/237（用于国际检索单位的意见）或表格 PCT/IPEA/408（用于国际初步审查单位的意见）以标准格式作出书面意见。使用表格 PCT/IPEA/409 作出国际初步审查报告［标题为"专利性国际初步报告（PCT 第Ⅱ章）"］。除封页之外，一般包括著录项目以及关于申请人可以采取的行动的任何通知，而且这些文件的格式相同，包括根据具体国际申请而定的下列任何部分：

（ⅰ）意见或报告的基础；

（ⅱ）优先权；

（ⅲ）对新颖性、创造性和工业实用性不作出审查意见；

（ⅳ）缺乏发明单一性；

（ⅴ）按细则 66.2（a）（ⅱ）或条约第 35 条（2）关于新颖性、创造性或工业实用性的意见，以及支持这种意见的引用文件；

（ⅵ）某些引用的文件；

（ⅶ）国际申请中的某些缺陷；

（ⅷ）对国际申请的某些意见。

没有填写的页（空白页）将在书面意见或报告中删除，并且将不包含在封面页中第 2 项所列的总页数中。

数据

规程第 109 条

17.11 根据细则 43 之二.1（b）、70.3、70.4、70.5，书面意见和国际初步审查报告首先应当包括下列数据（在表格封页上表示出来）：

（ⅰ）国际申请号；

（ⅱ）申请人名称；

（ⅲ）国际单位名称；

（ⅳ）国际申请日；

（ⅴ）至少根据 IPC 给出的技术主题的分类；

（ⅵ）要求的优先权日；

（ⅶ）申请人或代理人的档案号（由字母或数字或两者组成，但是不得超过 25 个字符）。

规程第 504 条

17.12 对于上段（ⅴ）中述及的技术主题的分类号，审查员如果同意国际检索单位根据细则 43.3 给出的技术主题分类号，应当照抄下来；如果不同意该分类号，应当写出审查员认为正确的分类号（参见第 7 章）。

第Ⅰ栏：书面意见或报告的基础

细则 66.2（a）（ⅳ），70.2（a）、（c）

17.13 由于国际检索单位的书面意见是与国际检索报告同时撰写出来的，因此该书面意见总是以原始申请或其译文为基础的，而且可能还包括为了国际检索在后提交的序列表（参见17.15段和17.21段）（参见17.16段和17.16A段对"原始提交文本"的规定）。但是，（向国际检索单位和国际初步审查单位提出的）更正或（向国际初步审查单位提出的）修改和/或更正之后作出的任何书面意见都应当对这些内容予以考虑，并在意见中表示出相应的替换页。

17.14　提出的任何修改都不得增加超出国际申请原始申请范围的技术主题（参见第20章）。

——语言事项

细则23.1（b）、48.3（b）、55.2、55.3

17.15　就语言而言，如果国际单位所获得的或已向其提交的有关申请的所有文件［原始提交页和修改页（如果有的话）］均使用递交该国际申请时所使用的语言，则第Ⅰ栏的项目1不必填写。否则，必须作出适当的标记，以确认国际单位获得的或向其提交的这些文件其语言是否是：

（ⅰ）为国际检索目的而提供的译文语言［根据细则23.1（b）］；

（ⅱ）国际申请公布的语言［根据细则48.3（b）］；或

（ⅲ）为国际初步审查目的而提供的译文语言（根据细则55.2和/或55.3）。

对语言进一步的讨论，参见第18章。

——被视为原始提交申请的一部分的页

17.16　为了改正国际申请中存在的缺陷，应受理局通知而提交的替换页被视为"原始提交的"国际申请的一部分。如果申请人是以提交该申请的替换页的方式答复该通知来改正缺陷，则需要在这些页上加盖"替换页（细则26）"的印记。而且，根据细则91更正明显错误的替换页也被视为"原始提交的"国际申请的一部分。在这些页上加盖"更正页（细则91）"的标记。

细则40之二.1

17.16A　申请还可以包括在条约第11条（1）的所有要求得到满足之日后，申请人提交的并在国际申请日变更后被受理局接受的页，或者受理局根据细则20.6（b）接受并标记为"援引加入（细则20.6）"的页。这些页也被视为"原始提交"的国际申请的一部分。但是，在国际检索单位开始起草国际检索报告后，将这些页告知国际检索单位的情况下，其可以要求申请人支付附加费，以便将这些页纳入国际检索（参见15.11至15.11C段）。因此，如果申请人未在时限内支付附加费，则国际检索单位的书面意见将基于国际申请，而不考虑这些页。另外，在书面意见第Ⅰ栏第5项"附加意见"中作出相应的评述。

17.16B　申请还可以包含标有"错误提交（细则20.5之二）"的页。这些页通常不需要纳入审查，除非在上面所述情况下（另见15.11段）。

——以修改的国际申请为基础的审查

17.17　如果国际初步审查单位的书面意见或国际初步审查报告是在原始提交或提供的国际申请的基础上作出，请注意核对相关表格第Ⅰ栏的项目2下的第一条目。在提交过修改的情况下，报告表示出作为意见或报告基础的每一页的版本。

17.18　如果申请人提出了根据条约第19条的修改，这些修改应当填写到第Ⅰ栏项目2中，如"权利要求：第……项是根据条约第19条修改的"。注意：根据条约第19条只可以修改权利要求书。这些页通常用"修改页（条约第19条）"来标记。

17.19 如果申请人提出了根据条约第34条的修改，这些修改也应当填写到第Ⅰ栏项目2中，如"本单位于……（日期）收到的权利要求第……项"。

细则70.16；规程第602条

17.20 根据条约第34条的修改，应当将修改的日期表示为"收到的"日期。通常不包括被取代的修改。但是，如果第一次的替换页是可以接受的，而页码相同的第二次替换页所包含的技术主题超出了提交的原始申请公开的范围，则第二次替换页取代第一次的替换页，但第一次和第二次替换页，以及细则70.16（a）要求的附加信都作为国际初步审查报告的附件。在此情况下，除标记其何时被接受为修改页之外，将被取代的替换页标记为"被取代的替换页［细则70.16（b）］"。当国际初步审查报告的附件包括被认为包含有超出原始公开范围的技术主题的最后修改，或者没有包括表示修改在原始申请中基础的附加信，以及构成报告基础的一部分的较早修改时，在表格PCT/IPEA/409封页的项目3.a下相关栏目中标注这一事实。

——核苷酸和/或氨基酸序列表

17.21 对于每份核苷酸和/或氨基酸序列表，必须对作为审查基础的序列表，在第Ⅰ栏项目3（对国际检索单位的书面意见而言）中或者与序列表有关的补充栏中的项目1（在国际初步审查单位的书面意见或国际初步审查报告中）中作出一个或多个下列标记：

（a）形成原始国际申请的一部分；

（b）为了国际检索和/或初步审查，在国际申请之后提交（在该情况下，还指明其是否附有关于序列表未超出原始提交的国际申请公开内容的声明）；以及（在国际初步审查的情况下）

（c）作为条约第34条的修改提供。

如果需要提供序列表（即对于具有10个及以上特定核苷酸或4个及以上特定氨基酸的任何序列），但是申请人未能以可接受的语言提交符合相关标准的序列表（参见15.12段和18.18段），第Ⅰ栏第4项的复选框（用于国际检索单位的书面意见）或者与序列表相关的附加栏第2项下的核对栏（用于国际初步审查单位的书面意见或者国际初步审查报告）用于表示书面意见或报告是否能够在不具备这一序列表的情况下形成条约第33条（1）涉及的有意义的意见。对核苷酸和/或氨基酸序列表的进一步讨论参见第18章。

——导致编号跳越的修改

17.22 当根据条约第19条或第34条的修改导致了说明书页数、权利要求编号，和/或附图页的号码顺序删除或跳越时，将这些情况详细表示在书面意见和/或报告的第Ⅰ栏第3项中。

——超出原始公开范围的修改

细则70.2（c）

17.23 在修改超出国际申请原始公开范围的情况下，审查员要在国际初步审查单位的书面意见或国际初步审查报告的第Ⅰ栏第4项中明确标记出所述修改页。在补充栏中标出具体的修改情况并给出简要的理由。除构成报告基础一部分的任何修改页之外，这些修改页也是国际初步审查报告的附件（另见17.20段）。

17.24 有关条约第19条/第34条的更多内容参见20.11段。

——扩展检索

细则70.2（f）

17.25 关于扩展检索，应当在报告第Ⅰ栏项目6中对于国际初步审查单位是否已进行扩展检索给出适当的说明。在已进行扩展检索的情况下，审查员还应标明扩展检索的日期以及在扩展检索中是否发现另外的相关文献。

——修改，未附有指明在原申请文件中修改基础的信函

细则70.2（c之二）

17.26 如果已经作出修改，但是替换页未附有表示修改在原始申请中基础的信函并且报告在没有考虑修改的情况下作出，则审查员确定国际初步审查单位书面意见或国际初步审查报告的第Ⅰ栏项目4的修改页。除形成该报告基础部分的任何修改页之外，这些修改随国际初步审查报告作为附件（另见17.20段）。

——明显错误的更正

细则70.2（e）；规程第607条

17.27 如果根据细则66.1考虑明显错误的更正，应在国际初步审查单位书面意见或国际初步审查报告的第Ⅰ栏第5项标明。如果根据细则66.4之二不考虑明显错误的更正，如果可能，应在国际初步审查单位书面意见或国际初步审查报告的第Ⅰ栏第5项标明，如果没有显示，则国际初步审查单位应当据此通知国际局，并且国际局应当按照规程的规定进行处理。

第Ⅱ栏：优先权

17.28 如果国际申请没有要求优先权，则不涉及意见或报告的这一部分。而且，在要求了优先权的情况下，只要国际检索报告中的引证文件均在最早的优先权日之前公布，也不必考虑该要求的优先权是否有效（参见第6章）。对于以上任何一种情况，书面意见或报告中通常不包括该栏。

17.29 如果国际检索报告中引用的一份或多份引证文件在最早的优先权日之后公布，则需要审核该最早优先权日的有效性（参见6.03段的形式要求和6.05段的实质性要求）。

（a）如果优先权文件已收录在国际单位，则应当从这些记录中获得优先权文件。

（b）在国际检索单位的书面意见准备好之前，如果由于申请人仍未提供优先权文件的副本（或必要的译文）而导致该单位不能得到上述文件，而且如果那个较早申请并不是向作为国家局的该单位提交的，或者该单位不能从规程规定的数字化图书馆获得优先权文件，国际检索单位可以如同优先权要求有效的情况一样作出书面意见，并将这一事实标注在第Ⅱ栏项目1中。

（c）如果在国际检索单位的检索报告和书面意见已经准备好之后，申请人按照细则17.1提供了优先权文件，则国际初步审查单位的任何书面意见和/或国际初步审查报告应当重新考虑该优先权声明的有效性。

细则66.7；规程第421条

（d）如果优先权文件是外文文件且未曾提交，则国际单位可以向国际局索要该文件的副本，如果有必要，可向申请人索要译文。在此期间，如需要就审查结论发出书面意见，则应当发出该意见，而不必等到获得该优先权文件和/或译文再行事［在国际检索单位撰写书面意见的情况下，参见上述（b）］。应当在书面意见第Ⅱ栏中"补充意见（如必

要时）："中表述适当的意见。如果由于申请人没有遵守细则17.1的规定而在相关的时间期限内无法获得优先权文件的副本和/或译文，以及如果该单位不能从规程规定的数字化图书馆获得优先权文件，则可以如同未要求优先权的情况一样作出国际初步审查单位的任何书面意见和/或国际初步审查报告，并在报告中标注这一情况。

细则64.1

17.30 如果优先权无效，必须填写书面意见或国际初步审查报告的第Ⅱ栏项目2。

17.31 第Ⅱ栏项目3中的"补充意见"仅仅涉及对优先权的意见，而不涉及与第Ⅷ栏相关的清楚、以说明书为依据、缺陷或任何其他意见。该意见可能包含优先权要求被认为无效的原因，或者表明已核查优先权要求并被认为有效。

第Ⅲ栏：对于新颖性、创造性和工业实用性不作出审查意见

条约第17条（2）（a）（ⅰ）；细则43之二.1、67

17.32 意见或报告的这一部分解释国际申请中部分或全部技术主题的新颖性、创造性和工业实用性不作出审查意见的原因。例如，细则43之二.1（b）和67.1规定：国际单位无须对国际申请中的某些主题进行审查，如数学理论、动植物品种或人体或动物体的治疗方法。国际局与各国际初步审查单位之间的协议，对这一条作出进一步限制，但依据相关国家授权程序而审查的主题排除在上述限制之外。具体排除的主题见17.60段和第9章。第Ⅲ栏的前两个复选框用于表示不作出审查意见的范围。在国际检索单位的书面意见中，不作出意见的原因通常与不作出国际检索的原因一致，并且，例如，通过参考国际检索报告中的全部解释（参见16.28段）或根据条约第17条（2）（a）的宣布（参见9.40段）的方式来表明。

——依据细则67.1被排除的主题

17.33 如果由于包含了某些被排除的主题，对国际申请中某些或全部权利要求的新颖性、创造性和工业实用性不作出审查意见，则必须在书面意见或审查报告的第Ⅲ栏第3复选框中表示出来。

——清楚或支持

细则66.2（a）

17.34 如果说明书、权利要求书或附图不清楚，或者权利要求未得到说明书的充分支持，以致不能对要求保护的发明就新颖性、创造性或工业实用性问题形成有意义的审查意见，则为了准备书面意见或报告，可以将审查工作限制在那些足够清楚并以说明书为依据的权利要求或部分权利要求上。如果不能作出关于权利要求的意见，审查员将在第Ⅲ栏中标记合适的复选框（第4和/或第5复选框），并且包括不够清楚和/或缺乏依据的意见以限制审查的解释。

17.35 适当时，有关权利要求的清楚性和以说明书为依据的问题应当与新颖性、创造性和工业实用性分开处理，而在意见或报告的第Ⅷ栏中单独提出（参见第5章和17.50段）。

——对某些或全部权利要求不进行国际检索

条约第33条（6）

17.36 如果国际检索单位没有作出国际检索报告，而是根据条约第17条发出了宣布（关于排除的主题、清楚性、缺乏单一性等等），则由于没有条约第33条（6）所要求的文件，而不能就新颖性、创造性和工业实用性问题发表意见，而且用第Ⅲ栏的第6复选框

来注明。[注意：甚至在条约第34条的修改可能已经克服了根据条约第34条（4）（a）（ⅱ）所提出问题的情况下也适用这一点。]

——核苷酸和/或氨基酸序列表

规程附件C

17.37 没有以可接受的语言提供符合规程附件C中规定的核苷酸和/或氨基酸序列表，可能无法进行任何有意义的初步审查。请参见第15章（检索阶段）和第18章（审查阶段）对核苷酸和/或氨基酸序列表的讨论。该单位应当尽可能地进行有意义的检索或初步审查，但是如果不能审查部分或全部权利要求，要在第Ⅲ栏最后的复选框中注明理由，必要时在补充栏中作详细说明。

第Ⅳ栏：缺乏发明单一性

17.38 无论是否已经通知缴纳附加费（在国际检索阶段用表格PCT/ISA/206），或者通知作出限制或缴纳附加费（在国际初步审查阶段用表格PCT/IPEA/405）（参见17.61段和17.65段以及第10章），如果缺乏发明单一性，则第一次书面意见必须包括该审查意见，而且如果该问题仍然存在，后续的书面意见和报告中也必须包括该意见。

条约第34条（3）；细则70.13

17.39 如果申请人已经向国际检索单位或国际初步审查单位缴纳附加费，或者在答复国际初步审查单位通知时已经限制了权利要求，或者如果申请人没有按通知要求缴纳附加费或限制权利要求（参见10.74段至10.82段），则也在书面意见或报告中表示出来。可能的表示（其中一些内容与国际检索单位的书面意见无关）是：

（ⅰ）已向国际初步审查单位限制权利要求；

（ⅱ）已经在无异议的情况下缴纳了附加费；

（ⅲ）在提出异议的前提下，申请人已经缴纳附加费，并且如果适用，已经缴纳异议费；

（ⅳ）在提出异议的前提下，申请人已经缴纳附加费，但未缴纳适用的异议费；

（ⅴ）申请人既没有限制权利要求，也没有缴纳附加费；

（ⅵ）审查员认为该国际申请不符合发明单一性的要求，但是决定不发出限制权利要求或缴纳附加费的通知书。

17.40 此外，按照发现的单一性问题和已经限制或已经缴纳附加费的情况，第Ⅳ栏最后一项表示对国际申请的哪些部分作出书面意见或报告。

——在提出异议的前提下缴纳附加费

细则68.3（c）；规程第603条

17.41 在根据第Ⅱ章附加费是在提出异议的前提下缴纳时，如果申请人提出请求，则将异议全文及针对该异议所作的决定作为国际初步审查报告的附件（参见10.80段）。在根据第Ⅰ章如果在提出异议的前提下缴纳了附加费的情况下，参见10.68段和10.70段。

第Ⅴ栏：根据细则66.2（a）（ⅱ）关于新颖性、创造性或工业实用性的推断性意见；为支持这种意见的引用文件和解释

条约第35条（2）；细则43.5（b）、66.2（a）（ⅱ）、70.6（a）（b）、70.7（b）、70.8；规程第503条、第611条

17.42 关于权利要求看上去是否符合新颖性、创造性（非显而易见性）和工业实用

性标准的意见（参见19.02段）填在第Ⅴ栏第1项中。审查员对要审查的每项权利要求给出这种意见，即用"是"或"否"，或报告语言中相应词语表述（在国际初步审查单位的书面意见中，审查员可仅仅指出那些看上去不符合上述判断标准的权利要求）。如果第Ⅴ栏第2项中有任何内容（参见17.09段）的话，对每项的这种意见必须附以相关的引用文件，解释和评述。应当给出关于全部三个判断标准的意见。当关于缺乏工业实用性有否定性意见时，只要有可能都应当评述新颖性和创造性。审查员应当始终引用可信的文件来支持针对任何一个要求保护的主题所提出的任何否定意见。对这些文件的引用应当符合WIPO标准ST.14。

细则43.5（e）、70.7（b）；规程第604条

17.43 对于任何一个所述判断标准是否得到满足的结论，解释应当通过引用文件清楚地表述出支持该结论的理由。如果引用的文件仅有某些段落是相关的或特别相关的，审查员应当例如通过标记出有这种段落的页、栏或行来标明这些内容。如果专利文件以英语之外的语言撰写，审查员应当优选指明同族专利中以英语提供的专利（如果可获得）的相应部分或段落。

17.44 有关新颖性、创造性和工业实用性分析的更多指导分别列在第12章、第13章和第14章。

第Ⅵ栏：某些引用的文件

17.45 审查员同样还要指出如根据细则64.3规定而在报告中提及的任何公布的申请或专利，而且对每件这样公布的申请或专利提供如下事项：

（ⅰ）公开日期；

（ⅱ）申请日和优先权日（如果有的话）。

细则70.7（b）、70.9；规程第507条（a）

17.46 如果审查员发现，或国际检索报告引证了一份涉及非书面公开的相关文件，且该文件是在国际申请相关日或该日期之后公布的，则审查员在书面意见和/或国际初步审查报告中标明：

（ⅰ）非书面公开的类型；

（ⅱ）非书面公开发生的日期；

（ⅲ）文件可被公众获得的日期。

细则70.7（b）、70.10；规程第507条（b）
细则70.2（b）

17.47 报告还可以标明，在国际检索单位或国际初步审查单位的意见中，该公布申请或专利的优先权日期无效。

细则70.7（b）

17.48 在行政规程第507条（c）、（d）和（e）中，关于书面意见和/或国际初步审查报告中可以引用的其他某些特殊类型文件的标明方式以及与该报告中引用文件相关的权利要求的标明方式的细节作了规定（这样规定，是为了国际检索报告，参见16.69段、16.71段和16.72段）。

第Ⅶ栏：国际申请中的某些缺陷

细则70.12

17.49 如果审查员认为，国际申请文件存在形式或内容方面的缺陷（例如，不符合

细则5至11规定的一项或多项要求），则审查员在书面意见和/或审查报告第Ⅶ栏中提出这方面的意见，而且还应当说明其理由（另见17.09段、17.13段和17.14段）。

第Ⅷ栏：对国际申请的某些意见

细则70.12

17.50 如果审查员认为存在与权利要求、说明书和附图是否清楚有关的重要或相关问题，或权利要求是否得到说明书的充分支持的问题，则审查员应当在书面意见和/或审查报告的第Ⅷ栏中有效地提出这些意见。在这种情况下，审查员应当列出任何相关权利要求的编号，并且说明缺乏清楚和/或支持的原因。在确定是否包含关于这些问题的意见时，审查员应当预先考虑在进一步处理申请时这些意见的重要性和相关性。特别是，审查员应当考虑关于权利要求必要的其他修改，例如，为克服新颖性、创造性（非显而易见性）和/或实用性的否定性意见的修改。因此，当通过修改很可能克服其他反对意见，并且这种修改也能解决清楚和依据问题时，将不必包括关于清楚或依据问题的评述。另外，如果书面意见或报告包含关于权利要求新颖性、创造性（非显而易见性）和/或实用性的肯定性意见，则书面意见或报告应当提出与清楚和依据有关的任何重要或相关问题。（另见5.31至5.58段和17.09段）。

——报告的完成

细则70.3、70.4、70.14；规程第612条

17.51 当要完成国际初步审查报告时，该单位要标明提交国际初步审查请求书的日期、完成报告的日期，以及国际初步审查单位的名称和地址。这些最后提及的项目既可以与填写其他数据资料同时完成，也可以在完成报告时填写。在每份书面意见和国际初步审查报告上标明负责该意见或报告的受权官员的姓名和国际单位的名称。

——书面意见和国际初步审查报告的语言

细则48.3（a）、(b)，70.17

17.52 书面意见和国际初步审查报告，以及附件（如果有的话）使用其公布时的语言作出，或者如果国际检索和/或国际初步审查是以国际申请译文为基础进行的，则使用该译文语言作出。用阿拉伯文、中文、英文、法文、德文、韩文、日文、葡萄牙文、俄文或西班牙文提交的国际申请，用其本身语言公布；用其他任何语言提交的国际申请文件，则以翻译成上述这些语言之一的译文语言公布。

——反对意见的形式

细则66.2（b）

17.53 作为每一条反对意见的依据，第一次书面意见（通常是国际检索单位的书面意见）应当指出该国际申请存在缺陷的部分，并通过引用具体的条约或细则条款，或其他明确的解释来指出其不符合PCT要求的部分；还应当给出这些反对意见的理由。

17.54 如果引用的现有技术表明一项或几项主权利要求缺乏新颖性或创造性，且由此导致其从属权利要求之间缺乏发明单一性，如果有足够的时间，国际检索单位可以在作出国际检索报告和第一次书面意见之前将这一情况通知申请人并通知其缴纳附加检索费（另见10.60段及以下内容等）。之后，如果提出国际初步审查的请求，且如果国际初步审查单位认为申请人的答复（参见19.26段）没有克服缺乏发明单一性的缺陷，则国际初步审查单位随后采取10.74段至10.82段所述的程序。

——确保报告对后续阶段有最大利用价值

17.55　在书面意见中一般应当首先提出实质性问题。该意见的撰写方式应当有助于在国际申请进行修改的情况下作进一步的国际初步审查，尤其是，应当避免在国际初步审查期间如果审查员希望再发一份或一份以上书面意见时（参见 19.26 至 19.29 段），需要全面重复阅读国际申请。如果申请人提交了国际初步审查要求书，审查员应当尽可能地向申请人指出可避免国际初步审查报告中出现否定性意见的修改，但并不强求审查员这样做。在作出国际检索单位书面意见的情况下，当其内容作为"专利性国际初步报告（PCT 第Ⅰ章）"公布时，该报告应该便于指定局使用（参见 2.18 段）。

标准语段

17.55A　为便于意见或报告的编写，制定了一套标准语段。鼓励国际检索和初步审查单位推荐审查员在适当的情况下使用这些语段。但审查员应始终能自由作出适当修改或使用替代文本，尤其是在认为更适合上下文或更有效地表达意见的情况下。这些语段以英语和已经表明将向其审查员推荐使用这些语段的国际单位的语言制定。在与国际检索和初步审查单位协商后，可以由国际局制定对语段的修改。在国际局和以有关语言制定报告的单位协商后，可以采用对语段翻译的修改。

通知改正或修改

细则43之二.1（c）

17.56　国际检索单位的书面意见包括给申请人的通知，即如果申请人提交国际初步审查要求书，他可以在提交该要求书的时间期限届满之前，向国际初步审查单位提交其陈述意见，以改正任何形式缺陷并对说明书、权利要求书和附图作出修改（参见 22.14 段）。

细则66.2（c）、（d）

17.57　国际初步审查单位作出的任何书面意见都必须给出申请人必须作出答复的时间期限。这种情况下该时间期限必须合理。通常是自书面意见之日起 2 个月。但无论如何不能少于自所述日期起 1 个月。当国际检索报告与国际检索单位的书面意见一起传送时，该期限必须是所述传送日期起之后至少 2 个月。该期限无论如何不得多于自该书面意见之日起 3 个月。

17.58　如果提交了第Ⅱ章所述的请求书，但未对国际检索单位的书面意见或实际由国际初步审查单位作出的书面意见作出答复，则可能导致国际初步审查报告对某些权利要求作出否定性结论。

作出部分书面意见或不作出书面意见的情形

17.59　17.09 段中关于书面意见应当涉及所有相关问题的说明，仅仅提出了一般规则。但是有可能存在不同情况，即该单位不需要就整个国际申请进行国际初步审查，或者延迟处理某些技术主题更有效。这些情况包括：

（ⅰ）只有那些已经作出检索的发明需要国际初步审查［细则66.1（e）］并因此包括在书面意见中；

（ⅱ）国际申请涉及国际初步审查单位无须作出国际初步审查的技术主题；

（ⅲ）权利要求缺乏发明单一性；

（ⅳ）出现根本性反对意见，如某些权利要求明显缺乏新颖性而不得不彻底重新撰写；或

（ⅴ）在国际初步审查单位作出了书面意见的情况下，申请人可能又作出了实质性修改，增加了超出国际申请原始公开范围的技术主题。

排除的主题

条约第34条（4）（b）；细则66.2（a）（ⅰ）

17.60 一旦审查员发现国际申请包含条约第34条（4）（a）（ⅰ）规定的主题〔即国际单位根据细则67和43之二.1（b）无须进行审查的主题〕，或发现国际申请的全部权利要求均不符合条约第34条（4）（a）（ⅱ）的要求（即说明书、权利要求和附图都不清楚，或权利要求得不到说明书的充分支持，因而不能形成有意义的意见），应在其第一次书面意见中指出这个或这些缺陷，并且因此不用对要求保护的发明看来是否具有新颖性、创造性和工业实用性的问题进行审查（参见第9章所讨论的，这类情况应该很少）。如果上述任何缺陷仅仅涉及部分权利要求，那么对这部分权利要求采用类似的处理方式。对意见范围进行限制的依据详见9.17段。应当强调的是，根据细则43之二.1（b），尽管国际检索单位作出了第一次书面意见，但是上述所考虑的情况也适用于国际初步审查单位。

缺乏发明单一性

——国际检索单位的书面意见

17.61 国际检索单位应当对那些已经作出国际检索报告的发明作出书面意见。

17.62 如果申请人未遵照通知书缴纳所需的附加费，则国际检索单位对第一要求保护的发明（主发明）和已经缴纳附加费的那些发明作出书面意见。审查员指出构成该书面意见基础的发明。

——国际初步审查单位的书面意见或国际初步审查报告

17.63 当国际检索单位已经发出了缴纳附加国际检索费的通知书，或者当国际检索单位可以发出缴纳附加检索费的通知书却选择不这样做时，国际初步审查单位可以发出"限制或缴纳附加费的通知书"（表格 PCT/IPEA/405）。

条约第34条（3）（c）；细则68.4、68.5

17.64 如果申请人未遵照通知（没有缴纳附加费或对权利要求没有充分或完全地限制），则对涉及看起来是第一要求保护的发明（主发明）的那部分国际申请内容作出国际初步审查单位的书面意见或国际初步审查报告，并且审查员在报告中指出相关事实。

17.65 关于发明单一性的问题和处理，包括有异议情况时缴纳附加费，详见第10章。

首先处理主要反对意见

17.66 如果出现根本性的反对意见，包括修改引起的（仅适用于国际初步审查阶段），更合适的处理方式是，先处理这种反对意见，再进行详细地审查；例如，如果需要重撰写权利要求的话，则对一些从属权利要求的清楚性或对说明书中可能需要修改甚至是最终要被删除的内容等问题提出反对意见可能没有意义。但是，如果存在其他重要反对意见，则应当处理这些反对意见。在第一次书面意见阶段，如果申请人未要求国际初步审查，审查员应当以提供有用的专利性国际初步报告（《专利合作条约》第Ⅰ章）为主要目标而谋求最好效果；如果提出了国际初步审查要求，为遵守相关时间期限，应该作出结论而不要有任何不适当拖延（参见19.07至19.08段）。

其他考虑事项

国际检索报告中引用的某些文件

17.67　国际检索报告有可能引用非国际检索单位工作语言的文件，因为检索审查员了解或持有有力的证据，推测（如从附图、从摘要，使用熟悉语言的对应专利，或从由熟悉该文件语言的其他人翻译的译文）该文件是相关文件。在此情况下，当倾向于提出多于一次的书面意见时，审查员在第一次书面意见中，可以根据类似的证据引用该文件；如果审查员掌握使用国际初步审查单位工作语言的摘要或相应专利，也应当引用该摘要或对应专利。但是如果申请人在答复审查员的第一次书面意见时，反对了该文件的相关性，并给出了具体的理由，则审查员应当根据这些理由和他能够获得的其他现有技术，考虑其是否有理由继续引用该文件。如果继续引用，审查员可以得到该文件（或在易于确定该文件相关部分的情况下，只得到该相关部分）的译文。如果审查员仍然认为该文件是相关文件，就应当考虑是否有必要以进一步的书面意见，或者以非正式联系方式给申请人一份该译文的副本。

某些情况下需要考虑的其他文件

条约第33条（6）

17.68　尽管原则上国际初步审查的依据是国际检索报告（以及可用于国际初步审查单位的任何补充国际检索报告），但是如果审查员个人了解或有理由认为存在其他相关文件，且可以在短时间内从他可获得的材料中找出这些文件，则不应阻止审查员寻找这类相关文件。这些文件与国际检索报告中引用的文件同等对待。

17.69　如果国际局在国际初步审查报告起草过程中向国际初步审查单位传送了供其考虑的第三方意见，对该意见提到的任何现有技术应当视为在国际检索报告中被引用那样，前提是在意见中包含该现有技术的副本或审查员从其他方式可立即获得该副本。不要求审查员评论第三方意见涉及的文件，除非审查员认为引用该文件是合适的。如果认为有用，审查员在准备关于新颖性和创造性意见时可以在第V栏声明已考虑了确定日期提交的第三方意见。

说明书与权利要求不一致

17.70　虽然审查员应当对递交的权利要求与说明书之间存在的严重不一致性提出反对意见（参见5.29段和5.30段），但是应当牢记权利要求可能也需要进行实质性修改。在国际初步审查程序中出现这种情况，即使主权利要求的最后形式尚待确定，审查员也可以要求申请人修改说明书，以与修改后的权利要求书的最后形式保持一致。如果提交了国际初步审查要求书，这个程序可帮助审查员迅速作出国际初步审查报告。然而也应理解，如果存在再次修改权利要求的任何可能性，则不应当使申请人为提出修改的说明书而付出不必要的花费和面临不必要的麻烦。

建议的修改

17.71　审查员不应当仅仅因为自己认为修改会改进说明书或权利要求书的措辞而建议修改。不要用学究式的方法；重要的是说明书和权利要求书的含义应当清楚。尽管不强求这么做，但是审查员应当力求向申请人指出那些可避免在国际初步审查报告中（如果提交了国际初步审查要求书）出现否定性意见的修改。需要强调的是，审查员没有义务要求申请人为了克服反对意见以某种具体方式修改国际申请，因为撰写申请是申请人的责任，而申请人可以任意采用其选择的任何方式进行修改，只要这种修改能消除缺陷，并符合PCT的要求即可。然而有些时候，如果审查员至少在一般意义上建议一种可接受的修改方式，这将是有帮助的；但是审查员在提出建议时，应当使申请人清楚，这种建议仅仅是对申请人的一种帮助，也可以考虑其他的修改方式。细则66.8规定了对修改方式的要求。

答复书面意见的考虑

17.72 如果审查员认为申请人还没有在国际初步审查报告所规定的时间期限内对例如：（1）权利要求书、说明书和附图的清楚性；（2）权利要求是否得到说明书的充分支持的问题；和/或（3）国际申请的形式或内容存在的缺陷等问题作出妥善处理，则审查员可以在报告中指出这些不曾得到解决的问题并说明理由。

17.73 如果申请人答复书面意见时提出反对，审查员应当在国际初步审查单位的书面意见和/或国际初步审查报告中对申请人的相关反对意见进行评述。

第Ⅵ部分
国际初步审查阶段（国际初步审查报告以外内容）

第18章
要求书接受的初步程序

传真机、电报机、电传机等的使用

细则92.1（a），92.4（d）、(g)、(h)

18.01 国际初步审查单位可以同意接受使用传真机、电报机、电传机或其他能够产生打印或书面文件的类似通讯装置提交的文件。如果根据细则92.4（d）作此要求，该单位应当核查申请人是否在发送文件之后14天之内，及时提交了符合细则92.1（a）形式要求的原始文件。如果该原始文件被及时收到，或者如果没有上述要求，国际初步审查单位应当认为该文件是在上述方式收到之日有效递交的。如果文件被视为未提交，那么国际初步审查单位应通知申请人（表格PCT/IPEA/423）。

国际初步审查的基础

18.02 要求书表格上第Ⅳ栏可以分成两部分。第一部分是关于修改的声明，第二部分用于标明国际初步审查目的的语言。两部分的细节在下面段落详细说明。

关于修改的声明

细则53.9、60.1（f）

18.03 要求书表格第Ⅳ栏的第一部分为申请人标明启动国际初步审查的基础提供了复选框。如果复选框中均无标记，或者，如果申请人已经标明，启动国际初步审查的依据是原始提交的国际申请时，一旦所有形式问题（包括任何要求的国际申请和/或修改的译文，参见22.12至22.14段）和缴费问题都得到解决，案卷将立即送到审查员手中。

条约第34条；细则60.1（g）、69.1（e）；规程第602条（a）（ⅰ）至（ⅲ）、（b）

18.04 当国际初步审查考虑根据条约第34条所作的修改，但申请人未能将该修改与要求书一起提交时，国际初步审查单位应当通知申请人（表格PCT/IPEA/431）在通知书规定的合理期限内提交该修改。不论该修改是与要求书同时还是随后提交，应当根据规程第602条（a）（i）至（iii）和（b）的规定对它们作标记，然后再将案卷送交审查员。

条约第19条；细则62.1；规程第602条

18.05 当申请人在要求书中第Ⅳ栏的复选框作出标记，说明应考虑根据条约第19条所作的修改以及任何随附的声明时，国际初步审查单位应当在要求书最后一页标明，该修改的副本以及任何随附的声明实际上是否已同要求书一起提交。如果根据条约第19条作出的修改副本未与要求书一起提交时，暂不启动审查直到从国际局收到该修改和任何随附声明的副本。国际局在收到该要求书之后，迅速将根据条约第19条作出的修改、任何随附声明的副本以及根据细则46.5（b）要求提交的信函传送给国际初步审查单位。国际初步审查单位将随要求书一起递交的或是在其后收到的修改副本，按照规程第602条（a）（i）至（iii）和（b）的规定，作上标记后，再将案卷送交审查员。如果国际局收到要求书之时没有根据条约第19条进行任何修改，国际局相应地通知国际初步审查单位。但是国际初步审查单位可以不要求通过邮寄传送国际局未收到依条约第19条的修改的通知书（表格PCT/IB/337），而选择以电子形式接收所述通知。

条约第19条；细则46.1、53.9（b）、69.1（d）

18.06 如果作为国际检索单位的国家局或政府间组织同时也是国际初步审查单位，并希望根据细则69.1（b）的规定在启动国际检索的同时也启动国际初步审查，但如果要求书中包括根据细则53.9（b）的规定需要延迟启动国际初步审查的声明，国际初步审查单位将等到其收到按条约第19条提出的任何修改副本，或者收到申请人在国际初步审查开始之前不准备按条约第19条提出修改的通知。如果自优先权日起16个月届满时，或者从国际检索报告发出之日起2个月的期限届满时，以后到期者为准（根据细则46.1规定的关于按条约第19条提出修改的期限），国际初步审查单位既未收到修改副本，也未收到申请人的通知，则基于案卷中的文件开始审查。

18.06A 申请人在请求书第Ⅳ栏第4项标记复选框，请求将国际初步审查的启动推迟到提出要求的期限期满时，除非适用细则69.1（b），否则国际初步审查单位在等待期限期满后才开始国际初步审查。

为国际初步审查目的而使用的语言

细则55.2

18.07 要求书表格第Ⅳ栏的第二部分提供了进行国际初步审查所用语言的标明（在虚线处）；它也提供了标注所使用语言的复选框。该语言应为：

细则55.2（a）

（i）提交国际申请时所用语言（这将是主要的情况）；

细则55.2（b）

（ii）为国际检索目的提交的译文所用语言（在提交的国际申请所用语言不是进行国际检索所用语言的情况下）；

细则48.3（b）、55.2（b）

（ⅲ）国际公布所用的语言（在提交国际申请所用语言和国际检索所用语言都不是公布所用语言的情况下）；或

细则55.2（a）、（a之二）、（b）

（ⅳ）为国际初步审查目的提交的译文所用语言，条件是该语言是被该单位接受的语言和公布的语言（在为国际检索目的提供的译文所用语言和公布所用语言都不是为国际初步审查目的所接受的语言的情况下）。该译文必须包括条约第11条（1）（ⅲ）（d）或（e）所述的由申请人根据细则20.3（b）、20.5之二（b）、20.5之二（c）或20.6（a）的规定提交的任何项目或者根据细则20.5（b）、20.5（c）、20.5之二（b）、20.5之二（c）或20.6（a）提交的任何说明书、权利要求书或附图部分，根据细则20.6（b）的规定，这些项目和部分已被认为包含在国际申请中。

18.08　当所有复选框都未被标注时，一旦使用何种语言进行国际初步审查得以确定（而且任何要求的国际申请和/或修改的译文已提交），并且所有的其他形式问题和缴费问题得到解决，案卷将立即送交审查员。

细则55.2（c），55.3（c）、（d）

18.09　当国际初步审查以国际申请和/或修改的译文为基础进行，但申请人未能将这些文件随同要求书［包括任何后提交的申请中遗漏的项目或部分的译文——参见18.07段（ⅳ）］提交时，国际初步审查单位应通知申请人（表格PCT/IPEA/443）在通知书所规定的合理期限内提交这些文件。这同样适用于根据细则66.8（a）或细则46.5（b）要求的信函的语言不是本申请的译文语言时。当含有译文和/或修改的文件随同要求书一起提交或随后提交时，应依照规程第602条（a）（ⅰ）至（ⅲ）和（b）的规定对它们作出标记，然后再将案卷送交审查员。此外，如果根据细则55.2（a）提交的译文不符合细则11规定的形式要求以至于未达到国际初步审查目的所必要的程度，国际初步审查单位还将通知申请人提供译文的改正。如果申请人未能按照通知书要求提交译文的修改，则在国际初步审查阶段不考虑该修改。如果申请人未能按照通知书要求提交随附信函，在国际初步审查阶段将不考虑该修改。

国际初步审查单位所用的文件等

18.10　当国际初步审查单位与国际检索单位是同一个国家局或政府间组织时，审查员的案卷中，除要求书外（参见19.07段），还有原始递交的说明书、附图（如果有的话）、权利要求书和原始提交的或者国际检索单位制定的摘要，或者，在必要的情况下，它们的译文（参见18.11段）；到此为止所提出的修改；没有提交或将不会提交根据条约第19条的修改的通知，除非该单位不要求得到通知；具有申请人答复意见（如果有的话）的国际检索报告及任何引证的对比文件副本；国际检索单位的书面意见；以及根据不同情况，来自受理局或国际检索单位或国际局的关于形式问题的函件、优先权文件以及所需的任何译文（参见6.17段和18.07段）。

18.11　当根据细则55.2要求提交国际申请的译文，并且国际检索单位和国际初步审查单位同是一个国家局或政府间组织时，国际初步审查以根据细则23.1（b）向国际检索单位传送的译文为基础进行，除非申请人出于国际初步审查的目的提交了另一份译文。

18.12　当进行国际检索的国际检索单位与国际初步审查单位不是同一国家局或政府

间组织时，组成国际申请的下列各个组成部分的案卷将送达国际初步审查单位：

条约第31条（6）（a）

（ⅰ）要求书：由申请人提出；

（ⅱ）原始提交的请求书、说明书、附图（如果有的话）、权利要求书和说明书中的序列表部分：由国际局提供；

细则43之二

（ⅲ）国际检索报告或根据条约第17条（2）（a）作出的宣布以及根据细则43之二.1制定的书面意见：由国际局提供；

细则55.2

（ⅳ）如果提交国际申请所用语言和国际申请公布所使用的语言都不是国际初步审查单位接受的语言，国际申请译成国际初步审查单位和国际公布都接受的语言译文：由申请人提供（但是，参见18.11段）；

细则62

（ⅴ）根据条约第19条进行的修改和提出的声明（如果有的话）：如果申请人已经在要求书第Ⅳ栏（表格PCT/IPEA/401）中复选框作了标记，表示根据条约第19条所作的修改应当予以考虑，国际初步审查单位应在要求书的最后一页标明是否实际上与要求书一起收到了该修改的副本。如果没有同要求书一起收到根据条约第19条所作出的修改的副本，则国际局应在收到要求书之后立即传送该修改的副本。当国际局受理要求书时如果没有收到按条约第19条所作的修改，国际局应相应地通知国际初步审查单位。如果申请人在提交所述修改时，已经提交了要求书，则其应同时向国际初步审查单位提交所述修改的副本。在任何情况下，国际局都应将根据条约第19条作出的任何修改的副本迅速传送国际初步审查单位；

细则13之三.1；规程第208条；规程附件C

（ⅵ）符合规程附件C中标准的核苷酸和/或氨基酸序列表：如果国际检索单位和国际初步审查单位属于同一个国家局或政府间组织，则由国际检索单位提交；否则由申请人提交；

细则66.1

（ⅶ）根据条约第34条（2）（b）所作的修改：由申请人提交；

（ⅷ）不能从国际初步审查单位的数据库中获得的国际检索报告中引用的文件副本：由国际检索单位提供；

细则66.7（a）

（ⅸ）优先权文件：由国际局提供；

细则66.7（b）

（ⅹ）必要时，优先权文件的译文：由申请人提供（假如已通知要求其提供该译文，参见18.16段）。

18.13 审查员应当记住，组成国际申请的文件可能包括按条约第17条（2）（a）作出的宣布而不是国际检索报告，即由国际检索单位作出宣布，宣布其认为国际申请涉及的是不要求检索的主题，因而决定不进行检索，或者宣布因说明书、权利要求书或附图不符合规定的要求，因而不能进行有意义的检索。在这种情况下，审查员应当将该宣布视作国际检索报告。

国际申请和要求书所用的语言

细则55

18.14 向国际初步审查单位提交的要求书必须使用国际申请的语言，或者，如果国际申请在提交时使用的语言与公布时使用的语言不同，应使用国际申请在公布时的语言，或者，如果根据细则55.2的规定要求提交国际申请的译文，则应当使用译文所使用的语言。如果要求书未用所述语言提交，则国际初步审查单位通知申请人改正所述缺陷（表格PCT/IPEA/404，参见22.24段）。如果申请人未及时遵守所述通知书，国际初步审查单位考虑将要求书视为未提交，并通过将表格PCT/IPEA/407的副本传送申请人和国际局来发布该决定。

18.15 如果国际初步审查是在将原始申请翻译成公布的语言的译文基础上，或者根据细则55.2提供的译文基础上作出的，可能很难判断根据条约第34条（2）（b）提交的修改是否超出了该国际申请原始公开的范围。在这种情况下参见20.11段的程序。

优先权文件及其译文

细则66.7（a）、（b）

18.16 如果国际申请要求了一份在先申请的优先权，而审查员需要该优先权文件时，审查员应当要求国际局迅速提供该优先权文件副本。如果优先权文件未使用国际初步审查单位使用的语言或语言之一，审查员可要求申请人提供优先权文件的译文（参见6.17段）。当审查员发现所要求的优先权文件或（必要时）优先权文件译文未及时提供时，审查员可以按照该国际申请未要求优先权的情况作出国际初步审查报告，并在报告中予以说明。

核苷酸和/或氨基酸序列表

规程第208条；规程附件C

18.17 当国际申请含有用于国际初步审查目的以可接受语言提供的符合程附件C所要求的标准的核苷酸和/或氨基酸序列以及相应序列表时，国际初步审查单位以该序列表为基础进行国际初步审查。

细则13之三.1、13之三.2；规程第208条；规程附件C

18.18 当国际申请含有对具有10个及以上特定核苷酸或4个及以上特定氨基酸的核苷酸和/或氨基酸序列的公开，但不含有符合规程附件C所要求的相应序列表或者以接受语言提供的序列表时，国际初步审查单位可以要求申请人在通知书指定期限内（使用表格PCT/IPEA/441）提供符合标准的序列表或序列表的译本。根据国际初步审查单位的通知书而提交序列表或译本的，可以要求其缴纳国际初步审查单位规定的费用，所述费用不应超过国际申请费的25%（不考虑国际申请超过30页部分每页的任何费用）。如果申请人达到了此要求，前段所述程序予以适用。如申请人未能在时间期限内达到此要求或答复存在缺陷，国际初步审查单位只须在没有序列表的情况下可以进行有意义的审查的范围内进行国际初步审查（参见9.39段）。

第19章
国际初步审查单位的审查程序

概述

19.01 本章说明的国际初步审查单位的程序涉及从国际初步审查启动之时开始的国

际初步审查。

条约第33条（1）、（2）、（3）、（4）

19.02　对国际申请进行初步审查的目的是对下述问题提出初步的无约束力的意见：

（ⅰ）要求保护的发明看起来是否有"新颖性"（参见第12章）；

（ⅱ）要求保护的发明看起来是否有"创造性"（是非显而易见的）（参见第13章）；以及

（ⅲ）要求保护的发明看起来是否有"工业实用性"（参见第14章）。

条约第33条（5）；细则5.1（a）（ⅲ）

19.03　尽管这些标准是进行国际初步审查的准则，但任何缔约国为了决定要求保护的发明在该国是否可以获得保护（即通过专利、发明人证书、实用证书或实用新型的形式），可以采用另外的或不同的标准。

19.04　除上述三条基本标准以外，审查员应当清楚隐含在条约和细则中的下面两条标准：

（ⅰ）本领域技术人员必须能够实现该发明（根据申请的适当说明）；这是条约第5条的要求。参见5.43段及其后有关段落。

（ⅱ）发明必须涉及某一技术领域［细则5.1（a）（ⅰ）］，必须涉及一个技术问题［细则5.1（a）（ⅲ）］，以及必须具有若干技术特征，这些技术特征能用来限定权利要求中要求保护的主题［细则6.3（a）］（参见5.04段）。PCT并没有规定要求保护的发明必须相对于现有技术而言具有进步性。但是，如果具有任何有利的效果，则这种有利效果可能与判断"创造性"有关（参见第13章）。

条约第34条（2）（c）、第35条

19.05　在国际初步审查期间，国际初步审查单位可以向申请人发出一份或一份以上的书面意见，还可与申请人进行其他联系，国际初步审查结果由国际初步审查单位以国际初步审查报告的形式作出。

国际初步审查的启动及时间期限

条约第31条（2）、（3）、（4）

19.06　在国际申请的国际初步审查启动之前，申请人应当事先递交要求书（表格PCT/IPEA/401），要求将其国际申请作为国际初步审查的对象。第18章中详细说明了在收到要求书且在审查员开始国际初步审查之前进行的行为。

审查的启动

细则69.1

19.07　国际初步审查单位通常在收到以下材料时启动国际初步审查：

（ⅰ）要求书；

（ⅱ）手续费和初步审查费，包括适当的情况下，细则58之二.2所规定的滞纳金的应缴费用（全部）；

（ⅲ）根据细则55.2要求申请人提供译文的，该译文；以及

（ⅳ）国际检索报告或者国际检索单位发出的根据条约第17条（2）（a）规定不作出国际检索报告的宣布，以及根据细则43之二.1制定的书面意见。

19.08 上述的例外情况如下：

细则69.1（c）

（a）当关于修改的声明表明，希望根据条约第19条所作的修改被予以考虑时［细则53.9（a）（ⅰ）］，国际初步审查单位直到收到相关修改的副本才启动国际初步审查。

细则69.1（e）

（b）当关于修改的声明表明，与要求书同时递交了根据条约第34条进行的修改［细则53.9（c）］，但实际上并未递交这种修改时，国际初步审查单位直到收到该修改，或在细则60.1（g）提到的通知书中规定的时间期限届满（参见18.04段），两者以最先出现的情形为准，才启动国际初步审查。

细则69.1（b）、(d)

（c）如果作为国际检索单位的国家局或政府间组织同时也是国际初步审查单位，只要申请人在修改申明中并没有表明［根据细则53.9（b）］直到根据条约第19条提交修改（在收到国际检索报告之后才能允许这样的修改）的时间期限届满才开始审查，如果该局或组织希望的话，国际初步审查可以与国际检索同时启动［如上述（b）所述，可能需要请申请人提供根据条约第34条修改的副本］。如果关于修改的声明中有如此表示，国际初步审查单位直到收到根据条约第19条作出的任何修改副本，或申请人不希望按照条约第19条作出任何修改的后续通知，或细则46.1规定的提交按照条约第19条修改的时间期限届满时，以先发生的为准，才启动国际初步审查。

细则69.1（a）

（d）如果在关于修改的声明中指明将国际初步审查的启动推迟到提出请求的时限期满之时，除非适用细则69.1（b）［参见（c）分段］，否则国际初步审查单位在所述时限期满之前不启动国际初步审查。申请人提出这种指明的目的可能是请求国际初步审查单位等待修改的提交。无论如何，如果已经作出这样的指明，则无论在所述时限期满之前是否收到根据条约第19条和/或根据条约第34条作出的任何修改，国际初步审查单位都不应在所述时限期满之前启动国际初步审查。

细则45之二8（c）、(d)

19.09 对书面意见或国际初步审查报告而言，一方面，在充足的时间内传送到该单位的任何国际补充检索报告应当给予考虑，仿佛它们就是主国际检索报告的一部分；另一方面，如果该单位在开始起草所述意见或报告后才收到国际补充检索报告，并不需要考虑它们。

完成审查的期限

细则69.2

19.10 对各个国际初步审查单位来说，作出国际初步审查报告的时间期限是相同的，细则69.2对此作出规定，该时间期限不超过下列期限的最后届满日：

（ⅰ）自优先权日起28个月；

（ⅱ）自细则69.1规定的启动国际初步审查的时间起6个月；或

（ⅲ）自国际初步审查单位收到根据细则55.2提供的译文之日起6个月。

19.11 如果由于发明缺乏单一性导致该期限不能被遵守，国际初步审查报告必须在收到初步审查附加费之后，或者如果该费用未缴纳，在缴费时限届满之后，尽快作出。

细则69.1（b）、(b之二)

19.12 当国际初步审查单位与国际检索单位属于同一国家局或政府间组织，国际检索和国际初步审查可以同时启动。在这种情况下，如果申请不符合条约第34条（2）（c）的规定，则国际检索单位将发出一份书面意见。任何进一步的书面意见将由国际初步审查单位发出。然而如果能够作出一份肯定性的国际初步审查报告，则国际初步审查单位可直接作出国际初步审查报告而不需要由国际检索单位作出书面意见。参见19.22段。

国际初步审查的第一阶段

概述

19.13 审查员应当考虑发明是否存在单一性问题。如果审查员发现存在单一性问题，则审查员可以在进行扩展检索或者发出国际初步审查阶段的书面意见或国际初步审查报告之前，发出通知书要求申请人将权利要求限制为一项发明，或者根据细则66.1（e）要求申请人缴纳对其他发明进行审查的附加费。详细内容参见第10章。

19.14 国际初步审查根据条约第34条和细则66进行。通常将由国际检索单位针对申请作出一份书面意见。这份书面意见通常被认为是国际初步审查单位的第一次书面意见（参见3.19段中所述例外情况）。如果进行国际初步审查的审查员在国际检索期间没有进行上述工作，则该审查员要研究国际申请的说明书、附图（如果有的话）和权利要求书，其中也包含已提交的任何修改及陈述内容、国际检索报告中引用的描述现有技术的文件，以及国际补充检索报告中引用的和/或第三方提交的任何文件（另见17.69段）（如适用）。然后审查员根据细则66.1之三进行扩展检索，除非认为这样的检索并无用处。然后审查员决定是否需要再发一份书面意见（或者是在例外情况下的第一次书面意见，在所述例外情况下，国际检索单位或者没有作出书面意见，或者出现了其他不被视为国际初步审查单位的第一次书面意见的情况）。

扩展检索

细则66.1之三

19.15 通常，在国际初步审查程序中审查员应当进行扩展检索。但是，当审查员认为进行扩展检索不存在有用的目的时，则不需要进行这样的检索。例如，当国际申请作为一个整体涉及国际初步审查单位不需要进行国际初步审查的主题，或者国际申请不清楚或者权利要求未得到说明书的充分支持，以致不能对要求保护的发明就新颖性、创造性或工业实用性形成有意义的意见时，情况即是如此（参见17.35段）。这同样适用于某些权利要求没有经过国际检索因而决定对于这些权利要求不进行国际初步审查的情况（参见17.36段）。但是请注意，在上述任何情况仅存在于部分要求保护的主题，或者发明缺乏单一性的情况下，仍应当进行扩展检索，但此时可将扩展检索限制于国际申请中属于国际初步审查主题的部分。

19.16 在要求国际初步审查的申请中存在多项请求保护的发明而缺乏单一性的情况下，审查员可以先发出要求限制权利要求或者缴纳附加审查费的通知书，然后对所有缴纳初步审查附加费的发明进行扩展检索，前提是审查员没有根据细则66.1（e）将这些发明排除在国际初步审查之外。

19.17 作为一般规定，扩展检索将针对所有作为国际初步审查的主题的权利要求进行。在申请进行了修改，但是找不到修改基础，和/或没有解释该基础的信函，并且审查员根据细则70.2（c）或细则70.2（c之二）视修改为未提出而作出检索报告的特定情况下，扩展检索限定在形成报告基础的权利要求的范围内。

19.18 扩展检索通常在国际初步审查启动时进行。在某些情况下，可以推迟到作出国际初步审查报告之前。

细则66.1之三

19.19 扩展检索的主要目的在于发现细则64提及的在国际检索报告制定之后可以被国际初步审查单位获得的相关文件。扩展检索主要针对细则64.3意义下的在先申请在后公开的专利申请或专利。然而，扩展检索还应当针对通常的现有技术（细则64.1）或者非书面公开的证据（细则64.2），旨在发现由于一些情况（例如文件收录在数据库中的延误）而使国际检索单位无法获得的任何文件。

19.20 扩展检索的范围通常不超出国际检索的范围。然而，扩展检索的确切范围的最终决定权留给审查员。

细则66.1之三、70.7、70.10

19.21 应当注意，在扩展检索之后不制定特定的检索报告，并且只有在扩展检索中发现的特别相关的文件需要在国际初步审查报告中指出。如果扩展检索中发现的文件用于支持对于任何要求保护的主题的否定性意见，应当在报告的第Ⅴ栏中引证（参见17.42段），并且，新发现的基于细则64.2和细则64.3定义的文件应当在报告的第Ⅵ栏中引用（参见17.46段和17.47段）。

不需要作出书面意见的情况

条约第34条（2）（c）；细则69.1（b）

19.22 如果国际检索单位与国际初步审查单位为同一单位，而且在国际检索单位准备作出书面意见之前已提交了要求书，那么在符合下列条件时，不需要作出书面意见（参见17.01至17.08段），审查员可以立即作出国际初步审查报告：

（ⅰ）要求保护的发明符合条约第33条（1）（新颖性、创造性和工业实用性）的规定；

（ⅱ）申请符合PCT关于国际申请的格式和内容的有关要求；

（ⅲ）申请符合关于权利要求书、说明书和附图清楚的要求，且权利要求书可得到说明书的充分支持，符合条约第35条（2）和细则70.12（ⅱ）的规定，或者审查员不希望就这些问题提出任何意见［细则66.2（a）（ⅴ）］；

（ⅳ）修改没有超出国际申请原始公开的范围；

（ⅴ）所有权利要求涉及一项发明，针对该项发明已作出国际检索报告，并且国际初步审查报告要针对所有权利要求作出；并且

（ⅵ）如果适用，以便进行有意义的国际初步审查的格式提供的核苷酸和/或氨基酸序列表。

此外，如果国际初步审查单位没有将国际检索单位的书面意见视为细则66.2（a）目的的国际初步审查单位的书面意见，则在满足上述（ⅰ）至（ⅵ）条件的情况下，不必准备书面意见可直接进行国际初步审查报告阶段。

19.23 在国际检索单位的书面意见被视为国际初步审查单位的第一次书面意见的情况下，进一步的书面意见不是强制性的。当审查员制定国际初步审查报告时，要考虑申请

人所作的任何陈述或修改。

需要再次发出书面意见的情况

19.24 如果国际检索单位作出的书面意见被视为国际初步审查单位的第一次书面意见，则如上所述，即使仍有未解决的反对意见，审查员在撰写国际初步审查报告之前通常也不需要再发进一步的书面意见。然而，当申请人已经作出了可信的努力以试图克服或辩驳由国际检索单位作出的书面意见中指出的反对意见，但是又没有使审查员认为已满足所有相关标准时，如果在细则69.2规定的作出国际初步审查报告的时间届满之前还有足够的时间作出国际初步审查报告，国际初步审查单位可以酌情再发出一份书面意见。当国际初步审查单位已经进行扩展检索，并且打算基于扩展检索发现的现有技术提出反对意见时，应当发出进一步的书面意见。

没有对其制定国际检索报告的权利要求

细则66.1（e）

19.25 应当注意的是，只对国际检索单位已经作出国际检索报告的发明进行国际初步审查。这是根据条约第33条（6）规定，国际初步审查单位必须考虑国际检索报告中引用的文件（但是要参见10.73段）。涉及没有对其制定国际检索报告的发明的权利要求不必作为国际初步审查的对象。

国际初步审查的进一步阶段

条约第34条（2）（d）；细则66.4（a）、（b）

19.26 当申请人对书面意见作出答复之后，如果必要，且留给申请人答复和审查员作出国际初步审查报告的时间充裕的情况下（参见19.10段和19.11段），审查员可以发出一次或几次进一步的书面意见。同样地，如果申请人如此要求，审查员可以给予申请人一次或多次提出修改或进行答辩的机会。

19.27 审查员提出的进一步的书面意见应当要求申请人在递交修改（如适用）时递交一份书面答复意见。收到审查员的书面意见之后，申请人可通过修改权利要求书、说明书或附图进行答复，或者，如果申请人不同意该书面意见，可以提出争辩，或者两者兼有。要符合20.04段至20.22段中所规定的修改条件。

19.28 在处理国际申请的所有阶段，审查员对实质性问题都应当采用相同的国际初步审查标准。但在国际检索单位已作出第一次书面意见之后，如果审查员已经综合性地提出了第一次书面意见，一般不需要再完全重新阅读修改的申请（参见17.55段），但应当将注意力集中到修改本身及相关的段落，以及其在第一次书面意见中所指出的缺陷上。

细则66.2、66.4

19.29 审查员应当依据的首要原则，即在尽可能少地提出书面意见之后，作出国际初步审查报告，同时在审查过程中，应该时刻记住这一点。PCT规定，如果国际初步审查单位希望，可以重复进行本章19.30段所述的与申请人的沟通联系。然而，如果清楚地看出，申请人未作任何实际努力，如通过修改或通过提出反对意见克服审查员提出的反对意见，则在第一次或第二次书面意见阶段结束时，审查员就应当作出国际初步审查报告（参见第19.47段）。如果审查员在扩展检索中发现相关文件，并且打算基于该文件提出新的反对意见，则审查员应当发出第二次书面意见以通知申请人。如果审查员确定发出另外的书面意见将有利于重要问题的最终解决，则审查员应当考虑发出这一书面意见。如果在距离条约规定的作出国际初步审查报告的时间期限内仍有充裕的时间，并且申请人为克服审查员提出的反对意见已作出实际的努力且国际初步审查单位有充足资源的情况下（参见19.26段和20.05段），如果仍有需要克服的反对意见，则审查员可以考虑发另外的书面意见。审查员也可以考虑，通过进一步的书面意见，或通过电话讨论或会晤是否能够最好地解决这些突出的问题。

19.30 如果存在那些申请人可能需一定时间进行考虑的问题，审查员可能希望再发一次书面意见。但在争论的问题不十分清楚，例如申请人似乎误解了审查员提出的理由，或申请人自己的答辩不十分清楚时，如果审查员提出会晤，则可以加快问题的处理。反之，如果要解决的问题很小，或者能很快且很容易解释和处理的，则通过电话讨论可以解决得更快。在19.41至19.46段中较详细地说明了通过会晤或电话与申请人进行讨论的有关事项。

19.31 如果收到的只是以答辩形式的对书面意见的答复，将根据这些答辩重新考虑作出书面意见，如果答复中还包括一些除明显错误更正（细则66.5）之外的修改，则应按照20.04至20.22段来考虑修改后的说明书、附图和/或权利要求书。在这种情况下，国际初步审查报告应注明在所作出的国际初步审查报告中已考虑到了该申请人的答辩。另外，审查员还应针对申请人的任何相关答辩进行评论。

细则66.4之二

19.32 如果对进一步的书面意见的答复期限届满仍未收到答复意见，则将文档送达作出该书面意见的审查员处，该审查员按第17章所述继续作出国际初步审查报告。

19.33 当在答复期限届满之后收到了答复且还没有撰写报告的情况下，则可以考虑答复内容。但是应注意细则66.4之二（不必考虑的修改或答辩或明显错误的更正），也可参见20.05段。

国际初步审查报告的改正

细则66.4、66.6

19.34 在发出报告之后的特别情况下，国际初步审查单位还可以制定一份修正的国际初步审查报告，条件是有关情况使这一行为合理。对重新启动的国际初步审查所作出的任何替换报告应进行清楚地标记以便选定局注意这种情况。不会仅仅因为该申请人不同意由国际初步审查单位作出的国际初步审查报告而作出修正的国际初步审查报告。只有在例外情况下才应撤回国际初步审查报告。这种可以使重新启动初步审查合法化的例外情况有：由于国际初步审查单位方面存在错误或遗漏，使报告在早于其应发出的时间发出。例如，国际初步审查单位在作出国际初步审查报告时没有考虑及时递交的修改。要注意的是，一旦针对某一具体申请的审查已经重新启动，则不应该接受任何后续的再次重新启动针对该申请的审查请求。

19.35 应当建议国际局忽略在先的报告。如果结果是进一步的书面意见，则该意见只传送给申请人。然而当结果是作出另一份国际初步审查报告时，则该报告将作为国际初步审查报告的"修订版"传送给申请人和国际局。

普遍适用于国际初步审查各阶段的事项

进行修改：一般性考虑

19.36 参见第20章中关于在考虑修改时应当考虑的因素。

明显错误的更正

细则66.5、91.1（b）

19.37　在国际申请（除请求书外）或向国际初步审查单位递交的其他文件中，由于明显非故意地书写的某些内容而造成的错误（例如语言错误、拼写错误），若更正请求是在优先权日之后26个月内提交，可予以更正。如果更正不具有这种特性（例如，如果涉及一些权利要求的删除、说明书中某些段落的删除或某些附图的删除），则该单位不予许可（参见20.09段及第8章）。

细则91.1（d）

19.38　在获得许可的情况下（参见19.30段），在国际申请中明显的错误可以根据申请人自行提出的请求进行更正。另外，审查员根据对国际申请（除请求书外）和申请人递交的其他任何文件的研究，也可指出这些明显错误（参见第8章）。尽管细则91允许国际初步审查单位通知申请人提交更正请求，但并不期望发出这样的通知书，因为根据细则91可以进行更正的任何错误并不妨碍作出国际初步审查报告。

细则91.1（e）、（f）、（g）（ii），91.2；规程第607条

19.39　在没有得到国际初步审查单位明确许可的情况下，不得更正明显错误。国际初步审查单位获准许可更正除请求书外的国际申请其他部分或向该单位递交的任何文件中的明显错误。若在从优先权日起26月内提交更正请求，该单位可以只许可对明显错误的更正。参见8.14至8.17段。

细则66.1（d之二）、66.4之二

19.40　国际初步审查单位进行国际初步审查时应当考虑根据细则91.1许可的明显错误的更正。然而，若明显错误的更正是在该单位已经开始起草书面意见或国际初步审查报告之后收到的、许可的或得到通知的，则所述意见或报告不需要考虑该更正。

与申请人的非正式联系

细则66.6

19.41　国际初步审查单位可以随时通过电话、书信或个人会晤与申请人进行非正式的联系。19.29段和19.30段中考虑到了适于审查员通过电话或进行会晤而不是再次发出书面意见来与申请人联系的各种情况。在多数情况下，是与申请人的代理人（细则2.2规定了PCT中代理人的含义）而不是与申请人本人进行联系。如果申请人或其代理人要求进行会晤，审查员可以自行作出决定，如果审查员相信这种讨论将是十分有益的，则应当进行一次以上的会晤。

19.42　如果安排进行会晤，无论是通过电话还是通过书信安排的，无论是由审查员还是由申请人提出的，都应当说明待讨论的问题。如果是通过电话安排的，审查员应当记下细节，并在案卷上简要说明待讨论的问题。

细则66.6

19.43　会晤属于非正式程序，而且会晤记录取决于所讨论问题的性质。当会晤涉及澄清含糊不清之处，解决不确定的疑点，可清除国际申请中的一些次要问题时，审查员一般只要在案卷上记下所讨论的问题和得出的结论，或商定的修改就足够了。但如果会晤涉及评论实质性的问题，如新颖性、创造性的问题，或修改是否引入了新的主题，审查员应当在案卷中较详细地记录讨论的问题（可选择采用表格PCT/IPEA/428，记录关于与申请人的非正式联系内容），以备用于进一步的书面意见使用（如果有的话），或用于国际初步审查报告中，如果合适的话，也可将所述记录的副本传送给申请人（可选择采用表格 PCT/IPEA/429）。

细则66.3、66.4、66.4之二、66.6

19.44 如果会晤时提出了新的实质性反对意见，并且当时未商定好修改意见，审查员应当在进一步的书面意见中确认该反对意见，同时要求申请人在规定的时间期限内，如果他愿意的话，给予答复。但审查员应当记住作出国际初步审查报告的时间期限（参见 19.10 段和 19.11 段）。

19.45 在利用电话处理重要问题时，正常的程序应当是，审查员电话通知申请人或代理人确定希望讨论的国际申请，并请申请人或代理人在确定的时间回电话。审查员还应当在案卷上作记录，记下细节和确定要讨论的问题以及达成的一致意见。

19.46 会晤或电话会晤的记录通常应当指出申请人或代理人是否准备答复，或者审查员是否愿意再次发出书面意见，或者是否准备作出国际初步审查报告。

国际初步审查报告的作出

概述

条约第35条（1）、（2）；细则66.4之二

19.47 国际初步审查报告应当在指定时间期限内发出（参见 19.10 段）；在一些例外情况下，有可能不能满足最后期限的要求（参见 19.11 段），在这种情况下，要在此后尽可能快地作出国际初步审查报告。除国际申请一开始即可得出符合条约第 34 条（2）（c）的三条标准的肯定意见的情况外，审查员应当提出一次或一次以上的书面意见，或者与申请人进行其他联系。在大多数情况下，这些情况出现在由国际检索单位发出书面意见之后。如果审查员认为国际申请可以经过修改或改正而符合条约第 33 条的规定（参见 19.02 段），则审查员应当在其第一次书面意见中通知申请人，指出国际初步审查单位的意见是，申请人必须在规定的期限内递交适宜的修改（参见 17.57 段）。审查员在开始起草审查报告之前，收到的所有修改、答辩和明显错误更正请求都必须考虑。开始起草报告之后收到的修改、答辩和明显错误更正请求不予以考虑。

19.48 审查员通过填写规定的表格［表格 PCT/IPEA/409，其名称为"专利性国际初步报告"（PCT 第Ⅱ章）］，作出国际初步审查报告，该报告中给出国际初步审查的结果。在制定国际初步审查报告时，审查员应当记住，报告中不包括对下列问题的任何说明，即根据任何国家专利法，要求保护的发明可以或似乎可以获得专利保护，或不能获得专利保护。第 17 章给出了关于完成规定表格的详细引导。

期限的确定

条约第35条（1）、第47条（1）

19.49 当审查员参照 PCT 规定，确定适宜的期限时，必须考虑所审查的具体国际申请的各种因素以及规定这些期限的《PCT 实施细则》。下面详细列出各章各段提及的对国际初步审查单位而言，与国际初步审查有关的最重要的期限：

（ⅰ）优先权文件的译文：参见第 6 章和第 18 章；

（ⅱ）修改：参见第 20 章和 17.57 段；

（ⅲ）明显错误的改正：参见 19.39 段和第 8 章；

（ⅳ）申请人对第一次书面意见的答复：参见第 17 章；

（v）限制权利要求或缴纳附加费用：参见第 10 章；
（vi）提供优先权文件：参见第 6 章；
（vii）作出国际初步审查报告：参见 19.10 段和 19.11 段。

细则 80、82、82 之四

19.50 由国际初步审查单位规定的任何期限，通常应自发出要求申请人答复的某一具体书信的次日开始，按全月计算。细则 80.1 至 80.4 给出了确定规定期限届满之日的详细规定。细则 80.5 包括涉及某些意外情况的条款，例如，要求申请人答复的期限在国际初步审查单位的专利局不对外办公之日届满的情况（或者在专利局的任何分支机构当地或专利局作为政府机构所在的缔约国部分区域有官方假期的情况下，专利局的国家法规定国家申请的届满期限为其后的工作日）。细则 82 包括了邮政业务中断的情况（参见 22.52 段）。细则 82 之四.1 和 82 之四.2 规定了由于不可抗力的原因或国际初步审查单位没有任何允许的电子通信手段而延误满足时限的理由（参见 22.52A 至第 22.52D 段）。细则 82 之四.3 授权国际初步审查单位在因不可抗力事件导致影响单位业务全面中断的情况下延长时限（参见 22.52E 至 22.52H 段）。

申请人未能在规定期限答复

细则 66.4 之二

19.51 如果申请人未在规定期限内答复，根据 PCT 及其实施细则的要求，视不同情况而后果各异。例如，可以按未要求优先权的情况作出国际初步审查报告（参见 17.29 段）；可依据"主要发明"作出国际初步审查报告（参见 17.62 段）；作出的国际初步审查报告带有否定的结论（参见 19.20 段和第 17 章）。在一般情况下，如果审查员开始起草书面意见或国际初步审查报告之后，收到了修改、答辩和明显错误更正请求，则不需要在该书面意见或审查报告中考虑（参见 20.05 段）。

要求书或所有选定的撤回

细则 90 之二.4、90 之二.6

19.52 在申请人通过向国际局递送一份签字通知来撤回要求书或所有选定的特殊情况下，国际局通知国际初步审查单位关于该撤回事项，国际初步审查单位即终止国际申请的处理。在撤回通知上必须有在国际申请中登记的所有申请人或代理人的签名，并且是在已递交了有所有申请人签名的律师权利委托书的前提下。在撤回程序中，必须要求代理人具有委托书，该要求不能免除。如果申请人将撤回通知递交给了国际初步审查单位，则国际初步审查单位要在通知书上标记收到日且将其立即传送给国际局。该通知被认为已于标记日递交到国际局。

第 20 章
修　改

在国际初步审查启动之前的修改

根据条约第 19 条对权利要求的修改

细则 46.1、69.1（d）

20.01 根据 18.10 段的说明，组成国际申请的文件中可以包括申请人根据条约第 19

条递交的修改的权利要求书,这类修改不得超出国际申请提出时公开的范围(参见21.10段)。这类修改将由国际局送达国际初步审查单位。如果已经递交了要求国际初步审查的要求书,申请人最好在递交根据条约第19条所作修改给国际局同时,向国际初步审查单位递交该修改的副本和根据细则46.5(b)所需的函(细则62.2)。如果细则46.1规定的递交根据条约第19条所作修改的时间期限尚未届满,且要求书中包括根据细则53.9(b)要求推迟启动国际初步审查的声明,在以下情况之前将不启动国际初步审查:

(a) 审查员收到根据条约第19条所作的任何修改的副本;或

(b) 申请人提出不希望根据条约第19条进行修改的声明;或

(c) 从国际检索单位传送国际检索报告起2个月或者在从优先权日起16个月期后,以最先发生为准(参见3.14段和18.06段)。

审查员只在国际初步审查过程中考虑根据条约第19条的修改。

根据条约第34条的修改

细则66.1(a)

20.02　根据细则66.8对说明书、权利要求书或附图进行修改。递交这类修改是为了避免可能根据国际检索报告引用的对比文件作出关于缺乏新颖性和/或创造性的反对意见,或者可能提出的其他反对意见。

条约第5条、第6条、第34条(2)(b);细则66.1

20.03　申请人不限于为克服其国际申请的缺陷而进行必要修改。但是,递交的任何修改都不应增加超出原始提交国际申请所公开范围的主题(参见20.10至20.19段)。此外,修改本身不应导致该修改的国际申请违反PCT规定。例如,修改不应引入含糊不清的内容。

作出修改:一般原则

20.04　除纠正明显的错误之外,权利要求书、说明书或附图中的任何改变,包括删除权利要求、删除说明书的段落,或者删除某些附图,均认为是修改。对于国际申请的任何修改必须以进行国际初步审查的语言递交。

细则66.1、66.4之二、66.8(a)

20.05　为书面意见或者国际初步审查报告目的,审查员不需要考虑在他已经开始草拟该意见或报告之后收到的任何修改、答辩或明显错误更正请求。申请人可以以规定方式提交对于说明书、权利要求书和附图的修改,即使该修改超出了细则66.2(d)对于答复所设定的时限。由于一旦细则66.2(d)对于答复所设定的时限届满,审查员就可能开始作出最后的报告,因此在细则66.2(d)对于答复所设定的时限届满之后提交的修改可能被考虑,也可能不被考虑。有可能出现这样的情况,即建议在一定程度上适当地考虑这种修改或答辩,例如,当还没有完成国际初步审查报告并且对于审查员来说很显然考虑后面提交的答复将会导致作出肯定的报告时。

细则66.1(a), 66.8(a)、(c)

20.06　当由于修改而使替换页与之前的提交页不同时,对说明书和附图的修改必须提交替换页。根据情况而定,对权利要求书的修改必须提交完整一套替代之前原始提交的或之前根据条约第19条或第34条提交的权利要求书。当根据细则66.8对权利要求书、说明书或附图进行修改时,替换页必须附有信函,在信函中应说明被替换页与替换页之间的区别，应示出在提交的申请中修改的基础，并且最好还应解释修改的原因。

细则66.8（b）

20.07 在特殊情况下，即修改时删除说明书的段落或者某些附图导致整页删除时，这种删除该页的修改必须以信函的方式提出，而该信函最好对修改的原因予以解释。

细则11.12、11.14、66.8（b）

20.08 应当注意，当根据20.06段要求递交替换页或整套权利要求书时，申请人必须递交打印形式的替换页。但是，也允许递交包含手写修改的替换页或整套权利要求书，由审查员自由裁量。在申请人所作改正或修改较小的情况下（例如，不超过6个单词），国际初步审查单位可以接收在打印原稿上插入改正或修改的有关页或整套权利要求书的副本，只要这种插入不存在删减、变更或改写，并且该页的可靠性不存在问题，以及满足对于清晰度和良好复制性的要求。当不符合这些原则时，国际初步审查单位则应当通知申请人重新递交正确形式的替换页。

对修改的确认

条约第5条、第6条、第19条（2）、第34条（2）（b）；细则66

20.09 审查员必须确保提交的修改没有向原始提交申请的内容中引入违反条约第19条（2）或第34条（2）（b）的内容。另外，修改本身不得导致修改后的国际申请违反PCT的规定；例如，修改不应当引入模糊不清的内容。审查员应当认为，在不改变申请的主题内容或范围的条件下对权利要求范围的限定，或者为提高说明书的清楚性而作的修改，或者以确定无疑的方式对权利要求进行的修改是可接受的。当然，修改后的国际申请必须满足PCT的所有要求，包括本章所列的主题。但是，特别是当权利要求已经被充分限定的情况下，审查员应当记住在修改阶段可能需要特别考虑以下问题：

（i）发明的单一性：修改后的权利要求是否满足细则13的规定？当考虑这一问题时，可适用第10章的段落；

（ii）说明书和权利要求书的一致性：如果权利要求已经进行了修改，那么是否需要相应地修改说明书以消除它们之间严重的不一致性？例如，是否所述发明的每一个实施方案依然落在一项或多项权利要求的范围内？（参见第5章）

（iii）反之，是否所有修改后的权利要求都得到说明书的支持？（参见5.43段和5.44段）同样，如果权利要求的类型已经改变，审查员可能会提醒申请人注意是否意味着发明名称不再合适。

增加的主题

细则70.2（c）、70.16（b）；规程第602条（a）（iv）

20.10 通常既不反对申请人通过修改引入有关相关现有技术的其他信息，也不应反对直接澄清模糊不清之处或者解决不一致之处。但是，当申请人试图通过修改说明书（除涉及现有技术之外）、附图或权利要求书而导入超出原始提交申请内容的主题时，在作国际初步审查报告时必须将这种修改视为未提出。审查员在国际初步审查报告中要指出包含超出原始提交申请公开范围的主题的每一页。在这种情况下，含有这种修改的替换页和根据细则70.16（a）所需的附函一起将作为国际初步审查报告的附件，因为它们代表已经作出的修改，即使它们在作出国际初步审查报告时没有被考虑。如果第一替换页是可接受的，而具有相同编号页的第二替换页包含有超出原始提交申请所公开范围的主题，第二替换页取代第一替换页。在这种情况下，第一替换页和第二替换页与根据细则70.16（a）所需的附函一起均要作为国际初步审查报告的附件，以确保选定局不仅收到作为国际初步审查报告基础的国际申请文本，还能收到在作出国际初步审查报告时未考虑的在后修改。这种情况下，被取代的替换页标记为"被取代的替换页〔细则70.16（b）〕"。

20.11 当已经根据条约第19条（1）和/或第34条（2）（b）提交了修改后，就可能出现这样的问题，即申请人提出的具体的修改是否超出原始提交国际申请公开的范围。当提交的修改与原始提交的申请所用语言不同的情况下，为了作出决定，审查员通常应当假定，在没有相反证据的情况下，把国际申请翻译成公布语言，或者在需要根据细则55.2进行翻译的情况下，翻译成所要求翻译语言的，其原始译文与所提交原始语言的文本一致。

条约第19条（2）、第34条（2）（b）；细则70.2（c）

20.12 如果整个改变申请的内容（不管是通过增加、改变或者是通过删除的方式）而导致本领域技术人员面对这一信息时，甚至在考虑到对于本领域技术人员来说在已经明确提及的内容中所隐含的内容时，这样的信息也属于原始提交申请中没有表达或者隐含的内容，此时这一修改应当视为引入了超出原始提交申请内容的主题，因此是不可以接受的。术语"隐含"是指没有描述的内容必然包含在公开内容中，并且本领域技术人员能够认识到。隐含不可以建立在可能性或者或然性的基础上。仅仅存在"某一事情可能源于给定的一组条件"的事实是不充分的。

20.13 引入新出现的主题时可以通过明确提及某一内容，这一内容或者是之前根本没有提到过的，或者仅仅是暗示的。例如，如果在国际申请中涉及含有几种成分的橡胶组合物，申请人试图引入的信息是可以加入另外的成分，那么，这一修改通常应当被视为超出原始提交申请公开的范围。同样，如果一个申请描述并要求了"装在弹性载体上的"设备，而没有公开任何具体种类的弹性载体，申请人试图加入有关载体是，或者可以是，例如螺旋形弹簧的具体信息（但是，参见20.14段），那么该修改通常应当被视为超出原始提交申请公开的范围。

20.14 但是，如果申请人可以提出有力的证据证明，在所要求保护的发明的上下文中，所讨论的主题对于本领域技术人员是公知的，则这一主题的引入可以视为是明显的澄清，因此没有超出该申请的内容，从而是允许的。例如，如果在上述弹性载体的情形中，申请人能够表明，如本领域技术人员所解释的，附图示出了螺旋形弹簧，或者本领域技术人员会自然而然地使用所讨论的螺旋形弹簧来进行安装，则具体就螺旋形弹簧而言应当视为允许的。

20.15 当在原始申请中清楚地公开了一个技术特征但没有提到或者没有完全提到其效果，而本领域技术人员从原始申请中可以毫无困难地推出该效果时，随后在说明书中说明该效果可能不违背条约第34条（2）（b）。

20.16 修改引入其他的实施例时，例如在化学领域中，往往应当进行非常仔细的考虑，因为表面上看，为了阐明所要求保护发明增加的任何实施例均可能超出原始提交国际申请的公开范围。

20.17 但是，后提交的实施例或优点陈述，即使不允许加入申请中，审查员仍然可以考虑将其作为支持承认该申请权利要求实施的证据。例如，补充的实施例可以被接受作为证据来证明在原始提交申请中给出信息的基础上，该发明在要求的整个领域中可以很容易地实施（参见 5.52 段和 5.53 段）；或者补充的优点陈述可以被接受作为支持创造性的证据（参见 13.15 段）。当审查员运用这种证据来支持有创造性的肯定结论时，这一证据应当在国际初步审查报告中提及。

20.18 还必须注意要确保对于该发明要解决技术问题的陈述的任何修改或者随后插入均满足条约第 34 条（2）（b）的规定。例如，可能会发生这样的问题，即为了克服因缺乏创造性而提出的反对意见而对权利要求进行限定之后，需要修改已陈述的问题以强调经过如此限定后的发明而非现有技术可以达到的效果。必须谨记只有当强调的是本领域技术人员能毫无困难地从原始提交的申请中推出的效果时，这种修改才是允许的（参见 20.15 段和 20.16 段）。

20.19 正如在 20.12 段中所指出的，文本的改变或者删除，以及增加其他的文本均可能导入新的主题。例如，假定要求保护的发明涉及多层层压板，说明书中包括多个不同的层状排列的实施例，其中的一例具有聚乙烯外层，修改时将外层改为聚丙烯或者完全删去该层通常均被认为是不允许的。在每一种情况下，修改的实施例所公开的板将完全不同于原始公开的板，因此这种修改将被认为是引入了新的主题。

不支持

20.20 当在原始提交申请的权利要求中公开了某一主题，而在说明书中的任何地方均没有提到该主题时，允许对说明书进行修改以使其包括权利要求中公开的这一主题。但是，仍然需要考虑修改后的说明书是否提供了权利要求所需的支持。如果在权利要求与说明书之间存在矛盾或者不一致之处，将必须通过修改权利要求或者修改说明书来解决。在一些偶然的情况下，可能存在这样的问题，即权利要求是否充分公开，以允许对说明书进行不增加超出原始公开范围的主题的修改或者提供充分的支持。为克服现有技术而包括否定性限定的修改可能存在缺乏支持的问题。

20.21 对于权利要求进行修改或者加入新的权利要求必须得到原始提交发明的说明书的支持，并且每一项权利要求的限定必须得到原始提交的公开内容的明确或者实质的支持。当这种修改引入否定性限定、排除或放弃时，应当对该修改进行审查以确定它是否可能出现新的主题。参见本章附录实例。参见 20.10 段以及下列关于什么内容构成超出原始提交说明书的主题的讨论。

申请译文的修改

细则 55，60.1（a）至（e）

20.22 如果审查员确信已经公布的或者根据细则 55.2 或 55.3 提供的是错误的译文，或者修改未使用国际初步审查所用的语言（参见 18.07 至 18.09 段），则可以在国际初步审查单位审查期间的任何时候，视具体情况，要求申请人提供该修改的译文或者改正该译文以与原始提交文本和/或与公开文本的语言一致。如果申请人没有在通知书规定的时间期限内提交修改的译文，该修改在国际初步审查时将不予考虑。

第 20 章附录

新的主题

A20.21 关于在什么情况下否定性限定、放弃或者排除将产生新的主题，国际初步审查单位具有不同的处理方法。国际单位可以视情况以下述任何一个可选择的指导原则为依据。

A20.21 [1] 如果被排除的主题在原始提交的申请中得不到支持，新权利要求中加入的或者通过修改加入的否定性限定将产生新的主题。例如，如果公开内容描述了一类化合物，但在该化合物类型中没有提供对于任何具体种类的支持，那么排除具体种类的否定性限定将导致出现新的主题。

A20.21 [2] 当加入否定性限定或者放弃是为了克服参考文献偶然的预测，或者是为了除新颖性以外的原因，如缺少工业实用性或者公开不充分而排除权利要求的一部分时，否定性限定或者放弃不以原始提交的申请为基础是允许的。

第Ⅶ部分
质　量

第21章
国际检索和初步审查的通用质量框架

导言

21.01　国际检索单位和国际初步审查单位被委托适用并遵守国际检索和审查的全部通用规则。尽管申请人可以预期通常国际检索单位和国际初步审查单位是根据本指南审查的，但是由于国际检索和审查程序涉及多个单位以及不同单位的多个人员，在国际检索和审查程序中，一些偏差是不可避免的。同时也应认识到，将国际检索单位和审查单位之间或者一个单位内的不一致最小化，对于一个单位的工作成果被其他局完全接受是至关重要的。

21.02　本章阐述国际检索和初步审查的质量框架的主要特征。它描述了一套每一个单位应用于建立独立的质量机制模型的最低标准。

细则36.1（ⅳ）、63.1（ⅴ）

21.03　每一个单位应建立和维持质量管理系统（QMS），该系统要符合对以下几个方面的要求：

1. 领导层和政策；
2. 基于风险的实践；
3. 资源；
4. 行政工作量的管理；
5. 质量保证；
6. 沟通；
7. 记录；
8. 检索过程记录；

其他规定：

9. 内部复核；

10. 报告机制。

1. 领导层和政策

21.04 各单位的最高管理层对质量管理体系（QMS）的建立和实施负责。最高管理层应确立该单位的质量政策，并且应明确规定 QMS 职责并在组织机构图中记录这些职责。

21.05 管理层应确保其 QMS 与国际检索和初步审查指南的要求相一致。

21.06 管理层应确保其 QMS 的有效性和持续改进方法的推进。

21.07 各单位的管理层应向其员工传达遵守条约和包括本框架要求的管理要求的重要性，以及遵守该单位 QMS 的重要性。

21.08 各单位的最高管理层或者受权官员应进行管理检查，确保适当资源的可利用性。它应定期检查质量目标，确保所述目标在相关单位的相关员工中得到传达和理解。

21.09 各单位的最高管理层或受权官员将每隔一段时间检查其 QMS。所述检查的最小范围和频率见如下第 9 节。

21.10 最高管理层应当促进实践，以确保可能影响其 QMS 以及国际检索和审查一致性的风险和机会得到解决。

2. 基于风险的实践

21.11 每个单位应当建立其自己的基于风险的实践，以使该单位能够确定可能导致其操作过程及其质量管理体系偏离要求或计划结果的因素，实施预防性控制以最大限度地减少负面影响，并在机会出现时利用机会。

21.12 每一个单位都可以创建自己的机制，以确定不确定性对目标的影响。作为 QMS 的一个组成部分，建议以下内容作为基于风险实践的基本组成部分的指南。不需要采用正式的风险管理方法或文件化的风险管理过程。

21.13 创建基于风险的实践的机制应包括：

（i）了解单位的情况（影响其实现 QMS 预期结果能力的外部和内部问题）并了解有关方的需要和期望；

（ii）作为规划的基础，明确与 QMS 的执行相关的风险和机会；

（iii）规划和执行应对风险和机会的行动；

（iv）检查所采取行动的有效性；以及

（v）持续更新风险和机会。

21.14 就各单位实现其目标的能力而言，QMS 所有过程都存在不同程度的风险，对所有单位来说不确定性的影响都是不一样的。各单位对其为解决风险和机会而决定采取的行动负责。

3. 资源

21.15 各单位应当能够适应工作量的改变，并且应当具有一个合适的基础设施支持检索和审查流程，并且符合 QMS 需求以及指南。最终，各单位应当具有：

——足够的人力资源：

（i）应对工作流量的足够雇员量，且这些雇员具有在所需的技术领域检索和审查的技术资格，以及至少理解细则 34 中最低限度文献的书面语言或其译文的能力；

（ii）经过适当培训的/熟练的管理人员，以支持具备技术资格的雇员并使检索和审查流程更加便利，这些管理人员还进行文档记录；

——足够的物质资源：

（ⅲ）适当的设备和条件，例如IT硬件和软件，以支持检索和审查流程；

（ⅳ）拥有或可访问为检索和审查目的而设置的至少细则34中所述的最低限度文献的纸件、缩微平片或存储的电子媒体；

（ⅴ）详尽和最新的说明，以帮助雇员理解并保持质量准则和标准并且准确而一致地遵循工作流程；

——足够的培训资源：

（ⅵ）针对检索和审查流程涉及的所有雇员的有效培训和发展程序，以保证他们获得并保持必须的经验和技能，并且充分了解遵循质量准则和标准的重要性；以及

——对资源的监管：

（ⅶ）用于持续监督和确定所需资源的系统，该资源用于处理需求并与检索和审查质量标准保持一致。

4. 行政工作量的管理

21.16 各单位应适当具有以下用于处理检索和审查需求以及执行相关功能（例如数据录入和分类）的最少实践和程序：

（ⅰ）关于按照各单位制定的质量标准及时发出检索和审查报告的有效控制机制；和

（ⅱ）关于需求的波动和积压管理的适当控制机制。

5. 质量保证

21.17 根据这些指南，各单位应具有关于按时发出高质量的检索和审查报告的程序。这样的程序应包括：

（ⅰ）用于自我评价的有效的内部质量保障体系，包括验证、确认和监督检索和审查工作以符合国际检索和初步审查指南，以及反馈给雇员的渠道；

（ⅱ）用于测试、收集数据和报告的有效系统，并且致力于用其确保已建立的程序的持续改进；和

（ⅲ）用于验证针对提出问题并防止问题再发生而采取措施的有效性的系统。

这些程序也可包括使用清单，在作出检索和审查报告之前根据本指南验证这些报告的质量，和/或作为作出后续复核程序的一部分监控质量。

6. 沟通

单位间的沟通

21.18 为帮助确定和传播各单位的最佳方法以鼓励持续改进，各单位应与其他单位的有效沟通，以允许其他单位的及时反馈，以便可以评估和提出潜在的系统性问题。

21.19 各单位应当任命质量联络人，并通知其他局其姓名。

与用户的沟通和对其指导

21.20 各单位应具有适当的体系来监督和使用用户反馈，至少包括以下要素：

（ⅰ）一个适当的体系来处理投诉和作出改正，以及适当时采取纠正和/或预防措施，并向用户反馈；

（ⅱ）用来监督用户满意度和看法，以及确保用户合法需求和期待得到满足的程序；

（ⅲ）关于检索和审查程序，可以在每一个单位的网站和指导文献中给用户（尤其是

没有代理的申请人）清楚、简明并且详尽的指导和信息；

各单位应当制定向用户公开的质量目标。

与 WIPO、指定局和选定局的沟通

21.21 为帮助改进绩效并鼓励持续提高，各单位应与国际局和指定局、选定局进行有效的沟通，以允许它们迅速反馈，以便能够评估和提出潜在的系统性问题。

7. 记录

21.22 各单位的 QMS 需要被清楚描述并实施，以监督、控制和检查该单位中所有程序与相关产品和服务是否一致。

21.23 因此，各单位应向其员工和管理层提供参考资料，其记录所有影响质量工作的程序和方法，例如分类、检索、审查和相关的行政工作。该参考资料中应当注明哪里可以找到某程序需要遵循的指令。

21.24 以下列表给出考虑应当记录的内容类型的项目：

（ⅰ）该单位的质量政策，包括遵守最高管理层制定的 QMS 的清楚声明；

（ⅱ）QMS 的范围，包括各排除事项的细节和理由；

（ⅲ）该单位的组织结构和其各个部门的职责；

（ⅳ）该单位实施的被记录的程序，例如，申请的接收、分类、分配、检索、审查、公开和为 QMS 设立的支撑程序和方法，或者它们的参考资料；

（ⅴ）执行该方法和实施该程序的可用资源；和

（ⅵ）QMS 的方法和程序之间相互作用的说明。

21.25 以下列表说明了各单位需要保留的记录类型：

（ⅰ）何种文件被保留以及保留地点的定义；

（ⅱ）管理层检查的结果；

（ⅲ）员工的培训、技能和经验；

（ⅳ）质量标准方面的方法及其产生的产品和服务的合格性证据；

（ⅴ）与产品相关的要求的检查结果；

（ⅵ）每个申请的检索和审查过程；

（ⅶ）允许每件工作被追踪和追溯的数据；

（ⅷ）QMS 的审计记录；

（ⅸ）对不合格产品采取的行为，例如改正的实例；

（ⅹ）纠正行为；

（ⅺ）预防行为；和

（ⅻ）下文第 8 节给出的检索过程记录。

8. 检索过程记录

21.26 出于内部目的，各单位应当记录其检索过程，尤其可以包括：

（ⅰ）查询的数据库（专利和非专利文献）；

（ⅱ）使用的关键词、词语和截词符的组合；

（ⅲ）进行检索的语言；

（ⅳ）至少根据 IPC 或其同等分类法检索的分类号和分类号的组合；和

（ⅴ）在查询的数据库中使用的所有检索说明列表。

（ⅵ）各单位应当至少出于内部目的进一步记录一些特殊案例，例如：

（ⅶ）限制检索及其理由；

（ⅷ）权利要求不清楚；和

（ⅸ）缺乏单一性。

9. 内部复核

21.27　除建立检查和保证与 QMS 中阐述的要求一致的质量保证系统之外，每一个单位应建立其自己的内部复核机制，以确定其已经建立符合上述模式的 QMS 的程度，以及与 QMS 要求、指南一致的程度。该复核应尽可能客观并且透明，以证明这些要求和指南是否被一致和有效地使用，并且应当至少一年执行一次。

21.28　每一个单位建立其机制的方式是开放性的，但是建议以下内容作为指导内部复核机制和报告系统的基本构成。

21.29　每项复核的输入应当包括以下信息：

（ⅰ）与 QMS 要求以及指南的一致性；

（ⅱ）采取的任何纠正和预防行为以消除导致非一致性的因素；

（ⅲ）根据在先复核的任何后续行为；

（ⅳ）QMS 本身及其程序的效力；

（ⅴ）来自客户的反馈，包括指定局和选定局和申请人；以及

（ⅵ）关于改进的建议。

21.30　每个单位应建立一个过程，用于监督、记录和测试与 QMS 的要求以及指南的一致性。

10. 报告机制

21.31　报告机制有两个阶段。

（a）初步报告：每一个单位需要向 PCT 国际单位会议（PCT/MIA）提交一份初步报告，描述该单位基于当前文件中提出的最宽泛要求实施 QMS 的措施。这将协助确定和宣传各单位之间的最佳经验。

（b）年度报告：根据阶段一中的初步报告，每一个单位应当准备年度报告，确定汲取的教训和采取的行动，并且根据评价进行推荐。

21.32　单位提交的报告应当由国际局发布在 WIPO 网站。

将来的发展

21.33　对本章中陈述的框架未来变化的建议应由国际局采纳，在采纳之前由各有关方对其提意见。

第Ⅷ部分
事务及行政程序

第22章
事务及行政程序

要求书的接收

条约第31条（6）（a）

22.01 国际初步审查单位通常直接接收申请人提出的国际初步审查的要求书。另外，根据细则59.3，国际初步审查单位也可以从国际局、受理局、国际检索单位，或者非主管该国际申请的国际初步审查单位接收要求书。

主管的国际初步审查单位的确定和要求书的标明

条约第31条（6）（a）、第32条；细则59.3

22.02 当要求书提交给一个国际初步审查单位时，国际初步审查单位应核查其是否是接收要求书的主管单位。国际初步审查单位是指被受理局指定的有权对向该受理局提交的国际申请进行国际初步审查的单位，相关单位应与国际局签订协议并在公报上公布。详细清单可以参见《PCT申请人指南》附件C。如果结论是肯定的，国际初步审查单位接着按22.06段以及下列等段所述内容检查要求书。如果结论是否定的，非主管国际初步审查单位在要求书最后一页提供的空白处上不可擦除地标明实际接收要求书的日期，并向国际局传送要求书以及任何相关的文件和附件以供其进一步处理，并通知申请人上述情况。为此使用表格PCT/IPEA/436。当要求书提交给一个受理局或者一个国际检索单位时，该受理局或者单位遵循相同的程序（但使用表格PCT/RO/153或PCT/ISA/234）。当申请人所使用的要求书表格或计算机打印输出表格不符合规程第102条（h）或（i）的规定时，参考22.24段及以下段落使用改正缺陷的程序。

细则59.3（a）、（c）、（f）

22.03 相反，非主管的国际初步审查单位可以选择直接向主管的国际初步审查单位传送要求书。在这种情况下，如果只有一个国际初步审查单位主管，就向该单位传送要求书，并且使用表格PCT/IPEA/436通知申请人。如果有两个或者多个国际初步审查单位主管，就必须首先通知申请人并标明，在根据细则54之二.1（a）规定的期限内——即根据细则43之二.1（a）自国际检索报告或者根据条约第17条（2）（a）的宣布和书面意见发出之日起3个月，或者自优先权日起22个月，或者自发出通知书起15天，以后到期者为准，指明一个应向其传送要求书的主管国际初步审查单位（使用表格PCT/IPEA/442）。如果申请人对通知书作出答复，非主管国际初步审查单位立即向申请人指定的主管的国际初步审查单位传送要求书并通知申请人。如果申请人没有作出答复，或者在期限到期后答复，非主管的国际初步审查单位宣布该要求书视为未提交，并使用表格PCT/IPEA/444通知申请人。如果要求书是向受理局、国际检索单位或国际局提交的，除分别使用表格 PCT/RO/153、PCT/ISA/234 和/PCT/IB/368 以外，其内容遵循上述为非主管的国际初步审查单位规定的相同程序。

22.04 在 22.02 段和 22.03 段概括的所有情况下，非主管的国际初步审查单位、受理局、国际检索单位，或者国际局退还申请人为此所缴纳的所有费用。

细则59.3（e）

22.05 如果国际初步审查单位根据细则 59.3 收到从受理局、国际检索单位、国际局，或者另一个非主管该国际申请的国际初步审查的国际初步审查单位传送给它的要求书，主管的国际初步审查单位应认为该要求书是以上述受理局、国际局或所述单位在要求书最后一页上标明的"实际收到日"代表该单位收到的。

国际申请的核对

细则53.6、60.1（b）

22.06 例如通过检查申请人的名字和地址、发明名称、国际申请日和国际申请号，国际初步审查单位可判断是否可识别与要求书相关的国际申请。如果结论是否定的，国际初步审查单位使用表格 PCT/IPEA/404 立即通知申请人提交改正。如果更正在通知书规定的期限内提交，国际初步审查单位以收到改正的日期作为收到要求书的日期，并且该单位在要求书第一页上以及最后一页修正接收日期的框内标明该改正的收到日期（同样参见 22.12 段）。如果没有在规定的期限内提交改正，则视为未提交要求书，且国际初步审查单位据此发表声明（表格 PCT/IPEA/407）。

申请人提交要求书的权利

条约第31条（2）；细则54

22.07 国际初步审查单位核查申请人是否有权利提交要求书。凡受 PCT 第Ⅱ章约束的缔约国的居民或国民的申请人，以及向凡受 PCT 第Ⅱ章约束的缔约国的受理局或者代表该国的受理局提交国际申请的申请人，都具有提交要求书的权利。当前（自 2004 年 1 月 1 日）所有缔约国都受到 PCT 第Ⅱ章的约束。

条约第31条（2）；细则54.2、54.4；规程第614条

22.08 如果有两个或者多个申请人，只要提交要求书的至少一个申请人是受 PCT 第Ⅱ章约束的缔约国的居民或国民就足够了，而不必考虑申请人指定的选定国（参见 22.34 段）。如果没有一个申请人具有根据细则 54.2 规定的提交要求书的权利，国际初步审查单位视该要求书未提交（表格 PCT/IPEA/407）。另外，如果从优先权日起 19 个月的期限马上就要到期，应尽快通知申请人以便申请人能够在 PCT 大会采用的自 2002 年 4 月 1 日起生效的有关条约第 22 条（1）修改的通知仍旧有效的情况下及时进入任何指定国的国家阶段。

22.09 国际申请必须向受 PCT 第Ⅱ章约束的缔约国的受理局或代表该国的受理局提交。在受理局代表两个或多个缔约国的情况下，提交要求书的申请人中的至少一人应当是该受理局所代表的受 PCT 第Ⅱ章约束的缔约国的居民或国民。

申请人的变更

22.10 当要求书上指定的申请人与请求书指定的申请人不同时，国际初步审查单位必须核查新的申请人是否有权提出该要求。

国家的选定

条约第37条；细则53.7

22.11 提交要求书构成对指定的且受PCT第Ⅱ章约束的所有缔约国的选定。

对影响收到日的细节的核查

细则53.1（a）、60.1（a）、61.1（a）；规程第102条（h）、（i）

22.12 如果根据22.06段所述核查影响收到日的细节并且得出肯定的结论，在要求书第一页空白处将实际提交日标注为收到日。如果申请人使用的要求书表格或者计算机打印表格不符合规程第102条（h）或（i）的规定，适用22.24段及其后有关段落所述用于改正缺陷的程序。

22.13 国际初步审查单位通知申请人已收到要求书（表格PCT/IPEA/402）。

核查要求书是否按时提交

细则54之二

22.14 国际初步审查单位核查要求书是否根据细则43之二.1规定从国际检索报告或者根据条约第17条（2）（a）的宣布和书面意见发出之日起3个月内或者自优先权之日起22个月内提交，以后到期者为准。如果推迟提交了要求书，国际初步审查单位将要求书视为未提交，并向申请人和国际局发送表格PCT/IPEA/407的副本宣布该结论。如果按时提交要求书，国际初步审查单位也要通知该申请人（表格PCT/IPEA/402）。

条约第39条（1）（a）；规程第601条

22.15 如果任何指定国国家的法律仍旧与PCT大会采用的自2002年4月1日起生效的条约第22条（1）规定的国家阶段进入时间期限的修改不一致，并且指定了该国家，国际初步审查单位立即核查要求书是否在优先权之日起19个月之内收到。当要求书是从优先权之日起19个月之后收到的，国际初步审查单位在要求书的最后一页合适的复选框处作上标记并尽快通知申请人和国际局（表格PCT/IPEA/402）以便申请人能够在该国有关条约第22条（1）修改的通知仍有效的情况下及时进入任何指定国的国家阶段。不论要求书是否在优先权日起的19个月内收到，国际初步审查单位都应及时通知申请人实际收到日期。

制定国际初步审查单位文档

22.16 国际初步审查单位一收到要求书就制定文档。

规程第605条

22.17 当国际初步审查单位和国际检索单位从属于相同的国家局或者政府间组织时，国际检索和国际初步审查使用同一文档。

22.18 当国际初步审查单位与国际检索单位或者向其提交申请的受理局不从属于相同的国家局或者政府间组织时，国际局将根据请求向国际初步审查单位提供该国际申请的副本，或者国际申请公开后提供公开的国际申请的副本，如果国际检索报告可以得到，还要提供国际检索报告的副本。这对该单位处理要求书并进行国际初步审查是很必要的。如果尚未获得国际检索报告，国际局将在收到检索报告之后，立即提供该报告的副本。国际初步审查单位可以从自己的检索文件中得到国际检索报告引用的文献或者请国际检索单位提供。国际局一收到要求书或者其副本就立即将国际检索单位所作书面意见的副本传送给国际初步审查单位。

22.19　国际局将向国际初步审查单位提供根据条约第19条所作的任何修改和附带声明的副本，除非申请人在提交要求书时已经向该单位提交副本或者申请人已经撤回这些文件（参见18.04段和18.06段）。

向国际局传送要求书

细则61.1、90之二.4（a）

22.20　国际初步审查单位既可将原始要求书传送给国际局，留一份副本存档；也可将副本传送给国际局，将原始要求书存档。要求书或其副本必须传送给国际局，即使当其已被该申请人撤回，已视为撤回且申请人未对要求其指定该要求书应递交的主管单位的通知书（表格PCT/IPEA/442）进行答复。当要求书根据细则59.3传送给主管国际初步审查单位时，根据本段进行处理的要求书应由该初步审查单位进行接收（参见22.02至22.05段）。

22.21　收到要求书后必须立即传送，一般不应晚于接收后1个月。

细则90.4、90.5；规程第608条

22.22　国际初步审查单位通常向国际局传送原始要求书或其副本，以及任何原始的单独委托书或总委托书的副本。但是，如果国际初步审查单位已经根据细则90.4（d）免除要求提交委托书，但是仍旧提交了单独的委托书或总委托书的副本，将没必要向国际局传送委托书副本。

条约第34条

22.23　国际初步审查单位向国际局传送要求书时，不送交根据条约第34条对申请所作的修改或根据条约第19条所作修改的副本。

要求书中的某些缺陷

条约第31条（3）；细则53、55、60

22.24　国际初步审查单位应当核查要求书，以确定是否存在下列缺陷（表格PCT/IPEA/404）：

细则53.1（a）

（i）要求书未按规定表格填写；

条约第31条（3）；细则53.2（b）、53.8、60.1（a之三）

（ii）要求书未按细则规定签字（参见22.28至22.32段）；

条约第31条（3）；细则4.4、4.5、4.16、53.2（a）（ii）、53.4、60.1（a之二）

（iii）要求书未按规定对申请人进行标明（参见22.33段）；

条约第31条（3）；细则53.2（a）（iii）、53.6

（iv）要求书未按规定对国际申请进行标明（参见22.06段）；

细则4.4、4.7、4.16、53.2（a）（ii）、53.5

（v）要求书未按规定对代理人进行标明（参见22.35段）；

细则53.2（a）（i）、53.3

（vi）要求书未包括根据PCT的规定申请人要求对国际申请进行国际初步审查的请求书；细则53.3规定了优选词，但这些都不是必要的。该请求书是打印的要求书表格（表格PCT/IPEA/401）的一部分，同时还必须包括在计算机打印形式的要求书中；

细则55.1

(vii) 要求书未采用国际申请公布或国际初步审查单位接受的语言。

22.25 关于依职权或依通知书改正要求书中的某些缺陷，参见22.26段和22.26A段（依职权改正）、22.35段（有关代理人的标明）和22.37段（改正缺陷的通知书）。

22.26 国际初步审查单位可以依职权修改要求书中的许多错误，这意味着申请人不必也不被正式通知自行修改。当依职权改正时，国际初步审查单位进行改正并在页边空白处写上"IPEA"字样。当删除任何内容时，国际初步审查单位将此内容用方括号括起来并在方括号之间画一条线，但应使被删除的内容仍可以辨认。国际初步审查单位通过发送要求书改正页的副本或者单独的通知书（没有专门的表格，但是当没有其他表格适用时，可以使用表格PCT/IPEA/424）通知申请人所作的改正。依职权修改的错误特别包括申请人和要求书上指明的代理人的事项。如果国际初步审查单位在向国际局传送原始要求书之后对错误进行了改正，国际初步审查单位通过发送要求书改正页的副本通知国际局。

22.26A 要求书第四栏关于推迟启动国际初步审查的复选框标记也可能出错。如果标记了第Ⅳ栏第3项的复选框，但不适用细则69.1（b），或者如果标记了第Ⅳ栏第4项的复选框，但适用细则69.1（b），则国际初步审查单位将依职权删除相应的标记。在作出更正前，国际初步审查单位可以联系申请人并要求确认。

语言

细则23.1（b）、55.2、62之二.1

22.27 当提交国际申请所使用的语言和国际公布所使用的语言都不是国际初步审查单位接受的语言时，申请人必须随同要求书提供将国际申请翻译成国际初步审查所用语言的一份译文，即：既是被该单位能够接受的语言又是公布的语言。该译文必须包括申请人根据细则20.3（b）、20.5之二（b）、20.5之二（c）或20.6（a）提供的条约第11条（1）（ⅲ）（d）或（e）提交的任何要素和已经涵盖在符合细则20.6（b）规定的国际申请中的、申请人按照细则20.5（b）、20.5（c）、20.5之二（b）、20.5之二（c）或20.6（a）提供的说明书、权利要求书或附图的任何部分。当已根据细则23.1（b）将该译文提供给国际检索单位，而且该国际初步审查单位与国际检索单位从属于相同的国家局或政府间组织时，国际初步审查以该译文为基础进行，除非申请人已按照前述规定向国际初步审查单位提交了译文。根据国际初步审查单位的要求，由国际检索单位作出的书面意见不是以英语或国际初步审查单位接受的语言撰写时，国际局负责将其翻译成英语。国际局自要求日期起2个月内传送书面意见译文的副本。

签字

细则53.2（b）、60.1（a之三）

22.28 除22.30段的规定以外，申请人必须在要求书上签字，或者提交一个单独的委托书，或者提交一个已签字总委托书的副本，指定提交要求书的代理人。如果有两个或者多个申请人，他们中有一个签字就足够了。

细则90.3、90.4（d）

22.29 如果代理人在要求书上签了字，而在此之前申请人已向受理局或国际检索单位或国际局递交了委托书，或者在请求书上已经指定了代理人，则申请人不必再向国际初步审查单位递交委托书。当要求书已由代理人签字且该要求书已递交给国际初步审查单位，且该单位未免除提供单独委托书的要求时，如果要求书没有附有委托书，或者未向受理局、国际检索单位或国际局递交委托书，则国际初步审查单位必须核实该代理人是否有权签字。当国际初步审查单位和受理局或者国际检索单位不是同一个专利局时，除非国际初步审查单位接到通知或有理由相信事实相反，否则就认为国际申请公开文本和《PCT公报》上标明的代理人是由申请人正式指定的。

细则90.4（d）

22.30 国际初步审查单位可以免除提交单独委托书的要求或总委托书副本的要求。该免除要求不能涵盖代理人或共同代表人提交撤回通知的情形。当国际初步审查单位已经免除提交单独委托书的要求时，要求书中署名的代理人即使既没有向受理局、国际检索单位、国际初步审查单位或国际局提交单独委托书，也没有在请求书中获得授权，其也可以在要求书上签字。

细则90.1（c）、（d），90.3（b）、90.4

22.31 申请人可以在要求书中，或通过单独或总委托书，在国际初步审查单位的程序之前指定增加的代理人或分代理人。如果此指定体现在有申请人签字的要求书上，就不需要再递交单独的委托书。如果该要求书由在先指定的代理人签字，且该在先指定的代理人有权指定分代理人，则不需要申请人递交单独的委托书。如果要求书由增加的代理人或分代理人签字且该要求书提交给免除单独委托书要求的国际初步审查单位，那么就不需要提交单独的委托书。在委托书不排除指定分代理人的情况下，可认为其有权指定。如果要求书是由增加的代理人签字，在国际初步审查单位没有免除提交单独委托书要求的情况下，则必须递交由申请人签字的，或由其在先指定的有权指定分代理人的代理人签字的单独的委托书。如果单独的委托书与要求书一起递交或在要求书递交之后递交，国际初步审查单位应立即将原件或副本传送给国际局。关于要求申请人改正遗漏签字的通知方式，参见22.37段。

细则90.2（a）、（b），90.3（c）

22.32 共同代表有权在要求书上签字，且具有适用于所有申请人的效力。共同代表的代理人也可签字，也具有适用于所有申请人的效力。

关于申请人的标明

细则4.4、4.5、4.16、53.2（a）（ⅱ）、53.4、60.1（a之二）；规程第115条、第614条

22.33 要求书中必须按规定标明有关申请人。地址必须标明国家；对国家的标明，用一个字母代码作为邮政编码的一部分就足够了（例如，CH-1211日内瓦）。申请人的国籍和住所必须用其居住国和给予其国籍的国家的名称或两个字母的国家代码标明；在附属领地（不是一个国家）的情况下，必须用该领地所附属国家的名称标明申请人居所。关于标明国家名称的方式，参见规程第115条。如果申请人为两个或多个，只要提供有权提出要求书的一个人的地址、国别和居住地即可。

规程第614条

22.34 申请人是否有权在此时提交要求书是决定申请人是否有权作出该要求的关键。当要求书不包括相应的标明时，或当申请人给出的标明有误——不是能够用来支持提交要求书权利的标明，如果国际初步审查单位确信申请人在该单位收到该要求书的时间是有权提交该要求书的，则申请人可以改正遗漏或错误。在这种情况下，就认为从标明有误的要求书提交之日起，该要求书符合条约第31条（2）（a）的规定。

关于代理人的标明

细则4.4、4.7、4.16、53.5、90.1

22.35 申请人如果指定或任命了代理人，国际初步审查单位应当核查所作的标明与档案中是否一致。如果国际初步审查单位没有关于指定的资料，该单位应当核查该代理人是否在国际公开文本，或《PCT公报》上标明或与国际局核对。在要求书中任命或指定了新代理人或增加了代理人时，国际初步审查单位也应核查对该代理人的标明是否符合细则4.4和4.16规定；已对细则4.7的适用作了必要的修改。国际初步审查单位可以免除委托书要求。

细则90.1（c）、（d）

22.36 如果代理人无权在国际初步审查单位执业，在必要时，该审查单位可以请求受理局确认该代理人在该受理局是否有权执业（选择使用表格PCT/IPEA/410）。

改正要求书中缺陷的通知书

细则53，55，60.1（a）、（a之三）、（b）

22.37 如果国际初步审查单位发现细则60.1（a）中所述的一个或多个缺陷，该单位应当通知申请人从通知书发出之日起1个月内改正该缺陷（表格PCT/IPEA/404）。国际初步审查单位通过传送通知书的副本通知国际局。如果该缺陷在于没有至少一个申请人的签字（参见22.28段），国际初步审查单位可以随改正通知书一起发出要求书最后一页的副本，该副本由申请人在其上按规定签字后再返回该审查单位。如果该缺陷在于没有在要求书上签字以及要求书递交给已经免除单独委托书要求的国际初步审查单位，国际初步审查单位可能随改正通知一起发出经代理人签字后返回的要求书最后一页的副本。

细则60.1（c）

22.38 收到包括改正或附有要求书替换页的书信时，国际初步审查单位应当在该书信和任何附页上标记所收到日期。该日期用于验证要求书任何替换页的内容与被替换页的内容是否相同（该验证的结果参见22.40段和22.41段）。国际初步审查单位应当在替换页的右上角标记国际申请号和收到该替换页的日期，同时在底部空白中央标上"替换页（细则60.1）"字样。该审查单位在其档案中保存任何书信和替换页的副本。同时将要求书的任何替换页和任何书信副本传送国际局。国际初步审查单位不仅在及时收到申请人递交的符合要求的改正时，而且在其未收到上述改正时，都应当采取本段提及的措施；在后一种情况下，应认为该要求书未提交。

22.39 如果国际初步审查单位收到要求书的一替换页，该替换页对细则60.1（a）提及的缺陷进行了改正，且是申请人在尚未接到改正通知时自行决定递交的，国际初步审查单位应当按前面段落所述内容进行处理。

细则60.1（a）、（b）

22.40 国际初步审查单位核查细则60.1（a）所述的缺陷是否已经或尚未及时改正。如果申请人在时间期限内进行了答复，在提交的要求书与国际申请一致时，就应当如在实际申请日收到一样考虑所述要求书。所述改正期限可延长。如果一份对缺陷的改正是在改正期限届满之后，但在决定作出之前收到的，应当依职权延长改正的期限，以使所述改正认为是及时收到的。

细则60.1（b）、（c）

22.41　如果国际初步审查单位发现细则60.1（a）提及的任何缺陷尚未改正或未及时改正（参见前面段落），该单位应宣布该要求书被视为未提交并通知申请人和国际局（表格PCT/IPEA/407）。如果要求书的受理日期有变动，国际初步审查单位应通知申请人和国际局（表格PCT/IPEA/402）。

缴费和退款

细则57、58

22.42　国际初步审查单位应当算出规定的初步审查费和手续费的金额。同时应确定这些费用是否已经缴纳，并通知申请人任何少付的或多付的费用（可选择使用表格PCT/IPEA/403）。

细则57.2（a）、58.1（b）

22.43　费用表规定了为国际局的利益而收缴的手续费的数额。初步审查费的数额（如需要缴纳）由国际初步审查单位规定。

细则57.3、58.1（b）

22.44　手续费和初步审查费应从要求书提交之日起1个月内或者从优先权日起22个月内缴纳，以后到期者为准。当根据细则59.3向国际初步审查单位传送要求书时，这些费用应在该单位实际收到要求书之日起1个月内或者从优先权日起22个月内缴纳，以后到期者为准。当国际初步审查单位在国际检索的同时决定启动国际初步审查，该单位将通知申请人从通知之日起1个月内缴纳手续费和初步审查费。应缴数额为缴费当日的数额。如果在这些费用缴纳期满之前，国际初步审查单位发现未缴纳任何费用或已缴纳的数额不足，可以要求申请人缴纳未缴部分（选择使用表格PCT/IPEA/403）。

细则58之二.1（a）、(c)，58之二.2

22.45　当手续费和初步审查费的缴费期限届满时，国际初步审查单位发现未向其缴纳任何费用或已缴数额不足时，应通知申请人从通知之日起1个月内缴纳未缴数额，以及适当的情况下，缴纳细则58之二.2所规定的滞纳金（使用表格PCT/IPEA/440），并应将该通知的副本送交给国际局。但是，如果在该通知发出之前国际初步审查单位收到了缴纳的费用，应视为该费用是在22.44段所述时间期限届满之前收到的。

细则58之二.2

22.46　如果需要缴纳滞纳金，其金额为通知中指明的未缴纳费用的50％，或者，如果所算出的金额少于手续费，可以要求缴纳与手续费相等的金额。在任何情况下，滞纳金的金额都不能超过手续费的2倍。

细则58之二.1（b）、(d)

22.47　当国际初步审查单位根据细则58之二.1（a）发出通知，并且申请人在通知之日起1个月内未缴足所欠费用，如果适用，还包括滞纳金，国际初步审查单位使用表格PCT/IPEA/407宣布该要求书被视为未提交。如果要求书被宣布未提交之前收到了应缴的费用，该费用视为在前述时间期限届满之前收到的，并且国际初步审查单位不能宣布该要求书被视为未提交。

细则54.4、57.4

22.48　如果要求书在传递到国际局之前被撤回，或者由于申请人都无权提出要求而使要求书被视为未提交，国际初步审查单位应当将手续费退还给申请人。

向国际局转交手续费

细则57

22.49　国际初步审查单位每月都应当将前一月收到的手续费转交国际局。转交时，国际初步审查单位应当标明转交的确切金额，并根据有关国际申请的国际申请号以及申请人姓名分为细目。

传真机、电报机、电传打印机等的使用

细则92.4（d）、（e）

22.50　如果国际检索单位、指定的补充检索单位或国际初步审查单位需要受理使用传真、电报机、电传打印机或其他方式传送文件的原件用于确认，但申请人或代理人签字的原件没有在14日内提交，应通知申请人要求其在合理期限内提交（根据情况，使用表格PCT/ISA/230或表格PCT/IPEA/434）。除非该单位需要原件作确认之用，一般不需提交原件。

细则92.1（b）、92.4（g）（ⅱ）

22.51　如果申请人未在规定期限内遵守通知的要求，国际检索单位、指定的补充检索单位或国际初步审查单位应当通知申请人，该文件被视为未提交（根据情况，使用表格PCT/ISA/232或表格PCT/IPEA/438）。

邮递业务中的异常

细则82

22.52　处理邮递延误或邮件丢失或邮递业务中断等情况的适用程序可参照细则82的规定。如果使用递送服务，并且国际检索单位、指定补充检索单位或国际初步审查单位接受通过递送服务而非邮政当局发送文件的证据，适用细则82。

期限延误的宽免

细则第82之四.1；规程第111条

22.52A　如果国际检索单位、指定补充检索单位或国际初步审查单位认为符合下列条件（视情况而定），则根据细则82之四.1准予期限延误的宽免：

（a）由于在有关方居住地、其经营场所在地或其所在地出现战争、革命、内乱、罢工、自然灾害、流行病、电子通信服务的普遍不可用或其他类似原因，未满足时间期限；

（b）已经尽快地采取相关行动；

（c）有关方提供的证据为该单位可接受的形式，或在适用细则82之四.1（d）所规定的豁免情况下，所提供的声明符合该单位规定的条件；以及

（d）对于具体案件而言，该单位在适用期限届满后的6个月内收到证据或声明。

在电子通信服务普遍不可用的特殊情况下，有关方必须证明中断影响了广泛的地理区域而不是局部问题，该问题是不可预期或不可预见的，并且其没有可用的替代通信手段。应当采取的行动包括提交文件、答复通知书和支付费用。有关方是否"尽快"采取了相关行动，由该单位根据该案件的事实来判断。通常，这意味着在延迟原因停止适用的短时间内。例如，在罢工阻止代理人到达他的办公室的情况下，预期在大多数情况下应在下一个工作日或其后不久采取行动，具体时长取决于中断了多少准备工作。另外，如果一场灾难导致代理人的文档完全损毁，那么重新整合所有必要的文档和系统以采取必要的行动可能需要花费更长的时间。细则82之四.1未具体涉及"在消除延误原因后尽快"采取的

行动，因为在可以看出相关紧急情况将持续相当长的一段时间并且该紧急情况没有阻止有关方本身采取补救行动的情况下，仍然应该期望有关方采取合理的措施来克服问题。关于该单位可接受的证据形式，例如，可靠的大众媒体的新闻报道，或者相关国家局的声明或公告通常都是可以被接受的。在电子通信服务普遍不可用的情况下，来自互联网服务供应商或向有关方提供电力的公司的声明，也是可以被接受的。

在特殊情况下，例如，该单位意识到在特定国家或地方发生事件，该事件可以作为宽免期限延误的理由，则该单位可以豁免对证据的要求［细则82之四.1（d）］。在这种情况下，该单位将设定并公布豁免条件。如果该单位认为满足条件，将不需要任何证据。有关方仍须提交延期请求，并声明未符合时限的原因适用豁免。

细则82之四.2；规程第111条

22.52B 如果由于电子通信服务普遍不可用致使不能与国际检索单位、指定的补充检索单位和国际初步审查单位联系，进而导致期限延误，细则82之四.2允许这些单位提供期限延误的宽免。如果该单位提供了这样的宽免，则应通知国际局，由国际局在公报上公布该信息。此外，在这样的事件已经发生（例如，意外中断）或计划发生（例如，计划维护）时，该单位也要公布关于任何这种不可用的信息，包括不可用的时段，并相应地通知国际局。

22.52C 如果国际检索单位、指定补充检索单位或国际初步审查单位（视情况而定）根据细则82之四.2规定了期限延误的宽免，则在以下条件得到满足时会对有关期限延误给予豁免：

（a）若该单位要求，申请人表明有关期限的延误是由于该单位所接受的一种电子通信手段不可用所造成的；

（b）该单位知晓其所述电子通信手段在有关期间不可用；并且

（c）有关行为已经在所述电子通信手段再次可用的下一个工作日得以履行。

22.52D 该单位应及时将其决定通知有关方（视情况使用表格PCT/ISA/224或表格PCT/IPEA/424）。其还需要向国际局转交一份决定的副本，并在适用的情况下，转交任何请求和提供的证据。

根据细则82之四.3延长期限

细则82之四.3；规程第111条

22.52E 当国际检索单位、指定补充检索单位或国际初步审查单位（视情况而定）所在的国家正经受细则82之四.1（a）中所列事件引起的普遍业务中断，从而影响该单位的运作并妨碍有关方在该单位履行行为的能力时，该单位可以根据细则82之四.3确定延长期限。如果发现满足以下两个条件，则该单位可以作出这样的决定：

（1）其所在的国家正在经受由细则82之四.1（a）中所列事件引起的普遍业务中断（该中断不必影响整个国家）；且

（2）该普遍业务中断影响了该单位的运作，并显著影响其向有关方提供常规服务的能力。

这可以是下述情况，例如，当有关国家正在经历流行病并且相关地方当局已经决定限制人员流动，使得该单位大部分工作人员不再能够现场办公。另一个例子是自然灾害，对该单位所依赖以处理国际申请的其电子系统造成重大损害。也可能是如下情况，当该单位所在地的基础设施（如电力供应、水供应或道路）由于地震或海啸而严重受损，尽管该单位仍然开放营业，但只能向公众提供有限的服务。如果该单位有多个分支机构，但只有其中之一或一些分支机构的业务受到影响，则该单位可根据情况自行决定是否适用细则82之四.3。

22.52F 如果该单位决定根据细则82之四.3确定延长期限是适当的，它需要决定延长期限的开始和结束日期。在这一点上，该单位应考虑事件的性质、普遍业务中断的严重性、事件未来可能的发展及其他相关因素，衡量对其向公众提供服务能力的阻碍或限制可能持续多长时间。根据具体情况，延长期限应尽可能短并且基于有关情形是合理的，以便最大限度地减少对后续程序的延误。在任何情况下，延长期限从开始之日起不得长于2个月。如果普遍业务中断一直持续，该单位可根据细则82之四.3（b）确定附加延长期限，每次附加延长期限不得长于2个月。

22.52G 一旦作出延长或附加延长期限的决定，该单位应公布关于该延长期限的开始和结束日期的信息，并相应地通知国际局。

22.52H 如果国际检索单位、指定补充检索单位或国际初步审查单位依据细则82之四.3设定了延长期限或附加延长期限，任何细则中规定的在该期限内届满的需要在该单位履行某一具体行为的期限，将按照细则80.5规定，在该期限届满后的第一天到期。申请人无须请求延期，且在这一点上该单位无须就国际申请作出具体的决定。应当注意，该细则不适用于优先权期限，因为优先权期限不是细则中规定的时限。

期限的计算

细则80

22.53 关于计算期限和文件日期的细节，参考细则80的规定。

根据条约第19条的修改

条约第19条；细则53.9（a）（ii）

22.54 如果申请人标明，根据条约第19条提出的任何修改不予考虑，国际初步审查单位将这些修改按撤回处理，并相应地在有关的修改页上作标记。

书面意见的答复

规程第602条（a）

22.55 在答复意见中，申请人可能提交具有附信的修改页。当收到这些修改页时，国际初步审查单位在替换页的右上角标明申请号和收到日期。国际初步审查单位在每一页的底部空白中央标记"修改页"或其他等同的词语。

细则92.1（a）、92.2（a）

22.56 同样应当注意，除国际申请本身以外，在国际初步审查过程中，申请人提交的任何文件，如果不是以书信的形式提交，必须附有经申请人签字的书信。该书信应当标识与之相关的国际申请，使用和所述申请相同的语言或者为国际初步审查单位同意使用语言中的任何一种。如果不能满足上述要求，应当告知申请人不符合并通知申请人在通知书规定的期限内补正遗漏。在这些情况中期限应当是合理的，但自发出通知书之日起不少于10天和多于1个月。在通知书规定的期限内补正遗漏的，应当不予考虑遗漏，除非不予考虑该文件。

细则55、60.1（a）至（e）

22.57　如果确定误译已经公开或根据细则55.2提供，或者不是以国际初步审查单位接受的语言进行了修改，在国际初步审查单位开始处理之前的任何时间，可通知申请人提供修改的译文或改正国际申请的任何译文，以便在可能的情况下使其与申请文本和/或公开文本的语言一致。如果申请人不能在通知书规定期限内提交修改的译文，国际初步审查将不考虑该修改。

国际初步审查报告及相关文件的传送

细则71.1

22.58　国际初步审查单位必须在同一天：

（ⅰ）若有国际初步审查报告（表格PCT/IPEA/409），使用表格PCT/IPEA/415向国际局传送该报告的副本及其附件，并使用表格PCT/IPEA/416向申请人传送该报告的副本；

（ⅱ）在审查文档中存放通知书、报告和修改/改正的副本；以及

（ⅲ）当延误提交条约第34条的修改时，即国际初步审查单位没有考虑该修改时，选择使用表格PCT/IPEA/432（第2复选框）将上述情况通知申请人。

细则71.1（b）；规程602之二

22.58A　国际初步审查单位还将其文档中的多个其他文件传送给国际局（使用表格PCT/IPEA/415）。待传送的文件是规程602之二（a）中提到的文件。该单位可以决定将其文档中的任何其他文件传送给国际局。

细则94.1（c）；规程420之二

22.58B　国际局将从国际初步审查单位收到的上述文件连同国际初步审查报告一起传送给选定局，并将在自优先权日起30个月期限届满后公开提供这些文件。

要求书或全部选定的撤回

细则90之二.4、90之二.5

22.59　在特定情形下，申请人通过将签字通知递交到国际局来撤回要求书或所有选定，国际局通知国际初步审查单位该撤回，国际初步审查单位终止审查该国际申请。如果已经提交了由全部申请人签字的委托书，撤回通知必须由国际申请中记载的全部申请人或代理人签字。免除代理人具有委托书的要求不适用于撤回。如果申请人向国际初步审查单位提交撤回通知，国际初步审查单位在通知上标记收到日期并立即将该通知传送到国际局。并认为该通知已在所标记日期提交到国际局。

专供国际检索或初步审查的核苷酸和/或氨基酸序列表的处理

细则13之三.1、13之三.2；规程第513条、第610条；规程附件C

22.60　如果国际申请含有核苷酸和/或氨基酸序列的公开内容，且申请人根据要求或以其他方式已经向国际检索单位或国际初步审查单位（视情况而定）提供了序列表的，特别是为了国际检索或初步审查，按照条约第34条，未包含在原始提交的国际申请中的任何此类列表，将不构成国际申请的一部分，而仅用于相应程序。如果这种序列表在线提交，那么在不改变文件内容的情况下，序列表的提交目的和国际申请号将被编码在文件名或相关元数据中。如果是通过物理介质提交的，则该单位将在介质上标记国际申请号，并贴上"随后提供的序列表不构成国际申请的一部分"或国际申请公布语言的等效表述。

规程第513条（e）、第610条（d）；规程附件C

22.61 除在其文档中保存此类序列表的副本之外，该单位还将其副本传送给国际局，以便与指定局或选定局共享。如果序列表是在线接收的，则将其与适当的注释一起在线传送到国际局，但不改变其内容。如果其提供在物理介质上，则该单位可以将副本在线传送给国际局，正如其已经在线接收一样，或者将物理介质的副本发送给国际局。如果提供的物理介质少于所需副本的数量，则该单位将准备额外的副本并可向申请人收取相应的费用。

后 记

  国家知识产权局于 2004 年组织编译了《PCT 法律文件汇编》（2004），汇总了包括《专利合作条约》《专利合作条约实施细则》《专利合作条约行政规程》《PCT 受理局指南》《PCT 国际检索和初步审查指南》在内的主要 PCT 法律规范。2009 年和 2016 年对汇编进行了更新。多年来，汇编为我国专利申请人、专利审查员以及社会公众等准确理解和有效利用 PCT 制度提供了巨大的帮助。随着 PCT 法律制度持续修改完善，为便利广大申请人、专利审查员及社会公众及时、准确地了解 PCT 体系的最新进展，有效利用 PCT 制度，有必要将近年来 PCT 法律文件的修改内容补充到 PCT 法律文件汇编当中。

  本次编译在 2016 年汇编的基础上，对 2022 年 7 月 1 日生效的《专利合作条约行政规程》《PCT 受理局指南》《PCT 国际检索和初步审查指南》的各次增补、修改的内容进行了翻译和校对，并对上述法律文件的全文进行了再次校对。《专利合作条约实施细则》采用世界知识产权组织提供的 2024 年 7 月 1 日生效的中文版本。

  本书由国家知识产权局组织编译，国家知识产权局条法司、国家知识产权局专利局审查业务管理部和初审及流程管理部等部门多位同志参加了翻译和校对工作。

  特别感谢世界知识产权组织对于此次翻译 PCT 法律文件的大力支持。本书译校力求准确，但难免仍有疏漏之处，敬请读者原谅，并批评指正。

2024 年 10 月